Verhandlungen

des

Siebenundzwanzigsten

Deutschen Juristentages.

Herausgegeben

von

dem Schriftführer-Amt der ständigen Deputation.

Dritter Band.

(Gutachten.)

Berlin 1904.

Kommissions-Verlag von J. Guttentag, Verlagsbuchhandlung,
G. m. b. H.

Inhaltsverzeichnis.

Gutachten.

(Dritter Band.)

XV.

Gutachten des Herrn Privatdozenten Dr. Dade

über die Frage:

Empfiehlt es sich, gesetzliche Vorschriften zwecks Befreiung des Grund und Bodens von den darauf haftenden Lasten und Schulden zu treffen und eine Verschuldungsgrenze festzusetzen?[1])

Einleitung.

Will man die rechtliche Beschränkung einer bisher freien Willensbetätigung des Menschen rechtfertigen, so muß man entweder nachweisen, daß die Freiheit schon zu so schweren Mißständen geführt hat, daß ihre Einschränkung im Interesse der öffentlichen Wohlfahrt geboten erscheint, oder daß der schrankenlose Wille des Einzelnen mit der größten Wahrscheinlichkeit die gedeihliche Entwickelung eines im staatlichen Verbande vereinigten Volkes in so hohem Grade gefährden wird, daß dem nur durch einen rechtzeitigen gesetzlichen Eingriff vorgebeugt werden kann. Erst nach der Bejahung dieser zweifachen Bedürfnisfrage würde es sich verlohnen, die Lösung des Problems nach seiner juristischen Seite in Angriff zu nehmen und zu erwägen, ob eine rechtliche Form der Willensbeschränkung gefunden werden kann, welche die Wunden heilt oder ihnen vorbeugt, ohne gleichzeitig an einer anderen Stelle des staatlich-sozialen Körpers neue, ebenso große oder vielleicht noch größere Wunden zu schlagen.

---

[1]) Zu dem nachstehenden Gutachten wurde der Verfasser am 11. März d. J. aufgefordert mit dem Ersuchen um Ablieferung der Arbeit am 1. Juni d. J. Leider stand dem Verfasser selbst diese kurz bemessene Frist infolge anderweitiger Verpflichtungen nur teilweise zur Verfügung, weshalb er um gütige Nachsicht des Lesers bittet, umsomehr als die Arbeit den ersten Versuch einer Darstellung der Verschuldungs- und Kreditverhältnisse der deutschen Landwirtschaft bildet. Das Gutachten beschränkt sich auf die Darlegung für den landwirtschaftlichen Grund und Boden.

Würde die Untersuchung zu dem Ergebnis gelangen, daß es fraglich ist, ob die chirurgische Behandlung den gewünschten Erfolg hat, so bliebe nur noch übrig, zur Heilung oder Vorbeugung der Krankheit an die Einsicht und Selbstbeherrschung der einzelnen Menschen und an ihre freiwillige Unterwerfung unter die von ihnen selbst geschaffenen gemeinwirtschaftlichen Organe zu appellieren.

Auch die vorliegende Frage der gesetzlichen Verschuldungsbeschränkung wird wohl am besten nach diesen Gesichtspunkten zu beantworten sein, obschon in der Mehrzahl der zahlreichen Abhandlungen über diesen Gegenstand der erste Punkt, die Bedürfnisfrage, bei der schwierigen Beschaffung und Unvollständigkeit des Materials, nur äußerst dürftig erörtert und oft ohne zwingenden Grund bejaht worden ist.

Wir kommen also zunächst zur

Bedürfnisfrage.

Die Kardinalfrage ist hier, wie hoch ist der ländliche Grund und Boden in Deutschland mit Hypothekenschulden belastet? Nicht nur nach der absoluten Höhe der Verschuldung, sondern was das entscheidende ist, nach dem Wert der für die Schulden haftenden Immobilien, Boden und Gebäude. Für Preußen wissen wir hierüber das Folgende:

Auf allgemeine Verfügung des Finanzministers vom 7. November 1882 ist 1883 eine Statistik der hypothekarischen Verschuldung des ländlichen Grundbesitzes in 42 Amtsgerichtsbezirken nach der Höhe des Betrages und nach ihrem Verhältnis zum Grundsteuerreinertrage hergestellt[1]). Ausgeschlossen hiervon blieben die städtischen Gemeindebezirke, sowie diejenigen Gemeinde- und selbständigen Gutsbezirke des platten Landes, in welchen städtisches Wesen vorherrscht, oder sonst die Grundstücke durch andere Beziehungen als den Betrieb der Landwirtschaft bedingt werden, insbesondere Bade-, Kur-, Vergnügungs-, Fabrikorte, vorstädtische Ortschaften und dergl. mehr. Von der Schuldenermittelung blieben weiter ausgeschlossen die Besitzungen derjenigen Personen, welche grundsteuerpflichtige Liegenschaften überhaupt nicht haben, und die Besitzungen, die zu Fabriken, Bergwerken und anderen nicht in Verbindung mit der Landschaft betriebenen Anlagen gehören.

Diese Ermittelung ist 1896 für dieselben Amtsgerichtsbezirke wiederholt und außerdem auf 14 neue Amtsgerichtsbezirke ausgedehnt worden. In

---

[1]) Die Ergebnisse der Erhebungen von 1883 befinden sich in den Landwirtschaftlichen Jahrbüchern. Bd. XIII. Suppl. I und sind bearbeitet von Meitzen, die Ergebnisse der Erhebungen von 1896 sind veröffentlicht in der Zeitschrift des Kgl. Preuß. Statist. Bureaus 1898. I u. II. S. 93. bearbeitet von Evert.

der statistischen Aufarbeitung von 1896 ist ferner neben dem Grundsteuerreinertrag noch der Schätzungswert der Ergänzungssteuer als Maßstab der Verschuldung benutzt worden.

Bei der Aufstellung der Statistik sind folgende Besitzgruppen unterschieden:

I. Fideikommiß- und Stiftungsgüter, die Verschuldungsbeschränkungen unterliegen und deshalb aus dieser Erörterung ganz ausscheiden können.

II. Besitzungen mit 143,50 M. und mehr jährlicher Prinzipalgrundsteuer (rund 500 Tlr. und mehr Grundsteuerreinertrag), welche die eigentlichen im freien Verkehr befindlichen Güter, den Großgrundbesitz mit freier Verschuldbarkeit und einen Teil des großbäuerlichen Besitzes umfassen.

III. Besitzungen mit 28,70—143,50 M. jährlicher Prinzipalgrundsteuer (von 100—500 Tlr. Grundsteuerreinertrag), welche den mittelbäuerlichen Besitz und einen Teil des groß- und kleinbäuerlichen Besitzes bilden.

IV Besitzungen mit 8,60—28,70 M. jährlicher Prinzipalgrundsteuer (von 30—100 Tlr. Grundsteuerreinertrag), welche den kleinbäuerlichen Besitz umschließen, und

V. Besitzungen mit weniger als 8,60 M. jährlicher Prinzipalgrnndsteuer (unter 30 Tlr. Grundsteuerreinertrag), welche den kleinsten, sogenannten Parzellenbesitz bilden.

Den schwierigsten Punkt in jeder Verschuldungsstatistik bildet die Herstellung des Wertmaßstabes. Der Verkehrswert bildet den Preis für landwirtschaftliche Grundstücke im freien Handel nach Angebot und Nachfrage, ihm steht gegenüber der wirkliche Ertragswert des Grundstückes, der auf sorgfältigen Ermittelungen der Einnahmen und Ausgaben des landwirtlichen Betriebes unter Berücksichtigung von Boden, Lage, Absatzverhältnissen u. s. w. beruht. Der Ertragswert kann gleich dem Verkehrswert, er kann aber auch größer oder kleiner als derselbe sein. Er wird kleiner sein, wenn die Nachfrage nach Grundbesitz das Angebot übersteigt, wie dies beim Parzellenbesitz meistens der Fall ist. Aber auch beim Mittel- und Großbesitz bleibt der Ertragswert vielfach hinter dem Verkehrswert oder dem Ankaufswert zurück, was für den Käufer verhängnisvolle Folgen hat. Der Ertragswert kann den Verkehrswert übersteigen, wenn es sich um hochverschuldete Grundstücke handelt, die zur Zwangsversteigerung kommen oder sonstwie verschleudert werden.

Nun entsteht die Frage, an welchem Wertmaßstabe soll die ermittelte hypothekarische Verschuldung gemessen werden, an dem Ertragswert oder an dem Verkehrswert. Die Verschuldung nach dem Verkehrswert spiegelt mehr die persönliche Lage des Grundbesitzers, die nach dem Ertragswert mehr die objektive Lage des Grundstücks wieder. Zur richtigen Beurteilung der Verschuldungszahlen müßte man also beide Wertmaßstäbe haben, aber beide sind sehr schwer und mangelhaft zu gewinnen.

Eine allgemeine Ermittelung des Ertragswertes liegt für Preußen seit der Grundsteuer-Veranlagung in den sechziger Jahren vor. Damals wurde für jedes ertragsfähige Grundstück im Staate der Schätznngswert nach dem Reinertrage, dem sogenannten Grundsteuerreinertrage, festgestellt. Als Reinertrag sollte nach dem Gesetz vom 21. Mai 1861 betr. die anderweitige Regelung der Grundsteuer der nach Abzug der Bewirtschaftungskosten vom Rohertrage verbleibende Überschuß angesehen werden, welcher von den nutzbaren Liegenschaften nachhaltig erzielt werden kann. Der Reinertrag sollte nur die eigentliche Bodenrente erfassen. Die Grundsteuer-Veranlagung hat den Reinertrag ermittelt, der unter normalen Bedingungen des Betriebes beim mittleren Stande der Wirtschaftsgröße, des Inventars, des Kapitals und der Intelligenz verwertet werden darf. Die Schätzung war deshalb nicht auf den absoluten, sondern auf den relativen Wert der Grundstücke gerichtet. Will man die hypothekarische Verschuldung des Grundbesitzes in Preußen mit diesem Grundsteuerreinertrag vergleichen, so ist zu beachten, daß dieser Grundsteuerreinertrag vor etwa 30—40 Jahren ermittelt ist und deshalb mehr oder weniger nach oben oder unten von der gegenwärtigen Bodenrente der einzelnen Besitzungen abweichen wird. Doch darf man wohl annehmen, daß sich diese Abweichungen der einzelnen Grundstücke in der Zusammenfassung großer Bezirke bis zu einem gewissen Grade ausgleichen werden.

Sowohl für den gesamten Grundbesitz als für die einzelnen Besitzklassen ist nun in den Erhebungsbezirken die hypothekarische Verschuldung ermittelt nnd berechnet worden, wieviel Schulden auf 1 M. Grundsteuerreinertrag entfallen oder, was dasselbe ist, das Wievielfache des Grundsteuerreinertrages die Verschuldung erreicht hat. Um mit Hilfe des Grundsteuerreinertrages den Verkehrswert der Besitzungen zu gewinnen, sind 1883 Kaufpreise für selbständige landwirtschaftliche Besitzungen aus den Jahren 1871 bis 1881 ermittelt und auf Grund derselben ist berechnet worden, das Wievielfache des Grundsteuerreinertrages der erkauften Grundstücke der damalige Kaufpreis betrug. Es fand sich, daß man den Grundsteuerreinertrag der sämtlichen 21 570 Grundstücke, deren Kaufpreise ermittelt wurden, im Durchschnitt mit 63,3 multiplizieren mußte, um den Verkehrswert der Grundstücke (Boden und Gebäude) zu gewinnen, oder der Kaufpreis für je 1 M. Grundsteuerreinertrag betrug im Durchschnitt für alle ermittelten Besitzungen 63,3 M.

Nimmt man an, daß dieses Verhältnis zwischen Grundsteuerreinertrag und Verkehrswert für größere Bezirke im Durchschnitt auch für die zweite Erhebung von 1896 bestand, so hätte man für die Höhe der Verschuldung einen Maßstab gewonnen. Die Sicherheit dieses Maßstabes nimmt aber ab, je kleiner und unselbständiger der Besitz wird, da bei den kleinen Besitzungen der Gebäudewert weit mehr als der Wert des Grund und Bodens, oft das Vielfache desselben beträgt und die Grundsteuer-Veranlung sich nicht auf die Häuser, Haus- und Hofräume und die Gärten unter einem Morgen bezogen hat. Bei größeren Besitzungen stehen die Gehöfte und die Gärten in einem gewissen notwendigen Verhältnis zum Wirtschaftsbetrieb, während die Gebäude beim Kleinbesitz oft ohne jede Beziehung zum Gruadbesitz stehen. So ist bei der Erhebung von 1883 festgestellt[1]), daß bei den Gütern mit 1500 M. mehr und Grundsteuerreinertrag die Gebäudeversicherungssumme nur das 14,2fache des Grundsteuerreinertrages beträgt, bei den mittelbäuerlichen Besitzungen von 300 bie 1500 M. Grundsteuerreinertrag das 15,9 fache, dagegen stieg bei den kleinbäuerlichen Besitzungen von 90—300 M. Grundsteuerreinertrag die Versicherungssumme auf das 25,3 fache des Grundsteuerreinertrages und bei den Parzellenbesitzungen unter 90 M. Grundsteuerreinertrag sogar auf das 71,8 fache des Grundsteuerreinertrages. Auch hängt hiermit zusammen, daß bei kleinem Besitz die Sicherheit der Hypotheken ausschließlich in dem Wert der Gebäude liegt, und daß der Gläubiger die Sicherheit der Hypothek solcher Grundstücke nur nach dem Brandkassenwert der Gebäude beurteilt. Es wäre deshalb zweckmäßiger gewesen, den Kapitalwert des Grundbesitzes nach dem Vielfachen des Grundsteuerreinertrages gesondert für den Klein-, Mittel- und Großbesitz festzustellen.

Im allgemeinen wird man sagen dürfen, daß eine Verschuldung des ländlichen Grundbesitzes bis zum ersten Drittel des Verkehrswertes noch als eine mäßige oder unbedenkliche angesehen werden darf, diese Verschuldung würde also etwa bis zum 20fachen des Grundsteuerreinertrages betragen. Die Verschuldung im zweiten Drittel oder vom 20- bis 40fachen des Grundsteuerreinertrages ist schon als eine erhebliche und bedenkliche anzunehmen, und die im letzten Drittel, vom 40- bis 60fachen des Grundsteuerreinertrages muß als eine hohe und gefährliche betrachtet werden. Man kann aber auch kürzer sagen, daß die Verschuldung bis zum halben Verkehrswert oder bis zum 30fachen des Grundsteuerreinertrages den Besitz noch nicht gefährdet, daß aber die Verschuldung über den halben Ertragswert oder über das 30fache des Grundsteuerreinertrages den Besitz leicht in eine verhängnis-

[1]) a. a. O. S. 70.

volle Lage bringen kann. Für den Parzellenbesitz würde diese gefährliche Lage vielleicht erst bei einer Verschuldung mit dem 60fachen des Grundsteuerreinertrages erreicht sein.

Es hätte nahe liegen können, bei der zweiten Erhebung im Jahre 1896 eine Korrektur dadurch zu bewirken, daß der Finanzminister auch aus den Jahren 1884—1895 die Grundstückspreise hätte ermitteln lassen, um festzustellen, ob der Verkehrswert des Grundbesitzes noch dasselbe Vielfache des Grundsteuerreinertrages wie in der Periode 1871—1881 betrage. Dies ist nicht geschehen, man hat vielmehr gänzlich von einer neuer Kapitalisierung des Grundsteuerreinertrages Abstand genommen und zur Ermittlung des gegenwärtigen Verkehrswertes die Schätzungsbogen der Ergänzungssteuer-Veranlagung aus der Einschätzung des Jahres 1896/97 benutzt.

Nach dem Ergänzungssteuergesetz vom 14. Juli 1893 gelten als steuerbares Vermögen in der Land- und Forstwirtschaft Grundstücke (Liegenschaften und Gebäude) nebst allem Zubehör; ferner das dem Betriebe der Land- und Forstwirtschaft, einschließlich der Viehzucht, des Wein-, Obst- und Gartenbaues dienende Anlage- und Betriebskapital und endlich sonstige Kapitalvermögen. Das steuerpflichtige Anlage- und Betriebskapital umfaßt die sämtlichen dem landwirtschaftlichen Betriebe gewidmeten Gegenstände und Rechte, welche einen in Geld schätzbaren Wert haben. Der Schätzungswert der Grundstücke für die Ergänzungssteuer enthält also nicht nur das unbewegliche Inventar, Boden und Gebäude, sondern auch das bewegliche Inventar, wie Maschinen, Geräte und alle umlaufenden Betriebsmittel, während die aus den Jahren 1871—1881 ermittelten Grundstückspreise nur den Wert von Boden und Gebäude darstellen. Schon aus diesem Grunde müßte die Bemessung der Verschuldung nach dem Schätzungswerte der Ergänzungssteuer-Veranlagung abweichen von der Bemessung nach dem aus den Jahren 1871—81 ermittelten Verkehrswerte. Um diese Abweichung beurteilen zu können, ist auch der Schätzungswert mit dem Grundsteuerreinertrage der geschätzten Grundstücke verglichen, wobei sich herausstellte, daß auf 1 Mk. Grundsteuerreinertrag durchschnittlich 73,20 Mk des Schätzungswertes entfielen, während die Kaufpreise aus den Jahren 1871—1881, die nicht den Wert des beweglichen Inventars einschlossen, den 63,3fachen Betrag des Grundsteuerreinertrages ergeben hatten. Wenn der Wert des geschätzten ländlichen Grundbesitzes 1896/97 derselbe gewesen wäre wie 1871 bis 1881, so würde hiernach das bewegliche Inventar durchschnittlich 13,52 Prozent des Grund- und Gebäudekapitals betragen. Es wird schwierig sein, den durchschnittlichen Prozentsatz des stehenden und umlaufenden Betriebskapitals vom Grund- und Gebäudekapital zu ermitteln. Das Betriebskapital schwankt je nach Bodenwert und Intensität des Betriebes im allgemeinen zwischen 10—40 Prozent des Grund- und Gebäudekapitals und darf vielleicht im Durchschnitt auf etwa 25 Prozent des Grund- und Gebäudekapitals angenommen werden. Wenn dies zutrifft, so würde die obige Schätzung nach der Ergänzungssteuer-Veranlagung im Jahre 1896/97 einen geringeren Wert des Grund und Bodens anzeigen als im Durchschnitt der Jahre 1871—1881. Jedenfalls gestattet die obige Schätzung nicht den Schluß auf eine Werterhöhung des Grund und Bodens seit der Periode 1871—1881. Allerdings muß hierbei vorausgesetzt werden, daß die Schätzung der Ergänzungssteuer-Veranlagung auch den wirklichen Wert des Grundbesitzes trifft, was in vielen Fällen wohl zweifelhaft sein mag. Erst nach der amtlichen Publikation der Ergebnisse der Verschuldungserhebung hat eine neue Ermittlung der Kaufpreise für die Jahre 1884—1893 stattgefunden,[1]) welche einen durchschnittlichen Kaufpreis von 933 Mk. für den Hektar und das 74,3fache des Grundsteuerreinertrages ergab, während der Kaufpreis für 1871—1881 766 Mk. für den Hektar und zu dem 63,3fachen des Grundsteuerreinertrages und der Schätzungswert nach der Ergänzungssteuer-Veranlagung für 1896/1897 zu 1051 M. pro ha einschließlich des Inventars ermittelt wurde. Wenn hiernach auch scheinbar eine Erhöhung des Bodenwertes eingetreten ist, so ist zu beachten, daß sich die Ermittlung der Kaufpreise für 1884—1893 auf 105 402 Besitzungen erstreckt hat, die von 1871—1881 dagegen nur auf 21 570, so daß die Werterhöhung wahrscheinlich infolge des Einschlusses kleinerer Besitzungen, die einen relativ höheren Wert pro Hektar als die großen haben, zu stande gekommen ist.

Bei der Bemessung der Verschuldung nach dem Schätzungswert ist ferner zu beachten, daß nicht für alle Besitzungen, deren Verschuldung 1896 ermittelt wurde, Schätzungsbogen der Ergänzungssteuer-Veranlagung vorgelegen haben; von den ermittelten 126 808 Besitzungen konnten nur 44 132 benutzt werden.

Trotz aller dieser Bedenken gegen einen Vergleich der beiden Maßstäbe der Verschuldung bildet der Maßstab nach dem Schätzungswert doch eine gewisse Kontrolle für die Richtigkeit des Maßstabes nach dem Grundsteuerreinertrage, da der Schätzungswert den gegenwärtigen Wert des Grundbesitzes darstellt.

Für die Beurteilung der Ergebnisse dieser Statistik kommt zunächst in Betracht, daß sie sich auf räumlich sehr beschränkte Gebietsteile bezieht. Bei der Erhebung von 1883 waren nur 5,81 Prozent von der Gesamtfläche des preußischen Staatsgebietes und 5,95 Prozent vom Gesamtgrundsteuerreinertrage, 1896: 6,21 Prozent bezw. 6,42 Prozent einbezogen. Wenn deshalb

---

[1]) Veröffentlicht bei Meitzen, Boden des preußischen Staates VI, S. 469.

auch die Verallgemeinerung der Verschuldungsverhältnisse der 56 Amtsgerichtsbezirke für das übrige Gebiet des Staats nur unter Vorbehalt gerechtfertigt erscheint, so bieten doch die Ergebnisse wertvolle Fingerzeige für die Verschuldungsfrage.

Die Bedeutung der beiden Erhebungen 1883 und 1896 scheint weniger in den absoluten Zahlen als in der Klarlegung der Bewegung der Verschuldung in den einzelnen Besitzgruppen zu liegen.

Soweit die Erhebungen von 1883 und 1896 für 42 Amtsgerichtsbezirke vergleichbare Ergebnisse geliefert haben, gewinnt man aus ihnen folgendes Gesamtbild über die Bewegung der Hypothekarverschuldung:

Besitzgruppen Gr. = Grundsteuerreinertrag	Zahl der ermittelten Besitzungen		Grundbuchschulden			Auf 1 M. Grundsteuerreinertrag entfallen Grundbuchschulden	
	1883	1896	1883 Mill. M.	1896 Mill. M.	Zunahme Mill. M.	1883	1896
I. Fideikommißgüter . . .	565	341	11,40	14,10	2,70	6,77	7,04
II. Besitzungen v. 1500 M. u. mehr Gr..	1 769	1 708	221,20	241,20	20,00	28,13	33,59
III. Besitzungen v. 300—1500 M. Gr.	7 062	6 654	79,14	102,52	23,38	18,02	24,81
IV. Bes. v. 90—300 M. Gr.	11 791	11 705	39,32	56,67	17,35	18,72	29,03
V. Bes. unter 90 M. Gr. . .	?	57 505	56,21	70,67	14,46	46,06	55,17
Summe	?	77 913	407,27	485,16	77,89	23,59	29,24

Hiernach hat die zweite Erhebung von 1896 in Verbindung mit der ersten von 1883 zweifellos die bisher vermutete, aber nicht exakt nachgewiesene Tatsache ans Licht gefördert, daß die Real-Verschuldung des mittel- und kleinbäuerlichen Besitzes in den 13 Jahren von 1883—1896 stärker zugenommen hat, als die des Großgrundbesitzes, und daß die Real-Verschuldung des mittel- und kleinbäuerlichen Besitzes 1896 fast dieselbe Höhe erreicht zu haben erscheint, welche der Großgrundbesitz bereits 1883 inne hatte. Daß der Großgrundbesitz in den 13 Jahren von 1883—1896 nicht noch stärker zugenommen hat als die Verschuldung nach dem Grundsteuerreinertrage ergibt, mag wohl darin begründet sein, daß der östliche Großgrundbesitz zum großen Teil bereits 1883 so hoch mit Realschulden belastet war, daß eine weitere Beleihung mit größeren Schwierigkeiten der Grundkredit-Institute oder anderer Gläubiger verknüpft war.

Diese relative Bedeutung der beiden Erhebungen ist indes nur hinsichtlich der *durchschnittlichen* Verschuldung des Grundbesitzes erkennbar, da bei der ersten Erhebung leider nicht die Zahl der schuldenfreien, der mäßig und hochverschuldeten Grundstücke jeder Besitzgruppe ermittelt ist. Wäre dies geschehen, so hätte die zweite Erhebung wohl noch zu wertvolleren Ergebnissen geführt.

1896 waren frei von Grundbuchschulden bei den 2289 ermittelten Gütern 16 Prozent, bei den 10 058 mittelbäuerlichen Besitzungen 30 Prozent, bei den 17 847 kleinbäuerlichen Besitzungen 33 Prozent und bei den 96 253 Parzellen-Besitzungen 50 Prozent, sodaß von der Gesamtzahl der ermittelten 126 868 Besitzungen 46 Prozent frei von Grundbuchschulden waren. Allerdings kommt hier in Frage, ob die Nichtberücksichtigung der Personalschulden die Verschuldung des mittleren und kleinen Besitzes nicht in etwas zu günstigem Lichte erscheinen läßt.

Am höchsten war der Prozentsatz der schuldenfreien Besitzungen in den ermittelten Amtsgerichtsbezirken der Provinzen Rheinland und Hannover. Die Gegensätze seien noch durch folgende Tatsachen gekennzeichnet. Während in der Provinz Posen von den 136 Gütern kein einziges frei von Grundbuchschulden war, waren von den ermittelten 198 Gütern der Provinz Hannover nicht weniger als 81 oder 41 Prozent frei von Grundbuchschulden.

Während 1896 in den Provinzen Posen und Ostpreußen von den ermittelten mittelbäuerlichen Besitzungen nur 8 Prozent frei von Grundbuchschulden waren, betrug der Prozentsatz solcher schuldenfreien Besitzungen im Rheinland 55, in Hannover 41, in Sachsen 37 und in Brandenburg 29.

Während 1896 in den Provinzen Posen, Ostpreußen und Schlesien von den ermittelten kleinbäuerlichen Besitzungen nur 12 Prozent frei von Grundbuchschulden waren, stieg der Prozentsatz in Rheinland auf 58, in Hannover auf 41, in Sachsen auf 34, in Schleswig-Holstein auf 26, in Brandenburg auf 27 und in Westpreußen auf 24.

Die 42 Amtsgerichtsbezirke, deren Verschuldung sowohl 1883 als 1896 ermittelt ist, waren 1883 durchschnittlich mit 288 Mk. pro ha, 1896 durchschnittlich mit 343 Mk. pro ha des ländlichen Grundbesitzes verschuldet, die Verschuldung des ländlichen Grundbesitzes in den 56 Amtsgerichtsbezirken betrug 1896 durchschnittlich 359 Mk. pro ha. Die in den Jahren 1871—81 amtlich ermittelten Kaufpreise betrugen durchschnittlich 766 Mk. pro ha.

Die durchschnittliche Real-Verschuldung des ermittelten Grundbesitzes in den 42 Amtsgerichtsbezirken betrug 1883 das 23,59 fache des Grundsteuerreinertrages oder ca. 37,27 Prozent des Verkehrswertes, 1896 das 29,24 fache des Grundsteuerreinertrages oder ca. 46,19 Prozent des Verkehrswertes, wenn man den 63,3 fachen Betrag des Grundsteuerreinertrages noch als den Kapitalwert des Grundbesitzes für 1896 ansehen darf.

Hinsichtlich der Verschuldung der einzelnen Besitzgruppen war die Verschuldung der Güter in den Erhebungsbezirken 1896 um 18 Prozent höher als 1883, die Verschuldung des mittelbäuerlichen Besitzes dagegen betrug 1896 36 Prozent mehr als 1883 und die Verschuldung des kleinbäuerlichen Besitzes nahm von 1883 bis 1896 um 55 Prozent zu, während die Verschuldung des Parzellenbesitzes in den 13 Jahren um 20 Prozent stieg.

Nimmt man an, daß der nach den Grundstückspreisen aus den Jahren 1871 bis 1881 ermittelte Verkehrswert zu dem 63,3 fachen Grundsteuerreinertrag für den Groß- und Mittelbesitz und im großen und ganzen für die Gegenwart noch zutrifft, so betrug die durchschnittliche Real-Verschuldung des Großgrundbesitzes in den Erhebungsbezirken 1883 44 Prozent des Verkehrswertes, 1896 53 Prozent desselben; der mittelbäuerliche Besitz war 1883 durchschnittlich mit 28 Prozent seines Verkehrswertes hypothekarisch verschuldet, 1896 mit 39 Prozent desselben; der kleinbäuerliche Besitz war 1883 durchschnittlich mit 30 Prozent seines Verkehrswertes hypothekarisch belastet, 1896 mit 46 Prozent desselben.

Es ist in dem vorliegenden Material der Erhebung von 1896 die durchschnittliche Verschuldung nach dem Schätzungswerte der Ergänzungssteuer-Veranlagung von 1896/97 nicht berechnet worden, sodaß die Richtigkeit des obigen Verkehrswertes aus den Jahren 1871 bis 1881 für die Gegenwart nicht an dem Schätzungswert geprüft werden kann.

Über 40 Prozent des Schätzungswertes, dem etwa über 50 Prozent des Verkehrswertes (ohne das bewegliche Inventar) entspricht, waren 1896 hypothekarisch verschuldet: 63 Prozent aller geschätzten Güter, 32 Prozent der geschätzten mittelbäuerlichen Besitzungen, 28 Prozent der geschätzten kleinbäuerlichen Besitzungen und 33 Prozent der geschätzten Parzellenbesitzungen.

Über 60 Prozent des Schätzungswertes, dem etwa über 70 Prozent des Verkehrswertes (ohne das bewegliche Inventar) entspricht, waren 1896 hypothekarisch verschuldet: 42,91 Prozent aller geschätzten Güter, je 12 Prozent der geschätzten mittelbäuerlichen und kleinbäuerlichen Besitzungen und 15 Prozent der geschätzten Parzellenbesitzungen, oder mit anderen Worten: 1896 war in den Erhebungsbezirken durchschnittlich fast jedes zweite Gut, jeder achte bäuerliche Besitz und jeder siebente Parzellenbesitz über zwei Drittel des Verkehrswertes hypothekarisch verschuldet.

Die Real-Verschuldung sämtlicher 56 Amtsgerichtsbezirke betrug 1896: 586 Millionen Mark, und die Grundbuchschulden des 1413266 ha großen Grundbesitzes der 42 Amtsgerichtsbezirke haben in den 13 Jahren von 1883 bis 1896 um 77890894 Mark oder um 19 Prozent zugenommen.

Den schwierigsten Punkt bei der Würdigung dieser Verschuldungszahlen bildet die gleichzeitige Entwickelung der Preise und Werte der für die Hypothek haftenden Immobilien.

Die Wertmessung nach dem Grundsteuerreinertrag ist, wie wir gesehen haben, eine sehr problematische und trifft hauptsächlich nicht mehr für den leichteren Boden zu, der von den Fortschritten der modernen Betriebstechnik am meisten profitiert hat. Der Schätzungswert der Ergänzungssteuer erstreckt sich nur auf etwas mehr als ein Drittel aller ermittelten Besitzungen. Darüber hinaus wissen wir nichts von der Bewegung der Preise und Werte der Immobilien und infolgedessen auch nichts über die relative Höhe der Verschuldung derjenigen Besitzungen, für die eine Wertschätzung nicht vorliegt.

Dazu kommt noch, daß Hypothekenschulden häufig schon längst abgezahlt sind, ohne daß ihre Löschung in den Grundbüchern, sei es aus Furcht vor Steuererhöhung, sei es aus Rücksicht auf die Ersparnis der Gebühren, beantragt ist. So haben die bei einigen preußischen Amtsgerichtsbezirken hierauf bezüglichen Erhebungen ergeben, daß die abgezahlten, aber nicht gelöschten Hypotheken zwischen 0—20 Prozent der eingetragenen Hypotheken schwanken. Und von einer Landgemeinde im Regierungsbezirk Gumbinnen wird sogar berichtet,[1]) daß mehrere Grundstücke in Wirklichkeit kaum die Hälfte der im Grundbuch vermerkten, etliche wohl gar keine Schulden haben; zum mindesten 30 Prozent der Schulden dürfte, wie Grundbuchbeamte annehmen, der nicht gelöschte oder getilgte Hypothekenanteil betragen. Doch darf dieser Fall wohl nicht als Regel angesehen werden. Man wird im Durchschnitt vielleicht 15 Prozent der eingetragenen Hypotheken als getilgt ansehen dürfen.

Fügen wir nun noch hinzu, daß die Erhebung nur die Realverschuldung ermittelt hat und auch nur ermitteln konnte, daß wir über die Höhe der Personalschulden und der nicht eingetragenen Handscheinschulden, aber auch über die Höhe des Effektenvermögens und der Spareinlagen des Grundbesitzers, also über die Vermögenslage des Landwirts in ihrer Gesamtheit, nichts erfahren, so wird noch mehr Vorsicht in der Benutzung der Hypothekenzahlen geboten sein.

Immerhin wird nicht zu leugnen sein, daß die Hypothekarverschuldung des landwirtschaftlichen Grundbesitzes in der Mehrzahl der ermittelten Amtsgerichtsbezirke in den 13 Jahren von 1883—1896 eine bedenkliche Zunahme erfahren hat, die ernstlich gemahnt, der Verschuldung noch mehr auf den Grund zu sehen.

---

[1]) Landw. Jahrbücher 18. Bd., Ergänz.-Bd. III 1. Teil S. 84.

Die bisherige Betrachtung hat sich im Wesentlichen auf die Verschuldung des ländlichen Grundbesitzes in den ermittelten Amtsgerichtsbezirken beschränkt, und es wurde schon darauf hingewiesen, daß eine Generalisierung der Ergebnisse dieser Erhebung für die Gesamtheit der einzelnen Provinzen und für den gesamten Staat nur unter Vorbehalt geschehen darf. Dies gilt vor allem für die Erhebung von 1883, welche sich auf eine geringere Zahl Amtsgerichtsbezirke erstreckte, und bei welcher überdies die Amtsgerichtsbezirke zum Teil lediglich nach dem Vorhandensein einer geregelten Grundbuchführung ausgewählt waren. Für die Erhebung von 1896, in welche 14 neue Amtsgerichtsbezirke einbezogen wurden, sind die Bedenken gegen eine Verallgemeinerung der Ergebnisse erheblich abgeschwächt und können wohl nur noch für die Provinzen Schleswig-Holstein und Westfalen mit nur je 2 Amtsgerichtsbezirken aufrecht erhalten werden. Auch in der amtlichen Darstellung der Ergebnisse von 1883 und 1896 sind unwillkürlich oder willkürlich die Verschuldungsverhältnisse der Amtsgerichtsbezirke auf die einzelnen Provinzen und Staaten übertragen, wenn auch eine ziffernmäßige Berechnung der gesamten Hypothekar-Verschuldung für die Provinzen und den Staat bisher vermieden wurde. Daß dies nicht geschehen ist, liegt aber wohl zum Teil weniger in dem Bedenken gegen eine Verallgemeinerung als in der Schwierigkeit der Berechnung. Überhaupt würden die Erhebungen von 1883 und 1896 ja fast zu völliger Bedeutungslosigkeit herabsinken, und hätte man sich besser die Kosten derselben sparen können, wenn sie nicht wenigstens als Anhalt für die Hypothekar-Verschuldung des gesamten ländlichen Grundbesitzes dienen dürften. Von diesem Gesichtspunkt aus ist in den Tabellen III und VI—VIII der Anlagen die Hypothekarverschuldung des ländlichen Grundbesitzes in Preußen schätzungsweise festgestellt worden. Tabelle I—II und IV—V enthalten die Grundlagen der Berechnung. Um den Leser nicht noch mehr mit technischen Erörterungen zu ermüden, mag es genügen, hier darauf hinzuweisen, daß die Verschuldung einer jeden Provinz nach der ermittelten Verschuldung der in ihr liegenden Erhebungsbezirke berechnet ist und daß dabei die Verschuldung der einzelnen Besitzklassen für sich nach der ermittelten Verschuldung der entsprechenden Besitzklasse in den Erhebungsbezirken unter Berücksichtigung des Grundsteuerreinertrages geschätzt worden ist. Da in der neuesten preußischen Grundeigentumsstatistik[1]) die Grund-

[1]) Preußische Statistik, Heft 146. Grundeigentum und Gebäude im preußischen Staate; auf Grund der Materialien der Gebäudesteuerrevision vom Jahre 1893. Für die Berechnung der Grundsteuerreinerträge der einzelnen Besitzungsklassen sind die Zahlen über die durchschnittlichen Reinerträge und die Zahl der Besitzungen im Statistischen Handbuch für den preußischen Staat Bd. IV 1903 S. 178 und 180 benutzt worden.

steuerreinerträge der einzelnen Besitzungsklassen sich nur für die selbständigen Besitzungen dieser Klasse berechnen lassen, konnte auch die Hypothekarverschuldung nur für die selbständigen Besitzungen der einzelnen Gruppen geschätzt werden und mußten die unselbständigen Besitzungen eine besondere Klasse bilden. Dabei ist für die relativ weniger zahlreichen selbständigen Besitzungen mit einem Grundsteuerreinertrage von 30—90 Mk. dieselbe Verschuldung angenommen, wie sie für die Besitzungsklasse von 90—300 Mk. ermittelt ist, während die große Zahl der unselbständigen Besitzungen als solche unter 90 Mk. Grundsteuerreinertrag angesehen und für sie die für diese Besitzungen (V) ermittelte Verschuldung eingesetzt wurde. Diese durch die amtliche Statistik gezwungene Anordnung hat den großen Vorzug, daß auf diese Weise die Verschuldung des rein bäuerlichen Besitzes noch klarer hervortritt, als dies sonst der Fall gewesen sein würde.

Die Verschuldungszahlen für den Staat sind schließlich durch Summierung der einzelnen Provinzen gewonnen und nicht etwa durch Benutzung der Verschuldungszahlen für die Gesamtheit der 56 Amtsgerichtsbezirke.

Auf diese Weise gewinnen wir folgendes Bild über die Hypothekarverschuldung des gesamten ländlichen Grundbesitzes in Preußen.

Würde man annehmen, daß die gewählten Amtsgerichtsbezirke im großen und ganzen als typisch für die Provinzen gelten können, so würde die durchschnittliche Verschuldung des östlichen Grundbesitzes fast doppelt so hoch sein als die des westlichen, wobei die Provinz Sachsen zu den westlichen Provinzen gerechnet ist. Die Provinz Posen würde den am stärksten verschuldeten Grundbesitz haben, Rheinland den wenigst verschuldeten. Unterscheidet man aber die Verschuldung der einzelnen Besitzgruppen, so wird das Bild ein anderes. Dann steigt die Verschuldung des östlichen Großgrundbesitzes über das Doppelte der Verschuldung des westlichen Grundbesitzes. Die Extreme sind hier wieder Posen und Rheinpreußen. Dagegen bleibt die Real-Verschuldung des mittelbäuerlichen Besitzes in den östlichen Provinzen etwas unter dem doppelten Betrag der Verschuldung desselben Besitzes im Westen. Auch hier zeigt Posen die höchste und Rheinland die geringste Verschuldung. Die Verschuldung des kleinbäuerlichen Besitzes im Osten ist nur um 1½ mal so groß als die Verschuldung desselben Besitzes im Westen; Ostpreußen hat hier die höchste Verschuldung, Rheinland die kleinste. Dagegen scheint die Verschuldung des kleinsten Besitzes im Osten und Westen der Monarchie wenig oder garnicht von einander abzuweichen. Es scheint also die Tendenz zu bestehen, daß der Unterschied in der Verschuldung des östlichen und westlichen Grundbesitzes um so geringer ist, je kleiner der Besitz ist und daß er beim kleinsten Besitz fast ganz verschwindet. Ein Grund für diese Erscheinung mag wohl darin liegen, daß die Existenz des Großgrundbesitzes und des groß- und mittelbäuerlichen Besitzes im

Osten der Monarchie zum überwiegenden Teil bis in die Neuzeit hinein auf der Körnerwirtschaft basiert war, während der landwirtschaftliche Besitz im Westen der Monarchie zum großen Teil schon früher sowohl nach Klima als Boden mehr auf der Viehwirtschaft, oder doch auf einer engeren und ausgleichenden Verbindung der Vieh- und Körnerwirtschaft aufgebaut war.

Der ländliche Grundbesitz in Preußen war 1896 mit fast $8\frac{1}{5}$ Milliarden Mark hypothekarisch belastet. Dies ist die glaubwürdigste Zahl für die Höhe der Realverschuldung. Alle übrigen Berechnungen und Schätzungen auf 12, 18, ja 70 Milliarden Mk. gehören in das Gebiet der Märchen und Sagen. Zieht man für die getilgten aber nicht gelöschten Hypotheken nur 15 Prozent ab, so sinkt die Hypothekarververschuldung des ländlichen Grundbesitzes in Preußen für 1896 auf rund **7 Milliarden** Mk. *Die obige Verschuldung ist eine Verschuldung von 340 Mk. für den Hektar oder von dem 25fachen des Grundsteuerreinertrages oder zu* **über** *einem Drittel des Immobilarwertes.* Bemerkenswert ist hierbei, daß die durchschnittliche Verschuldung des ländlichen Grundbesitzes des Staates *niedriger* ist, als sie sich für die Gesamtheit der 56 Amtsgerichtsbezirke ergab, wo sie das 29fache des Grundsteuerreinertrages betrug.

Bei den Gütern stieg die Belastung auf 445 Mk. für den Hektar, bei den mittelbäuerlichen Besitzungen sank sie auf 308 Mk. und bei den kleinbäuerlichen Besitzungen auf 270 Mk. Hinsichtlich der *absoluten* Höhe der Verschuldung in den Provinzen steht Schlesien mit fast $1\frac{1}{2}$ Milliarden Mk. Grundbuchschulden an erster Stelle, dann folgen in weiterem Abstand Posen und Ostpreußen mit je über 800 Millionen Mk. und an letzter Stelle Hessen-Nassau mit nur 300 Millionen Mk. Hinsichtlich der *relativen* Höhe der Verschuldung steht Posen mit dem 42fachen Grundsteuerreinertrage an erster Stelle, dann folgen Ostpreußen mit dem 38fachen, Westpreußen mit dem 32fachen, und Brandenburg und Posen mit dem 29fachen, während die relative Höhe der Verschuldung in den westlichen Provinzen auf das 18fache in Sachsen, das 17fache in Schleswig-Holstein und Hannover und auf das 14fache in der Rheinprovinz herabsinkt.

Noch wichtiger als diese Durchschnittszahlen sind die Zahlen über die schuldenfreien und die gering und hoch verschuldeten Besitzungen nach Tabelle III der Anlagen.

Danach sind von allen 521 793 selbständigen, in freiem Verkehr befindliche Besitzungen des preußischen Staates, also ausschließlich der Fideikommisse, 165 564 *oder fast ein Drittel* frei von Grundbuchschulden. Bei den 30 820 Gütern, den Besitzungen von 1500 Mk. und mehr Grundsteuerreinertrag, von denen aber wohl etwa ein Drittel, also rund 10 000, große

Bauernhöfe sind, sinkt die Zahl der schuldenfreien Besitzungen auf 19 Prozent, bei den 176 242 mittelbäuerlichen Besitzungen von 300—1500 Mk. Grundsteuerreinertrag steigt sie auf 31 Prozent und bei den 314 731 kleinbäuerlichen Besitzungen von unter 300 Mk. Grundsteuerreinertrag auf 33 Prozent.

Im ersten Drittel des Immobiliarwertes waren verschuldet insgesamt 128 557 Besitzungen oder fast ein Viertel aller selbständigen Besitzungen, im zweiten Drittel des Immobiliarwertes 100 086 Besitzungen oder ein Fünftel aller selbständigen Besitzungen und bis zu zwei Drittel des Immobiliarwertes und darüber waren **107 586** Besitzungen oder gleichfalls etwa der fünfte Teil aller selbständigen Besitzungen verschuldet.

In dieser gefährlichen Lage der Verschuldung, bis zu zwei Dritteln des Wertes und mehr, befanden sich von den Gütern über ein Drittel derselben, von den mittelbäuerlichen Besitzungen nur 15 Prozent, dagegen von den kleinbäuerlichen Besitzungen fast ein Viertel.

Nach dem Maßstab der Schätzungswerte der Ergänzungssteuer, nach welchem die Verschuldung in der Tabelle VI zur Kontrolle dargestellt ist, erscheint zwar die Verschuldung erheblich geringer als nach dem Maßstabe des Grundsteuerreinertrages, doch ist zu beachten, daß 60 Prozent des Schätzungswertes vielleicht schon einer Verschuldung von 75 Prozent oder gar 80 Prozent des Immobiliarwertes entspricht, da der Schätzungswert das Inventar mit einschließt, auch deutet der Umstand, daß nach den Verhältnissen der für den Schätzungswert benutzten Besitzungen nur 142 678 selbständige Besitzungen im preußischen Staate frei von Grundbuchschulden sein werden, gegenüber 165 564 schuldenfreien Besitzungen nach den Verhältnissen der für den Grundsteuerreinertrag benutzten Besitzungen, darauf hin, daß die Darstellung nach dem Grundsteuerreinertrag, für welche fast die dreifache Zahl der Besitzungen benutzt werden konnte, nicht ungünstiger sein kann.

Wir müssen also dabei bleiben, daß über 100 000, meist selbständige bäuerliche Besitzer sich bereits 1896 in einer ihre Existenz gefährdenden Verschuldung befanden, und daß neben diesen sich 100 000 Besitzungen, die im zweiten Drittel des Wertes verschuldet, sich wahrscheinlich auf dem Wege zum dritten Drittel befinden, und am anderen Ende erblicken wir 128 557 Besitzungen, die 1896 noch frei von Grundbuchschulden waren.

Wahrlich, diese Gegensätze der Wirklichkeit hätte selbst die stärkste Phantasie sich nicht größer ausmalen können.

Doch wird es sich empfehlen, vor einem abschließendem Urteil, noch andere Anhaltspunkte für die Beurteilung der Hypothekarverschuldung zu gewinnen.

Noch tiefer als die Erhebungen von 1883 und 1896 sind die Ermittelungen über die allgemeine Lage der Landwirtschaft in Preußen von 1888/89[1]) in die Verschuldungsverhältnisse des landwirtschaftlichen Grund und Bodens eingedrungen. Diese Ermittelungen bilden eine Enquete, die sich auf insgesamt 52 Landgemeinden in allen Provinzen und in Hohenzollern erstreckt hat. Dieselbe war nach einem Beschlusse des Landes-Ökonomie-Kollegiums vom 12. November 1885 auf Grund eines von Professor v. Miaskowski aufgestellten Fragebogens zunächst probeweise für 6 schlesische Gemeinden vorgenommen und darauf durch Verfügung des Landwirtschaftsministers vom 16. Februar 1888 an die landwirtschaftlichen Zentralvereine auf alle Provinzen und auf Hohenzollern ausgedehnt worden. Als geeignete Personen zu dieser Aufnahme waren in der Verfügung die Beamten der Vereine und die landwirtschaftlichen Wanderlehrer empfohlen, außerdem war eine sorgfältige Revision der einzureichenden Arbeiten durch besondere Kommissionen oder öffentliche Diskussionen in Versammlungen der landwirtschaftlichen Lokalvereine angeordnet.

In dem Fragebogen für die Ermittelung waren unter C. 5 folgende Fragen gestellt: Wie hoch ist die Belastung der Güter in den verschiedenen Grundeigentumskategorien mit hypothekarischen Schulden? Wie groß ist der Bestand der Personalschulden bei den Grundeigentümern der verschiedenen Kategorien? In welchem Verhältnis stehen die Personal- zu den hypothekarischen Schulden? Aus welcher Zeit datieren sowohl die Personal- als die hypothekarischen Schulden? Welchen Einfluß haben namentlich die letzten 20 Jahre auf den Schuldenstand gehabt?

Und unter C. 9 des Fragebogens wird die Frage gestellt: Besitzt die örtliche Bevölkerung bare Kapitalien? Wenn ja, wie pflegt sie dieselben anzulegen? Welches ist insbesondere der Betrag der Sparkassen- und Darlehenskassen-Einlagen?

Es kann das Studium dieser Monographien über einzelne Gemeinden nicht dringend genug empfohlen werden. Diese Individualforschung bildet die notwendige Ergänzung der Generalforschung, die aus den Gesamt- und Durchschnittszahlen der landwirtschaftlichen Statistik schöpft und von welcher sich bisher die öffentliche und besonders politische Meinung über die Lage der Landwirtschaft in Deutschland in einseitiger Weise vielfach genährt hat. Erst das Eindringen in die Verhältnisse einer einzelnen Landgemeinde, die doch den politischen Unterbau des ganzen Staatsgebietes bildet, eröffnet den Blick in die tausendfach verschlungenen Wege der landwirtschaftlichen Ent-

[1]) Landw. Jahrbücher. 16. Bd. Suppl. II. 1887. — 18. Bd. Erg.-Bd. III. 1890. — 19. Bd. Erg.-Bd. C. 1891.

wickelung und in die Schwierigkeit, die wirkliche Verschuldung der Landwirtschaft, noch ganz abgesehen von den Ursachen derselben, auch nur annähernd erkennen zu wollen.

Hinsichtlich der Höhe und der Bewegung der Hypothekarverschuldung bieten die 52 Gemeinden ein ebenso wechselhaftes Bild wie die Amtsgerichtsbezirke der Erhebung von 1883 und 1896. Es wechseln Gemeinden mit hoher und niedriger Belastung ab. Die Höhe des Hypothekenstandes differiert in den einzelnen Gemeinden von ca. 100—500000 M. und auch hier ist charakteristisch, daß der größte Teil dieser Schuld im Laufe der 70er und 80er Jahre, besonders in den Jahren 1873—1879 eingetragen ist, wenn auch in verschiedenen Gemeinden die Hypothekenschuld in den 20 Jahren von 1868 bis 1888 keine Änderungen erlitten hat, die Eintragungen und Löschungen sich daher kompensiert haben. Doch gab es auch Jahre, in denen die Löschungen die Eintragungen übertreffen. Für einige Gemeinden ist die Bewegung der Hypothekarverschuldung rückwärts noch über 20 Jahre hinaus nachgewiesen, so z. B. für die Gemeinde Stephansdorf im Kreise Neiße des Regierungsbezirks Oppeln in folgender Weise:

	Stand der Hypothekarverschuldung		Zunahme der Hypothekarverschuldung		Bodenwert
	im ganzen M.	pro ha M.	im ganzen M.	in %	pro ha M.
1800 . . .	31308	33	—	—	117
1825 . . .	61491	65	30183	96	192
1850 . . .	115920	123	54429	270	508
1875 . . .	274594	291	158677	777	843
1885 . . .	462577	490	187980	1377	973
1888 . . .	441761	467	20815	1311	1900

Der Bodenwert ist bis 1885 nach den vorgekommenen Kindskäufen berechnet, der hohe Bodenwert von 1888 ist dagegen nach dem Verkehrswert veranschlagt. Demnach wäre also der Grundbesitz dieser Gemeinde 1888 nur zu 25 Prozent des Verkehrswertes, dagegen fast zur Hälfte des Ertragswertes verschuldet, falls man Kindskaufspreis als Ertragswert ansehen darf. Das Beispiel möge zugleich die Schwierigkeit in der richtigen Erkenntnis der Hypothekarbelastung zeigen.

So wechselvoll das Bild der Hypothekarverschuldung der 52 Gemeinden ist, so verschieden ist es auch hinsichtlich der Personalverschuldung, wobei beachtenswert ist, daß ihre Ermittelung natürlich noch schwieriger und unsicherer ist als die Feststellung der Hypothekarschulden, da die Berichterstatter auf die Aussagen der Geschäftsleute, der Vorstände der Sparkassen und Darlehenskassen angewiesen sind. Die Personalschulden seien, so heißt es von einer Gemeinde im Unterwesterwaldkreise, die besonderen Geheimnisse eines jeden Familienvaters, um gute Verheiratungen der Söhne und Töchter in wohlhabende Familien nicht zu vereiteln. Für die Mehrzahl der Gemeinden wird berichtet, daß die Personalschulden nur unbedeutend seien. Das Verhältnis der Beträge der Personal- und Realschulden wird angegeben wie 1:12, 1:8, 1:6, 1:5, doch wird auch in verschiedenen Gemeinden über höhere Personalschulden berichtet. So sollen z. B. in der Gemeinde Gr. Schönbrück im Kreise Graudenz, Regierungs-Bezirk Marienwerder, die Besitzer der kleinen Betriebe unter 30 Tlr. Reinertrag mehr Personal- als Realschulden haben. Desgleichen sollen in der Gemeinde Westerhausen im Kreise Aschersleben die Personalschulden größer sein als die Realschulden, früher sei das geliehene Geld hypothekarisch eingetragen, während in neuerer Zeit fast ausschließlich Personalkredit genommen würde. Für die Gemeinde Gammertingen in Hohenzollern ist die gesamte Personal- und Realverschuldung in folgender Weise angegeben:

	Hypotheken M.	Personalschulden M.
Großbesitz	195000	40000
Mittelbesitz	80000	25000
Kleinbesitz	30500	10500
	305500	75500

Am eingehendsten von allen Gemeinden sind diese Verhältnisse für die Gemeinde Rohn im Kreise Adenau zu ermitteln gesucht. Der Bericht gibt uns davon folgendes anschauliches Bild, das wie ein Scheinwerfer in dieses Gebiet hineinleuchtet.

Besitzklassen Tlr. Grundsteuerreinertrag	Zahl der Besitzer	Hypotheken Mk.	Nicht eingetragene Schuldscheine Mk.	Personal- u. Mobiliarschulden b. den Kassen Mk.	In laufender Rechnung bei den Roher Geschäftsleuten Mk.	In laufender Rechnung bei den auswärtigen Geschäftsleuten Mk.	Sa. Mk.	pro ha Mk.
100—30	8	3338	800	3776	1007	—	8921	75
30—20	9	4971	1420	2819	604	—	9814	113
30—10	21	6774	2823	5555	1664	—	16816	142
unter 10	48	23525	3041	6870	2122	—	35558	724
	86	38608	8084	19020	5397	7850	78909	136

Die Personalschulden wurden hierbei nach den Kassenbüchern der Kaufleute berechnet. In dem Bericht heißt es, daß nur wenige Familien bei den Kaufleuten bar bezahlen, die Schuld bleibe anfangs auf Rechnung stehen, sobald sie eine gewisse Höhe erreicht habe, verlange der Gläubiger meist die

Ausstellung eines Schuldscheines mit 5 prozentiger Verzinsung, ist dann der Schuldner persönlich nicht mehr genügend haftbar, so würde die Eintragung in das Hypothekenregister bewirkt. Über die relativ geringe Höhe der Realverschuldung wird noch in dem Bericht bemerkt, daß der Grund hierfür in der bisher mangelhaften rheinisch-französischen Hypothekenverfassung liege, nach welcher die Eintragungen alle 10 Jahre bei Vermeidung des Verfalles der Hypotheken wiederholt werden müßten.

Wohl noch schwieriger als die Beantwortung nach der Höhe der Personalschulden ist die Beantwortung der Frage nach dem Barvermögen der Besitzer in den 52 Gemeinden gewesen. Für die Mehrzahl der Gemeinden wird das Barvermögen als unbedeutend oder unbekannt angegeben, doch wird auch für verschiedene Gemeinden das Vorhandensein eines Barvermögens hervorgehoben.

Wir geben auch hier einige Beispiele, um die Sache etwas näher zu beleuchten, und hoffen, daß der Leser die Wiedergabe dieser Zahlen nachsichtig beurteilen wird, weil er solche ziffernmäßigen Beläge nirgends in der gesamten Literatur findet. In der Gemeinde Lichtenau im Kreise Braunsberg, Regierungs-Bezirk Königsberg, sollen Besitzer Kapitalien aus der Zeit haben, wo der Flachsbau eine größere Ausdehnung hatte, das Geld sei teilweis an Verwandte verliehen, teils in Staatspapieren angelegt. Von der schon erwähnten Gemeinde Stephansdorf heißt es, daß die Bauern ihr Barvermögen im Dorfe selbst hypothekarisch angelegt hätten. Die Besitzer in der Gemeinde Gr. Fl. im Kreise Kiel hatten 1888 173000 Mk. Schulden, denen aber ca. 41000 Mk. Hypothekenforderungen, welche einzelne Besitzer an andere Gutsbesitzer haben, gegenüberstanden, sodaß die eigentliche Belastung nur ca. 132000 Mk. betrug. Von einer Gemeinde im Münsterlande wird die Vermögenslage in folgender Weise geschildert:

Tlr. Grundsteuer-Reinertrag	Zahl der Besitzer	davon mit Bar-Kapital	davon ohne Kapital u. Schuld	davon mit Schulden	davon zum 30 und mehrfachen Grundsteuerreinertrage verschuldet
über 500					
a) Rittergüter	1	1	—	—	—
b) Bauerngüter	9	4	2	3	—
500—100	73	19	23	31	2
100—30	59	3	27	29	11
30—20	40	1	14	25	9
unter 20	110	4	60	46	36

Erklärt wird diese Ansammlung von Vermögen in der Enquete damit, daß nachgeborene Söhne und Töchter der Bauern, da sie bei der großen Abgeschlossenheit häufig nicht in die Lage kommen, sich standesgemäß zu verheiraten, nach uralter münsterländer Sitte auf den Höfen bleiben, so lange arbeiten wie es geht und bei ihrem Tode ihr Vermögen an die Höfe zurückfallen lassen. Je weniger Kinder also von einem Hofe abgehen, desto mehr Vermögen müsse sich bei der allgemein verbreiteten Einfachheit ansammeln. Auf diesem Wege sei nun auf manchen Höfen das bare Kapital dem Wert des Grundbesitzes gleichgekommen. Früher seien die Kapitalien fast ausschließlich an Standesgenossen ausgeliehen gewesen, neuerdings würden die Sparkassen bevorzugt.

Für eine Gemeinde im Reg.-Bez. Osnabrück werden Vermögen und Schuldenlast wie nachstehend gegenübergestellt:

Grundsteuerreinertrag Tlr.	Schuldenlast Mk.	Barvermögen Mk.
500—100	102 000	30 000
100— 30	21 000	15 000
30— 20	3 000	1 500
unter 20	2 000	3 000
	128 000	49 500

In dem Berichte über die Gemeinde Schillingstadt im Bezirke Eckartsberga wird die Vermögenslage in folgender Weise angegeben:

Tlr. Grundsteuerreinertrag	Zahl der Besitzer	Schulden Mk.	Barvermögen Mk.
über 500	2	—	19 000
500—100	13	79 000	35 000
100— 30	19	32 300	10 200
30 — 20	9	17 675	—
unter 20	30	11 950	—

In der Gemeinde Bellnhausen des Kreises Marburg stand 1888 einer Hypothekenschuld von 125 600 Mk. ein Barvermögen von 60—70 000 Mk. gegenüber, das teils an Leute des Dorfes oder der Umgegend verliehen, teils in Staatspapieren angelegt war.

Von einer Gemeinde im Reg.-Bez. Oppeln wird berichtet, daß ein Teil der Gemeindemitglieder, namentlich die Eigentümer der größeren schuldenfreien Güter, Ersparnisse aus der Zeit bis zum Jahre 1880 besitzen. Seitdem seien aber dieselben nicht gewachsen, sondern teilweise wieder zugesetzt. Die Anlage erfolge teils in Wertpapieren, und seien Pfandbriefe bevorzugt, teils in Hypotheken.

Ähnlich wird von einer Gemeinde im Reg.-Bez. Breslau berichtet, wo einzelne ältere Besitzer, die ihre Güter aus der Hand des Vaters übernommen haben, noch Kapitalien besitzen sollen und auf Hypothek ausleihen. Doch sei dies sehr zurückgegangen; die Zahl der Gläubiger und der Landwirte habe trotz erheblicher Steigerung der Schulden überhaupt abgenommen.

Diese bedenkliche Erscheinung wird von verschiedenen Gemeinden berichtet.

Es wird schwer sein, auch nur in einem allgemeinen Urteil das Verhältnis von Barvermögen und Verschuldung im bäuerlichen Grundbesitz angeben zu wollen. Doch dürfte es Tatsache sein, daß beim bäuerlichen Besitz die aus den früheren besseren Zeiten erhaltenen Kapitalien zum großen Teil nicht nur aufgezehrt, sondern vielfach wohl durch einen noch größeren Betrag von Personal- und Realschulden ersetzt worden sind.

Der Großgrundbesitz, auch der verschuldete, hat vielleicht auch heute noch relativ mehr Effektenvermögen aufzuweisen, als der bäuerliche Besitz. Doch wissen wir hierüber nichts genaues, oder man müßte die Beobachtung, daß ein Teil der Großgrundbesitzer und der Pächter sich im Alter als Rentier in die Städte zurückzieht, in diesem Sinne deuten dürfen; doch wird die Möglichkeit des Rentierlebens ebenso gut auf den Erlös bei Verkauf des Besitzes zurückgeführt werden können.

Hier sei nur ein Beispiel zur Erläuterung mitgeteilt:

Das Gut Lupitz, das dem um die Landwirtschaft hoch verdienten Dr. Schulz gehörte, war 1898 mit 83 176 Mk. hypothekarischen Besitzschulden belastet; 14 250 Mk. Hypotheken waren abgetragen, aber nicht gelöscht. Das Erbvermögen des Besitzers betrug in demselben Jahre 27 425 Mk., das der Frau 24 633 Mk., die Kapitalanlagen aus den Reinerträgen beliefen sich auf 24 998 Mk. Am 1. Juli 1892 waren auf demselben Gute die Hypotheken auf 108 426 Mk. angewachsen, und die disponiblen Besitzwerte mit 60 340 Mk. angegeben, sodaß als tatsächliche Schulden 48 060 Mk. verblieben. Von den disponiblen Besitzwerten waren 50 873 Mk. in Effekten, Staatspapieren und Pfandbriefen angelegt, 4400 Mk. war barer Kassenbestand und 1800 Mk. war der Wert der direkt verkäuflichen Vorräte.[1])

Die Mitteilung eines schlesischen Amtsgerichtsbezirkes,[2]) daß viele wohlhabende Besitzer ihre Schulden weder löschen lassen noch abtragen, weil sie die betreffenden Kapitalien höher verwenden können, als sie dieselben verzinsen müssen, weist schon direkt auf eine spekulative Ausnutzung der Realverschuldung hin. Auch der amtliche Bericht über die Hypothekenbewegung berichtet, daß es tatsächlich nicht selten vorkomme, daß vermögende Grundbesitzer

---

[1]) **Vibrans**, Die Wirtschaft Lupitz und ihre Erträge. Heft 76, der Arbeiten der D.L.G. Berlin, 1902, S. 28 und 31.

[2]) Zeitschrift des Kgl. Preuß. Statist. Bureaus. 31. Jahrg., 1891, S. 4.

nur deshalb Hypotheken zu Abfindungs- und Meliorationszwecken usw. errichten, um den billigen Landschafts- oder sonstigen Anstaltskredit auszunutzen und ihr eigenes vorteilhaft angelegtes Vermögen nicht angreifen zu müssen. Noch weiter geht die Mitteilung aus dem Landgebiet des Berliner Kammergerichts,[1]) daß reiche Spekulanten häufig große ländliche Grundstückskomplexe zwecks späterer Parzellierung erwerben, und sie oft, weit über den Kaufpreis hinaus, mit billig verzinslichen Hypotheken belasten und dann die so gewonnenen Kapitalien anderweit vorteilhaft anlegen.

Leider sind nun seit der Enquete über die 52 preußischen Gemeinden bereits 16 Jahre verflossen, sodaß wir über die Entwickelung der Verschuldungsverhältnisse in den entscheidenden Jahren der landwirtschaftlichen Depression nichts wissen.

Bis zur Gegenwart führt nur eine Erhebung in Preußen, nämlich die Hypothekenbewegungsstatistik, die aber neben diesem Vorzuge den größeren Nachteil hat, daß aus ihr für die Erkennung der Verschuldung des landwirtschaftlichen Grundbesitzes nur wenig entnommen werden kann. Allerdings bezieht sich dieses Urteil mehr auf die statistischen Zahlen, mit denen in der Öffentlichkeit so vielfach operiert wird, als auf die Begleitberichte der Grundbuchbehörden und die gründliche Erörterung aller Verschuldungsverhältnisse in der amtlichen Bearbeitung des statistischen Bureaus.

Auf Antrag des Landes-Ökonomie-Kollegiums ist durch Verfügung des Justizministers vom 15. Juli 1885 jährlich, erstmalig für das Rechnungsjahr 1886/87 angeordnet worden[2]): Vom 1. April 1886 ab hat jedes Amtsgericht jährlich eine Nachweisung über die Beträge der in den Grund- bezw. Hypothekenbüchern seines Bezirks im Laufe des Etatsjahrs eingetragenen und gelöschten Hypothek aufzustellen. Hypotheken an Bergwerken und an sonstige nicht in Grundstücken bestehenden Gegenständen bleiben außer Berücksichtigung. Als städtische Bezirke gelten außer den städtischen Gemeindebezirken diejenigen Gemeinde- und selbständigen Gutsbezirke des platten Landes, in welchen die Grundstückswerte durch andere Beziehungen als den Betrieb der Landwirtschaft bedingt werden, insbesondere Bade-, Kur-, Vergnügungs-, Fabrikorte, vorstädtische Ortschaften und dergleichen mehr.

Für die Würdigung dieser Bewegungsstatistik ist zunächst zu beachten, daß die buchmäßige Hypothekenbewegung nicht immer mit der tatsächlichen zusammenfällt. So sind die Löschungen zu klein um den Betrag der in der Erhebungsperiode abgezahlten aber nicht gelöschten Schulden und zu groß

[1]) Zeitschrift des kgl. preuß. statist. Bureaus, 1903, S. 326, 338.

[2]) Zeitschrift des kgl. preuß. statist. Bureaus. 27. Jahrg., 1887, S. 189.

um den Betrag der in der Erhebungsperiode gelöschten aber schon früher abgetragenen Schulden, und umgekehrt sind die Eintragungen zu klein um den Betrag der in der Erhebungsperiode aufgenommenen, aber nicht neu eingetragenen, sondern durch Umschreibung einer früher abgezahlten, aber nicht gelöschten Schuld, und zu groß um den Betrag der in der Erhebungsperiode eingetragenen, aber schon früher aufgenommenen Schuld[1]). Doch wird man allgemein wohl annehmen dürfen, daß diese Abweichungen sich zum größten Teil gegenseitig ausgleichen. Aber außer diesen mehr formalen Abweichungen kommen für die Beurteilung der Vermögensverhältnisse des ländlichen Grundbesitzes auf Grund der jährlichen Hypothekenbuchung noch folgende Gesichtspunkte in Betracht.

Eine Mehr-Eintragung kann durch Umwandlung von Personal- in Realschulden bei erleichtertem Kredit, ferner wegen produktiver Verwendung oder gewinnbringender Ausleihung der aufgenommenen Kapitalien, und endlich kann ein Aufhören der Löschung durch Aufsammlung von Ersparnissen bei unveränderten Hypothekenschulden bewirkt werden, und umgekehrt kann ein Stillstand der Eintragungen durch Steigerung der Personalschulden oder durch Deckung von Ausgaben durch ältere Ersparnisse oder durch Überschuldung herbeigeführt sein. Besondere Beachtung verdienen die bei Zwangsversteigerungen erfolgenden Löschungen, welche die scheinbar günstige Wirkung von Löschungen in das Gegenteil verkehren. So wird z. B. 1891 berichtet, daß es namentlich die Kreise auf der Höhe des uralisch-baltischen Landrückens seien, bei welchen die „Entlastung" größtenteils oder gar überwiegend im Zwangsversteigerungsverfahren vor sich gehe. Oder mit anderen Worten: Die Zu- und Abnahme des Hypothekenstandes gestattet nicht ohne weiteres einen Schluß auf die allgemeine Lage der Landwirtschaft.

Für die preußische Hypothekenbewegungsstatistik kommt als erschwerender Umstand noch hinzu, daß sie keine Unterscheidungen nach Besitzklassen, wie nach Großgrund-, Mittel- und Kleinbesitz, trifft, sondern den gesamten ländlichen Grundbesitz als geschlossene Einheit registriert. Aber selbst wenn man diesen Mangel hinnehmen wollte, in dem Troste, daß uns die Statistik wenigstens die jährliche Hypothekenbewegung des land- und forstwirtschaftlich genutzten Bodens in seiner Gesamtheit vorführt, so versagt auch diese Hoffnung, da die ländlichen Bezirke der preußischen Statistik auch die Grundstücke und Anlagen von nicht landwirtschaftlichem Charakter einschließt.

Wenn auch nach der Instruktion diejenigen Bezirke, in denen nicht landwirtschaftliche Grundstücke überwiegen, die also z. B. einen überwiegend industriellen Charakter haben, zu den städtischen Bezirken gerechnet werden

---

[1]) Zeitschrift des Kgl. preuß. statist. Bureaus 29. Jhrg. 1889. S. 1.

sollen, so bleiben doch alle diejenigen Bezirke ländliche, in welchen zwar der landwirtschaftliche Charakter überwiegt, aber doch die Industrie bereits eine mehr oder weniger größere Ausdehnung erlangt hat. Da industrielle Anlagen in der Regel hohe Werte besitzen, die zum großen Teil hypothekarisch eingetragen sind, so ist es natürlich, daß die Ausdehnung der Industrie einen großen Einfluß auf die Hypothekenbewegung solcher ländlicher Bezirke ausüben und damit die Brauchbarkeit der Hypothenstatistik für die Erkenntnis der Lage der Landwirtschaft beeinträchtigen, ja vielfach völlig aufheben wird. Für Preußen kommen hier hauptsächlich der rheinisch-westfälische Industriebezirk in den Oberlandesgerichtsbezirken Hamm und Cöln, ferner der oberschlesische Industriebezirk im Oberlandesgerichtsbezirk Breslau und die Umgebung großer Städte, wie besonders im Berliner Kammergerichtsbezirk, in Betracht.

Schließlich ist noch der Umstand mißlich, daß die preußische Hypothekenbewegung nach Amtsgerichtsbezirken und Oberlandesgerichtsbezirken und nicht nach den politischen Bezirken, nach Kreisen, Regierungsbezirken und Provinzen nachgewiesen wird, damit ist jede weitere Verwertung und Bearbeitung der Statistik ausgeschlossen, da alle anderen Zahlen der landwirtschaftlichen Statistik, wie über Ernte, Viehstand usw. nach politischen Bezirken veröffentlicht werden. Erst die letzte Bearbeitung der Hypothekenbewegung vom Jahre 1903 hat diesem Mangel etwas Rechnung getragen und die Hypothekenbewegung wenigstens nach Provinzen, aber nur für die Jahre 1895 bis 1900 mitgeteilt. Unter diesem Vorbehalt sind nun die in der Anlage ziffernmäßig und graphisch mitgeteilten Ergebnisse der preußischen Bewegungsstatistik zu beurteilen.

In den 16 Jahren von 1886—1901 sind in sämtlichen städtischen und ländlichen Bezirken des preußischen Staates 37 Milliarden Mark hypothekarisch eingetragen, dagegen in derselben Zeit nur etwas über 20 Milliarden Mark Hypotheken gelöscht worden, sodaß die Mehr-Eintragung fast 17 Milliarden Mark oder jährlich im Durchschnitt etwas über 1 Milliarde Mark beträgt. Von dieser Mehr-Belastung entfallen 13 Milliarden Mark oder rund $^3/_4$ auf die städtischen Bezirke und 4 Milliarden Mark oder rund $^1/_4$ auf die ländlichen Bezirke. Von der städtischen Mehr-Belastung kommen fast $4^3/_4$ Milliarden Mark oder über ein Drittel der hypothekarischen Mehr-Belastung aller städtischen Bezirke des preußischen Staates allein auf den Bezirk des Berliner Kammergerichts, oder die Mehr-Belastung dieses räumlich kleinen Bezirkes übertraf die gesamte Mehr-Belastung aller ländlichen Bezirke des Staates um $^3/_4$ Milliarden Mark. Das wichtige Verhältnis der Löschungen zu den Eintragungen ist in den ländlichen Bezirken günstiger als in den städtischen, in ersteren wurden in dem 16jährigen Zeitraum

66 Prozent oder zwei Drittel aller eingetragenen Hypotheken gelöscht, in den städtischen dagegen nur 49 Prozent oder fast die Hälfte.

Soweit das Gesamtbild, das uns die preußische Hypothekenstatistik gibt, immer unter der Vorstellung, daß diese gewaltigen Werte nur den Zuwachs an Hypotheken seit 1886 bedeuten, daß wir über die gesamten Hypothekenschulden, einschließlich aller vor 1886 eingetragenen und noch rechtsgültigen Hypotheken, bisher leider noch auf bloßer Schätzung, wie die oben für die ländlichen Bezirke mitgeteilte, angewiesen sind.

In den ländlichen Bezirken des preußischen Staates sind also in dem 16jährigen Zeitraum von 1886—1901 im Durchschnitt jährlich 248½ Millionen Mk. Hypotheken, im Durchschnitt der letzten 5 Jahre von 1897 bis 1901 sogar jährlich 373½ Millionen Mk. mehr eingetragen als gelöscht worden. Von der gesamten Mehrbelastung mit fast 4 Milliarden Mk. entfallen allein auf die 4 Oberlandesgerichtsbezirke Berlin, Breslau, Hamm und Cöln, in denen auch die ländlichen Bezirke stark mit Industrie durchsetzt sind, über 2 Milliarden Mk. oder über die Hälfte.

In der Anlage sind die Beträge der Eintragungen, Löschungen und Mehr-Eintragungen in den ländlichen Bezirken der einzelnen Oberlandesgerichtsbezirke von 1886—1901, ferner die Mehr-Eintragungen nach Provinzen für die Irhre 1895—1901 mitgeteilt, außerdem sind die Mehr-Eintragungen graphisch dargestellt worden. Ein Blick auf die Kurvenlinien zeigt die außergewöhnliche Bewegung der Mehrbelastung in denjenigen Bezirken, in denen Bergbau und Industrie bereits erheblich aufs Land gedrungen sind, wie dies besonders die Linien für Hamm, Cöln und Breslau zeigen. Im Gegensatz hierzu tritt die ruhige und fast gleichmäßige Hypothekenbewegung in den übrigen ländlichen Bezirken deutlich hervor. Für die Oberlandesgerichtsbezirke Frankfurt und Cassel ist noch zu beachten, daß in diesen Bezirken eine Neuordnung des Grundbuchwesens stattgefunden hat, die besonders in den ersten Jahren der Erhebung vielfach im Aufgebotsverfahren die Löschung längst abgezahlter Hypotheken zur Folge gehabt hat, sodaß die Beträge der Löschungen und die Bilanz zwischen Eintragung und Löschung günstiger erscheint, als der wirklichen Sachlage entspricht. Für Posen ist schließlich noch erwähnenswert, daß hier das Bild durch die Erwerbungen der Ansiedelungskommission, welche vielfach mit Löschungen großer Hypothekenposten verbunden sind, etwas getrübt wird, zum Teil trifft dies auch für Westpreußen zu.

Um nun eine konkrete Vorstellung zu gewinnen, in welchem Grade die enorme Hypothekenzunahme den ländlichen Grundbesitz belastet, sei die Annahme gestattet, daß der statistische Nachweis der Mehr-Eintragungen in allen ländlichen Bezirken fast ausschließlich den gesamten privaten land- und forstwirtschaftlichen Grundbesitz erfaßt hat, und daß das Zuviel in den industriellen Bezirken durch das Zuwenig in den andern oben erwähnten Bezirken ausgeglichen werde. Die nutzbare Fläche der ländlichen Privatbesitzungen in Preußen, einschließlich der Fideikommiß- und Lehnsgüter, aber unter Ausschluß der staatlichen Domänen und Forsten und des sonstigen festen Besitzes betrug nun 1893: 26 Millionen Hektar, sodaß die Mehrbelastung dieses Besitzes innerhalb 16 Jahren 153 Mk. pro Hektar betragen würde. Durch die Einschließung der Fideikommisse erscheint die Mehrbelastung des nicht fideikommissarisch gebundenen Besitzes noch etwas zu niedrig. Schließt man die 2 Millionen Hektar Fideikommißfläche aus, so steigt die Mehrbelastung des ländlichen privaten Grundbesitzes auf 166 Mk. pro Hektar, allerdings werden hierbei die Hypotheken der Fideikommisse dem übrigen Besitz zugerechnet, doch ist dieser Fehler bei der geringen Verschuldung der Fideikommisse kleiner als beim Einschluß derselben. Dabei ist noch zu beachten, daß in dieser Berechnung die gesamten Privatforsten eingeschlossen, die bisher nur wenig als beleihbare Objekte angesehen werden. Schließt man sie aus, so steigt die Mehrbelastung auf 200 Mk. pro Hektar der landwirtschaftlich benutzten Fläche.

Für die 7 Jahre 1895—1901, für welche die jährliche Hypothekenzunahme auch nach Provinzen mitgeteilt ist, ergibt sich auf dieselbe Weise eine Mehrbelastung von 85 Mk. bezw. 100 Mk. pro Hektar. Für die einzelnen Provinzen würde sich die Mehrbelastung der 7 Jahre von 1895—1901 unter Ausschluß der Fideikommißgüter, wie folgt berechnen, wobei nach der Anlage die Verschuldungsquote nach dem Grundsteuerreinertrage hinzugefügt ist:[1])

	Mk. pro Hektar	auf die Einheit des Grundsteuerreinertrages		Mk. pro Hektar	auf die Einheit des Grundsteuerreinertrages
Ostpreußen	53	6,47	Sachsen	120	4,93
Westpreußen	55	5,92	Schleswig-Holstein	97	4,57
Brandenburg	54	5,31	Hannover	84	5,70
Pommern	36	4,27	Westfalen	228	13,49
Posen	42	4,58	Hessen-Nassau	164	7,40
Schlesien	89	6,08	Rheinland	425	13,25

[1]) Als Grundsteuerreinertrag ist hier derjenige des ländlichen Privatbesitzes ausschließlich desjenigen des festen Grundbesitzes genommen, während die amtliche Statistik für diese Berechnung den gesamten Grundsteuerreinertrag des ländlichen Besitzes einschl. der staatlichen Domänen, Forsten usw. genommen hat, was jedenfalls ein weniger zutreffendes Bild gibt.

Sieht man von der hohen Mehrbelastung in Westfalen und der Rheinprovinz ab, wo sie augenscheinlich zum großen Teil durch die industrielle Entwicklung verursacht worden ist, so entrollt die Bewegungsstatistik für den ländlichen Grundbesitz der übrigen Bezirke, in denen die Ausdehnung der Industrie auf das platte Land nicht so schwer ins Gewicht fällt, ein überaus trübes und ernstes Bild. Nach den oben erwähnten Grundstückspreisen aus den Jahren 1871—1881 schwankte der Verkehrswert des ländlichen Grundbesitzes zwischen dem 56—70fachen des Grundsteuerreinertrages und betrug im Durchschnitt das 63fache desselben. Da die Hypothekenzunahme in der Mehrzahl der ländlichen Bezirke dem 5—6fachen des Grundsteuerreinertrages gleichkommt, so bedeutet dies mit anderen Worten: Allein in den 7 Jahren von 1895 bis 1901 ist der ländliche Grundbesitz in Preußen mit einem weiteren Zehntel seines Wertes hypothekarisch belastet worden. Da man nach der Hypothekenstandsstatistik von 1896 annehmen darf, daß der ländliche Grundbesitz in Preußen schon im Durchschnitt mindestens zu einem Drittel seines Wertes mit Hypotheken belegt war, so würde Ende 1901 die Verschuldung des ländlichen Grundbesitzes etwa 40 Prozent des Wertes erreicht haben und wenn sie in demselben Tempo fortschreitet wie bisher, so würde die Verschuldung spätestens etwa um 1910 den halben Wert des ländlichen Immobiliarbesitzes, Boden und Gebäude, absorbiert haben.

Die hypothekarische Mehrbelastung des ländlichen Grundbesitzes betrug von 1897—1901 insgesamt 1868 Millionen Mark. Den gesamten Hypothekenstand hatten wir oben für 1896 zu 7 Milliarden Mark berechnet, so daß die gesamte Hypothekarverschuldung des ländlichen Grundbesitzes in Preußen Ende 1901 auf rund 9 Milliarden Mark angewachsen war, unter der Voraussetzung, daß die Hypothekenverschuldung sich auf dieselben ländlichen Besitzungen erstreckt wie die Erhebungen von 1896. Hierüber weiß auch der amtliche Bericht nichts Genaues. Nimmt man an, daß von der hypothekarischen Mehrbelastung in den ländlichen Bezirken etwa ein Viertel auf nicht landwirtschaftliche Grundstücke entfällt, so würde die hypothekarische Belastung des ländlichen Grundbesitzes Ende 1901 etwa 8⅓ Milliarden Mark betragen haben. Schätzt man die Personalschulden auf ein Fünftel der Realschulden, so würde der ländliche Grundbesitz Ende 1901 insgesamt ca. **10 Milliarden** Mark Real- und Personalschulden gehabt haben.

Nun wird man einwenden können, der Boden, auf dem wir uns mit diesen düsteren Prophezeihungen bewegen, ist viel zu brüchig und unsicher, um solche Schlußfolgerungen zu gestatten, der Wertmaßstab des Grundsteuerreinertrages und des mit ihm verbundenen Kaufpreises aus den 70er Jahren gilt nicht mehr für die Gegenwart, es ist nicht unwahrscheinlich, daß der

Gesamtwert des Immobiliarvermögens, das für die Hypotheken haftet, mindestens in demselben Verhältnis, wie die Hypotheken gestiegen ist, so daß der ländliche Grundbesitz im Verhältnis zum Wert nicht höher belastet ist wie früher. Für diese Auffassung ist bisher ein exakter Beweis nicht erbracht worden. Es müßte zu diesem Zweck nachgewiesen werden, daß die als Wertmaßstab benutzten Verkaufspreise aus den 70 er Jahren in denselben Bezirken im Laufe der 80 er und 90 er Jahre noch weiter gestiegen sind. Für das preußische Finanzministerium würde es ein leichtes sein, diese Frage noch besser zu beantworten als in den oben mitgeteilten durchschnittlichen Kaufpreisen der Jahre 1884—93 geschehen, die diesen Vergleich nicht gestatten. Aber aus den Enqueten über die Lage der Landwirtschaft in den 80 er Jahren geht zweifellos hervor, daß die allseitig für abnorm und unnatürlich hoch gehaltenen Bodenpreise der 70er Spekulationsjahre schon Ende der 70er Jahre und im Laufe der 80er Jahre ganz erheblich gesunken sind. Es kam dies schon in den Verhandlungen des preußischen Landes-Ökonomie-Kollegiums im Jahre 1884 zum Ausdruck, in denen kein geringerer als von Miaskowski auf den Mißstand hinwies, daß die hohen Bodenpreise der 70 er Jahre, die weit über dem Ertragswert standen, zum Maßstab der Verschuldung der Schuldenstandsstatistik von 1883 genommen seien, allein das Verhältnis zwischen der Verschuldung und dem Ertragswert des Grundbesitzes gebe darüber eine Auskunft, ob die gegenwärtigen Besitzer ihren Besitz halten können. Es ist bereits oben nachgewiesen, daß die Schätzung der Ergänzungssteuerveranlagung vom Jahre 1896 im allgemeinen etwa denselben Wert ergeben hat, wie er für die 70 er Jahre ermittelt ist, jedenfalls aber keinen oder einen nur unerheblich höheren Preis nachgewiesen hat. Wir hätten hiernach anzunehmen, daß der Immobiliarwert der 70 er Jahre nach einer Senkung in den 80 er Jahren im Laufe der 90 er Jahre ungefähr wieder dasselbe Niveau erreicht hat, wie in den 70 er Jahren. Dabei ist aber zu beachten, daß die Steigerung nicht wie in den 60 er und 70 er Jahren durch höhere Preise der landwirtschaftlichen Erzeugnisse, sondern fast ausschließlich durch den vermehrten Bau von Eisenbahnen und Chausseen und durch die modernen Fortschritte der Landwirtschaft in der Bearbeitung und Düngung des Bodens und in der Viehzucht und drittens durch Neubau und Vermehrung der Wirtschaftsgebäude erzielt worden ist. Dabei haben natürlich diejenigen Gegenden und Bodenarten verhältnismäßig am meisten gewonnen, die gegen andere Gegenden und Bodenarten bisher im Rückstande waren, also hauptsächlich der preußische Osten und die leichteren Bodenarten, während umgekehrt in den Gegenden, die diese Vorzüge schon vor 20 oder 30 Jahren hatten, der Bodenwert unter dem Druck der ungünstigen Handelskonjunktur mehr gesunken als gestiegen ist. Soweit also gegenwärtig für denselben Boden, einschließlich der zugehörigen Wohn- und Wirtschaftsgebäude, derselbe Preis bezahlt wird, wie in den 70 er Jahren, so hat dieser Preis einen völlig anderen Inhalt: Der Boden steht in besserer Kultur, die Gebäude, die im Preis eingeschlossen sind, sind besser und zahlreicher und der Boden liegt näher an einer Chaussee oder Eisenbahn. Es ist auch zweifellos, daß der Verkehrswert unter dem Druck der ausländischen Konkurrenz sich im Laufe der 80 er und 90 er Jahre wieder mehr dem Ertragswerte genähert hat, da die Käufer und Pächter nicht unter der Vorstellung einer steigenden, sondern vielmehr einer fallenden Konjunktur standen und noch stehen. Nur Gegenden und Grundstücke mit außergewöhnlichen Verhältnissen, z. B. das Ansiedelungsgebiet in Posen und Westpreußen und der mit gewissen sozialen und politischen Vorzügen ausgestattete Großgrundbesitz, wie vor allem in Mecklenburg, haben Preise, die vielfach den Ertragswert allzu weit übersteigen. Die Erhaltung oder Wiedergewinnung des Immobilienwertes im Laufe der 90 er Jahre gegenüber den 70 er Jahren ist also mehr einer inneren Wertzunahme, ja zum großen Teil einem erarbeiteten Wert im besten Sinne des Wortes zu verdanken; es wird nur meistens bei der Beurteilung der Bodenpreise übersehen, daß ohne diese zähe und unverzagte Kulturarbeit in der landwirtschaftlichen Praxis und Wissenschaft die deutsche Landwirtschaft längst im Grabe liegen würde, und daß der Teil des abnorm hohen Immobiliarpreises der 70 er Jahre, der im Laufe der 80 er Jahre verloren ging, nicht wieder zurückerobert worden wäre. Es hat eben im Laufe der letzten 25 Jahre in der deutschen Landwirtschaft unter dem Zwange der Verhältnisse eine gewisse Umwertung der Werte stattgefunden. Die Landwirtschaft ist industriell geworden. Der Immobiliarwert tritt relativ zurück hinter dem Mobiliarwert, das Betriebskapital, Lohnfonds, Maschinenkapital, Dünge- und Futtermittelkapital, haben einen Umfang angenommen, wie man es früher nicht für möglich gehalten hat. Schneller und massenhafter Umsatz ist auch hier die Parole geworden, um mit Hilfe einer höheren Verzinsung des Betriebskapitals eine leidliche Verzinsung des Immobiliarkapitals zu erzielen. Die Kehrseite dieser Entwickelung ist in Verbindung mit der wachsenden Hypothekarverschuldung die empfindliche und fast nervöse Abhängigkeit der landwirtschaftlichen Existenz vom Markte, und bei der Unsicherheit des Warenmarktes und der völligen Deroute des Arbeitsmarktes macht sich stellenweise schon das Bestreben geltend, wieder zum extensiven Betrieb zurückzukehren, wenn dies nicht in den meisten Fällen mit einem zu großen Verluste der auf einen intensiven Betrieb zugeschnittenen Kapitalsanlage verbunden wäre.

Jedenfalls dürfte aus diesen Ausführungen hervorgehen, daß selbst ein nachweisbarer Wertzuwachs an einzelnen in der Landwirtschaft wirksamen

Kapitalien nicht ohne weiteres den Schluß auf eine Zunahme des Gesamtwertes aller Kapitalien gegenüber früheren Zeiten gestattet.

Für eine solche Zunahme könnten folgende Tatsachen angeführt werden. Die Zahl der Gebäude auf dem Lande ist in Preußen von 1886 bis 1901 um 491 170 oder um 14 Prozent und gleichzeitig der Jahresbetrag der Gebäudesteuer auf dem Lande um 6 873 834 Mk. oder um 86 Prozent gestiegen. Der gesamte Verkaufswert des Viehstandes hat von 1883 bis 1900 eine Zunahme von 1⅓ Milliarden Mark oder um 39 Prozent erfahren. Die Chausseen haben in Preußen von 1882—1900 um 37 000 km oder um 63 Prozent, die Eisenbahnen von 1880 bis 1900 um 12 666 km oder um 62 Prozent zugenommen. Das veranlagte Einkommen auf dem platten Lande ist in Preußen von 1892 bis 1903 um 715 Millionen Mk. oder um 28 Prozent gestiegen.

Bei allen diesen Paradezahlen bleibt indes immer die schwierige Frage, in wieweit ist dieser Wertzuwachs dem eigentlichen Bauern- oder Großgrundbesitzerstande, um den es sich hier allein handelt, zu Gute gekommen, und wenn dies der Fall ist, so taucht die andere Frage auf: hat die Rentabilität des landwirtschaftlichen Betriebes gleichen Schritt mit dem Wertzuwachs gehalten? Für den Kleinbauer, dessen Wirtschaftsgebäude einen relativ größeren Teil des gesamten Anlagekapitals beanspruchen, wie beim Mittel- und Großgrundbesitz, wäre es ein schwacher Trost, wenn man ihn bei steigender Verschuldung, etwa infolge eines Neubaues, darauf aufmerksam machen wollte, daß seine Realverschuldung im Verhältnis zum Werte überhaupt nicht gestiegen sei, sobald er nunmehr einen höheren Zinstribut jährlich *ohne steigende Einnahme* aufbringen muß, und hier liegt der entscheidende Punkt. Sinkt die Rentabilität bei gleichzeitiger Zunahme des Anlagekapitals, so bedeutet die hypothekarische Verschuldung, selbst wenn sie bei absoluter Zunahme im Verhältnis zum Verkehrswert dieselbe Höhe wie früher hat, für die Lage der Landwirtschaft etwas ganz anderes als bei steigender Rentabilität. Wir sehen also, wie individuell die Verschuldungsfrage zu beurteilen ist und ein wie roher und unsicherer Maßstab für die Gefährlichkeit der Verschuldung der Verkehrswert bildet. Ja selbst der Ertragswert allein kann den Grad der Gefährlichkeit noch nicht hinreichend empfindlich anzeigen, wenn er nicht mit der Feststellung des Zinsfußes, zu welchem sich das gesamte Anlagekapital verzinst, verbunden ist. Die Verzinsung des Anlagekapitals und der Zinsfuß des Real- und Personalkredits bilden den Barometer für die Lage der Landwirtschaft. Und die eigenartige und bedenkliche Signatur eines größeren Teiles der Landwirtschaft scheint seit etwa 2 Jahrzehnten in einer so schlechten Rentabilität zu bestehen, daß fast der gesamte Wertzuwachs nicht durch Überschüsse und Ersparnisse gewonnen, sondern hypothekarisch geliehen ist.

Also nur die gesamte Vermögenslage der einzelnen Besitzer kann eine nähere Auskunft über die Gefährlichkeit der Verschuldung geben. Es ist deshalb angeregt worden, das umfassende Material, das in den Schätzungsbogen der Veranlagung zur Einkommen- und Ergänzungssteuer niedergelegt ist, für die Verschuldungsstatistik zugänglich zu machen, wie dies in Kg. Sachsen, in Baden und Oldenburg bereits geschehen ist.

Wir wenden uns nun zu einer kurzen Betrachtung der Hypothekarverschuldung in den übrigen Bundesstaaten.

Im rechtsrheinischen Bayern werden seit 1895 die Eintragungen und Löschungen von Hypotheken jährlich nachgewiesen und dabei wird, was der besondere Vorzug dieser Statistik gegenüber der preußischen ist, die Hypothekenbewegung gesondert für land- oder forstwirtschaftlich genutzte Flächen, ferner für land- und zugleich gewerblich und drittens für städtische oder gewerblich genützte Grundstücke festgestellt. Die Anlage enthält die Ergebnisse dieser Statistik für die 8 Jahre 1895—1902 in tabellarischer graphischer Darstellung.

In diesem Zeitraum sind auf dem von der Statistik erfaßten Gebiet in Bayern insgesamt rund $4^1/_2$ Milliarden Mark Hypotheken eingetragen, davon entfallen rund 3 Milliarden Mark oder 65 Prozent auf rein städtische und gewerbliche Hypotheken, rund $1^1/_3$ Milliarden Mark oder 30 Prozent auf rein land- oder forstwirtschaftliche Hypotheken und $^1/_4$ Milliarde Mark auf gemischte landwirtschaftliche und gewerbliche Hypotheken.

Die Mehr-Eintragungen an Hypotheken betrugen in dem obigen Zeitraum insgesamt 1,6 Milliarden Mark, davon entfielen rund $1^1/_4$ Milliarden Mark oder 80 Prozent auf rein städtische und gewerbliche Grundstücke, auf rein land- oder forstwirtschaftliche Grundstücke 235 Millionen Mark oder nur 15 Prozent und auf gemischte landwirtschaftliche und gewerbliche Grundstücke 5 Prozent. Dementsprechend wurden auf den rein städtischen und gewerblichen Grundstücken durchschnittlich nur 56 Prozent aller eingetragenen Hypotheken gelöscht, dagegen sind auf den land- und forstwirtschaftlichen Grundstücken 82 Prozent aller Eintragungen und auf den gemischten landwirtschaftlichen und gewerblichen Grundstücken 65 Prozent der Eintragungen wieder zur Löschung gekommen.

Bemerkenswert für die allgemeine Betrachtung ist auch hier der enorme Anteil der Großstädte München und Nürnberg an der gesamten Mehrbelastung. So betrugen die Mehr-Eintragungen dieser beiden Städte 1899 allein 158 Millionen Mark oder 58 Prozent der gesamten hypothekarischen Mehrbelastung im rechtsrheinischen Bayern oder fast das 4fache der Mehrbelastung aller rein land- oder forstwirtschaftlichen Grundstücke im gesamten Königreich, ausschließlich der Pfalz. Die Löschungen von Hypotheken erreichten 1899 in München nur 46 Prozent und in Nürnberg 43 Prozent der Eintragungen.

Für die Würdigung der Mehreintragungen auf den rein land- und forstwirtschaftlichen Grundstücken fehlen leider hinreichende Grundlagen über die Wertbemessung des von der Statistik erfaßten Grund und Bodens; auch die Flächengröße der rein land- und forstwirtschaftlichen Betriebe ist schwer zu ermitteln, auch ist eine zweckmäßige Ausscheidung der nicht beleihbaren Grundstücke, wie insbesondere des fiskalischen Bodens, schwierig zu treffen.

Als auffällige Erscheinung sei nur noch die starke Zunahme der Mehrbelastung auf den rein land- und forstwirtschaftlichen Grundstücken für die Jahre 1899 und 1900 und die darauf wieder folgende Abnahme in den Jahren 1901 und 1902 hervorgehoben.

Über die Höhe der gesamten Hypothekarverschuldung der bayerischen Landwirtschaft fehlt jede Grundlage. Sie ist für 1900 auf ca. 900 Millionen Mark geschätzt worden. Für die 24 Erhebungsgemeinden im Jahre 1894 ist festgestellt [1]), daß die Realkreditschuldung in 9 Gemeinden zwischen 5,21—17,25 Prozent des Wertes, in 8 zwischen 20,93—29,92 Prozent, in 6 zwischen 34,78—39,72 Prozent und in einer Gemeinde 76,04 Prozent des Wertes betrug.

Für die Beurteilung der persönlichen Vermögenslage dürften noch die Ergebnisse der bayerischen Sparkassen-Statistik von Interesse sein, da bei derselben für einige Jahre die Einleger nach dem Berufe unterschieden sind. [2]) In den 3 Jahren 1896—1898 betrug die Zahl der jährlich neu zugegangenen Spareinleger, die selbständige Landwirte waren, durchschnittlich 5267 mit einer erstmaligen Spareinlage von durchschnittlich 499 Mk., während die Zahl der selbständigen Gewerbetreibenden über 8000 mit einer durchschnittlichen Ersteinlage von 279 Mk. und die Zahl der Handeltreibenden 2500 mit einer durchschnittlichen Einlage von 352 Mk. betrug. Allerdings erfahren wir nichts über die Beteiligung der Landwirtschaft an dem gesamten Sparkassenbestand, sodaß die obigen Zahlen wenig besagen.

Auch für **Württemberg** hat bisher eine Aufnahme des gesamten Hypothekenstandes nicht stattgefunden, es liegt nur eine Bewegungsstatistik für die 10 Jahre von 1838—1847 und für das Jahr 1897 vor. [3]) **Zeller** kommt bei dem Vergleiche zu dem wahrscheinlichen Ergebnisse, daß der heutige

---

[1]) Untersuchung der wirtschaftlichen Verhältnisse in 24 Gemeinden des Königreichs Bayern. München 1895.

[2]) Statistisches Jahrbuch für das Königreich Bayern. 6. Jahrg. 1901. S. 150.

[3]) Mitteilungen des Vizedirektors von **Steudel** im Württemb. Jahrbuch 1841 S. 411 und 1848 S. 24. — **Zeller**, Die Pfandschuldenbewegung in Württemberg vom Jahre 1897. Württemb. Jahrbücher für Statistik und Landeskunde 1899. II. S. 1 ff.

Betrag des jährlichen Neuzuganges an Verpfändungen vom gesamten Grundeigentum nahezu das Vierfache dessen ist, was die blühendsten Zeiten der 40er Jahre jährlich auf Grund und Boden geliehen haben. Die Untersuchung für 1897 hat die Pfandeinträge und Löschungen gesondert nach 5 Ortsklassen und ferner nach dem Berufe zur Darstellung gebracht. Dabei hat sich auch hier die bemerkenswerte Tatsache ergeben, daß mit den höheren Ortsklassen auch die hypothekarischen Kapitaleinlagen wachsen. So kommen durchschnittlich auf den Kopf der Bevölkerung in der ersten Ortsklasse (mit über 100 000 Einwohnern) 399 Mk. Pfandeinträge, in der zweiten (mit 20—100 000 Einwohnern) 160 Mk., und in der fünften (mit unter 5000 Einwohnern), also in den ländlichen Bezirken, nur 53 Mk. Auch das Verhältnis der Löschungen zu den Eintragungen ist auch hier auf dem Lande günstiger als in der Stadt. In der ersten Ortsklasse betragen die Löschungen nur 63 Prozent der Eintragungen, in der zweiten 66 Prozent, in der fünften dagegen fast 80 Prozent. Noch bemerkenswerter sind die Ergebnisse bei Unterscheidung nach dem Berufe der Schuldner. Dabei ist die durchschnittliche Größe eines Pfandeintrages 1897 für die selbständigen Personen der Landwirtschaft zu 1817 Mk., der Industrie 4332 Mk., des Handels und Verkehrs zu 10 333 Mk. und des Arbeiterstandes 1159 Mk. Die Zahlen weisen nach Zeller darauf hin, daß es sich bei den Selbständigen des Handels und Verkehrs vorwiegend um die großen Betriebe mit den tragfähigeren Schultern handelt, während unter den Schuldnern der Landwirtschaft vielfach die kleinen Bauern erscheinen, die vor den Lohnarbeitern in ihrer wirtschaftlichen Lage nicht viel voraus haben. Die Pfandlöschungen sind nach den Berufen der Schuldner nicht ermittelt worden.

Außer dieser Bewegungsstatistik für 1897 hat in Württemberg eine Hypothekenaufnahme in 126 Landgemeinden stattgefunden[1]). Die eingetragenen Pfandschulden dieser Gemeinden betrugen 1874: 33,86 Millionen Mark, 1884: 42,10 Millionen Mk. und 1894: 47,54 Millionen Mk. Hiernach sind die Pfandschulden in der Periode 1874—1884 bedeutend mehr — fast doppelt so stark — angewachsen als in der Periode 1884—1894, nur in den Gemeinden des Jagstkreises war die Steigerung in der letzten Periode etwas größer als in der ersteren.

Zeller hat auf Grund der Verschuldung dieser 126 Landgemeinden die gesamte Pfandverschuldung der württembergischen Landwirtschaft in folgender Weise berechnet: In den 126 ländlichen Gemeinden fand sich 1894 ein Pfandschuldenstand von 47,54 Millionen Mk., im Jahre 1897 wiesen diese

[1]) Ergebnisse der Erhebungen über den Stand der Landwirtschaft in Württemberg. 1895, Württemb. Jahrbuch für Statistik und Landeskunde 1895 Heft 2.

Gemeinden 5,77 Millionen Mk. Pfandeinträge auf, oder 12,1 Mk. auf 100 Mk. Pfandschuldenstand. Für sämtliche landwirtschaftliche Betriebe in Württemberg betrug nun 1897 der Zugang von Pfandeinträgen 33 Millionen Mk. Nimmt man nun an, daß dieser Zugang, wie bei den 126 Erhebungsgemeinden, sich zum Pfandschuldenstand von 1894 wie 12,1:100 verhält, so würde der Pfandschuldenstand der württembergischen Landwirtschaft im Jahre 1894 rund 273 Mill. Mk. und im Jahre 1897 rund 280 Mill. Mk. betragen haben. Nimmt man weiter an, daß hierzu noch wie bei den im Jahre 1894 nach dieser Richtung untersuchten 72 ländlichen Gemeinden, etwa 37,3 Prozent nicht durch Hypotheken versicherten Schulden des Personal- und Mobiliarkredits kommen, so würde sich die Gesamtschuldenlast aller landwirtschaftlichen Betriebe auf 390 Mill. Mk. oder rund 400 Mill. M. belaufen.

Zeller berechnet dann noch den Schuldenstand unter der Voraussetzung, daß die landwirtschaftlichen Schuldverhältnisse in Baden und Württemberg im allgemeinen annähernd gleich sind, daß also in beiden Ländern auf 1 ha landwirtschaftlicher Bodenfläche ein annähernd gleich hoher Schuldenbetrag kommt, auf ca. 450 Mill. Mk. oder ca. 300 Mk. pro Hektar. Der durchschnittliche Verkaufspreis für Ackerland in den 126 Gemeinden betrug für 1890—1894: 2676 Mk. pro Hektar. Demnach würde die Verschuldung 1897 nur ca. 11 Prozent des Bodenwertes betragen haben. Doch wird dieses Resultat wohl zu günstig lauten, weil in der obigen landwirtschaftlich benutzten Fläche auch die Fläche des festen Besitzes, das Staates und der Gemeinde enthalten ist.

Von Interesse dürfte noch die Mitteilung sein, daß am 31. Dezember 1899 bei allen württembergischen Sparkassen 45931 selbständige Landwirte oder ein Viertel aller selbständigen Landwirte ein Einlageguthaben von fast 20 Mill. Mk. oder im Durchschnitt 426 Mk. hatten, während das durchschnittliche Guthaben der landwirtschaftlichen Tagelöhner sich auf 443 Mk., der Knechte auf 461 Mk., der Mägde auf 391 M. und das der selbständigen Gewerbetreibenden auf 435 Mk. belief.

Für Baden ist die landwirtschaftliche Verschuldung auf Grund der Einkommensteuerkataster ermittelt worden[1]). Danach betrug der gesamte Vermögenswert der badischen Landwirtschaft 2,1 Milliarden Mk. und die Gesamtverschuldung (Real- und Personalkreditverschuldung) 482 Mill. Mk., oder auf 100 Mk. Vermögenswerte entfallen durchschnittlich 22,7 Mk.

---

[1]) Buchenberger, Die Belastung der landwirtschaftlichen Bevölkerung durch die Einkommensteuer und die Verschuldung der Landwirtschaft im Großherzogtum Baden. 1896.

Schulden. Von allen 52 Amtsbezirken haben 32 eine Verschuldung von 10—25 Prozent und nur 11 eine solche über 30 Prozent des Vermögenswertes. Die höchsten Verschuldungsziffern mit 33—37 Prozent des Vermögenswertes weisen auf das Gebiet des Schwarzwaldes, die Donau- und Seegegend, das sind die Gegenden der großbäuerlichen Betriebe. Am wenigsten verschuldet ist die badische Rheinebene. Die rein landwirtschaftlichen Betriebe waren nur zu 17,7 Prozent des Wertes verschuldet, die gemischten Betriebe, also solche, welche neben der Landwirtschaft noch mit einem anderen Gewerbe verbunden sind, zu 28,7 Prozent des Wertes. Die rein landwirtschaftlichen Betriebe waren in allen Einkommensstufen ohne Ausnahme sehr viel, ein Drittel bis über die Hälfte, niedriger verschuldet als die sogenannten gemischten Betriebe, außerdem war sowohl bei dem rein landwirtschaftlichen als bei den gemischten Betrieben die Verschuldung der untersten Einkommengruppen, von unter 1500 Mk., also in mittel- und kleinbäuerlichen Betrieben, eine relativ höhere als bei den oberen Gruppen. Die beiden unteren Gruppen unter 1500 Mk. umfaßten 71043 oder 82 Prozent aller Steuerpflichtigen.

Bei den rein landwirtschaftlichen Betrieben betrug die geringste Verschuldung 7,5 Prozent (Amtsbezirk Eppingen) und die höchste 44,7 Prozent (Amtsbezirk Meßkirch) des Vermögenswertes, in 34 Amtsbezirken blieb sie unter 20 Prozent, in 10 Amtsbezirken zwischen 20—30 Prozent und nur in 8 Amtsbezirken stieg sie über 30 Prozent. In den gemischten Betrieben wurde die geringste Verschuldung zu 14,6 Prozent (Amtsbezirk Eppingen) und die höchste zu 54 Prozent (Amtsbezirk Schönau), in 6 unter 20 Prozent, in 26 zwischen 20 und 30 Prozent und in 20 über 30 Prozent des Vermögenswertes. Leider ist die Zahl der schuldenfreien, der gering und hochverschuldeten Besitzungen nicht festgestellt, nach dem Bericht ist hiervon mit Rücksicht auf die rechnerische Arbeit vorerst Umgang genommen. Doch ist noch von besonderem Interesse der Nachweis über das Barvermögen der Landwirtschaft. Wir erhalten darüber folgendes Bild:

Einkommensgruppen	Zahl der rein landw. Betriebe	Darunter mit Zins- und Rentenforderungen		Durchschnittlicher Kapitalbesitz auf ein Betrieb.
			%	M.
bis 1000 M.	48705	18048	37	764
1001—1500 „	22348	11222	50	905
1501—2000 „	8266	4580	55	2108
2001—3000 „	5024	3008	60	4530
3001—5000 „	1707	1165	68	17696
5001 u. mehr	439	367	83	128424
Sa.	86489	38390	44	2995

Also 44 Prozent aller reinen Landwirte bezogen Zins- oder Renteneinkommen im Gesamtbetrage 6,84 Mill. M., davon entfielen in der Einkommensgruppe bis 1500 M. etwa die Hälfte auf Leibgedingsrenten, in der zweiten und dritten Einkommensgruppe etwa ein Drittel. Nach Ausscheidung dieser Rentenbezüge bleiben 5,23 Mill. Zinsforderungen aus Kapitalbesitz, deren kapitalisierter Betrag unter der Annahme eines Zinsfußes von 4½ Prozent insgesamt 114,98 Mill. Mark sein würde.

Buchenberger schließt seine Untersuchung mit folgenden Worten: „Sind die ermittelten Zahlen mit einem dann und wann zu Tage tretenden weitgehenden Pessimismus in der Beurteilung der landwirtschaftlichen Verhältnisse unseres Landes schwerlich in Einklang zu bringen, so sind sie doch ebenso wenig geeignet, der Meinung Vorschub zu leisten, daß die Klagen und Beschwerden der ländlichen Bevölkerung über den Druck der Lage grundlose seien; denn wenn nach den Urteilen unbefangener sachverständiger Kreise die Behauptung eines unverschuldeten oder mäßig verschuldeten Besitzers selbst in den bestsituierten Landesteilen seit Jahren nur unter Festhaltung einer nach Grundsätzen größter Wirtschaftlichkeit zu führenden Lebensweise möglich sich erweist, so läßt sich die Schwierigkeit der Lage der Landwirte in den nach Boden oder Klima weniger günstig situierten Landesteilen und namentlich die Lage der mittel- und hochverschuldeten Landwirte leicht ermessen."

Ein erheblich ungünstigeres Resultat als diese neue Statistik hatte die Erhebung über die Lage der Landwirtschaft im Großherzogtum Baden von 1883, besonders für die Verschuldung des kleinbäuerlichen Besitzes, ergeben, die sich auf 37 Gemeinden erstreckte, und die in der Untersuchung mehr individualisierend vorgegangen war. Nach derselben waren in 11 oder 30 Prozent der untersuchten Gemeinden über die Hälfte der bäuerlichen Besitzer, ausschließlich der sogenannten Tagelöhnergütler, frei von Immobiliarschulden, andererseits waren in einer ebenso großen Anzahl von Gemeinden die verschuldeten bäuerlichen Betriebe bis zu 40 Prozent des Liegenschaftswertes und darüber verschuldet, in 8 sogar über 50 Prozent derselben, in 6 über 60 Prozent und in 5 über 70 Prozent derselben.

Außer diesen Ermittelungen der gesamten Verschuldung liegt für Baden eine jährliche Bewegungsstatistik über die Pfandeinträge und Pfandstriche seit 1882[1]) vor, deren Ergebnisse in der Anlage mitgeteilt und graphisch dargestellt sind. Allerdings ist aus dieser Tabelle nicht allzuviel zu entnehmen, da die Angaben über den Berufsstand der Schuldner bei den Pfandstreichungen sich vor 1900 nur auf die Streichungen durch besondere Bewilligung

[1]) Statistisches Jahrbuch für das Großherzogtum Baden.

und richterliche Verfügung nicht auch auf die Streichungen infolge allgemeiner Vereinigung beziehen. Das Verhältnis der Löschungen zu den Eintragungen von 1900 gibt deshalb für die Berufe kein richtiges Bild. Für 1900 betrugen die Löschungen bei den Landwirten 72 Prozent der Eintragungen, dagegen bei den Gewerbetreibenden nur 45 Prozent. In den 19 Jahren von 1882 bis 1900 sind eingetragen: 3487 Mill. Mk., davon entfielen 736 Mill. Mk. oder 22 Prozent auf Landwirte und 2270 Mill. Mk. oder 65 Prozent auf Gewerbetreibende. Bemerkenswert ist noch die enorme Zunahme der Eintragungen bei den Gewerbetreibenden, um das Dreifache, gegenüber der fast gleichbleibenden Höhe der Eintragungen bei den Landwirten. Mit wie großer Vorsicht die grundbuchmäßigen Angaben über die Hypotheken zu beurteilen sind, geht aus der Zahl für die Pfandstreichungen des Jahres 1899 hervor. In diesem Jahre wurden auf grund des Vereinigungsgesetzes vom 14. April 1898 sämtliche vor dem 1. Jannar 1899 eingetragenen Vorzugs- und Unterpfandsrechte, mit Ausnahme der seitdem erneuerten oder auf grund des Gesetzes vom 29. März 1890 spezialisierten Eintragungen gestrichen. Infolge dessen stieg die Zahl der Pfandstreichungen, die vorher jährlich zwischen 70—100000 schwankte, 1899 auf über 1 Mill. und der Kapitalbetrag der Pfandstreichungen, der vorher sich zwischen 100—150000 Mk. bewegte, erreichte im Jahre 1899 die enorme Summe von über 1 Milliarde Mk., während gleichzeitig die Pfandeintragungen in derselben Höhe wie früher erfolgten.

Für das Königreich Sachsen ist die Hypothekarverschuldung des Grundbesitzes für Ende 1884 ermittelt worden.[1]) Danach war der Grund- und Gebäudebesitz im Königreich Sachsen mit einer Schuldsumme von fast 2¼ Milliarden Mark, einschließlich der Kredit- und Kautionshypotheken und der vorgemerkten Forderungen, belastet. Davon entfielen je 1 Milliarde Mark auf die Städte und Dörfer und 121 Millionen Mark auf die Rittergüter. Auf 1 Grundsteuereinheit entfielen durchschnittlich in den Stadtgemeinden 36 Mk. Hypothekenschulden, in den Landgemeinden 28 Mk. Leider sind weitere Unterscheidungen und Wertmaßstäbe nicht angegeben, um die Verschuldung der rein landwirtschaftlichen Besitzungen erkennen zu können. Nur für die Rittergüter ist ermittelt, daß 1885—90 auf 100 Hypothekenbestellungen durchschnittlich 84 Löschungen entfielen, während dieses Verhältnis für das ganze Königreich nur 74 war. Die Hypothekarbelastung der Rittergüter betrug 1884: 120,6 Millionen Mark, 1890: 131,4 Millionen Mark, also eine Zunahme um 9 Prozent, während

---

[1]) Steglich, Beiträge zur Statistik des Grundeigentums. Zeitschrift des kgl. sächs. statistischen Bureaus. Jahrg. 1892, Heft I und II, S. 97.

dieselbe für den Grundbesitz des gesamten Königreichs 37 Prozent betrug.

Außer dieser Erhebung liegt für das Königreich Sachsen noch eine Untersuchung über die Hypothekarverschuldung des landwirtschaftlichen Grundbesitzes nach dem Stande vom 1. Juli 1897 vor[1]). Die Erhebung erstreckt sich indeß nur auf alle landwirtschaftlichen Privatbesitzungen von 2 ha und mehr landwirtschaftlich benutzter Fläche in den Gemeinden von unter 2000 Einwohnern. Bau- und Spekulationsland sind nach Möglichkeit ausgeschieden, ebenso solche Besitzungen, die mit Gartenbetrieb verbunden sind. Für die Erhebung verblieben hiernach 52606 rein landwirtschaftliche Besitzungen und 925 Rittergüter. Von den 52606 Besitzungen sind 48562 geschlossene Güter, 82 Gärtnereien, 2196 walzende Grundstücke und 1766 sonstige Grundstücke. Es sind 74 Prozent der Gesamtfläche ermittelt worden. Die Hauptergebnisse der Erhebung sind folgende:

Besitzgröße ha	Zahl der Besitzungen	Davon sind frei von Hypotheken %	Hypothekenschulden Mill. M.	%	für 1 ha M.	für 1 Steuereinheit M.
2—5	9887	20,40	42,02	7,1	1577	44
5—10	11233	18,30	80,21	13,6	1194	38
10—20	15445	15,97	180,53	30,5	945	32
20—50	11266	15,49	236,61	40,0	885	30
50—100	682	8,95	44,38	7,5	1132	34
über 100	55	3,64	7,51	1,3	1070	32
	48562	15,52	591,26	100	988	33

Hiernach wäre also nur $^1/_6$ der Besitzungen frei von Hypothekenschulden. Der begleitende Bericht bemerkt dazu, daß ein verhältnismäßig großer Teil der nach den Hypothekenbüchern als schuldenfrei anzusehenden Besitzer bei der zum Zwecke der Steuerdeklaration vorgenommenen Feststellung ihres Einkommens unter den nach § 15 des Einkommensteuergesetzes zulässigen Abzügen auch recht erhebliche Beträge für Schuldenzinsen in Abzug gebracht hatten, und daß ferner auch die mit Hypotheken belasteten Grundbesitzer weit mehr Kapitalien zu verzinsen haben, als hypothekarisch sicher gestellt sind.

Der Prozentsatz der hypothekenfreien Besitzungen schwankt in den einzelnen Erhebungsbezirken von 7—47. Eine Ermittelung des Wertes der Besitzungen befindet sich noch in Arbeit, sodaß die Höhe der obigen Belastung

[1]) Jahresbericht über die Landwirtschaft im Königreich Sachsen für das Jahr 1902. Herausgegeben von dem Landeskulturrat. 1903 S. 1 ff.

noch nicht erkannt werden kann, doch scheint sie nach der Belastung pro Hektar etwa ein Drittel des Wertes zu betragen.

Für Elsaß-Lothringen hat die Untersuchung der Lage und Bedürfnisse der Landwirtschaft von 1884[1]) sich auch auf die Verschuldung erstreckt. Nach dem amtlichen Bericht hierüber unterliegt es keinem Zweifel, daß schon eine Verschuldung der Landwirte, wie sie 1866 nach der großen französischen Enquete bestand, jetzt (1884) drückender sein würde, als sie damals war. Fast überall hätten die Schulden seit 1866 in einem erheblichen Maße zugenommen, am stärksten in Lothringen. Nur in den Viehzucht- und Weinbau treibenden Gegenden der Kreise Rappoltsweiler und Metz sollen sie abgenommen haben. Bei der Ackerbau treibenden Bevölkerung Lothringens wird durchweg eine erhebliche Erhöhung der Schulden angenommen. Dieselbe wird z. B. im Kreise Saargemünd auf 150 Prozent und in Metz auf 50 Prozent des Betrages von 1866 geschätzt. Die Hypotheken- und anderen Schulden der Landwirte des Kreises Diedenhofen werden auf den vierten Teil des Gesamtwertes des Grundeigentums angegeben. Folge dieser Schuldverhältnisse sei eine erhebliche Vermehrung der Zwangsverkäufe, die im Kreise Saargemünd noch zahlreicher sein würden, wenn nicht der geringe Wert des Grundeigentums die Gläubiger von der Herbeiführung solcher Verkäufe abhielte. Über die inzwischen verflossenen 20 Jahre liegen keine Erhebungen vor.

Auch für Hessen hat man in den Jahren 1884—1886 für 25 Gemeinden die Verschuldung festzustellen gesucht[2]). Von den ermittelten 1615 rein landwirtschaftlichen Betrieben von 0,50 ha und mehr waren 647 oder 40 Prozent frei von Schulden (Immobilar- und Mobiliarschnlden). Die Verschuldung der übrigen Betriebe blieb in 14 Gemeinden unter 25 Prozent des Liegenschaftswertes, schwankte in 8 Gemeinden zwischen 25,96 bis 35,87 Prozent und erreichte nur in einer Gemeinde 55,49 Prozent. Doch sind diese Zahlen nur unter Vorbehalt zu verwenden, da nicht in allen Gemeinden die Mobiliarschulden und die unbezahlten Kaufschillinge ermittelt werden konnten. Für 2 Gemeinden werden die Mobiliarschulden mit höchstens 6—8 Prozent der hypothekarisch gesicherten Schulden angegeben.

Außer dieser Enquete liegt für Hessen noch eine Statistik über die jährliche Bewegung der Hypotheken vor. Nach derselben stiegen die Mehr-Einträge für das ganze Gebiet von 57,05 Mill. M. im Jahre 1889 auf 79,24 Mill. M. im Jahre 1896, bei den Landwirten allein nur von ca. 11,43 Mill. M. auf 12,55 Mill. M. Die Löschungen betrugen 1896: 31 Prozent aller Eintragungen, bei den Landwirten 45 Prozent.

[1]) Straßburg 1885.

[2]) Die landwirtschaftliche Enquete im Großherzogtum Hessen.

Eine sehr eingehende und mustergültige Untersuchung über die Verschuldung besitzen wir für die Landwirtschaft des Herzogtums **Oldenburg**[1]). Dieselbe ist auf Grund der Einkommensteuer-Kataster für 1894/95 vorgenommen, erstreckt sich indeß nur auf die Besitzer, welche als Selbstwirtschafter oder Verpächter ausschließlich oder doch ganz überwiegend von dem Ertrage ihrer landwirtschaftlichen Besitzungen leben; ausgeschlossen geblieben sind mithin neben den vorzugsweise an anderen Erwerbsgeschäften beteiligten ländlichen Grundbesitzern namentlich auch die grundangesessenen landwirtschaftlichen Arbeiter. Der Schwerpunkt in der Untersuchung liegt in der gleichzeitigen Feststellung der Schulden und des Geldkapitalvermögens. Eine Trennung der Real- und Personalschulden ist leider nicht möglich gewesen. Von je 100 der 14110 ermittelten Besitzungen waren

Gebiet	ohne Kapital u. Schulden %	nur mit Kapital %	mit Kapital und Schulden %	nur mit Schulden %
Marsch	21,9	22,6	21,6	33,9
Oldenburger Geest	39,5	19,8	11,5	29,2
Münstersche Geest	53,2	22,4	5,4	19,0
Herzogtum zus.	41,1	21,2	11,2	26,5

Danach waren 62 Prozent aller Landwirte ohne Schulden und darunter noch 21 Prozent mit Kapitalvermögen. Auf Grund der großen Verschiedenheiten in den 3 Hauptgebieten kommt Kollmann zu dem Schluß, daß die Landwirte um so öfter mit Schulden belastet sind, je besser und wertvoller das Besitztum und je vollkommener der Wirtschaftsbetrieb ausgestattet ist, daß mit anderen Worten die Gunst der wirtschaftlichen Bedingungen und die Verbreitung der Schuldenbelastung im geraden Verhältnis zu einander stehen. Doch wird man diese Ansicht keineswegs als allgemeine Regel gelten lassen dürfen, wenn man z. B. die Verschuldung der westlichen und östlichen Provinzen in Preußen vergleicht.

Über die absolute Höhe des Kapitalvermögens und der Schulden gewinnen wir folgendes beredtes Bild:

	Kapitalbetrag Mill. M.	Schuldenbetrag Mill. M.	Überschuß des Kapitals (+) oder der Schulden (—) Millionen M.
Marsch	25.10	40,89	— 15,79
Oldenburger Geest	34,93	27,31	+ 7,62
Münstersche Geest	12,92	8,47	+ 4,45
Herzogtum zus.	72,95	76,67	— 3,72

[1]) Kollmann Die landwirtschaftliche Verschuldung im Großherzogtum Oldenburg. Jahrbücher für Nationalökonomie und Statistik III. F. 13. Band 1897. S. 690 ff.

Beide Posten gleichen sich demnach fast ganz aus. Doch ist zu beachten, daß der größere Teil der Schulden mit 44,68 Mill. M. allein auf diejenigen Betriebe entfällt, die nur Schulden, kein Kapital besitzen. Für die Höhe der Verschuldung nach dem Wert hat die Untersuchung folgendes Ergebnis gehabt:

Die Schulden betrugen vom Wert

	a) bei den Landw. mit Kapital und Schulden ohne Abzug des Kapitalvermögens	a) mit Abzug des Kapitalvermögens	b) bei den Landw. die nur Schulden haben %	c) bei allen verschuldeten Landwirten % ohne Abzg. d. Kapitalvermögens	c) mit Abzg. d. Kapitalvermögens
Marsch	26,6	13,7	37,9	32,2	25,7
Oldenb. Geest	22,4	5,6	34,0	27,5	18,0
Münst. Geest	15,3	+ 0,6	26,2	21,9	15,5
Herzogt. zus.	23,5	8,7	34,5	28,9	21,3

Wenn auch diese Durchschnittszahlen keine besorgniserregende Höhe haben, so bleibt doch auch hier bedenklich, daß die Zahl der gering und hoch verschuldeten Landwirte nicht besonders berechnet worden ist. Der Wert der ermittelten Besitzungen betrug in der Marsch 2754 M. pro ha, in der Oldenburger Geest 1305 M. und in der Münst. Geest 828 M.

Endlich ist noch für das Herzogtum Braunschweig die Hypothekarverschuldung für die Jahre 1857, 75 und 97 ermittelt worden.[1]) Danach ist dort der Stand der Hypothekenschulden in den Landgemeinden von 59 Millionen Mark 1857 auf 92 Millionen Mark 1875, und auf 164 Millionen Mark 1897 gestiegen, also in 40 Jahren um fast das dreifache. In den Städten betrug die Zunahme von 8 Millionen Mark 1857 auf 51 Millionen Mark 1897, also über das sechsfache. Zu beachten ist noch, daß die tatsächliche Belastung für die Hypotheken bei öffentlichen Kreditinstituten infolge der regelmäßigen jährlichen Tilgung nur zu 20 Prozent der buchmäßigen ermittelt worden ist. In einigen Bezirken Bezirken betrug die Tilgung bis 40 Prozent.

Bemerkenswert ist das Ergebnis nach Unterscheidung von Grundbesitzklassen. Danach waren 1897 von den Besitzungen von 2—5 ha und mit Gebäuden 35 Prozent frei von Grundbuchschulden, von den Besitzungen mit 5—20 ha waren 39 Prozent in solcher Lage, von den Besitzungen mit 20—100 ha sogar 41 Prozent, während bei den großen Besitzungen von 100 ha und darüber der Prozentsatz der schuldenfreien Güter auf 30 Prozent sank. Die Hypo-

---

[1]) Zimmermann, Die hypothekarische Belastung des Grundbesitzes im Herzogtum Braunschweig am 1. Januar 1397. Beiträge zur Statistik des Herzogtums Braunschweig. Heft XV 1900 und XVI 1901.

thekarbelastung beträgt bei den Besitzungen von 2—5 ha mit Gebäuden im Durchschnitt 29 Prozent des Wertes, bei den Besitzungen von 5—20 ha 19 Prozent, bei den von 20—100 ha nur 17 Prozent, während sie bei den großen Besitzungen von 100 ha und mehr wieder auf 29 Prozent steigt. Leider ist von den belasteten Besitzungen die Zahl der gering und hochverschuldeten nicht festgestellt, die Durchschnittszahl allein gibt kein klares Bild.

Nur die Zahl der gering und hoch verschuldeten Gemeinden innerhalb der Grundbesitzerklassen ist ermittelt worden, wobei folgendes günstige Resultat ermittelt wurde:

Belastungsziffer in % des Wertes	Von je 100 Gemeinden sind in der nachstehenden Grundbesitzklasse in nebenstehender Höhe verschuldet: 2—5 ha mit Gebäuden	5—20 ha	20—10 ha	100 ha u. mehr.
bis 30 Proz.	60,66	78,81	85,07	51,76
30—50 Proz.	23,81	14,52	10,47	23,54
50 Proz. u. mehr	15,53	6,67	4,46	24,70
	100	100	100	100

Der durchschnittliche Wert ist bei der Besitzklasse 2—5 ha mit Geländen zu 4364 M. pro ha mit einer durchschnittlichen Belastung von 1249 M. pro ha ermittelt, bei der Klasse von 5—20 ha zu 3102 M. mit 580 M. Belastung, bei 20—100 ha zu 2660 M. mit 447 M. Belastung, bei 100 ha und mehr zu 2197 M. mit 643 M. Belastung.

Auf je 100 M. der Gebäude-Versicherungssumme kamen in den Landgemeinden 1857: 72 M., 1875: 62 M. und 1897: 49 M., in den Städten 1857: 52 M., 1875: 63 M. und 1897: 66 M., also in den Landgemeinden eine Abnahme der Belastung, in den Städten eine Zunahme.

Hiermit stehen wir am Ende unseres Überblicks über die hypothekarische Verschuldung des Grundbesitzes in Deutschland. Wenn wir auch bekennen müssen, daß unser Wissen auf diesem Gebiet noch sehr Stückwerk ist, so geht doch so viel aus der obigen Auslese hervor, daß die Verschuldungsverhältnisse des landwirtschaftlichen Grundbesitzes in Deutschland äußerst verschieden sind, es wechseln schuldenfreie, gering und hochverschuldete Besitzungen mit einander ab.

Die anfangs gestellte Bedürfnisfrage nach gesetzlicher Beschränkung der Verschuldungsfreiheit ist damit bereits erheblich vereinfacht und geklärt worden, indem ein derartiger gesetzlicher Eingriff nicht aus einer allgemeinen hypothekarischen Überlastung des Grundbesitzes begründet werden kann. Es handelt sich vielmehr darum, ob solche gesetzlichen Vorschriften, ganz abgesehen von der juristischen technischen Seite, als vorbeugende Maßnahmen motiviert werden können.

Wir fragen also, liegt die Gefahr vor, daß auch der jetzt noch schuldenfreie und gering verschuldete Grundbesitz in absehbarer Zeit der „Knechtschaft" des Kapitals überliefert werden wird? Diese Frage kann nur nach den Ursachen der Verschuldung beantwortet werden und ich bitte nun den Leser, mit mir in das dunkelste und geheimnisvollste Gebiet der Agrarpolitik einzutreten.

Die Ursachen der hypothekarischen Verschuldung.

Seitdem Rodbertus vor mehr als 30 Jahren in ebenso geistreicher wie glänzender Diktion die Behauptung aufgestellt hat, daß die Hypothekarschulden des ländlichen Grundbesitzes zum größten Teil Besitzschulden, Restkauf- oder Erbgelder bilden,[1]) schwört wohl die gesamte Nationalökonomie auf diese Lehre und hält die Angelegenheit damit für erledigt. Es ist zuweilen ganz gut, derartige lange im Umlauf befindliche Münzen einmal wieder auf ihre Vollgültigkeit oder Legalität zu prüfen. Sehen wir näher zu, so gründet sich die obige Behauptung von Rodbertus nur auf seine eigenen Beobachtungen bei einer Reihe von Gütern, nicht etwa auf eine amtliche Statistik, welche die Erkenntnis aus der Massenerscheinung zu ermitteln versucht. Außer seiner persönlichen Erfahrung führt Rodbertus als Gewährsmann für seine Behauptung noch einen Justizrat Schröder in Treptow a. d. T. an, welcher folgende Verschuldungsursachen der „Güter" im Wohnkreise des Rodbertus nennt: Unglücksfälle, schlechte Wirtschaft, namentlich übertriebener Aufwand, verunglückte Spekulation, Gutsverbesserungen, Ausstattung der Kinder und Besitzveränderungen. Von diesen Ursachen sieht er die Besitzveränderungen als die eigentliche Quelle an, aus der die neuen Hypotheken erwachsen, gegen welche die anderen Ursachen garnicht in Betracht kämen. Damit ist das positive Material, auf dem Rodbertus seine Behauptung aufbaut, erschöpft, da die von ihm beantragte amtliche Erhebung sich nicht auf die Ermittlung der Verschuldungsursachen, sondern nur auf Zahl und Art der Besitzveränderungen von 11 771 Rittergütern in der Zeit von 1835—1864 erstreckt hatte. Dazu kommt noch, daß die Behauptung von Rodbertus sich nur auf die „Güter", auf den Großgrundbesitz, und zwar auch hier nur auf den im freien Verkehr befindlichen Grundbesitz der östlichen Provinzen bezieht. Vom bäuerlichen Besitz spricht Rodbertus überhaupt nicht, eine Verallgemeinerung der für den Großgrundbesitz erkannten Verschuldungsursachen auf den bäuerlichen Besitz ist deshalb völlig unzulässig.

---

[1]) Rodbertus-Jagetzow, Zur Erklärung und Abhülfe der heutigen Kreditnot des Grundbesitzes. 2. Aufl. 1893. S. 11.

Wir stehen also trotz Rodbertus noch heute im Anfange der Kenntnis von den Verschuldungsursachen des ländlichen Grundbesitzes, wohlgemerkt in der Massenerscheinung, weshalb dem einzelnen Landwirt die Frage nach der Ursache der Verschuldung als eine leicht zu beantwortende erscheint.

Wir fragen also wieder, welches positive Material liegt uns für diese Erkenntnis, abgesehen von dem dürftigen und einseitigen Material bei Rodbertus, vor?

Für Preußen ist mit der bereits erwähnten Statistik der jährlichen Hypothekenbewegung seit 1886 eine Ermittlung der Verschuldungsursachen verbunden, indem die Grundbuchämter angewiesen sind, überall da, wo in der Hypothekenbewegung im einzelnen oder im allgemeinen besondere Verhältnisse obwalten, welche auf bestimmte Ursachen zurückgeführt werden können, den betreffenden Zahlen aufklärende Bemerkungen beizugeben.

Diese Begleitberichte hat die amtliche Darstellung in der Zeitschrift des preußischen statistischen Bureaus wiederholt im Auszuge mitgeteilt, und sie bilden für Preußen zweifellos das beste und glaubwürdigste Material über die Verschuldungsursachen, das wir besitzen. Allerdings enthalten diese Begleitberichte hiernach keine ziffernmäßigen Nachweise über Hypotheken, welche nach den verschiedenen Ursachen eingetragen sind, sie geben vielmehr den Eindruck wieder, den die Grundbuchrichter nach ihrer Kenntnis der allgemeinen Lage der Landwirtschaft und der persönlichen Lage der einzelnen Besitzer über die Beweggründe zur Eintragung gehabt haben. Auch ist noch zu beachten, daß die mitgeteilten Verschuldungsursachen sich nur auf den Zuwachs der Hypotheken, nicht auf den älteren Bestand derselben beziehen.

Bei der grundlegenden Bedeutung der Verschuldungsursachen für das vorliegende Problem wird es gestattet sein, nachstehend die Begleitberichte der Grundbuchämter in den einzelnen Oberlandesgerichtsbezirken für 1895 bis 1900 nach der amtlichen Quelle[1]) kurz mitzuteilen:

Im Oberlandesgerichtsbezirk Königsberg beruht auf dem Lande die fortschreitende Verschuldung vielfach auf der Eintragung von Restkaufgeldern bei Eigentumsübergängen, außerdem häufig auf der hypothekarischen Sicherstellung von Erbteilsforderungen, sowie von Darlehen, welche in beträchtlichem Umfange bei neuerdings gegründeten ländlichen Darlehnskassenvereinen, sowie auch seitens kleinerer Grundbesitzer, bei der ostpreußischen Landschaft aufgenommen wurden. Der die ländliche Hypothekenbewegung

---

[1]) Zeitschrift des Kgl. preuß. statist. Bureaus. 43. Jahrg. 1903 S. 334 ff. Bearbeitet von Kühnert.

unverkennbar beeinflußende Druck der wirtschaftlichen Verhältnisse tritt bei ungünstigen Ernteergebnissen, beim Grunderwerb ohne genügende Mittel, sowie bei Überschätzung des Bodenwertes in verstärktem Maße hervor und würde, wie von einem Berichterstatter hervorgehoben wird, einen noch höheren als den tatsächlichen Mehrbetrag der Eintragungen herbeigeführt haben, wenn nicht viele Landwirte bereits bis zur äußersten Grenze des Realkredits verschuldet wären. Für 1894/95 ist die ländliche Hypothekenbewegung stellenweise auch durch schlechte Getreidepreise und Viehseuchen beeinflußt.

Im Oberlandesgerichtsbezirk Marienwerder wird die ländliche Hypothekenbewegung, außer durch Zwangsversteigerungen und die Wirksamkeit der Ansiedelungskommission, mehr oder weniger durch Eintragung von Erbteilen, Restkaufgeldern, Darlehen, Grundschulden, Wechselforderungen und selbst Gerichtskosten beeinflußt. Von einer Seite wird 1897 die erhebliche Mehrverschuldung der ländlichen Grundstücke auf die mißliche finanzielle Lage der Landwirte, ferner der Rückgang der Belastung im Jahre 1898 auf die günstige Ernte des Vorjahres und im Jahre 1900 darauf zurückgeführt, daß die sogenannten Sachsengänger ihren in den westlichen Provinzen erzielten reichlichen Verdienst zur Tilgung von Schulden verwenden.

In den rein ländlichen Bezirken des Kammergerichtsbezirkes Berlin hängt die mehr oder weniger starke Inanspruchnahme des Realkredits zumeist von dem Ausfalle der Ernte sowie von der Häufigkeit des Besitzwechsels ab. Neben vielen guten Ernteergebnissen werden mehrfach auch schlechte als Folge ungünstiger Witterung und von zum Teil fast alljährlich wiederkehrendem Hochwasser gemeldet. Namentlich in einzelnen an der Oder gelegenen Bezirken, deren hauptsächlichste landwirtschaftliche Erzeugnisse Heu und Tabak bilden, haben die Erträge in mehreren Jahren durch Überschwemmung, aber auch durch Hagel sehr gelitten. In bedeutendem Umfange sind Kaufgelderreste und Erbabfindungen bei Eigentumsübergängen infolge Verkaufes und Erbganges sowie auf Grund von Überlassungsverträgen zur Eintragung gelangt.

Mehrere Berichterstatter, namentlich aus dem Havellande und der Spreewaldgegend, erklären die Lage der ländlichen Bevölkerung trotz gestiegener äußerer Verschuldung für günstig; andere, insbesondere aus Bezirken mit leichtem Boden, berichten in umgekehrtem Sinne, heben den Einfluß der niedrigen Getreidepreise hervor und führen teilweise die hohen Ausfälle an Hypotheken bei Zwangsversteigerungen als deutlichen Beweis wirtschaftlichen Rückgangs an. Mehrfach wird die Verschuldung auch durch die fortschreitende Erleichterung der Kapitalaufnahme bei Kreditinstituten erklärt.

Im Oberlandesgerichtsbezirk Stettin werden bei Parzellierungen an Stelle der alten zur Löschung kommenden Hypotheken um so größere Restkaufgelder für die neuen Erwerber eingetragen. Auch der Niedergang der Landwirtschaft, insbesondere die geringen Preise für landwirtschaftliche Erzeugnisse, Überschwemmungen, durch welche die Erträge der Oderwiesen verloren gegangen sind, zu hohe Grundstückspreise und Erbabfindungen, bei welchen der Rückgang der Grundrente nicht berücksichtigt worden ist, werden als Ursache der fortschreitenden Verschuldung angesehen. Hin und wieder wird zu Anfang der Berichtszeit (1895) eine Besserung der Hypothekenverhältnisse auf den günstigen Ausfall der vorangegangenen Ernte zurückgeführt. Auch das Bestreben der Grundbesitzer, durch Vermehrung des Viehstandes und der Betriebsmittel dem Einflusse der niedrigen Getreidepreise zu begegnen, wird als Ursache der fortschreitenden Verschuldung angegeben.

In einem Bericht aus dem Oberlandesgerichtsbezirk Posen für 1900 heißt es, daß durch die infolge der mangelhaften Ernte herabgesetzte Kaufkraft und Leistungsfähigkeit der ländlichen Bevölkerung viele städtische Kaufleute und Gewerbetreibende in Mitleidenschaft gezogen seien. Als Ursache des bedeutenden Anwachsens der buchmäßigen Verschuldung in den Landgebieten bezeichnen die Begleitberichte zumeist die mißliche Lage der Landwirtschaft. Besonders deutlich tritt sie nach ungünstigen Erntejahren mit einer Vermehrung der Zwangsversteigerungen oder mit einem erhöhten Kreditbedürfnisse und demgemäß mit einer Zunahme der Eintragungen bezw. Abnahme der Löschungen in Erscheinung. Aus einigen Bezirken lauten die Berichte auch günstiger; namentlich haben sich stellenweise die Verhältnisse im Laufe der Berichtszeit durch intensivere Bewirtschaftung, Meliorationen, gute Ernten, Wertsteigerung des Grund und Bodens usw. gebessert. Ferner ist die Mehrbelastung durch lebhaften Besitzwechsel, namentlich der bäuerlichen Wirtschaften, veranlaßt worden, wobei wegen der Vermögenslosigkeit der Käufer in großem Umfange rückständige Kaufgelder und Darlehen zur Bezahlung von solchen zur Eintragung gelangten, ohne daß zugleich wesentliche Löschungnn älterer Hypotheken stattfanden. Vielfach schloß sich an den Besitzwechsel gewerbsmäßige Privat-Güterschlächterei an. Für 1894/1895 ist als Ursache der Verschuldung fast überall die „ungünstige Lage der Landwirtschaft", insbesondere der niedrige Stand der Getreidepreise angeführt.

In den rein oder wenigstens ganz überwiegend ländlichen Bezirken des Oberlandesgerichtsbezirks Breslau wird in der Regel die Zunahme der Belastung des Grundbesitzes auf ungünstige wirtschaftliche Verhältnisse, wie schlechte Ernte, Mangel an Arbeitskräften, Fehlen von Viehzucht, Übernahme von Grundstücken ohne genügende Mittel (namentlich auch bei Vererbungen), niedrige Preise der ländlichen Erzeugnisse, bedeutende Hochwasserschäden usw. zurückgeführt. Selbst da, wo die Lage der Landwirtschaft bisher noch verhältnismäßig günstig war, wie z. B. im Bezirke Ottmachau, soll die Verschuldung bei gleichzeitigem Rückgange der Grundstückspreise wachsen, weil der rein landwirtschaftliche Betrieb nicht mehr so lohnend ist wie früher. Hauptsächlich betrafen die eingetragenen Posten Darlehen, Kauf- und Erbgelder, Für 1894/1895 stimmen die Berichte in der ungünstigen Beurteilung der Lage der Landwirtschaft, deren verminderte Kaufkraft auch in den kleinen Städten schwer empfunden werden soll, überein. Geringe Zunahme der Verschuldung wird auch hier stellenweise auf Erschöpfung des Kredits zurückgeführt. Vielfach sollen die Grundstücke bereits an der Grenze der Belastungsfähigkeit angelangt sein.

Im Oberlandesgerichtsbezirk Naumburg hat auf die Hypothekenbewegung eines großen Teiles des Landgebietes häufiger Eigentumswechsel der landwirtschaftlichen Grundstücke, welcher die Eintragung von rückständigen Kaufgeldern und Darlehen zu deren Tilgung in weiterem Umfange zur Folge hatte, sehr erheblich eingewirkt. Vielfach handelte es sich hierbei um Parzellierungen, insbesondere auch um Ausschlachtung größerer Güter, wobei vorher die auf veräußerten Grundstücken lastenden Hypotheken gelöscht wurden. Von zahlreichen kleinen Landwirten sowie auf dem Lande wohnenden Handwerkern und Arbeitern werden solche Gelegenheiten zur Erwerbung von Feldgrundstücken oder zur Erweiterung ihres Grundbesitzes eifrig wahrgenommen. Der „Landhunger" dieser Erwerber bildet aber, da sie meist den Kaufpreis nur teilweise zahlen können, eine Hauptquelle der zunehmenden Verschuldung. Wo die Realteilung nicht Sitte ist, gelangen beträchtliche Erbteilsforderungen zur Eintragung oder die weichenden Miterben suchen mit ihrer Abfindung anderweit Grundbesitz zu erwerben. Während für einige Bezirke die landwirtschaftlichen Verhältnisse, zum Teil infolge Herstellung neuer Kleinbahnlinien und dadurch veranlaßten intensiveren Wirtschaftsbetriebes, als nicht ungünstig bezeichnet werden, wird andererseits die Zunahme der Verschuldung bei einer großen Anzahl von Bezirken auf die mißliche Lage der Landwirtschaft, insbesondere auf Mißernte, Überschwemmung, niedrige Getreide- und Viehpreise (letztere im Zusammenhang mit der Untersagung der Viehmärkte wegen Maul- und Klauenseuche), auf das Sinken des Zuckerpreises, hohe Erbabfindungen und namentlich in der Nähe großer Städte (Leipzig, Magdeburg), auf Arbeitermangel zurückgeführt. Die auch in den Landbezirken mitunter vorkommende Anschreibung von Kautionshypotheken scheint ebenfalls mehr dem Bedürfnisse, jederzeit flüssiges Kapital zu erhalten, als einer wirklichen Notlage zu entsprechen.

In den meisten Begleitberichten des Oberlandesgerichtsbezirks Kiel wird als Ursache der steigenden Mehrbelastung auf dem platten Lande überaus häufiger Besitzwechsel der landwirtschaftlichen Grundstücke angeführt, sei es nun, daß er durch Kauf und zwar zumeist im Wege der Parzellierung, oder durch Überlassung des Grundbesitzes noch bei Lebzeiten der Eigentümer an Kinder verursacht wird. In ersterem Falle gelangten in der Regel Restkaufgelder, in letzterem Abfindungen der Geschwister, oft auch Beträge für die abtretenden Stellenbesitzer in bedeutendem Umfange zur Eintragung. Dabei werden in den Berichten die Zerstückelungen bäuerlicher Anwesen nicht immer als wirtschaftlich und sozial ungünstig angesehen, da sie zum Teil dazu dienen, den Grundbesitz der Käufer besser abzurunden, zum Teil Arbeiter und kleine Leute in den Besitz von Grundstücken zu setzen. Ungeachtet des gesteigerten Grundstücksumsatzes haben sich die Bodenpreise gehoben. Mehrfach wird die zunehmende Verschuldung als Folge der mißlichen Lage der Landwirtschaft bezeichnet. Ungünstig wirkten hauptsächlich die niedrigen Kornpreise, insbesondere bei Weizen. Auch die Viehzucht (Fettgräsung) hatte stellenweise unter niedrigen Preiskonjunkturen zu leiden. Daneben kamen schlechte Ernten, schwierige Gesindebeschaffung und dadurch vermehrte Produktionskosten, sowie hohe Deich- und andere Lasten, hin und wieder aber auch eigenes Verschulden der Grundbesitzer in Betracht. In einer Anzahl von Bezirken, namentlich in Marschgegenden, sollen die landwirtschaftlichen Verhältnisse durchaus gesunde sein. In einem Bezirke (Norburg) werden die Ergebnisse der Vieh- (Schweine-)Zucht und Milchwirtschaft im Jahre 1898 als ausgezeichnet hervorgehoben. Ein anderes Amtsgericht (Neumünster) erblickt in den niedrigen Getreidepreisen einen Vorteil für die Viehzucht, da sie den Ankauf von Getreide zur Verfütterung begünstigen. Auch in den Landbezirken wird an Stelle der bisher ziemlich allgemeinen gegen bloßen Schuldschein (sogenannten Wechsel) mit oder ohne Bürgschaft übliche Darlehensaufnahme immer mehr der Realkredit in Anspruch genommen. Ebenso werden hier in wachsendem Maße Sicherheitshypotheken bestellt, um flüssiges Kapital zur Verbesserung und Vergrößerung des Betriebes, insbesondere der Weidewirtschaft, aber auch für kommerzielle Zwecke zu erhalten. In einem Bezirke wurde die Hypothekenbewegung wesentlich dadurch beeinflußt, daß bei der Errichtung eines Fideikommisses 600000 Mk. Erbabfindung eingetragen wurden.

Im Oberlandesgerichtsbezirk Hannover wird nur vereinzelt die zunehmende ländliche Verschuldung auf ungünstige Verhältnisse der Landwirtschaft, insbesondere auf das Sinken der Preise für ländliche Erzeugnisse vornehmlich der Getreide-, zeitweise aber auch der Viehpreise, und auf die Steigerung der Produktionskosten (hauptsächlich der Arbeits- und Dienstlöhne) zurückgeführt. Zumeist werden als Hauptursachen der hypothekarischen Mehrbelastung hohe Abfindungen bei Hofesübergaben und Erbteilungen,

Landankäufe ohne genügende Barmittel und zunehmende Inanspruchnahme des Realkredits an Stelle der früher ziemlich allgemein üblichen Handschulden bezeichnet. Zum Teil ist die buchmäßige Verschuldung auch durch Baukosten, Aufwendungen für Meliorationen, Eintragungen von Hypotheken zur Sicherung von aufgenommenen Betriebskapitalien usw., sowie infolge steigender Lebensansprüche im Bauernstande, insbesondere in einem Bezirke auch dadurch, daß Hofbesitzer, welche ihre Söhne studieren lassen, die hierzu erforderlichen Mittel gegen Hypotheken angeliehen haben, stark vermehrt worden. Wie in Schleswig-Holstein wird den niedrigen Getreidepreisen von mancher Seite ein nachteiliger Einfluß nicht zugeschrieben, weil die Besitzer in den Marschen hauptsächlich Viehzucht treiben, diejenigen auf der Geest aber nur wenig oder gar kein Getreide zum Verkauf übrig behalten. An vielen Stellen ist die Viehzucht, im Gegensatz zum Körnerbau, recht einträglich, namentlich da, wo der Absatz nach nahe liegenden größeren Städten in Betracht kommt. Teilweise sind allerdings im Anfange der Berichtszeit (1895) die Erträge durch die Maul- und Klauenseuche beeinträchtigt worden. Eine große Anzahl von Berichten hält die Lage der Landwirtschaft nicht für ungünstig und führt als Beweis hierfür u. a. das bedeutende Anwachsen der Einlagen in die Sparkassen der rein ländlichen Gegenden an. In einigen Bezirken wird besonders die günstige Lage des kleinen und mittleren Bauernstandes hervorgehoben, der namentlich dann mit gutem Erfolge wirtschafte, wenn die landwirtschaftlichen Arbeiten ohne Zuhilfenahme von Dienstboten ganz oder größtenteils von den Besitzern und ihren Angehörigen selbst verrichtet werden. Mehrfach wird aber auch, namentlich in Gebieten mit weniger guter Bodenbeschaffenheit, ein Rückgang des Wohlstandes der ländlichen Bevölkerung gemeldet.

Im Oberlandesgerichtsbezirk Hamm hat auf die ländliche Hypothekenbewegung der Ernteausfall eingewirkt, über dessen Ungunst infolge schlechter Witterungsverhältnisse strichweise Klage geführt wird, ferner die Höhe der Restkaufgelder und Abfindungsbeträge, insbesondere auch der Schichtteile anläßlich von Wiederverheiratungen, die Wirtschaftsführung, welche teilweise in Verbindung mit zu hoch gesteigerter Lebenshaltung der ländlichen Bevölkerung zu wünschen übrig läßt, wogegen es anderwärts gelingt, durch Fleiß und Sparsamkeit, sowie intensivere Bewirtschaftung die Folgen einer früheren Mißernte wieder auszugleichen. Während einzelne Amtsgerichtsbezirke die Lage der Landwirtschaft, und zwar zum Teil wegen hoher Viehpreise, für günstig erklären, bekunden andere das Gegenteil unter Bezugnahme auf die teuren Arbeitslöhne und gedrückten Kornpreise, welche letzteren kaum noch die Produktionskosten decken, auch die auf die Kaufkraft der ländlichen Bevölkerung angewiesenen Kleinstädte in Mitleidenschaft ziehen und die zunehmende ländliche Verschuldung und Vermögensverschlechterung verursachen sollen.

Aus dem Oberlandesgerichtsbezirk Kassel wird berichtet, daß die gedrückten Preise der landwirtschaftlichen Erzeugnisse auf die Hypothekenbewegung in kleinen Städten ungünstig eingewirkt haben. Die wirtschaftliche Lage des ländlichen Grundbesitzes wird fast durchweg als sehr ungünstig bezeichnet. Insbesondere wird vielfach ein anhaltender Rückgang der Landwirtschaft gemeldet und die zunehmende Verschuldung hauptsächlich auf niedrige Fruchtpreise, die Nachwirkungen des Mißjahres 1893, geringen Erlös aus dem Vieh infolge Auftretens der Maul- und Klauenseuche und dadurch veranlaßten Ausfalls von Viehmärkten, ferner auf starken, mit Eintragung bedeutender Restkaufgelder und Abfindungen verbundenen Besitzwechsel, schlechte Wirtschaftsführung und nicht zuletzt auf die planmäßige Aufsaugung der ländlichen Bevölkerung durch die zahlreichen, in den Landbezirken und benachbarten Städten ansässigen Handelsleute zurückgeführt. Als Mittel gegen diese wucherische Ausbeutung und Proletarisierung der ländlichen Bevölkerung werden von dem Berichterstatter hervorgehoben: größere Inanspruchnahme der örtlichen Darlehenskassen, Errichtung von Getreidehäusern und Beseitigung der Freiteilbarkeit des ländlichen Grundbesitzes durch zwingende gesetzliche Bestimmung.

Für das Landgebiet des Oberlandesgerichtsbezirks Frankfurt lauten die Berichte vielfach unerfreulich. In verschiedenen Bezirken wird die Zunahme der Mehrverschuldung auf die gegenwärtige schlechte Lage der Landwirtschaft infolge ungünstiger Ernte, insbesondere auch Futterernte, unzureichende Preise für landwirtschaftliche Erzeugnisse, Entwertung des Grund und Bodens, sowie infolge der bereits vorhandenen, einen großen Aufwand von Zinsen und Renten erfordernden Schulden zurückgeführt. Dazu tritt namentlich in den Hohenzollernschen Landen Güterschlächterei stark belastend auf. Andererseits zeigen sich in manchen Bezirken günstigere, auch in der Hypothekenbewegung zum Ausdruck gelangende wirtschaftliche Verhältnisse, und zwar u. a. infolge — zum Teil mehrere Jahre hindurch — guter Ernteergebnisse sowie als Folge bevorzugter Stellung im Weinlande, (Rüdesheim, Hattenheim). Da wo die ländliche Bevölkerung in der Industrie und im Bergbau Beschäftigung findet, hat sich ihre finanzielle Lage bei aufsteigender Konjunktur sehr gehoben. Durch das Zuströmen von Arbeitskräften in die benachbarten Fabriken und Bergwerke ist aber nach einem Bericht zugleich ein empfindlicher Mangel an landwirtschaftlichen Arbeitern eingetreten, der in einem Bezirke eine verminderte Neigung zum Grunderwerbe und Hand in Hand damit den Rückgang der Landpreise bis um ein Drittel zur Folge gehabt hat.

In den ländlichen Bezirken des Oberlandesgerichtsbezirks Cöln wird das Wachsen der Allgemeinverschuldung vornehmlich auf die sinkenden Erträge der Landwirtschaft infolge der niedrigen Getreidepreise, sowie auf die zunehmende Verkleinerung der ländlichen Besitzeinheiten infolge Realteilung, insbesondere Parzellierung, zurückgeführt. Dazu wird strichweise über Mißerfolge infolge großer Trockenheit, Vernichtung der Ernte durch Hagelschlag, sowie zu Beginn der Berichtszeit (1895) über Viehseuchen und dadurch herbeigeführte große Verluste an Vieh nebst erheblichem Fallen der Viehpreise, ja sogar Unverkäuflichkeit von Rindvieh und Schweinen infolge der Sperrung der Märkte, die wiederum die kleinen Gewerbetreibenden in Mitleidenschaft zog, geklagt. Beim Rindvieh waren außerdem die Staffeltarife für die Beförderung von Vieh auf Eisenbahnen aus dem Osten nach dem Westen von Einfluß auf die Preisbildung. Im übrigen haben noch folgende Umstände zum Steigen der buchmäßigen Mehrbelastung wesentlich beigetragen: die Eintragung von Abfindungen und Kautionshypotheken für Forderungen aus Erbteilungen und Altenteilsverträgen, welche früher fast nie zur Einschreibung in die Hypothekenregister gelangten.

Anderswo liegen die Verhältnisse günstiger. Beispielsweise wird berichtet, daß die von Kleinbauern, Handwerkern und Fabrikarbeitern usw. neben sonstiger gewinnbringender Beschäftigung bewirtschafteten kleineren landwirtschaftlichen Betriebe in der Regel unbelastet seien. Aus einem Weinbaubezirke wird ein erfreuliches Aufblühen des Weinhandels infolge guter Weinernte im letzten Jahre gemeldet.

Für 1891—92 bemerkt der Bericht [1]), daß eine Zusammenstellung aus 20, den Oberlandesgerichtsbezirken Berlin, Stettin, Posen, Breslau, Naumburg und Kiel angehörigen Amtsgerichtsbezirken, auf 10,18 Mill. Mk. Eintragungen in ländlichen Bezirken 1,12 Mill. Mk. infolge von Erbteilungen oder Ausstattungen der Kinder, 3,38 Mill. Mk. als Restkaufgelder eingetragenen Hypotheken ergeben. Andererseits könnten Erbschaften und Vermächtnisse auch in weitem Umfange zu Löschungen führen.

Schon dieser Überblick zeigt, daß die Kenntnis von den Ursachen der ländlichen Hypothekenverschuldung nicht mit den beiden Worten Kauf- und Erbgelder erschöpft ist.

Auch die bereits erwähnten Ermittelungen über die allgemeine Lage der Landwirtschaft in 52 preußischen Gemeinden von 1888/89 geben ein anschauliches Bild der Vielseitigkeit der Verschuldungsursachen, wobei diese Erhebungen noch den Vorzug haben, daß sie nicht nur den jährlichen Zuwachs der Verschuldung, sondern den gesamten Stand der Hypothekarver-

---

[1]) Zeitschrift des K. preuß. statist. Bureaus. 32. Jahrg. 1892.

schuldung ermittelt haben. Leider enthalten auch sie nur allgemeine Angaben, da der ziffernmäßige Nachweis über die Hypothekarbelastung nach den einzelnen Ursachen der Verschuldung zu schwierig oder überhaupt unmöglich war.

Nur für eine Gemeinde im Kreise Insterburg sind die Verschuldungsursachen in folgender Weise ziffernmäßig nachgewiesen:

Ursache	Mk.	Prozent
Gerichtskosten	530	0,37
Warenforderungen . . .	4 350	2,95
Baugelder.	11 900	8,06
Kaufgelderforderungen .	32 351	21,92
Erbanteile	37 256	25,25
Erziehungsgelder . . .	28 000	18,97
Notstandsgelder	2 883	1,95
Darlehen überhaupt . .	30 289	20,53
	147 559	100,—

In dem Bericht hierzu heißt es: Meliorationen im Ackerbau sowohl wie in der gesamten Tierzucht, Anschaffung besserer Ackergeräte, Aufführung zweckmäßiger Bauten, bessere Erziehung der Kinder haben entschieden einen großen Teil der hinzugekommenen Schulden verursacht und kann man als Tatsache hinstellen, daß der Wert der einzelnen Grundstücke mindestens um die vermehrte Schuldenlast gestiegen ist.

Von verschiedenen Gemeinden wird mitgeteilt, daß die Schulden aus früherer Zeit zum Teil noch aus der Zeit der Ablösungen stammen.

Von den allgemeinen Bemerkungen über die Ursachen der Verschuldung seien noch folgende als besonders charakteristisch hervorgehoben. Von einer Gemeinde in der Weichselniederung wird gesagt: Früher war es Sitte, mindestens zwei Drittel des geforderten Kaufpreises auszuzahlen und behielt dann noch der Käufer ein reichliches Betriebskapital in der Hand. Jetzt aber zahlt man oft kaum ein Drittel an und beansprucht sofort bei dem Kaufmann einen nicht unerheblichen Personalkredit, den dieser, durch die Konkurrenz gedrückt, auch gewähren muß.

Von der Gemeinde Werpeloh im Kreise Hümling heißt es: Meistens erhalten die abgehenden Kinder das vorhandene Bargeld als Abfindung. Über die Gemeinde Ohlweiler, die eine der besten Dörfer im Kreise Simmern sein soll, wird berichtet, daß der günstige Stand der Verschuldung hauptsächlich dem nüchternen Sinn und der bescheidenen Lebensweise der Ortsbewohner zuzuschreiben sei.

Im übrigen gewinnen wir aus den 52 Berichten als Ursachen der Hypothekarverschuldung folgende reichhaltige Blütenlese: Ankauf mit gar keinen oder zu geringen Barmitteln, Kaufgelderreste bei Kindskäufen, Erbgelder, Altenteile, Ausstattung und Erziehung der Kinder, hohe Kinderzahl, Umwandlung von Personalschulden in Hypothekenschulden, Meliorationen, Neubauten, niedrige Getreidepreise, Feuerschäden ohne genügende Versicherung, Mißernten, Hagelschläge, Viehseuchen, Überschwemmungen, Belastung aus der Ablösungszeit, hohe Steuern und Abgaben, wucherische Ausbeutung beim Kauf und Verkauf von Waren, Zukauf von Grundstücken bei Parzellierungen zur Abrundung, schlechte Wirtschaft, Prozeßsucht, schlechter Boden usw.

Bevor wir indes ein abschließendes Urteil über die Verschuldungsursachen wagen, wird es sich empfehlen, noch das positive Material vorzuführen, das über die Ursachen der Verschuldung in anderen Bundesstaaten ermittelt ist.

In Bayern werden bei der Ermittelung der jährlichen Hypothekenbewegung auch die Arten der Hypotheken ziffernmäßig festgestellt.[1]) Das Ergebnis dieser Statistik für die Eintragungen auf land- und forstwirtschaftlich benutzte Grundstücke ist folgendes:

	1898 Proz.	1899 Proz.	1900 Proz.	1901 Proz.	1902 Proz.
1. Darlehns-Hypotheken.					
a) Annuitäten	15,7	12,2	9,1	12,1	15,0
b) Hypoth. öffentl. Kassen, Korporationen, Stiftungen (soweit nicht Annuitäten)	7,8	7,0	6,5	6,0	7,4
c) Sonstige	20,3	18,1	20,4	23,3	21,3
zusammen	43,8	37,3	36,0	41,4	43,7
2. Kauf- und Strichschillings-Hypotheken	27,2	29,6	34,1	28,6	27,3
3. Hypotheken für Herauszahlungen von Eltern, Geschwistern usw.	12,2	13,7	12,8	14,3	14,8
4. Hypotheken für Renten, Unterhalts- und sonstige Ansprüche	7,0	7,8	8,5	6,3	3,6
5. Kautionshypotheken	4,0	5,8	6,0	7,2	7,8
6. Sonstige Vertragshypotheken	0,5	0,5	0,7	0,8	1,1
7. a) Nach Hypothekenges. § 12 und Brandversicherungsges. Art. 46	3,8	3,7	1,2	0,6	0,8
b) Zwangs- und Arresthypotheken	1,5	1,6	0,7	0,8	0,9
	100,0	100,0	100,0	100,0	100,0

Hiernach bestehen die neuen Hypotheken etwa zur Hälfte aus Restkauf- und Abfindungshypotheken und zu etwa 40 Prozent aus Darlehen. Be-

[1]) Statistisches Jahrbuch für das Königreich Bayern. 5., 6. und 7. Jahrgang.

merkenswert ist das Steigen der Kautionshypotheken. Die Statistik weist auch die Verschuldungsursachen für Hypotheken auf landwirtschaftlich und zugleich gewerblich benutzten Grundstücken und auf städtisch oder gewerblich benutzten Grundstücken nach. Dabei ergaben sich z. B. für die Eintragungen von 1902 folgende Verschiedenheiten:

	a) auf land- u. forstw. ben Grundstücken Prozent	b) auf landw. u. zugleich gewerbl. ben. Grundstücken Prozent	c) auf städtisch oder gewerbl. ben. Grundstücken Prozent
1. Darlehns-Hypotheken.			
a) Annuitäten	15,0	24,3	17,5
b) Hypotheken öffentl. Kassen, Korporationen	7,4	6,7	3,8
c) Sonstige	21,3	24,4	40,4
1. zusammen	43,7	55,4	61,7
2. Kauf- und Strichschillings-Hypotheken	37,3	19,2	17,6
3. Hypotheken für Herauszahlung von Eltern, Geschwistern usw.	14,8	7,7	1,7
4. Hypotheken für Renten, Unterhalts- und sonstige Ansprüche	3,6	1,4	0,2
5. Kautionshypotheken	7,8	11,5	14,1
6. Sonstige Vertragshypotheken . .	1,1	1,9	2,2
7. a) Nach Hypothekenges. § 12 und Brandversicherungsges. Art. 46	0,8	2,2	1,7
b) Zwangs- und Arresthypotheken	0,9	0,7	0,8
	100,0	100,0	100,0

Hiernach steigen die Darlehns-Hypotheken von 44 Prozent aller Hypotheken bei den land- und forstwirtschaftlichen Grundstücken auf 55 Prozent bei den landwirtschaftlich und gewerblich benutzten Grundstücken und gar auf 60 Prozent bei den städtisch oder gewerblich benutzten Grundstücken; in derselben Richtung bewegt sich der relative Anteil der Kautionshypotheken an den neuen Hypotheken, während die Kaufschillings- und Erbhypotheken in derselben Reihenfolge relativ sinken oder mit anderen Worten: mit steigender Kapitalisierung des Bodens oder mit dem Rücktreten der landwirtschaftlichen Nutzung steigen die Darlehns- und Kautionshypotheken und sinken die Kaufschillings- und Erbhypotheken. Diese Erscheinung geht parallel mit der Tatsache, daß mit zunehmender gewerblicher und städtischer Benutzung des Bodens der Besitzwechsel durch Erbgang gegenüber dem Wechsel durch Kauf relativ sinkt.

Die bayerische Statistik weist die Verschuldungsursachen auch für die einzelnen Regierungsbezirke nach. Ein Vergleich nach den Regierungsbezirken hat einen besonderen Reiz, da in allen rechtsrheinischen Regierungsbezirken, mit Ausnahme von Unterfranken, die geschlossene Vererbung stattfindet, nur in fast ganz Unterfranken und in einem Teil von Oberfranken herrscht die Realteilung beim Erbgang. Die Darlehenshypotheken auf landwirtschaftlichen Grundstücken betrugen 1902 in den Bezirken der geschlossenen Vererbung 43—48 Prozent aller neuen Hypotheken, dagegen in Unterfranken nur 36 Prozent, die Kauf- und Streichschillingshypotheken bewegen sich in den Gebieten der geschlossenen Vererbungsweise zwischen 25 und 32 Prozent, während sie in Unterfranken auf 41 Prozent stiegen und die Abfindungshypotheken betragen in den Gebieten mit geschlossener Vererbung 10—19 Prozent, in Unterfranken nur 7 Prozent.

Es werden ferner noch in Bayern die Löschungen von Hypotheken nach den verschiedenen Arten der Hypotheken, die zur Löschung kommen, ermittelt. Das Ergebnis dieser Nachweisung ist für die land- und forstwirtschaftlich genutzten Grundstücke folgendes:

Die Löschungen betrugen Prozent der Eintragungen:

	1898 Proz.	1899 Proz.	1900 Proz.	1901 Proz.	1902 Proz.
1. Darlehens-Hypotheken:					
a) Annuitäten	58,4	54,5	69,9	57,9	44,8
b) Hypotheken öffentlicher Kassen, Korporationen, Stiftungen	74,9	71,1	76,1	83,5	84,3
c) sonstige	97,7	102,4	91,9	84,5	95,9
2. Kauf- und Strichschillingshypotheken	67,7	63,4	54,7	76,2	88,3
3. Hypotheken für Herauszahlung von Eltern, Geschwistern 2c.	130,6	91.9	104,1	101,9	105,4
4. Für Renten, Unterhalts- und sonstige Ansprüche	107,9	102,7	65,2	103,7	184,5
5. Kautionshypotheken	72,6	56,7	39,7	51,2	44,5
6. Sonstige Vertragshypotheken	96,7	86,9	82,5	57,9	57,1
7. a) Nach Hypothekengesetz § 12 und Brandvers.-Ges., Art. 46	52,3	38,5	93,5	175,0	118,6
b) Zwangs- und Arresthypotheken	111,7	90,1	189,4	117,8	107,7
Summa:	83,8	76,1	73,1	80,7	85,8

Das auffälligste und überraschendste Ergebnis dieser Nachweisung ist, daß der seit Rodbertus in so schwerem Verdacht stehenden Belastung durch Erbfälle jährlich eine noch größere Löschung derselben Grundbuchstelle gegenübersteht, und daß selbst die Kaufschillingshypotheken durch Löschung derselben Posten zum erheblichen Teil annulliert werden.

Allerdings erhebt sich hier die Frage, ob das Material der bayerischen Statistik so zuverlässig ist oder sein kann, um eine Schlußfolgerung von so eminenter Bedeutung und Tragweite zu gestatten. Da die Veröffentlichung ohne einen kritischen Begleitbericht erfolgt, sind wir nur in der Lage, diese Kritik auf Grund allgemeiner Gesichtspunkte zu üben. Bevor wir indes hierzu übergehen, sei noch das für die übrigen Bundesstaaten vorliegende Material über die Verschuldungsursachen mitgeteilt.

In Württemberg ist bei den Erhebungen über den Stand der Landwirtschaft von 1895, die sich auf 126 Gemeinden erstreckten, neben der Höhe der Verschuldung auch der Schuldgrund ermittelt worden.[1]) In dem Bericht wird ausgeführt, daß eine Erforschung der Ursachen schwierig sei, weil dieselben in den Pfandbriefen nicht immer angegeben sind, auch die der Entstehung der Schulden, z. B. bei Darlehen, zu Grunde liegenden Vorgänge aus den Einträgen nicht hervorgehen. Das Gesamtergebnis der Erhebung ist folgendes:

Von der Gesamtsumme der eingetragenen Schulden entfielen auf:

	1874 Prozent	1884 Prozent	1894 Prozent
Erbteilung ꝛc.	8,9	7,5	7,7
Liegenschaftskäufe	32,9	30,8	28,4
Sonstige Ursachen (Darlehen ꝛc.)	58,8	61,7	73,9

In denjenigen Gemeinden, in welchen nach der herrschenden Erbsitte das Gut in der Regel ungeteilt auf einen Erben übergeht, entfällt ein größerer Teil der Schulden auf Erbteilungen als dort, wo die Güter unter die Kinder gleichmäßig verteilt werden, z. B. 15,7 Prozent im Donaukreis gegenüber nur 1,8 Prozent im Neckarkreis. Die Erhebungen über die Verteilung der Hypothekenschulden auf die obigen Verschuldungsarten geben indessen, wie der Bericht sagt, schon aus dem Grunde kein genaues Bild von den Entstehungsursachen der Schulden, weil die verschiedenen Verschuldungsarten in den einzelnen Gemeinden nicht in gleicher Weise nach gleichen wirtschaftlichen Vorgängen ausgeschieden werden konnten. So werde von mehreren Gemeinden erwähnt, daß die Ausscheidung der Schulden aus Erbteilungen (Gutsübernahmen) und aus Darlehen nicht möglich sei, da die

[1]) Ergebnisse der Erhebungen über den Stand der Landwirtschaft in Württemberg 1895. Württ. Jahrbücher f. Stat. und Landeskunde 1895. Heft 2, S. 12 ff.

Schuldigkeiten aus Erbteilungen in der Regel sofort bezahlt und zu diesem Zweck meistens Darlehen aufgenommen werden, die Schulden aus Gutsübernahmen aber solange unversichert stehen bleiben, bis die Schuld infolge Ablebens der Eltern zu bezahlen ist, was dann gleichfalls durch Aufnahme von Anlehen geschehe. In einer Gemeinde seien die Schulden von Gutsübernahmen unter „Liegenschaftskäufen" aufgenommen. Von einer Gemeinde werde angegeben, daß die als „Darlehne" laufenden Schulden größtenteils zur Bezahlung von gekauften Liegenschaften verwendet werden. Gebe hiernach die Ausscheidung der Hypothekenschulden nach den Hauptverschuldungsarten schon über die äußeren Ursachen der Verschuldung keinen durchweg richtigen Aufschluß, so ließe sie noch weniger erkennen, auf welche tiefer liegenden Gründe die Verschuldung und die starke Zunahme derselben zurückzuführen sei. Bei einer Reihe von Gemeinden sei als Grund der Schuldzunahme angeführt, daß in den letzten Jahrzehnten größere Gutskomplexe durch gewerbsmäßige Güterhändler zertrümmert und die Güter parzellenweise zu unverhältnismäßig hohen Preisen abgesetzt worden seien. Von einer Gemeinde sei in dieser Beziehung gesagt: „Durch Güterzerstückelungen kam die Mehrzahl der Bevölkerung in Schuld- und Abhängigkeitsverhältnisse zu den Juden." Auch sonst seien die übermäßig hohen Güterpreise als eine Ursache der Vermehrung der Schuldenlast bezeichnet, die Güter wurden vielfach von kleineren Bauern, Anfängern usw. angekauft ohne Rücksicht darauf, ob sie bei dem bezahlten Preis rentieren oder nicht. Dagegen werde nur von einer Gemeinde besonders hervorgehoben, daß Gutsübernahmen häufig zu einer im Verhältnis zum Ertragswert zu hohen Summe stattfänden und dadurch Grund zur Verschuldung abgäben. Von zwei Gemeinden werde mitgeteilt, daß die große Verschuldung auf das Aufhören der früher neben der Landwirtschaft betriebenen Zeugmacherei und Handwollweberei zurückzuführen sei. Als Verschuldungsursachen wurden weiter genannt die Vermehrung des Viehstandes und der jüdische Viehhandel.

Eine wichtige Rolle unter den Ursachen der Schuldenzunahme spielen nach den Berichten vieler Gemeinden die gesunkenen Getreidepreise und schlechte Ernten, Hagelschlag usw. Die ungenügenden Einnahmen und die gesteigerten Ausgaben müßten durch Aufnahme von Schulden ins Gleichgewicht gebracht werden. Die Tilgung der Güterzieler könnte nur durch Aufnahme von Passivkapitalien geschehen.

Endlich habe zur Vermehrung der Pfandschulden in einer Reihe von Gemeinden der Umstand beigetragen, daß von den Mitgliedern der daselbst bestehenden Darlehenskassen Unterpfände für laufende Kredite in höheren Beträgen eingelegt worden seien. Demgegenüber werde in einzelnen Gemeinden die Abnahme der eingetragenen Pfandschulden mit der Gründung von Darlehenskassen erklärt, indem die Kaufschillinge entweder mit den bei der Kasse angelegten Ersparnissen bezahlt oder aber die Schuldposten, welche wie die Güterzieler in Raten zu zahlen sind, bei der Kasse gegen einfachen Bürgschein aufgenommen worden seien. In Wirklichkeit habe deshalb in solchen Gemeinden die Gesamtverschuldung nicht abgenommen.

In Württemberg ist außer dieser Erhebung noch die Ursache der Verschuldung in der bereits angeführten Statistik über die Pfandschuldenbewegung für das Jahr 1897 ermittelt worden. Allerdings können aus dieser Statistik, da sie sich nur auf die zur Sicherung eines Darlehens (auch an Forderungen aus Warenkauf, Wechseln, von Bank- und Konto-Korrent-Krediten) bestellten Pfandrechte und auf die zur Sicherung einer Kaufschillingsforderung eingetragenen Pfandrechtsvorbehalte, nicht aber auf die Pfandeinträge für Ehefrauen, Kinder usw. bezieht, keine erheblichen Schlußfolgerungen gezogen werden, umso weniger, als auch die als Darlehen eingetragenen Pfandrechte vielfach Kaufschillingsrechte, besonders auf dem Lande enthalten. Mit diesem Vorbehalte ist die Tatsache zu würdigen, daß 1897 auf je 100 Mk. Pfandeinträge in Stuttgart nur 38 auf Darlehen und 62 auf Pfandrechtsvorbehalte entfielen, in den Gemeinden unter 5000 Einwohnern dagegen auf Darlehen 71 und auf Pfandrechtsvorbehalte 42.

Auch in Baden haben sich die Erhebungen über die Lage der Landwirtschaft in 37 ländlichen Gemeinden vom Jahre 1883 auf die Ermittelung der verschiedenen Arten der Verschuldung erstreckt. Im Mittel aller 37 Gemeinden entfielen hiernach auf Schulden aus Liegenschaftskauf mit Ausschluß der sogenannten Kindskäufe 44,77 Prozent, aus Erbteilung einschließlich der Kindskäufe 28,07 Prozent, aus Hausbau 5,07 Prozent und aus „sonstigen Ursachen" 22,09 Prozent, wobei bemerkt wird, daß in den „sonstigen Ursachen" auch noch Besitzkredite enthalten seien, so daß auf die Inanspruchnahme des Besitzkredits wahrscheinlich 90 Prozent entfallen würden. Aber auch der Bericht für Baden bemerkt, daß diese Nachweise nur über die nächstliegende Ursachen der Inanspruchnahme des Hypothekenkredits, nicht aber über die tiefer liegenden Gründe Aufschluß gäben. Hohe Gutsübernahmen seien besonders im Schwarzwald und im südlichen Hügelland zu beobachten, im Norden Badens scheinen sie seltener zu sein. Die auf die Anwesen eingetragenen Gleichstellungs- oder Kindskaufsgelder seien in manchen Fällen nur eine nominelle Schuld, wenn nämlich die Eltern Barvermögen besitzen, welches die Auslösung der Geschwister ermöglicht oder wenn überhaupt nur ein erbberechtigtes Kind vorhanden ist. Auch die für Entrichtung von Leibgedingen gefertigten Einträge seien zuweilen nomineller Natur, sofern erstere nicht in Anspruch genommen werden. In viel intensiverer Weise als durch Erbschaftsauseinandersetzungen sei der freihändige Erwerb von Liegenschaften zu übermäßig hohen Preisen Ursache der starken Verschuldung, insbesondere im Süden von Baden, wobei der spekulative Güterhandel eine große Rolle spielt. Im engen Zusammenhange mit der Übernahme von Gütern im Erbweg und mit dem freihändigen Kauf solcher zu hohen Preisen steht der in den meisten Wirtschaften chronische Mangel an Betriebskapital, zu dessen Abhilfe die Errichtung von genossenschaftlichen Betriebskassen empfohlen wird. Zu frühe Gründung eines Haushalts wird nur in der Minderzahl der Berichte als tieferliegende Ursache vorhandener Verschuldung bezeichnet. Ebenso erfreulich sei, daß von Verschwendungssucht, unordentlicher Wirtschaft usw. in der überwiegenden Mehrzahl der Erhebungsgemeinden nichts wahrzunehmen sei; es könne vielmehr meist die Einfachheit und Sparsamkeit der Lebensweise rühmend hervorgehoben werden.

Weitaus den Hauptgrund des jetzigen Standes der Verschuldung haben die Erhebungsberichte in der raschen Aufeinanderfolge schlechter Ernten erblickt, durch welche sich die zweite Hälfte der 70er Jahre, mit Ausnahme von 1878, besonders ausgezeichnet hätte. Während der Durchschnittswert einer Ernte in Baden auf 234 Mill. Mk. angenommen werde, sank derselbe 1876 auf 193 Mill. Mk., 1877 auf 209 Mill. Mk. herab. Die Werte, die infolge dessen den Landwirten verloren gingen, direkt, indem sie weniger verkaufen konnten, indirekt, indem sie mehr zukaufen mußten, und mit ihren Schuldigkeiten im Rückstand blieben, seien geradezu enorm. Am meisten hätten die Reborte gelitten, welche von 1877 bis 1882, also 6 Jahre hintereinander zum Teil völlige Fehlherbste zu verzeichnen hatten. Werde der für die Jahre 1863/1882 ermittelte Durchschnittswert der Weinernte zu rund 14,8 Mill. Mk. angenommen, so seien durchschnittlich der Rebbevölkerung in den Jahren 1863/1882 jährlich über 6 Mill. Mk. und im Ganzen 36 Mill. Mk. verloren gegangen; allein die beiden Jahre 1879/1880 hatten einen Mindherertrag vor 22 Mill. Mk. gebracht. Für die Rebgemeinden treten deshalb alle anderen Verschuldungsgründe gegenüber diesem einen ziemlich zurück. Die drastische Wirkung schlechter Ernten liege eben nicht bloß daran, daß sie die gleichmäßige Schuldentilgung hindert, also den ökonomischen Fortschritt hemmt, sondern daß sie in vielen Fällen behufs Weiterführung der Wirtschaft zu neuen Schuldaufnahmen nötigt, also unmittelbar schuldensteigernd wirke. Die unerfreuliche Lage, in welcher die ländliche Bevölkerung in einer Reihe von Gemeinden des Landes durch unwirtschaftlichen Ankauf zu übermäßig hohen Preisen, sowie durch hohe Gutsübernahmen geraten sei, habe deshalb ihre besondere Schärfe erst durch den gleichzeitigen Eintritt unergiebiger Ernten erhalten; ebenso habe die infolge steigernder Produktionskosten fast überall sich wahrnehmbar machende Abnahme der Rentabilität der bäuerlichen Anwesen doch erst dadurch, daß sie zeitlich mit einer absoluten Abnahme der Roherträgnisse zusammenfiel, die ökonomische Lage und zwar auch des gut situierten Teils der Bevölkerung in besonders nachteiligem Maße zu beeinflussen vermocht; wo endlich die äußere Ungunst der Verhältnisse an sich (schlechte Bodenverhältnisse, rauhes Klima, kleine Gemarkungen) einer ruhigen und gleichmäßigen Wohlstandsbewegung entgegensteht, da müßten schlechte Ernten, wenn sie ununterbrochen auf einander folgen, die ohnedies prekäre Lage der Bevölkerung auf lange Zeit hinaus verschlimmern.

Es komme hinzu, daß in einer Anzahl Landesteile die Vermögensverluste, welche im Gefolge unergiebiger Ernten eintraten, durch elementare Ereignisse, wie durch Überschwemmungen, Hagelschläge und Frostschäden, eine weitere Steigerung erfuhren. Alle diese durch die Ungunst der Witterung und sonstigen Ereignisse veranlaßten Schäden repräsentieren einen so gewaltigen Kapitalverlust, daß man wohl versucht sein könne, weniger über den Umfang der Verschuldung in einzelnen Gemeinden als darüber in Erstaunen zu geraten, daß in einer so großen Anzahl Erhebungsgemeinden diese Verschuldung nur einen mäßigen Grad erreichte und daß sie in einzelnen der besonders hart durch die Ungunst des letzten Jahrzehnts getroffenen Rebgemeinden nicht in einem viel intensiveren Rückgang des Wohlstandes, als konstatiert werden konnte, zum Ausdruck gelangte. Es sei denn auch, wie vieles auch immer zur Beseitigung der aufgedeckten Übelstände in Technik und Ökonomie des Betriebes, im Kredit- und Versicherungswesen, vorgekehrt werden mag, ein voller Erfolg der zur Anbahnung befriedigender Verhältnisse in Vorschlag gebrachten Maßnahmen doch nur dann zu erwarten, wenn diese Maßnahmen von günstigeren Ernten begleitet werden, als solche die 70er Jahre dem Lande gebracht hatten, weil eben in einer schlechten Ernte ein besonders intensiver Verschuldungsgrund begründet liege und weil durch keine Gesetzgebung die Millionen ersetzt werden können, welche der Boden in einzelnen Jahrgängen der landwirtschaftlichen Bevölkerung vorenthält.

Zur Würdigung dieser Ausführungen sei daran erinnert, daß die Erhebungen vor mehr als 20 Jahren stattfanden, daß in ihnen also nicht die Preisdepression der 80er und 90er Jahre, die doch dieselbe Wirkung wie schlechte Erntejahre haben kann, zum Ausdruck kommt.

Die badische Statistik über die jährlichen Pfandeinträge und Pfandstriche unterscheidet bedungene und richterliche Pfandrechte und Vorzugsrechte und weist bei letzteren die Kaufschillinge und Gleichstellungsgelder gesondert nach. Da indes dabei eine Unterscheidung nach landwirtschaftlichen, gewerblichen und städtischen Grundstücken nicht gemacht wird, ist aus diesen Zahlen wenig zu entnehmen. So entfielen 1900 von den gesamten Pfandeinträgen 53 Prozent auf bedungene Pfandrechte, 3 Prozent auf richterliche Pfandrechte, 42 Prozent auf Kaufschillinge und 2 Prozent auf Gleichstellungsgelder. Auf 100 Mk. Pfandeinträge kamen 1900 bei den bedungenen Pfandrechten 33 Mk. Pfandstriche, bei den richterlichen Pfandrechten 64 Mk., bei den Kaufschillingen 68 Mk. und bei Gleichstellungsgeldern 93 Mk. Pfandstriche.

Die Aufnahme der Hypothekarverschuldung nach dem Stande von 1884 im Königreich Sachsen hat die Hypotheken nur nach Darleiherklassen, also nach den Kreditquellen nachgewiesen, wobei nur eine Verschuldungsursache, die Erbabfindung, erkennbar wird. Danach entfielen von dem gesamten Bestande der Hypotheken auf Erbteile in den Städten 2,12 Prozent, in den Dörfern 5,89 Prozent und auf den Rittergütern des Landes 2 Prozent. Doch ist es fraglich, ob diese Statistik für die Erkenntnis ausreicht, in welcher Höhe der Grundbesitz durch Erbabfindungen belastet wird.

Nach der Aufnahme von 1897[1]) schwankt der prozentuale Anteil der für Erbteile bestellten Pfandrechte auf den rein landwirtschaftlichen Besitzungen von 10—15 Prozent der freiwillig oder zwangsweise bestellten Hypotheken und betrug im Durchschnitt 6,8 Prozent. Doch bemerkt der Bericht hierzu, daß die bei Erbfällen eingetragenen Hypotheken aus den Hypothekenbüchern allein nicht erkennbar sind, wenn die Besitzungen anstatt im Erbwege im Wege eines Rechtsgeschäftes unter Lebenden, insbesondere im Wege des Kaufes, von dem Erblasser auf den Erben übertragen werden. Die aus solchen Rechtsgeschäften entstehenden Hypotheken erscheinen in den Hypothekenbüchern als Kaufgeldhypotheken. In einigen Erhebungsbezirken stieg der Prozentsatz der Erbhypotheken für die geschlossenen bäuerlichen Besitzungen über 20 Prozent, für die großbäuerliche Besitzung von 50—100 ha sogar bis auf 100 Prozent.

Für Elsaß-Lothringen werden in der Darstellung der Untersuchung der Lage und Bedürfnisse der Landwirtschaft von 1884 folgende Verschuldungsursachen erwähnt: Da die Einkommen aus dem Betriebe der Landwirtschaft in der letzten Zeit sich verschlimmert haben, die Ausgaben aber gestiegen sind, so ist es natürlich, daß die Zahlung der Zinsen und Pachtgelder, sowie die Abtragung von Schulden schwerer fiel und häufig im Rückstande blieb. Dies hat zur Folge, daß nicht allein zur Beschaffung der für diese Ausgaben nötigen Beträge, sondern auch für andere Wirtschaftsausgaben, welche in günstigen Zeiten aus den laufenden Einnahmen bestritten werden, zur Erborgung geschritten werden mußte. Vorzugsweise stiegen die Darlehen gegen einfache Schuldverschreibungen; in geringerem Maße auch die Hypotheken-

[1]) Jahresbericht über die Landwirtschaft im Königreich Sachsen für das Jahr 1902.

schulden. So wird vom Kreise Erstein mitgeteilt, daß die Handscheinschulden erheblich zugenommen hätten, weil in den letzten Jahren infolge schlechter Ernten den Landleuten das zum Betriebe erforderliche bare Geld mangelte. Bei den kleineren Landleuten liegt auch häufig die Ursache der Verschuldung in dem Ankauf von Vieh auf Kredit, und namentlich wird das sogenannte Einstellvieh als ein wesentliches Moment für die Herbeiführung von Verschuldung angegeben, insbesondere in den Kreisen Hagenau, Schlettstadt, Erstein, Straßburg und Eschweiler.

Nach dem Bericht über die landwirtschaftliche Enquete in Hessen von 1884—1886 ist es nicht leicht, sich über die Wirkungen des bestehenden Erbrechts auf die Verschuldung ein sicheres Urteil zu verschaffen. Während in einer Gemeinde über die Höhe der Herauszahlungen an die Erben geklagt wird, wird in einer anderen Gemeinde, wo dieselbe Sitte des geschlossenen Hofüberganges besteht, ausdrücklich konstatiert, daß die Herauszahlungen Einfluß auf die Verschuldung nicht haben, da sie in der Regel sehr gering seien. Jedenfalls würde aber in vielen Gemeinden, in denen die Realteilung herrscht, mit Recht über die dadurch veranlaßte allzu große Parzellierung, über die Herauszahlungen, die der Erbe der Hofraithe zu machen hat, und darüber geklagt, daß infolge dieser Einrichtungen häufig das Gebäudekapital ein allzu großes werde, und die kleineren Besitzer zu unwirtschaftlichen Käufen gedrängt würden.

Für das Herzogtum Oldenburg sind die Ursachen der landwirtschaftlichen Verschuldung auf Grund der abzugebenden Erklärungen der Einkommensteuerpflichtigen über ihre Schulden ermittelt worden[1]). Das Ergebnis ist folgendes:

	Von den Schulden auf rein landwirtschaftlichen Besitzungen der nachstehenden Gebiete entfiel auf die nebenstehende Ursache			
	Marsch	Oldenburger Geest	Münstersche Geest	Herzogtum
Rückstände aus dem Kauf des Grundbesitzes . .	43,7	45,7	30,7	43,0
Erbabfindungen . . .	41,7	35,6	58,4	41,4
Meliorationen des Landes oder Vermehrung des Inventars	2,7	3,4	0,2	2,6
Vermehrung oder Verbesserung der Gebäude	4,7	5,7	3,9	5,0
wirtschaftlichen Rückgang des Besitzers . . .	4,0	2,9	5,9	3,8

[1]) Kollmann, a. a. O. S. 719.

	Marsch	Oldenburger Geest	Münstersche Geest	Herzogtum
	Von den Schulden auf rein landwirtschaftlichen Besitzungen der nachstehenden Gebiete entfielen Prozent auf die nebenstehende Ursache			
spekulative Beteiligung an sonstigen Unternehmungen	1,9	2,5	0,9	2,0
nicht zu ermittelnde Ursachen	1,3	2,2	—	2,2

Zur Erklärung der abweichenden Belastung des Besitzes durch Kaufgelder und Erbabfindungen in den drei verschiedenen Landschaften, wird noch mitgeteilt, daß von den behausten Privatbesitzungen während der Zeit von 1866—1893 in der Marsch 59 Prozent verkauft worden sind, in der Oldenburger Geest 42 Prozent und in der Münsterschen Geest 32 Prozent. In der Marsch überwiegt also der Besitzwechsel durch Kauf, auf der Geest der durch Erbgang. Zur Würdigung des relativ hohen Anteils des Besitzkredits, 80—90 Prozent der Schulden, sei noch hervorgehoben, daß trotz des hohen Anteils die Verschuldung der Besitzungen, wie wir oben gesehen haben, im allgemeinen nur eine geringe ist.

Damit ist das positive Material erschöpft, das uns für die Ursachen der ländlichen Hypothekarverschuldung zur Verfügung steht, und der Leser wird die Befangenheit verstehen, mit der ich jetzt an die Aufgabe herantrete, ein abschließendes Urteil über die Ursachen der Hypothekarverschuldung des landwirtschaftlichen Grundbesitzes in Deutschland zu fällen.

Zunächst ist festzuhalten, daß in Deutschland keine einzige Ermittelung über die Ursachen der Verschuldung eine Unterscheidung zwischen dem bäuerlichen und Großgrundbesitz gemacht hat, was besonders für den Norden von schwerwiegender Bedeutung ist, während eine solche Unterscheidung für Süddeutschland wegen der dort nur geringen Ausdehnung des Großgrundbesitzes nicht so sehr in die Wagschale fällt und die dort gemachten Feststellungen über die Verschuldungsursachen sich in der Hauptsache auf den bäuerlichen Besitz erstrecken. Aber auch eine Unterscheidung zwischen dem selbständigen und unselbständigen Besitz wäre zweckmäßig gewesen, um die charakteristischen Verschuldungsursachen des Parzellenbesitzes, der sich in den Händen der Arbeiterbevölkerung und des gewerblichen Mittelstandes befindet, klar zu legen. Aber selbst wenn diese Unterschiede gemacht wären, bleibt noch die schwierige Frage zu beantworten, ob überhaupt aus den grundbuchamtlichen Eintragungen die wirklichen Ursachen der Verschuldung erkannt werden können. Die Eintragung der Verschuldungsursache in das Grundbuch ist durch einen Rechtsfall, eine gerichtliche Entschließung bedingt, wie beim Besitzwechsel durch Vererbung oder Kauf, oder bei der Zwangs- und Kautionshypothek. Für alle übrigen Eintragungen, die nicht in dieser rechtlichen Form gemacht sind, wird ein Grund der Verschuldung nicht festgestellt und solche Hypotheken figurieren in der Statistik als sogenannte Darlehns- oder Kredithypotheken. Das Grundbuch kann deshalb eigentlich keinen Nachweis der Verschuldungsursachen, sondern nur der verschiedenen Arten oder Kategorien der Hypotheken nach ihrer rechtlich formellen Seite liefern. Aber auf diese rein äußerlichen Merkmale kommt es hier nicht an, wir wollen vielmehr die inneren oder tieferen Ursachen der Verschuldung wissen, besonders in wieweit die Verschuldung im Grunde auf einer ungünstigen Gestaltung der Produktions- und Absatzverhältnisse, auf einem „Verschuldungszwange" beim Besitzwechsel, auf Meliorationen, auf Ausnutzung des billigen Hypothekarkredits zu Spekulationszwecken oder auf rein persönlichen Verhältnissen beruht, ob also der Hypothekarkredit Not-, Besitz-, Betriebs- oder Spekulationskredit ist. Von der wahren Kenntnis dieser inneren Ursachen in ihrer Massenerscheinung für die gesamte Landwirtschaft sind wir noch weit entfernt, da es sich hierbei um so subtile Vorgänge handelt, welche die Statistik nicht erfassen kann. Selbst wenn wir nach den Grundbüchern z. B. den Umfang der Eintragungen für Kaufschillingsreste und Erbgelder genau kennen würden, würden wir damit noch lange nicht die tatsächliche Belastung des Besitzes mit den Schulden erkennen, die aus dem Besitzwechsel hervorgegangen sind. Es werden vielfach Darlehne aufgenommen zum Zwecke der Erbabfindung, ohne daß dieser Schuldgrund aus dem Grundbuch ersichtlich ist; andererseits können Kaufgeldreste in Meliorationen bestehen, die der neue Erwerber nicht bezahlen konnte, wie ja überhaupt Kaufschillingsreste und Erbgelder, soweit sie im Ertragswerte des Gutes ihre volle Deckung finden, ebenso gut Besitz- wie Betriebskredit genannt werden können. Um die wirkliche Belastung oder besser Überlastung des Besitzes mit Kaufschillingsresten und Erbabfindungen genau abwägen zu können, müßte man einerseits wissen, ob und wie weit diese Hypothekenbeträge den Ertragswert des Gutes übersteigen und andererseits müßte ermittelt werden, in welchem Umfange der Besitzwechsel nicht nur zu Eintragungen, sondern auch zu Löschungen oder doch zur Verbesserung der Vermögenslage durch kapitalkräftige Käufer, durch reiche Mitgift der Eheleute, geführt haben. Hierüber erfahren wir nichts, nur die bayerische Statistik gibt uns hierüber einen Anhalt. Aber auch dabei ist zu bedenken, daß der Ursprung des Geldes, mit dem eine Hypothek gelöscht wird, nicht immer derselbe ist, aus dem die gelöschte Hypothek eingetragen ist, ganz abgesehen davon, daß vielfach auf die Löschung verzichtet wird, um das eigene Kapital oder das durch Heirat oder Erbschaft erworbene Geld nutzbringender in Effekten anzulegen oder für Meliorationen zu benutzen, sodaß in dieser Hinsicht Kaufschillingsreste produktive Anlagen sein können.

So viel dürfte jedenfalls aus dem vorliegenden Material hervorgehen, daß der Besitzwechsel durch Erbgang und Kauf, besonders durch Erbgang, in der breiten Masse des bäuerlichen Besitzes in Deutschland nicht in so verhängnisvoller Weise zur Verschuldung geführt hat, wie dies seit Rodbertus vielfach angenommen wird, womit natürlich nicht geleugnet wird, daß solche verhängnisvollen Folgen für gewisse Bezirke eingetreten sind. Nur für den im freien Verkehr befindlichen Großgrundbesitz im Norden, und besonders in den östlichen Provinzen Preußens, mag die Behauptung von Rodbertus zutreffen, daß der größte Teil der Hypothekenschulden Besitzschulden und zwar in der Hauptsache Kaufschulden sind, indem daselbst der Käufer in der Regel nur 1/3 des Wertes auszahlt und 2/3 hypothekarisch eintragen läßt oder die bereits vor ihm bis zu dieser Höhe eingetragenen Schulden übernimmt. Es würde dies auch damit übereinstimmen, daß nach der preußischen Besitzwechselstatistik[1]) im Osten die großen Güter über 100 ha im Durchschnitt schon fast alle 10 Jahre ihren Besitzer und zwar meistens durch Kauf wechseln, während die bäuerlichen Besitzungen von 5—100 ha erst alle 25 Jahre, in den westlichen Provinzen erst alle 30 Jahre, überwiegend durch Erbgang in andere Hände übergehen, d. h. also, der bäuerliche Besitz hält sich, trotzdem ihm die Rechtsordnung für diesen Zweck wenig zu Hilfe kommt, länger in der Familie, als der im freien Verkehr befindliche Großgrundbesitz, dem dies nur durch die schwere Fessel des Fideikommisses möglich zu sein scheint, oder mit noch anderen Worten, der bäuerliche Besitz hat die Liebe zur Scholle, die Familientradition treuer bewahrt als der Großgrundbesitz, für den der Boden zum großen Teile Objekt reiner Spekulation geworden ist.

Da vor allem die hypothekarische Belastung durch die Abfindung beim geschlossenen Hofübergang ein umstrittener Punkt ist, sei es gestattet, an einem Beispiel zu zeigen, wie es mit der „Notwendigkeit" der Überverschuldung durch Erbabfindung im wirklichen Leben aussieht. Ein Bauerngut mit einem Verkehrswert von 60000 M. komme zur Vererbung. Der Erblasser habe 4 Kinder, sei ohne bares Vermögen gestorben, der Hof sei nicht mit Schulden belastet. Der älteste Sohn übernimmt den Hof und die drei übrigen Erben erhalten zusammen 45000 M., die den Hof bis zu 75 Prozent des Verkehrswertes belasten. Ist der Übernehmer tüchtig und unterstützt ihn eine günstige Konjunktur, so kann er vielleicht bis zu seinem Tode die Schuld bis auf die Hälfte des Wertes reduzieren; hat er aber Unglück oder versteht er nicht zu wirtschaften oder tritt eine schlechte Kon-

1) Zeitschrift des kgl. preuß. statist. Bureaus 1902.

junktur ein, so wird der Hof voraussichtlich bald zum Verkauf kommen. Dieser Fall ist aber nur einer von den im Leben möglichen Fällen, er erleidet in der Wirklichkeit sehr viele Variationen. Bringt z. B. die junge Frau dem Übernehmer 15000 M. mit in die Ehe, so beträgt die Belastung des Hofes bei derselben hohen Abfindung nur noch die Hälfte des Wertes, und ist es dem Besitzer vielleicht möglich, die Belastung bis zum nächsten Besitzwechsel etwa auf ein Drittel des Wertes zu ermäßigen. Haben die Miterben, wie es in den meisten Bezirken des geschlossenen Hofüberganges, vielfach im Gegensatz zum geltenden Recht, noch Sitte ist, dem Übernehmer ein Voraus, etwa ein Viertel des Wertes, zugebilligt, so sinkt die Belastung, auch ohne Mitgift der Frau, auf 56 Prozent des Wertes, mit der obigen Mitgift sogar unter die Hälfte des Wertes. Hat der Vater in weiser Voraussicht die Erbmasse testamentarisch nach § 2303 des BGB. auf den Pflichtteil beschränkt, so wird der Hof nach seinem Tode nur mit 37 Prozent des Wertes belastet sein. Hat der Erblasser nach § 2050 und 2150 des BGB. zu Lebzeiten oder testamentarisch dem Anerben den Hof zu einem billigen Preise, etwa zu 40000 M., mit der Bestimmung verkauft oder überwiesen, daß der Mehrwert frei von der Ausgleichungspflicht sein soll, so beträgt die Belastung wieder nur die Hälfte des Wertes. Haben in diesem Falle die drei übrigen Kinder für ihre Ausstattung erhebliche Mittel, etwa für jedes Kind 5000 M., erhalten, so sind dieselben nach § 2050 der BGB. mit zur Ausgleichung zu bringen, und die Belastung beträgt weniger als die Hälfte des Wertes. Findet endlich die Erbabfindung auf Grund des § 2049 des BGB. nicht nach dem Verkehrswerte sondern nach dem Ertragswerte statt, und beträgt der letztere etwa 80 Prozent des ersteren, so sinkt entsprechend die Belastung. Nun denke man sich, daß der Erblasser noch Barvermögen, etwa von 40000 M., hinterlassen hat, so daß 100000 M. in die Erbmasse zu werfen sind, so würde der Hof, selbst bei gleichen Erbteilen und ohne Bevorzugung des Anerben, zu etwa 58 Prozent des Wertes belastet sein statt zu 75 Prozent.

Allen diesen Fällen liegt die Annahme zu Grunde, daß 4 Erben vorhanden sind. Nun wissen wir zwar, daß der deutsche Bauer durchschnittlich 4—5 Kinder hat. Aber mit diesem Durchschnitt darf man nicht operieren, wenn man die Belastung durch Erbschulden in der Aufeinanderfolge von Generationen derselben Familie darstellen will. Wie die Kinderzahl in der Aufeinanderfolge der Familie wechselt, ist statistisch nicht festgestellt. Unser Wissen beschränkt sich in dieser Hinsicht fast nur auf die Genealogie der regierenden Fürstenhäuser. Es weiß aber doch ein jeder aus eigener Kenntnis seiner Familie, daß die Kinderzahl in derselben Familie sehr wechselt, oder ebenso wechselt, wie in den zur Zeit nebeneinander lebenden Bauernfamilien.

Es gibt Bauern, die keine Kinder oder 1—10 Kinder besitzen. Leider hat uns die amtliche Statistik bis jetzt nicht die Zahl der kinderlosen und der mit geringer oder großer Kinderzahl „gesegneten" Bauern mitgeteilt, obschon die Unterlage hierzu in der Berufszählung gegeben ist. Aber nicht nur die Kinderzahl, sondern auch die Länge der Generationen wechselt in derselben Familie. Auch hier wissen wir nur, daß die Generation im Durchschnitt 30—35 Jahre anzunehmen ist, doch wissen wir nicht, welche Länge die einzelnen Generationen derselben Familie in einem Zeitraum von 100 bis 200 Jahren haben. In Wirklichkeit wechselt die Zeitdauer, in welcher das Bauerngut von demselben Besitzer bewirtschaftet wird, von etwa 1—60 Jahren. Welche Mannigfaltigkeit in der Erbabfindung aus der durch sie bewirkten Belastung oder Entlastung bietet sich uns angesichts dieser Wirklichkeit gegenüber der Durchschnittlichkeit? Welcher Unterschied in der Belastung und in der Möglichkeit der Entlastung muß es, ganz abgesehen von der Bevorzugung des Anerben, sein, ob der Erblasser 1—10 Kinder hat und ob der Anerbe den väterlichen Hof 1 oder bis 60 Jahre bewirtschaften kann?

Ebenso wie man mit Vorliebe den ungünstigsten Fall zitiert, darf es auch erlaubt sein, den günstigsten zu erwähnen, daß zwei bäuerliche Höfe von etwa demselben Wert je nur 2 Erben, einen Sohn und eine Tochter, haben, und der Besitzwechsel derselben sich durch zwei Heiraten unter gegenseitigem Verzicht der Tochter auf die Abfindung oder Tilgung der Belastung durch die Mitgift stattfindet. Ähnliche Fälle sind durchaus keine Seltenheit.

Das 19. Jahrhundert hat etwa drei tief einschneidende Konjunkturen für die Landwirtschaft aufzuweisen. Eine 30jährige Depression bis in die 40er Jahre, dann ein 30jähriger Aufstieg bis in die 70er Jahre und darauf wieder eine Depression, dessen Tiefpunkt hoffentlich in der Gegenwart überschritten ist. Welchen tieferen Einblick in die inneren Ursachen der landwirtschaftlichen Verschuldung man gewinnen würde, wenn man für die einzelnen Besitzungen den Zeitpunkt des Besitzwechsels vom Anfange des 19. Jahrhunderts bis auf unsere Gegenwart mit der Höhe der Abfindungen und der fortlaufenden Belastung und Entlastung ermitteln könnte, ist nicht abzusehen. Jedenfalls unterliegt es keinem Zweifel, daß eine bäuerliche Besitzung sich trotz der Abfindung, je nach der Zahl der Kinder, nach der Dauer der Generation und nach der wechselnden Konjunktur der Landwirtschaft, durch etwa drei Generationen in derselben Familie halten kann. Das sind etwa 100 Jahre. Selbst wenn etwa nur ein Drittel der selbstständigen bäuerlichen Besitzungen solange in derselben Familie bleibt, so wäre das vielleicht das höchste, was überhaupt erreicht werden könnte. Leider wissen wir nicht, wie lange sich die heute vorhandenen Bauerngüter in Deutschland schon in derselben Familie befinden.

Aus diesen Ausführungen dürfte hervorgehen, daß mit dem Hinweis auf die Erbabfindungen die tiefere Ursache der landwirtschaftlichen Verschuldung nicht erfaßt ist, und daß ein solcher Hinweis, so wertvoll er auch als die äußere Begleiterscheinung der Verschuldung sein mag, etwa auf derselben Linie der Erkenntnis steht, wie die Behauptung, die Verschuldung entspringe der Verschuldungsfreiheit oder die Armut komme von der pauvreté. Auch ist wohl zu beachten, daß mit der Annahme, die Vererbung des geschlossenen Besitzes führe notwendig bald zur Überverschuldung, dem Prinzip des Anerbenrechts das Todesurteil gesprochen ist.

Zwei Umstände warnen besonders davor, dem Besitzwechsel durch Vererbung die Hauptschuld an der Verschuldung zuzuschieben, einmal die Tatsache, daß in der Mehrzahl der deutschen Staaten die gesetzliche Beschränkung der Verschuldbarkeit der bäuerlichen Besitzungen erst im Laufe des 19. Jahrhunderts, in Preußen seit den 40er Jahren, aufgehoben ist, sodaß sie erst höchstens seit 2 Generationen wirksam sein konnte, und zweitens die Tatsache, daß etwa ein Drittel der bäuerlichen Besitzungen in Preußen und besonders solche Besitzungen, die nach der Anerbensitte geschlossen und mit Abfindung der Geschwister vererbt werden, noch heute frei von Grundbuchschulden sind. Wie will man mit dieser Erscheinung die Behauptung aufrecht erhalten, daß die Abfindungsgelder der wichtigste Grund für die Hypothekarverschuldung in dem Gebiete der Anerbensitte mit Vererbung des geschlossenen Hofes sein sollte? Müßte nicht, wenn dies zutreffend sein sollte, die geschlossene Vererbung jede bäuerliche Besitzung belasten? Es kann hiernach also der Besitzwechsel durch Vererbung, wohl im einzelnen Falle, aber nicht allgemein, der primäre Grund für die Hypothekarverschuldung oder Überschuldung sein. Der allgemeine primäre Grund kann nur in der Rentabilität des Besitzes liegen und diese wiederum ist lediglich durch die Verschiedenheit der natürlichen Verhältnisse, Boden und Klima, der Absatzverhältnisse, Eisenbahnen, Chausseen, Flüsse und Kanäle, durch die Betriebskosten, wie Arbeitslöhne, durch den Ausfall der Ernte, durch die Marktpreise der landwirtschaftlichen Erzeugnisse bedingt. Die Entwickelung der Rentabilität der landwirtschaftlichen Produktion wirkt nun in verschiedener Richtung auf die Verschuldung. Befindet sich die Rentabilität im Durchschnitt mehrere Jahre auf gleicher Höhe, die eine normale Verzinsung des Anlagekapitals gewährt, so wird die hypothekarische Belastung eines Gutes mit Kaufschillings- und Erbgeldern sich in mäßigen Grenzen bewegen, je nachdem der Besitzer in der Lage ist, noch mehr oder weniger Barvermögen zu erwerben, das zur Abfindung der Geschwister dienen kann. Hat die Rentabilität eine steigende Richtung, die den Besitzer gestattet, ein größeres Vermögen zu erwerben, so wird die Abfindung der Miterben den

Besitz überhaupt nicht belasten, und auch die eingetragenen Kaufschillinge werden, da sie in der Regel noch unter dem Ertragswert stehen, die Rentabilität des Betriebes nicht in Frage stellen. Befindet sich dagegen die Rentabilität der landwirtschaftlichen Produktion in sinkender Bewegung, so werden diejenigen Käufer, die unmittelbar vor dieser Senkung oder auch während der Senkung in der Hoffnung auf bessere Zeiten den Besitz erworben haben, sich in schwieriger Lage befinden, während diejenigen Besitzer, die den Besitz geerbt haben, nur dann sich in schlimmer Lage befinden, wenn die Abfindung der Miterben nicht durch bares Vermögen in der besseren Zeit, sondern durch hypothekarische Belastung in der besseren Zeit erfolgt ist. Erst der nächste Besitzwechsel kann in dieser Hinsicht wieder erträgliche Zustände schaffen, falls dann die Konjunktur für die landwirtschaftlichen Erzeugnisse noch überhaupt eine Rentabilität der landwirtschaftlichen Produktion zuläßt, und in dieser Beziehung sei daran erinnert, daß es ein großer Irrtum ist, anzunehmen, daß die Höhe der Bodenpreise den allein oder hauptsächlich entscheidenden Punkt in der Rentabilitätsfrage der deutschen Landwirtschaft bildet, in viel höherem Grade ist heute bei der intensiven Weise des Betriebes der gesamte Arbeitsaufwand, wie für Löhne, künstliche Düngemittel usw. entscheidend. In diesem Punkte ist heute der bäuerliche Besitzer, soweit er den Betrieb ausschließlich mit Hilfe der eigenen Familie führt, besser gestellt als der größere Besitzer, soweit es diesem nicht gelingt, die teuren Arbeitskräfte des Inlandes durch den Bezug billiger Arbeitskräfte aus dem Auslande und durch Maschinen zu ersetzen.

Wir kommen also zu dem Schluß, daß der allgemeine primäre Grund der hypothekarischen Verschuldung des bäuerlichen Besitzes, soweit dieselbe eine Verschlechterung der Vermögenslage des Besitzers bedeutet, in der Rentabilität der landwirtschaftlichen Produktion liegt, daß die sekundäre Ursache, wie Kaufschillinge, Erbabfindungen usw. allgemein nur dann verhängnisvoll für den Besitzer werden, wenn die Rentabilität, sei es durch den Ausfall der Ernte, durch Viehseuchen, Überschwemmungen, Hagelschläge oder durch niedrige Preise auf längere Zeit eine geringe wird. Es ist schlechterdings nicht einzusehen, warum allein der landwirtschaftliche Betrieb sich, im Gegensatz zum kaufmännischen und industriellen Betrieb, mit einer so geringen Rentabilität begnügen soll, daß es dem Besitzer nicht möglich ist, Barvermögen für die Abfindung der Geschwister zu erwerben oder die für eine Generation eingetragenen Erbgelder wieder zu tilgen.

Wenn hiernach der Schwerpunkt der Maßnahmen für die gesunde Entwickelung der Landwirtschaft in der Hebung der Rentabilität liegt, so ist gleichzeitig dahin zu wirken, daß die Kaufpreise und Übernahmepreise der Besitzungen nach dem Ertragswert, soweit derselbe niedriger als der Verkehrswert, bemessen werden. Hierfür ist neben dem Erbrecht und anderen Maßnahmen auch die gesetzliche Beschränkung der Verschuldung in Erwägung zu ziehen. Bevor wir jedoch die Klinke der Gesetzgebung in Bewegung setzen, empfiehlt es sich wohl, einmal nachzusehen, ob nicht schon die Entwickelung des ländlichen Kreditwesens freiwillig und ohne gesetzlichen Zwang diesem Ziele zusteuert. Dies führt uns auf die

Organisation des Real- und Personalkredits in Deutschland, die Kreditquellen und den Zinsfuß.

Wohl alle Vertreter der wissenschaftlichen Nationalökonomie in Deutschland, jedenfalls die angesehensten Agrarpolitiker, wie Buchenberger, Meitzen, von der Goltz, Thiel, Conrad und Sering und die erste landwirtschaftliche Körperschaft, der Deutsche Landwirtschaftsrat, sind sich darüber einig, daß für den Realkredit des land- und forstwirtschaftlichen Grundbesitzes nur die unkündbare und amortisationspflichtige Hypothek die einzig zweckmäßige Form der Kapitalbelastung des Grundbesitzes bildet.

Ebenso ist im Laufe der letzten Jahrzehnte die Kenntnis Allgemeingut der Wissenschaft und Praxis geworden, daß für den Personalkredit der landwirtschaftlichen Bevölkerung der genossenschaftliche Kredit die zweckmäßigste Form ist.

Es kann deshalb an dieser Stelle darauf verzichtet werden, diese Grundsätze des ländlichen Real- und Personalkredits eingehend zu erörtern. Die Frage lautet vielmehr, welche Ausdehnung haben diese Formen des Real- und Personalkredits in der Praxis bis zur Zeit erreicht? Für den ländlichen Realkredit kommen gegenwärtig folgende Quellen in Betracht: Das Privatkapital in der Form der sogenannten Individualhypothek, die kündbar und nicht tilgungsfähig ist, ferner das Kapital von Korporationen, Stiftungen usw. in derselben Hypothekenform wie vorhin. Neben diesem Privatkapital hat sich im Laufe der letzten Jahrzehnte das Kapital besonderer Kreditanstalten dem ländlichen Hypothekarkredit gewidmet. Hier sind zu unterscheiden die für den Realkredit errichteten Institute, wie Landschaften und Hypothekenbanken. Schließlich kommen für den ländlichen Hypothekarkredit noch die Sparkassen in Betracht, die indessen keine unkündbaren, wohl aber tilgungspflichtige Hypotheken gewähren können. Für die unkündbaren Tilgungshypotheken bleiben also nur die eigentlichen Grundkreditinstitute übrig, die als Vermittler zwischen den Landwirt und den Privatgläubiger treten und diesem an Stelle des bisherigen auf dem Namen lautenden, in der Regel halbjährlich kündbaren Hypothekenscheins des Grandbuchs einen Schuldschein, sogen. Pfandbrief, geben, den der Privatgläubiger jeden Augenblick nach dem Börsenkurse wieder erkaufen kann. Es fragt sich, welche Arten der Grundkredit-Institute am besten den obigen Anforderungen an den Realkredit entsprechen.

Die eigentlichen Bodenkreditanstalten kann man zweckmäßig nach der Haftbarkeit für die Erfüllung ihrer Verbindlichkeiten in drei Gruppen unterscheiden, je nachdem die Haftbarkeit von der genossenschaftlichen Vereinigung der Landwirte oder des Grundbesitzes, vom Staate, von einem politischen Bezirke desselben, oder schließlich von in Aktiengesellschaften vereinigten Kapitalisten geleistet wird.

Noch klarer tritt der Hypothekarbetrieb der verschiedenen Anstalten durch die Unterscheidung in gewerbsmäßige und gemeinwirtschaftliche, nicht gewerbsmäßige Kreditinstitute oder in Gläubiger- und Schuldnerbanken hervor.[1])

Bei den ersteren, wie den Hypothekenbanken, tun sich Kapitalisten zusammen, um durch gewerbsmäßiges Betreiben hypothekarischer und sonstiger Geschäfte eine gewinnbringende Kapitalsanlage zu erreichen. Diese Hypothekenbanken haben also ein Interesse an hohem Zinsfuß. Bei den Schuldnerbanken, wie den Landschaften und ähnlichen Kreditverbänden, schließen sich Schuldner zusammen, um eine Kapitalsaufnahme mit möglichst niedrigem Zinsfuß zu suchen. Auch die staatlichen und provinziellen Kreditinstitute, wie Rentenbanken und Landeskreditkassen, gehören ihrem Wesen nach zu den gemeinwirtschaftlichen Kreditanstalten.

Von sonstigen Kreditinstituten, deren Hauptbetrieb zwar nicht das Pfandbriefgeschäft bildet, die aber Gelder in Hypotheken, in sogenannten Individualhypotheken, anlegen, sind die Sparkassen von größter Bedeutung für die Landwirtschaft. Der gesamte Realkredit, der nicht durch Kreditanstalten befriedigt wird, wird im privaten Hypothekenverkehr durch direkte Verbindung des Schuldners mit dem Privatkapitalisten oder durch Vermittelung eines privaten gewerbsmäßigen Geldverleihers aufgebracht.

Je nachdem nun die drei grundlegenden Anforderungen an den Realkredit, unkündbar, tilgungspflichtig und billig von den verschiedenen Anstalten erfüllt werden, muß die Beurteilung ihrer Bedeutung für den landwirtschaftlichen Realkredit ausfallen. Andererseits muß im Interesse der Hypotheken- und Pfandbriefinhaber die möglichst sichere Kapitalsanlage auf Grund genauester Wertermittelung des Grundstücks und vorsichtiger Beleihung desselben gefordert werden; zumal bei Anlegung von Mündelgeldern und dem Gelde unserer großen Versicherungsanstalten, wie der Lebens-, Feuer-, Unfall-, Kranken- und Invalidenversicherung.

---

[1]) Schneider, in den Nachrichten vom deutschen Landwirtschaftsrat. 1898. S. 213.

Eine objektive Prüfung ergibt, daß sich für den landwirtschaftlichen Realkredit die gemeinwirtschaftlichen und öffentlich-rechtlichen Kreditinstitute, wie die preußischen Landschaften, oder in ähnlicher Form, am besten bewährt haben, wenn auch zugegeben werden soll, daß es unter den Aktien-Hypothekenbanken hervorragende Institute gibt, welche nach ihrem Geschäftsgange als durchaus solide und sicher hingestellt werden können, doch sind die Mehrzahl der Aktien-Hypothekenbanken auf die Beleihung des städtischen Grund und Bodens zugeschnitten. Die 40 Hypothekenbanken im Deutschen Reich hatten 1897 an ländlichen Darlehen nur etwa ³/₄ Milliarden Mark ausgeliehen, dagegen an städtischen über 5 Milliarden.

Es würde von großer Wichtigkeit sein, neben der Höhe der ländlichen Hypothekarverschuldung in Deutschland auch die Verteilung dieser Hypotheken auf die einzelnen Arten der Kreditquellen zu erkennen.

Für Preußen sind in den Begleitberichten der Grundbuchämter zu der Statistik der jährlichen Hypothekenbewegung von 1895—1900 bemerkenswerte Mitteilungen über die fortschreitende Ausdehnung der Anstaltskredite enthalten.[1]) So wird von den ländlichen Amtsgerichtsbezirken im Oberlandesgerichtsbezirk Königsberg häufig bemerkt, daß die Löschungen stattfanden, um Hypotheken zu geringerem Zinsfuß zu beschaffen und namentlich den billigeren Landschaftskredit auszunutzen.

Vom Oberlandesgerichtsbezirk Marienwerder wird berichtet, daß an die Stelle gelöschter neu aufgenommene Hypotheken zu einem billigeren Zinsfuße traten und daß eine Erleichterung des Hypothekarkredits infolge Eintretens von Sparkassen und anderen Kreditanstalten mit Gewährung von Amortisationsdarlehnen, wahrnehmbar sei.

Im Landgebiet des Berliner Kammergerichtsbezirks hat sich den kleineren Grundbesitzern, die übrigens auch immer mehr an Stelle ihrer älteren Hypotheken Kapitalien bei öffentlichen Kreditanstalten aufnehmen, durch die Neubegründung von genossenschaftlichen Spar- und Darlehnskassen, ein bedeutend vermehrter Personalkredit eröffnet, der einer zu weit gehenden hypothekarischen Verschuldung vorzubeugen wohl geeignet ist.

In den Landgebieten des Oberlandesgerichtsbezirks Stettin macht sich bei den kleineren Grundbesitzern mehr und mehr das Bestreben geltend, an Stelle von Privathypotheken Pfandbriefdarlehen bei der „Neuen Pommerschen Landschaft“ mit geringerem Zinsfuß und günstigerer Tilgungsart aufzunehmen. Vielfach seien demgemäß auch bestehende alte Hypotheken gelöscht und dafür neue landschaftliche — meist in höherem Betrage — angeschrieben worden.

---

[1]) Zeitschrift des Kgl. Preuß. Statistischen Bureaus. 1903.

Im Oberlandesgerichtsbezirk Posen lastet noch schwerer als auf dem städtischen auf dem ländlichen Grundbesitze, insbesondere auf den bäuerlichen Wirtschaften, der hohe Hypothekenzinsfuß, der nicht selten noch 6 Prozent beträgt. Immerhin sei in dieser Hinsicht während der Betriebszeit bereits eine Wendung zum besseren eingetreten, indem mehrfach berichtet werde, daß bei dem allgemeinen Sinken des Zinsfußes die Inanspruchnahme des billigeren Anstalts- anstatt des Privatkredits auch bei den kleineren bäuerlichen Besitzern zunehme und an die Stelle bisher höher verzinslicher Hypotheken solche zu 5, bezw. 4½, 4¼, 4 und selbst 3½ Prozent Zinsen von Sparkassen usw. getreten seien. In einem Bezirk seien allerdings im Jahre 1900 noch häufiger sogar bis dahin schuldenfreie Grundstücke mit 6prozentigen Darlehen jüdischer Geldgeber belastet worden und zwar aus Unkenntnis billigerer Quellen und wegen mangelnder Intelligenz der Besitzer. Aus einem anderen Bezirke wird für 1900 wieder ein Steigen des Zinsfußes gemeldet. Nur für Erbgelder soll dort der Zins in der Regel 4 Prozent betragen, während die Kreissparkasse 4½ Prozent nehme, von Privatleuten dagegen gewöhnlich Geld nur zu 5 Prozent zu erhalten sei. Häufiger seien aber noch genügend sichere Hypotheken einer deutschen Kreditgenossenschaft zu 5½ Prozent, wogegen eine polnische sogar 6 Prozent fordere. Besser gestellt seien die Großgrundbesitzer durch die Landschaft, welche zu 3½—4¼ Prozent ausleihe und zudem die Beleihungsgrenze für Rittergüter erweitert habe.

Auch im Oberlandesgerichtsbezirk Breslau bedienen sich die ländlichen Gutsbesitzer immer mehr des Anstaltskredites, nehmen aber häufig zugleich weit über die Beträge der abgelösten Schulden hinaus Darlehnen auf.

Im Oberlandesgerichtsbezirk Naumburg gründet sich stellenweise die Mehreintragung von Hypotheken auch auf die zunehmende Aufnahme von Pfandbriefdarlehen, die es dem Landwirt in der vorteilhaftesten Weise ermöglicht, den Anforderungen der Jetztzeit entsprechend, sein Betriebskapital zu erhöhen.

Im Oberlandesgerichtsbezirk Hannover wird die Hypothekenbewegung davon berührt, daß das Privatkapital mehr und mehr durch Darlehen bei der Landeskreditkasse und den zahlreichen Sparkassen zu geringerem Zinsfuße und mit Amortisation ersetzt wird.

Im Oberlandesgerichtsbezirk Hamm gehen wie in den städtischen Bezirken auch in den ländlichen die Grundbesitzer immer mehr dazu über, Geld, statt wie früher, fast ausschließlich bei Privatpersonen, unter Abstoßung älterer höher verzinslicher Schulden und Hypotheken bei den Sparkassen sowie bei den Landesbanken zu Münster und im rheinischen Teile des Oberlandesgerichtsbezirks, zu Düsseldorf, namentlich aber auch bei den Spar- und Darlehnskassenvereinen aufzunehmen, wobei sie die Schuld im Amortisationswege tilgen können, an Stelle der vorher vielfach wucherischen, nur mäßige Zinsen zu zahlen brauchen und neben milderer und gerechterer Beurteilung auch der Gefahr entgehen, beispielsweise beim Viehhandel und Warenkauf, von ihren Gläubigern übervorteilt und gedrückt zu werden. In einem Bezirk hat der Umstand, daß ein Kapitalist, offenbar in altruistischer Gesinnung, seine bedeutenden Geldmittel zu einem überaus niedrigen Zinssatze, in der Regel um 1/2 Prozent billiger als die Sparkasse, gegen Verpfändung von im Bezirk gelegenen Grundstücken ausleiht, die Umleihung zahlreicher Kapitalbeträge veranlaßt und die Bevölkerung zur Ausnutzung ihres Realkredits angeregt.

Im Oberlandesgerichtsbezirk Cassel hat auch auf dem Lande die Herabsetzung des Zinsfußes vielfach dazu geführt, lästige, zu gunsten von Privatpersonen eingetragene Hypotheken durch solche mit billigerem Zinssatze und Amortisation bei öffentlichen Kreditanstalten, zu denen neuerdings noch in den Dörfern selbst Darlehnskassen hinzugetreten sind, zu ersetzen.

Im Oberlandesgerichtsbezirk Frankfurt sind die ländlichen Besitzer bestrebt, die Hypotheken bei Privaten zu kündigen, und an deren Stelle neue bei der nassauischen Landesbank zu Wiesbaden bezw. bei der Spar- und Leihkasse für die Hohenzollernschen Lande zu Sigmaringen mit Rücksicht auf deren leichtere Bedingungen (geringerer Zinsfuß, Amortisation, Stempelfreiheit der Hypothekenurkunden) aufzunehmen. Der Zinssatz der Landesbank betrug in der Berichtszeit 4 und 3 3/4 Prozent, derjenige der Privathypotheken zumeist über 4—5 Prozent. Die Landesbank würde voraussichtlich noch mehr in Anspruch genommen werden, wenn gewisse Erleichterungen und Bedingungen der Darlehnsgewährung einträten, deren Einführung vorerst noch die Einrichtung des Stockbuches gegenübersteht.

Auch im Oberlandesgerichtsbezirk Cöln hat das Sinken des Zinsfußes eine stärkere Benutzung des Realkredits bei öffentlichen Geldinstituten anstelle des Personalkredits veranlaßt und in Verbindung damit haben die früher wenig bekannten und beliebten Amortisationshypotheken stetig zugenommen, wobei es sich in bedeutendem Umfange um die Umwandlung von bisher meist noch mit 5 Prozent verzinslichen Privathypotheken handelte. Doch betrug trotzdem der Zinsfuß, trotz seines Sinkens, wie z. B. bei der Landesbank zu Düsseldorf auf 3 1/2 Prozent, noch vielfach über 4 Prozent. Als Grund dafür, daß der Zinsfuß nicht weiter fällt, wird mangelnder Wettbewerb großer Kassen angegeben, die allerdings bei den Bauern wenig Anklang fänden, solange sie ihnen nicht die Möglichkeit gewährten, jedesmal wenn sie gerade Geld haben, Abzahlungen zu leisten. Bei kleinen Verhältnissen sei auch ein tüchtiger Bauer nicht in der Lage, auf einen bestimmten Tag im Jahre eine Abschlagszahlung versprechen zu können. Zudem sei in betreff der Verbilligung des Zinsfußes nicht zu allen Darlehnskassen Verlaß. Sie kämen vielmehr leicht dazu, mehr an eine hohe Dividende ihrer Mitglieder als an ihren satzungsgemäßen Zweck zu denken. Im Gegensatze hierzu werden Raiffensche Darlehnskassen erwähnt, welchen häufig Kauf- und Steigpreisforderungen zediert werden, auf deren hypothekarische Sicherstellung sie aber zumeist verzichten.

Schließlich wird auch vom Oberlandesgerichtsbezirk Jena mitgeteilt, daß in den Landbezirken vielfach ältere Hypotheken gelöscht und dafür neue zu günstigeren Bedingungen bei der Landeskreditkasse in Cassel aufgenommen werden.

Auch die Ermittelungen über die allgemeine Lage der Landwirtschaft in 56 Gemeinden Preußens haben sich auf die Kreditquellen erstreckt. Aus den Berichten ergibt sich, daß der heutige Hypothekenstand des bäuerlichen Besitzes zwar noch zum größten Teil dem Privatkapital entstammt, daß aber die Tendenz besteht, mit dem Sinken des Zinsfußes auf dem Geldmarkte das Privatkapital zu gunsten des Anstaltskredits und zu gunsten des genossenschaftlichen Personalkredits zurückzudrängen. Einige Beispiele mögen dies zeigen. Die Hypotheken einer Gemeinde im Kreise Insterburg entstammten 1888/89 folgenden Quellen:

Darlehnsquellen	Mk.	Prozent
Ostpreußische Landschaft. . . .	63 550	43,07
Kgl. Regierung zu Gumbinnen .	843	0,57
Kinder- und Erbgelder	22 327	15,13
Rentiers.	13 500	9,15
Großgrundbesitzer	8 100	5,49
Kleingrundbesitzer	14 461	9,81
Altsitzer, kl. Gewerbetreibende . .	12 933	8,76
Händler und Kaufleute	4 369	2,96
Beamte	7 475	5,06
	147 558	100,00

Der Bericht bemerkt hierzu, daß die Gelder von der ostpreußischen Landschaft größtenteils erst in den letzten 5 Jahren entliehen seien, wie überhaupt erst in neuerer Zeit die ländlichen Darlehnssucher den Kredit der Ostpreußischen Landschaft in Anspruch zu nehmen suchen, weil sie hier bei einem Prozentsatz von $3\frac{1}{2}$—4 Prozent das Geld erheblich billiger bekommen als aus irgend einer anderen Quelle, und würde es für viele Landwirte, nicht allein der in Rede stehenden Gemeinde, sondern auch des ganzen umliegenden Bezirkes von großem Vorteil und für den ganzen landwirtschaftlichen Betrieb von eminenter Wichtigkeit sein, wenn die bisher von der Ostpreußischen

Landschaft üblichen Beleihungsgrenzen, welche darin bestehen, daß sie bis zum 40—50fachen Wert des Grundsteuerreinertrages Grundstücke beleiht, weiter ausgedehnt würden, denn es würde von der gesamten Hypothekenschuld noch über die Hälfte mit 5, 5½ und 6 Prozent verzinst. Die Verzinsung war im einzelnen nach dem Bericht folgende:

Zinsfuß	Mk.	Prozent
6 Prozent	12 496	8,47
5½ "	3 600	2,44
5 "	62 824	42,57
4½ "	6 600	4,47
4 "	29 293	19,85
3½ "	30 500	20,67
ohne Angabe des Zinsfußes	530	0,37
Unverzinslich	1 715	1,16
	147 558	100,00

Für zwei Gemeinden des Münsterlandes werden die Kapitalquellen für die vorhandenen Hypotheken in folgender Weise angegeben:

	Gemeinde A.		Gemeinde B.	
Gläubiger	Mk.	Prozent	Mk.	Prozent
Landschaft der Prov. Westfalen	3 300	0,51	98 200	28,28
Sparkassen	173 691	27,06	66 872	19,28
Verwandte	12 746	1,99	1 800	0,51
Private der Gemeinde	118 890	18,52	38 200	10,99
" " Nachbarorte	306 370	47,73	138 615	39,91
Geistliche Stellen	10 725	1,68	600	0,17
Wohltätigkeitsanstalten	16 130	2,51	3 000	0,86
Summa:	641 852	100,00	347 287	100,00

Die in der Gemeinde wohnenden geldleihenden Private gehören sämtlich, diejenigen der Nachbarorte vorwiegend dem Bauernstande an.

Seit diesen Ermittelungen sind 15 Jahre verstrichen und es ist zweifellos, daß gegenwärtig der Anstaltskredit eine noch größere Ausdehnung erlangt hat. Dies zeigen deutlich die statistischen Nachweise über die Entwicklung des Hypothekarkredits bei den verschiedenen Kreditanstalten. Der Pfandbriefumlauf der preußischen Landschaft ist seit 1875 um etwa 1 Milliarde Mark und die ländlichen Hypotheken der Sparkassen sind um etwa 1½ Milliarden Mark gestiegen. Für Ende 1903 hatten die durch Anstaltskredit aufgenommenen Hypotheken des ländlichen Grundbesitzes im Königreich Preußen folgende Höhe erreicht:

		Mill. Mk.	Prozent
1.	Pfandbriefumlauf der Landschaften . .	ca. 2500	52,07
2.	Ländliche Darlehen der Landeskreditanstalten (Landeskreditkasse in Cassel, Nassauische Landesbank in Wiesbaden, Hannoversche Landeskreditanstalt, Landesbank der Rheinprovinz)	„ 270	5,62
3.	Provinzialhilfskassen	„ 200	4,16
4.	Landeskulturrentenbanken	„ 32	0,67
5.	Sparkassen	„ 1600	33,32
6.	Hypothekenbanken	„ 200	4,16
	Summa:	4802	100,00

Danach würden also bereits 4⁴/₅ Milliarden Mark Hypotheken durch Anstaltskredit aufgebracht sein.

Nun haben wir oben gesehen, daß die hypothekarische Verschuldung des ländlichen Grundbesitzes in Preußen für Ende 1901 auf etwa 8¹/₂ Milliarden Mark zu schätzen ist. Wir kommen also zu dem überraschenden Ergebnis, daß bereits heute über die Hälfte aller ländlichen Hypotheken nicht mehr für Privatgläubiger, sondern für Kreditanstalten eingetragen sind. Dieses relativ günstige Verhältnis wird indes erheblich getrübt, wenn man untersucht, wie sich der Anstaltskredit auf die Besitzgrößenklassen, also besonders auf den bäuerlichen und Großgrundbesitz verteilt.

Von den 2¹/₂ Milliarden Mark Darlehen der Landschaften werden allein etw 2 Milliarden auf den Großgrundbesitz und nur etwa ¹/₂ Milliarde Mark auf den bäuerlichen Besitz entfallen. Auch die Darlehen der Hilfskassen, der Rentenbanken und der Hypothekenbanken beziehen sich zum größten Teil auf den Großgrundbesitz. Es blieben also hauptsächlich die Sparkassen für die bäuerlichen Hypotheken und die Hypotheken des Parzellenbesitzes übrig. Man wird in der Annahme nicht fehlgehen, daß heute der Hypothekarkredit des Großgrundbesitzes in Preußen etwa zu vier Fünftel aus Anstaltskredit, und besonders landschaftlichem Kredit, besteht, daß dagegen der bäuerliche Hypothekarkredit heute wohl erst zu einem Viertel durch den Anstaltskredit, insbesondere die Sparkassen, befriedigt wird. Von den ca. 3¹/₂ Milliarden Mark Privathypotheken werden ca. ¹/₂ Milliarde auf den Großgrundbesitz und 3 Milliarden Mark auf den bäuerlichen und Parzellenbesitz entfallen. Die Aufgabe ist also, diese Privathypotheken allmählich in unkündbare und tilgungsfähige Hypotheken umzuwandeln und dafür zu sorgen, daß die neuen Hypotheken besonders bei Landschaften oder ähnlichen Anstalten aufgenommen werden. Aber nicht dieser abweichende Anteil am Anstaltskredit ist das Entscheidende, der Schwerpunkt liegt vielmehr in dem Umstande, daß der Anstaltskredit des Großgrundbesitzes zum größten Teil aus unkündbaren, niedrig verzinslichen, amortisationspflichtigen Hypotheken besteht, während der Anstaltskredit des bäuerlichen Besitzes zum größten Teil aus kündbaren, höher verzinslichen und zum größeren Teile nicht tilgungsfähigen Hypotheken der Sparkassen gebildet wird. Und hier rächt sich die Unterlassungssünde, daß man in den westlichen Provinzen mit ihrem ausgedehnten bäuerlichen Besitz keine landschaftlichen oder gemeinwirtschaftlichen Kredit-Institute errichtet hat, wie besonders in den Provinzen Sachsen, Schleswig-Holstein, Hannover und Westfalen, so daß hier, nachdem sich das Privatkapital im Laufe der 80er und 90er Jahre infolge der landwirtschaftlichen Depression und des Sinkens des Zinsfußes für die Privathypotheken und infolge der Konvertierung der Pfandbriefe vom ländlichen Hypothekarkredit zum Teil zurückgezogen hatte, dieser den Sparkassen anheimfiel.

Man erwäge, daß von den 1545 Millionen Mark ländlicher Hypotheken der Sparkassen Ende 1901 allein 1144 Millionen Mark oder fast drei Viertel des gesamten ländlichen Hypothekarkredits der Sparkassen auf die 5 Provinzen Sachsen, Schleswig-Holstein, Hannover, Westfalen und Rheinland entfallen, während auf die 5 östlichen Provinzen Ostpreußen, Westpreußen, Brandenburg, Pommern und Posen nur 232 Millionen Mark oder 15 Prozent entfallen. Der Osten mit seinen mächtigen Landschaften ist in dieser Beziehung besser daran, und wir stehen vor der merkwürdigen Erscheinung, daß der bäuerliche Hypothekarkredit des Ostens allmählich von den Landschaften absorbiert wird, im Westen dagegen von den Sparkassen. Es ist dies für den Westen eine Entwicklung, die ernstlich erwogen werden sollte. Es müßte dahin gearbeitet werden, daß die Sparkassen ihre Spareinlagen in sofort verkäuflichen Pfandbriefen, Staats- oder Gemeinde-Obligationen oder doch in tilgungspflichtigen Hypotheken anlegen. Die Übernahme von erst nach längerer Zeit kündbaren Hypotheken läuft den Aufgaben der Sparkassen zuwider, ganz abgesehen davon, daß die Sparkassen dem Darlehnsschuldner gegenüber reine Erwerbsinstitute zu gunsten der Spareinleger sind.

Hierzu noch einige Beläge. In dem Bericht der Pommerschen landschaftlichen Darlehnskasse zu Stettin für 1903 heißt es: „Besonders unter den kleinen Besitzern war ein regerer Zuzug zur Landschaft zu bemerken. Der Wert des landschaftlichen Kredits, der in sonst unerreichter Billigkeit und Unkündbarkeit besteht, scheint in immer weiteren Kreisen gewürdigt zu werden.“ In dem Verwaltungsbericht der Posener Landschaft für 1902 findet sich folgende Stelle: „Die Neubeleihungen mehrten sich besonders auf bäuerlichen Grundstücken und der an und für sich schon schwere Verkehr mit diesen Besitzern, die Beseitigung vieler kleiner Hypotheken, Beschaffung der Versicherungsnachweise und die Aufklärung der

Differenzen zwischen Kataster und Grundbuch bedingten einen erheblichen Schriftwechsel und eine derartige Arbeitsmehrbelastung, daß wir das vergangene Jahr als das arbeitsreichste seit Bestehen der Bank bezeichnen müssen."

In dem allgemeinen Bericht der schlesischen Generallandschaftsdirektion vom April 1904 heißt es: „Für die unverkennbar auch in Schlesien stark fortschreitende Verschuldung des landwirtschaftlichen Grundbesitzes bietet die wiederum festzustellende erhebliche Zunahme des landschaftlichen Kredits, nämlich um 17,95 Millionen Mark bei Rittergütern und 22,59 Millionen Mark bei Rustikalgrundstücken, keinen zuverlässigen Maßstab. Denn sie äußert sich naturgemäß weniger in der der Vorrangseinräumung bedürfenden, erststelligen landschaftlichen Beleihung als in der Aufnahme von Nachhypotheken, während in dem Anwachsen der landschaftlichen Beleihung, wie die geführte Statistik ergibt, zum überwiegenden Teile die Umwandlung schon bestehender, höher verzinslicher, kündbarer Privathypotheken zum Ausdruck kommt. Dieses im Interesse des Grundbesitzes wünschenswerte und von der Landschaft nach Möglichkeit geförderte Verfahren würde zweifellos einen noch größeren Umfang annehmen, wenn nicht die dabei einmalig entstehenden Kosten noch viele Besitzer fernhielten. Zu ihrer Herabsetzung hat die Landschaft selbst bereits nach Kräften beigetragen. Eine wesentliche Förderung wäre von einer Herabsetzung derjenigen Kosten zu erwarten, welche Reich und Staat erheben, namentlich des unverhältnismäßig hohen Pfandbriefstempels. Eine aus Anlaß einer bevorstehenden Revision des Reichsstempelgesetzes von hier aus angeregte gemeinschaftliche Vorstellung sämtlicher preußischer Landschaften in dieser Richtung scheint indessen wenig Aussicht auf Erfolg zu haben. Dabei wird allseitig anerkannt, daß die angestrebte und viel erwogene Frage einer Entschuldung des landwirtschaftlichen Grundbesitzes eine vorgängige Überführung der allmählich abzulösenden, die Überschuldung darstellenden Privathypotheken in geregelten, niedrig verzinslichen, dem Tilgungszwange unterliegenden Anstaltskredit zur Voraussetzung hat. Je billiger eine solche Umwandlung sich stellt, desto größeren Anreiz wird sie haben und desto mehr wird von ihr Gebrauch gemacht werden."

In dem Bericht der Provinzial-Hilfskasse für Schlesien über 1902 wird gesagt: „Ist das Ergebnis der geschäftlichen Tätigkeit der Hilfskasse als ein erfreuliches zu bezeichnen, so soll doch nicht verschwiegen werden, daß zahlreiche Kündigungen unserer Amortisationsdarlehne von seiten der kleinen bäuerlichen Besitzer behufs Aufnahme landschaftlichen Kredits erfolgt sind, und daß der Hilfskasse auch auf dem Gebiete des Kommunalkredits in letzter Zeit von seiten verschiedener öffentlicher Kassen und Institute eine fühlbare Konkurrenz bereitet wird. Trotz aller geschäftlichen Koulanz ist die Hilfskasse in diesem Wettbewerb nicht immer in der Lage, ihre Gegner aus dem Felde zu schlagen, da unser Kreditinstitut seine Betriebsmittel nur durch Ausgabe seiner Hilfskassen-Obligationen sich beschaffen kann, mithin bei Bemessung des Darlehnszinsfußes unter den Kouponzinsfuß der ausgegebenen Papiere nicht heruntergehen kann, während die konkurrierenden Institute wie z. B. die Landesversicherungsanstalt über bare, ihnen zufließende Bestände verfügen, also bei Regulierung des Darlehnszinsfußes durch gleiche Rücksichten nicht eingeengt sind."

In dem Verwaltungsbericht der Hauptritterschafts-Direktion der Mark Brandenburg für 1902 heißt es: „Im Interesse des Grundbesitzes, und zwar sowohl des Großgrundbesitzes, als des bei dem Neuen Brandenburgischen Kredit-Institute beteiligten bäuerlichen Besitzes, wird auch fernerhin nach Möglichkeit darauf hinzuwirken sein, daß bei öffentlichen Korporationen und Instituten, namentlich auch bei Sparkassen, mehr wie bisher auf eine tunlichst weitgehende Anlegung vorhandener Kapitalbestände in landschaftlichen Zentral-Pfandbriefen Bedacht genommen wird."

„Die im allgemeinen fortschreitende Bepfandbriefung der Grundstücke im Bereiche des Neuen Brandenburgischen Kredit-Instituts ergibt folgende Zusammenstellung der seit Errichtung desselben ausgefertigten Pfandbriefe, abzüglich inzwischen getilgter:

bis Ende	Zahl der Grundstücke	Mk.
1870	4	47 550
1880	93	3 694 600
1890	4195	74 274 300
1900	9007	130 972 350
1902	9452	136 778 450

Die Pfandbriefschuld ist zur Eintragung in das Grundbuch gelangt: a) als neue Schuld nur mit 55,87 Millionen Mark oder 41 Prozent, dagegen b) durch Umschreibung von Hypotheken mit 80,91 Millionen Mark oder 59 Prozent."

„Die Zunahme der Bepfandbriefungen ist trotz des günstigeren Kurses der Pfandbriefe im letzten Jahre verhältnismäßig gering gewesen. Es ist anzunehmen, daß die Grundbesitzer noch immer vielfach das vorhandene Kreditbedürfnis durch Aufnahme hoch verzinslicher kündbarer Privatschulden decken, weil von ihnen die Vorteile, welche in der gesicherten Unkündbarkeit und der regelmäßigen Tilgung des Pfandbrief-Darlehns liegen, nicht genügend gewürdigt werden. Es erscheint im allseitigen Interesse dringend wünschenswert, bei jeder sich bietenden Gelegenheit die beteiligten Grundbesitzer zur Umwandlung der Privatschulden in Pfandbriefs-Darlehne zu veranlassen."

Am rührigsten ist auf diesem Gebiet die Landesbank der Rheinprovinz, die einen schweren Konkurrenzkampf mit den Sparkassen durchzufechten hat. Neuerdings ist sie bestrebt, mit Hilfe von Agenturen breiteren Boden in der bäuerlichen Bevölkerung zu gewinnen. Der Jahresbericht für 1902/03 enthält hierüber folgende interessante Angaben: „Durch den 42. Provinziallandtag ist zuerst in den Etat für 1901 und 1902 eine Summe von 15 000 Mk. eingestellt worden für Errichtung von Agenturen der Landesbank und für Zahlung der Gebühren und Auslagen der Agenten. Der Zweck der Agenturen soll darin bestehen, daß das landwirtschaftliche Darlehnsgeschäft der Landesbank durch die Agenten mehr lokalisiert und so der landwirtschaftlichen Bevölkerung die Aufnahme der unkündbaren billigen Darlehne der Landesbank leichter gestaltet werde. Entsprechend dem Beschlusse der ersten Fachkommission des Provinziallandtages, wonach die Errichtung der Agenturen nur nach Anhörung der Verwaltungen der Stadtkreise bezw. in den Landkreisen der Kreisausschüsse erfolgen und den Agenturen die Annahme von Spareinlagen untersagt bleiben soll, sind nur in denjenigen Kreisen, deren Vertretungen sich mit der Einrichtung der Agenturen und der Person der Agenten ausdrücklich einverstanden erklärt haben, Agenturen eingerichtet worden; die Agenten befassen sich nicht mit der Annahme von Spareinlagen." Durch die Agenten, deren Zahl 1902 in 21 Kreisen bereits 90 betrug, wurden in diesem Jahre 678 Darlehen im Betrage von 8,84 Millionen Mark bewilligt. Von den im Jahre 1902 an ländliche Grundbesitzer bewilligten Darlehnen mit 22,06 Millionen Mark entfielen allein 14,19 Millionen Mark oder 64 Prozent auf Konvertierung bestehender höher verzinslicher Hypothekenschulden, 1,28 Millionen Mark oder 6 Prozent auf Abstoßung sonstiger Schulden, 10 Prozent auf Erbauseinandersetzungen und 20 Prozent auf Neubauten und sonstige Verbesserungen. Der Durchschnitt eines ländlichen Darlehns stellte sich auf 17 085 Mk.

In welcher Weise die Verpfandbriefung des ländlichen Grundbesitzes, insbesondere des bäuerlichen in den östlichen Provinzen, fortschreitet, zeigt Tabelle XV der Anlagen. Danach ist die Zahl der bäuerlichen Besitzer, welche landschaftlichen Kredit benutzen, von ca. 7000 im Jahre 1880 auf ca. 50000 im Jahre 1902 gestiegen und man kann annehmen, daß gegenwärtig etwa ein Zehntel aller selbständigen bäuerlichen Besitzungen landschaftlich beliehen werden.

Wieviel von den ländlichen Hypotheken der Sparkassen mit regelmäßiger Tilgung verbunden ist, teilt die preußische Statistik leider nicht mit.

Welchen großen Vorteil die Umwandlung der ländlichen Privathypotheken und der ländlichen Hypotheken der Sparkassen in unkündbare Hypotheken der Pfandbrief-Institute hat, möge noch durch die Gegenüberstellung des

Zinsfußes bei den Landschaften und Sparkassen in Preußen dargetan werden.

Prozent	Von je 100 Mk. des Pfandbriefumlaufs der preußischen Landschaften entfielen 1902 auf den nebenbezeichneten Zinsfuß	Prozent	Von je 100 Mk. ländlicher Hypotheken der Sparkassen waren 1900 zu dem nebenstehenden Zinsfuß verzinslich
5	0,00	5 u. mehr	1,10
4½	0,01	4—5	32,60
4	3,21	4	47,72
3½	67,52	3—4	18,50
3⅓	0,05	3 u. weniger	0,08
3	29,21		
	100,00		100,00

Der größte Teil der ländlichen Hypotheken wird hiernach bei den Sparkassen mit 4 Prozent und mehr verzinst, während der größte Teil der landschaftlichen Pfandbriefe nur 3½ Prozent und noch weniger Zinsen erfordert.

Gelänge es die ca. 4½ Milliarden Mark Privat- und Sparkassenhypotheken des ländlichen Besitzes zu verpfandbriefen, so hätte der bäuerliche Besitz bei nur ½ Prozent weniger Zinsen, jährlich 22,5 Millionen Mark weniger Zinsen aufzubringen. Würde die Verbilligung des Zinsfußes gegenüber den Privathypotheken und Sparkassenhypotheken sogar 1 Prozent betragen, was nicht unwahrscheinlich ist, so würd edie jährliche Entlastung sogar auf 45 Millionen Mark steigen.

Für Bayern hat der Direktor der Bayerischen Landwirtschaftsbank Frhr. von Cetto folgende Schätzung der Kreditquellen des ländlichen Grundbesitzes nach dem Stande von 1900 gemacht:

	Mill. Mk. Hypotheken	Prozent
Hypothekenbanken	397,83	44,23
Sparkassen	104,64	11,63
Kulturstiftungen	100,00	11,11
Wohlfahrts- u. Unterrichtsstiftungen	100,00	11,11
Landeskulturrentenanstalten	7,00	0,78
Versicherungsanstalten	10,00	1,12
Landesversicherungsanstalten	60,00	6,67
Privatdarlehne	120,00	13,35
	899,47	100,00

Auffällig ist der geringe Anteil der Privathypotheken an der gesamten Verschuldung. Für den Anstaltskredit kam hauptsächlich in Betracht die bayerische Wechsel- und Hypothekenbank, die bis Ende 1903 230,77 Millionen Mark Hypotheken und zwar unkündbare Amortisationshypotheken auf landwirtschaftlichen Grundstücken ruhen hatte, und die ihr seit 1897 als gemeinwirtschaftliche Kreditanstalt zur Seite stehende Bayerische Landwirtschaftsbank, deren Pfandbriefschuld bis Ende 1903 bereits auf 48,12 Millionen Mark angewachsen war. Die Jahresberichte dieser Landwirtschaftsbank, welche unter ihrem Direktor, Freiherrn von Cetto, eine äußerst rege Tätigkeit entfaltet, bieten einen wertvollen Einblick in die Kreditverhältnisse des ländlichen Grundbesitzes. 1903 wurden bei der Landwirtschaftsbank 3351 Darlehensgesuche mit 26,05 Millionen Mark Kapital erbeten. Hiervon und von den aus den Vorjahren übernommenen Darlehnsanträgen wurden genehmigt 1850 Posten mit 12,43 Millionen Mark Kapital, während 1506 Posten mit 12,32 Millionen Mark, also die Hälfte, abgelehnt werden mußten. An den 1903 gewährten Darlehen mit 9,61 Millionen Mark waren beteiligt 22 Betriebe unter 1 ha landwirtschaftlicher Fläche mit 26 100 Mk., 793 Betriebe von 1—10 ha mit 2,73 Millionen Mark, 551 Betriebe von 10—100 ha mit 6 Millionen Mark und nur 6 Betriebe von über 100 ha mit 0,85 Millionen Mark. Von höchstem Interesse ist die Nachweisung in den Jahresberichten, zu welchem Zweck das Darlehen aufgenommen ist. So entfielen 1903 von den gesamten Darlehen 1,11 Millionen Mark oder 12,6 Prozent auf hypothekenfreie Objekte, 1,22 Millionen Mark oder 13 Prozent auf Ablösung von Kurrentschulden, 1,83 Millionen Mark oder 19 Prozent auf Ablösung von tilgbaren Hypotheken und 4,81 Millionen Mark oder die Hälfte auf Ablösung von untilgbaren Hypotheken, also Privathypotheken. Von den 1903 gewährten Darlehen mit 9,61 Millionen Mark dienten nur 2,97 Millionen Mark oder 31 Prozent zur Erhöhung des seitherigen Hypothekenstandes.

Für Württemberg steht uns eine amtliche Ermittelung der Kreditquellen und des Zinsfußes der für 1897 eingetragenen Pfandschulden zur Verfügung[1]). Dieselbe hat ergeben, daß auch dort die bankmäßige Vermittelung des Hypothekenkredits sich schon ziemlich weit entwickelt hat. Die Statistik hat zwei Gruppen von Kreditquellen unterschieden: 1. Bankinstitute aller Art, auch genossenschaftliche Vereine und Kassen, öffentlich-rechtliche Kassen, wie Gemeindepflegen usw., Württembergische Versicherungsanstalt, Sparkassen aller Art; 2. Privatgläubiger, auch Pflegschaften, nicht mit Geldvermittelung befaßte Handelsgesellschaften. Danach entfielen in den Gemeinden von unter 5000 Einwohnern 55 Prozent der Pfanddarlehen auf die Bankinstitute usw. und 45 Prozent auf Privatgläubiger. Eine sehr geringe Verbreitung hat aber das für die Landwirtschaft so wichtige Annuitäten-Darlehen. 1897 kamen auf je 100 Mk. Unterpfands-Einträge nur 6,24 Mk. Annuitäts-Darlehen und von 10000 Schuldnern machten nur 167 oder 1,67 Prozent Gebrauch von solchen Darlehen. Zu Ungunsten der Landwirtschaft kommt

[1]) Zeller a. a. O.

noch hinzu, daß das Annuitäts-Darlehen 1897 überwiegend den städtischen Schuldnern zugute kommt. So betrugen aus den Orten unter 5000 Einwohnern die Annuitätsdarlehen nur 1,29 Prozent sämtlicher Unterpfandsschuldaufnahmen, dagegen in den größeren Gemeinden 2,31 Prozent bis zu 7,03 Prozent in Stuttgart. Für Annuitäten-Darlehen kommt besonders der Württembergische Kreditverein in Betracht, der als gemeinwirtschaftliches Kreditinstitut grundsätzlich seine Mitglieder zur Amortisation der Darlehen mittels kleiner, mit den Zinsen fälliger Quoten innerhalb 10—50 Jahren nach der Wahl des Schuldners verpflichtet. Dabei ist es dem Schuldner gestattet, aus besonderen Gründen, wie zum Beispiel beim Mißwachs, Hagelschlag usw. nach dem Ermessen des Ausschusses mit der in der Rente enthaltenen Kapitalstilgung auf die Dauer von höchstens 5 Jahren auszusetzen. Der Pfandbrief-Umlauf des Kredits betrug Ende 1903: 51,41 Mill. Mk. zu $3^1/_2$ und 23,90 Mill. Mk. zu 4 Prozent. Die Zahl der Rentenschuldner (Vereinsmitglieder) stieg in Gemeinden unter 3000 Einwohnern von 1935 im Jahre 1896 auf 3350 im Jahre 1901. Seit 1902 ist der Mindestbetrag der Darlehen von 500 auf 300 Mk. herabgesetzt. Um die bäuerliche Bevölkerung über die Bedeutung der Amortisations-Darlehen und die einschlägigen Einrichtungen des Kreditvereins zu belehren und den Annuitätsdarlehen auf dem Lande mehr Eingang zu schaffen, hat die Zentralstelle für die Landwirtschaft 1897 die landwirtschaftlichen Vereine aufgefordert, für ihre Bezirke durch die Vereinsversammlung je auf die Dauer von 2 Jahren einen oder mehrere „Vertrauensmänner des Württembergischen Kredits" wählen zu lassen mit der Aufgabe nicht bloß der Belehrung, sondern auch der Vermittelung zwischen Kreditinstitut und Kreditsuchenden.

Von besonderem Interesse ist der Nachweis des Zinsfußes für sämtliche eingetragene Pfandschulden vom Jahre 1897. Hiermit wird uns zugleich der Blick in ein Gebiet eröffnet, das bisher noch im Dunkeln lag. Der durchschnittliche Zinsfuß der 190,15 Mill. Mk. Pfandeinträge betrug 4,081 Prozent für die Pfandeinträge, in den Gemeinden von über 10000 bis 100000 Einwohnern sinkt er auf 4,148 Prozent, in Stuttgart sogar auf 3,996 Prozent, während er in den Gemeinden von unter 10000 Einwohnern, also in den kleinen Städten und auf dem Lande auf 4,148 Prozent steigt.

Von je 100 Pfandeinträgen hatten den nebenstehenden Zinsfuß

	in Stuttgart	in den Gemeinden von 10—100000 Einw.	in den Gemeinden von bis 10000 Einw.
unter 4 Prozent	20,2	12,6	3,4
von 4 bis unter 5 Prozent	76,0	72,4	71,3
5 Prozent	2,3	2,8	24,8

Also ein Viertel aller Pfandeinträge in den kleinen Städten und auf dem Lande mußten 5 Prozent zahlen, während ein so hoher Zinsfuß für die Pfandkredite in den größeren Städten fast völlig fehlt. Zeller spricht von dem „unverkennbaren Zug auch des Vermögens zur Stadt", wo der Kapitalmarkt für den Schuldner günstiger liege.

Der durchschnittliche Zinsfuß aller Annuitäten-Darlehen wurde zu 3,65 Prozent ermittelt, also um 0,43 Prozent weniger als der obige Zinsfuß der öffentlichen Sparkassen, von denen die Württembergische Landessparkasse 1897 im Durchschnitt 3,97 Prozent für Hypothekenschulden forderte, der der Bezirkssparkassen sogar über 4 Prozent betrug. Es sei deshalb, wie Zeller schreibt, in der Tat bedauerlich, daß diese Art der Anleihen bei den Landwirten bis jetzt nicht mehr Anklang gefunden hätte.

Einen noch tieferen und bedeutungsvolleren Einblick in die Kreditverhältnisse des platten Landes gewährt die Ermittelung des Zinsfußes für die landwirtschaftlichen Schuldner. 18252 Pfandeinträge mit 33,17 Mill. Mark wurden 1897 von selbständigen Landwirten beantragt. Der bedungene Zinsfuß betrug im Durchschnitt 4,114 Prozent, das ist gegen Landesdurchschnitt um 0,033 Prozent mehr, gegenüber Stuttgart 0,118 Prozent mehr, gegenüber aber dem durchschnittlichen Annuitätenzinsfuß 0,464 Prozent mehr. Wenn man annähme, so schreibt der amtliche Bericht, daß die landwirtschaftlichen Betriebe ihre ganze bestehende Hypothekenlast, welche zum mindesten auf 280 Mill. Mk. berechnet würde, zu dem Zinsfuß ihrer Neuaufnahmen von 1897 zu verzinsen hätte, so betrüge ihre jährliche Zinsenlast 11½ Millionen Mark. Gelänge es, ihr den Zinsfuß der Stuttgarter Hypotheken von 1897 zu verschaffen, so würde sie an Zins jährlich 333000 Mk. ersparen; ginge man gar auf den durchschnittlichen Annuitätenzinsfuß herab, so betrüge die Ersparnis jährlich 1,32 Mill. Mk. allein bei den Hypothekenschulden. Man erkenne daraus die Wichtigkeit einer den Bedürfnissen der Landwirtschaft entgegenkommenden Kreditorganisation.

Für die einzelnen Landesteile in Württemberg ist noch folgender Nachweis von Interesse.

Kreise	Zinsfuß für landw. Schulden %	durchschnittl. Größe des Pfandbriefeintrages Mk.	Von je 100 ha landw. benutzter Fläche entfallen auf Betriebe bis 5 ha	20 ha und mehr
Neckarkreis	4,21	1315	57,8	7,8
Schwarzwaldkreis	4,19	1304	53,8	6,8
Jagstkreis	4,05	2094	22,1	26,9
Donaukreis	4,03	2535	16,9	34,0

Hieraus folgert Zeller: Je höher der Pfandeintrag, je kleiner der Zinsfuß, und je größer der Betrieb, je größer der Pfandeintrag. Den größeren Betrieben von 20 ha und mehr, gelinge es durchschnittlich, das Geld billiger zu erhalten als den mittleren, kleinen und Parzellenbetrieben. Der Unterschied in dem Zinsfuß besteht nicht so sehr zwischen den Schuldnern der verschiedenen Berufe derselben Ortsgruppe als vielmehr der Ortsgruppen unter sich, also zwischen dem platten Lande und den Mittel- und Großstädten.

Der durchschnittliche Zinsfuß der ersten Hypotheken betrug für alle Pfandeinträge 4,036 Prozent, für die Gemeinden von 10—100000 Einwohnern sank er auf 3,944 Prozent und für Stuttgart auf 3,89 Prozent, während er für die Gemeinden bis 10000 Einwohner auf 4,132 Prozent stieg. Geringer ist der Unterschied in dem Zinsfuß für Nachhypotheken, was wohl mit der starken Ausnutzung des Kredits der Nachhypotheken in den größeren Städten zusammenhängt.

Das Kapital scheint, so schließt Zeller seine eingehende Untersuchung, trotz seiner großen Beweglichkeit den Weg auf das kreditbedürftige platte Land doch nicht mit derjenigen Leichtigkeit und Bereitwilligkeit zu finden, die dem großstädtischen Unternehmer und Spekulanten die Geldbeschaffung verbilligt; es könne daher nur begrüßt werden, daß der Württembergische Kreditverein es sich zur Aufgabe gemacht habe, dem Kreditbedürfnis auch der kleineren Schuldner, mehr als bisher entgegenzukommen. Aber das scheine noch nicht zu genügen. Von den Annuitäts-Darlehen sei im Jahre 1897 verhältnismäßig nur wenig Gebrauch gemacht. Trotz des niedrigen Zinsfußes der Annuitäts-Darlehen (3,65 Prozent) scheine doch die Höhe der um den Amortisationsbetrag vermehrten Gesamtjahresleistung (Rente) noch ein gewisses Hemnis für die weitere Ausdehnung dieser Anlehensform zu bilden. Für die Landwirtschaft aber sei ein möglichst billiger Zins, zumal in ihrer gegenwärtigen Lage, ein dringendes Bedürfnis. Man nehme allgemein an, daß sich das stehende Kapital der Landwirtschaft nicht ganz zu 3 Proz. verzinst. Nach der Statistik der Veräußerungen im Grundeigentum in Württemberg im Jahre 1897 entspreche bei den zur Veräußerung gekommenen landwirtschaftlich benutzten Einzelgrundstücken der Steueranschlag einer Rente von 2,75 Prozent aus dem Kaufpreis; sein Darlehen aber habe der Landwirt auf dem platten Lande und in den kleinen Städten mit 4,124 Prozent zu verzinsen. Es scheine also dringend geboten, gerade für das platte Land die Kapitalbeschaffung möglichst zu verbilligen, nicht bloß durch Erleichterung der Annuitätsanlehen zu niedrigem Zinsfuß, sondern überhaupt durch **systematische Zuleitung des in den Städten sich ansammelnden mobilen Kapitals auf das Land.**

Im Königreich Sachsen hatten die Hypothekenschulden des Grundbesitzes Ende 1884 folgende Kreditquellen[1]):

	Von der Gesamtschuld entfielen auf die nebenbezeichnete Kreditquelle					
	in den Städten %		in den Dörfern %		auf den Rittergütern %	
Erbteile	2,13	67,17	5,92	70,66	1,81	48,04
Privatpersonen, Stiftungen usw.	65,04		64,74		46,23	
Kredit- oder Kautionshyp. vorgem. Forderungen	5,94		6,06		3,59	
Sparkassen	17,95	26,71	13,25	23,12	5,02	48,37
Andere Kreditinstitute	8,76		9,87		43,35	
Zwangsvollstreckungshyp. . .	0,18		0,16		0,00	
	100,00		100,00		100,00	

Die Privathypotheken, zu denen auch die Erbhypotheken gerechnet werden können, nehmen hiernach noch einen großen Raum ein. Nur bei den Rittergütern beansprucht der Anstaltskredit fast die Hälfte aller Hypotheken, während er in den Dörfern noch nicht ein Viertel betrug, ja der bessere Anstaltskredit, die Verpfandbriefung, hatte in den Städten und Dörfern nur eine ganz geringe Ausdehnung gegenüber dem Kredit der Sparkassen, während er bei bei den Rittergütern vorherrschend war. Allerdings sind seit dieser Hypothekenstandserhebung fast 20 Jahre verflossen und es wird im Königreich Sachsen heute der Anstaltskredit einen weit größeren Anteil an der Gesamtschuld haben, wie die obigen Zahlen ergeben.

Bei der Ermittelung der Hypothekarverschuldung des landwirtschaftlichen Grundbesitzes nach dem Stande vom 1. Juli 1897 im Königreich Sachsen wurde festgestellt, daß die Amortisationshypotheken für die rein landwirtschaftlichen Besitzungen insgesamt 112,22 Mill. Mark oder 19 pCt. oder nahezu den fünften Teil aller freiwillig oder zwangsweise bestellten Hypotheken betrugen. Bei den Besitzungen von 2—5 ha sank der Prozentsatz solcher Hypotheken auf 4, bei den Besitzungen von 5—10 ha auf 11, von 10—20 ha auf 18,5; dagegen stieg er bei den bäuerlichen Besitzungen von 20—50 ha auf 23,4, von 50—100 ha auf 30,8 und bei den Gütern über 100 ha auf 74,4 pCt. Bei den geschlossenen Besitzungen über 100 ha bestanden in einigen Erhebungsbezirken sämtliche Hypotheken aus Amortisationshypotheken. Bei den 837 Rittergütern nahmen 1897 die Amortisationshypotheken 47 pCt. aller Hypotheken in Anspruch.

---

[1]) Zeitschrift des K. sächsischen statist. Bureaus, 1892, S. 101.

Für den Anstaltskredit im Königreich Sachsen kommen, abgesehen von den Sparkassen und Hypothekenbanken, zwei gemeinwirtschaftliche Grundkreditinstitute in Betracht: der erbländische ritterschaftliche Kreditverein seit 1844 und der Landwirtschaftliche Kreditverein seit 1866. Dazu kommt noch die Landständische Bank des Kgl. sächsischen Markgrafentums Ober-Lausitz seit 1857. Die Hypotheken betrugen im Januar 1904 bei der ersten Anstalt 73,07 Mill. Mark in 2150 Posten auf 1387 Gutskomplexen und zwar auf 371 Rittergütern mit 44,09 Mill. Mark und auf 1016 Vorwerken, Bauern-, Stadt- und anderen Gütern mit 28,98 Mill. Mark. Der Landwirtschaftliche Kreditverein hatte Ende 1903 an Darlehen 299,94 Mill. Mark ausgeliehen, davon waren 150,80 Mill. Mark unkündbare tilgbare Darlehen an Gutsbesitzer, 139,22 Mill. Mark unkündbare tilgbare Darlehen an Gemeinden und nur 6,98 Mill. Mark Darlehen gegen Sicherheitshypothek oder Pfand. 78 pCt. aller tilgbaren Darlehen standen nur zu 3½ pCt. Zinsen, 12 pCt. der Darlehen zu 4 pCt. Zinsen und 10 pCt. der Darlehen zu 3 pCt. Ende 1903 hatte der Verein auf landwirtschaftlichen Grundbesitz 13 976 einzelne Darlehnsposten ausgeliehen, davon 12 886 unkündbare tilgbare Darlehen und nur 995 kündbare Darlehen. Von den unkündbaren tilgbaren Darlehen entfielen auf Darlehen bis zu 20 000 Mk. allein 11 333 oder 88 pCt. aller Darlehen, auf Darlehen bis zu 10 000 Mk 8216 oder fast 70 pCt. aller Darlehen, woraus das Bestreben des Instituts, dem landwirtschaftlichen Klein- und Mittel-Grundbesitz helfend zur Seite zu stehen, deutlich hervorgeht. Der Tilgungsfonds hatte Ende 1902 eine Höhe von 21,64 Mill. Mark und vermehrte sich im Laufe des Jahres 1903 durch Zinsengutschrift um 0,76 Mill. Mark und durch Tilgungsbeiträge um 1,62 Mill. Mark und verminderte sich durch Rückzahlung um 0,17 Mill. Mark.

Die Landständische Bank des Kgl. sächsischen Markgrafentums Oberlausitz gewährt in der Hauptsache nur kündbare Darlehen ohne Tilgungszwang. Von den 6181 Hypotheken standen Ende Mai nur etwa ⅓ zu 3½ pCt. Zinsen, dagegen ⅔ über 3½ pCt. Zinsen. Ende 1903 waren 151 Rittergüter mit 16,76 Mill. Mark und 4491 Landgüter mit 44,68 Mill. Mark beliehen.

Alle drei Kreditinstitute hatten hiernach Ende 1903 dem landwirtschaftlichen Grundbesitz gegen 285 Millionen Mark Anstaltskredit gewährt.

Für Braunschweig hat Zimmermann zwei Kreditquellen besonders nachgewiesen, Kreditanstalten mit Amortisationshypotheken und sonstige Gläubiger. Außerdem sind die Kautionshypotheken ausgeschieden. Von dem Gesamtbetrage der Hypotheken im Jahre 1897 mit 221,38 Mill. Mark entfielen 51,12 Mill. Mark oder 23 pCt. auf Anstalten mit Amortisationshypotheken, 160,73 Mill. Mark oder 73 pCt. auf sonstige Gläubiger und

9,52 Mill. Mark oder 4 pCt. auf Kautionshypotheken. Bei den Besitzungen von 5—20 ha stiegen die Amortisationshypotheken auf 27 pCt. aller Eintragungen, bei den Besitzungen von 20—100 ha auf ein Drittel und bei den Besitzungen von 100 ha und mehr auf die Hälfte der Hypotheken. 37,18 Mill. Mark Hypotheken oder 17 pCt. aller Eintragungeu waren vom Herzogl. Leihhaus ausgegeben. Über die Verzinsung der Hypothekarschulden in **Braunschweig** gibt Zimmermann folgende Übersicht:

Zinsfuß	Von je 100 hypothekarischen Eintragungen in dem nachstehenden Bezirk und Jahr waren zu dem nebenstehenden Zinsfuß verzinslich: Stadt Branschweig 1898	Stadt Branschweig 1899	Stadt Branschweig 1900	Landgemeinden 1898	Landgemeinden 1899	Landgemeinden 1900
über 4 pCt. . .	23,74	44,57	77,64	11,98	15,70	36,01
zu 4 „ . .	58,13	47,57	21,16	47,74	62,85	56,88
unter 4 „ . .	18,13	7,86	1,20	40,28	21,45	7,11
	100,00	100,00	100,00	100,00	100,00	100,00

Auffallend ist hierbei, daß im Gegensatz zu Württemberg der Zinsfuß auf dem platten Lande niedriger ist als in der Großstadt, und überraschend ist die völlige Abhängigkeit des ländlichen Hypothekarkredits von dem allgemeinen Geldmarkt. Während 1898 noch 40 pCt. aller Hypotheken zu unter 4 pCt. untergebracht werden konnten, war dies 1900 nur für 7 pCt. derselben möglich.

Von den Realkreditanstalten in den übrigen Bundesstaaten, soweit sie nicht Aktiengesellschaften sind, seien noch folgende hervorgehoben:

Der ritterschaftliche Kreditverein in Mecklenburg, der Ende 1903 191 Güter mit einer Pfandbriefsumme von 40,03 Millionen Mark zählte; die Großherzogliche Landeskreditkasse in Darmstadt; die Großherzoglich sächsische Landeskreditkasse in Weimar, die bis Ende 1899 4997 Darlehen mit 9,64 Mill. Mark an Landwirte gewährt hatte; die Bodenkreditanstalt für das Großherzogtum Oldenburg, die Ende 1900 372 Darlehen mit 1,02 Millionen Mark an Landwirte gegeben hatte; die Herzoglich sächsische Landesbank, die Ende 1900 60,89 Millionen Mark ländliche Hypotheken zählte; die Herzoglich sächsisch-meiningische Landeskreditanstalt; die Herzogliche Landeskreditanstalt in Gotha; die Fürstliche Landeskreditkasse in Rudolstadt und die Fürstlich schwarzburgische Landeskreditkasse in Sondershausen.

Eigentlich gemeinwirtschaftliche Kreditinstitute für den ländlichen Grundbesitz, die keine gewerbsmäßigen Betriebe wie z. B. die Hypothekenbanken bilden, fehlen bisher in Baden, Hessen, Elsaß-Lothringen und in verschiedenen kleinen Staaten. Hier wird der Realkredit, soweit er nicht vom Privatkapital absorbiert wird, durch die Sparkassen und Hypothekenbanken befriedigt.

Wir haben also in Deutschland drei Ströme, in die sich der ländliche Realkredit, soweit ihm das Privatkapital nicht mehr in der früheren Stärke und nicht zu niedrigem Zinsfuß zur Verfügung steht, ergießt:

1. Der unkündbare und in der Regel tilgungspflichtige und billig verzinsliche Pfandbriefkredit der gemeinwirtschaftlichen Kreditanstalten auf genossenschaftlicher und landschaftlicher Unterlage, wie er in den östlichen und mittleren Provinzen des preußischen Staates, in den Gebieten der alten Landschaften, besteht, und wie er neuerdings auch für den bäuerlichen Besitz durch Errichtung neuer landschaftlicher Institute oder Reformierung der alten Landschaften eröffnet ist. Ähnlich liegen die Verhältnisse im Königreich Sachsen.

2. Im Westen streiten der Pfandbriefkredit und der in der Regel kündbare, vielfach nicht tilgungsfähige und höher verzinsliche Kredit der Sparkassen um den Vorrang, und leider ist man in den Provinzen Sachsen, Schleswig-Holstein und Hannover nicht genügend bestrebt, den Pfandbriefinstituten Eingang in den bäuerlichen Besitz zu verschaffen. Dasselbe ist der Fall in Mecklenburg, wo dem bäuerlichen Besitz der Pfandbriefkredit gänzlich verschlossen ist und er dem Kredit der Hypothekenbanken, Sparkassen und Vorschußvereine überliefert ist.

3. In Süddeutschland dominiert noch der Pfandbriefkredit der Hypothekenbanken, wie der bayerischen Hypotheken- und Wechselbank, der süddeutschen Bodenkreditbank und der rheinischen Hypothekenbank. Doch ist man in Bayern und Württemberg mit Erfolg bestrebt, den bäuerlichen Realkredit in die Hände der gemeinwirtschaftlichen Institute, wie der bayerischen Landwirtschaftsbank und des württembergischen Kreditvereins überzuführen. Nur Baden, Elsaß-Lothringen und Hessen sehen bis jetzt der Entwicklung der Dinge gelassen zu.

Hinsichtlich des Personalkredits wird es genügen, darauf hinzuweisen, daß die Zahl der landwirtschaftlichen Kreditgenossenschaften sich in Deutschland von 1729 im Jahre 1890 auf 11750 im Jahre 1903 vermehrt hat. Die Zahl der landwirtschaftlichen Genossenschaften überhaupt, also einschließlich der Bezugs- und Absatzgenossenschaften, stieg in derselben Zeit von 3000 auf 17162. Allein die dem Reichsverbande angeschlossenen Genossenschaften hatten 1902 einen Umsatz von 1623 Mill. Mark.[1])

Wir haben somit die positive Grundlage gewonnen, auf der wir die Frage der gesetzlichen Beschränkung der Verschuldung erörtern können. Wenn der Leser zuweilen die Empfindung gehabt hat, daß die Darstellung wohl

---

[1]) Jahrbuch des Reichsverbandes der deutschen landwirtschaftlichen Genossenschaften für 1903.

etwas zu sehr in die Breite geht, so möge er sich damit trösten, daß dies geschehen ist, um der Gefahr eines fruchtlosen und rein theoretischen Raisonnements zu entgehen, in die bisher die Mehrzahl aller Untersuchungen über die vorliegende Frage geraten sind.

Wir haben gesehen, daß nach den gewonnenen Unterlagen die gesetzliche Beschränkung der Verschuldung für Deutschland selbst als vorbeugende Maßregel fraglich erscheinen kann, und es ist jetzt nur noch die Frage zu beantworten, soll die seit etwa einem Jahrzehnt fortschreitende Verpfandbriefung der ländlichen und insbesondere der bäuerlichen Hypothekenschulden durch gesetzliche Maßnahmen obligatorisch gemacht werden und damit die Beleihungsgrenze der Kreditanstalten eine absolute werden. Eine andere Frage kann nach dem Vorangehenden ernstlich nicht mehr in Betracht kommen.

Wir kommen also zur Frage der

Verschuldungsgrenze.

Der Volksmund sagt wohl gelegentlich: „Ideen sind wohlfeil wie die Brombeeren", und meint damit, daß es leichter sei, schöne Ideen zu entwickeln, als sie in die Wirklichkeit umzusetzen und ihre Tragweite in der Praxis zu erkennen, oder wie es jenem gelehrten Manne erging, der einige mit großer Sorgfalt in heimischem Boden gezogene ausländische Futterpflanzen zur Hebung der Viehzucht präsentiert, und dem aus der Mitte der bäuerlichen Hörerschaft zugerufen wird, seine Futterpflanzen wären sehr schön, nur schade, daß das Vieh sie nicht fressen wolle. So ähnlich ist es auch vielen Ideen über die Lösung der vorliegenden Frage ergangen. Aber trotzdem bleibt die Tatsache bestehen, daß die mehr als 20jährige Gedankenarbeit notwendig war, um überhaupt die breiteren Kreise der Bevölkerung von der Notwendigkeit der Reform des ländlichen Kreditwesens zu überzeugen und immer sicherer die Linien abzustecken, in denen sie sich bewegen muß. Wenn man die Entwicklung unserer Frage eine fortschreitende Ernüchterung genannt hat, so ist sie dabei nicht zur Oberflächlichkeit herabgesunken, sondern sie hat im Gegenteil eine Vertiefung erfahren, nachdem man erkannt, daß man auch die Gebrechen auf landwirtschaftlichem Gebiet in unserer Zeit nicht durch die ehrwürdigen Rezepte früherer Kulturepochen heilt, sondern nur durch Maßnahmen, welche mit den völlig veränderten Grundlagen unseres Wirtschaftslebens im organischen Kontakt stehen. Nachdem man in den sechziger Jahren sich den Kopf darüber zerbrach, wie man die Landwirtschaft am besten verschulden könnte, wollten Ende der siebziger Jahre die Geister, die man wach gerufen, nicht wieder weichen, und man entdeckte plötzlich, daß es auch ein Problem der Entschuldung gab. Man erkannte dann, daß die zweckmäßige Organisation des Realkredits nicht ohne gleichzeitige Regelung des Personalkredits gelöst werden könnte, um endlich im dritten Jahrzehnt die Offenbarung zu gewinnen, daß das ländliche Kreditwesen nicht für sich, sondern nur im Zusammenhange mit dem gesamten Geldmarkte unserer großen Banken und Börsen für Handel und Industrie geregelt werden könnte.

Wer sich über den Werdegang unserer Frage genauer orientieren will, hat es jetzt leicht, nachdem von Hattingberg[1]) in seinem gründlichen Kompendium das gesamte Material übersichtlich zusammengefaßt hat. Es seien hier nur einige der wichtigsten Vorschläge seit 1880 in chronologischer Reihenfolge genannt.

1882. Schmoller: Nur der kleinere Teil der landwirtschaftlichen Schulden dient produktiven Zwecken, der größere Teil stammt aus Restkaufschillingen und Erbportionen. Errichtung von bäuerlichen Kredit- oder ritterschaftlichen Genossenschaften für den Personalkredit und von größeren landwirtschaftlichen Kreditinstituten, mit denen die Landschaften zu verschmelzen wären. Konvertierung aller ländlichen Hypotheken in Anstalts-Hypotheken. Starke Gebundenheit zu Gunsten der Familie widerstreitet unserem Rechtsbewußtsein und Verkehrsbedürfnisse.

1883. Ruhland: Jede freihändige Veräußerung von Grundstücken darf nur an die Agrarbehörde erfolgen, die Individualhypothek muß dem Realkredit der Gesamtheit der Grundbesitzer weichen. Einer staatlichen Landeszentralkasse (Pfandbriefinstitut mit Notenemission) soll der Raiffeisenverein für den Personalkredit die finanzielle Fundierung bieten.

1883. Schäffle: Inkorporation des Realkredits, verbunden mit Personalkreditgenossenschaften, ist die körperschaftliche Vereinigung aller mittleren und kleineren Grundbesitzer zum Zwecke der Ordnung und Sicherstellung des Hypothekarkredits, Ausgabe von Pfandbriefen, Kredit für Abzahlung und Sicherstellung von Kaufschillingsresten und Ansprüchen der Miterben soll garnicht oder nur beschränkt gewährt werden, Verschuldungsgrenze liegt bei 50 Prozent des Schätzungswertes nach dem Reinertrage, 1894 erhöht Schäffle sie auf 80—90 Prozent des Wertes.

1883. Gamp: Eine Hypothek, die dem zum Unterhalt einer Familie nötigen Betrag entspricht, ist der Verfügung des Besitzers entzogen, bleibt auch bei Zwangsversteigerung unangetastet.

1884. Conrad, Buchenberger: Heilung liegt allein in der richtigen Kreditorganisation und in der Erziehung und Bildung der bäuerlichen Bevölkerung.

---

[1]) Referat betr. die Frage der Hypothekarentschuldung. 3 Bände. Wien 1903.

1890. Schneider[1]): Nur öffentliche Beleihungsanstalten — Kreditinstitute, Hypothekenbanken unter staatlicher oder Gemeindeaufsicht, öffentliche Sparkassen — sollen das Recht haben, (Darlehens-) Hypotheken von ländlichen Grundbesitzungen zu erwerben. Die Beleihungsgrenze wird kreisweise sorgfältigst berechnet und von Zeit zu Zeit nachgeprüft; sie wird dadurch gefunden, daß der Zins nebst bestimmten Amortisationsjahreszahlungen höchstens einer sicher zu erzielenden mäßigen Pacht gleichkommt. Dann bringt die höchste Hypothekenverschuldung den Eigentümer nur auf den Standpunkt eines gutgestellten lebenslänglichen Pächters, der nebenbei noch genügenden Betriebskredit hat. Im Nichtzahlungsfalle haben die Beleihungsanstalten nur das Recht der Zwangsvollstreckung. Jede Zwangsvollstreckung irgend eines Gläubigers in das eigentliche Wirtschaftsgerät ist ausgeschlossen; nur Verkaufsvorräte dürfen von Gläubigern angegriffen werden. Hinter der Beleihungsgrenze sind Privathypotheken, jedoch nur besonderer Art, zulässig. Forderungen von Privatpersonen sollen (freiwillig oder zwangsweise) ins Grundbuch eingetragen werden können, berechtigen aber nur, ohne im übrigen dem beweglichen Besitz gegenüber (abgesehen von Inventar) etwas von ihren Eigenschaften einzubüßen, zu einer einstweiligen Sicherung — nicht zu Zinsbezug und Zwangsvollstreckung. Eine Liquidation dieser Posten erfolgt erst bei Erbfall (ohne Zinsennachforderung aus dem Grundstückserlöse) oder bei Verkauf im ganzen, bei dem die öffentlichen Hypotheken übernommen, die anderen gedeckt werden müssen, nötigenfalls alsdann durch Zwangsversteigerung, bei der sie zur Auszahlung dem Range nach gelangen.

1894. Frhr. von Freyberg: Obligatorische Ersetzung der Individualhypotheken durch öffentlich-rechtliche, genossenschaftliche oder bankmäßige Tilgungshypotheken. Die Amortisationsquote hat die Schuld bis zum Tode des Besitzers zu tilgen und beträgt mindestens 1½ Prozent. Die Zwangsvollstreckung ist nur für die Normalhypothek, die dem Besitzer noch ein ausreichendes Einkommen sichert, und für öffentlich-rechtliche Ansprüche, nicht für Personalschulden zuzulassen. Kaufschillinge dürfen nur bis zur Höhe der Normalhypotheken zugelassen werden. Errichtung von staatlichen Rentenbanken für die Erbabfindung mittels Renten.

1894. Sering: Eine Steigerung der landwirtschaftlichen Reinerträge bringt bei dem Fortbestande der gegenwärtigen Rechtsverhältnisse nur dem derzeitigen Besitzer, nicht aber der Landwirtschaft, auf die Dauer Hilfe, weil

---

[1]) Der gründlich überlegte und motivierte Vorschlag von Schneider ist bei v. Hattingberg nicht angegeben, er findet sich in Schmollers Jahrbuch Bd. XIV und XVI.

schließlich jeder Mehrertrag im Bodenwert kapitalisiert und durch kapitalisierte Bodenrente an Miterben oder Vorbesitzer absorbiert wird. Die nach Abzug des Arbeiterlohnes verbleibende Reinertragssumme bildet die zulässig höchste Grenze der Schuldverbindlichkeiten und entspricht einem billigen Pachtzins. Der Pachtwert jedes Gutes würde in das Grundbuch einzu tragen und jede Verpfändung darüber hinaus ebenso auszuschließen sein wie die Zwangsvollstreckung in dem Grundbesitz aus Personalschulden, soweit sie nicht innerhalb der Verschuldungsgrenze in Form einer Zwangshypothek ihre Deckung finden; innerhalb der Verschuldungsgrenze bleiben die Kreditgeschäfte vollkommen frei. Die Verschuldungsgrenze ist nicht obligatorisch für den gesamten Besitz, sondern ist freiwillig. Es sei praktisch möglich, dem Grundbesitz einen billigen Realkredit unkündbar oder amortisationspflichtig zugängig zu machen und hierbei die Übernahme von Verschuldungsbeschränkungen zur Bedingung der Darlehensgewährung zu machen. Zur wirksamen Durchführung einer solchen Aufgabe sei es aber auch nötig, daß die Landschaften alle ihre Darlehen in Zukunft an die Bedingung der Aufnahme einer Verschuldungsgrenze knüpfen.

1894. Adolf Wagner: Verschuldungsgrenze wesentlich in Verbindung mit der Frage, daß der Kredit nach den Verwendungszwecken unterschieden wird. Nicht nur die Landschaften und Rentenbanken, sondern auch ad hoc gebildete Depositenbanken für Besitzkredit, Meliorationskredit, Betriebskredit, für Realkredit und Personalkredit einzurichten. Gemeindebanken, Kreisbanken, Provinzialbanken, agrarische Staatsbank mit Staatsgarantie.

1895. Schmoller[1]): Der Staat erwirbt den Grundbesitz, dessen Inhaber sich in gefährdeter Lage befindet, und besetzt ihn wieder mit einem Eigentümer oder Pächter unter solchen rechtlichen Bedingungen, wie es dem Gesamtinteresse entspricht und so, daß der Betreffende wirtschaftlich gedeihen kann, u. a. Verschuldungsgrenze. Was der Staat dabei etwa zusetzt, ist ein Opfer, das die Gesamtheit tragen kann und muß und das später sich wieder reichlich ersetzen wird. Zu diesem Zwecke wäre für die nächsten Jahre eine Staatsanleihe von 1 Milliarde Mark zu machen, von der 200 Mill. Mark zu Notstandsdarlehen und -Unterstützungen und 800 Mill. Mark zu Erwerbungen zu verwenden wären.

1896. Sering[2]): Zur Ablösung der Nachhypotheken unter staatlicher Beihilfe bedarf es der Unterwerfung der aus den Ablösungskassen (Provinzialhilfskassen, Rentenbanken, Landschaften) beliehenen Güter unter Privatrechtsnormen, welche verhüten, daß das Gut beim nächsten Erbgang oder

---

[1]) Einige Worte zum Antrag Kanitz. Jahrbuch für Gesetzgebung rc. 1895. S. [625].

[2]) Archiv des Deutschen Landwirtschaftsrats. 1896. S. 227.

Verkauf wieder von neuem mit Besitzschulden überbelastet werde: Verschuldungsgrenze, nur überschreitbar für öffentliche Meliorationsdarlehen; Intestatanerbenrecht, wo es der Volkssitte nicht widerspricht.

1897. Deutscher Landwirtschaftsrat: Eine allgemeine Erweiterung der Beleihungsgrenze bei Landschaften und ähnlichen öffentlichen Kreditinstituten ist prinzipiell nicht zu befürworten. Ablösung der Nachhypotheken durch staatliche Beihilfe und unter Mithilfe der Landschaften. Bedingung hierfür ist Verschuldungsgrenze. Obligatorische Einführung der Verschuldungsgrenze ist unausführbar.

1899. Zentralstelle der preußischen Landwirtschaftskammern: Ablösung der Nachhypotheken bis 5/6 resp. 6/6 der Taxe durch die Landschaften. Sicherstellung der Nachhypotheken durch Verwendung des Amortisationsfonds der gesamten Schuld für die Nachhypotheken, durch staatliche Beihilfe, durch Solidarhaft des in der Landwirtschaftskammer zusammengeschlossenen Grundbesitzes. Bedingung: Verschuldungsgrenze, ererbter mehrjähriger Besitz, ständige Kontrolle der Landschaften.

1901. Deutscher Landwirtschaftsrat: Die richtige Grundlage ländlichen Realkredits ist die unkündbare Tilgungshypothek. Neben derselben und ohne Beeinträchtigung derselben ist in sehr vielen Fällen die Lebensversicherung in der Form der abgekürzten etwa auf das 65. Jahr abgeschlossenen Versicherung oder der Hypothekentilgungsversicherung nach Hecht geeignet, die Schuldentilgung wirksam zu fördern.

1900. von Grabmayr; für Tirol: Hypothekenmonopol für eine Landeshypothekenanstalt, Verschuldungsgrenze bei 2/3 des Gutswertes. Haftung des Hofes auch jenseits der Beleihungsgrenze für Personalschulden. Für Meliorations- und Notkredite Ausnahme. Das neue Kreditrecht gilt für alle geschlossenen Höfe und ist für neue Beleihungen und beim Besitzwechsel obligatorisch, im übrigen fakultativ. Befriedigung des Personalkredits durch Raiffeisenkassen. Abfindung der Miterben nach dem Ertragswerte unter Vermittelung der Landeshypothekenanstalt, bei Überverschuldung Zwangsverkauf des Hofes; der Hof darf beim Besitzwechsel durch Kauf oder Vererbung nur bis zur Beleihungsgrenze der Hypothekenanstalt belastet werden.

1901 und 1903. von Hattingberg für Österreich: I. Hypothekarkredit. Verdrängung des unorganisierten Individualkredits durch den organisierten Hypothekarkredit öffentlicher Anstalten, durch sie Befriedigung des legitimen Kredits, um die Nachhypothek zu vermeiden, Armortisationszwang, Verwirklichung der unkündbaren Rentenschuld durch die Pfandbriefhypothek auch bei Sparkassen und Waisenkassen, staatliche Anerkennung der gemeinwirtschaftlichen Landeskreditstellen, Scheidung von Besitz- und Betriebskredit, in der richtigen Einschuldung liegt der Beginn zur Entschuldung;

jeder Darlehnszweck hat seine Kreditform. Der verhältnismäßig billigere Zinssatz des Realkredits gegenüber dem des Personalkredits hat die fortschreitende Hypothekverschuldung verschafft; der Landwirt flüchtet auf die faule Brücke der Hypothek und unterläßt, selbst wenn sie nur laufenden Betriebskredit darstellt, die Abzahlung. II. Personalkredit. Bereitstellung von Betriebsreserven für die Raiffeisenkassen, Zugeständnis der Pupillarsicherheit für die Einzahlungen der Raiffeisenkassen, Freimachung der Einlagen für den Personalkredit durch Verbindung der Kreditgenossenschaften mit dem offenen Geldmarkt im Wege der Wechselescomptes und der Investitionskredite, fester Zusammenschluß der genossenschaftlichen Kreditorganisation mit der Landeskreditstelle für Hypothekarkredit, um dem Darlehnszwecke gerecht zu werden, kurzfristige Geschäftsdarlehne in Form der Kassenkontokorrente; gemeinwirtschaftliche Geldpolitik mit Rücksicht auf die Verwendung der ländlichen Spargelder im Sparbezirke. Ohne intensive Pflege des gemeinwirtschaftlichen Personalkredits gibt es keine Entschuldung der Landwirte. Die Kurzfristigkeit seiner Darlehne muß den Tilgungsgang der Hypotheken ergänzen. Die Personalkreditstellen selbst müssen verhindern, daß Betriebsschulden in Hypotheken sich verwandeln. Erst wenn diese neue Organisation sich eingelebt hat, ist darüber zu entscheiden, ob durch Monopolisierung des Pfandbriefdarlehns für den landwirtschaftlichen Grundbesitz den willensschwachen bäuerlichen Elementen der feste Halt des Zwangs geboten werden soll.

Schon diese skizzenhafte Übersicht zeigt, in wie hohem Grade die Lösung des vorliegenden Problems sich von Jahrzehnt zu Jahrzehnt und von Jahr zu Jahr abgeklärt hat. Um zu einem Endurteil in dieser Frage zu gelangen, wird es nötig sein, das Feld noch einmal genau abzustecken.

Die meisten Vorschläge einer gesetzlichen Verschuldungsgrenze werden damit begründet, daß die Freiheit der Kapitalverschuldung bei dem landwirtschaftlichen Grundbesitz notwendig zu einer Überverschuldung, d. h. zu einer Verschuldung bis über die pupillarische Grenze, ja bis zum vollen Werte des Grund und Bodens führen muß, und daß deshalb mit Hilfe der Verschuldungsgrenze Grundbesitz und Arbeit vor dem Kapital gesichert oder ein unverpfändbares Existenzminimum geschaffen werden müßte. Die Notwendigkeit der Überverschuldung wird aus der hypothekarischen Belastung beim Besitzwechsel hergeleitet. Beim Besitzwechsel durch Kauf zahlt der Käufer nur $1/3$—$1/5$ des Kaufpreises in barem Geld, während $2/3$—$4/5$ des Kaufpreises hypothekarisch eingetragen bleibt. Bei der ungeteilten Vererbung belastet der Übernehmer des Gutes den Besitz so hoch mit Abfindungsgeldern und Altenteilsforderungen, daß das Gut in absehbarer Zeit bis zur vollen Höhe des Wertes belastet ist und zwar umso schneller, je mehr die Abfindung nach, dem Verkaufswert und nicht nach dem Ertragswert des Gutes stattfindet und je weniger dem Anerben besondere Vorteile eingeräumt werden. Bei der Realteilung übernimmt einer der Erben die Gebäude zum hohen hypothekarisch eingetragenen Preise und die Erben kaufen, da die Parzellen vielfach zur Existenz nicht ausreichten, neue Parzellen hinzu, deren in der Regel hohe Kaufpreise hypothekarisch eingetragen werden. Da hiernach also der größte Teil der Hypothekenschulden Besitzkredit bildet, der den Besitz nicht produktiv sondern konsumtiv belastet, ist die gesetzliche Verschuldungsgrenze das einzige Mittel, den Besitz der Familie zu erhalten, die Selbständigkeit der landwirtschaftlichen Bevölkerung zu wahren, und das Herabsinken derselben ins Proletariat oder in einen armseligen Pächterstand zu verhindern.

Wir fragen demnach, ist die Prämisse richtig? Wir haben oben gesehen, daß zwar die Hypothekenschulden zum Teil aus dem Besitzwechsel hervorgegangen sind, daß dieser aber nicht als die tiefere Ursache der Verschuldung angesehen werden kann, daß die Schulden vielmehr zum erheblichen Teil anderen Ursachen, Meliorationen, ungünstigen Konjunkturen, schlechten Ernten usw. zuzuschreiben sind, und wir haben weiter nachgewiesen, daß auch heute noch trotz des Besitzwechsels und trotz der vielfach noch mangelhaften Organisation des Real- und Personalkredits ein großer Teil der Besitzungen frei von Grundbuchschulden ist. Jedenfalls ist der exakte Beweis in keiner Weise erbracht worden, daß der Besitzwechsel und der Besitzkredit bisher zu einer allgemeinen Überverschuldung des bäuerlichen Besitzes geführt haben oder künftig führen werden. In der vorliegenden Frage sind Groß-, Mittel- und Kleinbesitz streng auseinanderzuhalten. Beim Groß- und Kleinbesitz überwiegt der Besitzwechsel durch Kauf, beim Mittel- und dem bäuerlichen Besitz der Besitzwechsel durch Erbgang.

Dem Großgrundbesitz steht in der Mehrzahl der deutschen Staaten das Institut der Fideikommisse zur Verfügung, um den „Segnungen" der Verschuldungsgrenze teilhaftig zu werden und den Besitz der Familie zu erhalten. Würde man für den Großgrundbesitz eine Verschuldungsgrenze einführen, so würde die Mehrzahl aller im freien Verkehr befindlichen Güter im Osten sofort dem Konkurse überliefert werden. Würde man die Verschuldungsgrenze erst beim nächsten Besitzwechsel obligatorisch machen, so würde der Großgrundbesitz wohl noch mehr als bisher in die Hände von Kapitalisten übergehen und eine Konzentration des Großgrundbesitzes stattfinden. Würde man mit der Einführung der Verschuldungsgrenze gleichzeitig eine Regelung des Erbrechtes im Sinne der Fideikommisse treffen, so würde dies eine Zunahme des festen Großgrundbesitzes zur Folge haben, die im allgemeinen Interesse nicht gerechtfertigt sein würde.

Eine obligatorische Verschuldungsgrenze beim Kleinbesitz würde eine große Zahl strebsamer Menschen aus der gewerblichen und Arbeiterbevölkerung vom Erwerbe eines Stück Landes ausschließen und wahrscheinlich zur Umwandlung des Kleinbesitzes in Großgrundbesitz durch Kapitalisten beitragen, was sozialpolitisch nicht gebilligt werden kann. Es bliebe also nur noch die Verschuldungsgrenze für den bäuerlichen Besitz übrig, dem sie die Erhaltung in der Familie ermöglichen soll. Die Verschuldungsgrenze würde demnach besonders für den bäuerlichen Besitzwechsel durch Vererbung und damit nur noch als Bestandteil des Erbrechtes in Betracht kommen. Es erscheint indes fraglich, ob in einem sogenannten Intestatanerbengesetz neben dem Voraus des Anerben und der Abfindung der Miterben nach dem Ertragswert und durch Renten noch die Bestimmung einer Verschuldungsgrenze erforderlich ist. Der zwingende Beweis dafür ist bisher nicht erbracht worden.[1])

Es kann sich deshalb für uns nur um die Frage handeln, ob die Verschuldungsgrenze durch die für den Grundbesitz eigentümliche und zweckmäßigste Organisation des Real- und Personalkredits begründet werden kann. Wenn in dieser Hinsicht allgemein zugegeben wird, daß für den ländlichen Realkredit die unkündbare Tilgungshypothek die beste Form der Kapitalverschuldung bildet, so ist damit theoretisch auch die Frage der Verschuldungsgrenze beantwortet. Die Durchführung dieses Grundsatzes würde die Verpfandbriefung des gesamten ländlichen Realkredits zur Folge haben und die Beleihungsgrenze der Pfandbriefinstitute würde dann die viel umstrittene Verschuldungsgrenze bilden. Die Beleihungsgrenze beträgt zur Zeit in der Regel $^2/_3$ des Taxwertes, schließt also die unsicheren Hypotheken, die sogenannten Nachhypotheken aus. Die konsequente Durchführung des obigen Grundsatzes würde also zur Folge haben, daß das letzte Drittel des Taxwertes überhaupt nicht hypothekarisch belastet werden darf und hier erhebt sich nun der Ansturm aus der Praxis, und drohend steht vor uns die „Gewissensfrage" des ganzen Problems: wie soll es mit der Vollstreckung und Haftung von Forderungen aus dem Personalkredit gehalten werden, soll auch hier das letzte Drittel ein noli me tangere bleiben, würde in solchem Falle nicht der für die Existenz des Landwirtes noch wichtigere Personalkredit geschmälert werden? Zweifellos, und Schäffle und Buchen-

[1]) In Mecklenburg-Schwerin dürfen nach der V.-O. vom 24. Mai 1898 die neu errichteten Besitzstellen nur bis zur Hälfte des Wertes frei verschuldet und darüber hinaus bis zu $^3/_4$ des Wertes nur mit Zustimmung der Ansiedlungskommission in Unglücksfällen oder zu Meliorationszwecken unter der Bedingung der regelmäßigen Tilgung verschuldet werden. Auch für die Erbpachtstellen der mecklenburgischen Klöster wird nach der V.-O. vom 24. Januar 1902 in jedem Erbvertrage die Maximalhöhe der freien Verschuldung festgesetzt. Die richterliche Praxis in Mecklenburg scheint indes dahin zu neigen, solche Beschränkungen für völlig verfehlt zu halten, da sie häufig eine Überlastung des Besitzers mit Personalschulden zur Folge hätten.

berger sind deshalb dafür eingetreten, daß wie der Realkredit nur durch Pfandbriefanstalten, so der Personalkredit nur durch Kreditgenossenschaften befriedigt werden und der verbleibende Rest des Grundwertes nur für Forderungen der Kreditgenossenschaften haften soll. So wäre der Ring geschlossen.

Aber wir Menschen leben nicht in einem Staate, in welchem so ideale Gebilde durch einen Gesetzesparagraphen realisiert werden könnten. „Leicht bei einander wohnen die Gedanken, doch hart im Raume stoßen sich die Sachen." Die Durchführung des obigen Grundsatzes würde zunächst die Umwandlung aller Privathypotheken in unkündbare Tilgungshypotheken der Kreditinstitute bis zur Beleihungsgrenze derselben bedeuten. Man hat nun gesagt, ein so schroffer Wechsel wäre vom sozialpolitischen Standpunkt aus bedenklich, da die Gläubiger der Privathypotheken zum großen Teil aus Verwandten der Schuldner und aus Berufsangehörigen derselben bestehen, und in denselben Orten oder denselben Bezirken wohnen.[1]) Hier komme einmal das „Heimatgefühl" des Kapitals und dann das gemeinsame Interesse der Gläubiger und Schuldner zum Ausdruck. Alles dies gehe durch die Pfandbriefe, ja auch durch die Kreditgenossenschaften, verloren, die zwischen den Schuldner und Gläubiger treten.

Sehr schön kommt dieser Gedanke auch in der preußischen Erhebung von 1888/89 zum Ausdruck, wo es von der Gemeinde Gruol im Oberamt Haigerloch in Hohenzollern heißt: „Früher, noch vor 20 Jahren, war es der Fall, daß der Landwirt das benötigte Geld einfach auf Handschrift und auf beliebige Zeit gegen 5 Prozent Verzinsung beim Freund und Nachbar entlehnen konnte, Schuldner und Gläubiger rechneten es sich zur Ehre an, einander gegenseitig auszuhelfen. Jetzt ists anders. Zwischen Gläubiger und Schuldner sind die Darlehnskassen getreten, die 5 Prozent nebst Provision nehmen und 4 Prozent geben. So ist gegen früher ein Nachteil für beide Teile herbeigeführt worden. Jetzt ists leicht, Schulden zu machen, jedoch schwer, dieselben wieder zu decken. Früher mußte vorher Not an den Mann treten, ehe zum Geldentlehnen geschritten wurde, wodurch die Schulden verhütet wurden, jetzt sind es oft unbedeutende Veranlassungen zur Inanspruchnahme der Kassen." Mag nun auch ein so elegischer Ausruf gerade für die Kreditgenossenschaften im allgemeinen nicht berechtigt sein, da erst durch sie ein großer Teil der bäuerlichen Wirte aus dem Wucherkredit befreit ist, so gibt er doch eine Stimmung der Volksseele wieder, die man nicht ganz unbeachtet lassen darf. Gemeinden mit so idealen Verhältnissen sind inzwischen seltener geworden, die Mehrzahl

[1]) Vergl. die vorzügliche Monographie über die landwirtschaftliche Verschuldung von Klein, in Zeitschrift für Volkswirtschaft, Sozialpolitik und Verwaltung, 13. Bd.

haben sie auch wohl niemals gebildet, und eine mehr nüchterne und kühlere Auffassung des Lebens in unserer Zeit wird in dieser Frage vielleicht zu dem Ergebnis kommen, daß die verwandtschaftlichen und sonstigen Beziehungen der Menschen sich um so besser gestalten, je weniger diese Beziehungen mit Geldangelegenheiten belastet sind. Aber noch ein anderer Gesichtspunkt kommt für die Vermeidung einer schroffen Abstoßung der Privathypotheken in Betracht, daß diese Anlage in den soliden Mittelschichten unserer Bevölkerung beliebt ist, weil sie nicht wie die Pfandbriefe jeden Augenblick verkäuflich sind, sondern erst nach in der Regel halbjährlicher Kündigung flüssig gemacht werden können.

Die Privathypothek hat in dieser Beziehung eine ähnliche Wirkung auf den Einzelnen wie die Kapitalversicherung, sie zwingt ihn mehr zur Vorsicht in seinem Privatetat wie der Pfandbrief. Den wichtigsten Punkt in der Umwandlung der Privathypotheken in Anstaltshypotheken bildet aber wohl die Gefahr, daß bei einer plötzlichen Umwandlung das Privatkapital noch mehr als bisher sich den Industriepapieren zuwenden wird, denn die Hoffnung, die Privatgläubiger würden an Stelle der Hypotheken die gleiche Summe in Pfandbriefen nehmen, wird sich wohl zum großen Teil nicht erfüllen, da der Pfandbrief vielfach eine geringere Verzinsung hat als die Privathypothek.

Aber nicht nur die Rücksicht auf die Inhaber der Privathypotheken warnt uns vor einem gesetzlichen Eingriffe in die natürliche Entwicklung, zumal diese, wie wir gesehen haben, ohnehin zum Anstaltskredit drängt, sondern ganz besonders die heutige Organisation des Personalkredits.

Überblickt man die geschichtliche Entwicklung der deutschen Landwirtschaft im letzten Jahrhundert, so erkennt man als den einschneidendsten Punkt die Befreiung des Bauernstandes aus der früheren Gebundenheit in der Vererbung und in der Verschuldbarkeit. Der Freiheit der Vererbung hat er in der überlieferten Sitte bis auf den heutigen Tag Widerstand geleistet, während er der Freiheit der Verschuldung zum Teil erlegen ist, soweit ihn nicht sein angeborenes Mißtrauen aus der Umarmung des Kapitals gerettet hat. Man kann es sich heute kaum vorstellen, wie es möglich war, daß man den Bauernstand dem Privatkapital schrankenlos, ohne jegliche Organisation des Real- und Personalkredits, überliefert hat, zumal in Preußen, wo man für den Großgrundbesitz in den Landschaften eine großartige Organisation des Realkredits schon vor der Bauernbefreiung geschaffen hatte. Hierin liegt wohl die größte Unterlassungssünde der deutschen Agrarpolitik im 19. Jahrhundert. Nichts kann deutlicher die Wichtigkeit des Personalkredits zeigen als der Umstand, daß für den bäuerlichen Besitz nicht zuerst der Realkredit sondern der Personalkredit in der Genossenschaftsform organisiert worden ist, also umgekehrt wie bei dem Großgrundbesitz. Während dieser den Grundstock seiner Hypotheken durch die Landschaften unkündbar mit um 1—2 Prozent niedrigerem Zinsfuß als der bäuerliche Besitz anlegen konnte, blieb er zu seinem eigenen Verhängnis für den Personalkredit auf die morsche Brücke der Nachhypotheken beim Privatkapital angewiesen, und erst in neuester Zeit haben die Landschaften durch Errichtung von Darlehnskassen den Anfang einer Organisation des Personalkredits auch für den Großgrundbesitz gemacht, während umgekehrt für den bäuerlichen Besitz erst in neuester Zeit die Organisation des Realkredits nach dem Vorbilde der Landschaften angebahnt wird. Für den bäuerlichen Besitz hat die Entwicklung leider die Folge gehabt, daß die Organisationen beider Kreditarten, des Real- und Personalkredits, nicht organisch mit einander verbunden sind, sondern zum größten Teil fremd neben einander hergehen. Hier liegt noch eine gewaltige Aufgabe für die nächste Zukunft vor: es ist das Nähertreten und das gegenseitige Unterstützen der gemeinwirtschaftlichen Kreditinstitute und Sparkassen einerseits und der großen genossenschaftlichen Verbände, ihrer Verbandskassen und der preußischen Zentralgenossenschaft andererseits.[1]) Die Anfänge hierzu sind hier und da gemacht, es handelt sich darum, diesem Ziel mit allen Kräften zuzustreben. Damit würde auch die Verpfandbriefung des bäuerlichen Hypothekarkredits ohne gesetzliche Eingriffe noch schneller als bisher vor sich gehen.

Zugleich müßten in den Staaten, die noch keine genossenschaftlichen Kreditinstitute haben, solche errichtet und die Sparkassen veranlaßt werden, ihren ländlichen Hypothekarkredit in ähnlicher Form wie die Pfandbriefinstitute zu gewähren oder einen Teil ihres Vermögens in Pfandbriefen anzulegen. Jedenfalls wird es eine überaus wichtige Aufgabe sein, die in den Sparkassen und in den großen privaten und staatlichen Versicherungsanstalten zusammenfließenden Milliarden des produktiven Mittelstandes dem Mittelstande in Stadt und Land zu erhalten und sie nicht oder doch nicht zum größeren Teil in die spekulativen Kanäle des Großkapitals abfließen zu lassen.

Um aber diesem zu erstrebenden Ziel eine gewisse Direktion zu geben und die ganze Aktion nicht allein dem Zufall zu überlassen, wird es sich vielleicht empfehlen, abgesehen von Maßnahmen und Unterstützungen der Behörden und Verwaltungen, als äußerst zulässigen Gesetzeszwang in dieser Lebensfrage des ländlichen Grundbesitzes, durch die Landesgesetzgebung der

---

[1]) Vergl. Heiligenstadt, Die preußische Zentralgenossenschaftskasse. 1897. S. 42 ff. Havenstein, Beiträge zum landwirtschaftlichen Schul- und Genossenschaftswesen. 1904. S. 230 ff.

Bundesstaaten anzuordnen, daß von einem bestimmten Zeitpunkt an bei jedem Besitzwechsel selbständiger land- und forstwirtschaftlicher Besitzungen, sei es durch Kauf, Erbgang, Zwangsversteigerung usw., eine Hypothekenreinigung in der Weise vorzunehmen ist, daß alle sicheren Privathypotheken in unkündbare Tilgungshypotheken eines Kreditinstitutes umgewandelt werden, wobei dem neuen Eigentümer die Wahl des Kreditinstitutes überlassen bleibt und nur für den Fall, daß keine Sparbank oder Hypothekenbank die Hypotheken übernimmt, oder daß der neue Eigentümer die Regelung ganz dem Grundbuchamt überläßt, würde das gemeinwirtschaftliche Kreditinstitut, Landschaft usw. die Beleihungspflicht bis zu ihrer Beleihungsgrenze nach der von ihr getroffenen Taxation übernehmen. Hier wird zwar in Frage kommen, ob dabei nicht dem gemeinwirtschaftlichen Institute die schlechten Risiken zufallen, während die Sparkassen und Hypothekenbanken sich die besseren aussuchen. In der Regel wird indes der neue Eigentümer dasjenige Institut wählen, welches ihm den billigsten Zinsfuß gibt und das ist das gemeinwirtschaftliche Institut. Die Beleihungsgrenze muß natürlich nach einer Taxation für alle Kreditinstitute dieselbe sein. Es bleibt kein anderer Weg übrig, falls man sich nicht zur Monopolisierung des gesamten Hypothekarkredits für ein bestimmtes Kreditinstitut innerhalb einer Provinz oder eines Bezirks entschließen will. Dieses Monopol verschiedenartig organisierten Kreditinstituten wie Sparkassen und Hypothekenbanken zu gewähren, wird kaum durchführbar sein.

Sind noch Nachhypotheken vorhanden, so bleiben sie wo sie sind, doch dürfen weitere Nachhypotheken nicht mehr aufgenommen werden. Die Abstoßung der Nachhypotheken wird voraussichtlich beim nächsten Besitzwechsel erfolgen, oder schon früher geschehen sein. Sind keine Nachhypotheken vorhanden, so darf der Besitz nur bis zur Beleihungsgrenze hypothekarisch beliehen werden, der übrig bleibende Wert haftet jedoch ebenso wie der vorhergehende für alle Forderungen aus dem Personalkredit und für sonstige Forderungen.

Schon bei dieser mehr moralischen Einschränkung des privaten Realkredits wird es den Kreditanstalten möglich sein, den Anstaltskredit bedingungsweise bis zu 80 Prozent des Taxwertes auszudehnen, ohne den Kurs der Pfandbriefe zu gefährden, zumal die Nachhypotheken mit einer größeren Amortisation, etwa zu 2 Prozent, zu tilgen wären, sodaß die Rente etwa 5½ Prozent sein würde, ein Zinsfuß, der auch heute noch für solche Nachhypotheken ohne Tilgung an das Privatkapital bezahlt wird.

Die öffentlichen Kreditinstitute wären also verpflichtet, bis zu zwei Drittel des Taxwertes Darlehen zu gewähren; darüber hinaus bis zu 80 Prozent des Taxwertes dürften Darlehen nur nach Prüfung des Verwendungszweckes und der persönlichen Verhältnisse und nur gegen eine jährliche Tilgung von mindestens 2 Prozent, aber zu demselben niedrigen Zinsfuße wie die Schuld innerhalb der ersten Beleihungsgrenze gegeben werden. Das letzte Fünftel darf mit Rücksicht auf die Wertschwankungen des Grundbesitzes und den davon berührten Kurs der Pfandbriefe nicht beliehen werden. Auch die staatliche oder provinzielle Garantie für die Sicherheit dieser Darlehen kann ohne Bedenken befürwortet werden.

Mit dieser Ausdehnung des Anstaltskredits wäre zugleich auch das Problem der Ablösung der noch „lebensfähigen" Nachhypotheken gelöst. „Die wertlosen Teile der Nachhypotheken muß man eben ihrem Schicksale überlassen." [1])

Die Zwangskonversion der Privathypotheken tritt also nur beim Besitzwechsel ein, die übrigen Güter können inzwischen bis zum Besitzwechsel den Realkredit wie bisher nehmen, wo sie ihn erhalten können, meistens werden sie ihn ohnehin bei den Kreditanstalten suchen.

Auf diese einfache Weise würde ganz unmerkbar innerhalb 30—40 Jahren der gesamte Realkredit verpfandbrieft sein und bis dahin wird auch der Personalkredit in der Genossenschaft so weit ausgedehnt sein und die enge Verbindung mit den Realkreditinstituten gefunden haben, daß ein gesetzlicher Zwang auch für den Personalkredit nicht mehr als eine Last, sondern als die Sanktionierung einer herrschenden Sitte empfunden wird.

Sollte auch diese Maßnahme noch zu weit gehen, so wäre schon viel gewonnen, wenn beim Besitzwechsel die Hypotheken innerhalb der Beleihungsgrenze verpfandbrieft würden und der übrig bleibende Gutswert den Privathypotheken nach wie vor frei gegeben würde. Damit würde gesetzlich anerkannt, daß der Grundstock der Hypotheken dem Anstaltskredit vorbehalten sein soll. Dies wäre die vorbereitende Aktion für die spätere Verschuldungsgrenze.

Man mag in einem solchen Vorschlag gegenüber den weitgehenden Plänen in dieser Frage eine Resignation erblicken und ihn mit dem Himbeerwasser vergleichen. Doch wird es immer noch besser sein, der Landwirtschaft ein solches immerhin erfrischendes Getränk vorzusetzen, nach dessen Genuß sie gestärkt weiter pilgern kann, als ein starkes Getränk, von dem man selbst nicht weiß, wie es wirkt, und das sich leicht als Opium erweisen könnte. Wer mitten im Leben steht, wird bald erkennen, daß wie im Einzelleben so auch im Volksleben nicht alle Blütenträume reifen. Im allgemeinen wird man schon zufrieden sein müssen, wenn man die sozialen und wirtschaftlichen Hühneraugen hin und wieder so beschneiden kann, daß die Menschen eine Zeitlang froh weiter laufen, bis sie den Druck von neuem spüren. Übrigens

---

[1]) Graf v. Stosch in der Agrarkonferenz von 1894. S. 158.

hat noch niemand die Frage beantworten können, ob wenn alle wirtschaftlichen und sozialen Vorschläge ausführbar wären, die Welt wirklich viel anders oder glücklicher aussehen würde als heute, da die individuellen Schwächen, Gebrechen und Verschiedenheiten der Menschen durch alle Zeiten bestehen bleiben. Wie groß würde z. B. der Prozentsatz der schuldenfreien und der bis zur gesetzlichen Beleihungsgrenze verschuldeten Besitzungen sein, wenn die weitgehenden Vorschläge zur Verschuldungsgrenze durchgeführt würden? Der Unterschied gegen heute wäre vielleicht, daß dann die schwächeren Elemente, die man doch auch erhalten will, noch schneller untergehen und die stärkeren und tüchtigen Landwirte in ihrem Vorwärtskommen gehindert würden.

Die deutsche Landwirtschaft ist in der jetzigen Epoche so kapitalhungrig wie noch nie. Da eine ungünstige Konjunktur ihr nur eine mäßige Rente aus der eigenen Produktion gewährt, ist sie für größere Aufwendungen, besonders auch für die Erhaltung des Besitzes in der Familie, die doch im Interesse des Staates liegt, und um die Anziehungskraft ihres Gewerbes in ihrer eigenen Mitte und für weitere Kreise der Bevölkerung nicht noch mehr als bisher sinken zu lassen, auf den Kredit mehr als je angewiesen. Es handelt sich in der vorliegenden Frage nicht um einen Kampf gegen das Kapital, sondern um eine Organisation des Kapitals zum Zwecke des landwirtschaftlichen Real- und Personalkredits. Mit der zweckmäßigen Organisation dieses Kredits ist auch die Frage der Verschuldungsgrenze gelöst, soweit eine solche bei der heutigen Rechtsordnung, die den Grund und Boden im allgemeinen dem Privateigentum zuweist, in Betracht kommt.

Nachtrag: Zu dem Abschnitt über die Höhe der hypothekarischen Verschuldung ist noch nachzutragen, daß für das Fürstentum Lippe die hypothekarische Verschuldung des ländlichen Grundbesitzes unter Ausschluß der Kolonate von weniger als 3 ha Größe seit 1844 alle 3 Jahre nachgewiesen wird[1]). Für die letzten 9 Jahre erhalten wir folgendes Ergebnis:

Die Hypotheken und Grundschulden betrugen
Mark pro ha bei den verschuldeten Besitzungen von

	3—10 ha	10—20 ha	20—40 ha	40 u. mehr ha	zusammen
1894	624	398	306	378	395
1903	746	675	384	477	512
Zunahme	20 %	70 %	25 %	26 %	30 %

[1]) Amtsblatt für das Fürstentum Lippe.

I. Die hypothekarische Verschuldung des ländlichen Grundbesitzes in 56 preußischen Amtsgerichtsbezirken. 1896.

Nach dem Vielfachen des Grundsteuerreinertrages.

Gr. = Grundsteuerreinertrag.

Provinzen	Zahl der Amtsgerichtsbezirke	Besitzungen von 1500 Mk. und mehr Gr.						Besitzungen von 300—1500 Mk. Gr.						Besitzungen von 90—300 Mk. Gr.					
		Zahl derselben	davon waren				Durchschn. Versch. nach dem ...fach. des Gr.	Zahl derselben	davon waren				Durchschn. Versch. nach dem ...fach. des Gr.	Zahl derselben	davon waren				Durchschn. Versch. nach dem ...fach. des Gr.
			frei von Grundbuchschulden	bis zum 20fachen Gr. verschuldet	bis z. 20—40fachen Gr. verschuldet	bis z. 40 u. mehrf. Gr. verschuldet			frei von Grundbuchschulden	bis zum 20fachen Gr. verschuldet	bis z. 20—40fachen Gr. verschuldet	bis z. 40 u. mehrf. Gr. verschuldet			frei von Grundbuchschulden	bis zum 20fachen Gr. verschuldet	bis z. 20—40fachen Gr. verschuldet	bis z. 40 u. mehrf. Gr. verschuldet	
Ostpreußen . .	4	153	6	10	48	89	45,76	1264	174	296	456	338	31,76	1508	264	377	474	393	38,54
Westpreußen . .	4	460	26	93	243	98	30,01	829	190	129	291	219	28,98	859	249	115	204	291	35,48
Brandenburg . .	4	122	7	23	31	61	38,76	838	228	286	226	98	19,48	1060	291	257	225	287	27,43
Pommern . . .	6	287	11	49	124	103	32,58	918	180	274	278	186	23,63	1182	299	236	246	401	32,35
Posen	4	159	2	5	32	120	52,48	395	49	87	148	111	36,00	1580	216	498	539	327	25,63
Schlesien . . .	6	254	22	79	78	75	30,18	724	89	197	249	189	29,20	2095	288	474	583	750	34,16
Sachsen . . .	6	105	27	42	22	14	17,76	945	387	307	148	103	13,86	2026	811	544	346	325	10,98
Schlesw.-Holstein	2	184	35	88	55	6	16,11	821	259	255	245	62	16,21	810	310	147	184	169	22,35
Hannover . . .	7	363	146	125	76	16	11,21	1932	839	491	354	248	15,86	3093	1491	507	499	596	20,35
Westfalen . . .	2	47	11	20	13	3	16,78	205	59	74	50	22	17,39	660	222	114	138	186	27,76
Hessen-Nassau .	6	11	1	3	2	5	34,58	349	109	144	71	25	14,84	935	283	296	182	174	21,49
Rheinland . . .	5	144	85	32	18	9	8,39	838	493	161	109	75	11,94	2039	1238	351	205	245	14,42
Staat	56	2289	379	569	742	599	29,42	10058	3056	2701	2625	1676	21,29	17847	5962	3916	3825	4144	25,76

II. Das prozentuale Verhältnis der schuldenfreien und der nach dem Grundsteuerreinertrage gering und hoch verschuldeten Besitzungen in 56 preußischen Amtsgerichtsbezirken. 1896.

Gr. = Grundsteuerreinertrag. Die Prozentzahlen für den Staat sind nach Tabelle III berechnet.

Provinzen	Von je 100 Besitzungen mit 1500 Mk. und mehr Gr. waren				Von je 100 Besitzungen mit 300—1500 Mk. Gr. waren				Von je 100 Besitzungen mit 90—300 Mk. Gr. waren			
	frei von Grundbuchschulden	bis zum 20 fachen Gr. verschuldet	vom 20—40 fachen Gr. verschuldet	bis 40 und mehrfachen Gr. verschuldet	frei von Grundbuchschulden	bis zum 20 fachen Gr. verschuldet	vom 20—40 fachen Gr. verschuldet	bis 40 und mehrfachen Gr. verschuldet	frei von Grundbuchschulden	bis zum 20 fachen Gr. verschuldet	vom 20—40 fachen Gr. verschuldet	bis 40 und mehrfachen Gr. verschuldet
Ostpreußen	3,92	6,54	31,37	58,17	13,76	23,42	36,08	26,74	17,51	25,00	31,43	26,06
Westpreußen	5,65	20,22	52,83	21,30	22,92	15,56	35,10	26,42	28,99	13,39	23,75	33,87
Brandenburg	5,74	18,85	25,41	50,00	27,21	34,13	26,97	11,69	27,45	24,25	21,22	27,08
Pommern	3,83	17,09	43,20	35,88	19,61	29,85	30,28	20,26	25,29	19,97	20,81	33,93
Posen	1,26	3,14	20,13	75,47	12,41	22,02	37,47	28,10	13,67	31,52	34,11	20,70
Schlesien	8,66	31,10	30,71	29,53	12,29	27,21	34,39	26,11	13,74	22,63	27,83	35,80
Sachsen	25,71	40,00	20,95	13,34	40,95	32,49	15,67	10,89	40,03	26,85	17,07	16,05
Schleswig-Holstein	19,02	47,82	29,90	3,26	31,55	31,06	29,84	7,55	38,27	18,14	22,72	20,87
Hannover	40,22	34,43	20,94	4,41	43,43	25,42	18,32	12,83	48,21	16,39	16,13	19,27
Westfalen	23,41	42,55	27,66	6,38	28,78	36,10	24,39	10,73	33.63	17,28	20,91	28,18
Hessen-Nassau	9,09	27,27	18,18	45,46	31,23	41,25	20,35	7,17	30,26	31,67	19,46	18,61
Rheinland	59,03	22,22	12,50	6,25	58,83	19,21	13,01	8,95	60,71	17,23	10,05	12,01
Staat	19,37	28,95	27,89	23,79	31,62	28,56	24,93	14,89	33,00	22,02	21,46	23,52

III. Zahl der schuldenfreien sowie der im Verhältnis zum Grundsteuerreinertrag gering und hoch verschuldeten Besitzungen in Preußen. 1896.

Schätzung auf Grund der Hypothekarverschuldung in 56 Amtsgerichtsbezirken.

Gr. = Grundsteuerreinertrag.

Provinzen	Selbständige Besitzungen von 1500 M. u. mehr Gr. ausschl. der Fideikommisse, Zahl	davon waren frei von Grundbuchschulden	bis zum 20 fach. Gr. verschuldet	vom 20 bis 40 f. Gr. verschuldet	bis 40 u. mehrf. Gr. verschuldet	Selbständige Besitzungen von 300—1500 M. Gr., Zahl	davon waren frei von Grundbuchschulden	bis zum 20 fach. Gr. verschuldet	vom 20 bis 40 f. Gr. verschuldet	bis 40 u. mehrf. Gr. verschuldet	Selbständige Besitzungen unter 300 M. Gr., Zahl	davon waren freie Grundbuchschulden	bis zum 20 fach. Gr. verschuldet	von 20 bis 40 f. Gr. verschuldet	bis 40 u. mehrf. Gr. verschuldet
Ostpreußen	2 067	81	135	649	1202	12 697	1 747	2 974	4 581	3 395	29 344	5 138	7 336	9 223	7 647
Westpreußen	2 158	122	436	1140	460	6 839	1 568	1 064	2 400	1 807	14 744	4 274	1 974	3 502	4 994
Brandenburg	2 018	116	380	513	1009	16 336	4 445	5 575	4 406	1 910	25 374	6 965	6 153	5 385	6 871
Pommern	2 155	83	368	931	773	6 825	1 338	2 037	2 067	1 383	16 753	4 236	3 346	3 487	5 684
Posen	1 939	25	61	390	1463	5 087	631	1 120	1 906	1 430	24 613	3 365	7 758	8 395	5 095
Schlesien	4 031	349	1254	1238	1190	19 740	2 426	5 371	6 789	5 154	40 426	5 554	9 148	11 251	14 473
Sachsen	3 977	1022	1591	833	531	20 528	8 406	6 670	3 217	2 235	23 762	9 512	6 380	4 056	3 814
Schleswig-Holst.	4 437	844	2122	1327	144	18 236	5 753	5 664	5 442	1 377	12 542	4 799	2 275	2 850	2 618
Hannover	3 602	1449	1240	754	159	29 117	12 645	7 402	5 334	3 736	33 779	16 285	5 536	5 449	6 509
Westfalen	1 612	384	699	454	105	16 439	4 731	5 934	4 010	1 764	22 322	7 507	3 857	4 668	6 290
Hess.-Nassau	308	28	84	56	140	8 382	2 617	3 457	1 707	601	22 725	6 877	7 197	4 422	4 229
Rheinland	2 486	1468	552	311	155	16 016	9 422	3 077	2 084	1 433	48 347	29 352	8 330	4 859	5 806
Staat	30 820	5971	8922	8596	7331	176 242	55 729	50 345	43 943	26 225	314 731	103 864	69 290	67 547	74 030

IV. Die Hypothekar-Verschuldung des ländlichen Grundbesitzes in 55 preußischen Amtsgerichtsbezirken. 1896.

Nach dem Schätzungswerte der Ergänzungssteuer.

Gr. = Grundsteuerreinertrag. Sch. = Schätzungswert.

Provinzen	Besitzgn. von 1500 Mk. u. mehr Gr.	davon waren				Besitzgn. von 300—1500 Mk. Gr.	davon waren				Besitzungen von 90—300 Mk. Gr.	davon waren			
	Zahl	frei von Grundbuchschulden	bis 30 % d. Sch. verschuldet	von 30—60 % d. Sch. verschuldet	bis 60 % und mehr d. Sch. verschuldet	Zahl	frei von Grundbuchschulden	bis 30 % d. Sch. verschuldet	von 30—60 % d. Sch. verschuldet	bis 60 % und mehr d. Sch. verschuldet	Zahl	frei von Grundbuchschulden	bis 30 % d. Sch. verschuldet	von 30—60 % d. Sch. verschuldet	bis 60 % und mehr d. Sch. verschuldet
Ostpreußen	103	8	8	24	63	931	81	268	395	187	1224	148	496	445	135
Westpreußen	281	19	21	84	157	474	72	60	203	139	530	128	132	168	102
Brandenburg	73	4	22	19	28	716	205	330	140	41	853	226	362	192	73
Pommern	197	7	26	41	123	667	127	208	200	132	629	122	171	194	142
Posen	136	1	6	37	92	304	23	85	133	63	1259	146	594	423	96
Schlesien	164	8	29	58	69	581	64	159	220	138	1639	202	529	582	326
Sachsen	72	16	28	19	9	616	229	268	97	22	1057	357	452	188	60
Schleswig-Holstein	110	14	24	45	27	498	122	124	155	97	518	136	141	157	84
Hannover	198	81	34	47	36	1008	414	328	172	94	1471	602	418	288	163
Westfalen	17	3	8	5	1	84	15	40	25	4	417	97	130	129	61
Hessen-Nassau	4	1	—	2	1	136	32	74	27	3	389	95	178	82	34
Rheinland	67	39	10	14	4	419	231	100	63	25	896	518	181	131	66
Staat	1422	201	216	395	610	6434	1615	2044	1830	945	10882	2777	3784	2979	1342

V. Das prozentuale Verhältnis der schuldenfreien und der nach dem Schätzungswerte gering und hoch verschuldeten Besitzungen in 55 preußischen Amtsgerichtsbezirken. 1896.

Gr. = Grundsteuerreinertrag. Sch. = Schätzungswert. Die Prozentzahlen für den Staat sind nach Tabelle VI berechnet.

Provinzen	Von je 100 Besitzungen mit 1500 Mk. und mehr Gr. waren				Von je 100 Besitzungen mit 300 bis 1500 Mk. Gr. waren				Von je 100 Besitzungen mit 90 bis 300 Mk. Gr. waren			
	frei von Grundbuchschulden	bis 30 % des Sch. verschuldet	von 30—60 % des Sch. verschuldet	bis 60 und mehr % des Sch. verschuldet	frei von Grundbuchschulden	bis 30 % des Sch. verschuldet	von 30—60 % des Sch. verschuldet	bis 60 und mehr % des Sch. verschuldet	frei von Grundbuchschulden	bis 30 % des Sch. verschuldet	von 30—60 % des Sch. verschuldet	bis 60 und mehr % des Sch. verschuldet
Ostpreußen	7,77	7,76	23,30	61,17	8,70	28,78	42,43	20,09	12,10	40,52	36,35	11,03
Westpreußen	6,76	7,48	29,89	55,87	15,19	12,66	42,83	29,32	24,15	24,91	31,70	19,24
Brandenburg	5,48	30,13	26,03	38,36	28,63	46,09	19,55	5,73	26,50	42,43	22,51	8,56
Pommern	3,55	13,20	20,81	62,44	19,04	31,18	29,09	19,79	19,39	27,19	30,84	22,58
Posen	0,73	4,41	27,21	67,65	7,57	27,96	43,75	20,72	11,59	47,18	33,60	7,63
Schlesien	4,88	17,67	35,37	42,08	11,02	27,37	37,86	23,75	12,33	32,27	35,51	19,89
Sachsen	22,22	38,89	26,39	12,50	37,17	43,51	15,75	3,57	33,78	42,76	17,78	5,68
Schleswig-Holstein	12,73	21,82	40,91	24,54	24,49	24,91	31,12	19,48	26,25	27,22	30,31	16,22
Hannover	40,91	17,17	23,73	18,19	41,07	32,54	17,06	9,33	40,92	28,42	19,58	11,08
Westfalen	17,65	47,06	29,41	5,88	17,86	47,62	29,76	4,76	23,26	31,18	30,93	14,63
Hessen-Nassau	25,00	—	50,00	25,00	23,53	54,41	19,85	2,21	24,42	45,76	21,08	8,74
Rheinland	58,21	14,93	20,89	5,97	55,13	23,86	15,04	5,97	57,81	20,20	14,62	7,37
Staat	17,66	20,40	28,97	32,97	27,50	34,13	26,16	12,21	28,20	35,59	26,14	12,07

VI. Zahl der schuldenfreien, sowie der im Verhältnis zum Schätzungswert gering und hoch verschuldeten Besitzungen in Preußen. 1896.

Gr. = Grundsteuerreinertrag; Sch. = Schätzungswert.

Schätzung auf Grund der Ermittelung in 55 Amtsgerichtsbezirken.

Provinzen	Selbständ. Besitzungen v. 1500 Mk. u. mehr Gr., ausschl. d. Fideikommisse					Selbständige Besitzungen von 300 bis 1500 Mk. Gr.					Selbständige Besitzungen mit bis 300 Mk. Gr.				
	Zahl	davon waren: frei von Grundbuchschulden	davon waren: bis zu 30 % des Sch. verschuldet	davon waren: von 30—60 % des Sch. verschuldet	davon waren: bis 60 % d. Sch. u. mehr verschuldet	Zahl	davon waren: frei von Grundbuchschulden	davon waren: bis zu 30 % des Sch. verschuldet	davon waren: von 30—60 % des Sch. verschuldet	davon waren: bis 60 % d. Sch. u. mehr verschuldet	Zahl	davon waren: frei von Grundbuchschulden	davon waren: bis zu 30 % des Sch. verschuldet	davon waren: von 30—60 % des Sch. verschuldet	davon waren: bis 60 % d. Sch. u. mehr verschuldet
Ostpreußen . . .	2 067	161	160	482	1 264	12 697	1 105	3 654	5 387	2 551	29 344	3 551	11 890	10 666	3 237
Westpreußen . . .	2 158	146	161	645	1 206	6 839	1 039	866	2 929	2 005	14 744	3 560	3 673	4 674	2 837
Brandenburg . . .	2 018	110	609	525	774	16 336	4 677	7 529	3 194	936	25 374	6 734	10 666	5 712	2 262
Pommern	2 155	77	284	448	1 346	6 825	1 299	2 128	2 048	1 350	16 753	3 249	4 554	5 167	3 783
Posen	1 939	14	85	528	1 312	5 087	385	1 422	2 226	1 054	24 613	2 853	11 612	8 270	1 878
Schlesien	4 031	197	712	1426	1 696	19 710	2 175	5 403	7 474	4 688	40 426	4 984	13 045	14 357	8 040
Sachsen	3 977	883	1547	1050	497	20 528	7 630	8 932	3 233	733	23 762	8 027	10 161	4 225	1 349
Schleswig-Holstein .	4 437	565	968	1815	1 089	18 236	4 466	4 543	5 675	3 552	12 542	3 292	3 414	3 802	2 034
Hannover	3 602	1474	618	855	655	29 117	11 958	9 475	4 967	2 717	33 779	13 822	9 600	6 014	3 743
Westfalen	1 042	290	773	483	96	16 439	2 936	7 828	4 892	783	22 322	5 192	6 960	6 904	3 266
Hessen-Nassau . .	308	77	—	154	77	8 382	1 972	4 561	1 664	185	22 725	5 550	10 399	4 790	1 986
Rheinland	2 486	1448	371	519	148	16 016	8 830	3 821	2 409	956	48 347	27 950	9 766	7 068	3 563
Staat	30 820	5442	6288	8930	10 160	176 242	48 472	60 162	46 098	21 510	314 731	88 764	105 740	82 249	37 978

VII. Die Hypothekar-Verschuldung des ländlichen Grundbesitzes in den preußischen Provinzen nach dem Stande von 1896.

Schätzung.

Die Verschuldungsquote bedeutet die Verschuldung der untersuchten Amtsgerichts-Bezirke nach dem Vielfachen des Grundsteuerreinertrages.

Besitzungsklassen Gr. = Grundsteuerreinertrag	Provinz Ostpreußen Grundsteuerreinertrag Mark	Verschuldungsquote	Grundbuchschulden Mill. Mark	Provinz Westpreußen Grundsteuerreinertrag Mark	Verschuldungsquote	Grundbuchschulden Mill. Mark
a) Selbständige Besitzungen:						
I. Fideikommnisse	1 159 518	8,49	9,84	585 079	13,77	8,05
II. Bes. von 1500 Mk. und mehr Gr.	7 854 820	45,76	359,44	7 936 927	30,01	238,19
III. Bes. v. 300—1500 Mk. Gr.	7 290 617	31,76	231,56	4 443 982	28,98	128,79
IV. Bes. v. 90—300 Mk. Gr.	3 760 915	38,54	144,94	1 772 060	35,48	62,87
V. Bes. v. 30—90 Mk. Gr.	531 860	38,54	20,50	298 742	35,48	10,60
b) Unselbständige Besitzungen .	1 223 424	55,26	67,61	854 284	72,52	61,97
Summa	21 821 154	38,21	833,89	15 891 074	32,12	510,47
	Provinz Brandenburg			**Provinz Pommern**		
a) Selbständige Besitzungen:						
I. Fideikommnisse	2 676 751	12,59	33,70	2 957 930	5,57	16,48
II. Bes. von 1500 Mk. und mehr Gr.	9 558 089	38,76	370,47	10 994 853	32,58	358,21
III. Bes. v. 300—1500 Mk. Gr.	9 419 338	19,48	183,49	4 245 150	23,63	100,31
IV. Bes. v. 90 - 300 Mk. Gr.	4 138 505	27,43	113,52	2 144 130	32,35	69,36
V. Bes. v. 30—90 Mk. Gr.	128 379	27,43	3,52	273 494	32,35	8,85
b) Unselbständige Besitzungen .	1 895 094	63,53	120,40	956 058	78,13	74,70
Summa	27 816 156	29,66	825,10	21 571 615	29,11	627,91
	Provinz Posen			**Provinz Schlesien**		
a) Selbständige Besitzungen:						
I. Fideikommnisse	1 409 391	24,91	35,11	5 372 939	14,98	80,49
II. Bes. von 1500 Mk. und mehr Gr.	10 439 471	52,48	547,86	17 471 678	30,18	527,29
III. Bes. v. 300—1500 Mk. Gr.	2 727 649	36,00	98,20	12 04[illegible] 374	29,20	351,67
IV. Bes. v. 90—300 Mk. Gr.	3 407 622	25,63	87,34	6 555 876	34,16	223,95
V. Bes. v. 30—90 Mk. Gr.	250 720	25,63	6,42	137 513	34,16	4,70
b) Unselbständige Besitzungen .	1 449 672	41,97	60,84	5 888 322	49,85	293,53
Summa	19 684 525	42,46	835,77	47 469 702	31,21	1481,63

Noch VII. Die Hypothekar-Verschuldung des ländlichen Grundbesitzes in den preußischen Provinzen nach dem Stande von 1896.

Schätzung.

Die Verschuldungsquote bedeutet die Verschuldung der untersuchten Amtsgerichts-Bezirke nach dem Vielfachen des Grundsteuerreinertrages

Besitzungsklassen Gr. = Grundsteuerreinertrag	Provinz Sachsen			Provinz Schleswig-Holstein		
	Grundsteuerreinertrag Mark	Verschuldungsquote	Grundbuchschulden Mill. Mark	Grundsteuerreinertrag Mark	Verschuldungsquote	Grundbuchschulden Mill. Mark
a) Selbständige Besitzungen:						
I. Fideikommnisse	2 528 853	8,04	20,33	3 481 561	3,72	12,95
II. Bes. von 1500 Mk. und mehr Gr.	15 243 860	17,76	270,73	11 775 027	16,11	189,70
III. Bes. v. 300—1500 Mk. Gr.	12 963 432	13,86	179,68	13 173 686	16,21	213,54
IV. Bes. v. 90—300 Mk. Gr.	4 004 593	19,98	80,01	2 204 716	22,35	49,28
V. Bes. v. 30—90 Mk. Gr.	139 137	19,98	2,78	40 790	22,35	0,91
b) Unselbständige Besitzungen .	2 452 522	43,60	106,93	1 414 727	53,86	76,50
Summa	37 332 397	17,69	660,46	32 090 507	16,92	542,88
	Provinz Hannover			Provinz Westfalen		
a) Selbständige Besitzungen:						
I. Fideikommnisse	1 469 000	6,15	9,03	2 187 625	0,94	2,06
II. Bes. von 1500 Mk. und mehr Gr.	9 482 452	11,21	106,30	3 323 936	16,78	55,77
III. Bes. v. 300—1500 Mk. Gr.	17 758 458	15,86	281,65	10 506 165	17,39	182,70
IV. Bes. v. 90—300 Mk. Gr.	5 492 600	20,35	111,77	3 466 263	27,76	96,22
V. Bes. v. 30—90 Mk. Gr.	227 280	20,35	4,63	156 197	27,76	4,34
b) Unselbständige Besitzungen .	2 778 275	53,65	149,05	2 314 316	58,35	135,04
Summa	37 208 065	17,80	662,43	21 954 502	21,69	476,13
	Povinz Hessen-Nassau			Rheinprovinz		
a) Selbständige Besitzungen:						
I. Fideikommnisse	1 117 652	—	—	1 498 175	7,91	11,85
II. Bes. von 1500 Mk. und mehr Gr.	254 446	34,58	8,80	6 819 477	8,39	57,22
III. Bes. v. 300—1500 Mk. Gr.	4 506 163	14,84	66,87	9 386 978	11,94	112,08
IV. Bes. v. 90—300 Mk. Gr.	3 672 646	21,49	78,92	6 931 666	14,42	99,95
V. Bes. v. 30—90 Mk. Gr.	85 594	21,49	1,84	467 433	14,42	6,74
b) Unselbständige Besitzungen .	2 942 775	47,73	140,46	4 348 042	29,46	128,09
Summa	12 579 276	23,60	296,89	29 451 771	14,12	415,93

VIII. Die Hypothekar-Verschuldung des ländlichen Grundbesitzes im Königreich Preußen nach dem Stande von 1896.

Schätzung.

Besitzungsklassen Gr. = Grundsteuerreinertrag	Staat (ausschl. Hohenzollern)											
	Zahl der Besitzungen		Nutzbare Fläche		Durchschnittl. Gr. der Besitz.	Grundsteuerreinertrag			Grundbuchschulden			
	im Ganzen	%	ha	%	ha	im Ganzen Mill. M.	%	pro ha M.	im Ganzen Mill. M.	%	auf 1 M. Gr. M.	pro ha M.
a. Selbständiger Besitz												
I. Fideikommisse	1 127	0.07	2 173 811	9.06	1 928.8	26.44	8.14	12.16	239.89	2.94	9.07	110
II. Bes. mit 1500 u. mehr Mk. Gr.	30 820	1.90	6 945 679	28.94	225.4	111.16	34.22	16.00	3 089.98	37.82	27.80	445
III. Bes. mit 300—1500 Mk. Gr.	176 242	10.88	6 924 850	28.85	39.3	108 46	33.38	15.66	2 130.54	26.08	19.61	308
IV. Bes. mit 90—300 Mk. Gr. .	279 054	17.23	4 517 150	18.82	16.2	47.55	14.63	10.52	1 218.13	14.91	25.62	270
V. Bes. mit 30—90 Mk. Gr. .	35 677	2.20	489 970	2 04	13.7	2.74	0.85	5.59	75.83	0.93	27.70	155
Zusammen a	522 920	32.28	21 051 460	87.71	40.3	296.35	91.22	14.07	6 754.37	82.68	22.76	321
b Unselbständige Besitzungen . .	1 096 843	67.72	2 950 510	12.29	2.7	28.52	8.78	9.70	1 415.12	17.32	49.62	479
Sa. a+b . . .	1 619 763	100	24 001 970	100	14.8	324.87	100	13.53	8 169.49	100	25.15	340

IX. Eintragungen von Hypotheken in den ländlichen Bezirken Preußens nach Oberlandesgerichtsbezirken.

Millionen Mark.

Rechnungsjahr	Königsberg i. Pr.	Marienwerder	Berlin, Kammergericht	Stettin	Posen	Breslau	Naumburg a. S.	Kiel	Zelle	Hamm	Kassel	Frankfurt a. M.	Cöln	Jena, preuß. Teil	Staat
1886	47,76	42,78	52,50	25,74	42,38	108,19	70,29	28,84	43,03	40,24	14,71	17,24	89,55	0,91	624,16
1887	41,77	29,21	47,31	22,86	36,89	99,35	59,38	31,96	44,55	37,67	21,85	17,28	76,65	0,89	567,62
1888	39,63	28,67	51,23	26,17	43,69	99,01	60,20	29,56	44,65	40,27	15,28	17,90	81,78	0,87	578,91
1889	44,61	35,36	60,72	26,21	50,49	104,52	78,60	33,42	49,86	50,11	15,73	17,04	83,99	1,27	651,93
1890	40,81	27,24	61,56	25,02	40,39	108,73	69,96	33,04	51,09	46,81	14,24	17,68	83,86	1,11	621,64
1891	42,27	28,70	64,49	26,63	39,43	105,14	69,94	35,17	53,72	53,53	17,49	21,02	82,72	1,56	641,84
1892	37,89	30,98	64,12	30,28	42,29	104,97	70,86	38,65	56,28	65,69	17,71	21,66	87,08	1,65	670,11
1893	37,92	28,17	65,39	27,90	40,07	101,60	75,90	35,83	60,93	82,31	18,57	21,80	89,64	2,20	688,23
1894	43,94	28,33	67,05	28,53	39,69	103,98	72,33	37,52	63,64	69,29	19,40	23,73	96,10	1,44	694,97
1895	48,74	31,88	59,95	29,24	43,89	134,87	77,70	40,65	64,55	80,39	22,55	22,30	93,76	1,55	752,02
1896	57,31	33,28	56,58	33,28	53,14	114,82	74,26	39,03	64,32	108,77	22,71	27,85	96,45	1,51	783,31
1897	55,16	40,31	65,28	34,50	48,86	111,30	80,26	42,35	69,38	103,99	23,68	29,43	105,45	2,77	812,72
1898	51,90	45,24	58,23	36,26	53,16	111,60	80,18	44,13	75,81	117,53	26,85	33,28	111,65	2,11	847,93
1899	54,98	44,74	73,12	36,63	56,79	112,87	70,93	44,81	70,56	124,04	22,05	30,98	115,38	1,97	859,85
1900	47,99	48,31	69,48	31,42	50,95	128,85	73,15	47,51	73,11	124,47	21,09	33,18	125,40	2,41	877,32
1901	51,60	57,97	73,59	31,64	62,89	131,69	82,71	52,05	78,41	143,43	23,85	34,84	138,30	2,33	965,30
Sa.	744,28	581,17	990,60	472,31	745,00	1781,49	1166,65	614,52	963,89	1288,54	317,76	387,21	1557,86	26,55	11637,83

X. Löschungen von Hypotheken in den ländlichen Bezirken Preußens nach Oberlandesgerichtsbezirken.

Millionen Mark.

Rechnungsjahr	Königsberg i. Pr.	Marienwerder	Berlin, Kammergericht	Stettin	Posen	Breslau	Naumburg a. d. S.	Kiel	Celle	Hamm	Kassel	Frankfurt a. M.	Cöln	Jena, preuß. Teil	Staat	Die Löschungen durch Zwangsversteigerung betragen Proz. aller Löschungen
1886	31,33	33,64	35,44	22,20	50,49	82,38	45,34	18,62	26,48	27,94	24,41	16,96	74,90	0,87	491,00	.
1887	31,14	29,49	37,28	20,34	41,84	80,39	40,76	23,36	28,31	29,27	23,33	17,64	75,58	0,86	479,59	.
1888	29,91	25,68	33,28	17,89	46,31	75,22	43,17	22,07	28,88	27,33	21,49	18,03	72,15	0,69	462,10	.
1889	33,07	26,63	35,00	16,54	43,52	76,41	49,83	21,43	30,61	28,80	15,58	16,07	78,49	0,82	472,80	9,2
1890	30,12	24,13	39,67	17,08	36,46	77,44	45,51	18,85	30,76	34,02	12,25	20,34	77,71	0,93	465,27	7,5
1891	26,21	25,11	34,71	16,48	32,46	67,97	50,02	18,82	29,19	30,06	12,48	15,80	74,84	1,01	435,16	9,8
1892	25,89	28,65	40,50	20,70	36,32	72,76	50,48	22,72	32,32	33,22	12,40	17,37	67,00	1,10	461,43	11,6
1893	27,37	25,25	40,20	18,41	35,34	70,26	51,48	22,82	35,38	32,73	12,56	20,25	66,72	1,17	459,94	10,9
1894	31,08	24,33	39,24	19,26	38,41	73,78	46,10	19,51	31,97	38,49	12,75	20,14	61,84	0,79	457,69	10,5
1895	32,64	24,38	41,73	20,95	36,49	99,90	53,29	22,47	34,66	40,33	18,18	19,46	51,04	0,89	496,41	10,1
1896	36,40	26,59	56,94	24,08	41,39	84,81	48,53	22,01	38,25	44,33	14,14	21,87	45,52	0,95	505,81	11,0
1897	34,92	28,64	38,59	25,60	35,28	75,62	54,72	23,17	38,24	47,07	15,18	23,99	49,10	1,54	491,66	9,3
1898	31,55	32,93	39,43	20,26	43,40	69,73	48,51	24,22	39,71	47,36	14,42	22,52	55,25	1,09	490,38	7,8
1899	30,18	28,58	39,78	20,26	41,55	72,79	42,74	23,09	35,98	48,38	13,61	21,89	52,34	0,79	471,96	7,9
1900	28,52	31,32	47,28	20,99	34,17	68,28	47,30	24,80	37,46	49,84	13,00	20,27	56,99	1,40	481,62	9,8
1901	30,90	33,91	48,81	22,03	40,11	91,05	52,60	24,94	45,45	58,72	16,90	25,08	67,68	1,24	559,42	9,2
Sa.	491,23	449,26	647,88	323,07	633,54	1238,79	770,38	352,90	543,65	617,89	252,68	317,68	1027,15	16,14	7682,24	9,5

XI. Mehr- oder Minder- (–) Betrag der Eintragungen von Hypotheken in den ländlichen Bezirken Preußens nach Oberlandesgerichtsbezirken.

Millionen Mark.

Rechnungsjahr	Königsberg i. Pr.	Marienwerder	Berlin, Kammergericht	Stettin	Posen	Breslau	Naumburg a. S.	Kiel	Celle	Hamm	Kassel	Frankfurt a. M.	Cöln	Jena preuß. Teil	Staat
1886	16.43	9.14	17.06	3.54	–8.11	25.81	24.95	10.22	16.55	12.30	–9.70	0.28	14.65	0.04	133.16
1887	10.63	–0.28	10.03	2.52	–4.95	18.96	18.62	8.60	16.24	8.40	–1.48	–0.36	1.07	0.03	88.03
1888	9.72	2.99	17.95	8.28	–2.62	23.79	17.03	7.49	15.77	12.94	–6.21	–0.13	9.63	0.18	116.81
1889	11.54	8.73	25.72	9.67	6.97	28.11	28.77	11.99	19.25	21.31	0.15	0.97	5.50	0.45	179.13
1890	10.69	3.11	21.89	7.94	3.93	31.29	24.45	14.19	20.33	12.79	1.99	–2.66	6.25	0.18	156.37
1891	16.06	3.59	29.78	10.15	6.97	37.17	19.92	16.35	24.53	23.47	5.01	5.22	7.88	0.55	206.65
1892	12.00	2.33	23.62	9.58	5.97	32.21	20.38	15.93	23.96	32.47	5.31	4.29	20.08	0.55	208.68
1893	10.55	2.92	25.19	9.49	4.73	31.34	24.42	13.01	25.55	49.58	6.01	1.55	22.92	1.03	228.29
1894	12.86	4.00	27.81	9.27	1.28	30.20	26.23	18.01	31.67	30.80	6.65	3.59	34.26	0.65	237.28
1895	16.10	7.50	18.22	8.29	7.40	34.97	24.41	18.18	29.89	40.06	4.37	2.84	42.72	0.66	255.61
1896	20.91	6.69	–0.36	9.20	11.75	30.01	25.73	17.02	26.07	64.44	8.57	5.98	50.93	0.56	277.50
1897	20.24	11.67	26.69	8.90	13.58	35.68	25.54	19.18	31.14	56.92	8.50	5.44	56.35	1.23	321.06
1898	20.35	12.31	18.80	16.00	9.76	41.87	31.67	19.91	36.10	70.17	12.43	10.76	56.40	1.02	357.55
1899	24.80	16.16	33.34	16.37	15.24	40.08	28.19	21.72	34.58	75.66	8.44	9.09	63.04	1.18	387.89
1900	19.47	16.99	22.20	10.43	16.78	60.57	25.85	22.71	35.65	74.63	8.09	12.91	68.41	1.01	395.70
1901	20.70	24.06	24.78	9.61	22.78	40.64	30.11	27.11	32.96	84.71	6.95	9.76	70.62	1.09	405.88
Sa.	253.05	131.91	342.72	149.24	111.46	542.70	396.27	261.62	420.24	670.65	65.08	69.53	530.71	10.41	3955.59

XII. Mehr- oder Minder- (–) Betrag der Eintragungen von Hypotheken in den ländlichen Bezirken Preußens nach Provinzen.

Provinzen	Mehr- oder Minder- (–) Betrag der Eintragungen in Millionen Mark								Grundsteuerreinertrag in Millionen Mark	Auf je 1 Mk. Grundsteuerreinertrag entfiel 1895–1901 Mehrbelastung Mk.
	1895	1896	1897	1898	1899	1900	1901	1895 bis 1901		
Ostpreußen	16,11	20,90	20,24	20,35	24,80	19,47	20,70	142,57	22,04	6,47
Westpreußen	7,71	6,75	11,74	12,69	16,65	17,62	24,77	97,94	16,55	5,92
Brandenburg	18,22	–0,35	26,69	18,80	33,34	22,20	24,77	143,68	27,07	5,31
Pommern	8,30	9,20	8,90	16,00	16,37	10,42	9,61	78,80	18,45	4,27
Posen	7,19	11,69	13,50	9,38	14,75	16,15	22,09	94,74	20,69	4,58
Schlesien	34,96	30,01	35,68	41,87	40,08	60,57	40,64	283,82	46,65	6,08
Sachsen	24,79	25,89	25,57	31,72	28,75	26,56	30,32	193,61	39,29	4,93
Schleswig-Holstein	18,18	17,02	19,18	19,91	21,71	22,71	27,11	145,83	31,90	4,57
Hannover	29,26	25,91	30,93	35,89	34,43	35,07	32,76	224,25	39,35	5,70
Westfalen	29,24	50,84	38,06	48,13	50,85	50,14	62,73	329,98	24,46	13,49
Hessen-Nassau	7,00	13,72	14,24	19,91	16,04	19,86	14,55	105,31	14,23	7,40
Rheinland	55,27	65,22	76,78	83,09	89,81	95,20	95,46	560,82	42,32	13,25
Hohenzollern	–0,62	0,70	–0,45	–0,19	0,31	–0,28	0,37	–0,17	3,28	—
Staat	255,61	277,50	321,06	357,55	387,89	395,69	405,88	2401,18	346,28	6,93

XIII. Hypothekenbewegung des ländlichen Grundbesitzes im Königreich Bayern r. d. Rh. von 1895—1902.

Jahr	Eintragungen Millionen Mark	Löschungen Millionen Mark	Mehr-Eintragungen Millionen Mark	Die Löschungen betragen Prozent der Eintragung	Die Löschungen b. Zwangsversteigerungen betrag. Proz. aller Löschungen	Löschungen bei Zwangsversteigerungen
a) auf land- oder forstwirtschaftlich benutzten Grundstücken.						
1895	157,33	134,92	22,41	85,75	2,57	2,20
1896	161,24	141,28	19,96	87,62	2,55	3,60
1897	163,99	138,69	25,29	84,57	3,04	4,23
1898	177,89	149,00	28,89	83,76	3,41	5,08
1899	168,57	128,27	40,31	76,09	3,96	5,09
1900	164,26	120,06	44,20	73,08	3,50	4,21
1901	158,55	127,95	30,60	80,70	2,58	3,30
1902	167,34	143,55	23,79	85,78	3,02	4,33
Summa	1319,17	1083,72	235,45	82,35	3,05	33,04
b) auf landwirtschaftlich und zugleich gewerblich benutzten Grundstücken.						
1895	20,36	15,33	5,02	75,37	4,04	0,62
1896	25,80	18,16	7,64	70,38	3,06	0,55
1897	34,15	21,21	12,94	62,09	5,02	1,26
1898	29,91	20,55	9,36	68,70	4,48	0,92
1899	29,57	17,27	12,30	58,39	6,73	1,16
1900	28,04	17,14	10,90	61,13	4,76	0,81
1901	33,13	19,40	13,73	58,53	5,27	1,02
1902	33,35	22,44	10,92	67,27	5,78	1,30
Summa	234,31	151,50	82,81	64,66	5,04	7,64
c) auf städtisch oder gewerblich benutzten Grundstücken.						
1895	281,22	179,01	102,21	63,66	4,76	8,53
1896	331,79	193,93	137,86	58,45	3,43	6,65
1897	368,31	179,16	189,15	48,64	3,37	6,04
1898	434,23	197,02	237,21	45,37	3,03	5,96
1899	409,68	190,08	219,60	46,40	2,68	5,10
1900	388,84	209,42	179,42	53,86	6,65	13,92
1901	362,07	224,43	137,64	61,99	10,67	23,94
1902	331,52	252,94	78,58	76,30	12,58	31,82
Summa	2907,66	1625,99	1281,67	55,93	6,26	101,96

XIV. Pfandeinträge und Pfandstriche im Großherzogtum Baden von 1882–1900.

Jahr	Pfandeinträge Zahl	Pfandeinträge Kapitalbetrag Mill. Mark	davon belasten Landwirte Mill. Mark	davon belasten Personen, die Landwirtschaft u. Gewerbe zugleich betreiben	davon belasten Gewerbetreibende Mill. Mark	davon belasten sonstige Personen Mill. Mark	Pfandstriche Zahl	Pfandstriche Kapitalbetrag Mill. Mark	davon entlasten Landwirte Mill. Mark	davon entlasten Personen die Landwirtschaft u. Gewerbe zugleich betreiben	davon entlasten Gewerbetreibende Mill. Mark	davon entlasten sonstige Personen Mill. Mark
1882	62 347	119,68	41,45	—	63,75	14,48	62 264	83,22	25,50	—	36,64	8,26
1883	60 123	117,02	39,67	—	62,48	14,86	62 960	89,30	25,57	—	41,10	9,81
1884	60 834	119,86	39,78	—	66,07	14,00	103 801	116,92	25,83	—	43,67	10,06
1885	58 890	127,87	40,17	—	72,90	14,80	119 862	120,07	27,06	—	43,57	9,39
1886	62 721	152,73	41,46	—	92,92	18,35	124 458	131,43	27,84	—	52,33	11,60
1887	60 669	164,35	40,00	—	101,59	22,75	108 923	147,85	27,79	—	62,77	13,86
1888	63 058	177,93	39,96	—	112,73	25,24	96 983	135,52	27,10	—	65,24	14,05
1889	65 804	202,30	42,28	—	133,39	26,62	75 640	125,28	27,64	—	70,36	14,17
1890	61 872	185,63	40,33	—	110,47	34,83	62 350	108,04	25,47	—	56,23	17,77
1891	64 044	167,01	41,28	—	101,44	24,29	72 417	112,84	26,44	—	54,74	13,60
1892	61 565	163,18	40,77	—	97,66	24,75	74 423	119,33	27,05	—	57,20	13,11
1893	56 470	155,17	37,86	—	97,76	19,55	72 776	114,29	24,36	—	57,92	11,85
1894	56 761	167,89	38,47	—	105,47	23,96	74 624	116,95	23,76	—	59,05	12,77
1895	53 794	183,80	37,84	—	123,59	22,36	93 358	145,96	26,11	—	73,99	15,80
1896	58 023	221,81	39,18	3,18	154,19	25,25	99 173	166,56	26,75	3,46	85,42	13,66
1897	61 064	241,49	40,43	3,65	168,35	29,06	86 935	157,49	27,77	2,70	89,44	15,32
1898	62 297	273,21	43,06	3,07	198,79	28,28	74 321	159,68	28,08	3,38	93,50	14,92
1899	61 638	277,35	42,72	3,58	205,28	25,75	1 060 023	1014,19	40,42	2,76	103,50	18,15
1900	52 514	268,98	36,38	2,63	201,62	28,35	49 749	133,91	26,04	1,79	91,17	14,92
Sa.	—	3487,26	763,09	16,11	2270,45	—	—	—	—	—	—	—

XV. Die fortschreitende Verpfandbriefung des bäuerlichen Hypothekarkredits in Preußen. 1870—1903.

Jahr	Ostpreußische Landschaft		Westpreußische Ritterschaftliche Landschaft		Neue westpreußische Landschaft		Kur- u. Neumärkisches Ritterschaftl. Kredit-Institut	
	Zahl der beliehenen Güter	Pfandbriefschuld Mill. Mk.	Zahl der beliehenen Güter	Pfandbriefschuld Mill. Mk.	Zahl der Darlehen	Pfandbriefschuld Mill. Mk.	Zahl der beliehenen Güter	Pfandbriefschuld Mill. Mk.
1870	2 818	91,73	—	92,40	685	11,17	590	63,35
1880	4 910	163,93	—	149,46	2783	54,39	777	120,62
1890	9 122	272,02	996	153,59	5834	97,47	1008	180,17
1895	10 725	302,25	917	143,76	5464[1])	103,09	1029	192,30
1896	11 257	316,99	920	144,78	5661	105,62	1027	197,40
1897	11 767	326,58	906	142,39	5884	108,54	1031	202,47
1898	12 668	345,75	889	141,62	6532	112,44	1021	202,05
1899	13 111	355,06	883	139,60	6439	115,54	1011	197,87
1900	13 328	359,38	860	137,09	6613	116,88	1000	194,93
1901	13 562	367,54	859	135,47	6656	117,78	988	192,80
1902	13 792	374,94	830	136,02	6948	127,32	973	193,28
1903	14 062	384,90	834	140,06	7389	140,86	972	194,09
1904	?	?	808	136,67	7821	152,90	?	?

Jahr	Neues Brandenburg. Kredit-Institut		Pommersche Landschaft		Neue Pommersche Landschaft für den Kleingrundbesitz		Schles. Landschaft. 1. Inkorporierte Güter	
	Zahl der beliehenen Güter	Pfandbriefschuld Mill. Mk.	Zahl der beliehenen Güter	Pfandbriefschuld Mill. Mk.	Zahl der beliehenen Güter	Pfandbriefschuld Mill. Mk.	Zahl der beliehenen Güter	Pfandbriefschuld Mill. Mk.
1870	4	0,05	1161	85,67	—	—	—	178,15
1880	93	3,69	1359	177,09	8	0,27	—	254,16
1890	4195	74,27	1525	229,81	101	2,58	2082	309,50
1895	6649	105,67	1521	230,65	205	4,91	2066	337,23
1896	7348	114,50	1512	231,81	252	6,30	2053	349,69
1897	7937	120,78	1508	235,51	366	8,48	2056	355,81
1898	8397	125,00	1526	237,68	494	12,02	2052	359,86
1899	8747	128,54	1526	238,80	584	12,69	2048	363,92
1900	9007	130,97	1532	242,25	639	14,00	2046	364,67
1901	9249	133,76	1516	241,30	727	15,13	2032	370,45
1902	9452	136,78	1513	242,34	830	17,37	2035	374,27
1903	9608	138,43	1520	247,69	954	19,93	2020	385,93

[1]) Von hier ab sind abweichend gegen die Vorjahre die zu verschiedenen Zeiten auf eine Besitzung gewährten Darlehen zusammengefaßt, so daß die Zahl der Darlehen gleichzeitig die Zahl der beliehenen Besitzungen darstellt.

Noch XV. Die fortschreitende Verpfandbriefung des bäuerlichen Hypothekarkredits in Preußen. 1870—1903.

Jahr	Schlesische Landschaft 2. Nicht inkorporierte Güter		Posener Landschaft		Landschaft der Provinz Sachsen		Landschftl. Kreditverband f. d. Prov. Schleswig-Holst.	
	Zahl der beliehenen Güter	Pfandbriefschuld Mill. Mk.	Zahl der beliehenen Güter	Pfandbriefschuld Mill. Mk.	Zahl der beliehenen Güter	Pfandbriefschuld Mill. Mk.	Zahl der Mitglieder	Pfandbriefschuld Mill. Mk.
1870	—	7,87	—	98,27	80	3,14	—	—
1880	1 810	25,90	2156	199,79	220	12,08	—	—
1890	5 068	72,55	5746	257,16	844	56,15	365	7,70
1895	7 761	106,27	6233	256,40	1227	76,23	521	10,22
1896	8 609	123,70	6528	261,45	1378	86,16	562	10,95
1897	9 541	135,23	6574	268,78	1498	91,47	586	11,52
1898	10 555	143,24	6563	290,61	1587	98,76	626	12,56
1899	10 930	148,93	6558	292,03	1666	100,41	635	12,95
1900	11 225	152,97	6568	290,68	1717	102,77	703	13,87
1901	11 642	158,46	6643	295,23	1797	107,77	886	16,16
1902	12 157	165,21	6866	307,27	1909	115,80	1122	20,31
1903	13 009	174,02	7096[1])	315,41	2017[2])	121,33	1498	27,52

Jahr	Westfälische Landschaft		Landesbank der Rheinprovinz	
	Zahl der bäuerlichen Güter	Hypotheken-Darlehen Mill. Mk.	Zahl der ländl. Darlehen	Betrag jährlich Mill. Mk.
1870	—	—	?	?
1880	—	—	?	?
1890	—	—	202	3,75
1895	77	0,73	717	9,57
1896	269	3,34	452	6,67
1897	418	5,00	498	7,65
1898	486	5,64	456	6,62
1899	505	5,60	336	5,15
1900	525	5,81	248	3,64
1901	577	6,58	484	7,60
1902	632	6,93	1291	22,06
1903	714	7,85	1146[3])	15,17

[1]) Darunter 3843 Güter mit einem Taxwert von unter 15 000 Mk. und 3253 Güter mit einem Taxwert von 15 000 Mk. und darüber.

[2]) Darunter 296 Rittergüter.

[3]) Ende 1903 insgesamt 6457 Beleihungen ländlicher Besitzungen mit 95,78 Mill. Mk.

1. Bewegung der Mehr-Eintragungen von Hypotheken in den ländlichen Bezirken Preußens.

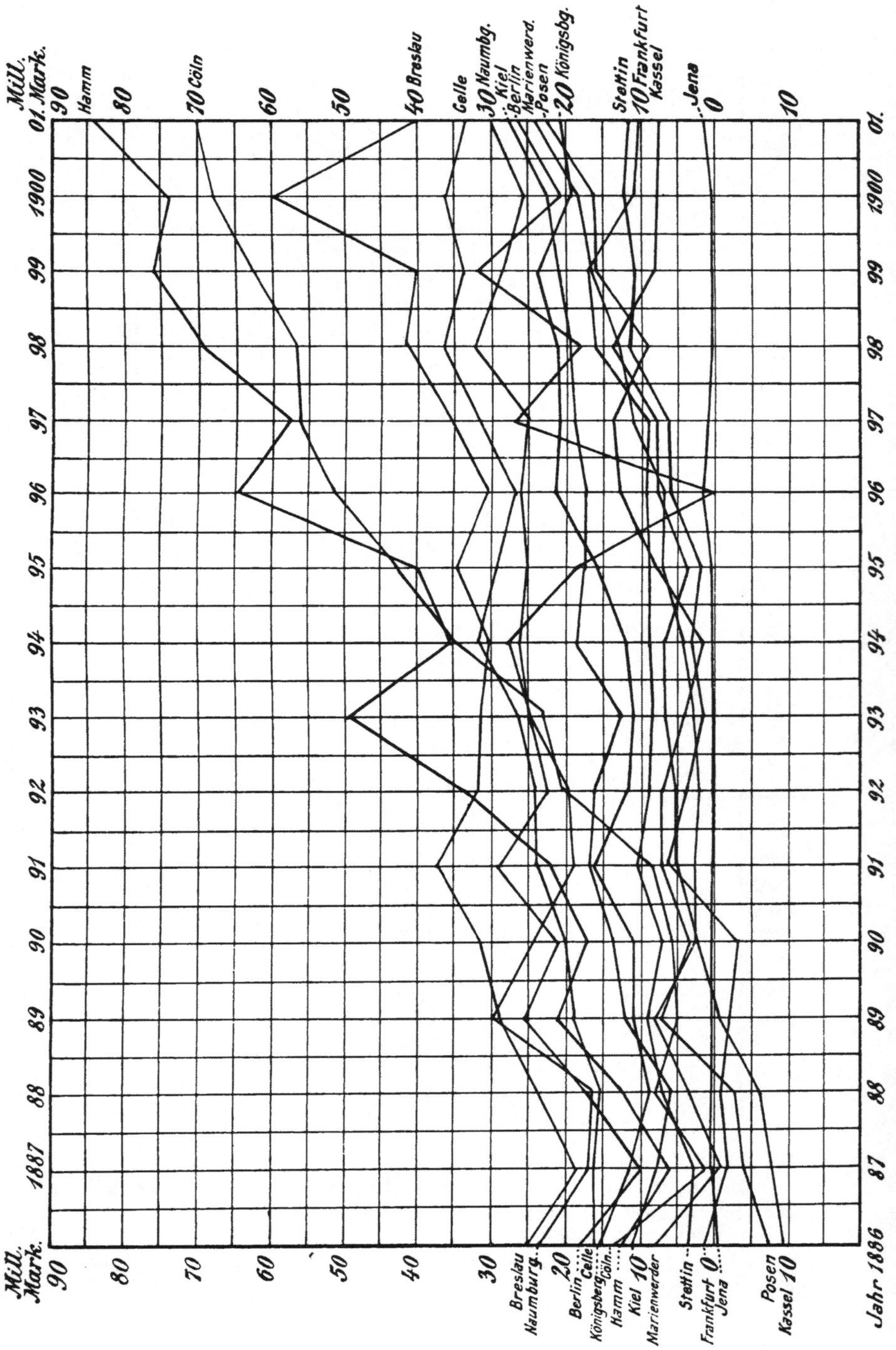

2. **Bewegung der Mehr-Eintragungen von Hypotheken im Königreich Bayern r. d. Rh. von 1895—1902.**

a. auf land- oder forstwirtschaftlich benutzten Grundstücken.
b. auf landw. und zugleich gewerblich benutzten Grundstücken.
c. auf städtisch oder gewerblich benutzten Grundstücken.

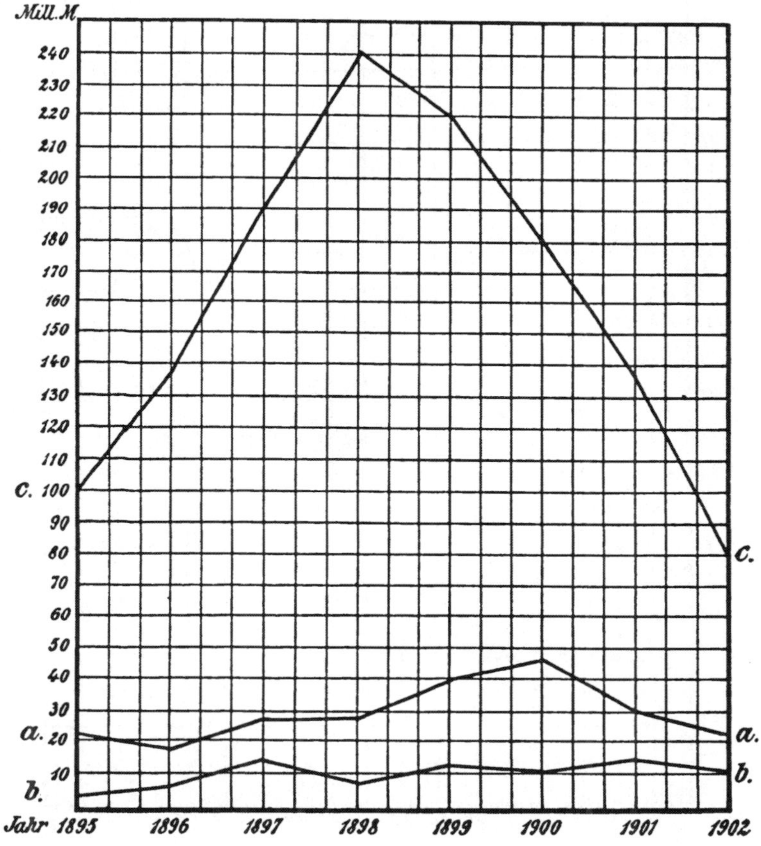

3. Bewegung der Pfandeinträge im Großherzogtum Baden von 1882—1900.

a. = Pfandeinträge, welche Landwirte belasten.
b. = Pfandeinträge, welche Gewerbetreibende belasten.

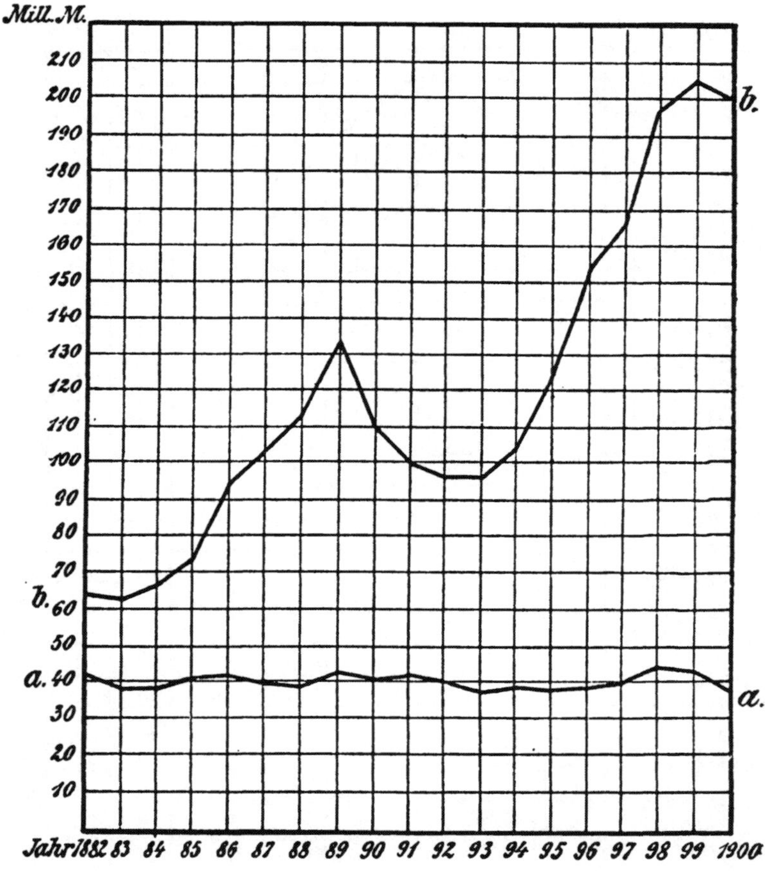

XVI.

Gutachten des Herrn Direktors der Gothaer Lebensversicherungs-Bank a. G. Dr. Sammer zu Gotha

über die Frage:

Wie weit ist bei Versicherungsverträgen die Vertragsfreiheit durch zwingende Rechtssätze zu Gunsten des Versicherten einzuschränken?

Unter der Herrschaft der Vertragsfreiheit ist das Versicherungswesen zu hoher Blüte gelangt. Wenn trotzdem in den beiden letzten Jahrzehnten gesetzliche Schranken dieser Freiheit gefordert worden sind, so liegt dem nicht nur der Glaube unserer Zeit an den Beruf des Staates, seine Bürger durch zwingende Vorschriften vor Schaden zu schützen, zu Grunde.

Vielmehr kam auch in Betracht, daß beim Mangel eines zeitgemäßen gesetzlichen Versicherungsrechts die Versicherer genötigt waren, die Rechte und Pflichten der Vertragschließenden in den allgemeinen Versicherungsbedingungen festzustellen. Es wäre ganz verfehlt, wollte man annehmen, daß die Versicherer bei der Schaffung dieser vertragsmäßigen Normen nur ihre Interessen wahrgenommen hätten. Dagegen spricht schon die Tatsache, daß dieses Vertragsrecht von Gegenseitigkeitsanstalten, die doch nur die Interessen ihrer Versicherten zu schützen hatten, mitgeschaffen worden ist. Immerhin bestand hinsichtlich dieses wichtigen Bestandteils der Versicherungsverträge keine Vertragsfreiheit beider Teile, da der Versicherer mit Rücksicht auf seinen Großbetrieb in der Regel nur auf Grund seiner allgemeinen Bedingungen Versicherungen schließen konnte, der Versicherungsuchende sich also diesen unterwerfen oder auf einen Vertrag mit dem betreffenden Versicherer verzichten mußte.

Millionen von Versicherungsverträgen sind auf dieser Grundlage zu voller Befriedigung der Versicherten abgewickelt worden. In vereinzelten Fällen aber haben einzelne Versicherer Vertragsbestimmungen, insbesondere Verwirkungsklauseln, nicht nach dem für ihre Aufstellung bestimmend gewesenen berechtigten wirtschaftlichen Zweck, sondern nach dem Buchstaben „rigoros“ angewendet. Dagegen haben die Gerichte durch Auslegung der Vertragsbestimmungen im Sinne von Treu und Glauben Stellung genommen. Die meist zu billigenden Entscheidungen sind veröffentlicht worden und haben in weiten Kreisen den Eindruck hervorgerufen, als seien auf dem Gebiete des Versicherungswesens ärgere Schäden vorhanden als auf anderen Gebieten, wo die Vertragsfreiheit auch von einzelnen mißbraucht worden ist.

Endlich ließ sich nicht verkennen, daß auf vielen Gebieten der Versicherungsuchende an Erfahrung und Geschäftsgewandtheit hinter dem Versicherer zurücksteht, daß er der „schwächere Teil“ ist. Deshalb wollte man ihn gegen die Übermacht des Versicherers auch durch das Privatrecht schützen. Daß der Wettbewerb der Versicherer solchen Schutz überflüssig machen kann, wurde wenig beachtet. Wo jedoch der Wettbewerb infolge einer Kartellbildung die Lage des Versicherung Heischenden ungünstig gestaltet, durfte mit gutem Grund ein besonderes Schutzbedürfnis anerkannt werden.

Mit dem 1. Januar 1902 aber, an dem das Reichsgesetz über die privaten Versicherungsunternehmungen vom 12. Mai 1901*) in Kraft trat, haben sich alle Verhältnisse, die den Ruf nach Einschränkung der Vertragsfreiheit begründeten, vollständig geändert.

Nicht mehr können die Versicherer einseitig die allgemeinen Versicherungsbedingungen festsetzen. Diese sind ein Bestandteil des Geschäftsplans, der zur Erlangung der Erlaubnis zum Geschäftsbetriebe bei der Aufsichtsbehörde einzureichen ist (V.A.G. § 4); die Erlaubnis aber wird versagt, wenn nach dem Geschäftsplane die Interessen der Versicherten nicht hinreichend gewahrt sind (V.A.G. § 7 Abs. 1 Z. 2). Die Aufsichtsbehörde hat also daraufhin vor Erteilung der Erlaubnis die Versicherungsbedingungen zu prüfen. Sollte sich erst später herausstellen, daß eine genehmigte Versicherungsbedingung die Versicherten unbillig bedrückt oder daß ein sonstiger Mißstand vorhanden ist, der die Interessen der Versicherten gefährdet, so darf die Aufsichtsbehörde Anordnungen treffen, die geeignet sind, den Mißstand zu beseitigen (V.A.G. § 64 Abs. 2), und darf zur Befolgung den Versicherer durch Geldstrafen an-

*) Es wird V.A.G. (Versicherungsaufsichtsgesetz) zitiert.

halten (daselbst Abs. 3). Ergibt die Prüfung der Geschäftsführung so schwere Mißstände, daß bei Fortsetzung des Geschäftsbetriebs die Interessen der Versicherten gefährdet sind, so ist die Aufsichtsbehörde sogar befugt, den Geschäftsbetrieb zu untersagen (V.A.G. § 67).

Wie diese Befugnisse gegenüber den der Reichsaufsicht unterliegenden Versicherern gehandhabt werden, ist aus dem „Ersten Geschäftsbericht des Kaiserlichen Aufsichtsamtes für Privatversicherung"*) zu ersehen. Hier heißt es (S. 109 f.): „Demgegenüber hat das Aufsichtsamt den Standpunkt vertreten, daß die Bedingungen nicht darauf allein anzusehen seien, ob sie dem Zivilrechte nicht zuwiderliefen. Letzteres gewährt eben volle Vertragsfreiheit. Eine wichtige Pflicht der Aufsichtsbehörde mußte gerade darin erblickt werden, zu verhindern, daß in Ausnutzung der Vertragsfreiheit Bestimmungen getroffen werden, die den Versicherten in unbilliger Weise belasten; es gilt, zwischen den entgegenstehenden Interessen des Versicherers und des Versicherten unter Berücksichtigung aller Umstände einen billigen Ausgleich zu finden. Soweit die anstoßerregenden Bestimmungen schon jetzt von den größeren Gesellschaften nicht in voller Schärfe gehandhabt werden, lag in dieser milderen Praxis kein Grund, von dem Verlangen einer solchen Fassung der Bedingungen abzustehen, durch welche der Möglichkeit einer unbilligen und harten Handhabung tunlichst vorgebeugt wird. Auch hielt es das Aufsichtsamt für richtiger, durch die Klarstellung zweifelhafter und die Milderung harter Bedingungen auf die Verminderung von Prozessen hinzuwirken als den Gerichten zu überlassen, Abhilfe zu schaffen. In dieser Auffassung ist das Aufsichtsamt bestärkt worden durch die zahlreich eingegangenen Beschwerden, die zwar größtenteils nach den dem Versicherungsvertrage zugrunde liegenden Bedingungen sich als rechtlich unbegründet erwiesen, in vielen Fällen aber eine Aenderung dieser Bedingungen als wünschenswert erscheinen ließen."

Daraus ergibt sich klar, daß der Versicherte seit dem Inkrafttreten des Versicherungsaufsichtsgesetzes nicht mehr als der schwächere Teil betrachtet werden kann, daß er an sich eines Schutzes durch die privatrechtliche Gesetzgebung nicht mehr bedarf. Die Aufsichtsbehörden üben in seinem Interesse auf die Feststellung der allgemeinen Versicherungsbedingungen einen tiefgreifenden Einfluß und vermögen gegen den Mißstand rigoroser Anwendung der Bedingungen mit scharfen Mitteln einzuschreiten.

---

*) Veröffentlichungen des Kaiserlichen Aufsichtsamts für Privatversicherung, 2. Jahrgang Nr. 4 vom 1. Juli 1903 (Berlin, Guttentag).

Und doch ist eine Kodifikation des Versicherungsprivatrechts geboten, die den Versicherungsvertrag im Anschluß an die Grundsätze des bürgerlichen Rechts regelt. Denn es ist nicht die Aufgabe einer Verwaltungsbehörde, privatrechtliche Normen zu schaffen, und das von ihr im Verein mit den Anstaltsleitungen geschaffene Recht würde nicht Rechtsnormen enthalten, sondern wieder nur als Vertragsabrede Geltung erlangen. Für die Auslegung würden die Grundsätze der Vertrags-, nicht der Gesetzesauslegung maßgebend sein. Dringend zu wünschen ist es aber für die Rechtseinheit, daß das Reichsgericht auf dem Gebiete der Binnenversicherung den gleichen Einfluß zu üben vermag wie auf dem der durch Gesetz geordneten Seeversicherung, und daß deshalb revisible Normen geschaffen werden.

Das Handelsgesetzbuch regelt die Seeversicherung im wesentlichen dispositiv. Die guten Erfahrungen, die hiermit gemacht sind, legen es nahe, auch für die Binnenversicherung ein dispositives Gesetzesrecht zu fordern. Denn die Sachkenntnis und die Geschäftsgewandtheit des Seeversicherten wird für den minder erfahrenen Binnenversicherten durch die Mitwirkung der Aufsichtsbehörde bei Festsetzung der allgemeinen Versicherungsbedingungen aufgewogen. Die Aufsichtsbehörde wird eine Abweichung dieser von dem Gesetzesrechte nur zulassen, wenn triftige Gründe es rechtfertigen, und sie wird nur unter der gleichen Voraussetzung ihrerseits eine von der gesetzlichen Norm sich entfernende allgemeine Versicherungsbedingung verlangen können. Die meisten Versicherer würden einen großen Teil des dispositiven Gesetzesrechts in die allgemeinen Bedingungen aufnehmen, weil sie auch außerhalb des deutschen Reichs Versicherungen abschließen und für diese das gleiche Recht wie für die deutschen angewendet zu sehen wünschen. Diese mit den dispositiven Gesetzesnormen übereinstimmenden Bedingungen würden, wie das Beispiel der Seeversicherungsbedingungen zeigt, revisibel sein.

Grundsätzlich ist daher für die Binnenversicherung ein dispositives Recht anzustreben. Daneben werden jedenfalls zwingende Rechtssätze aufzustellen sein, soweit der Staat durch Gebote der öffentlichen Ordnung hierzu veranlaßt ist. Man denke an die Ungültigkeit der Wettversicherungen, denen das wirtschaftliche Interesse als Grundlage fehlt, an das Verbot der Versicherung auf das Leben eines Dritten ohne dessen Einwilligung, an das Verbot der Inhaberpolicen. Bei solchen Rechtssätzen kommt es dem Gesetzgeber aber nicht darauf an, die Stellung des Versicherten zu verbessern, sondern das Interesse der Gesamtheit zu schützen. Richten sie sich doch zum großen Teile gegen Bestrebungen der Versicherten, die Einrichtungen des Versicherungswesens zu mißbrauchen.

Die Frage ist aber, ob neben dem dispositiven Recht auch zwingende Normen zu Gunsten des Versicherten geschaffen werden sollen. Sie ist unbedenklich zu verneinen, soweit dem Versicherer ein ebenbürtiger Vertragschließender gegenübersteht, also namentlich für die Transportversicherung, die Versicherung gegen Kursverluste, die Rückversicherung*), die Kreditversicherung und die laufende Versicherung. Die genannten Geschäftszweige sollen auch nach dem Entwurfe eines Gesetzes über den Versicherungsvertrag**) § 177 nur dispositiven Normen unterliegen. Mit Rücksicht auf das Versicherungsaufsichtsgesetz wäre die Frage in gleicher Weise für alle anderen Zweige zu verneinen, wenn die Versicherer nur auf Grund der allgemeinen Bedingungen abschließen könnten. Das ist jedoch nicht der Fall. Denn § 9 Abs. 3 des Versicherungsaufsichtsgesetzes bestimmt:

> „Abweichungen von den allgemeinen Versicherungsbedingungen zu Ungunsten des Versicherten sind nur aus besonderen Gründen sowie unter der Bedingung statthaft, daß der Versicherungsnehmer vor dem Abschluß des Vertrages auf diese Abweichungen ausdrücklich hingewiesen worden ist und sich hiernach schriftlich damit einverstanden erklärt hat."

Derartige besondere Bedingungen werden selbstverständlich nicht von der Aufsichtsbehörde genehmigt. Ihre mißbräuchliche Aufstellung könnte der Behörde Anlaß zum Einschreiten gegen den Versicherer geben. Das wird aber dem Schöpfer eines privaten Versicherungsrechts nicht genügen, sondern er wird die Grundrechte des Versicherten, an denen unter keinen Umständen gerüttelt werden darf, für die Versicherungszweige zwingend festlegen, in denen der Versicherte der Geschäftskunde zu entbehren pflegt und deshalb besondere Vertragsabreden vielleicht ohne ausreichendes Verständnis ihrer Tragweite eingeht.

Unternimmt der Gesetzgeber diesen Schritt, so hat er zunächst zu beachten, daß zwingende Normen zu Gunsten des Versicherten nur für bereits entwickelte Versicherungszweige aufgestellt werden dürfen. Denn nur bei ihnen läßt sich klar erkennen, was unveräußerliches Recht des Versicherten ist. Die Tragfähigkeit von Zweigen, die eben erst in der Entwickelung begriffen sind, darf nicht durch gesetzgeberische Versuche auf eine gefährliche Probe gestellt werden. Ebenso darf der Gesetzgeber sich nicht vermessen, im voraus zwingendes Recht für Versicherungen zu schaffen, die erst in der Zukunft zur Befriedigung wirtschaftlicher Be-

*) Vgl. V.A.G. § 116.

**) Berlin, Guttentag 1903.

dürfnisse werden ersonnen werden. In beiden Richtungen geht der Versicherungsvertragsgesetzentwurf irre. Denn er bringt im ersten Abschnitt „Vorschriften für sämtliche Versicherungszweige", und von diesen Vorschriften sind viele mit zwingender Kraft für alle Versicherungszweige mit Ausnahme der in § 177 genannten ausgestaltet. Gewiß ist es zweckmäßig, die gesetzlichen Grundsätze des Versicherungsrechts in einem allgemeinen Teile zusammenzufassen; Zwang darf ihnen aber nur beigelegt werden, soweit seine Wirkung zu ermessen ist. Das trifft nur bei den Arten zu, die der Gesetzgeber im einzelnen zu regeln vermag, nicht dagegen bei jungen oder erst künftig entstehenden Arten. Die Verfasser des Entwurfes haben dies auch anerkannt und suchen durch den § 178 zu helfen, wonach eine kaiserliche Verordnung mit Zustimmung des Bundesrates bestimmen darf, daß für einzelne Arten die Vorschriften, die die Vertragsfreiheit beschränken, ganz oder zum Teil außer Anwendung bleiben. Das ist aber völlig ungenügend, weil es fraglich ist, ob die verbündeten Regierungen eine Abweichung für geboten halten werden, und weil insbesondere dem Erfinder einer neuen Versicherungsart, die unter der Herrschaft der zwingenden Normen des allgemeinen Teils nicht gedeihen könnte, nicht zugemutet werden darf, eine zutreffende Beurteilung seiner Ideen von dem Bundesrat zu erwarten. Für alle jugendlichen und künftigen Versicherungszweige ist deshalb nachdrücklich zu fordern, daß die die Vertragsfreiheit einschränkenden Bestimmungen des allgemeinen Teils nur als dispositives Recht gelten. Wie weit eine Abweichung von diesem in den allgemeinen Bedingungen zu gestatten ist, mag die Aufsichtsbehörde entscheiden. Gegen die mißbräuchliche Benutzung des § 9, Abs. 3, V.A.G. kann das Privatrecht hier keinen Schutz schaffen, wenn es nicht wichtigere Interessen gefährden will.

Für die entwickelten Versicherungszweige aber ist bei der Aufstellung zwingenden Rechts mit größter Vorsicht zu Werke zu gehen. Es muß ein völlig klares und ein dauerndes Bedürfnis des Versicherten vorhanden sein, das von jedem anständigen Versicherer anzuerkennen ist.*) Unrichtig ist, wenn Bischoff**) das Interesse der Gesamtheit der Versicherten, die gleichzeitig als Versicherungsgeber in Betracht kommen, als ausschlag-

---

*) Boyens sagt in den Veröffentlichungen des Deutschen Vereins für Versicherungswissenschaft, Heft II, (Berlin 1904) S. 93: „Der Standpunkt der Herren Assekuradeure gegenüber dem Entwurf muß der sein, mit allen Kräften dahin zu streben, daß nichts in die zwingenden Bestimmungen hineinkommt, das nicht jede loyale Gesellschaft von selber ihren Versicherten bewilligen würde."

**) Veröffentlichungen des D. V. f. V. W., Heft II, S. 68 ff.

gebend ansieht und deshalb verlangt, daß der einzelne Versicherte so erzogen und behandelt werde, daß die gemeinsamen Interessen dabei bestens gewahrt werden. Gewiß soll der Gesetzgeber nicht eine gemeinschädliche Milde und Liberalität des Versicherers gegen den einzelnen Versicherten herbeiführen. Diese liegt aber nicht vor, wenn er von jedem einzelnen Versicherten Verluste abwendet, die zu dem, was der einzelne versäumt hat, in gar keinem Verhältnis stehen. Ein Beispiel möge dies veranschaulichen.

Jemand hat viele Jahre hindurch für seine Lebensversicherung beträchtliche Prämien bezahlt und läßt nun im Drange der Geschäfte den Prämientermin und die daran sich schließende Respektfrist verstreichen. Soll er deshalb aller Ansprüche aus der Versicherung verlustig gehen? Soll die Versicherung erlöschen und der Anspruch auf den Rückkaufswert verwirkt sein? Das ist durch das Interesse des Versicherers und der Versichertengesamtheit keineswegs geboten; im Gegenteil muß jeder Versicherte wünschen, daß seine etwaige Säumnis ohne Nachteil für den Versicherer ausgeglichen werden kann. Letzterer mag für die Aufwendung vermehrter Mühe und für den Verlust von Zinsen angemessen entschädigt werden; unzweifelhaft ist es recht und billig, daß der Versicherte durch eine Mahnung auf die weittragenden Folgen seiner Säumnis hingewiesen wird, bevor sie eintreten. Daher ist es für die Lebensversicherung richtig, daß der Gesetzentwurf in § 33 dem Versicherer die Mahnpflicht zwingend auferlegt.*) Verkehrt aber würde es sein, das Gleiche für die Volksversicherung zu gebieten, da der Versicherer bei den Hunderttausenden kleinster Versicherungen die Kosten und Mühen des Mahnverfahrens nicht zu tragen vermöchte. Und doch soll § 33 zwingend auch für die Volksversicherung gelten und erst durch eine gemäß § 178, Z. 2, mögliche kaiserliche Verordnung außer Kraft gesetzt werden können.

Regelt aber der Gesetzgeber ein klares, dauerndes Bedürfnis des Versichertes zwingend, so hüte er sich, Einzelheiten mitzutreffen, für die aus Gründen der Versicherungstechnik oder aus anderer Ursache eine einheitliche Norm nicht gesetzt werden kann. § 167 des Gesetzentwurfs gewährt dem Versicherten bei Auflösung einer Kapitalversicherung auf den Todesfall den nicht zu beschränkenden Anspruch auf eine Abgangsvergütung. Dagegen ist nicht das Geringste einzuwenden. Falsch ist es aber, daß der Entwurf das Mindestmaß der Abgangsvergütung

*) Gegen Einzelheiten des § 33 habe ich in den Veröffentlichungen des D. V. f. V. W., Heft II, S. 203 f., Bedenken geltend gemacht.

zwingend vorschreiben will, während die Wissenschaft nachweist, daß die tatsächlichen Grundlagen für die Bemessung der Abgangsvergütung so verschiedenartig sind, daß eine allgemeine gerechte Norm nicht gefunden werden kann.*)

Unzweifelhafte Grundrechte des Versicherten können auch dann zwingend geregelt werden, wenn dadurch das Risiko des Versicherers erweitert wird. Naturgemäß wird das zur Folge haben, daß der Versicherte eine der Erweiterung entsprechende höhere Prämie zu zahlen hat; denn jede Gruppe gleichartiger Versicherter muß die Mittel zur Deckung der Schäden beschaffen, die in ihr entstehen. Nur liegt, wenn die meisten Versicherer ein Interesse des Versicherten noch nicht in dem vom Gesetzgeber gewollten Umfange in die Versicherung einbezogen haben, besonderer Grund zur sorgfältigsten Prüfung vor, ob der gewünschte Zustand auch wirklich als ein Grundrecht anzusprechen ist und, wenn dies der Fall, ob man dem zwingenden Rechtssatz rückwirkende Kraft auf Versicherungen, die zu knapp ausreichender, der Erhöhung entzogener Prämie abgeschlossen sind, verleihen darf.

Werden die Grenzen der Grundrechte weit gezogen, so entsteht für die internationale Ausbreitung des Versicherungsgeschäfts Schwierigkeit. Denn wenn die Kulturstaaten verschiedenes als Grundrecht betrachten und verschiedene zwingende Normen aufstellen, so muß der Versicherer in den einzelnen Ländern verschiedenes Recht anwenden. Wo durch die Gesetzgebung sein Risiko vergrößert ist, müßte er höhere Prämien erheben. Gefährdet würde aber auch das Streben nach einem möglichst gleichen internationalen Versicherungsrecht, das dem Bedürfnis der Versicherung nach Ausbreitung gerecht wird. Der Gesetzgeber wird sich daher bei jedem zwingenden Rechtssatz fragen müssen nicht nur, ob jeder anständige Versicherer ihn von selbst anwenden würde, sondern auch ob die anderen Kulturstaaten ihn anerkennen werden.

Wird nun eine zwingende Norm zum Schutze der Versicherten geschaffen, so muß sie auf alle gegen die gleiche Gefahr Versicherten angewendet werden, mögen sie bei einem privaten Erwerbsversicherer oder bei einem öffentlichen oder privaten Gegenseitigkeitsverein Deckung gefunden haben. Hiergegen verstößt der Vorschlag in § 181, Abs. 2, des Gesetzentwurfes, daß die Vorschriften, welche die Vertragsfreiheit beschränken, auf Versicherungen bei einer nach Landesrecht errichteten öffentlichen Anstalt keine Anwendung finden sollen. Wo die öffentlichen

*) Vgl. Roelli in Zeitschrift für die gesamte Versicherungswissenschaft, Bd. 3, Heft 4, (Berlin 1903), S. 364 ff.

Versicherer mit den privaten in Wettbewerb stehen, müssen ihre Versicherten die Grundrechte besitzen, die der Gesetzgeber für so wichtig ansieht, daß er sie mit zwingender Kraft umgibt.

Die Frage, wie weit bei Versicherungsverträgen die Vertragsfreiheit durch zwingende Rechtssätze zu Gunsten der Versicherten einzuschränken sei, ist in allen Einzelheiten durch den mehrerwähnten Gesetzentwurf zu lösen versucht worden. Dieses in Form und Inhalt ausgezeichnete Werk sucht zwischen den Bedürfnissen der Versicherten und der Versicherer zu vermitteln und löst die Aufgabe in vielen Punkten zur Befriedigung beider Teile. In der Einschränkung der Vertragsfreiheit geht es aber, wie ich an einigen Bestimmungen gezeigt habe, zu weit und hinsichtlich der öffentlichen Versicherer nicht weit genug. Wenn bei der in Aussicht gestellten Umarbeitung des Entwurfs die oben dargelegten Gesichtspunkte berücksichtigt werden, so ist zu hoffen, daß aus der Einfügung des Schlußsteins in unser bürgerliches Recht unserem Versicherungswesen Förderung erblühen wird.

XVII.

Gutachten des Herrn Medizinalrats Dr. Leppmann,

Königl. Kreisarztes und I. Arztes an der Königl. Strafanstalt Moabit und der damit verbundenen Irrenbeobachtungsanstalt,

über

die strafrechtliche Behandlung der geistig Minderwerten.

I. Einleitung.

Herr Geheimrat Kahl hat in seinem bereits im Februar d. J. abgeschlossenen Gutachten über die gleiche Frage das gesamte zur Lösung derselben vorliegende Tatsachenmaterial so übersichtlich und erschöpfend dargestellt und ist namentlich auch den Erfahrungstatsachen der gerichtlichen Psychiatrie so gerecht geworden, daß ich meine Aufgabe nur darin suchen kann, zu prüfen, inwieweit ich mich auf Grund meiner Erfahrungen als gerichtlicher Psychiater und Gefängnisarzt seinen Leitsätzen anschließen und inwieweit ich Bedenken, welche ich etwa gegen einzelne derselben habe, nicht bloß kritisch erörtern, sondern durch abändernde Vorschläge ersetzen kann.*)

Daß Kahls Ausführungen darin gipfeln: Er halte eine Reform der Strafgesetzgebung zwecks Berücksichtigung der geistig Minderwerten für notwendig und für durchführbar, wird jeden Psychiater, welcher in den letzten Jahrzehnten in Theorie und Praxis am Ausbau der gerichtlichen Psychiatrie teilgenommen hat, mit stolzer Freude erfüllen. War es doch gerade die nähere Ausmittelung der Zustände, die zwischen gei-

---

*) Unterdessen hat die X. Landesversammlung der Gruppe Deutsches Reich der Int. krim. Vereinigung sich in der Tagung vom 25./V.—28./V. 04. in Stuttgart mit der Frage beschäftigt. Referenten waren v. Liszt und Leppmann. Sehr wesentlich bei der Debattte und mit neuen Leitsätzen war Krohne beteiligt. Folgende Leitsätze wurden angenommen. Auf Einzelheiten werde ich in meinen Ausführungen eingehen.

„I. 1. Vermindert Zurechnungsfähige sind milder zu bestrafen.

2. Gegenüber den wegen ausgeschlossener Zurechnungsfähigkeit Freigesprochenen oder wegen verminderter Zurechnungsfähigkeit milder Bestraften sind, soweit sie gemeingefährlich sind, die geeigneten Sicherungsmittel zur Anwendung zu bringen.

3. Solche Sicherungsmaßregeln sind auch denjenigen noch nicht verbrecherisch

stiger Gesundheit und Krankheit die Brücke bilden und die Forderung nach deren Berücksichtigung im Strafrecht, welche uns nicht selten den Vorwurf eingetragen hat, wir wären Utopisten, gingen darauf aus, Rechtsbegriffe zu verwirren und so die Rechtsordnung zu schädigen.

II. Die Prägung des Begriffs.

Herr Geheimrat Kahl sieht nun die erste der praktischen Aufgaben in der Prägung eines gesetzlichen Begriffs für diejenige Kategorie von Rechtsbrechern, auf welche allein die Reform angewandt werden soll.

Er erklärt, die Forderung einer besonderen gesetzlichen Behandlung „vermindert Zurechnungsfähiger", sei ihm zu allgemein.

Man muß ihm gerade vom Standpunkte des Psychologen aus zugeben, daß man logisch unter den Begriff „verminderte Zurechnungsfähigkeit" alle die im Seelenleben des einzelnen Menschen liegenden Eigenheiten, die im Augenblick strafbaren Handelns seine Widerstandskraft gegen den rechtsbrecherischen Antrieb mindern, einbegreifen müßte und daß dann dieser Begriff etwas uferloses erhalten, ja daß er die Reform von vornherein unpopulär machen würde, weil in den Augen Übervorsichtiger der Gesetzenwurf dann nur eine Lockerung der Maschen strafgesetzlicher Bestimmungen und eine Erleichterung des Durchschlüpfens durch dieses gelockerte Netz, für manche verschlagene, gefährliche Rechtsbrecher bedeuten könnte.

Deshalb verstehe ich es sehr wohl, wenn Kahl bei der Prägung des Begriffes im Interesse des Nächst-Erreichbaren enge Grenzen zieht und halte es zunächst für sehr angebracht, daß in der Definition der geistigen Minderwertigkeit in erster Reihe das Krankhafte des bestehenden Zustandes hervorgehoben wird, welcher derartig umfangreich sein muß, daß er das Verständnis für die Bestimmungen des Strafgesetzes oder die Widerstandskraft gegen strafbares Handeln vermindert.

Kahl ist mir sogar, wenn ich so sagen darf, noch etwas zu liberal in seiner Definition. Ich wäre damit einverstanden gewesen, wenn vor

---

gewordenen Personen gegenüber notwendig, die infolge von ausgeschlossener oder verminderter Zurechnungsfähigkeit gemeingefährlich sind.

4. Die endgültige Verhängung dieser Sicherungsmaßregeln erfolgt in einem besonderen Verfahren, das dem Entmündigungsverfahren analog zu gestalten ist.

II. Der Vorstand wird beauftragt, den gesetzgebenden Faktoren des Reiches die Bitte zu unterbreiten, daß ein Gesetz auf Grund der obigen Grundsätze ausgearbeitet werde.

III. Bei geistig minderwertigen Gefangenen hat der Arzt eine entscheidende Stimme

a) inbezug auf disziplinare und sonstige Behandlung.

b) inbezug auf die Beantragung des Ausscheidens aus dem Strafvollzug."

dem Wort „vermindert“ noch ein einschränkendes Wort wie „deutlich“, „erheblich“ oder „wesentlich“ gestanden hätte. Und zwar würde dies die Verwendbarkeit der Begriffsbestimmung, wenn sie einmal in die gesetzliche Praxis übergehen sollte, erhöhen.

Das Hinzunehmen geringer Mängel würde die Menge der Personen, bei welchen Minderwertigkeit in Frage kommt, sehr steigern, es würde dazu dienen, daß auch viel öfter, wie bei den erheblichen deutlichen und wesentlichen Lücken im geistigen Besitzstande die Meinungen der Sachverständigen auseinandergingen.

Bedenken könnte man aber gegen die Forderung Kahls haben, daß der krankhafte Zustand, welcher den Begriff der Minderwertigkeit erfüllt, ein andauernder sein soll. Es könnte gerade beim Arzte die Befürchtung entstehen, daß bei gewissen krankhaften Zuständen, welche in der ärztlichen Prognose für Zeiträume von Monaten, bezw. Jahren abgrenzbar sind, die Wohltat einer besonderen strafrechtlichen Behandlung, welche sie verdienen, nicht eintreten würde.

Ich meine hier z. B. die Nervenerschöpfung, die Neurasthenie, welcher in vielen Fällen sonst den Begriff der Minderwertigkeit, in ausgesprochenstem Maße erfüllt.

Kahl hat durch die Motive, die er seinen Leitsätzen gibt, diese Bedenken zwar zerstreut, ich möchte aber zur Erwägung anheimgeben, ob es nicht möglich wäre, in Anlehnung an den Wortlaut des § 104 des B.G.B. statt „andauernder Zustand“ zu sagen: „sofern er nicht seiner Natur nach vorübergehend ist“. Diese Fassung würde auch genügen, um einen Zustand vorübergehender Minderung der Widerstandskraft, nämlich den normalen Rausch auszuschalten, an dessen Hereinziehen die ganze Reform scheitern könnte.

Mit der Forderung, daß der Zustand, welcher die Minderwertigkeit begründet, krankhaft sein muß, scheidet Kahl eine Reihe nichtkrankhafter, von der Wissenschaft als „physiologischer“ bezeichneten Phasen im Lebensgange des Menschen, von der in Aussicht genommenen besonderen gesetzlichen Behandlung aus, trotzdem bei ihnen jedesmal mindestens die Vermutung einer verminderten Widerstandskraft gegen strafbares Handeln vorliegt. Es sind dies die Schwangerschaft, der Menstruationsvorgang, die Wechseljahre beim weiblichen und die Jugendentwicklung und die Altersrückentwicklung bei beiden Geschlechtern.

Bei den dem weiblichen Geschlecht besonders eigentümlichen Zuständen ist diese Ausscheidung im ganzen unerheblich. Wesentliche Minderwertigkeiten werden dort nur in Betracht kommen, wenn jene physiologischen Zustände sich auf krankhaftem Boden aufbauen und diese werden dann in die Grenzen der Kahlschen Begriffsbestimmung fallen. Die Jugendentwicklung als solche hat bereits im bestehenden Gesetz eine besondere Behandlung erfahren. Es bleibt also nur die Altersrückentwicklung übrig.

Daß diese einer besonderen gesetzlichen Berücksichtigung bedarf, daß in ihr entschieden sehr häufig eine Minderung des Verständnisses für die Bestimmungen des Strafgesetzes und des Widerstandes gegen verbrecherische Antriebe in erheblichem Maße eintritt, das ist von ärztlicher Seite wiederholt beweiskräftig ausgeführt worden, ebenso daß hier die Grenze zwischen natürlicher Rückentwicklung und krankhafter schwer zu ziehen ist und daß die Verbrechen und Vergehen der Greise und Greisinnen, auch wenn die Untersuchung des Geisteszustandes der Täter keine deutlichen krankhaften Züge ergibt, immer mit besonderem Maß gemessen werden müssen.

Ich verweise in dieser Beziehung auf das Tatsachenmaterial, welches in den Verhandlungen der internationalen kriminalistischen Vereinigung in Pest im Jahre 1899 beigebracht ist.

Doch stimme ich trotz dieser Sonderwünsche, in der Hoffnung besonderer gesetzlicher Regelung, vollauf der Auffassung Kahls bei, daß bei der Begriffsbestimmung der Minderwertigkeit diese natürlichen Entwicklungsvorgänge ausgeschaltet werden können, denn auch die medizinische Wissenschaft hatte, als sie diesen Wortbegriff schuf, nur krankhafte Zustände im Auge.

In Stuttgart hatte Krohne in seine Vorschläge den Kahlschen Begriff eingeführt, während die Mehrheit für den allgemeineren Begriff der vermindeeten Zurechnungsfähigkeit war. Auch mir schien dieser den heutigen Psychiaten geläufige Begriff annehmbar.

Nach genauerem Studium des mir damals erst zugänglich gewordenen Kahlschen Gutachtens sehe ich aber ein, daß es besser ist etappenweise vorzugehen, erst das Erreichbarste zu nehmen und die verminderte Zurechnungsfähigkeit im allgemeinen für spätere generalisierende Milderungsbestimmungen eines neuen Strafgesetzbuchs aufzusparen.

Deshalb kann ich meine Bemerkungen zu diesem Punkte dahin zusammenfassen, daß ich die Prägung des Begriffes für notwendig, für glücklich gewählt und auch für den ärztlichen Sachverständigen praktisch verwendbare halte.

III. Das Strafprinzip.

Kahl stellt es als Grundsatz auf, daß der Minderwertige milder zu bestrafen ist. Zu diesem Grundsatz begegnen sich wohl alle Reformvorschläge. Er will für denselben die Todes- und lebenslängliche Freiheitsstrafe ganz ausscheiden und er will die anderen Strafen nach allgemeinen Bestimmungen über Strafmilderung in minder schweren Fällen oder bei dem Vorhandensein mildernder Umstände bemessen. Er betont in seinen Ausführungen zu dem diesbezüglichen Leitsatz, daß er für seine Person meine, die besondere Behandlung der Minderwertigen werde im Rahmen einer allgemeinen Strafrechtsreform in die Wege zu leiten sein und daß dadurch die Möglichkeit geschaffen werde, den Ausschluß mildernder Umstände für einzelne Verbrechensarten zu beseitigen, so daß wirklich bei jeder Art von Straftat eine genügende Breite in der Strafart und Strafzumessung dann gegeben sein würde.

Ich schließe mich mit meinen persönlichen Wünschen mehr der von Liszt und der int. krim. Vereinigung vertretenen Ansicht an, welche den Erlaß eines besonderen der sonstigen Strafgesetzreform vorausgehenden Gesetzes will, weil ich wohl mit manchem, der im öffentlichen Leben steht und aus mannigfachen Schichten der Bevölkerung Ansichten über Strafgesetz und Rechtspflege hört, der Meinung bin, daß die heutigen Zeitläufte einer durchgreifenden Strafgesetzreform nicht eben günstig sind. Wohl aber hat sich gerade in den letzten Jahren in breiteren Schichten unseres Volkes doch die Überzeugung gebildet, daß die geistigen Mängel in unserem nervensiechen Zeitalter in allen Schattierungen eine größere Bedeutung haben als man sich hat gestehen wollen und daß man den Schutz der menschlichen Gesellschaft gegenüber den geistig Mangelhaften schleunigst etwas praktischer gestalten solle, wie bisher.

Sei dem aber, wie ihm wolle, ob allgemeine Bestimmungen über Strafmilderung nur für die Minderwertigen geschaffen oder ob diese zugleich mit einer allgemeinen Reform des Strafgesetzes ins Leben treten, unser Strafensystem genügt mir nicht, zur Erfüllung des Leitsatzes, daß Minderwertige milder zu bestrafen sind. Ich muß gerade als Psychiater noch eine Erweiterung und Umgestaltung desselben und namentlich die gesetzliche Einführung der bedingten Strafaussetzung für die Minderwertigen befürworten. Diese würde nicht selten zur Erfüllung des Sicherungszwecks, ja auch der Sühne, wenn diese in betracht kommen sollte, genügen.

Ich will dafür folgendes Beispiel anführen.

Ich habe in einem Aufsatz über die Diebstähle in den großen Kaufhäusern (Ärztliche Sachverständigen-Zeitung, Jahrgang 1901 Nr. 1 u. 2) darauf hingewiesen, daß diese Diebstähle außer von den gewerbsmäßigen Ladendieben sehr häufig von weiblichen Personen ausgeübt werden, welche neurasthenisch, d. h. chronisch geistig ermüdet sind und daß diese Ermüdung die Ursache zu sprunghaften, übereilten Handlungen im allgemeinen und auch zum Hinwegnehmen der in verlockender Nähe anscheinend unbeaufsichtigt daliegenden Waren ist. Es handelt sich dabei meist um Gegenstände von geringerem Wert, deren Aneignung selbst beim Vollsinnigen nur mit einer ganz geringen Gefängnisstrafe geahndet werden würde. Und wenn in solchen Fällen das verminderte Verschulden des Minderwertigen wirklich berücksichtigt werden soll, so ist es das Naheliegendste und Praktischste, solchen Personen die Möglichkeit zu gewähren durch bedingte Begnadigung die Bemakelung, endgültig bestraft zu sein, von sich abzuhalten. Ähnliche Umstände werden auch bei andersartigen geringen Verfehlungen, wie z. B. Beleidigungen, leichtesten Verstößen gegen die Sittlichkeit, Hausfriedensbruch, Widerstand, Körperverletzung in Betracht kommen und es wird sich dabei nicht bloß um krankhafte Minderwertigkeit infolge Neurasthenie, sondern auch um andersartige geistige Mängel, z. B. um leichteste Grade von Schwachsinn handeln. Der Sicherungszweck aber wird dadurch erfüllt, daß nach der Tatsache des Vorkommens einer strafbaren Handlung der Minderwertige, meist auch unterstützt durch Familienüberwachung, es vermeidet, sich in Situationen zu begeben, wo er besonderer Versuchung ausgesetzt ist.

Kahl weist außerdem jedem jugendlichen Minderwertigen, d. h. den Personen von der Strafmündigkeit bis zum 18. Lebensjahre eine besondere Ausnahmestellung in bezug auf die Milderungsgründe an, indem er zunächst dem Richter ein unbeschränktes Milderungsrecht jedesmal in die Hand gibt und dann die Verbüßung der zuerkannten Freiheitsstrafe in einer geeigneten Erziehungsanstalt ev. für zulässig erachtet.

Diese Ausnahmestellung der jugendlichen Minderwertigen ist meiner Überzeugung nach noch zu eng gefaßt. Ich wünsche, daß dem Richter bei der Ahndung des Vergehens oder Verbrechens eines Jugendlichen bis zum 18. Lebensjahre mindestens die Wahl gelassen wird zwischen Verhängung einer Strafe und Abstandnahme von derselben mit Überweisung des Jugendlichen in staatlich überwachte Erziehung.

Wenn irgendwo, so ist hier der Grundsatz: „Strafe muß sein," schon damit dieselbe für die Gesamtheit der anderen eine Warnung bildet, nicht am Platze.

Es sind nicht bloß die Psychiater, sondern die würdigsten Vertreter vieler Richtungen des praktischen Lebens, namentlich Geistliche, Jugendbildner und Strafvollzugsbeamte, welche der Meinung Ausdruck geben, daß das Maß strafrechtlicher Verantwortung, welches dem Jugendlichen im Durchschnitt zugemutet wird, im Mißverhältnis steht, zu dem Grade des Verständnisses für die Bestimmungen des Strafgesetzbuchs und zu der Fähigkeit strafbaren Antrieben zu widerstehen, welche der jugendlichen Geistesentwicklung eigen sind.

Ich verweise da wiederum auf die Arbeiten der internationalen kriminalistischen Vereinigung auf jene Ausmittelungen, durch Heranziehung von Praktikern aller Schattiernngen, welche zu den lehrreichen Verhandlungen der deutschen Landesgruppe vom 5. und 6. Dezember 1891 und 7. und 8. April 1892 zu Berlin führten deren praktischer Erfolg die Einführung der bedingten Strafaussetzung für Jugendliche in allen deutschen Staaten auf dem Wege der Verwaltungsbestimmungen und die Vorbereitung des Fürsorgeerziehungsgesetzes war und die Heraufrückung des Alters der Strafmündigkeit hoffentlich bald werden wird. Dort ist betont worden, wie wertvoll gerade für die Personen, deren Charakter und Verstandesbildung noch nicht vollendet ist, welche sich erst eine Stellung im Leben erobern wollen, es ist, nicht mit dem Makel der Strafe herumzulaufen. Es wurde daher die wahlweise Verhängung von Strafe oder staatlich überwachter Erziehung bis zum 21. Lebensjahre in Vorschlag gebracht.

Noch viel dringlicher ist diese Forderung für den Minderwertigen, namentlich, wenn man, wie Kahl es tut, das Höchstalter der besonderen strafrechtlichen Behandlung nur auf das 18. Jahr fixiert.

Es ist dies zunächst eine Forderurg der Gerechtigkeit, denn zu dem im allgemeinen verminderten Verschulden aus Mangel an Lebenserfahrung und Verstandes — und Charakterschulung kommt noch eine weitere Minderung der Verschuldung durch die Minderwertigkeit.

Es liegt diese Forderung aber auch im Interesse des erhöhten Schutzes der Gesellschaft.

Bei dem größten Teil der Minderwertigen, mit welchen sich unsere Leitsätze beschäftigen, ist diese Minderwertigkeit angeboren, bezw. durch schädliche Einflüsse auf das Organ unserer Seele auf das Gehirn, in früher Jugend erworben. Sie äußert nun ihre Wirkung nicht zu jeder Zeit des Lebens in gleicher Stärke. Am gefährdesten aber ist immer die sogenannte Pubertätszeit, d. h. die Zeit der Entwicklung vom Mädchen zur Jungfrau, vom Knaben zum Jünglinge im weitesten Sinne genommen.

Ich habe bereits an anderer Stelle, nämlich in der Landesversammlung der Internationalen kriminalistischen Vereinigung in Straßburg (7.—9. Juni 1900) durch Heranziehung der Statistik zu beweisen versucht, daß sich aus diesen jugendlichen Minderwertigen der Kern des gegenwärtigen, gewerbsmäßigen Verbrechertums rekrutiert. Ich bin auch heute noch, wie damals überzeugt, daß es viel besser wie jetzt gelingen würde, derartige Minderwertige unter Berücksichtigung einer im reiferen

Alter zu erwartenden Abnahme der bestehenden geistigen Mängel über die gefährdeten Jahre hinwegzubringen und sie davor zu bewahren, gewerbsmäßige Schädiger ihrer Mitmenschen zu werden, wenn man sie, statt sie zu strafen, erzöge, oder solche, bei welchen durch eine Erziehung kein großer positiver Erfolg zu erwarten ist, wenigstens durch Verwahrung in einer Erziehungsanstalt, über die gefährdeten Jahre hinwegbrächte.

Deshalb möchte ich es für die **jugendlichen Minderwertigen** als Grundsatz aufstellen: **Keine Bemakelung durch Strafe, sondern unschädlich machen durch Erziehung und Verwahrung.**

IV. Strafvollzug.

Nachdem der geistig Minderwertige nach den milderen Strafbestimmungen sein Urteil erhalten hat, ergeben sich für **Kahl** in bezug auf die Form des Strafvollzuges zwei Typen, welche ich im Sinne seiner Ausführungen als die gutartigen und die bösartigen Minderwertigen bezeichnen möchte.

Kahl denkt sich nun die Behandlung dieser beiden Gruppen folgendermaßen: Die Gruppe A kommt in den geordneten Strafvollzug. Sie bleibt unter möglichster Rücksichtnahme auf ihre geistigen Mängel bis zum Strafende in demselben und wird dann auf freien Fuß gesetzt, wobei allerdings immer noch die gesetzliche Möglichkeit bleiben müßte, solche Personen einer bewachenden Kontrolle durch Organe des Staates zu unterziehen.

Die Gruppe B verbüßt ihre Strafe in besonderen Sicherungsanstalten. Sie wird am Strafende in der Regel nicht auf freien Fuß gesetzt, sondern bleibt in der Sicherungsanstalt auf unbestimmte Zeit bis durch besondere Umstände der **Wegfall der Gemeingefährlichkeit, welcher bei dieser Gruppe als selbstverständlich vorausgesetzt wird, bewiesen ist. Die Gruppeneinteilung wird durch das Strafurteil selbst bewirkt.**

Gegen diese Vorschläge habe ich die ernstesten Bedenken.

Ich gebe zu, daß man die Fälle geistiger Minderwertigkeit, wenn man im Strafverfahren die Mittel zu ihrer Ausmittelung mehr benutzen wird, wie bisher, genügend umfangreich und genügend deutlich wird feststellen können, um daraus etwaige Strafmilderungsgründe herzuleiten.

Damit ist aber durchaus nicht gesagt, daß man aus dem größeren oder geringeren Umfang der Minderwertigkeitserscheinungen und aus der größeren oder geringeren Harmlosigkeit derselben einen Schluß auf die Strafvollzugsfähigkeit der betreffenden Individuen ziehen kann.

Wie sich ein Minderwertiger im Strafvollzuge verhalten wird, das kann in den meisten Fällen auch ein erfahrener Sachverständiger oder Gefängnispraktiker nicht vorhersagen und das Verhalten des Angeschuldigten im Strafverfahren selbst oder seine größere oder geringere Gefährlichkeit in der Freiheit, ist dabei nicht ausschlaggebend.

Ich möchte dies an zwei Beispielen zeigen:

Auf der Anklagebank sitzt ein Beamter wegen Amtsverbrechens. Er erweist sich als ein erheblicher, chronischer Neurastheniker, der im Zusammenhange mit seiner neurasthenischen Willensschwäche, seinen Verstimmungen, die er ev. auch durch Vergnügungen mit Luxusausgaben betäuben wollte, materiell in Not gekommen ist und amtliche Gelder angriff. Er ist geständig, macht in seinem zerknirschten Verhalten den Eindruck größter Reumütigkeit, und da er für jeden Gerichtshof den Typus eines Schulfalles A im Kahlschen Sinne darstellen würde, geht er mit milder Strafart und nicht zu langer Strafdauer laut Richterspruch in den geordneten Strafvollzug. Hier kann sich aber das Bild sofort gewaltig ändern. Es ist durchaus nicht gesagt, daß dieser zerknirschte, weiche Mensch sich seinem Lose in möglichster Pflichterfüllung fügt, er kann, nachdem der letzte Rest der Beherrschung mit der Tatsache der Bestrafung geschwunden ist, entweder so schlaff werden, daß er den einfachsten Forderungen an eine Arbeitsleistung nicht genügt oder gar er kann rasen, störrisch, reizbar und querulatorisch werden. Was dann? Dann ist das Schema durchbrochen. Der Betreffende kann nicht gut im geordneten Strafvollzug bleiben oder kann, selbst wenn man ihn mittelst allerhand weitgehender Vergünstigungen durch den Strafvollzug bis zum Strafende durchschleppt, auch nicht dann in die Freiheit entlassen werden, denn aus dem sanften Büßer ist definitiv oder noch für lange Zeit ein sensationslüsterner Querulant und Denunziant geworden.

Das zweite Beispiel betrifft einen Epileptiker, einen wüst aussehenden Burschen, herkulisch stark, dabei arbeitsscheu, seine Körperkräfte höchstens zu seinem Vergnügen als Athlet übend, der vielleicht zum zwölften Male wegen Körperverletzung, Bedrohung und Zuhälterei vor der Barre steht und trotz der Berücksichtigung seiner Minderwertigkeit eine längere Freiheitsentziehung zudiktiert erhält. Eine solcher Mensch müßte für das Gericht ein Schulfall für den Kahlschen Typus B sein und der Richterspruch würde hindern, daß mit ihm wenigstens ein Versuch der Strafvollzugsfähigkeit gemacht wird. Und wie verhält sich dieser Fall in der Wirklichkeit, denn ich habe einen bestimmten im Auge? Der Mann war, nachdem er in den ersten Tagen seiner Zellenhaft etwas unruhig gewesen war, der ruhigste und fleißigste Gefangene, den man sich denken konnte. Man sah, daß nur die Reizmittel des freien Lebens, namentlich der Alkohol und die Sinnlichkeit auf dem Boden der epileptischen Minderwertigkeit jenen Zustand von Reizbarkeit und Unstetheit erzeugt hatten, welcher die Hauptwurzel der Straftaten des Betreffenden gewesen war und daß die Ruhe und Regelmäßigkeit des Lebens in der Zelle der Strafanstalt wie ein Heilmittel auf ihn wirkte, ja im Laufe der langen Strafe so günstig auf ihn gewirkt hatte, daß mindestens der Versuch gerechtfertigt war, ihn am Strafende auf freien Fuß zu lassen.

Es besteht also praktisch entschieden nicht die von Kahl angenommene theoretische Möglichkeit, daß schon im Strafurteil selbst über die Form des Strafvollzuges bei Minderwertigen eine im wesentlichen bindende Bestimmung getroffen werden könnte. Die Schätzung der Strafvollzugsfähigkeit kann nur nach Antritt des Strafvollzugs selbst erfolgen.

Was hat nun zu geschehen, damit dem Wesen der geistigen Minderwertigkeit im Strafvollzuge selbst Genüge geschieht? Es gibt eine Reihe achtenswerter Stimmen von Strafvollzugtspraktikern, welche meinen, man könne mit den Minderwertigen im Strafvollzuge ganz gut fertig werden, man brauche nur sich genügend um deren seelische Eigenart zu kümmern und den Strafvollzug durch Nachsicht in disziplinarer Beziehung, durch Gewährung besonderer Vergünstigungen für solche Defektmenschen individualisieren. Diese Meinung ist z. B. in jüngerer Zeit von Finkelnburg bei einer Zusammenkunft der rheinisch-westfälischen Gefängnisgesellschaft in Düsseldorf in beredter Weise vertreten worden und Krohne vertrat in seinen Leitsätzen in Stuttgart die gleiche Anschauung, in dem er beantragte in den vom Bundesrat aufgestellten Grundsätzen über den Vollzug der Freiheitsstrafen dem § 14 einen Zusatz § 14a zu geben der lautet: Gefangene bei denen der Richter geistige Minderwertigkeit festgestellt hat, sind im Strafvollzuge mit Rücksicht auf diesen geistigen Zustand zu behandeln. Sie sind unter besondere Aufsicht des Arztes zu stellen.

Ich bin in einer langjährigen Strafanstaltspraxis zu der gegenteiligen Überzeugung gekommen, trotzdem ich das Glück hatte und noch habe, mit Männern zu amtieren, welche die Kunst des Individualisierens wirklich in vollkommenem Maße ausübten und ausüben. Ich bin auch überzeugt, daß die erfahrenen Strafanstaltsärzte mit mir in dieser Beziehung einer Meinung sind. Herr Geheimrat Baehr z. B. hat mich dessen ausdrücklich versichert. Übrigens giebt es auch eine Reihe nahmhafter Strafvollzugsbeamter, welche betonen, man müsse vor allem die erheblich Minderwertigen aus dem geordneten Strafvollzuge ausscheiden, da wie auch Kahl ausführt, die Norm des Strafvollzuges auf Gesunde abgestellt ist, selbst wenn man das Durchschnittsmaß an

Verstandes- und sittlicher Kraft für Strafgefangene als niedrig annimmt. Dann bleibt, wie ich meine, den Gefängnisbeamten noch genug Material zum individualisieren.

Es gibt eine Reihe geistig Minderwertiger, die von vornherein trotz aller Individualisierung nicht in den Strafvollzug sich einordnen können, und es gibt außerdem eine ziemliche Menge derer, bei denen es eine Zeit lang leidlich geht, bei denen aber dann ein Moment kommt, wo weder im Guten noch im Bösen irgend etwas mit ihnen anzufangen ist.

Ich möchte hier besonders noch betonen, daß die häufige Entstehung ausgesprochener Geisteskrankheit im Strafvollzuge darin eine wesentliche Miturſache hat, daß man kein gesetzliches Mittel hat, die Minderwertigen, welche für den geordneten Strafvollzug auch in mildester Form nicht mehr geeignet sind, aus demselben auszuschalten, bezw. den Strafvollzug in einer für dieselben geeigneten Form umzugestalten.

Deshalb halte ich es für das dringendste Bedürfnis der Reform selbst diese Lücke auszufüllen.

Herr Geheimrat Kahl will nun die Ausschaltung, welche er in das Strafurteil selbst einbegriffen und welche ich nach begonnenem Strafvollzuge eintreten lassen will, dadurch bewirken, daß er die infolge von Minderwertigkeit Strafvollzugsunfähigen in besondere Sicherungsanstalten überweist. Dieses Projekt hat auch in psychiatrischen Kreisen seine Anhänger, und zwar wollen manche Irrenärzte in derartige besondere Anstalten die wegen Geistesstörung Freigesprochenen und die im Strafvollzuge in Geistesstörung Verfallenen untergebracht haben. Sie wollen es dadurch ermöglichen, daß die modernen Irrenanstalten den Krankenhaus charakter behalten und nicht durch eigens für diese gefährlichen Elemnete notwendige Sicherungsvorrichtungen einen gefängnisähnlichen Charakter annehmen.

Ich bin durchaus gegen derartige selbständige Zwischenanstalten gegen diese Mitteldinge zwischen Strafanstalt und Irrenanstalt. Ich würde die Begründung derselben für einen Rückschritt in dem modernen Humanitätsgedanken der Irrenbehandlung und Verwahrung und außerdem für praktisch nachteilig halten.

Man darf keine Kranken erster und zweiter Klasse schaffen. Wer infolge seiner Geisteskrankheit die Rechtsordnung durchbrochen hat, so daß er dafür nicht verantwortlich gemacht werden kann, der darf nicht anders behandelt werden, als wie andere gemeingefährliche Kranke, und solche gibt es auch unter den Nichtbestraften zur Genüge. Das Gleiche ist bei den Personen, welche durch geistige Minderwertigkeit oder durch Eintritt ausgesprochener Geisteskrankheit während der Haft strafvollzugsunfähig werden. Lassen sich dieselben in einer freieren Form moderner Irrenanstaltsbehandlnng nicht halten, so müssen eben, wie dies jetzt ja allgemein geschieht, einzelne Teile der Irrenanstalten, z. B. einzelne Blocks mit besonderen Sicherungseinrichtungen versehen werden. Für die Aufnahme in jene gesicherten Teile kann aber nur die Gefährlichkeit und nie die Tatsache früher Bestrafung oder Anklage maßgebend sein.

Außerdem wird die Ausschaltung der Gemeingefahr und die Sicherheit der Bewachung dadurch nur erschwert, wenn nur verbrecherische Geisteskranke und geisteskrank gewordene Strafgefangene in größere selbständige Sonderanstalten vereinigt würden.

Kahl will nun die Minderwertigen, die in den geordneten Strafvollzug nicht passen, in derartige Zwischenanstalten verwiesen haben. Er will in der gleichen Anstalt zunächst einen modifizierten Strafvollzug ausüben und er will dann eben daselbst die weitere Verwahrung bis zum Aufhören der Gemeingefährlichkeit bewerkstelligen.

Ich habe die Meinung, daß der zwangsweise Weiterverbleib solcher minderwertiger Personen an dem gleichen Orte, wo sie ihre Strafe verbüßten, selbst, wenn die weitere Verwahrung in anderen Abteilungen mit größeren Vergünstigungen stattfinden würde, von denselben als ein bitteres Unrecht empfunden werden und zur Unbotmäßigkeit und Auflehnung besonderen Anlaß geben würde.

Es begreift dieser Vorschlag ja die Schaffung eines unabgemessenen Strafurteils indirekt in sich.

Ich halte vielmehr nur zwei Möglichkeiten für gegeben. Entweder man überweist den Minderwertigen, welcher in den geordneten Strafvollzug nicht einpaßt, unter Aussetzung der Strafe der öffentlichen Fürsorge und schafft Gesetzesbestimmungen, daß er von den Instituten dieser öffentlichen Fürsorge, so lange er gemeingefährlich ist, zwangsweise festgehalten werden kann, was ja zur Zeit nur mit dem ausgesprochen Geisteskranken möglich ist, oder man schafft im Rahmen des Strafvollzuges Einrichtungen, durch welche die Strafe außerhalb des eigentlichen, des sogenannten geordneten Strafvollzuges vollzogen werden kann.

In ersterem Falle hätte man eine Mannigfaltigkeit an Einrichtungen zur Verfügung, z. B. die öffentliche Irrenanstalt die Trinker Heil- und Bewahranstalt, die Arbeiterkolonie, die Nervenheilstätte.

Den ersten Ausweg wählen die Krohneschen Leitsätze, deren einer unter Bezug auf die Minderwertigen sagt: Nach Beginn der Strafvollstreckung kann das Gericht auf Antrag der Strafanstaltsverwaltung beschließen, daß der Verurteilte in eine Heil-, Bewahr- oder Pflegeanstalt gebracht wird. Die darin zugebrachte Zeit wird auf die Strafe angerechnet.

So sehr ich die Misere aus eigner Anschauung kenne, welche entsteht, wenn ein wegen Geisteskrankheit aus dem Strafvollzuge Ausgeschalteter nach jahrelangem Irrenanstaltsaufenthalt sich bessert und dann die ganze für ihn sowieso verlorene Zeit nachbüßen muß, so sehr bin ich auch gegen diese Vermischung von Strafe und öffentlicher Krankenfürsorge.

So lange die Strafe noch etwas Bemakelndes hat, soll man den Anschein vermeiden, als könnte jemand z. B. statt zu 3 Jahren Zuchthaus, zu 3 Jahren Irrenhaus verurteilt werden.

Auch würde der Gedanke, die Strafe in der bequemeren Irrenanstalt abmachen zu können, manchen Minderwertigen veranlassen, seinen Minderwertigkeitseigenschaften erst recht nachzugehen. Deshalb würde ich in solchem Falle als einzigen Ausgleich in zu harten Fällen die landesherrliche Gnade, welche in andern Ländern, z. B. in Österreich, häufig in analogen Fällen angewendet wird, ansehen.

Der zweite Fall würde sich dem Grundgedanken der Reform am meisten nähern, nämlich dem, daß der Minderwertige noch bis zu einem gewissen Grade als verantwortlich und straffähig gelten soll. Ich persönlich würde auch den zweiten Ausweg für den geeigneteren halten. Es lassen sich meiner Ansicht nach, ähnlich wie die jetzigen Beobachtungsanstalten zur Feststellung der Geisteskrankheit im Strafvollzuge Annexe an Strafanstalten und Zentralgefängnisse angliedern, in denen Minderwertige bis zum Strafende verwahrt und zu gleicher Zeit, soweit sie zur Behebung ihrer Minderwertigkeit behandlungsbedürftig sind, behandelt werden, ja es ließen sich diese Abteilungen für Minderwertige sogar ohne große Schwierigkeit in unserem engeren Vaterlande Preußen an die bereits geschaffenen Anstalten anreihen.

Weshalb ich solche Annexe der Schaffung einer Zentralstrafvollzugsanstalt für Minderwertige vorziehe, habe ich bereits oben gesagt. Außerdem glaube ich, daß, je mehr man einzelne Abteilungen für Minderwertige innerhalb eines Staates haben würde, desto rascher und leichter würde sich die Ausscheidung derselben aus dem gewöhnlichen Strafvollzuge vollziehen.

Die Ausscheidung könnte dann, so lange wir in Deutschland noch kein Strafvollzugsgesetz haben, eine reine Verwaltungsmaßregel bleiben, sofern nur, betreffs der Überführung in die Abteilung für Minderwertige der Arzt ein selbständiges Beantragungsrecht erhält und sofern nur die möglichst schnelle Ausscheidung der Minderwertigen, welche im Strafvollzuge geisteskrank zu werden drohen, ohne zu große Verlangsamung durch einen komplizierten Verwaltungsmechanismus erfolgt. Auch innerhalb der Minderwertigkeitsabteilung müßte der Arzt volle Selbständigkeit, allerdings auch mit voller Verantwortung für die Sicherheitsmaßregeln haben.

Will man aber die Überleitung von einem besonderen richterlichen Feststellungsverfahren abhängig machen, dann muß dem Arzt ähnlich wie im § 81 d. St.P.O. ein selbständiges Antragsrecht an das Gericht gewahrt bleiben und es muß die Möglichkeit bestehen, daß in dringenden Fällen der Minderwertige vorläufig auf eine solche Abteilung für Minderwertige auch vor abgeschlossener Feststellung verlegt werden kann.

Dies ist der Sinn des Leitsatzes III der Stuttgarter Beschlüsse (s. Seite 137 Anm.), welcher auf meine Veranlassung gefaßt wurde. Ich beabsichtige damit nicht etwa dem Strafanstaltsarzte gegenüber dem Direktor und dem Beamtenkörper eine Art selbständiger Nebenregierung zu geben, durchaus nicht. Im gewöhnlichen Strafvollzuge soll der Arzt das bleiben, was er ist, der beratende Sachverständige, er soll aber das Recht erhalten, für sein besonderes Ressort das zu reklamieren, was ihm zugehört, nämlich die erheblich Minderwertigen.

Wer von den richterlichen Organen ein solches Feststellungsverfahren auszuüben hat, darüber einen gutachtlichen Entscheid zu treffen, unterliegt nicht meinem Beruf. Herr Professor v. Liszt will in den Vorschlägen, welche er der diesjährigen Tagung der deutschen Landesgruppe der Internationalen kriminalistischen Vereinigung in Stuttgart vorlegte, das Feststellungsverfahren zu einem Entmündigungsverfahren wegen Gemeingefährlichkeit gestalten.

Wenn ich ihm auch darin nicht folgen kann, daß ich eine Einschränkung der Geschäftsfähigkeit im Sinne der Bestimmungen des bürgerlichen Gesetzbuches für die Minderwertigen als notwendig und mit der Frage der Gemeingefährlichkeit im Zusammenhange stehend, erachten kann, so ist mir nach meinem forensischen Erfahrungen ein Feststellungsverfahren, welches sich analog dem Entmündigungsverfahren, in der ersten Instanz wenigstens, durch einen besonderen Einzelrichter vollzieht, das sympathischste.

Ein geschulter Sachverständiger einigt sich mit seinem einigermaßen eingearbeiteten Entmündigungsrichter selbst in den schwierigsten Fällen über die ausschlaggebenden Punkte der Begutachtung und der Sammlung von Material, durch Art und Umfang von Zeugenvernehmungen im persönlichen Meinungsaustausch ohne jede Umständlichkeit, so daß ich ein dem Entmündigungsverfahren nachgebildetes Verfahren für den vorliegenden Zweck als besonders günstig halten würde.

V. Sicherung.

Bei meinen Vorschlägen kommt ein richterliches oder andersartiges Feststellungsverfahren hauptsächlich vom Strafende ab in Betracht. Sowohl dann als später soll der Zustand der Minderwertigkeit nur nach dem einen

Gesichtspunkt geprüft werden, ob derselbe eine Gemeingefährlichkeit bedingt und ob zur Behebung dieser Gemeingefährlichkeit die zwangsweise Verwahrung, bezw. Weiterbelassung in irgend einer der oben bereits genannten Anstalten (S. 147 vorletzter Absatz) notwendig ist, oder welche andere Art von staatlicher Überwachung etwa stattfinden soll.

Es muß peinlich darauf gehalten werden, daß diese Verwahrung, wenn auch nur scheinbar, nicht etwa ein Äquivalent für die mildere Strafe darstellen könnte, so daß z. B. ein infolge beginnender Greisengeistesschwäche nur mit kürzerer Gefängnishaft belegter Sittlichkeitsverbrecher nicht etwa bloß wegen der im Verhältnis zur Schwere der voraufgegangenen Verfehlung gelinden Strafe an deren Ende als irrenanstaltsverwahrungsbedürftig erachtet werden kann, wenn man die Überzeugung erhält, ein solcher schwacher Greis könne auch durch die Möglichkeit der Schaffung einer besonderen Aufsicht in seiner Familie überwacht werden.

Eine besonders dringliche Aufgabe dieser Feststellungsbehörden, denen ja auch die Überwachung der wegen Unzurechnungsfähigkeit Freigewordenen und der aus dem Strafvollzug wegen ausgesprochener Geisteskrankheit Ausgeschiedenen zufallen würde, wird die Verhinderung der vorzeitigen Entlassung Gemeingefährlicher, teils Minderwertiger, teils Geisteskranker, aus den öffentlichen Irrenanstalten bilden.

Heutzutage hängt diese Entlassung von dem subjektiven Ermessen der Anstaltsleiter ab. Der Begriff der Gemeingefährlichkeit, nach welchem sich derselbe zu richten hat, ist ein sehr dehnbarer. Namentlich wollen eine Reihe von Anstaltsdirektoren nicht anerkennen, daß beim notorischen Gewerbs- und Gewohnheitsverbrecher die Neigung zu verbrecherischer Betätigung und die Unfähigkeit, sich ohne Rechtsbruch in den sozialen Organismus einzuordnen, noch andauert, auch wenn seine Geisteskrankheit als solche bis zur Harmlosigkeit gebessert ist. Nichts aber verwirrt die Rechtsbegriffe so, als wenn solchen gewerbsmäßigen Schädlingen der Gesellschaft durch Entlassung oder Beurlaubung leicht Gelegenheit gegeben wird, eine ganze Reihe neuer Eigentumsvergehen auszuüben, für welche dieselben bei ihrer Ergreifung nicht verantwortlich gemacht werden können.

Wir ärztliche Leiter der zur Ausscheidung von geistig Erkrankten dienenden Irrenbeobachtungsanstalten kennen Fälle, wo Erkrankte, die wir als gemeingefährlich öffentlichen Irrenanstalten überwiesen, nach wenigen Wochen in der Freiheit auftauchten. Professor Aschaffenburg wies in Stuttgart darauf hin, daß in Staaten, wie in Preußen, wo die Irrenfürsorge nicht direkt dem Staate, sondern einzelnen Provinzial- und Kommunalverbänden unterliegt, auch die Kostenfrage eine Rolle spielt.

Anderseits wird es auch Anstaltsleiter geben, welche das Risiko der Entlassung zweifelhaft Gemeingefährlicher gern von sich abweisen wollen.

Aus allen diesen Gründen ergibt sich die Notwendigkeit, daß in solchen Fällen am besten eine neutrale Feststellungsbehörde das entscheidende Wort hat.

Daß außerdem eine staatliche Kontrolle des Zustandes von Minderwertigen, welche am Strafende nicht als anstaltsbedürftig erachtet oder deren eingetretene Anstaltsbedürftigkeit im Laufe späterer Zeit als nicht mehr vorliegend anerkannt wird, notwendig ist, davon bin ich gerade vom Standpunkt meiner ärztlichen Erfahrung aus, sehr überzeugt.

Es können Umstände im Leben des Minderwertigen eintreten, welche eine erneute Prüfung, ob er anstaltsbedürftig, bezw. aufs neue anstaltsbedürftig ist, notwendig machen. Er kann sich dem Trunke ergeben, er kann seinen Halt verlieren dadurch, daß ihm die Ehefrau stirbt. Er kann in schlechte Gesellschaft geraten und Ähnliches mehr. Außerdem gibt die Kontrolle den überwachenden Familienmitgliedern oder Pflegern eine stets neue Mahnung zur Vorsicht.

Kahl nennt diese staatliche Kontrolle Polizeiaufsicht, ein in sich höchst unbehagliches Wort. Ich halte es auch deshalb hier nicht für anwendbar, weil ich meine, daß eine solche Kontrolle durch die gewöhnlichen Organe der Polizei völlig wertlos, ja direkt schädlich ist, weil sie zu falschen Schlüssen führt. Polizeilich kontrolliert werden nicht selten die Geisteskranken von zweifelhafter Gemeingefährlichkeit, welche aus Anstalten entlassen, bezw. beurlaubt sind. Wenn dann der Kranke nur äußerlich ruhig ist und die Formen des Lebens nur einigermaßen beherrscht, so erscheint er dem kontrollierenden Schutzmann als der gesittetste Mensch, auch wenn eine Fülle von Beeinträchtigungswahnideen und Rachegedanken sein Inneres zerwühlt.

Deshalb meine ich, eine derartige Kontrolle kann in erster Reihe nur durch geschulte beamtete Ärzte stattfinden, und wenn unter Aufsicht derselben Organe der Polizei daran teilnehmen, so können dies nur besonders instruierte und geschulte Personen sein, ähnlich wie die Gesundheitsaufseher, welche man zu anderen Zwecken in England hat.

Daß das Verfahren der Überweisung und Sicherung bei ausgesprochen Geisteskranken, die strafbare Handlungen begangen haben, sich dem für Minderwertige analog gestalten muß, darin stimme ich mit

Kahl und Liszt überein und habe dies in meinen obigen Ausführungen schon berücksichtigt.

Zum Schlusse will ich noch eines Punktes erwähnen. Herr v. Liszt will das neu zu schaffende Gesetz so gestalten, daß es ev. auch auf Minderwertige anwendbar ist, welche zwar noch keine strafbare Handlungen begangen haben, bei denen aber infolge geistiger Minderwertigkeit die Begehung strafbarer Handlungen zu besorgen steht.

Die Notwendigkeit einer solchen Erweiterung halte ich für sehr gegeben. Ich möchte dabei z. B. auf die Fälle aufmerksam machen, wo bei Minderwertigen zwar objektiv strafbare Handlungen vorkommen, diese aber nicht als vorhanden erscheinen, weil die Strafanträge, auf welche hin allein die Verfolgung eintreten könnte, nicht gestellt werden. Ich meine hier die so häufigen Brutalitäten arbeitsscheuer und trunksüchtiger oder anderen Lüsten ergebener Minderwertiger gegen Familienangehörige, die Beleidigungen, Körperverletzungen und Bedrohungen gegen schwache oder gar verblendete Eltern und Ähnliches.

So weit meine Ausführungen. Ich will zum Schluß versuchen, in einigen kurzen Leitsätzen das zusammenzufassen, was ich mit Kahl gemeinsam will und worin ich von ihm abweiche.

1. Es ist ein gesetzlicher Begriff der geistigen Minderwertigkeit nach der von Kahl angegebenen Begriffsdeutung zu schaffen.

2. Der geistig Minderwertige ist milder zu bestrafen; es muß die Möglichkeit geschaffen werden, die Strafe in besonderen Abteilungen von Zwangsanstalten an ihm zu vollziehen und eventuell auch den Strafvollzug für ihn bedingt auszusetzen.

Bei Minderwertigen bis zum 18. Lebensjahre soll an Stelle der Strafe staatlich überwachte Erziehung treten können.

3. Jeder, der wegen geistiger Minderwertigkeit milder bestraft ist, ist staatlichen Sicherungsmaßregeln zu unterstellen, welche den Zweck haben, gemeingefährliche Handlungen teils durch Festhaltung in geeigneten Anstalten, teils durch Beaufsichtigung außerhalb solcher zu verhüten. Gleichen Maßregeln sind auch die Minderwertigen zu unterstellen, bei denen infolge ihrer Geistesmängel die Begehung strafbarer Handlungen zu besorgen steht.

4. Die wesentlichen Maßnahmen in dem Sicherungsverfahren sollen auf einem gerichtlichen Feststellungsverfahren beruhen, welches dem Entmündigungsverfahren analog zu gestalten ist.

Vorschläge
der
Ständigen Deputation des Deutschen Juristentages
für die Art der Anführung
von
Rechtsquellen, Entscheidungen und wissenschaftlichen Werken.

In der Art, wie die deutschen Juristen Gesetze, Entscheidungen und rechtswissenschaftliche Schriften zitieren, herrscht heute bunteste Mannigfaltigkeit: jeder folgt dem eigenen Geschmacke, der eine kürzt, der andere vermeidet jede Kürzung, oft nur in dem Bestreben, Mißverständnissen vorzubeugen; für die Kürzungen selbst fehlt jede Einheitlichkeit.

Diese Zerrissenheit wird von Lesern und noch mehr von Schriftstellern und Herausgebern juristischer Zeitschriften seit langem als Übelstand empfunden; eine Zitiereinheit würde das Verständnis erleichtern und eine nicht unbeträchtliche Ersparnis an Zeit, Raum und Geld bedeuten. In anderen Wissenschaften hat man sich schon über eine einheitliche Zitiermethode geeinigt oder doch solche Einigung angebahnt. Daß ein gleiches Bedürfnis für die Rechtswissenschaft vorliegt, hat der letzte Deutsche Juristentag anerkannt und einstimmig, auf Antrag des Rechtsanwalts Dr. Hugo Neumann in Berlin, die Ständige Deputation beauftragt, Abhilfe vorzuschlagen.

Die Ständige Deputation berief eine Kommission.*) Diese legte Pfingsten 1903 als Ergebnis ihrer Beratungen „Vorläufige Vorschläge zu Leitsätzen über eine allgemeine Zitierweise für Rechtsquellen, Entscheidungen und wissenschaftliche Werke nebst Begründung" vor. Nach

---

*) Mitglieder der Kommission zur Ausarbeitung der Vorschläge waren der damalige Geheime Oberjustizrat und vortragende Rat im preußischen Justizministerium, jetzige Oberlandesgerichtspräsident in Kiel, Professor Dr. Vierhaus,

Genehmigung durch die Ständige Deputation versandte deren Vorsitzender sie mit Begleitschreiben an

> die obersten deutschen Reichsbehörden, sämtliche preußische Ministerien und die preußische Oberrechnungskammer, sämtliche Justizverwaltungen der übrigen deutschen Bundesstaaten, das österreichische Justizministerium, die Mitglieder des Reichsgerichts und der Reichsanwaltschaft, den Präsidenten und die Senatspräsidenten des Reichsmilitärgerichts, den Obermilitäranwalt, das preußische Oberverwaltungsgericht, die Präsidenten, Senatspräsidenten und Oberstaatsanwälte bei den Oberlandesgerichten und dem Obersten Landesgericht in München, die Präsidenten der österreichischen obersten Gerichtshöfe, die Vorsitzenden der deutschen Anwaltskammern, sowie der österreichischen Anwalts- und Notariatskammern, die Rechtsanwälte beim Reichsgericht, die ordentlichen und außerordentlichen Professoren und Privatdozenten der deutschen und österreichischen juristischen Fakultäten und eine große Zahl von Mitgliedern des Deutschen Juristentages.

Auf diese Umfrage liefen 182 Gutachten aus dem Deutschen Reich und Österreich ein. Die in ihnen niedergelegte Kritik nahm die „Vorläufigen Vorschläge" im allgemeinen wohlwollend und zustimmend auf. Die meisten Behörden erklärten sich ohne jede Einschränkung mit den Vorschlägen einverstanden; ein Teil stellte amtliche Empfehlung in Aussicht und gab den Wunsch kund, über die weitere Entwicklung unterrichtet zu werden. Nur wenige verhielten sich abwartend, einige beanstandeten die Einführung von Abkürzungen in den amtlichen Verkehr, jedenfalls mit dem Publikum. Die Kommission hat sämtliche Bedenken und Wünsche erwogen. Sie verdankt der Kritik zahlreiche und wesentliche Verbesserungen ihrer Arbeit. Die Ständige Deputation legt die nachstehenden Vorschläge dem Juristentage zur Annahme vor.

---

der ordentliche Professor der Rechte an der Universität Berlin Dr. Seckel, der Rechtsanwalt am Kammergericht Dr. Neumann, der außerordentliche Professor der Rechte an der Universität Berlin Dr. Wolff, der Bibliothekar im Reichsmilitärgericht Dr. Maas und der Gerichtsassessor Vormbaum im preußischen Justizministerium. Ausarbeitung der Entwürfe und Berichterstattung waren den beiden zuletzt genannten Mitgliedern übertragen. Die Kommission trat im Februar 1903 in Berlin zusammen, beendete die Beratung der „Vorläufigen Vorschläge" Ende Mai, begann die Umgestaltung der Vorschläge auf Grund der Gutachten Anfang November 1903 und schloß ihre Arbeiten mit diesem Bericht und dem nachstehenden Entwurfe im Mai 1904.

Für Österreich hat der k. k. Ministerialrat Dr. Hugo Schauer in Wien die im Anhang abgedruckten Abkürzungen ausgearbeitet.

Vorschläge.

Einleitende Bemerkungen.

Die Vorschläge bezwecken, eine einheitliche Art der Anführung von Rechtsquellen, Entscheidungen und wissenschaftlichen Werken einzubürgern. Sie sollen den deutschen und den österreichischen Juristen einen Anhalt dafür geben, wie solche Abkürzungen zu bilden sind, wenn es im einzelnen Falle dem Verfasser überhaupt zweckmäßig erscheint, Abkürzungen anzuwenden.

Die Vorschläge wenden sich vornehmlich an den Juristen, der für Juristen schreibt. In Äußerungen, die für Laien bestimmt sind, insbesondere in Ausfertigungen von Urteilen, in volkstümlichen Darstellungen und dergl., sind wie bisher Abkürzungen möglichst zu vermeiden.

Weitergehende oder anders geartete Abkürzungen sind da nicht ausgeschlossen, wo der Zusammenhang es angezeigt erscheinen läßt, z. B. in Sonderarbeiten über enger begrenzte Rechtsgebiete. Für den Verkehr mit Bibliotheken verbietet sich die Verwendung von Abkürzungen schon durch die Rücksicht auf die Bibliothek-Ordnungen.

Unter Verwertung der allgemein üblichen Abkürzungen wird angestrebt: Kürze, Verständlichkeit und tunlichste Beibehaltung der Wortfolge. Die gleiche Abkürzung für verschiedene Worte ist dann unbedenklich, wenn der Zusammenhang, in dem die Worte vorkommen können, die Gefahr einer Verwechselung ausschließt, z. B.: AG. = Amtsgericht oder Ausführungsgesetz.

A. Allgemeine Regeln.

1. Seiten- und Spaltenzahlen sind ohne den Vorsatzbuchstaben S. oder Sp. zu setzen, z. B.: Gneist, Formelle Verträge 123.

2. Jahrgangs- und Bandzahlen sind in arabischen Ziffern wiederzugeben und von der Seitenzahl durch ein Komma zu trennen. Für den Druck kann es sich empfehlen, die Jahrgangs- und Bandzahlen halbfett zu setzen, dann aber das Komma fortzulassen, z. B.: ArchCivPrax. 88, 168 oder **88** 168 = Archiv für die civilistische Praxis Band 88 Seite 168, nicht: LXXXVIII, 168.

Enthält ein Zitat mehrere Seitenzahlen hintereinander, so sind diese voneinander durch Kommata zu trennen und, sofern die Jahrgangs- oder Bandzahl nicht halbfett gesetzt ist, durch Einfügung eines S. vor der ersten Seitenzahl zu kennzeichnen z. B.: ArchCivPrax. 88 S. 16, 18, 31 oder **88** 16, 18, 31. Sind mehrere Bände oder Jahrgänge desselben Werkes anzuführen, so ist zwischen die Band- oder Jahrgangszahlen ein Semikolon zu setzen z. B.; RG. 53 S. 1, 27; 54, 5.

3. Ist ein Werk in mehreren Auflagen erschienen, so ist die angeführte Auflage durch eine arabische Exponentenzahl* oder eingeklammert anzugeben, z. B.: Savigny, Besitz^7 15 oder Besitz (7) 15 = Savigny, Besitz 7. Auflage Seite 15; Dernburg, Bürgerliches Recht 3^3 333 oder 3 (3) 333 = Dernburg, Bürgerliches Recht 3. Band 3. Auflage Seite 333.

4. Paragraphen sind durch § zu bezeichnen, Artikel mit Art., Nummer mit Nr., Absatz mit Abs. abzukürzen. Mehrere Paragraphen oder Artikel hintereinander sind durch §§ oder Artt. zu bezeichnen. Das Wort „Satz" wird nicht abgekürzt.

5. Für die Jahreszahlen in Daten und zur Bezeichnung von Jahrgängen genügen in der Regel die beiden Schlußziffern, wenn jeder Zweifel über die Bedeutung dieser Bezeichnung einer Jahrgangszahl und über das Jahrhundert ausgeschlossen ist. Eine Regel über die Bezeichnung eines Monats mit arabischen oder römischen Ziffern wird nicht vorgeschlagen, da beide Bezeichnungen üblich sind.

6. Abkürzungen werden nicht flektiert, z. B.: Mit dem Inkrafttreten des BGB., nicht des BGB.'s.

7. Trennungszeichen (Punkte, Kommata) sind innerhalb einer zusammengesetzten Abkürzung nicht zu verwenden, also: BGB. nicht B.G B.; ArchBürgR. nicht Arch. Bürg. R.

B. Besondere Regeln.

Rechtsquellen.

I. Ein Gesetz oder eine andere Rechtsquelle ist regelmäßig mit der Überschrift und dem Datum zu bezeichnen. Die Überschrift kann durch einen allgemein üblichen kürzeren Namen ersetzt werden, z. B.: DepotG. = Gesetz, betreffend die Pflichten der Kaufleute bei Aufbewahrung fremder Wertpapiere; HaftpflG. = Gesetz, betreffend die Verbindlichkeit zum Schadensersatze für die bei dem Betriebe von Eisenbahnen, Bergwerken usw. herbeigeführten Tötungen und Körperverletzungen; RayG. = Rayongesetz = Gesetz, betreffend die Beschränkungen des Grundeigentums in der Umgebung von Festungen.

II. Das Datum kann bei bekannteren Gesetzen weggelassen werden, z. B.: StGB., BGB. Ist die Unterscheidung von einer anderen Fassung

*) Die Verwendung einer Exponentenzahl zur Bezeichnung der Auflage ist bei den Rechtshistorikern allgemein und außerhalb der juristischen Wissenschaft bei Philologen, Historikern, Theologen in Gebrauch.

desselben Gesetzes oder von anderen Gesetzen mit gleicher Überschrift geboten, so genügt die Hinzufügung der Jahreszahl in Klammern, z. B.: KO. (1898).

Enthält die Abkürzung das Datum der Rechtsquelle, so ist die Angabe der Jahrgangszahl des Veröffentlichungsorgans nicht erforderlich, falls dieses in Jahresbänden erscheint und die Jahreszahlen des Zitats und des Jahrgangs übereinstimmen. Die Angabe der Seitenzahl ist wünschenswert.

Beispiele: Münzgesetz v. 9. VII. 73 (RGBl. 233); Abkommen zur friedlichen Erledigung internationaler Streitigkeiten v. 29. VII. 99 (RGBl. 01 393).

III. Soll der Name eines Gesetzes abgekürzt werden, so sind die für seine Benennung charakteristischen Bestandteile in Silben- und Buchstabengruppen (Sigel) gekürzt zusammenzufassen, z. B.: **G**esetz, betreffend die **B**eschlagnahme des Arbeits- oder Dienst**lohns** = LohnBG.

Besteht der Name des Gesetzes nur aus einem Wort, so ist dieses in seine einzelnen Bestandteile zu zerlegen und aus deren Anfangsbuchsilben eine Abkürzung zu bilden, z. B.: **R**eichs**mil**itär**g**esetz = RMilG.

Fehlt eine amtliche Bezeichnung eines Gesetzes oder einer anderen Rechtsquelle durch ein Wort, so ist die Bildung solcher Einwortbezeichnungen unter Anlehnung an eingebürgerte Benennungen anzustreben z. B. **G**esetz betreffend die **P**en**s**ionierung und Versorgung der **Mil**itärpersonen des Reichsheeres und der Kaiserlichen Marine, sowie die Bewilligungen für die Hinterbliebenen solcher Personen = MilPensG.

Bei häufig gebrauchten Gesetzen und anderen bekannten Rechtsquellen können an Stelle einer Silbe einzelne Buchstaben, insbesondere deren Anfangsbuchstaben treten, z. B.: **B**ürgerliches **G**esetz**b**uch = BGB., **G**rund**b**uch**o**rdnung = GBO.

Bei der Anführung eines Reichsgesetzes ist die Silbe „Reichs" im allgemeinen wegzulassen, sofern sie nicht einen untrennbaren Bestandteil des Gesetzesnamens bildet und sofern durch ihre Fortlassung keine Zweifel entstehen können, z. B.: Gewerbeordnung für das Deutsche Reich (Reichsgewerbeordnung) = GewO., aber Reichskassenscheingesetz = RKassSchG., Reichsstempelgesetz = RStempG.

Sind Gesetze usw. eines deutschen Bundesstaates anzuführen, so ist ihrer Abkürzung der Name des Bundesstaates abgekürzt voranzusetzen.

Abkürzungen für die allgemeine Bezeichnung von Rechtsquellen und deren Materialien.

Abänderungsgesetz	= AbG.
Abkommen	= Abk.
Anweisung	= Anw.
Dienst-Anweisung	= DAnw.
Geschäftsanweisung	= GeschAnw.
Ausführungsgesetz	= AG.
Begründung	= Bgr., Begr.
Bekanntmachung	= Bk., Bek.
Bericht	= B., Ber.
Kommissionsbericht	= KommB.
Stenographischer Bericht	= StenB.
Beschluß	= Bschl., Beschl.
Denkschrift	= D.
Einführungsgesetz	= EG.
Entwurf	= E.
Vorentwurf	= VorE.
Erlaß	= Erl.
Gesetz	= G.
Instruktion	= Instr.
Konvention	= Konv.
Motive	= Mot., M.
Ordnung	= O.
Betriebsordnung	= BetrO.
Dienstordnung	= DO.
Geschäftsordnung	= GeschO.
Protokolle	= Prot., Pr.
Reglement, Regulativ	= Rgl., Regl.
Verordnung	= V., VO.
Verfügung	= Vf.
Allgemeine Verfügung	= AVf.
Vertrag	= Vt.
Auslieferungsvertrag	= AuslVt.
Handelsvertrag	= HandVt.
Konsularvertrag	= KonsVt.
Vorschrift	= Vschr.

Abkürzungen für die Bezeichnung von Reichsbehörden*.

Bundesrat	= BR.
Reichstag	= RT.
Reichskanzler	= RK.
Auswärtiges Amt	= AuswA.
Reichsamt des Innern	= RAJ.
Bundesamt für das Heimatwesen	= BAH.
Ober-Seeamt	= OSeeA.
(Kaiserliches) Statistisches Amt	= KStatA.
Patentamt	= PatA.
Reichs-Versicherungsamt	= RVA.
Aufsichtsamt für die privaten Versicherungsunternehmungen	= APrivVers.
Reichs-Marine-Amt	= RMA.
Reichs-Postamt	= RPA.
Reichs-Justizamt	= RJA.
Reichsgericht	= RG.
Reichsschatzamt	= RSchA.
Reichs-Eisenbahn-Amt	= REA.
Reichsmilitärgericht	= RMG.

Abkürzungen für Gesetz- und Verordnungsblätter des Deutschen Reiches.

Amtsblatt des Reichs-Postamts	= RPostABl.
Armee-Verordnungs-Blatt	= AVBl.
Bundesgesetzblatt	= BGBl.
Deutsches Kolonialblatt. Amtsblatt für die Schutzgebiete des Deutschen Reichs	= KBl.
Marine-Verordnungsblatt	= MVBl.
Nachrichten des Reichs-Versicherungsamts	= RVANachr.
Patentblatt	= PBl.
Blatt für Patent-, Muster- und Zeichenwesen	= PatMustZeichBl., PMZBl.
Deutscher Reichs-Anzeiger und Königl. Preußischer Staats-Anzeiger.	= RAnz.
Reichs-Gesetzblatt	= RGBl.
Zentralblatt für das Deutsche Reich	= RZBl.

*) Nach der Ordnung des Handbuchs für das Deutsche Reich.

Abkürzungen für die Namen der Bundesstaaten.

Pr.	Weim.	Kob.	RjL.
Bay.	MecklStr.	Gotha	SchL.
Sachs.	Old. (Birk., FstLüb.)	Anh.	Lippe
Württ.	Braunschw.	SchwR.	Lüb.
Bad.	Mein.	SchwSo.	Brem.
Hess.	Altenb.	Wald.	Hamb.
MecklSchw.		RäL.	ElsLoth. (EL.)

Abkürzungen für Reichsgesetze.

Bürgerliches Recht und Verfahren*.

Bürgerliches Gesetzbuch vom 18. VIII. 96 = BGB.

V. betr. die Hauptmängel und Gewährfristen beim Viehhandel v. 27. III. 99 = ViehmängelV.

Bk. betr. die Anlegung von Mündelgeld in verbrieften Forderungen gegen inländische kommunale Körperschaften usw. v. 7. VII. 01 = MündelgBk.

Bk. betr. Ausführungsbestimmungen zu den §§ 980, 981, 983 des BGB. (Vorschriften über die in Fundsachen usw. von Reichsbehörden und Reichsanstalten zu erlassenden Bekanntmachungen) vom 16. VI. 98 = FundBk.

G. betr. die Beschränkungen des Grundeigentums in der Umgebung von Festungen v. 21. XII. 71 = RayG.

G. betr. die Verbindlichkeit zum Schadensersatze für die bei dem Betriebe von Eisenbahnen, Bergwerken usw. herbeigeführten Tötungen und Körperverletzungen v. 7. VI. 71 = HaftpflG.

Börsengesetz v. 22. VI. 96 = BörsG.

Betriebs-Ordnung für die Haupteisenbahnen Deutschlands v. 5. VII. 92 = EisenbBetrO.

Eisenbahn-Verkehrsordnung v. 26. X. 99 = EisenbVerkO.

G. betr. die Abzahlungsgeschäfte v. 18. V. 94 = AbzG.

G. betr. die Erwerbs- und Wirtschaftsgenossenschaften v. 1. V. 89, neue Fassung v. 20. V. 98 = GenG.

G. betr. das Flaggenrecht der Kauffahrteischiffe v. 22. VII. 99 = FlaggenG.

---

*) Versicherungsrecht siehe unter Verwaltungsrecht.

G. betr. die Gesellschaften mit beschränkter Haftung v. 20. IV. 92, neue Fassung v. 20. V. 98 = GmbHG.
G. betr. die Pflichten der Kaufleute bei Aufbewahrung fremder Wertpapiere v. 5. VII. 96 = DepotG.
G. betr. die privatrechtlichen Verhältnisse der Binnenschifffahrt v. 15. VII. 95, neue Fassung vom 20. V. 98 = BinnenSchG.
G. betr. die privatrechtlichen Verhältnisse der Flößerei v. 15. VII. 95 = FlößG.
Gewerbeordnung für das Deutsche Reich v. 21. VI. 69, neue Fassung v. 26. VII. 00 = GewO., GO.
Handelsgesetzbuch v. 10. V. 99 = HGB.
Hypothekenbankgesetz v. 13. VII. 97 = HypBankG.
Seemannsordnung v. 2. VI. 02 = SeemO.
Strandungsordnung v. 17. V. 74 = StrandO.
Allgemeine Deutsche Wechselordnung (Einführungsgesetz v. 5. VI. 69.) = WO.

G. zur Bekämpfung des unlauteren Wettbewerbes v. 27. V. 96 = UnlWG., UWG.*
G. betr. den Schutz von Gebrauchsmustern v. 1. VII. 91 = GebrMustG.
G. betr. den Schutz der Photographien gegen unbefugte Nachbildung v. 10. I. 75 = PhotG.
G. betr. das Urheberrecht an Mustern und Modellen v. 11. I. 76 = MustG.
G. betr. das Urheberrecht an Werken der bildenden Künste v. 9. I. 76 = KunstUrhG.
G. betr. das Urheberrecht an Werken der Literatur und der Tonkunst v. 19. VII. 01 = LitUrhG.
G. über das Verlagsrecht v. 19. VII. 01 = VerlG.
Patentgesetz v. 7. IV. 91 = PatG.
G. betr. die Patentanwälte v. 21. V. 99 = PatAnwG.
G. zum Schutze der Warenbezeichnungen v. 12. V. 94 = WarenZG., WZG.

Gerichtsverfassungsgesetz v. 27. I. 77, neue Fassung v. 20. V. 98 = GVG.

*) Nur anzuwenden, wenn Verwechselung mit dem Gesetz über den Unterstützungswohnsitz ausgeschlossen.

G. über die Angelegenheiten der freiwilligen Gerichtsbarkeit v. 17. V. 98, neue Fassung vom 20. V. 98 = FGG.
G. betr. die Beglaubigung öffentlicher Urkunden v. 1. V. 78 = UrkBeglG.
G. betr. die Beschlagnahme des Arbeits- oder Dienstlohnes v. 21. VI. 69 = LohnBG.
G. über die Zwangsversteigerung und die Zwangsverwaltung v. 24. III. 97, neue Fassung v. 20. V. 98 = ZVG.
Gewerbegerichtsgesetz v. 29. VII. 90, 30. VI. 01, neue Fassung vom 29. IX. 01 = GewGG., GGG.
Grundbuchordnung v. 24. III. 97, neue Fassung v. 20. V. 98 = GBO.
Konkursordnung v. 10. II. 77, neue Fassung v. 20. V. 98 = KO.
G. betr. die Anfechtung von Rechtshandlungen eines Schuldners außerhalb des Konkursverfahrens v. 21. VII. 79, neue Fassung v. 20. V. 98 = AnfG.
Rechtsanwaltsordnung v. 1. VII. 78 = RAO.
Civilprozeßordnung v. 30. I. 77, neue Fassung v. 20. V. 98 = ZPO., CPO.

Gebührenordnung für Gerichtsvollzieher v. 24. VI. 78, neue Fassung v. 20. V. 98 = GVollzGebO., GVGO.
Gebührenordnung für Rechtsanwälte v. 7. VII. 79, neue Fassung v. 20. V. 98 = RAGebO., RAGO.
Gebührenordnung für Zeugen und Sachverständige v. 30. VI. 78, neue Fassung v. 20. V. 98 = ZGebO., ZGVO.
Gerichtskostengesetz v. 18. VII. 78, neue Fassung v. 20. V. 98 = GKG.

Strafrecht und Strafverfahren.

G. zur Bekämpfung des unlauteren Wettbewerbes v. 27. V. 96 = UnlWG., UWG.*
G. betr. die Entschädigung der im Wiederaufnahmeverfahren freigesprochenen Personen v. 20. V. 98 = FreigesprG.

---

*) Nur anzuwenden, wenn Verwechselung mit dem Gesetz über den Unterstützungswohnsitz ausgeschlossen ist.

G. gegen den verbrecherischen und gemeingefährlichen Gebrauch von Sprengstoffen v. 9. VI. 84 = SprengstG.

G. über die Presse v. 7. V. 74 = PreßG.

G. betr. den Verkehr mit Nahrungsmitteln, Genußmitteln und Gebrauchsgegenständen v. 14. V. 79 = NahrMittelG., NMG.

G. gegen den Verrat militärischer Geheimnisse v. 3. IV. 93. = SpionG.

Militärstrafgerichtsordnung v. 1. XII. 98 = MStGO.

Militärstrafgesetzbuch für das Deutsche Reich vom 20. VI. 72 = MStGB.

Strafgesetzbuch vom 15. V. 71, neue Fassung vom 26. II. 76 = StGB.

Strafprozeßordnung v. 1. II. 77 = StPO.

Staats- und Verwaltungsrecht.

G. betr. Verfassung des Deutschen Reichs v. 16. IV. 71 = RV.

Wahlgesetz für den Deutschen Reichstag v. 31. V. 69 = RTWahlG.

G. betr. die Fürsorge für die Witwen und Waisen der Reichsbeamten der Zivilverwaltung v. 20. IV. 81 = RBHinterblG.

G. betr. die Rechtsverhältnisse der Reichsbeamten v. 31. III. 73 = RBG.

G. betr. den Servistarif und die Klasseneinteilung der Orte v. 26. VII. 97 = ServisTG.

G. über das Auswanderungswesen v. 9. VII. 97 = AuswG.

G. über die Beurkundung des Personenstandes und die Eheschließung v. 6. II. 75 = PStG.

G. betr. die Eheschließung und die Beurkundung des Personenstandes von Bundesangehörigen im Auslande v. 4. V. 70 = AuslPStG.

G. über die Erwerbung und den Verlust der Bundes- und Staatsangehörigkeit v. 1. VI. 70 = StAngG., StAG.

Gesetz über die Freizügigkeit v. 1. XI. 67 = FreizügG.

Gesetz über den Unterstützungswohnsitz v. 6. VI. 70 und v. 12. III. 94 = UWG.

G. betr. das Vereinswesen v. 11. XII. 99 = VerG.

G. betr. die Wechselstempelsteuer v. 10. VI. 69 = WStempG.
Reichsstempelgesetz vom 27. IV. 94, neue Fassung vom 14. VI. 00. = RStempG.
Zolltarifgesetz v. 15. VII. 79 u. a. = ZollTG.

G. betr. die Bekämpfung gemeingefährlicher Krankheiten v. 30. VI. 00. = SeuchenG.

Bau-Unfall-Versicherungsgesetz v. 11. VII. 87/30. VI. 00, neue Fassung v. 5. VII. 00. = BauUV(ers)G.
G. betr. Abänderung der Unfallversicherungsgesetze v. 30. VI. 00, neue Fassung vom 5. VII. 00. = UV(ers)AbG.
G. über die eingeschriebenen Hilfskassen vom 7. IV. 76. = HilfskG.
G. betr. die Krankenversicherung der in land- und forstwirtschaftlichen Betrieben beschäftigten Personen v. 5. V. 86. = LwKrankV(ers)G.
G. betr. Unfallfürsorge für Gefangene v. 30. VI. 00. = GefangUFürsG.
G. über die privaten Versicherungsunternehmungen v. 12. V. 01. = PrivV(ers)UntG.
Gewerbe-Unfallversicherungsgesetz v. 6. VII. 84, 30. I. 00, neue Fassung vom 5. VII. 00. = GewUV(ers)G.
Unfallfürsorgegesetz für Beamte und für Personen des Soldatenstandes v. 18. VI. 01. = BeamtenUFürsG.
Unfallversicherungsgesetz für Land- und Forstwirtschaft v. 5. V. 86, 30. VI. 00, neue Fassung v. 5. VII. 00. = LwUV(ers)G.
See-Unfallversicherungsgesetz v. 11. VII. 87, 30. VI. 00, neue Fassung v. 5. VII. 00. = SeeUV(ers)G.
Invalidenversicherungsgesetz v. 13. VII. 89, neue Fassung vom 19. VII. 99. = InvV(ers)G.
Krankenversicherungsgesetz v. 10. IV. 92. = KrankV(ers)G., KVG.

G. betr. die Pensionierung und Versorgung der Militärpersonen des Reichsheeres und der kaiserlichen Marine sowie die Bewilligungen für die Hinterbliebenen solcher Personen v. 27. VI. 71. = MilPensG.
G. betr. Versorgung der Kriegsinvaliden und der Kriegshinterbliebenen v. 31. V. 01. = KriegsInvG.
Reichsmilitärgesetz v. 2. V. 74. = RMilG.
Deutsche Wehrordnung v. 18. II. 01 und v. 25. III. 04. = WehrO.

Gewerbeordnung für das Deutsche Reich v. 21. VI. 69, neue Fassung v. 26. VII. 00. = GewO., GO.
Bankgesetz vom 14. III. 75. = BankG.
G. betr. die Ausprägung von Reichsgoldmünzen v. 4. XII. 71. = RGoldmG.
Maß- und Gewichtsordnung v. 17. VIII. 68 = MaßO.
Münzgesetz v. 9. VII. 73. = MünzG.

Eisenbahnbetriebs-Ordnung v. 5. VII. 92. = EisenbBetrO.
G. über das Postwesen des Deutschen Reiches v. 28. X. 71. = PostG.
G. über das Telegraphenwesen des Deutschen Reiches v. 6. IV. 92. = TelG.
G. betr. die Untersuchung von Seeunfällen v. 27. VII. 77. = SeeunfUntersG.
Postordnung für das Deutsche Reich v. 20. III. 00. = PostO.
Telegraphen-Ordnung für das Deutsche Reich v. 9. VI. 97. = TelO.
Telegraphenwege-Gesetz v. 18. XII. 99. = TelWG.

G. über die Konsulargerichtsbarkeit v. 7. V. 00. = KonsGG.
G. betr. die Organisation der Bundeskonsulate, sowie die Amtsrechte und Pflichten der Bundeskonsuln v. 8. XI. 67. = KonsOG.
G. betr. die kaiserlichen Schutztruppen in den afrikanischen Schutzgebieten und die Wehrpflicht daselbst v. 7. VII. 96. = SchutztrG.
Schutzgebietsgesetz v. 25. VII. 00. = SchutzgebG.

Völkerrecht und Internationales Recht.

Abkommen zur Regelung von Fragen des internationalen Privatrechts v. 14. XI. 96 (RGBl. 99, 285). = HaagAbk.
Internationale Reblaus-Konvention vom 3. XI. 81. = IntReblKonv.
Internationale Sanitätskonvention vom 3. IV. 94. = IntSanitKonv.
Internationales Übereinkommen über den Eisenbahnfrachtverkehr v. 14. X. 90. = BernFrachtÜb.
Übereinkunft betr. die Bildung eines internationalen Verbandes zum Schutze von Werken der Literatur und Kunst v. 9. IX. 86. = BernKonv.

Vertrag zwischen dem Deutschen Reiche und mehreren anderen Staaten über die Behandlung des Zuckers v. 5. III. 02. = ZuckerVt.

Weltpostvertrag v. 15. VI. 97. = WPostVt.

Rechtsprechung.

Die Bezeichnung der Rechtspflegeorgane erfolgt durch Buchstabengruppen.

Anwaltskammer	= AK.
Amtsgericht	= AG.
Aufsichtsamt für die privaten Versicherungsunternehmungen	= APrivVers., APV.
Bundesamt für Heimatwesen	= BAH.
Ehrengerichtshof	= EGH.
Gewerbegericht	= GewG., GG.
Kammergericht	= KG.
Kriegsgericht	= KrG.
Landgericht	= LG.
Notar	= Not.
Oberkriegsgericht	= OKrG.
Oberlandesgericht	= OLG.
Ober-Militär-Anwalt	= OMA.
Ober-Reichs-Anwalt	= ORA.
Oberstes Landesgericht	= ObLG.
Ober-Seeamt	= OSeeA.
Obertribunal	= OTr.
Oberverwaltungsgericht	= OVG.
Patentamt	= PatA., PA.
Rechtsanwalt	= RA.
Reichsgericht	= RG.
Reichsmilitärgericht	= RMG.
Reichs-Oberhandelsgericht	= ROHG.
Reichsversicherungsamt	= RVA.
Seeamt	= SeeA.
Staatsanwalt, Staatsanwaltschaft	= StA.
Verwaltungsgerichtshof	= VGH.

Beispiele:

Entscheidung des Amtsgerichts in Darmstadt vom 15. August 1898 = AG. Darmstadt 15. VIII. 98.

Entscheidungen des Reichsgerichts in Strafsachen, Band 18, Seite 300, = RGSt. 18, 300 oder 18 300.

Sind weitere Zusätze ausnahmsweise erforderlich, so sind die Abteilungen eines Gerichtes durch geeignete ähnliche Abkürzungen und Ziffern zu bezeichnen, z. B.:

Zweite Zivilkammer	= ZK II.
Dritte Kammer für Handelssachen	= KH III.
Erste Strafkammer	= StK I.
Ferienkammer	= FK.
Feriensenat	= FS.
Vereinigte Zivilsenate	= VerZS., VZS.
Vereinigte Strafsenate	= VerStS., VStS.
Vereinigte Zivil- und Strafsenate	= Pl.

Literarische Veröffentlichungen.

Einzelschriften.

Beim Zitieren von Kommentaren ist der Name des Verfassers, die einschlägige Gesetzesstelle nebst Zahl und Buchstaben der Anmerkung anzugeben. Erforderlichenfalls ist auch die Seitenzahl beizufügen.

Sammelwerke, Verhandlungen von Körperschaften, Zeitschriften.

I. Beim Zitieren aus Sammelwerken ist der Verfassername, die Bezeichnung des Gesetzentwurfes, der Rechtsquelle, der Entscheidung nach obigen Grundsätzen gekürzt voranzustellen und mit dem Zitat des Sammelwerks usw. durch Hinzufügung der Präposition „in" oder „bei" zu verbinden. Beim Zitieren des Sammelwerks selbst ist seine sachliche Bezeichnung, zu Unterscheidungszwecken auch der Herausgebername anzuführen, z. B.:

Brunner in Endemanns Handbuch = Brunner im Handbuch des Handelsrechts, herausgegeben von Endemann.

II. Für das Zitieren der Verhandlungen von Körperschaften und dergl., z. B. der Landtage, Handelstage, Handelskammern, wissenschaftlichen Kongresse, der Kommissionen der Parlamente und ihrer Berichte können in Betracht kommen:

der Name der Körperschaft, der Name des Veröffentlichungsorgans, die Jahrgangs- oder Bandzahl, die Nummer der Drucksache, die Seiten- oder Spaltenzahl.

Die Zahl der Tagungsperiode (Legislaturperiode, Session) anzugeben ist regelmäßig entbehrlich und nur dann erforderlich, wenn mehrere

Sessionen in demselben Jahre stattgefunden haben, die Bezeichnung der Session durch Hinzufügung der Jahreszahl allein aber nicht genau genug erfolgen kann.

Dabei ist der Name der Körperschaft als Einheit zu betrachten und abgekürzt voranzustellen.

Erforderlichenfalls ist ausdrücklich anzugeben, ob das Zitat einer Drucksache aus den Anlagen zu den stenographischen Berichten oder aus einer an die Abgeordneten verteilten Einzeldrucksache entnommen ist, z. B.:

RT. X. LP. Sess. 1900/03 Druckf. 10 Nr. 704a = Drucksachen des Deutschen Reichstages, zehnte Legislaturperiode, Session von 1900/03, Band 10 Nummer 704a.

III. Für das Zitieren von Zeitschriften kommen in Betracht:

der Name der Zeitschrift,

die Zahl des Jahrganges oder des Bandes oder des Beilageheftes oder Ergänzungsbandes, die Abteilungsbezeichnung, z. B. KGJ. **23** A 37 = Jahrbuch für Entscheidungen des Kammergerichts 23. Band Abteilung A Seite 37, und

die Seitenzahl.

Als Name einer Zeitschrift ist in der Regel deren sachliche Bezeichnung, der Name des Herausgebers oder Begründers nur dann für das Zitat zu verwenden, wenn er untrennbarer Bestandteil des Titels geworden ist oder die Übung an der Kennzeichnung der Zeitschrift durch den Namen festhält, z. B.: Jherings Jahrbücher, Seufferts Archiv, Goldschmidts Zeitschrift u. a.

Zeitschriften oder periodische Sammlungen, die von einer Behörde oder von einem Vereine ausgehen, sind, wenn diese nur ein Veröffentlichungsorgan haben, mit dem Namen der Behörde oder der Vereinigung und mit Band- und Seitenzahl ohne alle weiteren Zusätze zu zitieren z. B.: Entscheidungen des Reichsmilitärgerichts, 4. Band Seite 15. = RMG. **4** 15 oder 4, 15.

Fällt das Erscheinen einer Zeitschrift mit dem Kalenderjahre zusammen, so kann an die Stelle der Band- oder Jahrgangsbezeichnung die Zahl des Kalenderjahres treten. Dies ist namentlich für die zeitungsähnlichen Unternehmungen zu empfehlen wie JW., DJZ., Recht.

Enthält bei neuen Folgen der Titel auch die fortlaufende Band- oder Jahrgangszahl, so ist nach letzterer zu zitieren und dies auch dann, wenn im Titel der Zeitschrift eine Änderung vorgenommen ist, wie z. B. bei Jherings Jahrbüchern, Gruchots Beiträgen, der Zeitschrift für Rechtsgeschichte.

Abkürzungen zur Bezeichnung verschiedener Arten von Druckschriften.

Abhandlungen = Abh.
Amtsblatt = ABl.
Annalen = Ann.
Anzeiger = Anz.
Archiv = Arch., A.
Beitrag, Beiträge = Beitr.
Blatt, Blätter = Bl.
Centralblatt (vergl. Zentralblatt) = CBl.*
Dissertation = Diss.
Entscheidungen = Entsch., E.
Gesetzblatt = GBl.
Jahrbuch, Jahrbücher, Jahresbericht, Jahresberichte = J., Jahrb., Jahresb.
Ministerialblatt = MBl.
Justizministerialblatt = JMBl.
Mitteilungen = Mitt.
Monatsschrift = MSchr.
Regierungsblatt = RegBl.
Sammlung = Samml.
Studien = Stud.
Verhandlungen = Vhdl.
Verordnungsblatt = VBl.
Vierteljahrsschrift = VJSchr.
Wochenblatt, Wochenschrift = W.
Zeitschrift, Zeitung = Z.
Zentralblatt (vergl. Centralblatt) = ZBl.*

Abkürzungen für Entscheidungs-Sammlungen und periodische Veröffentlichungen.

Sammlungen von Entscheidungen rechtsprechender Behörden.

Annalen der Großherzoglich Badischen Gerichte = BadAnn.
Annalen des Königl. Sächs. Oberlandesgerichts zu Dresden = SächsOLG.**
J. A. Seufferts Archiv für Entscheidungen der obersten Gerichte in den deutschen Staaten = SeuffA.
Entscheidungen in Angelegenheiten der freiwilligen Gerichtsbarkeit und des Grundbuchrechts. Zusammengestellt im Reichs-Justizamte = RJA.**, EntschFG.
Entscheidungen des Bundesamtes für das Heimatwesen = BAH.**
Entscheidungen des Ober-Seeamts und der Seeämter des Deutschen Reichs = OSeeA.**
Entscheidungen des Königl. Preuß. Oberverwaltungsgerichts = PrOVG.**
Entscheidungen des Königl. Preuß. Oberverwaltungsgerichts in Staatssteuersachen = PrOVGSt.

*) Je nachdem der Titel die neue oder alte Rechtschreibung aufweist.
**) Mit Band- und Seitenzahl. Sonst bezeichnet die Abkürzung die Behörde.

Die patentamtlichen und gerichtlichen Entscheidungen in Patent-, Marken- und Musterschutzsachen	= PatEntsch.
Entscheidungen des Reichsgerichts. Besondere Beilage zum Deutschen Reichsanzeiger	= RG.(RAnz.)
Entscheidungen des Reichsgerichts in Zivilsachen	= RGZ.
in zivilrechtlichem Zusammenhange	= RG.*
Entscheidungen des Reichsgerichts in Strafsachen	= RGSt.
in strafrechtlichem Zusammenhange	= RG.*
Entscheidungen des Reichsmilitärgerichts	= RMG.*
Entscheidungen des Reichs-Oberhandelsgerichts	= ROHG.*
Jahrbuch für Entscheidungen des Kammergerichts in Sachen der freiwilligen Gerichtsbarkeit, in Kosten-, Stempel- u. Strafsachen	= KGJ.
Jahrbücher des Königl. Sächs. Oberverwaltungsgerichts	= SächsOVG.*
Die Praxis des Reichsgerichts. Herausgegeben von Bolze	= BolzePr.
Die Rechtsprechung der Oberlandesgerichte. Herausgegeben von Falkmann u. Mugdan	= OLG.*, OLGRspr.
Rechtsprechung des Deutschen Reichsgerichts in Strafsachen	= RGRspr.
Die Rekursentscheidungen des Reichs-Versicherungsamtes als Spruchkollegium in Unfall-Versicherungsangelegenheiten	= RVA.*
Rundschau. Sammlung gerichtlicher Entscheidungen aus dem Bezirke des Oberlandesgerichts Frankfurt am Main	= FrankfRundsch.
Sammlung von Entscheidungen des Obersten Landesgerichts für Bayern in Gegenständen des Zivilrechtes	= BayObLG.*, BayObLGZ.
Sammlung von Entscheidungen des Bayerischen Obersten Landesgerichts in Strafsachen	= BayObLGSt.
Sammlung von Entscheidungen des königl. Oberlandesgerichtes München in Gegenständen des Strafrechtes und Strafprozesses	= OLGMünchenSt.

*) Mit Band- und Seitenzahl. Sonst bezeichnet die Abkürzung die Behörde.

Sammlung von Entscheidungen des Kgl. Bayerischen Verwaltungsgerichtshofes	= BayVGH.*

Veröffentlichungen von Vereinigungen.**

Jahrbuch der internationalen Vereinigung für gewerblichen Rechtsschutz	= JVGewRSchutz.
Jahrbuch der internationalen Vereinigung für vergleichende Rechtswissenschaft und Volkswirtschaftslehre	= JVRVJahrb.
Mitteilungen derselben Vereinigung	= JVRVMitt.
Mitteilungen der internationalen kriminalistischen Vereinigung	= JKV.
Verhandlungen des Deutschen Juristentages	= DJT.
Zeitschrift des rheinpreuß. Amtsrichter-Vereins	= RheinARV.
Zeitschrift der Anwaltskammer Breslau	= BreslauAK.
Zeitschrift der Anwaltskammer Hamm	= HammAK.
Zeitschrift des Deutschen Notarvereins	= DNotV.
Zeitung der Anwaltskammer Naumburg	= NaumburgAK.

Allgemeine und kritische Zeitschriften.

Annalen des Deutschen Reichs. Begründet von Hirth	= HirthsAnn.
Schleswig-Holsteinische Anzeigen	= SchlHolstAnz.
Archiv für das Zivil- und Kriminalrecht der Königl. Preuß. Rheinprovinz (Umschlagtitel: Rheinisches Archiv usw.)	= RheinArch.
Württembergisches Archiv für Recht und Rechtsverwaltung	= WürttArch.
Archiv für praktische Rechtswissenschaft	= ArchPraktRw.
Juristische Blätter	= JBl.
J. A. Seufferts Blätter für Rechtsanwendung, zunächst in Bayern	= SeuffBl.
Blätter für Rechtspflege in Thüringen und Anhalt	= ThürBl.
Blätter für Rechtspflege im Bezirk des Kammergerichts	= KGBl.

*) Mit Band- und Seitenzahl. Sonst bezeichnet die Abkürzung die Behörde.

**) Die nachstehenden Abkürzungen, die lediglich aus dem abgekürzten Namen der veröffentlichenden Vereinigung bestehen, sind durch Band- oder Jahrgangs- und Seitenzahl zu ergänzen. Sonst bezeichnet die Abkürzung die Vereinigung.

Oesterreichisches Centralblatt für die juristische Praxis	= OestCBl.
Centralblatt für Rechtswissenschaft	= CBlRw.
Gerichtshalle	= GerH.
Allgemeine österreichische Gerichts-Zeitung	= OestAGZ.
Jahrbücher der württembergischen Rechtspflege	= WürttJ.
Deutsche Juristen-Zeitung	= DJZ.
Deutsche Justiz-Statistik	= DJSt.
Juristisches Literaturblatt	= JLBl.
Mitteilungen aus der Rechtspflege im Gebiete des ehemaligen Kurfürstentums Hessen	= KurhessMitt.
Juristische Monatsschrift für Posen, West- und Ostpreußen und Pommern	= PosJMSchr., PosMSchr.
Das Recht. Rundschau für den Deutschen Juristenstand	= Recht.
Badische Rechtspraxis	= BadRpr.
Hessische Rechtsprechung	= HessRspr.
Kritische Vierteljahresschrift für Gesetzgebung und Rechtswissenschaft	= KrVJSchr.
Juristische Vierteljahresschrift	= JVJSchr.
Juristische Wochenschrift	= JW.
Zeitschrift für Gerichtspraxis und Rechtswissenschaft in Deutschland. Herausgegeben von Stenglein	= StengleinsZ.
Juristische Zeitschrift für das Reichsland Elsaß-Lothringen	= ElsLothZ.
Mecklenburgische Zeitschrift für Rechtspflege und Rechtswissenschaft	= MecklZ.
Zeitschrift für das Privat- und öffentliche Recht der Gegenwart. Herausgegeben von Grünhut	= GrünhutsZ.
Zeitschrift (der Savigny-Stiftung) für Rechtsgeschichte	= ZRG.
Romanistische Abteilung	= ZRG(R).
Germanistische Abteilung	= ZRG(G).
Zeitschrift für vergleichende Rechtswissenschaft	= ZVerglR.
Zeitschrift für Rechtspflege im Herzogthum Braunschweig	= BraunschwZ.

Zeitschriften für besondere Rechtsgebiete.

Bürgerliches Recht und Verfahren.*

Archiv für die civilistische Praxis	= ArchCivPrax.
Archiv für bürgerliches Recht	= ArchBürgR.
Archiv für gewerbliche Rechtspflege	= ArchGewR.
Sächsisches Archiv für bürgerliches Recht und Prozeß	= SächsArch.
Beiträge zur Erläuterung des Deutschen Rechts. Begründet von Gruchot	= GruchotsBeitr.
Blätter für Genossenschaftswesen	= BlGenossW.
Centralblatt für freiwillige Gerichtsbarkeit und Notariat sowie Zwangsversteigerung	= CBlFG.
Eisenbahnrechtliche Entscheidungen und Abhandlungen. Herausgegeben von Eger	= EisenbE.
Deutsche Gerichtsvollzieher-Zeitung	= GVollzZ.
Hanseatische Gerichtszeitung	= HansGZ.
Gewerbearchiv	= GewArch.
Das Gewerbegericht	= GewG., GG.
Jahrbuch des Deutschen Rechtes. Herausgegeben von Neumann	= JDR.
Iherings Jahrbücher für die Dogmatik des bürgerlichen Rechts	= IheringsJ.
Monatsschrift für Handelsrecht und Bankwesen, Steuer- und Stempelfragen. Herausgegeben von Holdheim	= HoldheimsMSchr.
Deutsche Notariats-Zeitung	= DNotZ.
Notariats-Zeitschrift für Elsaß-Lothringen	= ElsLothNotZ.
Gewerblicher Rechtsschutz und Urheberrecht	= GewRschutz.
Wochenschrift für Aktienrecht usw. Herausgegeben von Holdheim	= HoldheimsW.
Zeitschrift für Bergrecht	= ZBergr.
Zeitschrift für die freiwillige Gerichtsbarkeit und die Gemeindeverwaltung in Württemberg	= WürttZ.
Zeitschrift für das gesamte Handelsrecht. Begründet von Goldschmidt	= GoldschmidtsZ., ZHR.
Zeitschrift für das Notariat. Herausgegeben von dem Verein für das Notariat in Rheinpreußen	= RheinNotZ.

*) Versicherungsrecht siehe unter Verwaltungsrecht.

Zeitschrift für das bayerische Notariat und für die freiwillige Rechtspflege der Gerichte in Bayern	= BayNotZ.
Zeitschrift des deutschen Notarvereins	= DNotV.
Zeitschrift für deutsches bürgerliches Recht und französisches Zivilrecht. Begründet von Puchelt	= PucheltsZ.
Zeitschrift über Vollstreckungsrecht und Zustellungswesen	= ZVollstrR.
Zeitschrift für deutschen Zivilprozeß. Begründet von Busch	= BuschsZ., ZZP.

Strafrecht und Strafverfahren.

Archiv für Kriminalanthropologie und Kriminalistik	= ArchKrimAnthr.
Archiv für Strafrecht und Strafprozeß. Begründet von Goltdammer	= GoltdArch.
Blätter für Gefängniskunde	= BlGefängnK.
Der Gerichtssaal	= GerS., GS.
Monatsschrift für Kriminalpsychologie und Strafrechtsreform	= MSchrKrimPsych.
Kriminalstatistik. Bearbeitet im Reichsjustizamt	= KrimStat.
Unlauterer Wettbewerb	= UnlW., UW.
Zeitschrift für die gesamte Strafrechtswissenschaft	= ZStW.

Staats-, Verwaltungs- und Kirchenrecht.

Archiv für soziale Gesetzgebung und Statistik	= ArchSozG.
Archiv für katholisches Kirchenrecht	= ArchKathKR.
Archiv für öffentliches Recht	= ArchÖffR.
Archiv für Verwaltungsrecht	= ArchVerwR.
Blätter für administrative Praxis und Polizeigerichtspflege	= BlAdmPr.
Bayerische Gemeinde-Zeitung	= BayGemZ.
Deutsche Gemeinde-Zeitung	= DGemZ.
Jahrbuch für Gesetzgebung, Verwaltung und Volkswirtschaft im Deutschen Reich. Herausgegeben von Schmoller	= SchmollersJ.
Jahrbuch der preußischen Forst- und Jagd-Gesetzgebung	= JPrForstJG.
Jahrbücher für Nationalökonomie. Begründet von B. Hildebrand. Herausgegeben von Conrad	= ConradsJ.
Soziale Praxis	= SozPr.

Reichs-Arbeitsblatt	= RArbBl.
Das Staatsarchiv	= StaatsA.
Der Standesbeamte	= StandesB., StB.
Preußische Statistik	= PrStat.
Statistik des Deutschen Reichs	= RStat.
Verwaltungsarchiv	= VerwArch.
Preußisches Verwaltungsblatt	= PrVerwBl.
Vierteljahreshefte zur Statistik des Deutschen Reichs	= RStatVJH.
Zeitschrift des königlich bayerischen statistischen Bureaus	= ZBayStatB.
Zeitschrift des königlich preußischen statistischen Bureaus	= ZPrStatB.
Zeitschrift des königlich sächsischen statistischen Bureaus	= ZSächsStatB.
Zeitschrift für die freiwillige Gerichtsbarkeit und die Gemeindeverwaltung in Württemberg	= WürttZ.
Deutsche Zeitschrift für Kirchenrecht	= ZKirchR.
Zeitschrift für Versicherungsrecht und Wissenschaft	= ZVersR.
Zeitschrift für Versicherungswesen	= ZVersWes.
Zeitschrift für die gesamte Versicherungswissenschaft	= ZVersWiss.
Österreichische Zeitschrift für Verwaltung	= ÖstZVerw.
Dr. Fischers Zeitschrift für Praxis und Gesetzgebung der Verwaltung, zunächst für das Königreich Sachsen	= FischersZ.
Zeitschrift für die gesamte Staatswissenschaft	= ZStaatsw.
Zeitschrift für badische Verwaltung und Verwaltungs-Rechtspflege	= BadVerwZ.
Zeitschrift für Volkswirtschaft, Sozialpolitik und Verwaltung	= ZVolksw.

Völkerrecht und Internationales Recht.

Zeitschrift für internationales Privat- und öffentliches Recht. Begründet von Böhm	= BöhmsZ.

Alphabetisches Verzeichnis der Abkürzungen.

A.

A. (Arch.) = Archiv.
AbG. = Abänderungsgesetz.
Abh. = Abhandlungen.
Abk. = Abkommen.
ABl. = Amtsblatt.
Abs. = Absatz.
AbzG. = G. betr. die Abzahlungsgeschäfte v. 18. V. 94.
AG. = Amtsgericht. Ausführungsgesetz.
AK. = Anwaltskammer.
Altenb. = Altenburg.
AnfG. = G. betr. die Anfechtung von Rechtshandlungen eines Schuldners außerhalb des Konkursverfahrens v. 21. VII. 1879, neue Fassung v. 20. V. 98.
Anh. = Anhalt.
Ann. = Annalen.
Anw. = Anweisung.
Anz. = Anzeiger.
APrivVers. (APV.) = Aufsichtsamt für die privaten Versicherungsunternehmungen und dessen Entscheidungen.
Arch. (A.) = Archiv.
ArchBürgR. = Archiv für bürgerliches Recht.
ArchCivPrax. = Archiv für civilistische Praxis.
ArchGewR. = Archiv für gewerbliche Rechtspflege.
ArchKathKR. = Archiv für katholisches Kirchenrecht.
ArchKrimAnthr. = Archiv für Kriminalanthropologie und Kriminalistik.
ArchÖffR. = Archiv für öffentliches Recht.
ArchPraktRw. = Archiv für praktische Rechtswissenschaft.
ArchSozG. = Archiv für soziale Gesetzgebung und Statistik.
ArchVerwR. = Archiv für Verwaltungsrecht.
Art. (Artt.) = Artikel.
AuslPStG. = G. betr. die Eheschließung und die Beurkundung des Personenstandes von Bundesangehörigen im Auslande v. 4. V. 70.
AuslVt. = Auslieferungs-Vertrag.
AuswA. = Auswärtiges Amt.
AuswG. = G. über das Auswanderungswesen v. 9. VII. 97.
AVBl. = Armee-Verordnungs-Blatt.
AVf. = Allgemeine Verfügung.

B.

B. (Ber.)	=	Bericht.
Bad.	=	Baden.
BadAnn.	=	Annalen der Großherzoglich Badischen Gerichte.
BadRpr.	=	Badische Rechtspraxis.
BadVerwZ.	=	Zeitschrift für badische Verwaltung und Verwaltungs-Rechtspflege.
BAH.	=	Bundesamt für Heimatwesen und dessen Entscheidungen.
BankG.	=	Bankgesetz vom 14. III. 75.
BauUV(ers)G.	=	Bau-Unfall-Versicherungsgesetz v. 11. VII. 87/30. VI. 00 neue Fassung vom 5. VII. 00.
Bay.	=	Bayern.
BayGemZ.	=	Bayerische Gemeinde-Zeitung.
BayNotZ.	=	Zeitschrift für das bayerische Notariat und für die freiwillige Rechtspflege der Gerichte in Bayern.
BayObLG.	=	Oberstes Landesgericht in Bayern oder Bayerisches Oberstes Landesgericht, je nach dem Zusammenhange: in Zivil- oder Strafsachen.
BayObLGZ.	=	Sammlung von Entscheidungen des Obersten Landesgerichts in Bayern in Gegenständen des Zivilrechtes.
BayObLGSt.	=	Sammlung von Entscheidungen des Bayerischen Obersten Landesgerichts in Strafsachen.
BayVGH.	=	Sammlung von Entscheidungen des Kgl. Bayerischen Verwaltungsgerichtshofes.
BeamtUFürsG.	=	Unfallfürsorgegesetz für Beamte und für Personen des Soldatenstandes vom 18. VI. 01.
Begr. (Bgr.)	=	Begründung.
Beitr.	=	Beitrag.
Bek. (Bk.)	=	Bekanntmachung.
Ber. (B.)	=	Bericht.
BernFrachtÜb.	=	Internationales Übereinkommen über den Eisenbahnfrachtverkehr v. 14. X. 90.
BernKonv.	=	Übereinkunft betr. die Bildung eines internationalen Verbandes zum Schutze von Werken der Literatur und Kunst v. 9. IX. 86.
Beschl. (Bschl.)	=	Beschluß.
BetrO.	=	Betriebsordnung.
BGB.	=	Bürgerliches Gesetzbuch v. 18. VIII. 96.
BGBl.	=	Bundesgesetzblatt.
Bgr. (Begr.)	=	Begründung.

Bk. (Bek.)	= Bekanntmachung.
Bl.	= Blatt, Blätter.
BlAdmPr.	= Blätter für administrative Praxis u. Polizeigerichtspflege.
BlGefängnK. (BlGefK.)	= Blätter für Gefängniskunde.
BlGenossW.	= Blätter für Genossenschaftswesen.
BöhmsZ.	= Zeitschrift für internationales Privat- und öffentliches Recht. Begründet von Böhm.
BörsG.	= Börsengesetz v 22. VI. 96.
BolzePr.	= Die Praxis des Reichsgerichts. Herausgegeben von Bolze.
BR.	= Bundesrat.
Braunschw.	= Braunschweig.
BraunschwZ.	= Zeitschrift für Rechtspflege im Herzogtum Braunschweig.
Brem.	= Bremen.
BreslauAK.	= Zeitschrift der Anwaltskammer Breslau.
BinnenSchG.	= G. betr. die privatrechtlichen Verhältnisse der Binnenschiffahrt v. 15. VII. 95, neue Fassung v. 20. V. 98.
Bschl. (Beschl.)	= Beschluß.
BuschsZ. (ZZP.)	= Zeitschrift für deutschen Zivilprozeß. Begründet von Busch.

C. siehe auch Z.

CBlFG.	= Centralblatt für freiwillige Gerichtsbarkeit und Notariat sowie Zwangsversteigerung.
CBlRw.	= Centralblatt für Rechtswissenschaft.
ConradsJ.	= Jahrbücher für Nationalökonomie. Begründet von B. Hildebrand. Herausgegeben von Conrad.

D.

D.	= Denkschrift.
DAnw.	= Dienstanweisung.
DepotG.	= G. betr. Pflichten der Kaufleute bei Aufbewahrung fremder Wertpapiere v. 5. VII. 96.
DGemZ.	= Deutsche Gemeinde-Zeitung.
Diss.	= Dissertation.
DJSt.	= Deutsche Justiz-Statistik.
DJT.	= Deutscher Juristentag oder dessen Verhandlungen.
DJZ.	= Deutsche Juristen-Zeitung.
DNotV.	= Deutscher Notarverein oder dessen Zeitschrift.
DNotZ.	= Deutsche Notariats-Zeitung.
DO.	= Dienstordnung.

E.

E. = Entwurf.
E. (Entsch.) = Entscheidung, Entscheidungen.
EG. = Einführungsgesetz.
EGH. = Ehrengerichtshof.
EisenbBetrO. = Betriebsordnung für die Haupteisenbahnen Deutschlands v. 5. VII. 92.
EisenbE. = Eisenbahnrechtliche Entscheidungen und Abhandlungen. Herausgegeben von Eger.
EisenbVerkO. = Eisenbahn-Verkehrsordnung v. 26. X. 99.
ElsLoth. (EL.) = Elsaß-Lothringen.
ElsLothNotZ. = Notariats-Zeitschrift für Elsaß-Lothringen.
ElsLothZ. = Juristische Zeitschrift für das Reichsland Elsaß-Lothringen.
Entsch. (E.) = Entscheidung, Entscheidungen.
EntschFG. (RJA.) = Entscheidungen in Angelegenheiten der freiwilligen Gerichtsbarkeit und des Grundbuchrechts. Zusammengestellt im Reichs-Justizamte.
Erl. = Erlaß.

F.

FGG. = G. über die Angelegenheiten der freiwilligen Gerichtsbarkeit v. 17. V. 98, neue Fassung vom 20. V. 98.
FischersZ. = Dr. Fischers Zeitschrift für Praxis und Gesetzgebung der Verwaltung, zunächst für das Königreich Sachsen.
FK. = Ferienkammer.
FlößG. = G. betr. die privatrechtlichen Verhältnisse der Flößerei v. 15. VII. 95.
FrankfRundsch. = Rundschau. Sammlung gerichtlicher Entscheidungen aus dem Bezirke des Oberlandesgerichts Frankfurt a. Main.
FreigesprG. = G. betr. die Entschädigung der im Wiederaufnahmeverfahren freigesprochenen Personen v. 20. V. 98.
FreizügG. = Gesetz über die Freizügigkeit v. 1. XI. 67.
FS. = Feriensenat.
FundBk. = Bk. betr. Ausführungsbestimmungen zu den §§ 980, 981, 983 des BGB. (Vorschriften über die in Fundsachen usw. von Reichsbehörden und Reichsanstalten zu erlassenden Bekanntmachungen) vom 16. VI. 98.

G.

G. = Gesetz.
GBl. = Gesetzesblatt.

GBO. = Grundbuchordnung v. 24. III. 97.

GebrMustG. = G. betr. den Schutz von Gebrauchsmustern v. 1. VII. 91.

GefangUFürsG. = G. betr. Unfallfürsorge für Gefangene v. 30. VI. 00.

GenG. = G. betr. die Erwerbs- u. Wirtschaftsgenossenschaften v. 1. V. 89, neue Fassung vom 20. V. 98.

GerH. = Gerichtshalle.

GerS. = Der Gerichtssaal.

GeschAnw. = Geschäftsanweisung.

GeschO. = Geschäftsordnung.

GewArch. = Gewerbearchiv.

GewG. (GG.) = Gewerbegericht, Das Gewerbegericht (Zeitschrift).

GewGG., GGG. = Gewerbegerichtsgesetz v. 29. VII. 90, 30. VI. 01, neue Fassung vom 29. IX. 01.

GewO. (GO.) = Gewerbeordnung für das Deutsche Reich v. 21. VI. 69, neue Fassung vom 26. VII. 00.

GewRschutz = Gewerblicher Rechtsschutz und Urheberrecht.

GewUV(ers)G. = Gewerbe-Unfallversicherungsgesetz v. 6. VII. 84, 30. VI. 00, neue Fassung vom 5. VII. 00.

GG., (GewG.) = Gewerbegericht, Das Gewerbegericht (Zeitschrift).

GGG. (GewGG.) = Gewerbegerichtsgesetz v. 29. VII. 90, 30. VI. 01, neue Fassung vom 29. IX. 01.

GKG. = Gerichtskostengesetz v. 18. VII. 78, neue Fassung v. 20. V. 98.

GmbHG. = G. betr. die Gesellschaften mit beschränkter Haftung v. 20. IV. 92, neue Fassung v. 20. V. 98.

GO. = Gewerbeordnung für das Deutsche Reich v. 21. VI. 69, neue Fassung v. 29. VII. 00.

GoldschmidtsZ. (ZHR.) = Zeitschrift für das gesamte Handelsrecht. Begründet von Goldschmidt.

GoltdArch. = Archiv für Strafrecht und Strafprozeß. Begründet von Goltdammer.

GruchotsBeitr. = Beiträge zur Erläuterung des Deutschen Rechts. Begründet von Gruchot.

GrünhutsZ. = Zeitschrift für das Privat- und öffentliche Recht der Gegenwart. Herausgegeben von Grünhut.

GVG. = Gerichtsverfassungsgesetz v. 27. I. 77, neue Fassung v. 20. V. 98.

GVGebO. = Gebührenordnung für Gerichtsvollzieher v. 24. VI. 78, neue Fassung v. 20. V. 98.

GVollzZ. = Deutsche Gerichtsvollzieher-Zeitung.

H.

HaagAbk. = Abkommen zur Regelung von Fragen des internationalen Privatrechts v. 14. XI. 96 (RGBl. 99, 285).
HaftpflG. = G. betr. die Verbindlichkeit zum Schadensersatze für die bei dem Betriebe von Eisenbahnen, Bergwerken usw. herbeigeführten Tötungen und Körperverletzungen vom 7. VI. 71.
Hamb. = Hamburg.
HammAK. = Zeitschrift der Anwaltskammer Hamm.
HandVt. = Handelsvertrag.
HansGZ. = Hanseatische Gerichtszeitung.
Hess. = Hessen.
HessRspr. = Hessische Rechtsprechung.
HGB. = Handelsgesetzbuch v. 10. V. 97.
HirthsAnn. = Annalen des Deutschen Reichs. Begründet von Hirth.
HoldheimsMSchr. = Monatsschrift für Handelsrecht und Bankwesen, Steuer- und Stempelfragen. Herausgeben von Holdheim.
HoldheimsW. = Wochenschrift für Aktienrecht usw. Herausgegeben von Holdheim.
HülfskG. = G. über die eingeschriebenen Hülfskassen v. 7. VI. 76.
HypBankG. = Hypothekenbankgesetz v. 13. VII. 99.

J.

J. (Jahrb). = Jahrbuch, Jahrbücher, Jahresbericht, Jahresberichte.
JBl. = Juristische Blätter.
JDR. = Jahrbuch des Deutschen Rechtes. Herausgegeben von Neumann.
IheringsJ. = Iherings Jahrbücher für die Dogmatik des bürgerlichen Rechts.
IKV. = Mitteilungen der internationalen kriminalistischen Vereinigung oder deren Mitteilungen.
JLBl. = Juristisches Literaturblatt.
JMBl. = Justizministerialblatt.
Instr. = Instruktion.
IntReblKonv. = Internationale Reblaus-Konvention v. 3. X. 81.
IntSanKonv. = Internationale Sanitätskonvention vom 3. IV. 94.
InvV(ers)G. = Invalidenversicherungsgesetz v. 13. VII. 89, neue Fassung vom 19. VII. 99.
JPrForstJG. = Jahrbuch der preußischen Forst- und Jagd-Gesetzgebung.

JVGewRSchutz.	=	Internationale Vereinigung für gewerblichen Rechtsschutz oder deren Jahrbuch.
JVJSchr.	=	Juristische Vierteljahresschrift.
JVRV.	=	Internationale Vereinigung für vergleichende Rechtswissenschaft und Volkswirtschaftslehre.
JVRVJahrb.	=	Jahrbuch der Internationalen Vereinigung für vergleichende Rechtswissenschaft und Volkswirtschaftslehre.
JVRVMitt.	=	Mitteilungen der Internationalen Vereinigung für vergleichende Rechtswissenschaft und Volkswirtschaftslehre.
JW.	=	Juristische Wochenschrift.

K.

KBl.	=	Deutsches Kolonialblatt.
KG.	=	Kammergericht.
KGBl.	=	Blätter für Rechtspflege im Bezirk des Kammergerichts.
KGJ.	=	Jahrbuch für Entscheidungen des Kammergerichts in Sachen der freiwilligen Gerichtsbarkeit in Kosten-, Stempel- und Strafsachen.
KH.	=	Kammer für Handelssachen.
KO.	=	Konkursordnung v. 10. II. 77, neue Fassung vom 20. V. 98.
Kob.	=	Koburg.
KommB.	=	Kommissionsbericht.
KonsGG.	=	G. über die Konsulargerichtsbarkeit v. 7. V. 00.
KonsOG.	=	G. betr. die Organisation der Bundeskonsulate, sowie die Amtsrechte und Pflichten der Bundeskonsuln v. 8. XI. 67.
KonsVt.	=	Konsularvertrag.
Konv.	=	Konvention.
KrankV(ers)G.	=	Krankenversicherungsgesetz v. 10. IV. 92.
KrG.	=	Kriegsgericht.
KriegsInvG.	=	G. betr. Versorgung der Kriegsinvaliden und der Kriegshinterbliebenen v. 31. V. 01.
KrimStat.	=	Kriminalstatistik. Bearbeitet im Reichsjustizamt.
KrVJSchr.	=	Kritische Vierteljahresschrift für Gesetzgebung und Rechtswissenschaft.
KStatA.	=	Kaiserliches Statistisches Amt.
KunstUrhG.	=	G. betr. das Urheberrecht an Werken der bildenden Künste v. 9. I. 76.
KurhessMitt.	=	Mitteilungen aus der Rechtspflege im Gebiete des ehemaligen Kurfürstentums Hessen.

L.

LG. = Landgericht.
LitUrhG. = G. betr. das Urheberrecht an Werken der Literatur und der Tonkunst v. 19. VII. 01.
LohnBG. = G. betr. die Beschlagnahme des Arbeits- oder Dienstlohnes v. 21. VI. 69.
Lüb. = Lübeck.
LwKrankV(ers)G. = G. betr. die Krankenversicherung der in land- und forstwirtschaftlichen Betrieben beschäftigten Personen v. 5. V. 86.
LwUV(ers)G. = Unfallversicherungsgesetz für Land- und Forstwirtschaft v. 5. V. 86, 30. VI. 00, neue Fassung v. 5. VII. 00

M.

M. = Motive.
MaßO. = Maß- und Gewichtsordnung v. 17. VIII. 68.
MBl. = Ministerialblatt.
MecklSchw. = Mecklenburg-Schwerin.
MecklStr. = Mecklenburg-Strelitz.
MecklZ. = Mecklenburgische Zeitschrift für Rechtspflege und Rechtswissenschaft.
Mein. = Meiningen.
MilPensG. = G. betr. die Pensionierung und Versorgung der Militärpersonen usw. v. 27. VI. 71.
Mitt. = Mitteilungen.
Mot. = Motive.
MSchr. = Monatsschrift.
MSchrKrimPsych = Monatsschrift für Kriminalpsycholngie und Strafrechtsreform.
MStGB. = Militärstrafgesetzbuch für das Deutsche Reich v. 20. VI. 72.
MStGO. = Militärstrafgerichtsordnung v. 1. XII. 98.
MündelgBk. = Bk. betr. die Anlegung von Mündelgeld in verbrieften Forderungen gegen inländische kommunale Körperschaften usw. v. 7. VII. 01.
MünzG. = Münzgesetz v. 9. VII. 75.
MustG. = G. betr. das Urheberrecht an Mustern und Modellen v. 11. I. 76.
MVBl. = Marine-Verordnungsblatt.

N.

NahrMittelG. (NMG.) = G. betr. den Verkehr mit Nahrungsmitteln, Genußmitteln und Gebrauchsgegenständen v. 14. V. 79.
NaumburgAK. = Zeitung der Anwaltskammer Naumburg.
NMG. siehe NahrMittelG.
Not. = Notar.
Nr. = Nummer.

O.

O. = Ordnung.
ObLG. = Oberstes Landesgericht.
OestAGZ. = Allgemeine Oesterreichische Gerichts-Zeitung.
OestCBl. = Oesterreichisches Centralblatt für die juristische Praxis.
OKrG. = Oberkriegsgericht.
Old. = Oldenburg.
OLG. = Oberlandesgericht.
OLG. (mit Band- und Seitenzahl) oder OLGRspr. = Die Rechtsprechung der Oberlandesgerichte. Herausgegeben von Falkmann und Mugdan.
OLGMünchenSt. = Sammlung von Entscheidungen des königl. Oberlandesgerichtes München in Gegenständen des Strafrechtes und Strafprozesses.
OSeeA. = Ober-Seeamt und dessen Entscheidungen.
OMA. = Ober-Militär-Anwalt.
ORA. = Ober-Reichs-Anwalt.
OTr. = Obertribunal.
OVG. = Oberverwaltungsgericht und dessen Entscheidungen.

P.

PatA. (PA.) = Patentamt.
PatAnwG. = G. betr. die Patentanwälte v. 21. V. 90.
PatEntsch. = Die patentamtlichen und gerichtlichen Entscheidungen in Patent-, Marken- und Musterschutzsachen.
PatG. = Patentgesetz v. 7. IV. 91.
PatMustZeichBl. (PMZBl.) = Blatt für Patent-, Muster- und Zeichenwesen.
PBl. = Patentblatt.
PhotG. = G. betr. den Schutz der Photographien gegen unbefugte Nachbildung v. 10. I. 75.
Pl. = Vereinigte Zivil- und Straffenate.

PMZBl. (PatMustZeichBl). = Blatt für Patent-, Muster- und Zeichenwesen.
PosMSchr. = Juristische Monatsschrift für Posen, West- und Ostpreußen und Pommern.
PostG. = G. über das Postwesen des deutschen Reiches v. 28. X. 71.
PostO. = Postordnung für das Deutsche Reich v. 20. III. 00.
Pr. = Preußen.
Pr. (Prot.) = Protokolle.
PreßG. = G. über die Presse v. 7. V. 74.
PrivV(ers)UntG. = G. über die privaten Versicherungsunternehmungen v. 12. V. 01.
Prot. (Pr.) = Protokolle.
PrOVG. = Preußisches Oberverwaltungsgericht und dessen Entsch.
PrOVGSt. = Entscheidungen des Königl. Preuß. Oberverwaltungsgerichts in Staatssteuersachen.
PrStat. = Preußische Statistik.
PrVerwBl. = Preußisches Verwaltungsblatt.
PStG. = G. über die Beurkundung des Personenstandes und die Eheschließung v. 6. II. 75.
PucheltsZ. = Zeitschrift für deutsches bürgerliches Recht und französisches Zivilrecht. Begründet von Puchelt.

R.

RA. = Rechtsanwalt.
RäL. = Reuß ältere Linie.
RAGebO. (RAGO.) = Gebührenordnung für Rechtsanwälte v. 7. VII. 79, neue Fassung v. 20. V. 98.
RAJ. = Reichsamt des Innern.
RAnz. = Deutscher Reichsanzeiger und Königl. Preußischer Staatsanzeiger.
RAO. = Rechtsanwaltsordnung v. 1. VII. 78.
RArbBl. = Reichs-Arbeitsblatt.
RayG. = G. betr. die Beschränkungen des Grundeigentums in der Umgebung von Festungen v. 21. XII. 71.
RBG. = Gesetz betr. die Rechtsverhältnisse der Reichsbeamten v. 31. III. 73.
RBHinterblG. = G. betr. die Fürsorge für die Wittwen und Waisen der Reichsbeamten der Zivilverwaltung v. 20. IV. 81.
REA. = Reichs-Eisenbahn-Amt.

Recht	= Das Recht. Rundschau für den Deutschen Juristenstand.
RegBl.	= Regierungsblatt.
Regl. (Rgl.)	= Reglement, Regulativ.
RG.	= Reichsgericht und dessen Entscheidungen (je nach dem Zusammenhange: in Zivil- oder Strafsachen; wo der Zusammenhang Zweifel läßt: ist RGZ. oder RGSt. zu verwenden).
RG. (RAnz.)	= Entscheidungen des Reichsgerichts. Besondere Beilage zum deutschen Reichsanzeiger.
RGBl.	= Reichsgesetzblatt.
Rgl.	= Reglement, Regulativ.
RGoldmG.	= G. betr. die Ausprägung von Reichsgoldmünzen vom 4. XII. 71.
RGRspr.	= Rechtsprechung des deutschen Reichsgerichts in Strafsachen.
RGSt.*	= Entscheidungen des Reichsgerichts in Strafsachen.
RGZ.*	= Entscheidungen des Reichsgerichts in Zivilsachen.
RheinArch.	= Archiv für das Zivil- und Kriminalrecht der Königl. Preuß. Rheinprovinz. (Umschlagstitel: Rheinisches Archiv usw.).
RheinARV.	= Rheinpreuß. Amtsrichter-Verein oder dessen Zeitschrift.
RheinNotZ.	= Zeitschrift für das Notariat. Herausgegeben von dem Verein für das Notariat in Rheinpreußen.
RJA.	= Reichs-Justizamt.
RJA. (mit Band- und Seitenzahl.)	= Entscheidungen in Angelegenheiten der freiwilligen Gerichtsbarkeit und des Grundbuchrechts. Zusammengestellt im Reichs-Justizamte.
RjL.	= Reuß jüngere Linie.
RK.	= Reichskanzler.
RKassSchG.	= Reichskassenscheingesetz.
RMA.	= Reichs-Marine-Amt.
RMG.	= Reichsmilitärgericht und dessen Entscheidungen.
RMilG.	= Reichsmilitärgesetz v. 2. V. 74.
ROHG.	= Reichs-Oberhandelsgericht und dessen Entscheidungen.
RPA.	= Reichs-Postamt.
RPostABl.	= Amtsblatt des Reichs-Postamts.
RSchA.	= Reichsschatzamt.
RStat.	= Statistik des Deutschen Reichs.
RStatVJH.	= Vierteljahrshefte zur Statistik des Deutschen Reichs.

*) Wo der Zusammenhang keinen Zweifel läßt, genügt „RG“.

RStempG. = Reichsstempelgesetz v. 27. IV. 94, neue Fassung v. 14. VI. 00.
RT. = Reichstag.
RTWahlG. = Wahlgesetz für den Deutschen Reichstag v. 31. V. 69.
RV. = G. betr. Verfassung des Deutschen Reichs v. 16. IV. 71.
RVA. = Reichs-Versicherungs-Amt und dessen Rekursentscheidungen.
RVANachr. = Nachrichten des Reichs-Versicherungsamts.
RZBl. = Zentralblatt für das Deutsche Reich.

S.

Sachs. = Sachsen.
SächsArch. = Sächsisches Archiv für bürgerliches Recht und Prozeß.
SächsOLG. = Annalen des Königl. Sächs. Oberlandesgerichts zu Dresden.
SächsOVG. = Sächsisches Oberverwaltungsgericht und dessen Jahrbücher.
Samml. = Sammlung.
SchL. = Schaumburg-Lippe.
SchlHolstAnz. = Schleswig-Holsteinische Anzeigen.
Schmollers J. = Jahrbuch für Gesetzgebung, Verwaltung und Volkswirtschaft im Deutschen Reich. Herausgegeben von Schmoller.
SchutzgebG. = Schutzgebietsgesetz v. 25. VII. 00.
SchutztrG. = G. betr. die kaiserlichen Schutztruppen in den afrikanischen Schutzgebieten und die Wehrpflicht daselbst v. 7. VII. 96.
SchwR. = Schwarzburg-Rudolstadt.
SchwS. = Schwarzburg-Sondershausen.
SeeA. = Seeamt.
SeemO. = Seemannsordnung v. 2. VI. 02.
SeeUnfUntersG. = G. betreffend die Untersuchung von Seeunfällen v. 27. VII. 77.
SeeUV(ers)G. = See-Unfallversicherungsgesetz v. 11. VII. 87, 30. VI. 00, neue Fassung v. 5. VII. 00.
ServisTG. = G. betr. den Servistarif und die Klasseneinteilung der Orte v. 26. VII. 97.
SeuchenG. = G. betr. die Bekämpfung gemeingefährlicher Krankheiten v. 30. VI. 00.
SeuffA. = J. A. Seufferts Archiv für Entscheidungen der obersten Gerichte in den deutschen Staaten.

SeuffBl. = J. A. Seufferts Blätter für Rechtsanwendung, zunächst in Bayern.
SozPr. = Soziale Praxis.
SpionG. = G. gegen den Verrat militärischer Geheimnisse v. 3. VII. 93.
SprengstG. = G. gegen den verbrecherischen und gemeingefährlichen Gebrauch von Sprengstoffen v. 9. VI. 84.

St.

StA. = Staatsanwalt, Staatsanwaltschaft.
StaatsA. = Das Staatsarchiv.
StAG.(StAngG.) = G. über die Erwerbung und den Verlust der Bundes- und Staatsangehörigkeit v. 1. VI. 70.
StandesB.(StB.) = Der Standesbeamte.
StenB. = Stenographischer Bericht.
StengleinsZ. = Zeitschrift für Gerichtspraxis und Rechtswissenschaft in Deutschland. Herausgegeben von Stenglein.
StGB. = Strafgesetzbuch vom 15. V. 71, neue Fassung v. 26. II. 76.
StK. = Strafkammer.
StPO. = Strafprozeßordnung vom 1. II. 77.
StrandO. = Strandungsordnung v. 17. V. 74.
Stud. = Studien.

T.

TelG. = G. über das Telegraphenwesen des Deutschen Reiches v. 6. IV. 92.
TelO. = Telegraphen-Ordnung für das Deutsche Reich vom 9. VI. 97.
TelWG. = Telegraphenwege-Gesetz vom 18. XII. 99.
ThürBl. = Blätter für Rechtspflege in Thüringen und Anhalt.

U.

UnlW. = Unlauterer Wettbewerb. (Zeitschrift.)
UrkBeglG. = Gesetz betr. die Beglaubigung öffentlicher Urkunden v. 1. V. 78.
UV(ers)AbG. = G. betr. Abänderung der Unfallversicherungsgesetze v. 30. VI. 00, neue Fassung v. 5. VII. 00.
UWG. = Gesetz über den Unterstützungswohnsitz v. 6. VI. 70 und v. 12. III. 94.

UWG.* (UnlWG.) = G. zur Bekämpfung des unlauteren Wettbewerbes v. 27. V. 96.

V.

V. (VO.) = Verordnung.
VBl. = Verordnungsblatt.
VerG. = G. betr. das Vereinswesen v. 11. XII. 99.
VerlG. = G. über das Verlagsrecht v. 19. VII. 01.
VerStS. (VStS.) = Vereinigte Straffenate.
VerwArch. = Verwaltungsarchiv.
VerZS. (VZS.) = Vereinigte Zivilsenate.
Vf. = Verfügung.
VGH. = Verwaltungsgerichtshof.
Vhdl. = Verhandlungen.
ViehmängelV. = V. betr. die Hauptmängel und Gewährfristen beim Viehhandel v. 27. III. 99.
VJSchr. = Vierteljahrsschrift.
VO. (V.) = Verordnung.
VorE. = Vorentwurf.
Vschr. = Vorschrift.
VStS. (VerStS.) = Vereinigte Straffenate.
Vt. = Vertrag.
VZS. (VerZS.) = Vereinigte Zivilsenate.

W.

W. = Wochenblatt, Wochenschrift.
Wald. = Waldeck.
WarenZG. (WZG.) = G. zum Schutze der Warenbezeichnungen v. 12. V. 94.
WehrO. = Deutsche Wehrordnung v. 18. II. 01 und v. 25. III. 04.
Weim. = Weimar.
WO. = Allgemeine Deutsche Wechselordnung (Einführungsgesetz v. 5. VI. 69).
WPostVt. = Weltpostvertrag v. 15. VI. 97.
WStempG. = G. betr. die Wechselstempelsteuer v. 10. VI. 69.
Württ. = Württemberg.
WürttArch. = Württembergisches Archiv für Recht und Rechtsverwaltung.
WürttJ. = Jahrbücher der württembergischen Rechtspflege.

---

*) Nur anzuwenden, wenn Verwechselung mit dem Gesetz über den Unterstützungswohnsitz ausgeschlossen ist.

WürttZ.	= Zeitschrift für die freiwillige Gerichtsbarkeit und die Gemeindeverwaltung in Württemberg.
WZG.	= G. zum Schutze der Warenbezeichnungen v. 12. V. 94.

Z.

Z.	= Zeitschrift, Zeitung.
ZBayStatB.	= Zeitschrift des königlich bayerischen statistischen Büreaus.
ZBergr.	= Zeitschrift für Bergrecht.
ZBl.	= Zentralblatt.
ZGebO.(ZGO.)	= Gebührenordnung für Zeugen und Sachverständige v. 30. VI. 78, neue Fassung v. 20. V. 98.
ZHR. (Goldschmidts Z.)	= Zeitschrift für das gesamte Handelsrecht.
ZK.	= Zivilkammer.
ZKirchR.	= Deutsche Zeitschrift für Kirchenrecht.
ZollTG.	= Zolltarifgesetz v. 15. VII. 79 u. a.
ZPO.	= Civilprozeßordnung v. 30. I. 77, neue Fassung v. 20. V. 98.
ZPrStatB.	= Zeitschrift des königlich preußischen statistischen Büreaus.
ZRG.	= Zeitschrift (der Savigny-Stiftung) für Rechtsgeschichte.
ZRG(G).	= " Germanistische Abteilung.
ZRG(R).	= " Romanistische Abteilung.
ZSächsStB.	= Zeitschrift des königlich sächsischen statistischen Büreaus.
ZStaatsw.	= Zeitschrift für die gesamte Staatswissenschaft.
ZStW.	= Zeitschrift für die gesamte Strafrechtswissenschaft.
ZuckerVt.	= Vertrag zwischen dem Deutschen Reiche und mehreren anderen Staaten über die Behandlung des Zuckers v. 5. III. 02.
ZVerglR.	= Zeitschrift für vergleichende Rechtswissenschaft.
ZVersR.	= Zeitschrift für Versicherungsrecht und Wissenschaft.
ZVersWes.	= Zeitschrift für Versicherungswesen.
ZVersWiss.	= Zeitschrift für die gesamte Versicherungswissenschaft.
ZVG.	= G. über die Zwangsversteigerung und die Zwangsverwaltung v. 24. III. 97, neue Fassung v. 20. V. 98.
ZVolksw.	= Zeitschrift für Volkswirtschaft, Sozialpolitik und Verwaltung.
ZVollstrR.	= Zeitschrift über Vollstreckungsrecht und Zustellungswesen.
ZZP.(BuschsZ.)	= Zeitschrift für deutschen Zivilprozeß.

Anhang.

Besondere Abkürzungen für das österreichische Rechtsgebiet.

(Aufgestellt von k. k. Ministerialrat Dr. Hugo Schauer in Wien.)

I. Abkürzungen für die allgemeine Bezeichnung von Rechtsquellen und deren Materialien.

AE. = Allerhöchste Entschließung.
AV. = Allerhöchste Verordnung.
DchfV. = Durchführungs-Verordnung.
HfD. = Hofdekret.
HKD. = Hofkammerdekret.
HKzD. = Hofkanzleidekret.
KaiſV. = Kaiserliche Verordnung.
Kd. = Kundmachung.
P. = Patent.
Reſ. = Resolution.
StGG. = Staatsgrundgesetz.
StV. = Staatsvertrag.
Üb. = Übereinkommen, Übereinkunft.
ZErl. = Zirkularerlaß.
ZV., ZVO. = Zirkularverordnung.

II. Abkürzungen für die Bezeichnungen von Behörden und Vertretungskörpern.

AH. = Abgeordnetenhaus.
AM. = Ackerbauministerium.
AuswM. = Ministerium des Äußern.
BG. = Bezirksgericht.
BH. = Bezirkshauptmannschaft.
EM. = Eisenbahnministerium.
FM. = Finanzministerium.
HBG. = Bezirksgericht für Handelssachen.
HG. = Handelsgericht.

HH. = Herrenhaus.
HK. = Handels- und Gewerbekammer.
HM. = Handelsministerium.
JM. = Justizministerium.
KG. = Kreisgericht.
LAussch. = Landesgericht.
LG. = Landesausschuß.
LR. = Landesregierung.
LVM. = Landesverteidigungsministerium.
LT. = Landtag.
MJ. = Ministerium des Innern.
OGH. = Oberster Gerichtshof.
RFM. = Reichsfinanzministerium.
RKM. = Reichskriegsministerium.
Statth. = Statthalterei.
UM. = Ministerium für Kultus und Unterricht.

III. Abkürzungen für Reichsgesetze.

ABGB. = Allgemeines bürgerliches Gesetzbuch.
AllgStaatsbG. = Staatsgrundgesetz v. 21. XII. 67, RGBl. Nr. 142 über die allgemeinen Rechte der Staatsbürger.
AnfG. = Anfechtungsgesetz v. 16. III. 84, RGBl. Nr. 32.
AO. = Advokatenordnung, Gesetz vom 6. VII. 68, RGBl. Nr. 96.
AT. = Advokatentarif (Verordnung v. 11. XII. 97, RGBl. Nr. 293).
AusstreitG. = Kaiserliches Patent v. 9. VIII. 54, RGBl. Nr. 208, über das gerichtliche Verfahren in Rechtsangelegenheiten außer Streitsachen.
AusverkG. = Gesetz v. 16. I. 95, RGBl. Nr. 26, betreffend die Regelung der Ausverkäufe.
AuswG. = Gesetz v. 21. I. 97, RGBl. Nr. 27, über strafrechtliche Bestimmungen in Bezug auf das Betreiben der Auswanderungsgeschäfte.
BergG. = Berggesetz v. 23. IV. 54, RGBl. Nr. 146.
BörsG. = Börsengesetz v. 1. IV. 75, RGBl. Nr. 67.
BriefgehG. = Gesetz v. 6. IV. 70, RGBl. Nr. 42, zum Schutze des Brief- und Schriftengeheimnisses.
BruderlG. = Bruderladengesetz v. 28. VII. 89, RGBl. Nr. 127.
EisenbBuchG. = Gesetz v. 19. IV. 74, RGBl. Nr. 70, betreffend die Anlegung von Eisenbahnbüchern.

EisenbBetrRgl.	=	Eisenbahnbetriebsreglement, Verordnung v. 10. XII. 92, RGBl. Nr. 207.
EisenbExprG.	=	Gesetz v. 18. II. 78, RGBl. Nr. 30, betreffend die Enteignung zum Zwecke der Herstellung und des Betriebes von Eisenbahnen.
EO.	=	Exekutionsordnung v. 27. V. 96, RGBl. Nr. 78.
EVereitlG.	=	Gesetz v. 25. V. 83, RGBl. Nr. 78, über strafrechtliche Bestimmungen gegen Vereitlung von Zwangsvollstreckungen.
FischG.	=	Gesetz v. 25. IV. 85, RGBl. Nr. 58, betreffend die Regelung der Fischerei in den Binnengewässern.
ForstG.	=	Kaiserliches Patent v. 3. XII. 52, RGBl. Nr. 250.
GBG.	=	Allgemeines Grundbuchsgesetz v. 25. VII. 71, RGBl. Nr. 95.
GebG.	=	Gebührengesetz, kaiserliches Patent v. 9. II. 50, RGBl. Nr. 50.
GefStG.	=	Gefällsstrafgesetz, Patent v. 11. VII. 35, PGS. Bd. 63.
GemG.	=	Gemeindegesetz v. 5. III. 62, RGBl. Nr. 18.
GenG.	=	Gesetz über die Erwerbs- und Wirtschaftsgenossenschaften v. 9. IV. 73, RGBl. Nr. 70.
GJ.	=	Gerichtsinstruktion, kaiserliches Patent v. 3. V. 53, RGBl. Nr. 81.
GeschO.	=	Geschäftsordnung für die Gerichte I. und II. Instanz (JMV. v. 5. V. 97, RGBl. Nr. 112).
GewGG.(GGG.)	=	Gewerbegerichtsgesetz v. 27. XI. 96, RGBl. Nr. 218.
GewO. (GO.)	=	Gewerbeordnung, kaiserliches Patent v. 20. XII. 59, RGBl. Nr. 227.
GewNov.	=	Gewerbenovelle.
GOG.	=	Gerichtsorganisationsgesetz v. 27. XI. 96, RGBl. Nr. 217.
HaagAbk.	=	Abkommen zur Regelung einiger Fragen des internationalen Privatrechts v. 14. XI. 96, RGBl. 99 Nr. 85.
HaftpflG.	=	Eisenbahnhaftpflichtgesetz v. 5. III. 69, RGBl. Nr. 27.
HGB.	=	Handelsgesetzbuch v. 17. XII. 62, RGBl. 63 Nr. 1.
HausrR.	=	Gesetz v. 27. VIII. 62, RGBl. Nr. 88, zum Schutze des Hausrechtes.
HeimG.(63)	=	Gesetz vom 3. XII. 63, RGBl. Nr. 105, betreffend die Regelung der Heimatsverhältnisse.

HeimG.(96) = Heimatsgesetznovelle, Gesetz v. 5. XII. 96, RGBl. Nr. 222.

HöfeG. = Höfegesetz v. 1. IV. 89, RGBl. Nr. 52.

JN. = Jurisdiktionsnorm v. 1. VIII. 95, RGBl. Nr. 111.

KathKG. = Gesetz v. 7. V. 74, RGBl. Nr. 50, wodurch Bestimmungen zur Regelung der äußeren Rechtsverhältnisse der katholischen Kirche erlassen werden.

KommG. = Gesetz v. 7. VI. 83, RGBl. Nr. 92, betreffend die Zusammenlegung landwirtschaftlicher Grundstücke.

KonsGG. = Gesetz v. 30. VIII. 91, RGBl. Nr. 136, womit Bestimmungen über die Ausübung der Konsulargerichtsbarkeit getroffen werden.

KonsGVerfV. = Verordnung des Gesamtministeriums v. 15. V. 02, RGBl. Nr. 101, womit das Verfahren in bürgerlichen Rechtsstreitigkeiten vor den Konsulargerichten geregelt wird.

KO. = Konkursordnung, Gesetz v. 25. XII. 68, RGBl. 69, Nr. 1.

KoalG. = Gesetz v. 7. IV. 70, über das Koalitionsrecht, RGBl. Nr. 43.

KrankVersG. = Krankenversicherungsgesetz v. 30. III. 88, RGBl. Nr. 33.

KuratG. = Gesetz v. 24. IV. 74, RGBl. Nr. 49, betreffend die gemeinsame Vertretung der Rechte der Besitzer von auf Inhaber lautenden oder durch Indossament übertragbaren Teilschuldverschreibungen.

LagHG. = Gesetz v. 28. IV. 89, RGBl. Nr. 64, betreffend die Errichtung und den Betrieb öffentlicher Lagerhäuser und die von denselben ausgestellten Lagerscheine.

LebensMG. = Gesetz v. 16. I. 96, RGBl. 97, Nr. 89, betreffend den Verkehr mit Lebensmitteln und einigen Gebrauchsgegenständen.

LohnExG. = Gesetz v. 29. IV. 73, RGBl. Nr. 68, betreffend die Sicherstellung und Exekution auf die Bezüge aus dem Arbeits- oder Dienstverhältnisse.

MahnG. = Gesetz v. 27. IV. 73, RGBl. Nr. 67, betreffend das Mahnverfahren.

MStG. = Militärstrafgesetz, kaiserliches Patent v. 15. I. 55, RGBl. Nr. 19.

MilGerG. = Gesetz v. 20. V. 69, RGBl. Nr. 78, betreffend den Wirkungskreis der Militärgerichte.

MargG.	= Gesetz v. 25. X. 01, RGBl. 02, Nr. 26, betreffend den Verkehr mit Butter, Käse, Butterschmalz, Schweineschmalz und deren Ersatzmitteln. (Margarinegesetz).
MarkG.(90)	= Markenschutzgesetz v. 6. I. 90, RRBl. Nr. 19.
MarkG.(95)	= Novelle zum Markenschutzgesetz v. 30. VI. 95, RGBl. Nr. 108.
MelDarlG.	= Gesetz v. 6. VI. 96, RGBl. Nr. 144, über die zum Zweck der Bodenverbesserung aufgenommenen Darlehen (Meliorationsdarlehen).
MustSchG.	= Musterschutzgesetz, kaiserliches Patent v. 7. XII. 58, RGBl. Nr. 75.
NO.	= Notariatsordnung, Gesetz v. 25. VI. 71, RGBl. Nr. 75.
NotwegG.	= Gesetz v. 7. VII. 96, RGBl. Nr. 140 betreffend die Einräumung von Notwegen.
OGHStat.	= Statut des Obersten Gerichts- und Kassationshofes, kaiserliches Patent v. 7. VIII. 50, RGBl. Nr. 325.
PatG.	= Patentgesetz v. 11. I. 97, RGBl. Nr. 30.
PersFreihG.	= Gesetz v. 27. X. 62, RGBl. Nr. 87, zum Schutze der persönlichen Freiheit.
PersStG.	= Personalsteuergesetz v. 25. X. 96, RGBl. Nr. 220.
PfandbrG.	= Gesetz v. 24. IV. 74, RGBl. Nr. 48, betreffend Wahrung der Rechte der Besitzer von Pfandbriefen.
PostSparkG.	= Gesetz v. 28. V. 82, RGBl. Nr. 56, betreffend die Einführung der Postsparkassen.
PreßG.	= Preßgesetz v. 17. XII. 62, RGBl. 63, Nr. 6.
PrivG.	= Privilegiengesetz, kaiserliches Patent v. 15. VIII. 52, RGBl. Nr. 184.
RatengG.	= Gesetz v. 27. IV. 96, RGBl. Nr. 70, betreffend Ratengeschäfte.
RegGewG.	= Staatsgrundgesetz v. 21. XII. 67, RGBl. Nr. 145, über die Ausübung der Regierungs- und Vollzugsgewalt.
RGG.	= Staatsgrundgesetz v. 21. XII. 67, RGBl. Nr. 143, über die Einsetzung eines Reichsgerichts.
RichtGewG.	= Staatsgrundgesetz v. 21. XII. 67, RGBl. Nr. 144, über die richterliche Gewalt.
SanG.	= Gesetz v. 30. IV. 70, RGBl. Nr. 68, betreffend die Organisation des Sanitätsdienstes.
SonntRuhG.	= Gesetz v. 16. I. 95, RGBl. Nr. 21, betreffend die Regelung der Sonn- und Feiertagsruhe.
SprengstG.	= Sprengstoffgesetz v. 27. V. 85, RGBl. Nr. 134.

13*

StG. = Strafgesetz, kaiserliches Patent v. 27. V. 52, RGBl. Nr. 117.

StPO. = Strafprozeßordnung, Gesetz vom 23. V. 1873, RGBl. Nr. 119.

SyndG. = Gesetz v. 12. VII. 72, RGBl. Nr. 112, womit das Klagerecht der Parteien wegen der von richterlichen Beamten in Ausübung ihrer amtlichen Wirksamkeit zugefügten Rechtsverletzungen geregelt wird. (Syndikatsverfahren.)

TierSG. = Tierseuchengesetz v. 29. II. 80, RGBl. Nr. 35.

UrhG. = Gesetz v. 26. XII. 95, RGB. Nr. 197, betreffend das Urheberrecht an Werken der Literatur, Kunst und Photographie.

ÜbtrGebG. = Gesetz v. 18. VI. 01, RGBl. Nr. 74, betreffend die Gebühren von Vermögensübertragungen.

UnfVG. = Unfallversicherungsgesetz v. 28. XII. 87, RGBl. 88, Nr. 1.

UnschVerurtG. = Gesetz v. 16. III. 92, RGBl. Nr. 64, betreffend die Entschädigung für ungerechtfertigt erfolgte Verurteilung.

VagG.(73) = Landstreichergesetz v. 10. V. 73, RGBl. Nr. 108 (Vagabundengesetz).

VagG.(85) = Gesetz v. 24. V. 85, RGBl. Nr. 89, womit strafrechtliche Bestimmungen inbetreff der Anhaltung in Zwangsarbeits- oder Besserungsanstalten getroffen werden.

VerG.(52) = Kaiserliches Patent v. 26. XI. 52, RGBl. Nr. 253, wodurch neue gesetzliche Bestimmungen über Vereine (Vereinsgesetz) angeordnet werden.

VerRG. = Gesetz v. 15. XI. 67, RGBl. Nr. 134, über das Vereinsrecht.

VersG. = Gesetz v. 15. XI. 67, RGBl. Nr. 135, über das Versammlungsrecht.

VGHG. = Gesetz v. 22. X. 75, RGBl. 76 Nr. 36, betreffend die Errichtung eines Verwaltungsgerichtshofes.

WaffP. = Waffenpatent v. 24. X. 52, RGBl. Nr. 223.

WassG. = Reichswasserrechtsgesetz v. 30. V. 69, RGBl. Nr. 93.

WehrG. = Wehrgesetz v. 11. IV. 89, RGBl. Nr. 41.

WO. = Wechselordnung, kaiserliches Patent vom 25. I. 50, RGBl. Nr. 51.

WuchG. = Gesetz v. 28. IV. 81, RGBl. Nr. 47, betreffend Abhilfe wider unredliche Vorgänge bei Kreditgeschäften.

ZollO. = Zoll- und Staatsmonopolsordnung v. 11. VII. 35.
ZPO. = Zivilprozeßordnung v. 1. VIII. 95, RGBl. Nr. 113.
ZwangAnstG. = Gesetz vom 24. V. 85, RGBl. Nr. 90, betreffend die Zwangsarbeits- und Besserungsanstalten.

IV. Abkürzungen für die Namen der Länder Österreichs.

Böh. = Böhmen.
Mähr. = Mähren.
Schles. = Schlesien.
Gal. = Galizien.
Buk. = Bukowina.
Steier. = Steiermark.
Kärnt. = Kärnten.
Krain = Krain.
NiedÖ. = Nieder-Österreich.
ObÖ. = Ober-Österreich.
Salz. = Salzburg.
Tir. = Tirol.
Vorarl. = Vorarlberg.
Küstenl. = Küstenland.
Dalm. = Dalmatien.

V. Abkürzungen für Gesetz- und Verordnungsblätter.

ArmeeVBl. = Verordnungsblatt für das k. u. k. Heer.
EisenbVBl. = Verordnungsblatt für Eisenbahnen und Schiffahrt.
FinVBl. = Verordnungsblatt für den Dienstbereich des k. k. Finanzministeriums.
JGS. = Justizgesetzsammlung.
JMVBl. = Verordnungsblatt des k. k. Justizministeriums.
LandwVBl. = Verordnungsblatt für die k. k. Landwehr.
LGBl. = Landesgesetzblatt.
MJVBl. = Verordnungsblatt des k. k. Ministeriums des Innern.
PGS. = Politische Gesetzsammlung.
PatBl. = Patentblatt.
PostVBl. = Post- und Telegraphen-Verordnungsblatt für das Verwaltungsgebiet des k. k. Handelsministeriums.
RGBl. = Reichsgesetzblatt für die im Reichsrate vertretenen Königreiche und Länder.
UMVBl. = Verordnungsblatt des k. k. Ministeriums für Kultus und Unterricht.

VI. Abkürzungen für Entscheidungssammlungen und Zeitschriften.*)

AdlCl. = Sammlung von Entscheidungen des österreichischen Obersten Gerichtshofes zum Handelsgesetze, begründe von Adler und Clemens.
AlterJB. = Judikatenbuch des österreichischen Verwaltungsgerichtshofes begründet von Wolsky, fortgesetzt von Alter.

ReißigFB. = Dasselbe, finanzrechtlicher Teil bearbeitet von Reißig.
Budw. = Erkenntnisse des österreichischen Verwaltungsgerichtshofes ursprünglich herausgegeben von Budwinski.
BudwA. = Dieselbe Sammlung seit 1901, administrativrechtlicher Teil.
BudwF. = Dieselbe Sammlung, finanzrechtlicher Teil.
CassH. = Entscheidungen des k. k. Obersten Gerichts als Kassationshofes, ursprünglich herausgegeben von Nowak, dann von Coumont und Schreiber und seit 1900 veröffentlicht von der k. k. Generalprokuratur.
Czel. = Sammlung wechselrechtlicher Entscheidungen des österreichischen Obersten Gerichtshofes, herausgegeben von Czelochowski.
GlU. = Sammlung zivilrechtlicher Entscheidungen des österr. Obersten Gerichtshofes, begründet von Glaser und Unger.
GlUNF. = Derselben Sammlung neue Folge.
Nowak. = Sammlung zivilrechtlicher Entscheidungen des österreichischen Obersten Gerichtshofes, begründet von Nowak.
AmtlS. = Entscheidungen des österreichischen Obersten Gerichtshofes in Zivil- und Justizverwaltungssachen veröffentlicht von diesem Gerichtshofe.
(Fortsetzung der von Nowak begründeten Sammlung der Entscheidungen des Obersten Gerichtshofes. Neue Folge.)
Links. = Rechtsprechung des Österreichischen Obersten Gerichtshofes, herausgegeben von Links.
Hye. = Sammlung der Erkenntnisse des österreichischen Reichsgerichtes, begründet von Freiherrn v. Hye-Glunek.
GewGerS. (GGS). = Sammlung von Entscheidungen der k. k. Gewerbegerichte, herausgegeben vom k. k. Justizministerium.
NotZ. = Zeitschrift für Notariat und freiwillige Gerichtsbarkeit, herausgegeben vom österreichischen Notarenverein.

---

*) Soweit sie nicht in den für das Deutsche Reich aufgestellten Übersichten erwähnt sind.

Die Arbeit des Deutschen Juristentages

an der

Reform des Strafrechts

seit dem

Inkrafttreten des Reichsstrafgesetzbuchs.

(12.—27. DJT. 1875—1904.)

Bericht

im Auftrage der Ständigen Deputation

erstattet von

Dr. jur. Georg Maas,
Bibliothekar im Reichsmilitärgericht.

Übersicht.

I. Grundsätze für die Revision des Strafgesetzbuchs.

Nach welchen Grundsätzen ist die Revision des StGB. in Aussicht zu nehmen?

(26. DJT. 1902.)

Gutachten.

von Liszt (1 259—302) und van Calker (2 237—262).

Thesen.

v. Liszt:

1. Das künftige Deutsche StGB. hat das Gesamtgebiet des kriminellen Unrechts unter Einarbeitung der in den Nebengesetzen enthaltenen Tatbestände zu umfassen, dagegen die Polizeiübertretungen vollständig auszuscheiden.
2. Für Bestimmung der Strafe nach Art und Maß ist in erster Linie nicht der äußere Erfolg der Tat, sondern die verbrecherische (antisoziale) Gesinnung des Täters ausschlaggebend.
3. Das Strafensystem des geltenden Rechts ist im allgemeinen beizubehalten. Haft, Festungshaft und Verweis scheiden aus; die Geldstrafe ist den früheren Beschlüssen des Deutschen Juristentags gemäß umzugestalten.
4. Jugendlichen vom 14. bis 21. Lebensjahr gegenüber ist, soweit nicht Fürsorgeerziehung eintritt, Gefängnisstrafe von zwei bis fünf Jahren als Besserungsstrafe, eventuell mit anschließender Fürsorgeerziehung anzuwenden.
5. Gegen gewerbsmäßige Verbrecher tritt als Sicherungsstrafe Zuchthaus nicht unter fünf beziehungsweise nicht unter zehn Jahren ein.
6. Gemeingefährliche Verbrecher, die wegen Unzurechnungsfähigkeit freigesprochen oder wegen verminderter Zurechnungsfähigkeit zu milderer Strafe verurteilt werden, sind, und zwar erstere sofort, letztere nach Verbüßung der Strafe, durch den Strafrichter in Heil- oder Pflegeanstalten zu verweisen.
7. Die bedingte Verurteilung ist im Sinne der früheren Beschlüsse des Deutschen Juristentags reichsrechtlich zu regeln.

8. Die weitere Ausgestaltung des Strafensystems sowie des ganzen allgemeinen Teils des Strafgesetzbuches bleibt späteren Verhandlungen des Deutschen Juristentages vorbehalten; die Behandlung des besonderen Teiles wird der amtlichen Kommission überlassen.

van Calker:

1. Das Strafensystem des geltenden Rechts ist — unter Verzicht auf die Haftstrafe — beizubehalten.
2. Für die Bestimmung der Strafe nach Art und Maß ist in weiterem Umfang und in konsequenterer Durchführung, als dies im geltenden Recht geschieht, neben der Bedeutung des äußeren Erfolges der Tat der Intensitätsgrad der verbrecherischen Gesinnung in Rücksicht zu ziehen.
3. Die Intensität der verbrecherischen Gesinnung ist insbesondere in der Richtung in Betracht zu ziehen, daß auf eine besondere Art der Freiheitsstrafe, nämlich Festungshaft, dann zu erkennen ist, wenn das Verbrechen in concreto aus einer ehrenhaften Gesinnung entsprungen ist.
4. Das zukünftige StGB. muß neben der Strafe durch den Strafrichter auszusprechende Schutzmaßregeln gegen solche Personen zulassen, die durch ihren kriminellen Zustand eine dauernde Gefahr für die Gesellschaft bedeuten („gemeingefährliche Personen") und zwar:
   a) Die Überweisung an die Landespolizeibehörde zum Zwecke der Unterbringung in einer besonderen Anstalt gegenüber gemeingefährlichen Personen, welche wegen Zurechnungsunfähigkeit freigesprochen oder wegen verminderter Zurechnungsfähigkeit zu milderer Strafe verurteilt werden;
   b) die Überweisung an die Landespolizeibehörde zum Zwecke der Unterbringung im Arbeitshaus gegenüber Personen, die durch wiederholten Rückfall einen derartigen Hang zur Begehung von Verbrechen bewiesen haben, daß sie nach Verbüßung der Strafe voraussichtlich wiederum zum Verbrechen schreiten werden.

Beratungen.

Thema für das mündliche Referat:

Ist eine Revision des Deutschen StGB. in Aussicht zu nehmen? Welche Grundfragen für eine solche sind dem Deutschen Juristentage in seinen folgenden Tagungen zur Beratung vorzulegen?

Referenten Kahl und Kronecker (3 209—275).

Beschluß der dritten Abteilung, vorwiegend auf Grund der Thesen des Referenten Kahl nach Zurückziehung der Thesen des Referenten Kronecker, dem Plenum zur Kenntnisnahme mitgeteilt (3 598—603):

I. Die Revision des deutschen Strafgesetzbuches vom 15. Mai 1871 ist eine dringende Aufgabe der Reichsgesetzgebung.

Beantragt war vom Referenten Kahl: „eine dringende, aber nicht drängende Aufgabe". Dieser Teil der These wurde auf Grund des Antrages Wachler weggelassen. Abgelehnt wurde der Antrag Aschrott, dem Schlusse der These die Worte anzufügen: „und sollte nur gleichzeitig mit der Revision der Deutschen StPO. in Angriff genommen werden".

II. In Ansehung der äußeren Gestaltung dieser Revision ist dem Gesetzgeber zu empfehlen:

1. Daß eine Ausscheidung des Polizeistrafrechts vorgenommen werde, wobei vorbehalten bleiben kann, ob und in wieweit dieses der landesrechtlichen Ordnung zu überweisen, oder in Verbindung mit anderen Teilen des Verwaltungsstrafrechts in einer besonderen Reichspolizeiordnung zu kodifizieren sei;
2. daß die Gelegenheit wahrgenommen werde, den Stoff der strafrechtlichen Ergänzungsgesetze mindestens insoweit in das Strafgesetzbuch einzuarbeiten, als es zur Vereinfachung der gesetzlichen Tatbestände wünschenswert und zur Beseitigung der aus der Gelegenheitsgesetzgebung erwachsenen zahlreichen Inkongruenzen notwendig ist.

Abgelehnt wurde der Antrag des Referenten Kahl: „3. daß die Strafprozeßreform im ganzen bis nach geschehener Revision des StGB. zurückgestellt werde."

III. Am Inhalte der Revision beteiligt sich der Deutsche Juristentag in der Weise, daß er Leitsätze zunächst über diejenigen Fragen zu gewinnen sucht, welche nach ihrer zentralen Stellung oder prinzipiellen Bedeutung im wissenschaftlichen und volkstümlichen Sinne die wesentlichen Probleme der Strafrechtsreform darstellen. Dahin gehören mindestens und notwendig:

1. Die strafrechtliche Behandlung der jugendlichen Personen;
2. die strafrechtliche Behandlung der geistig Minderwerten;
3. die strafrechtliche Behandlung von Rückfall, gewohnheitsmäßigem und gewerbsmäßigem Verbrechertum;

Das Wort „gewohnheitsmäßigen" auf Grund des Antrages des Referenten Kronecker eingeschoben.

Zurückgezogen wurde der Antrag Beckh, nach Ziffer 3 der Anträge des Referenten zu III einzustellen als 4, vorläufig 3a: „Die strafrechtliche Behandlung falscher Aussagen vor den Gerichten und Behörden."

4. die richterliche Strafzumessung, verbunden mit der strafrechtlichen Behandlung des Versuchs;

5. das Strafmittelsystem einschließlich der Besserungs- und Schutzmaßregeln;

Die Worte „einschließlich der Besserungs- und Schutzmaßregeln" sind auf Grund des Antrages des Referenten Kronecker eingeschoben.

6. der Strafvollzug einschließlich wiederholter Prüfung der bedingten Verurteilung und bedingten Begnadigung;

7. die Schuldausschließungsgründe, insbesondere der Mangel der Rechtswidrigkeit und der Notstand.

Die These III 7 auf Grund des Antrages Kronecker eingeschoben.

Abgelehnt wurde der Antrag Wachler, statt III 1—7 einfach zu sagen: „Die Beteiligung des DJT. am Inhalte dieser Revision noch vorzubereiten, wird der ständigen Deputation überlassen."

IV. Als Verhandlungsgegenstände werden unter Zuziehung medizinischer Sachverständiger auf die Tagesordnung des 27. Deutschen Juristentages die beiden Fragen der strafrechtlichen Behandlung der jugendlichen Personen und der geistig Minderwerten gesetzt. Die Beratungsfolge der anderen Reformfragen bleibt, wie die Hinzufügung neuer, der späteren Beschlußfassung vorbehalten.

Abgelehnt wurde der Abänderungsantrag des Referenten Kronecker anstatt der Worte „die beiden" bis „Minderwerten" zu setzen „die Fragen . . . nach der noch festzustellenden Numerierung".

Abgelehnt wurde auch der Antrag Aschrott, IV zu streichen und der ständigen Deputation die Beschlußfassung über die Reihenfolge zu überlassen.

II. Geistig Minderwerte.

Die strafrechtliche Behandlung der geistig Minderwerten.

(27. DJT. 1904.)

Gutachten.

Kahl (1 137—248) und Leppmann (3 136—152).

Leitsätze.

Kahl:

I. Aufgabe. Der Zug der Deutschen Strafrechtsentwickelung in Gesetzgebung und Wissenschaft sowie die Erfahrungstatsachen der gerichtlichen Psychiatrie erfordern, daß die Zustände der geistigen Minderwertigkeit einer sonderrechtlichen Ordnung

durch Prägung eines gesetzlichen Begriffs der sog. verminderten Zurechnungsfähigkeit (II),

durch Anwendung eines besonderen Strafprinzips (III),

durch Verbindung von Strafvollzug und Sicherungsmaßregeln (IV) und

durch Abgrenzung der bei der strafenden und sichernden Behandlung in Frage kommenden Zuständigkeitsverhältnisse (V) unterstellt werden.

Die strafrechtliche Behandlung der geistig Minderwerten einschließlich der Sicherung ist grundsätzlich von den Voraussetzungen und dem Verfahren der Entmündigung getrennt zu halten.

Dagegen ist zu fordern, daß spätestens in Verbindung mit einer Ordnung der verminderten Zurechnungsfähigkeit auch die Verwahrung der wegen Zurechnungsunfähigkeit Freigesprochenen gesetzlich geregelt werde.

II. Begriff. Der gesetzliche Begriff ist aus inneren Gründen und Rücksichten der Durchführbarkeit der Reform tunlichst einzuschränken. Unter Vermeidung des Ausdrucks „verminderte Zurechnungsfähigkeit" in der Gesetzessprache wird sich empfehlen, jene nur und mindestens dann anzunehmen,

„wenn der Täter bei Begehung der strafbaren Handlung sich in einem andauernd krankhaften Zustande befunden hat, welcher das Verständnis für die Bestimmungen des Strafgesetzes oder die Widerstandskraft gegen strafbares Handeln verminderte."

III. Strafprinzip. Der vermindert Zurechnungsfähige ist milder zu bestrafen.

In Ansehung des Maßstabs der Strafe sind auch hier erwachsene und jugendliche Personen verschieden zu behandeln. Bei Erwachsenen wird unter grundsätzlichem Ausschluß der Todes- und lebenslänglichen Freiheitsstrafe die Strafe nach den zu verallgemeinernden Bestimmungen über Strafmilderung in minder schweren Fällen oder beim Vorhandensein mildernder Umstände zu bemessen sein. Bei Angeschuldigten zwischen 14 (12) und 18 Jahren mildert der Richter die Strafe nach freiem Ermessen. Er kann die Verbüßung der zuerkannten Freiheitsstrafe in einer geeigneten Erziehungsanstalt nachlassen.

IV. Strafvollzug und Sicherung. Jeder wegen verminderter Zurechnungsfähigkeit zu milderer Freiheitsstrafe Verurteilte ist einer sichernden Nachbehandlung zu unterstellen. Für Strafvollzug und Sicherung im einzelnen wird von der Unterscheidung zweier Typen der geistig Minderwerten, nämlich

1. der im gewöhnlichen Sinne Strafvollzugsfähigen und nicht voraussichtlich einer Verwahrung Bedürftigen, und
2. der im Rahmen des regelmäßigen Strafvollzugs nicht Behandlungsfähigen und wegen Gemeingefährlichkeit oder zwecks methodischer Heilung der Anstaltsverwahrung Benötigten

auszugehen sein.

Die vermindert Zurechnungsfähigen der ersteren Art verbüßen ihre Strafe in den bestehenden Strafanstalten. Sie sind nach ihrer Entlassung ausnahmslos in zeitlich begrenzte Beaufsichtigung durch verbesserte Polizeiaufsicht, Unterbringung in einer Familie oder Bestellung eines besonderen Pflegers zu nehmen.

Nur für vermindert Zurechnungsfähige der zweiten Art sind besondere, und zwar zentrale, dem Strafvollzug und der Verwahrung dienende Sicherungsanstalten zu errichten. Die Verwahrung dauert mit den durch den Zweck gegebenen Abweichungen von der Strafvollzugsweise und nach Bewährung in den innerhalb der Anstalt zu bildenden Freiheitsklassen bis zur Entlassungsfähigkeit. Die Entlassung ist eine bedingte und daher während eines gesetzlich begrenzten Zeitraumes widerruflich. Vor der Entlassung ist in jedem Falle durch Vermittelung der Anstalt ein neues Arbeitsverhältnis oder sonstige Unterkunft zu sichern.

V. **Zuständigkeit.** Alle Entscheidungen über Verweisung zum regelmäßigen Strafvollzug oder in eine Sicherungsanstalt stehen nach Vernehmung ärztlicher Sachverständiger dem Richter der Straftat zu.

Die den Strafvollzug und die Verwahrung innerhalb einer Sicherungsanstalt betreffenden Beschlüsse stehen, vorbehaltlich aller Befugnisse der Staatsaufsichtsbehörden, der Anstaltsleitung zu. An ihr sind in einer dem Bedürfnis voll genügenden Weise die staatlich berufenen Anstaltsärzte zu beteiligen.

Zur Verkörperung des Interesses und der Verantwortlichkeit der Gesellschaft an der Sicherungsbehandlung der geistig minderwerten Verbrecher empfiehlt sich die Einsetzung gemischter Behörden, welche aus den Organen der Anstaltsleitung und etwa fünf für diesen Dienst besonders qualifizierten Ehrenbeamten zu bilden sind. Die letzteren würden bei regelmäßiger Verbindung mit dem Anstaltsleben in allen die persönlichen Verhältnisse, die individuelle Fürsorge und das künftige Schicksal der Verwahrten insonderheit betreffenden Fragen von der Anstaltsleitung zu gemeinschaftlichen Beratungen und Beschlußfassungen zuzuziehen sein. Diesen Behörden sind auch die Entscheidungen über Entlassung und Widerruf zu übertragen.

Leppmann:

1. Es ist ein gesetzlicher Begriff der geistigen Minderwertigkeit nach der von **Kahl** angegebenen Begriffsdeutung zu schaffen.
2. Der geistig Minderwertige ist milder zu bestrafen und es muß bei ihm auch die gesetzliche Möglichkeit gegeben sein, den Strafvollzug bedingt auszusetzen.

Bei Minderwertigen bis zum 18. Lebensjahre soll an Stelle der Strafe staatlich überwachte Erziehung treten können.

3. Jeder, der wegen geistiger Minderwertigkeit milder bestraft ist, ist staatlichen Sicherungsmaßregeln zu unterstellen, welche den Zweck haben, gemeingefährliche Handlungen teils durch Festhaltung in geeigneten Anstalten, teils durch Beaufsichtigung außerhalb solcher zu verhüten. Gleichen Maßregeln sind auch die Minderwertigen zu unterstellen, bei denen infolge ihrer Geistesmängel die Begehung strafbarer Handlungen zu besorgen steht.
4. Die wesentlichen Maßnahmen in dem Sicherungsverfahren sollen auf einem gerichtlichen Feststellungsverfahren beruhen, welches dem Entmündigungsverfahren analog zu gestalten ist.

III. Jugendliche.

Die strafrechtliche Behandlung der jugendlichen Personen.

(27. DJT. 1904.)

Gutachten.

Groß (1 89—96) und Klein (1 97—136).

Thesen.

Groß:

I. Der Begriff der „Jugendlichen Verbrecher" ist nicht weiter beizubehalten, da er nur ein äußerliches Unterscheidungsmerkmal als Einteilungsgrund enthält, er ist durch einen andern zu ersetzen, welcher auf die Erziehbarkeit des Verbrechers Gewicht legt.

II. Die subjektiven Altersgrenzen, welche höchst verschieden entwickelte Individuen ungerechtfertigt zusammenfassen, haben im Strafgesetz völlig zu entfallen; bei jedem Individuum, welches sich in einem Alter befindet, das beendete Entwicklung zweifelhaft erscheinen läßt, ist vom Richter besonders zu untersuchen und zu entscheiden, ob Verantwortung mit Rücksicht auf das Alter vorliegt.

Klein:

1. Die gegenwärtige Reichsgesetzgebung über die strafrechtliche Behandlung der jugendlichen Personen ist reformbedürftig.
2. Die Altersstufe der absoluten Strafunmündigkeit ist bis zu dem vollendeten 14. Lebensjahre zu erstrecken, unter der Voraussetzung ausreichender disziplinarer Maßregeln.
3. In §§ 56, 57 Abs. 1 RStGB. ist das Kriterium der für die Erkenntnis der Strafbarkeit erforderlichen Einsicht zu ersetzen durch eine Fassung, welche als entscheidend die Reife der Persönlichkeit überhaupt betont.
4. Als obere Grenze des Alters der relativen Strafunmündigkeit ist das vollendete 18. Lebensjahr festzuhalten.

5. Von den heutigen Strafmitteln sind zur Anwendung gegen Jugendliche ungeeignet:
   a) die Todesstrafe,
   b) die Zuchthausstrafe,
   c) die Überweisung an die Landespolizeibehörde (Arbeitshaus),
   d) der Verlust bürgerlicher Ehrenrechte,
   e) die Polizeiaufsicht.
6. Von Freiheitsstrafen sind für Jugendliche geeignet:
   a) zeitlich beschränkte Gefängnisstrafe und
   b) eine als custodia honesta (Haft oder Festungshaft) zu gestaltende einfache Freiheitsentziehung mit Überwachung der Beschäftigung und Lebensweise, gleichfalls zeitlich begrenzt, aber auf mehr als 3 Monate (Grenze der heutigen Haft) zulässig.
7. Freiheitsstrafen sollten nach den Erfahrungen in dem praktischen Strafvollzuge nur insoweit angewendet werden, als andere Strafmittel nicht ausreichen: Daher empfiehlt es sich, das Anwendungsgebiet des Verweises und der Geldstrafe zu erweitern, allerdings unter entsprechender gesetzlicher Ausgestaltung dieser beiden Strafmittel nach Inhalt und Vollzug.
8. Strafmittel wie die Prügelstrafe, Friedensbürgschaft, Wirtshausverbote, staatlich kontrollierter Hausarrest sind nicht zweckmäßig.
9. Dagegen ist es angezeigt, nach dem Vorbilde des § 11 des preußischen Gesetzes über den Forstdiebstahl und des § 5 des preußischen Feld- und Forstpolizeigesetzes, dem Strafrichter die Befugnis zu geben, in geeigneten Fällen für die Geldstrafe und die Kosten, zu denen jugendliche Personen verurteilt werden, welche unter der Gewalt eines anderen stehen und zu dessen Hausgenossenschaft gehören, den letzteren im Falle des Unvermögens des Verurteilten für haftbar zu erklären.

   Wird festgestellt, daß die Tat nicht mit seinem Wissen verübt wurde oder daß er sie nicht verhindern konnte, so wird die Haftbarkeit nicht ausgesprochen.
10. Das Strafrecht allein kann der Zuchtlosigkeit jugendlicher Rechtsbrecher nur in beschränktem Maße entgegenwirken, weil in dem Strafrecht nicht die Mittel liegen, die Quellen der jugendlichen Kriminalität abzugraben. Diese eminent wichtige Tätigkeit gehört zu den Aufgaben der Verwaltung, nicht der Strafjustiz. Die Einreichung erziehlicher Maßnahmen zur Bekämpfung der Verwahrlosung der verbrecherischen Jugendlichen unter die Aufgaben und in das System eines neuen RStGB. ist nicht zu empfehlen, dagegen ist die Aufhebung des § 56 Abs. 1 RStGB. ratsam.

Der Strafrichter kann nur freisprechen oder verurteilen. Darüber hinaus soll er aus Gründen der Zweckmäßigkeit bei schwereren

Straftaten und in geeigneten Fällen nur anregen, für angemessen erklären, einen wegen fehlender Reife freigesprochenen oder einen verurteilten Jugendlichen noch einer staatlich überwachten Erziehung zu unterstellen. Nicht angängig aber ist, einen schuldig Erklärten durch Spruch des Strafrichters nur einer solchen Erziehung zu unterwerfen und von Strafe freizulassen.

Das Strafverfahren gegen jugendliche Personen darf für den Strafrichter sehr wohl der Anlaß sein, die zuständige Stelle auf den ungenügenden Stand der Erziehung der Angeklagten hinzuweisen und die Nachholung des Versäumten anzuregen. Durch eine in das neue RStGB. aufzunehmende Bestimmung ist eine entsprechende Verpflichtung des Strafrichters einzuführen.

Die Entscheidung auf eine solche Anregung aber ist Sache des nach allgemeiner Volksanschauung dazu berufenen Vormundschaftsrichters, der im Verein mit den zur Ausführung der staatlich überwachten Erziehung zuständigen Verwaltungsbehörden das Geeignete zu veranlassen hat.

Die staatlich überwachte Erziehung muß in ihren Grundzügen reichsgesetzlich geregelt werden, aber außerhalb des RStGB. und noch vor oder doch mit dessen Inkrafttreten.

11. In einer neuen Strafprozeßordnung bedarf es einer erschöpfenden und systematischen Regelung der die jugendlichen Personen betreffenden Bestimmungen über das Verfahren, für das die ordentlichen Gerichte zuständig bleiben.

In dem Verfahren gegen Jugendliche müssen diejenigen Abweichungen von dem regelmäßigen Verfahren eintreten, welche durch die Natur der Sache geboten sind, nämlich:

a) Beschränkung des Legalitätsprinzipes (§ 152 Abs. 2 StPO.);
b) Beschleunigung der ganzen Untersuchung von den ersten Ermittelungen bis zur Endentscheidung;
c) Zuziehung geeigneter Auskunftspersonen behufs Feststellung der zur strafrechtlichen Verantwortlichkeit des Angeschuldigten erforderlichen geistigen und sittlichen Reife;
d) in den §§ 56 Nr. 1 (Eidesfähigkeit) und 140 Nr. 1 (notwendige Verteidigung) StPO. Ersetzung des 16. durch das 18. Lebensjahr;
e) Regelung der Untersuchungshaft;
f) Ausschluß des Verfahrens nach §§ 231 (Hauptverhandlung in Abwesenheit des Angeklagten), 232 (Entbindung des Angeklagten von der Pflicht zum Erscheinen in der Hauptverhandlung), 447 (richterlicher Strafbefehl), 453 (polizeiliche Strafverfügung) StPO., wenn Freiheitsstrafe zu erwarten steht;
g) Beschränkung der Öffentlichkeit des Verfahrens.

12a. Für die reichsgesetzliche Regelung des Strafvollzuges an Jugendlichen bilden die §§ 4, 12, 18, 29 Abs. 1 und 34 Abs. 5 der von dem Bundesrat vereinbarten Grundsätze, welche bei dem Vollzuge gerichtlich erkannter Freiheitsstrafen zur Anwendung kommen, brauchbare Vorbilder.

Es sollten jedoch in Abweichung von § 4 Abs. 2 a. a. O. gemäß § 57 Abs. 2 RStGB. die Freiheitsstrafen allgemein, auch kurzzeitige, in besonderen, zur Verbüßung von Strafen jugendlicher Personen bestimmten Anstalten oder Räumen vollzogen werden.

b. Jede Freiheitsstrafe, ob kurz oder lang, muß methodisch auf Erziehung eingerichtet werden.

Für die Beschäftigung sollten nur die Rücksichten auf die Erziehung und das künftige Fortkommen maßgebend sein.

Die Ernährung und die gesamte Gesundheitspflege sind dem noch unentwickelten jugendlichen Körper anzupassen.

Zur Erreichung dieser Ziele bedarf es der Gewinnung besonders tüchtiger Vollzugsbeamten.

c. Es gehört zu den Aufgaben des Staates, die Fürsorge für solche Jugendliche zu fördern und zu überwachen, welche aus der Strafhaft vorläufig oder endgültig entlassen sind, oder welchen Strafaufschub mit Aussicht auf Begnadigung bewilligt ist, oder welche bei Einführung der bedingten Verurteilung bedingt verurteilt sind. Die freie Liebestätigkeit allein reicht nicht hin. Vielmehr muß hier der Staat durch die Vormundschaftsrichter mitwirken.

IV. Dolus eventualis.

Die Behandlung des dolus eventualis im Strafrecht und Strafprozeß.

(24. DJT. 1898.)

Gutachten.

Stenglein (1 90—106) und v. Liszt (1 107—133).

Anträge.

Stenglein:

„Der DJT. wolle beschließen, es liege keine Veranlassung vor, den Begriff des dolus eventualis im Strafrecht oder im Strafprozeß anders zu behandeln als bisher; vielmehr sei derselbe lediglich der wissenschaftlichen Ausbildung zu überlassen.“

v. Liszt:

„In Anbetracht

1. der vielfach irrtümlichen Anwendung, welche der an sich unentbehrliche Begriff des eventuellen Vorsatzes in der deutschen Rechtsprechung gefunden hat;

2. des Widerspruches innerhalb der einschlagenden Entscheidungen des Reichsgerichts:

ist eine grundsätzliche Stellungnahme der vereinigten Strafsenate des Reichsgerichts zu dieser Frage dringend zu wünschen."

Beratungen.

Referent Hamm (4 270—286).

Abgelehnt wurde der Antrag Werner: „Ist eine Handlung nach dem Gesetze nur strafbar, wenn der Täter bestimmte Tatbestandsmomente gewußt hat, dann genügt betreffs dieser Tatbestandsmomente der dolus eventualis nicht.

Beschlüsse der dritten Abteilung nach dem Antrage des Referenten, dem Plenum zur Kenntnisnahme mitgeteilt (4 369—370):

„Der Erfolg einer Handlung, auf den der Wille des Täters nicht direkt gerichtet ist, der aber von dem Täter als möglich erkannt war, ist strafrechtlich dem Täter als vorsätzlich von ihm verursacht anzurechnen, wenn er die Tat auch für den Fall wollte, daß sie diesen Erfolg haben würde.

Desgleichen ist der Täter, der das Vorhandensein eines zum Tatbestand einer strafbaren Handlung gehörenden Merkmals nicht kannte, aber für möglich hielt, wegen vorsätzlicher Begehung der strafbaren Handlung zu verurteilen, wenn er die Tat auch für den Fall gewollt hat, daß dieses Tatbestandsmoment vorliegt."

V. Versuch.

Ist der beendigte Versuch im StGB. beizubehalten, und ist event. dabei die freiwillige Verhinderung der Vollendung als Strafaufhebungsgrund anzuerkennen?

(13. DJT. 1876.)

Gutachten.

Berner (1 109—144). Verneint die erste Frage, bejaht die zweite mit dem Vorschlage, im § 46 Nr. 2 DStGB. die Anfangsworte „Zu einer Zeit, zu welcher die Handlung noch nicht entdeckt war" zu löschen.

Lamm (1 145—160). Verneint die erste, bejaht die zweite Frage.

Leuthold (1 178—197). Verneint die erste Frage, will aber den freiwilligen Rücktritt vom beendigten Versuche nicht als Strafaufhebungs-, sondern nur als Strafmilderungsgrund anerkennen.

Beratungen.

Referenten Stenglein und Hiller (2 229—258).

Anträge der Referenten:

„Der deutsche Juristentag wolle sich dahin aussprechen:

1. Der Unterschied zwischen beendigtem und nicht beendigtem Versuch ist weder geeignet zur Zeit (durch eine Novelle) in das deutsche StGB. aufgenommen zu werden, noch künftig (bei einer systematischen Revision des RStGB. oder dem Entwurfe eines neuen StGB.) Aufnahme in die Gesetzgebung zu finden.
2. Die freiwillige Verhinderung der Vollendung ist sowohl eventuell, wenn die Unterscheidung zwischen beendigtem und nicht beendigtem Versuche Aufnahme finden sollte, als abgesehen von diesem Falle als Strafaufhebungsgrund anzuerkennen.

Abgelehnt wurde der Antrag v. Kunowsky, Ziffer 2 dahin zu fassen: „Die freiwillige Verhinderung der Vollendung ist als Strafaufhebungsgrund beziehungsweise Strafmilderungsgrund anzuerkennen".

Beschlüsse der dritten Abteilung dem Plenum zur Kenntnisnahme mitgeteilt (2 428):

1. „Der Unterschied zwischen beendigtem und nicht beendigtem Versuche ist nicht geeignet, Aufnahme in die Gesetzgebung zu finden.
2. Die freiwillige Verhinderung der Vollendung ist als Strafaufhebungsgrund anzuerkennen."

VI. Vollstreckung der Freiheitsstrafen.

Empfiehlt sich die Einführung von Verschärfungen der Freiheitsstrafen im Sinne des österreichischen Entwurfs?

A. (22. DJT. 1893.)

Gutachten.

Kronecker (3 1—42) und Felisch (3 43—92).

Thesen.

Kronecker:

1. Es empfiehlt sich, für die Zuchthaus-, Gefängnis- und Haftstrafe eine Schärfung durch Kostschmälerung und hartes Lager zuzulassen.
2. Das Gesetz bestimmt diejenigen Reate, bei denen eine solche Schärfung statthaft sein soll. Hierher gehören vorzugsweise Delikte gegen das Leben, Körperverletzung, Raub, Erpressung, Sachbeschädigung, Straftaten gegen die Sittlichkeit, gemeingefährliche Verbrechen und Vergehen. Die Schärfung ist dann zulässig, wenn die Tat von besonderer Roheit, Bosheit, ehrloser Gesinnung oder Schamlosigkeit zeugt. — Außerdem soll in den Fällen des § 361 Nr. 3—8 StGB. die Schärfung stets stattfinden dürfen.

3. Betreffs der zeitlichen Anwendungen der Schärfungen ist den Bestimmungen des deutschen Entwurfs vor denjenigen des österreichischen der Vorzug zu geben.
4. Die Anordnung der Schärfungen erfolgt im Urteil. Ein Wegfall der erkannten Schärfungen findet nur dann statt, wenn der Gesundheitszustand des Verurteilten die Vollstreckung nicht gestattet.
5. Die Schärfungen dürfen nur in Einzelhaft vollzogen werden.

Felisch:

I. Der Verschärfung der Freiheitsstrafen stehen erhebliche Bedenken entgegen, welche jedoch von den mit ihrer Einführung verknüpften Vorteilen überwogen werden. Die im österreichischen Entwurfe aufgestellten Grundsätze über die Ausgestaltung dieser Nebenstrafe sind zu verwerfen.

II. Als Verschärfungsmittel können nur hartes Lager und mit Unterbrechungen erfolgende Einschränkung der Kost auf Wasser und Brot unter Zulassung von Milderungen für den Einzelfall mit der Maßgabe empfohlen werden, daß die durch den richterlichen Schuldigspruch fakultativ zu verhängenden und in Einzelhaft zu verbüßenden Strafschärfungen bei Strafen bis zu einer Woche während der ganzen Strafzeit, bei längeren während der ersten Hälfte dieser, jedoch mindestens eine Woche und höchstens drei Monate, anzudauern haben.

III. Verschärfungen sind nur bei der Zuchthausstrafe, der nicht an die Stelle von Geldstrafe tretenden Gefängnisstrafe und der mit Arbeitszwang verbundenen Haftstrafe in den vom Gesetze einzeln aufzuführenden Fällen gegen Personen zulässig, bei welchen bestimmte, gesetzlich bezeichnete Merkmale einer moralischen Verworfenheit vorliegen, oder welche sich des Rückfalls in ein Verbrechen oder des wiederholten gleichartigen Rückfalls in sonstige Straftaten schuldig machen.

IV. Die Einführung der Maßregel kann nur durch ein auch die systematischen Fragen regelndes Gesetz erfolgen.

Beratungen (4 405, 406, 436.)

Die Frage wird von der Tagesordnung abgesetzt. Es soll der Ständigen Deputation zur Erwägung anheimgegeben werden, sie auf dem nächsten Juristentage zur Beratung zu stellen.

B. (23. DJT. 1895.)

Gutachten s. oben zum 22. DJT.

Beratungen.

Referenten Stenglein und Dove (2 352—384).

Antrag Stenglein:

„1. Die Einführung von Verschärfung der Freiheitsstrafen im Sinne des österreichischen Entwurfs empfiehlt sich nicht.

2. Strafschärfungen sind nur zulässig bei kurzen Freiheitsstrafen, welche für Roheits- oder Sittlichkeitsdelikte verhängt werden.

3. Als solche Schärfungen empfehlen sich Kostentziehung und hartes Lager."

Abgelehnt wurde der Antrag Kronecker, in Ziffer 2 der Thesen des Referenten statt „sind nur zulässig" zu setzen „werden empfohlen".

Abgelehnt wurde der Antrag Aschrott, zu Ziffer 2 sagen: „Strafschärfungen sind bei solchen Delinquenten zulässig, von welchen nach Ermessen des Richters die einfache Freiheitsentziehung als ein wirklich ausreichendes Strafübel nicht empfunden wird.

Die Strafschärfung darf jedoch die Dauer von 6 Wochen nicht übersteigen und setzt den Vollzug der Strafe in Einzelhaft voraus."

Abgelehnt wurde der Antrag Felisch, als Ziffer 2 zu setzen: „Verschärfungen der Freiheitsstrafe werden in den vom Gesetz einzeln aufzuführenden Fällen gegen rückfällige und gegen solche Personen empfohlen, bei welchen bestimmte, gesetzlich bezeichnete Merkmale einer moralischen Verworfenheit vorliegen".

Beschluß der dritten Abteilung nach dem Antrag Kronecker, dem Plenum zur Kenntnisnahme mitgeteilt (2 446—447):

„Die Einführung von Verschärfungen der Freiheitsstrafe im Sinne des österreichischen Entwurfs empfiehlt sich nicht. Strafschärfungen werden empfohlen bei kurzen Freiheitsstrafen, welche für Roheits- und Sittlichkeitsdelikte verhängt werden. Als solche Schärfungen empfehlen sich Kostentziehung und hartes Lager."

VII. Bedingte Verurteilung.

Ist die bedingte Verurteilung im Strafrecht einzuführen?
(21. DJT. 1891.)

Gutachten.

Hugo Meyer (1 206—226) und Hermann Seuffert (1 227—275).

Meyer beantwortet die Frage dahin, „daß die Einführung der bedingten Verurteilung in der Tat als angemessen erscheint, nicht aber als allgemeine Einrichtung, sondern in der Beschränkung auf jugendliche Personen, sowie auf weibliche Personen, auch wenn die letzteren zur Zeit der Tat das achtzehnte Lebensjahr zurückgelegt haben."

Thesen Seuffert:

§ 1. Hat der einer strafbaren Handlung schuldig Befundene im Inland noch keine Zuchthaus-, Gefängnis- oder Haftstrafe ganz oder teilweise verbüßt, so darf das Gericht an Stelle von Gefängnis oder Haft auf Verweis erkennen, wenn dies mit Rücksicht auf die Umstände der Tat, namentlich die Geringfügigkeit des angerichteten Schadens, auf die Jugend, die Gesinnung oder die tätige Reue des Schuldigen als angemessen erscheint. In dem Tatbestande des Urteils sind die für erwiesen erachteten Tatsachen anzugeben, mit Rücksicht auf welche zu der Strafmilderung geschritten wurde. Die Nichtbeachtung dieser Vorschrift hat im Falle der Anfechtung des Urteils dessen Aufhebung zur Folge.

§ 2. Macht das Gericht von der im § 1 vorgesehenen Ermächtigung Gebrauch, so ist zugleich in Gemäßheit der gesetzlichen Strafdrohung eine Freiheitsstrafe zu bestimmen, welche zur Vollstreckung gelangt, wenn der Verurteilte wegen einer in der Bewährungsfrist (§ 4) begangenen Handlung abermals zu einer Freiheitsstrafe verurteilt wird. Bedingte Verurteilung.

Die Kosten des Verfahrens sind dem Verurteilten in Gemäßheit des § 497 der StPO. aufzulegen.

§ 3. Die §§ 1 und 2 kommen nicht zur Anwendung,

1. wenn der Angeklagte schon einmal zu einer Freiheitsstrafe bedingt verurteilt wurde und die Vollstreckung in Gemäßheit des § 11 dieses Gesetzes entfallen ist;
2. wenn auf mehr als drei Monate Gefängnis erkannt wird;
3. wenn auf Gefängnis wegen Annahme mildernder Umstände an Stelle von Zuchthaus erkannt wird;
4. wenn die bürgerlichen Ehrenrechte ganz oder teilweise aberkannt werden;
5. wenn auf Zulässigkeit von Polizeiaufsicht erkannt oder die Überweisung an die Landespolizeibehörde ausgesprochen wird;
6. in den Fällen der §§ 164, 180, 187. . . . . des StGB.

§ 4. Die Dauer der Bewährungsfrist ist dieselbe wie die der Verjährung der Strafvollstreckung. Sie beginnt mit dieser zu laufen.

§ 5. Die bedingte Verurteilung ist mit dem gegen das Endurteil zustehenden Rechtsmittel anfechtbar. Die Revision kann auch im Falle der bedingten Verurteilung nur darauf gestützt werden, daß das Urteil auf einer Verletzung des Gesetzes beruhe.

§ 6. Wird in der Bewährungsfrist wegen einer anderen vor der früheren Urteilsverkündung begangenen Handlung die Strafklage erhoben, so wird der Lauf der Bewährungsfrist bis zur rechtskräftigen Erledigung der zweiten Strafklage einstweilen gehemmt.

Spricht das Gericht den Angeklagten auch der zweiten Straftat schuldig, so hat es unter Berücksichtigung der §§ 74—78 des StGB. zu entscheiden, ob die nunmehr zu erkennende Gesamtstrafe, beziehungsweise die besonders zu erkennende Strafe der neuentdeckten Handlung einstweilen auszusetzen oder sofort zu vollstrecken sei. Im letzten Falle gelangt auch die ersterkannte Freiheitsstrafe zur alsbaldigen Vollstreckung. Die Anordnung derselben erfolgt in beiden Fällen durch das zuletzt befaßte Gericht.

§ 7. Beschließt das Gericht im Falle des § 6, daß der Angeschuldigte bezüglich der zweiten Tat außer Verfolgung zu setzen sei (StPO. § 202), wird der Angeklagte von der neuen Anklage freigesprochen oder zu einer selbständigen Strafe bedingt verurteilt, so ist die Zeit nach Erhebung der zweiten Klage in die Bewährungsfrist für die erstabgeurteilte Tat einzurechnen. Ergeht eine bedingte Verurteilung zu einer Gesamtstrafe, so läuft die Bewährungsfrist vom Tage der Rechtskraft dieses Urteils an.

§ 8. Die Vollstreckung der erstbestimmten Freiheitsstrafe ist in dem Urteile anzuordnen, welches wegen einer in der Bewährungsfrist begangenen Handlung eine Freiheitsstrafe ausspricht; und wenn dies unterlassen wurde, durch eine Nachtragsentscheidung in Gemäßheit des § 494 der StPO.

Gegen die Anordnung steht dem Verurteilten, und wenn der Antrag auf Vollstreckung abgelehnt wurde, der Staatsanwaltschaft die sofortige Beschwerde zu.

§ 9. Wird der Angeklagte im Falle des § 8 in Folge eines Rechtsmittels oder Wiederaufnahmegesuches von der zweiten Anklage rechtskräftig freigesprochen, so entfällt die Anordnung der Vollstreckung der ersterkannten Freiheitsstrafe bis auf Weiteres von Rechts wegen.

§ 10. Ist während der Bewährungsfrist weder die Vollstreckung der erkannten Strafe angeordnet, noch wegen einer in der genannten Frist begangenen Handlung eine Strafverfolgung begonnen worden, so entfällt die Vollstreckung der erkannten Strafe.

Auf Verlangen ist dem Bewährten kostenfrei ein amtliches Zeugnis über die Erledigung der Strafe auszustellen.

§ 11. Wird der Verurteilte wegen einer in der Bewährungsfrist begangenen und zur Verfolgung gebrachten Handlung nach Ablauf der Frist verurteilt, so kommen die Bestimmungen der §§ 8—10, und wenn die Vollstreckung der ersterkannten Strafe nicht angeordnet wird, die Bestimmungen des § 10 zur Anwendung.

§ 12. Die Strafverfolgung (§§ 10 u. 11) gilt auch dann als begonnen, wenn die Staatsanwaltschaft oder ein Beamter des Polizei- oder Sicherheitsdienstes ohne Kenntnis von der Person des Täters zu der Erforschung des Sachverhaltes geschritten ist.

§ 13. Über die bedingten Verurteilungen sind bei den Strafvollstreckungsbehörden (Staatsanwaltschaften, Amtsgerichten) alphabetisch geordnete Register zu führen. Über jede bedingte Verurteilung ist der zuständigen Registerbehörde eine Strafnachricht in Gemäßheit der Verordnung des Bundesrates vom 16. Juni 1882 auch dann zu übersenden, wenn die Handlung nicht zu den von der genannten Verordnung vorgesehenen Registerfällen gehört.

Die Strafnachrichten über bedingte Verurteilungen sind von den Registerbehörden mit den andern bei denselben einkommenden Strafnachrichten aufzubewahren.

Ist die Strafvollstreckung entfallen (§ 10), so ist der Registerbehörde davon Nachricht zu geben. Dieselbe hat in der Strafnachricht einen entsprechenden Vermerk einzutragen.

§ 14. Hat der einer strafbaren Handlung schuldig Befundene überhaupt noch keine Bestrafung erlitten, so darf an Stelle einer Geldstrafe auf Verweis erkannt werden.

Wird der Verurteilte nachträglich in Folge eines Rechtsmittels freigesprochen, so sind die Entscheidungsworte des freisprechenden Erkenntnisses auf Antrag und auf Kosten der Staatskasse einmal in dem für amtliche Bekanntmachungen des betreffenden Bezirkes bestimmten Blatt zu veröffentlichen.

Beratungen.

Referenten Loebell und Stenglein (3 290—348).

Gemeinsamer Antrag.

„Die Einführung der bedingten Verurteilung gegen Angeklagte, welche zur Zeit ihrer Aburteilung eine Zuchthaus-, Gefängnis- oder Haftstrafe im Inlande weder ganz noch teilweise verbüßt haben, empfiehlt sich für die Vergehen der Körperverletzung, des Diebstahls und anderer im Gesetz besonders zu bezeichnenden Vergehen und Übertretungen. Ihre Anwendung im einzelnen Falle ist unter Voraussetzung, daß die verwirkte Strafe in Haft oder in Gefängnis unter drei Monaten besteht, von dem in den Urteilsgründen zu rechtfertigenden Ermessen des erkennenden Richters abhängig zu machen."

Sonstige **Anträge.**

Jacobi (305):

„Der Juristentag empfiehlt die Einführung der Verurteilung mit Vorbehalt (sog. condamnation conditionnelle) in der Erwägung, daß:

1. diese Maßregel als segensreich durch die anderwärts gemachten Erfahrungen bereits zur Genüge erprobt ist; und
2. dieselbe überhaupt nicht als Abnormität, sondern vielmehr als ein durch die naturgemäße Entwicklung des verstaatlichten Strafrechts gebotener Fortschritt betrachtet werden darf."

Der Antrag wird später mit den Anträgen Jaques und Katz vereinigt.

Abgelehnt wird der Antrag Struckmann (313): „Die Einführung der bedingten Verurteilung empfiehlt sich nur für jugendliche Personen."

Beckh (313):

„Ich beantrage: Abs. 1 des Antrags des Referenten so zu fassen: Die Einführung der bedingten Verurteilung gegen Angeklagte, welche zur Zeit ihrer Aburteilung eine Zuchthaus-, Gefängnis- oder Haftstrafe im Inlande weder ganz noch teilweise verbüßt haben, empfiehlt sich für Vergehen und Übertretungen."

Abgelehnt wird der Antrag Schmölder (317): „Die bedingte Verurteilung eignet sich nicht zur Aufnahme in das deutsche StGB."

Edwin Katz (321):

„In dem Antrage der Referenten sind statt der Worte „empfiehlt sich bis Übertretungen" die Worte zu setzen: „vorbehaltlich einer genaueren Prüfung der für dieselbe sich eignenden Delikte."

Dieser Antrag wird mit den Anträgen Jaques und Jacobi vereinigt.

Jaques (325):

„Die Einführung der bedingten Verurteilung gegen Angeklagte, welche noch nicht wegen Verbrechens, Vergehens oder Übertretung verurteilt worden sind, empfiehlt sich für solche strafbare Handlungen, bezüglich deren auf Haft oder nicht länger als dreimonatliche Freiheitsstrafe erkannt wird, und ist von dem Ermessen des erkennenden Richters abhängig zu machen."

Der Antrag wird später mit dem Antrage Katz und Jacobi vereinigt.

Zurückgezogen wird der Antrag Rubo (334): „Der XXI. Deutsche Juristentag geht in Erwägung dessen, daß die Frage der bedingten Verurteilung nicht sowohl eine Frage des Strafrechts, als eine Frage des Strafvollzuges sei, über die gestellte Frage zur Tagesordnung über."

Friedmann und Merkel (340):

„Die Einführung der bedingten Verurteilung gegen Angeklagte, welche zur Zeit ihrer Aburteilung eine Zuchthaus-, Gefängnis- oder Haftstrafe im Inlande weder ganz noch teilweise verbüßt haben, empfiehlt sich bei jugendlichen Personen für Vergehen und Übertretungen. Ihre Anwendung im einzelnen Falle ist unter der Voraussetzung, daß die verwirkte Strafe in 6wöchentlicher Haft oder deren Äquivalent besteht, von dem in den Urteilsgründen zu rechtfertigenden Ermessen des erkennenden Richters abhängig zu machen; doch bedarf dieser Teil des Erkenntnisses zu seiner Wirksamkeit der Bestätigung einer höheren Instanz."

Beschluß dem Hauptantrage der Referenten und von Jaques, Katz und Jacobi entsprechend, dem Plenum zur Kenntnisnahme mitgeteilt (3 452—458):

„Die bedingte Verurteilung empfiehlt sich gegen Angeklagte, welche noch nicht wegen Verbrechens, Vergehens oder Übertretung zu Freiheitsstrafen verurteilt worden sind, für solche strafbare Handlungen, bezüglich deren auf Haft oder nicht längere als dreimonatliche Freiheitsstrafe erkannt wird, und ist von dem in den Urteilsgründen zu rechtfertigenden Ermessen des erkennenden Richters abhängig zu machen."

VIII. Vorläufige Entlassung.

Empfiehlt sich nach den bisherigen Erfahrungen eine Änderung der Bestimmungen über das Beurlaubungssystem im Strafvollzuge? (18. DJT. 1886.)

Gutachten.

Wirth (1 40—51), d'Alinge (1 52—59), Sichart (1 60—81).

Wirth kommt zu folgendem Ergebnis: Eine Aufhebung der §§ 23 bis 26 des StGB. empfiehlt sich nicht, wohl aber eine Änderung und zwar dahin, der Anfang des § 23 hätte zu lauten: „Der zu mindestens 2 Jahren Gefängnis oder 3 Jahren Zuchthaus Verurteilte kann, wenn er drei Vierteile der ihm auferlegten Strafe verbüßt hat, vorläufig entlassen werden". Ferner wären die Worte „in dem Zuchthaus" bezw. „Strafgefängnis" zwischen die Worte „Strafe" und „verbüßt" einzuschieben. Endlich wären die Worte „sich auch während dieser Zeit gut geführt haben" zu streichen.

In § 24 wären folgende Stellen zu ändern: Das Wort „kann" hinter Entlassung ist durch „muß" zu ersetzen; für die andere Eventualität „zuwiderhandeln gegen die Verpflichtungen" ist das Wort „kann" aber stehen zu lassen.

§ 26 müßte lauten: „Ist die festgesetzte Strafzeit, oder, wenn dieselbe nicht noch ein Jahr betragen hat, ein Jahr nach dem Tage der vorläufigen Entlassung abgelaufen, ohne daß ein Widerruf erfolgt ist, so gilt die Freiheitsstrafe als verbüßt."

Wirths weitere Abänderungsvorschläge beziehen sich auf die reglementären Vollzugsvorschriften.

d'Aligne glaubt sein Gutachten auf § 23 des StGB. beschränken zu müssen. Bezüglich der Dauer der Strafe, bei welcher die vorläufige Entlassung eintreten darf, verlangt er, daß für Zuchthaussträflinge die geringste Zeitdauer ihrer Detention auf 1 Jahr 6 Monate festgesetzt wird. Ferner für die Worte „sich auch während dieser Zeit gut geführt haben" ganz zu streichen. Er schließt mit einigen Bemerkungen aus der Praxis über Erfahrungen bei der Beurlaubung in Sachsen.

Sichart formuliert folgende **Thesen:**

1. Die vorläufige Entlassung hat sich seit ihrer Einführung in Deutschland als eine dem Strafvollzuge in hohem Maße nützliche Ein-

richtung bewährt, und verdient nicht bloß beibehalten, sondern auch noch weiter ausgebildet und vervollkommnet zu werden.

2. Um die vorläufige Entlassung ohne Bedenken auf das gewohnheits- und gewerbsmäßige Verbrechertum in ausgedehnterem Maße, als seither, in Anwendung bringen zu können, empfiehlt es sich, der Beurlaubung von Verbrechern der bezeichneten Kategorien ein Probestadium nach Art der irischen Zwischenanstalten vorausgehen zu lassen.

3. Im Interesse der Rechtsgleichheit sollte dem § 23 des RStGB. eine Fassung gegeben werden, welche die gesetzliche Verpflichtung der obersten Justizaufsichtsbehörde, von der vorläufigen Entlassung beim Vorhandensein ihrer gesetzlichen Voraussetzungen Gebrauch zu machen, zum prägnanten Ausdruck bringt.

4. Da die seitherigen Erfahrungen gelehrt haben, daß gute Erfolge mittels der vorläufigen Entlassung nur dann erzielt werden können, wenn neben der guten Führung des Gefangenen am Strafplatze auch dessen Vorleben wie die Verhältnisse, welche ihn nach der Beurlaubung erwarten, sorgfältig in Erwägung gezogen werden, so sollten diese beiden letzteren Umstände zu gesetzlichen Bedingungen für die Gewährung der vorläufigen Entlassung erhoben werden.

5. Wegen des günstigen Einflusses, welchen die Androhung des Widerrufes der vorläufigen Entlassung auf das Verhalten des Beurlaubten äußert, darf die Frist, innerhalb welcher die Entlassung wegen nicht guter Führung des Bestraften zurückgenommen werden kann, nicht zu kurz bemessen sein und sollte für alle Fälle auf zwei Jahre festgesetzt werden.

6. Wegen der mit der Beaufsichtigung des Beurlaubten verbundenen Gefahren und Hindernisse für dessen ehrliches Fortkommen sollte dieselbe nie das Maß des Notwendigen überschreiten, und ihre Dauer wie ihr Umfang dem Ermessen der zuständigen Stelle anheimgegeben werden.

7. Soll die in § 60 des StGB. und in § 482 der StPO. ausgesprochene Absicht der Schadloshaltung für unschuldig erlittene Untersuchungshaft vollkommen erreicht werden, so muß diese auch im Falle einer später eintretenden Beurlaubung als Straferstehung gelten und ihre Dauer bei Bemessung der für die vorläufige Entlassung bestimmten Strafquote in Rechnung genommen werden.

Beratungen.

Referent Werner, Korreferent v. Köstlin (2 333 bis 362).

Anträge des Korreferenten:

Nr. 1—3 entsprechen dem nachstehenden Beschlusse der dritten Abteilung; 4 und 5, welche abgelehnt wurden, lauteten:

4. der Widerruf der vorläufigen Entlassung muß bei schlechter Führung des Entlassenen obligatorisch sein;

5. die Frist, binnen welcher der Widerruf erfolgen kann, ist über den Ablauf der festgesetzten Strafe erheblich zu verlängern.

Beschlüsse der dritten Abteilung nach den Vorschlägen des Referenten, dem Plenum zur Kenntnisnahme mitgeteilt (2 429):

„Nach den bisherigen Erfahrungen empfehlen sich folgende Änderungen in den Bestimmungen über das Beurlaubungssystem im Strafvollzuge (§§ 23—26 RStGB.):

1. Der Verurteilte, welchem die Vergünstigung der vorläufigen Entlassung zuteil werden soll, muß zu einer Zuchthaus- oder Gefängnisstrafe von mindestens zwei Jahren verurteilt worden sein.
2. Derselbe muß drei Vierteile der zu verbüßenden Strafe in der Strafverbüßungsanstalt zugebracht haben.
3. Derselbe muß Beweise der Besserung gegeben haben."

IX. Bedingte Begnadigung.

Empfiehlt sich der Vorschlag bedingter Begnadigung für den Fall der Auswanderung?

(24. DJT. 1898.)

Gutachten.

Bornhak (2 3—14): „Der Vorschlag ist nicht zu empfehlen".

Fritz Freund (2 98—99, 103):

„Das System einer bedingten Begnadigung für den Fall der Auswanderung empfichlt sich für Deutschland nicht, weil es keines der fruchtbaren Elemente der Transportation, weder die koloniale Sträflingsarbeit noch die Fürsorge für den gebesserten Entlassenen in zureichender Weise in sich aufzunehmen vermag."

Beratungen.

Referent Korn (4 340—343).

Beschluß der dritten Abteilung, dem Antrage Stenglein mit dem Amendement Scherer entsprechend, dem Plenum zur Kenntnisnahme mitgeteilt (4 377—378):

„Die bedingte Begnadigung für den Fall der Auswanderung entzieht sich der Regelung durch Gesetz."

X. Deportation.

Empfiehlt sich ein Versuch der Deportation nach den Kolonien als Strafe?

(24. DJT. 1898.)

Gutachten.

Bornhak (1 134—168) und Freund (2 53—103).

Bornhak beantwortet die Frage bejahend.

Thesen Freund:

I. Eine Strafkolonisation nach dem Vorgange der englischen und französischen Transportation mit dem gewollten Erfolge dauernder Überweisung der Verbrecher an die Kolonie ist für das Deutsche Reich nicht empfehlenswert, weil sie vom kriminalpolitischen Standpunkte aus ein Unrecht gegen den Verbrecher, vom kolonialpolitischen aus ein Unrecht gegen die Kolonie ist.

II. Dagegen empfiehlt es sich, die Transportation auch in Deutschland — und zwar als eine Art des Vollzugs langjähriger Freiheitsstrafen wahlweise neben der Vollstreckung in heimischen Strafanstalten — mit der Maßgabe zuzulassen, daß die Verbrecher in einem Schutzgebiete, und zwar in Südwestafrika, während ihrer Strafzeit mit kolonialen Arbeiten beschäftigt und nach dem Ablauf unter der Voraussetzung der Besserung, der Neigung und der Fähigkeit mit einer Heimstätte daselbst angesiedelt, andernfalls in die Heimat zurückgesendet werden.

Beratungen der dritten Abteilung (4 309—340).

Referent Wilke an Stelle des verhinderten Prof. Bruck, dessen Votum vorgetragen wird, schlägt vor, in Übereinstimmung mit den beiden Gutachtern die Frage bejahend zu beantworten. Korreferent Korn.

Beratungen im Plenum (4 373—384).

Beschluß des Plenums entsprechend dem Vorschlage des Korreferenten in der dritten Abteilung Korn und dem Beschlusse der dritten Abteilung:

„Die Deportation ist als Strafmittel für Deutschland nicht geeignet. Ein Versuch mit der Deportation ist nicht zu empfehlen.“

XI. Geld- und Freiheitsstrafe.

Sind Änderungen des geltenden Rechts erwünscht in betreff des Verhältnisses zwischen Geld- und Freiheitsstrafe?

A. (21. DJT. 1891.)

Gutachten.

Mittelstaedt (2 49—63).

Thesen (Vorschläge einer zukünftigen Reform):

1. Von der alternativen Androhung von Geldstrafen ist in erheblich weiterem Umfange Gebrauch zu machen, als dies das geltende Strafrecht gestattet.
2. Der jetzt zulässige Höchstbetrag der Geldstrafen erscheint nach Maßgabe der heutigen wirtschaftlichen Verhältnisse der Nation und des heutigen Geldwertes unzureichend und wesentlicher Erhöhung bedürftig.
3. Es empfiehlt sich, statt der Androhung nach festen Summen bemessener Geldstrafen den Ausmessungsmaßstab hierfür nach dem jährlichen Einkommen des Täters zu bestimmen und nach solchen Einkommensquoten Höchst- und Mindestbetrag zu normieren.
4. Es erscheint erwünscht, den geltenden Grundsatz notwendiger Umwandlung unvollstreckbarer Geldstrafen in Freiheitsstrafen ganz fallen zu lassen.

Beratungen (3 405—407).

Beschluß der dritten Abteilung dem Plenum zur Kenntnisnahme mitgeteilt (3 449):

Absetzung der Frage von der Tagesordnung und Verschiebung auf den nächsten Juristentag.

B. (22. DJT. 1893.)

Gutachten.

von Lilienthal (2 63—94) und Otto Friedmann (2 95—183).

Thesen.

von Lilienthal:

1. Die heute übliche Art der Bemessung der Geldstrafe ist ebenso unzulänglich wie die Beitreibung der verhängten Strafen.
2. Es empfiehlt sich, statt der Androhung nach festen Summen bemessener Geldstrafen den Ausmessungsmaßstab hierfür nach dem jährlichen Einkommen des Täters zu bestimmen und nach solchen Einkommensquoten Höchst- und Mindestbetrag zu normieren.
3. Die Beitreibung der Geldstrafen ist durch Zulassung von Teilzahlungen zu erleichtern. An die Stelle der Umwandlung in Freiheitsstrafe tritt Zwang zur Abarbeitung im Falle der Zahlungsunfähigkeit.
4. Unter diesen Voraussetzungen ist die Geldstrafe ein geeignetes Ersatzmittel für alle kurzzeitigen Freiheitsstrafen.

Friedmann:

Änderungen des geltenden Rechtes in Bezug auf das Verhältnis zwischen Geld- und Freiheitsstrafen sind — auch bevor noch eine Revision anderer Partien des Strafrechtes und insbesondere eine durchgreifende Reform des Vollzuges der kurzzeitigen Freiheitsstrafen stattfindet — erwünscht und wie folgt zu empfehlen:

I. In Bezug auf das Anwendungsgebiet der Geldstrafe:

A. Als alleiniger Strafe:

1. Als solche ist die Geldstrafe nur zum Ersatz kurzzeitiger einfacher Freiheitsentziehung, d. h. etwa 60 Tage nicht übersteigender Haft geeignet.

2. Auch unterhalb dieses Grenzmaßes ist sie als alleinige Strafe (selbst bei mildernden Umständen) auszuschließen;

a) von der Deliktsart abgesehen, dann, wenn besondere (in den Urteilsgründen festzustellende) Umstände die Besorgnis rechtfertigen, daß der Täter schon bei Verübung der strafbaren Handlung erwartete, der Strafbetrag werde mit Hilfe fremder Mittel gedeckt werden;

b) bei solchen Vergehensarten, deren allgemeine Tragweite, entehrender oder regelmäßig auf gewinnsüchtige Triebfeder hinweisender Charakter ein auf alle Verurteilten gleichmäßiger und sicherer wirkendes Strafmittel erheischt: also insbesondere, vom geltenden Rechte abweichend, auch bei Verleumdung, Veruntreuung und Betrug. In möglichster Übereinstimmung mit dem Volksurteile sind hingegen jene Unterarten der Unterschlagung, des Betruges, des Diebstahls usw., denen nach dem ihnen vorwaltend zu Grunde liegenden Motive ein besonderer psychologischer und sittlicher Charakter zukommt, von diesen Deliktsbezeichnungen auszuscheiden und, soweit sie Vergehen bleiben, wahlweise mit Geldstrafe zu bedrohen. Letzteres hat nach Maßgabe der obigen Gesichtspunkte auch bei einigen anderen im geltenden Rechte nur mit Freiheitsstrafe bedrohten Vergehensarten zu geschehen.

3. a) Bei den Übertretungen empfiehlt es sich hingegen, unter gleichzeitiger Verweisung der mit Überweisung an die Landespolizeibehörde bedrohten unter die Vergehen — außer im Falle der These 2a — ausschließlich Geldstrafe anzudrohen;

b) die ausschließliche Bedrohung mit Geldstrafe ist demnach zu dem spezifischen, die Übertretungen von den Vergehen unterscheidenden Merkmale zu erheben. Es sind daher die ausschließlich mit Geldstrafe bedrohten Vergehen — insbesondere auch jene des Finanzstrafrechts, dessen Reform zur Herstellung tunlichster Übereinstimmung mit den Grundsätzen des allgemeinen Strafrechts dringend geboten ist — je nach der Größe des erforderlichen höchsten Strafübels teils unter die Übertretungen zu verweisen, teils auch mit Freiheitsstrafe zu bedrohen.

B. Häufungsweise neben Freiheitsstrafe:

1. Neben zeitiger Freiheitsstrafe — mag dieselbe im Gesetze ausschließlich oder wahlweise mit Geldstrafe angedroht sein — kann außer im Falle der These 2a stets auf Geldstrafe erkannt werden.

2. Neben zeitiger Freiheitsstrafe von etwas längerer, d. h. etwa 60 Tage übersteigender Dauer muß auf Geldstrafe erkannt werden:

a) wenn der Schuldige ein zu seinem und seiner Angehörigen anständigen Unterhalt ausreichendes Kapital besitzt;

b) wenn er die strafbare Handlung aus Geiz oder Habsucht verübt hat und nicht ganz mittellos ist.

II. In Bezug auf die Bemessung der Geldstrafen:

A. Das Gericht hat die Vermögens-, Erwerbs- und Einkommensverhältnisse des Angeschuldigten (spätestens bei Einleitung des Hauptverfahrens) durch Nachforschung nach der wirtschaftlichen Lebensführung desselben und durch Einholung amtlicher Auskünfte über dessen direkte Besteuerung zu erheben und sohin bei Bemessung der Geldstrafe derart zu berücksichtigen, daß jedem gleich Schuldigen auch ein gleich großes Opfer auferlegt werde. (Prinzip der Opfergleichheit.)

B. Die Berücksichtigung dieser wirtschaftlichen Verhältnisse hat abgesondert von der der Strafzumessungsgründe, im übrigen jedoch nach freiem richterlichen Ermessen zu erfolgen.

C. Zu diesem Behufe ist als Grundlage für die Bemessung der Geldstrafe (als deren Grundstrafe) die Freiheitsstrafe zu verwenden Soll daher auf erstere (ausschließlich oder häufungsweise) erkannt werden, so ist zunächst die ganze Freiheitsstrafe, welche das Gericht von der Zulässigkeit der Geldstrafe abgesehen, für angemessen erachtet, innerhalb des für die Freiheitsstrafe geltenden Strafrahmens zu bestimmen.

Diese Freiheitsstrafe bildet sohin ganz oder teilweise die Grundstrafe, durch deren Umwandlung der Betrag der Geldstrafe zu ermitteln ist.

D. 1. Die längste Dauer der Grundstrafe (das Grenzmaß der Geld strafe) ist (unter entsprechender Erhöhung des Höchstmaßes der Haft) im Gesetze etwa mit 60 Tagen zu bestimmen.

2. a) Ist im Gesetze Geldstrafe allein angedroht, so besteht die Grundstrafe in Haft, und es muß die ganze im Urteile bestimmte Freiheitsstrafe in Geldstrafe umgewandelt werden.

b) Läßt das Gesetz die Wahl zwischen beiden Strafmitteln, so kann die Freiheitsstrafe ganz oder teilweise umgewandelt werden.

c) Ist im Gesetze Freiheitsstrafe allein angedroht, so kann doch stets ein Teil derselben (jedoch nur unter Aufrechthaltung des für die betreffende Deliktsart geltenden gesetzlichen Mindestmaßes derselben) in Geldstrafe umgewandelt werden, und diese Umwandlung muß erfolgen, wenn (zufolge der These I B 2) neben Freiheitsstrafe auf Geldstrafe erkannt werden muß.

E. 1. a) Der Geldbetrag, welchem bei Umwandlung der Grundstrafe, nach Maßgabe der in den Thesen A, B und C vorgezeichneten Grundsätze je ein Tag der ersteren gleichzuachten ist (der Umwandlungsfaktor), hat mindestens (d. h. für die unterste wirtschaftliche Stufe) einen Taglohn für je einen Gefängnistag zu betragen.

b) Ein Höchstmaß dieses Umwandlungsfaktors (für die oberste wirtschaftliche Stufe) ist im Gesetze womöglich nicht festzusetzen. Doch ist, wenn auf Geldstrafe allein erkannt wird, das geringste gesetzlich zulässige Ausmaß der Freiheitsstrafe (etwa 12stündige Haft) höchstens einer Mark gleich zu achten.

2. Muß neben Freiheitsstrafe auf Geldstrafe erkannt werden, weil die strafbare Handlung aus Geiz oder Habsucht verübt wurde, so darf die Grundstrafe nicht weniger als etwa zwei Wochen betragen, und es kann der in Gemäßheit der früheren Thesen ermittelte Strafbetrag mit Rücksicht auf die Größe des beabsichtigten Vermögensvorteiles auf den doppelten Betrag desselben erhöht werden, ohne daß die bei Zahlungsunfähigkeit an deren Stelle tretende Freiheitsstrafe durch diese Straferhöhung berührt wird.

3. Alle bisher geltenden gesetzlichen Höchst- und Mindestmaße der Geldstrafe sind zu beseitigen.

F. Für noch unvollstreckte Strafbeträge kann nach der Urteilsschöpfung der Umwandlungsfaktor herabgesetzt werden, wenn nachträglich die wirtschaftlichen Verhältnisse sich bedeutend ungünstiger gestaltet haben oder vermöge neu beigebrachter Beweismittel als bedeutend ungünstiger erkannt werden.

III. In Bezug auf die Vollstreckung der Geldstrafe:

A. Bei freiwilliger Zahlung:

1. a) Ratenweise Tilgung ist bei der Geldstrafe, sofern nicht auf dieselbe neben Freiheitsstrafe erkannt werden mußte (These I B 2) oder neben solcher von längerer (etwa mindestens einjähriger) Dauer erkannt wurde, zulässig.

b) Bei Anwendung des Minimal-Umwandlungsfaktors (These II E 1 a) steht dem Verurteilten kraft des Gesetzes das Recht zu, wöchentlich nur einen Taglohn zur Ratenzahlung zu verwenden. Im übrigen hängt die Zulassung der ratenweisen Tilgung (bei der Urteilsschöpfung oder nach derselben) innerhalb gewisser gesetzlicher Schranken vom richterlichen Ermessen ab.

2. Die Zahlstellen sind dem Verurteilten möglichst zugänglich zu machen. Die Verwertung des Postsparkassenwesens für die Strafzahlungen ist daher in Erwägung zu ziehen.

B. Bei Zahlungssäumnis.

1. a) Im Falle der Zahlungssäumnis ist bei Anwendung des Minimal-Umwandlungsfaktors an Stelle der verhängten Geldstrafe stets eine Freiheitsstrafe zu vollstrecken, und zwar nach Verfall einer Rate in der Regel nicht bloß deren Grundstrafe, sondern jene des ganzen Strafbetrages.

b) Bei Anwendung eines höheren Umwandlungsfaktors hingegen hat das Gericht, wenn Aussicht auf Erfolg vorhanden ist, anstatt der Freiheitsstrafe die Geldstrafe selbst zwangsweise einzuheben, und zwar entweder ratenweise oder ungeteilt. Letzteres muß erfolgen, wenn auf Geldstrafe erkannt werden mußte (These I B 2).

2. An Stelle der nicht beitreibbaren, sowie nach Maßgabe des Gesagten auch schon der nicht freiwillig eingezahlten Geldstrafe tritt deren Grundstrafe.

3. Bei der Zwangsvollstreckung stehen die Geldstrafen allen Civilforderungen nach.

4. Mit der Zwangsvollstreckung ist unter analogen Voraussetzungen wie bei der Freiheitsstrafe, ferner bei zeitweiser Arbeitsunfähigkeit innezuhalten.

IV. In Bezug auf die Verwendung der Strafbeträge: Dieselben sind in erster Linie in der folgenden Reihenfolge zum Ersatz der Einhebungskosten, zur Leistung der von dem Verletzten angesprochenen Schadloshaltung oder Buße und zum Ersatze der sonstigen Kosten des Strafverfahrens und Strafvollzuges zu verwenden; die derart verwendeten Strafbeträge sind jedoch, wenigstens insoweit sie nicht erweislich den durch die strafbare Handlung erzielten Vermögensvorteil übersteigen, neuerlich zur Strafleistung einzuheben. Als weitere Verwendungszwecke sind ins Auge zu fassen: Die Entschädigung durch andere Delikte Verletzter, sowie schuldlos erkannter Häftlinge, endlich die Verbesserung der Gefängnis-Einrichtungen.

V. In Bezug auf die bedingte Verurteilung: Wird dieses Institut unter gewissen Voraussetzungen bei der Freiheitsstrafe eingeführt, so empfiehlt es sich, den Richter zu ermächtigen, daß er unter analogen Voraussetzungen anstatt auf Geldstrafe allein — nur auf eine Verwarnung erkenne.

Beratungen.

Referent Merkel (der erste Referent Jaques war verhindert (4 336—405).

Thesen.

1. (Bemessung.) Die Geldstrafe ist unter Berücksichtigung aller Vermögens-, Erwerbs- und Einkommensverhältnisse der Schuldigen im Sinne des Grundsatzes, daß die Strafe bei gleicher Verschuldung mit gleicher Schwere treffen soll, zu bemessen (Prinzip der Opfergleichheit. Vgl. 2 und 7).

   Später wurden vom Referenten und von Friedmann die Worte: „in gleicher Schwere" geändert in: „gleichempfindlich treffen soll".

2. (Höchstbeträge.) Die in Summen ausgedrückten Höchstbeträge der Geldstrafen sind, von solchen Übertretungen abgesehen, bei welchen die Strafe nur die Bedeutung einer Rüge hat, zu verwerfen. Als Einzelstrafe soll die Geldstrafe ihrer Schwere nach die Höchstmaße der Haft nicht übersteigen. Bei der Vergleichung von Haft und Geldstrafe ist ein Tag Haft bei der untersten ökonomischen Klasse mit dem ortsüblichen Tagelohn, bei den höheren Klassen unter Berücksichtigung der Vermögens-, Einkommens- und Erwerbsverhältnisse mit einem entsprechend höheren Betrage in Ansatz zu bringen.

3. (Geldstrafe als einzige Strafe.) Bei Übertretungen ist, von den in § 361, 3—8 des StGB. behandelten Fällen abgesehen, in der Regel nur Geldstrafe anzudrohen.

4. (Geldstrafe als Zusatzstrafe.) Neben zeitiger Freiheitsstrafe soll Geldstrafe in der Regel als Zusatzstrafe zugelassen werden. War die Handlung aus Habsucht oder Geiz begangen, so soll diese Zusatzstrafe bei nicht ganz vermögenslosen Schuldigen vorgeschrieben werden.

5. (Alternative Drohungen.) Bei alternativer Androhung von Freiheits- oder Geldstrafe soll die letztere ausgeschlossen sein, wenn die Handlung aus einer nicht ehrenhaften Gesinnung hervorgegangen ist.

6. (Einbringlichkeit.) Die Leistung der Geldstrafen ist denjenigen Schuldigen, welche keinen exequierbaren Besitz haben, durch die Zulassung und genaue Regelung von Teilzahlungen, sowie durch die Zulassung des Abverdienens der Strafe durch eine Beteiligung von Arbeiten für Gemeinde, Provinz oder Staat, wie die Gelegenheit hierzu sich bietet, zu erleichtern.

7. (Umwandlung.) Die Freiheitsstrafen sind als Ersatzstrafen für uneinbringliche Geldstrafen (von Arbeitsunfähigen abgesehen) nicht zu verwenden.

8. (Verweisung ins Arbeitshaus.) Erweist sich die Einziehung der Geldstrafe infolge von Arbeitsscheu oder Widersetzlichkeit des Schuldigen als unausführbar, so ist er durch richterlichen Beschluß dem Arbeitshause zu überweisen. In diesem ist er festzuhalten, bis er seine Strafe abverdient hat.

Anträge.

Aschrott und Seuffert:

Im Antrag Merkel, a. zu Nr. 1 die Worte: „im Sinne des Grundsatzes, daß die Strafe bei gleicher Verschuldung mit gleicher Schwere treffen soll" wegzulassen, ebenso die Klammer „Prinzip der Opfergleichheit. Vgl. 2 und 7" zu streichen.

b. zu Nr. 2 die beiden letzten Sätze zu streichen, also die Sätze: Als Einzelstrafe soll die Geldstrafe ihrer Schwere nach die Höchstmaße der Haft nicht übersteigen.

Bei der Vergleichung von Haft und Geldstrafe ist ein Tag Haft bei der untersten ökonomischen Klasse mit dem ortsüblichen Tagelohn, bei den höheren Klassen unter Berücksichtigung der Vermögens-, Einkommens- und Erwerbsverhältnisse mit einem entsprechend höheren Betrage in Ansatz zu bringen.

Sodann an Stelle von Nr. 3 und 4 folgende neue These zu setzen:

„Nr. 3. Die Androhung der Geldstrafe als fakultative Haupt- und Nebenstrafe ist auf ein größeres Anwendungsgebiet als bisher zu erstrecken, insbesondere auf alle diejenigen Delikte, welche erfahrungsgemäß meistens aus Gewinnsucht begangen werden,"

und als Nr. 4:

„Eine obligatorische Androhung der Geldstrafe als Zusatzstrafe erscheint nicht empfehlenswert."

Dann: statt Nr. 7 zu setzen: „Eine energischere Beitreibung der Geldstrafen, als sie bisher erfolgt ist."

Nr. 5, 6 und 8 unverändert anzunehmen.

Abgelehnt wurde der Antrag Felisch, in Nr. 5 der Thesen des Referenten die Worte „nicht ehrenhaften" zu ersetzen durch das Wort „ehrlos".

Beschlüsse der dritten Abteilung dem Plenum zur Kenntnisnahme mitgeteilt (4 433—436):

„1. Die Geldstrafe ist im Sinne des Grundsatzes, daß die Strafe bei gleicher Strafbarkeit gleich empfindlich treffen soll unter Berücksichtigung aller Vermögens-, Erwerbs- und Einkommensverhältnisse zu bemessen.

2. Die in Summen ausgedrückten Höchstbeträge der Geldstrafen sind,

von solchen Übertretungen abgesehen, bei denen die Strafe nur die Bedeutung einer Rüge hat, zu verwerfen.

3. Die Androhung der Geldstrafe als fakultative Haupt- und Nebenstrafe ist auf ein größeres Anwendungsgebiet als bisher zu erstrecken, insbesondere auf alle diejenigen Delikte, welche erfahrungsgemäß meist aus Gewinnsucht begangen werden.
4. Eine obligatorische Androhung der Geldstrafe als Zusatzstrafe erscheint nicht empfehlenswert.
5. Bei alternativer Androhung von Freiheits- oder Geldstrafen soll die letztere ausgeschlossen sein, wenn die Handlung aus einer unehrenhaften Gesinnung hervorgegangen ist.
6. Die Leistung von Geldstrafen ist denjenigen Schuldigen, welche keinen exequierbaren Besitz haben, durch die Zulassung und genauere Regelung von Teilzahlungen zu erleichtern."

XII. Vollstreckung der Geldstrafen.

Empfiehlt sich hinsichtlich der Geldstrafen

a) die Zulassung und Begünstigung des freiwilligen Abverdienens derselben?

b) die Androhung des erzwungenen Abverdienens in einer Anstalt (Arbeitshaus) für den Fall, daß der Mangel guten Willens zur Tilgung der Strafe festgestellt ist?

(23. DJT. 1895.)

Gutachten.

Felisch (I 277—366.)

Thesen.

I. Ein freiwilliges Abverdienen der unter Berücksichtigung aller Vermögens-, Erwerbs- und Einkommensverhältnisse der Schuldigen zu bemessenden Geldstrafen ist nur dann durchführbar, wenn die umfassendsten Vorkehrungen getroffen sind, um die Nichtentrichtung der Barsumme auf eine mäßige Zahl von Ausnahmefällen einzuschränken.

II. Zu diesem Zwecke empfiehlt sich außer der Bewilligung von Zahlungsfristen und Teilzahlungen die Förderung folgender mit Zwang nicht verbundener Maßnahmen: vorschußweise Zahlung der Strafsumme durch den Arbeitgeber des Verurteilten oder einen Schutzfürsorgeverein unter der Verpflichtung des Schuldigen zur Wiedererstattung in Teilbeträgen, Vereinbarung mit dem Arbeitgeber über wöchentliche Lohnabzüge, Einführung von Gerichtskostenmarken zur Erleichterung der Ratenzahlungen, Verwendung solcher Marken durch den Verurteilten selbst auf einer mit der gerichtlichen Zahlungsaufforderung verbundenen Karte, Nachweis aller erfolgten Teilzahlungen durch Vorzeigung der entwerteten Gerichtskostenmarken an den zu diesem Behufe sich monatlich einfindenden Steuererheber bis zum völligen Abtragen der Summe, in geeigneten Fällen Wirtshausverbot.

III. Mit Ausnahme des Falles des Fluchtverdachtes des Verurteilten ist für die trotzdem nicht gezahlten Geldstrafen freiwilliges Abverdienen ihres Betrages zuzulassen. Das Abarbeiten hat in voller Freiheit unter Ausschluß jeden Zwanges gemeinschaftlich mit freien Arbeitern für Rechnung des Staates, der Provinz, des Kreises oder der Gemeinde am Wohnsitze oder Aufenthaltsorte des Verurteilten zu öffentlichen Zwecken möglichst nach den Grundsätzen des Stücklohnes zu erfolgen und ist so zu bewerthen, daß der regelmäßige Ertrag eines Tages $^2/_3$ des ortsüblichen Tagelohnes gleichkommt, jedoch ausnahmsweise bis zu dessen voller Höhe steigen kann. Auf Verlangen des Verurteilten ist ihm ein nachher gleichfalls abzuverdienender Teilbetrag, höchstens die Hälfte, dieser Summe auszuzahlen.

IV. Gegen vorübergehend Arbeitsunfähige ist die Strafarbeit auszusetzen. Betreffs gemindert Arbeitsfähiger muß die Beeinflussung der Bewertung des Arbeitsertrages geregelt werden. Absolut Arbeitsunfähige sind auf Grund des Nachweises ihrer Zahlungs- und Arbeitsunfähigkeit durch einen das Urteil ergänzenden Beschluß mit einfacher Haft ohne Arbeitszwang und zwar in geeigneten Fällen unter Befolgung der Grundsätze der bedingten Verurteilung zu bestrafen.

V. Im übrigen ist gegen fluchtverdächtige Verurteilte, sowie gegen diejenigen, welche von der Vergünstigung des Abverdienens keinen Gebrauch gemacht oder dieselbe durch ihr Verhalten verwirkt haben, das erzwungene Abverdienen der erkannten Geldstrafe in einer Anstalt durchzuführen, gleichgültig, worin die Nichtentrichtung der Strafe ihren Grund hat. Dieses Zwangsabverdienen ist Vollstreckungsart, nicht Ersatzstrafe, zum Zwecke der Herbeiführung der Arbeitsleistung. Sein Ertrag ist erheblich geringer zu bewerten als der der freiwillig geleisteten Strafarbeit, seine Längstdauer auf mindestens das Doppelte des Höchstbetrages des letzteren zu bemessen. Die Vollstreckung hat nicht im Arbeitshause, sondern in dem mit Strafschärfungen nicht verbundenen Gefängnisse zu geschehen.

Beratungen.

Referent Merkel, Korreferent v. Köstlin (2 385—425).

Die Anträge der Referenten Merkel entsprechen wörtlich den Beschlüssen der Abteilung.

Der Korreferent v. Köstlin stellte keine Anträge, hob nur seine Bedenken hervor, daß die Sache schwer durchführbar sein werde.

Abgelehnt wurden folgende Anträge:

Stenglein: „Die Frage zu verneinen".

Bozi: „Es sind von staatswegen Arbeiterkolonien einzuführen, welche dem Verurteilten die Strafsumme gegen zwangsweises Abverdienen vorschießen".

Aschrott:

„1. Die nicht beizutreibenden Geldstrafen sind nicht in Freiheitsstrafen umzuwandeln, sondern abzuverdienen.

2. Die Strafvollzugsbehörden sollen nach Möglichkeit Gelegenheit zum freien Abverdienen schaffen. Wo dies nicht möglich ist oder der Verurteilte von der Begünstigung des Abverdienens keinen Gebrauch macht, ist das Abverdienen in einer Anstalt durchzuführen.

3. Die diesbezüglichen Leistungen sind mit Berücksichtigung des ortsüblichen Tagelohnes, jedoch im allgemeinen unter Abzug gewisser Bruchteile desselben, zu bewerten."

Kronecker:

„1. In Ziffer 1 der Merkelschen Anträge ist der letzte Satz zu streichen.

2. Ziffer 2 und 4 werden dahin zusammengezogen: Der Verurteilte soll diese Pflicht durch Beteiligung an Arbeiten für öffentliche Zwecke erfüllen. Anderenfalls ist das Abverdienen in einer Anstalt zu erzwingen und

3. beschränkte Arbeitsfähigkeit ist bei Regelung des Abverdienens zu berücksichtigen. Bei absolut Arbeitsunfähigen tritt an die Stelle desselben einfache Haft."

Stelling: „In Antrag 2 der Anträge Merkel die Worte: „unter Abzug gewisser Bruchteile desselben" zu streichen und ebenso in Nr. 4 der Anträge die Worte „oder dieselbe durch ihr Verhalten verwirkt haben" zu streichen".

Felisch: „In Nr. 4 die Worte zu streichen: „auf Grund richterlicher Beschlußfassung".

Beschlüsse der dritten Abteilung dem Plenum zur Kenntnisnahme mitgeteilt (2 450—453):

„Unter der Voraussetzung, daß die Zahlung der Geldstrafen im Sinne der hierauf bezüglichen Beschlüsse des vorigen Juristentags (1 und 6), sowie durch weitere Vorkehrungen (Einführung von Gerichtskostenmarken zur Erleichterung der Ratenzahlungen, Vereinbarungen mit Arbeitgebern und mit Schutzfürsorgevereinen in Bezug auf vorschußweise Zahlungen) erleichtert und die Uneinbringlichkeit der Geldstrafen hierdurch auf eine mäßige Zahl von Ausnahmefällen eingeschränkt werde, empfehlen sich folgende Grundsätze:

1. Die nicht beizutreibenden Geldstrafen sind, von dauernder Arbeitsunfähigkeit der Verurteilten abgesehen, nicht in Freiheitsstrafen

umzuwandeln, sondern abzuverdienen. Die Pflicht zur Geldzahlung wandelt sich in die Pflicht zu geldwerten Arbeitsleistungen.

2. Den nicht fluchtverdächtigen Verurteilten ist die Erfüllung dieser Pflicht in der Form freier Beteiligung an Arbeiten für öffentliche Zwecke, ohne jede Unterscheidung von straffreien Arbeitern, zu ermöglichen. Ihre bezüglichen Leistungen sind mit Berücksichtigung des ortsüblichen Tagelohnes, unter Abzug gewisser Bruchteile desselben, zu bewerten.

3. Beschränkte Arbeitsfähigkeit ist bei Regelung des Abverdienens zu berücksichtigen. Bei absolut Arbeitsunfähigen tritt an die Stelle desselben einfache Haft, in geeigneten Fällen nach den Grundsätzen der bedingten Verurteilung.

4. Gegen fluchtverdächtige Verurteilte sowie gegen diejenigen, welche von der Begünstigung des Abverdienens keinen Gebrauch gemacht oder dieselbe durch ihr Verhalten verwirkt haben, ist auf Grund richterlicher Beschlußfassung das erzwungene Abverdienen in einer Anstalt (Gefängnis) durchzuführen. Dieser Abverdienungszwang ist eine Vollstreckungsform der Geldstrafe, nicht Ersatzstrafe. Die erzwungene Arbeit ist geringer zu bewerten, als die freiwillig geleistete (2)."

XIII. Verjährung der Strafverfolgung.

Soll zur Verjährung der Strafverfolgung der bloße Ablauf einer gesetzlich bestimmten Zeit seit Verübung der Straftat genügen? oder soll die Verjährung auch noch an andere Bedingungen geknüpft werden?

(24. DJT. 1898.)

Gutachten.

Lammasch (2 104—123) und Hoegel (2 134—155).

Lammasch formuliert folgende **Thesen:**

I. In betreff der Bedingungen der Verjährung: Die Verfolgung von Vergehen und nicht mit der Todesstrafe (oder, sofern man diese nicht beibehalten will, mit lebenslänglicher Freiheitsstrafe) bedrohten Verbrechen verjährt, wenn sie innerhalb der gesetzlichen Verjährungsfrist nicht verfolgt werden und wenn der Beschuldigte

1. in der zur Verjährung erforderlichen Zeit kein Verbrechen oder von Amtswegen zu verfolgendes Vergehen begangen hat, und
2. wenn er, sofern dies nicht schon früher geschehen ist, wenigstens noch vor Beginn der Hauptverhandlung den ganzen durch sein Verbrechen oder Vergehen bewirkten Schaden, soweit es in seinen Kräften stand, gut gemacht oder dessen Ersatz sichergestellt hat.

II. In betreff der Unterbrechung der Verjährung: Verjährungsfristen, welche die Dauer von 3 Jahren nicht überschreiten, werden durch jede gerichtliche Handlung unterbrochen, die wegen der betreffenden Tat gegen den ihrer Verdächtigen stattfindet. Von dem Tage ab, an welchem die letzte gerichtliche Handlung gegen den Verdächtigen vorgenommen wurde, beginnt eine neue Verjährungsfrist. Doch kann die ursprüngliche Verjährungsfrist nicht mehr als verdoppelt werden. Bei längeren Verjährungsfristen bewirkt jede wegen der Tat gegen den Verdächtigen stattfindende gerichtliche Handlung das Ruhen der Verjährung für die Dauer des eingeleiteten Verfahrens. Wird das Verfahren anders als durch eine Verurteilung beendigt, so kann vom Tage des Abschlusses ab eine Fortsetzung der Verjährung stattfinden.

Hoegel bejaht die erste und verneint die zweite Frage.

Beratungen.

Berichterstatter Felisch, Mitberichterstatter Hamm (4 286—308).

Anträge.

Felisch:

„Der seit Verübung einer Straftat erfolgte Ablauf einer gesetzlich bestimmten Frist genügt zur Verjährung der Strafverfolgung. Doch empfiehlt sich eine Verkürzung der Verjährungsfrist für den Fall, daß der Täter den durch seine strafbare Handlung verursachten Schaden ersetzt hat, sowie ein Endtermin für unterbrochene Verjährungsfristen.“

Hamm empfiehlt einfache Bejahung des ersten Teiles der Frage unter Annahme des ersten Satzes des Antrages Felisch und Ablehnung des zweiten Satzes.

Isenbiel beantragt die Worte „Doch empfiehlt sich ein Endtermin für unterbrochene Verjährungsfristen“ stehen zu lassen, zieht diesen Antrag später aber zurück.

Beschluß der dritten Abteilung dem Plenum zur Kenntnisnahme mitgeteilt (4 370—373):

„Der seit Verübung einer Straftat erfolgte Ablauf einer gesetzlich bestimmten Frist genügt zur Verjährung der Strafverfolgung. Es empfiehlt sich, einen Endtermin für unterbrochene Verjährungsfristen zu bestimmen.“

XIV. Internationales Strafrecht.

Sind gleiche Grundsätze des internationalen Strafrechts für die europäischen Staaten anzustreben? und eventuell welche?

(16. DJT. 1882.)

Gutachten.

von Liszt (1 3—32).

Thesen.

I. 1. Es ist wünschenswert, daß das Geltungsgebiet der heimischen Strafrechtssätze den ausländischen Strafrechtssätzen gegenüber in allen Staaten nach demselben Grundsatze bestimmt werde.

2. Bei dieser Regelung sind Kollisionen der Strafansprüche verschiedener Staaten, soweit irgend möglich, zu vermeiden. Die Regelung hat daher von dem Territorialprinzipe als ihrer Grundlage auszugehen.

3. Soweit eine Kollision der Strafansprüche durch Überschreitung des Territorialprinzipes herbeigeführt wird, ist Existenz und Inhalt des mit dem ausländischen konkurrierenden inländischen Strafanspruchs lediglich nach inländischem Rechte zu beurteilen.

II. 1. Einheitliche Grundsätze über die Gewährung der internationalen Rechtshilfe in Strafsachen, insbesondere der Auslieferung flüchtiger Verbrecher, sind dringend wünschenswert.

2. Der sicherste Weg zur vollständigen Erreichung dieses Zieles ist der Abschluß eines Welt-Rechtshilfe-Vertrages; sollte dieser sich zur Zeit als unerreichbar darstellen, so ist die unverzügliche Erlassung eines deutschen Auslieferungsgesetzes notwendig.

3. Die Auslieferung ist ein Akt der internationalen Rechtshilfe und nicht der kosmopolitischen Rechtspflege; sie setzt daher einen Strafanspruch des requirierenden, nicht aber des requirierten Staates voraus. Entstehen und Bestehen des behaupteten Strafanspruches ist ausschließlich nach dem Rechte des requirierenden Staates zu beurteilen. Die Entscheidung über das Vorliegen der Voraussetzungen, von welchen die Bewilligung des Auslieferungsbegehrens abhängt, erfolgt durch die Gerichte des requirierten Staates.

4. Wegen politischer Vergehen findet Auslieferung nicht statt. Die politischen Verbrechen sind in Gesetz oder Vertrag namentlich und unter Hinweis auf die betreffenden gesetzlichen Bestimmungen aufzuzählen. Maßgebend für die Einreihung unter die politischen Verbrechen ist die politische Natur des durch die Handlung angegriffenen Rechtsgutes, nicht aber das Motiv des Täters.

5. Der Grundsatz der Nichtauslieferung politischer Verbrecher findet

keine Anwendung auf den Fall der unternommenen vorsätzlichen Tötung des Staatsoberhauptes.

6. Hat der Verfolgte durch mehrere selbständige Handlungen mehrere Verbrechen begangen, von welchen einige als politische, andere als gemeine Verbrechen erscheinen, so findet die Auslieferung wegen der gemeinen Verbrechen statt; Untersuchung und Aburteilung hat sich dann auf diese zu beschränken.

7. Trägt eine und dieselbe Handlung sowohl den Charakter eines gemeinen als auch den eines politischen Deliktes, so findet eine Auslieferung nicht statt.

8. Hat der Verbrecher mehrere Verbrechen begangen, welche als eine aus mehreren Akten zusammengesetzte Gesamthandlung sich darstellen, so ist diese nach ihrem überwiegenden Charakter entweder als politisches oder als gemeines Delikt zu betrachten und zu behandeln.

III. Soweit durch internationale Angriffe auf gewisse Rechtsgüter das Bedürfnis einer internationalen Abwehr erzeugt wird, sind internationale Vereinbarungen über gleichmäßigen strafrechtlichen Schutz dieser Rechtsgüter wünschenswert.

Beratungen (2 296—320).
Referent Stenglein.

Beschlüsse der dritten Abteilung dem Plenum zur Kenntnisnahme mitgeteilt (2 340—342):

„1. Es ist wünschenswert, daß das Geltungsgebiet der heimischen Strafrechtssätze den ausländischen Strafrechtssätzen gegenüber in allen Staaten nach demselben Grundsatze bestimmt werde.

2. Bei dieser Regelung sind Kollisionen der Strafansprüche verschiedener Staaten, soweit irgend möglich, zu vermeiden. Die Regelung hat daher von dem Territorialprinzipe als ihrer Grundlage auszugehen.

3. Soweit eine Kollision der Strafansprüche durch Überschreitung des Territorialprinzips herbeigeführt wird, ist Existenz und Inhalt des mit dem ausländischen konkurrierenden inländischen Strafanspruchs lediglich nach inländischem Rechte zu beurteilen.

4. Einheitliche Grundsätze über die Gewährung der internationalen Rechtshilfe in Strafsachen, insbesondere der Auslieferung flüchtiger Verbrecher, sind dringend wünschenswert.

5. Die Auslieferung ist ein Akt der internationalen Rechtshilfe und nicht der kosmopolitischen Rechtspflege; sie setzt daher einen Strafanspruch des requirierenden, nicht aber des requirierten Staates voraus. Entstehen und Bestehen des behaupteten Strafanspruchs

ist ausschließlich nach dem Rechte des requirierenden Staates zu beurteilen. Die Entscheidung über das Vorliegen der Voraussetzungen, von welchen die Bewilligung des Auslieferungsbegehrens abhängt, erfolgt durch die Gerichte des requirierten Staates.

6. Es ist wünschenswert, daß diejenigen Rechtsgüter, gegen welche internationale Angriffe denkbar sind, und welche deshalb eines internationalen Schutzes bedürfen, durch internationale Vereinbarungen geschützt werden.

Nr. 1—6 Antrag des Referenten Stenglein (313—314).

7. Der sicherste Weg zur Erreichung vorstehender Ziele ist die Gründung eines Staatenvereins*, welcher sich die Regelung der internationalen Rechtssätze, sowie die Regelung der Grundsätze über Auslieferung von Verbrechern zur Aufgabe stellt.

* Antrag des Referenten Stenglein (314): internationalen Vereins.

8. Insoweit durch vorstehende Thesen die gestellte Frage nicht erledigt ist, sei über dieselbe vorläufig zur Tagesordnung überzugehen."

Nr. 8. Antrag des Referenten Stenglein Nr. 9 (314). Die Nr. 8 seines Antrags lautete: „Die Thesen 4—8, S. 26, 27, des Gutachtens sind abzulehnen".

XV. Antrags-Verbrechen und Vergehen.

Empfiehlt sich eine Beschränkung der Antrags-Verbrechen und Vergehen des deutschen StGB.?

(12. DJT. 1875.)

Gutachten.

Thomsen (1 193—222):

Nach den vorstehenden Ausführungen ergibt sich als Schluß-Resultat, daß eine Beschränkung der Antrags-Fälle des DStGB. dringend zu empfehlen ist,

und zwar speziell in folgenden Richtungen:

A. Als falsche Antrags-Fälle, d. h. als solche Delikte, bei denen das Antrags-Recht theoretisch ungerechtfertigt und praktisch unhaltbar, daher zu beseitigen ist, sind anzusehen:

1. Die Körperverletzungen und zwar sämtliche, vorsätzliche wie fahrlässige (§ 232),
2. Diebstähle, Betrügereien, Unterschlagungen solcher Personen, welche sich in Lohn oder Kost der Verletzten befinden (§§ 247, 263),
3. die Sachbeschädigungen (§ 303),
4. der strafbare Eigennutz in den Fällen der §§ 88, 89,

5. Wild-Diebstahl (§ 292), Fisch-Diebstahl (370[4], 296), Naschdiebstahl (370[5]), Futter-Diebstahl (370[6]), bei welchen Delikten unter 1, 3, 4, 5, jedoch dann ein Antragsrecht zu statuieren, wenn sie gegen Angehörige (Erzieher, Vormünder) verübt sind.

B. Die Zurücknahme des Antrags ist nur bis zur Eröffnung des Hauptverfahrens zulässig,

ausnahmweise bei Antragsdelikten unter Angehörigen bis zur Verkündigung eines auf Strafe lautenden Erkenntnisses.

Sind die Antragsverbrechen überhaupt legislatorisch zu rechtfertigen?

Gutachten.

John (1 223—267.)

Thesen.

I. Die Gesetzgebung hat diejenigen Delikte zu bezeichnen, bei denen ausschließlich das Verfahren mittelst der Privatklage stattfindet. Zu diesen Delikten würden zu zählen sein: Die Antrags-Übertretungen (StGB. § 370, Nr. 4—6), der Ehebruch, die Beleidigungen — mit Ausschluß der §§ 196, 103, 104, — der Nachdruck, (Gesetz vom 11. Juni 1870 §§ 18ff., 27, 28), sowie die Vorschriften des Preßgesetzes vom 7. Mai 1874 §§ 10, 11, 19.

Die Vollstreckung des auf dem Wege der Privatklage erstrittenen rechtskräftigen Erkenntnisses findet nur auf Antrag statt.

II. Bei Vergehen, deren gesetzlicher Tatbestand auch solche Fälle mit umfaßt, durch deren Begehung lediglich das Interesse des Verletzten, nicht aber das der öffentlichen Rechtsordnung verletzt wird, (leichte Körperverletzungen, Diebstähle, Betrug, Vermögensbeschädigung), ist die Staatsanwaltschaft anzuweisen, die Verfolgung ihrerseits nur dann eintreten zu lassen, wenn sie das öffentliche Interesse für verletzt erachtet, anderenfalls aber den die Bestrafung beantragenden Verletzten auf die Privatklage zu verweisen.

Die Vollstreckung des mittelst der Privatklage erstrittenen rechtskräftigen Erkenntnisses findet auch in diesem Falle nur auf Antrag statt.

III. Die Zahl der Delikte öffentlich-rechtlichen Charakters, welche nur auf Antrag verfolgt werden dürfen, ist möglichst einzuschränken; namentlich sind aus dem Kreise derselben auszuschließen: die Körperverletzungen, StGB. § 223, sowie der Diebstahl, die Unterschlagung und der Betrug gegen solche Personen, in deren Lohn oder Kost sich der Täter befindet. (StGB. §§ 247, 263). Bei den Antragsdelikten dieser Art darf der Antrag, nachdem die Einleitung der Voruntersuchung beschlossen, oder falls eine solche nicht stattgefunden hat, die Anklage erhoben ist, nicht mehr zurückgezogen werden. Auch bedarf es in solchen Fällen des Antrages nicht, wenn infolge richterlichen Beschlusses das Verfahren wegen eines Nicht-Antragsdelikts eröffnet wurde, und erst im Laufe des Verfahrens es sich herausstellen sollte, daß nur ein solches Delikt vorliegt, welches zu den Antragsdelikten öffentlich-rechtlichen Charakters gehört.

Beratungen.

Referent v. Köstlin (3 212—220).

Abgelehnt wurde der Antrag Schütze: das Wort „dolosen" vor „Körperverletzungen" zu streichen.

Beschluß der dritten Abteilung nach dem Antrage der Referenten und mit dem Zusatze Rüdel, dem Plenum zur Kenntnisnahme mitgeteilt (3 323—325):

„Es empfiehlt sich, bei einer Revision des deutschen StGB. die dolosen Körperverletzungen, die Sachbeschädigungen nach § 303 des Reichsstrafgesetzbuchs, die Diebstähle, Unterschlagungen, Betrügereien solcher Personen, welche sich beim Verletzten in Kost oder Lohn befinden, aus der Reihe der Antragsdelikte zu beseitigen und die Zurücknahme des Antrags nur bis zur Eröffnung des Beschlusses auf Vornahme des Hauptverfahrens zu gestatten, mit Ausnahme der Antragsdelikte unter Angehörigen, bei welchen der Antrag bis zur Verkündung eines auf Strafe lautenden Erkenntnisses zurückgenommen werden kann."

XVI. Privatklage.

Erscheint es angemessen, die prinzipale Privatklage auf die Körperverletzungen des § 223a StGB., sowie auf Sachbeschädigung und Hausfriedensbruch auszudehnen?

(19. DJT. 1888.)

Gutachten.

Stenglein (2 249—258).

Antrag:

„Der Deutsche Juristentag hält es für angemessen, daß bei Gelegenheit einer umfassenden Revision der RStPO. die Ausdehnung des Privatklageverfahrens in seiner jetzigen Form, wenn auch mit systematischerer Durchführung der Einzelbestimmungen, in das Auge gefaßt wird, und zwar auf folgende Delikte:

1. Hausfriedensbruch, Beleidigung, vorsätzliche und fahrlässige Körperverletzung und Sachbeschädigung, insofern diese Delikte nur auf Antrag verfolgbar sind;

2. ferner die Delikte der §§ 288, 289, 299, 300, 301, 302, 370, Ziffer 5 und 6 des StGB., endlich
3. die nach den Reichsgesetzen vom 12. Juni 1870, 30. Novbr. 1874, 9., 10. und 11. Januar 1876 und 25. Mai 1877 strafbaren Handlungen."

Beratungen.

Referenten Kronecker und Bindseil (3 273—299).

Antrag Kronecker (281): „Es erscheint angemessen, die prinzipale Privatklage auf die Körperverletzungen des § 223a, die nur auf Antrag verfolgbaren Fälle der Sachbeschädigung (§ 303), sowie auf den einfachen, den gemeinschaftlichen Hausfriedensbruch (§ 123, Abs. 1, 3) auszudehnen." Dieser Antrag wird zu Gunsten des Antrages Olshausen zurückgezogen.

Bindseil verneint die Angemessenheit der Ausdehnung der prinzipalen Privatklage (294). Sein Antrag wird durch Annahme des Antrags Olshausen erledigt.

Beschluß der dritten Abteilung entsprechend dem Antrage Olshausen, dem Plenum zur Kenntnisnahme mitgeteilt (3 336—337):

„Eine spezielle Bezeichnung einzelner Delikte, auf welche die prinzipale Privatklage auszudehnen sei, empfiehlt sich nicht. Die Frage, welche Ausdehnung dem Privatklageverfahren bei etwaiger Reform des Strafprozesses zu geben sei, erheischt eine prinzipielle Lösung."

XVII. Meineid.

Ist die Bestimmung des § 153 des StGB. dahin abzuändern, daß die Strafandrohung sich auf alle von einer zuständigen Behörde erhobenen Eide erstreckt?

(17. DJT. 1884.)

Gutachten.

Stöckel (1 163—183). Bejaht die Frage.

Daube (1 184—194). Verneint unbedingt die Frage aus der Entstehungsgeschichte des § 153 StGB. und aus der Stellung dieser Strafvorschrift zu den übrigen im neunten Abschnitt des StGB. enthaltenen Bestimmungen.

Hagemann (1 195—229): „Solange sich eine abweichende Spruchpraxis mit einschränkender Auslegung nicht zeigt, ist eine Änderung des § 153 in einer die früheren Auslegungszweifel abschneidenden Weise erst bei einer allgemeinen Revision des StGB. erwünscht."

Beratungen.

Referent Thomsen (2 237—249).

Beschluß der dritten Abteilung unter Annahme des Antrags des Referenten, dem Plenum zur Kenntnisnahme mitgeteilt (2 295—296):

„Zur Zeit liegt ein legislatorisches Bedürfnis nicht vor, den § 153 des deutschen StGB. dahin abzuändern, daß die Strafandrohung sich auf alle von einer zuständigen Behörde erhobenen Eide erstrecke."

XVIII. Fahrlässige falsche eidliche Aussage.

Soll die Strafbarkeit der fahrlässigen falschen eidlichen Aussage vor Gericht im deutschen Rechte beibehalten, im österreichischen Rechte eingeführt werden?

(26. DJT. 1902.)

Gutachten.

Stenglein (1 56—62): „Bei Revision des RStGB. soll das Delikt des § 163 aus demselben entfernt, in das österreichische StGB. dasselbe aber nicht aufgenommen werden."

Nicht zur Verhandlung gelangt.

Bericht an das Plenum (3 603—604).

XIX. Konkurs.

Soll im Falle der Begünstigung von Gläubigern zwischen der Zahlungseinstellung und der Konkurseröffnung eine Strafbarkeit des Cridars beziehungsweise des begünstigten Gläubigers eintreten?

(13. DJT. 1876.)

Gutachten.

Dalcke (1 36—58) und Thomsen (1 59—85).

Thesen.

Dalcke:

„Hiernach beantworte ich den ersten Teil der Frage der ständigen Deputation des Juristentages unbedenklich dahin,

daß ich jede nach erfolgter Zahlungseinstellung zum Nachteile der Gläubigerschaft bewirkte Begünstigung oder Befriedigung einzelner Gläubiger für widerrechtlich nnd strafbar erachte, und zwar in der Art, daß, wenn dieselbe in der Absicht vorgenommen ist, dadurch die übrigen Gläubiger zu benachteiligen, die Strafe des betrüglichen Bankerutts, daß dagegen, wenn zwar nicht eine solche Absicht, wohl aber das Bewußtsein des Schuldners anzunehmen ist, daß durch die Befriedigung die übrigen Gläubiger in ihrem Vermögen beschädigt werden, die Strafe des einfachen Bankerutts eintritt."

. . . .

„Ich beantworte hiernach auch den zweiten Teil der Frage der ständigen Deputation des Juristentages bejahend und zwar dahin,

„daß ein Gläubiger, welcher nach erlangter Kenntnis von der Zahlungseinstellung noch eine Befriedigung oder Begünstigung annimmt und zwar mit dem Bewußtsein, daß durch dieselbe die übrigen Gläubiger benachteiligt werden, sich strafbar macht."

Thomsen:

„Die Frage, ob im Falle der Begünstigung von Gläubigern zwischen der Zahlungseinstellung und der Konkurseröffnung eine Strafbarkeit des Cridars, bezw. des begünstigten Gläubigers eintreten soll, wird bejaht,

und zwar unter folgenden, zum Teil über das Gebiet dieser Frage noch hinausgehenden näheren Bestimmungen:

1. die kriminelle Strafbarkeit der (dolosen) Begünstigung eines Gläubigers durch den Schuldner ist legislatorisch gerechtfertigt,

   und zwar sowohl hinsichtlich des Gläubigers als des Schuldners (resp. ihrer Vertreter).

2. Die (dolosen) Begünstigungshandlungen sind zu strafen:

   a) an dem Schuldner, rücksichtlich der Zeit seiner Zahlungsunfähigkeit,

   b) an dem Gläubiger, rücksichtlich der Zeit nach der Zahlungseinstellung oder nach dem Antrage auf Konkurseröffnung.

3. Die Strafbarkeit muß auf (dolose) Begünstigungshandlungen allgemein sich erstrecken, nicht auf bestimmte Kategorien sich beschränken; z. B. für den Gläubiger unbeschadet der Annahme von Wechselzahlungen im betr. Regreßfalle."

Beratungen.

Referenten Jaques und von Stoesser (2 212—229).

Abgelehnt wurde ein Antrag Rubo aus dem Antrage der Referenten die Worte, „der erfolgten Zahlungseinstellung oder", zu streichen.

Beschluß der dritten Abteilung auf Grund des einstimmigen Antrags der Referenten, dem Plenum zur Kenntnisnahme mitgeteilt (2 424—428):

„Der Juristentag spricht als seine Überzeugung aus: Der Gemeinschuldner, welcher, seine Zahlungsunfähigkeit kennend, einen

Gläubiger gegenüber den anderen befriedigt oder begünstigt, ferner der Gläubiger, welcher in Kenntnis von der erfolgten Zahlungseinstellung oder dem Antrage auf Konkurseröffnung des Schuldners von demselben Befriedigung oder Begünstigung gegenüber den anderen Gläubigern annimmt, ist strafbar."

XX. Aktiengesellschaft.

Ist das Verschweigen eines Grundgewinnes bei Gründung einer Aktiengesellschaft als Betrug den ersten Aktienzeichnern oder anderen gegenüber strafbar?

(14. DJT. 1878.)

Gutachten.

Stenglein (1^2 89—98), Mittelstaedt (1^2 99—136).

Thesen.

Stenglein:

Gründer von Aktiengesellschaften, welche zugleich als Vertreter der gegründeten Aktiengesellschaften fungieren, machen sich durch Verschweigen des dem Gesellschaftsvermögen zur Last fallenden Gründergewinnes den Aktiennehmern gegenüber wegen Betrugs strafbar.

Mittelstaedt:

1. Durch Verschweigen des Gründergewinns bei Gründung einer Aktiengesellschaft kann für sich allein das zum Tatbestande strafbaren Betrugs notwendige Requisit der „Entstellung oder Unterdrückung wahrer Tatsachen" nicht erfüllt werden.
2. Nur in objektiver Verbindung mit der Vorspiegelung falscher, der Entstellung oder Unterdrückung wahrer Tatsachen und als begleitendes aktives Moment positiver Täuschungen, nicht aber auf der subjektiven Grundlage einer unterstellten allgemeinen oder besonderen Pflicht, die Wahrheit zu sagen, kann das Verschweigen des Gründergewinnes ein Merkmal betrügerischer Irrtumserregung werden.
3. Es bedingt keinen rechtlichen Unterschied, ob die Gründer den ersten Aktienzeichnern gegenüber oder als Primitivzeichner anderen mit ihnen kontrahierenden Aktienkäufern gegenüber hinsichtlich des Daseins oder der Größe des Gründergewinns einen Irrtum erregt oder unterhalten haben.
4. Nur insoweit die Gründer mit den ersten Aktienzeichnern oder als Primitivzeichner mit Aktienkäufern hinsichtlich der Aktienzeichnung oder

der Aktienübertragung in ein Vertragsverhältnis getreten sind, kann das Verschweigen des Gründergewinnes strafrechtlich in Betracht kommen.

5. Aktionäre, welche als Aktienkäufer mit den Gründern hinsichtlich des Aktienerwerbes in kein Vertragsverhältnis getreten sind, können als durch die Gründer beschädigt selbst dann nicht gelten, wenn sie durch Vorspiegelung falscher, Unterdrückung oder Entstellung wahrer Tatsachen in von den Gründern verbreiteten Prospekten oder anderen Publikationen über Dasein oder Größe des Gründergewinnes in Irrtum versetzt worden sind.

Beratungen.

Referent Thomsen (2 152—184).

Abgelehnt wurden folgende Anträge.

Thomsen:

1. „Das Verschweigen des Gründergewinns bei Gründung einer Aktiengesellschaft kann ein Begriffs-Requisit des Betrugs (Erregung oder Unterhaltung eines Irrtums durch Entstellung oder Unterdrückung wahrer Tatsachen) niemals für sich allein als ein passives Verhalten bilden, sondern nur in der Qualifikation als aktives Täuschungsmoment (qualifiziertes Schweigen), wodurch ein konkreter Irrtum erregt oder unterhalten wird.
2. Insbesondere wird durch Nichtangabe des Gründergewinns als Verletzung einer allgemeinen oder besondern, etwa den Gründern als solchen oder als Gesellschaftsorganen obliegenden Wahrheitspflicht das oben erwähnte Betrugs-Requisit nicht erschöpft.
3. Die getäuschten, mit den Gründern selbst oder ihren Komplizen kontrahierenden Aktienkäufer oder Aktienzeichner sind stets auch beschädigt, so daß der Betrug der Gründer damit konsumiert ist und eine weitere Beschädigung nachfolgender Aktionäre strafrechtlich nicht mehr in Betracht kommt.
4. Es ist wünschenswert, daß die Aktiengesetzgebung für das rein passive Verschweigen des Gründergewinns bei Erlaß von Prospekten und dergl. neben einer Ersatzpflicht gegenüber der Gesellschaft entsprechende Ordnungsstrafen einführt."

Silberschlag:

1. „Das Verschweigen eines Gründerlohns bei Gründung einer Aktiengesellschaft ist für sich allein als Betrug oder überhaupt als strafbar nicht zu erachten.
2. Jeder Gründerlohn aber, der durch Täuschung oder durch falsche Vorspiegelungen erlangt ist, ist als durch Betrug erlangt anzusehen.
3. Bei Gründung einer Aktiengesellschaft muß ein Prospekt ausgegeben werden, für dessen ganzen Inhalt sämtliche Gründer zivilrechtlich und kriminalrechtlich verantwortlich sein müssen. Dieser Prospekt muß bei Strafe den Gründerlohn wahrheitsgemäß angeben.
4. Die Aktien einer zu bildenden Aktiengesellschaft dürfen nicht unter pari ausgegeben, sie müssen immer voll eingezahlt werden."

Lamm:

„Es ist wünschenswert, daß die Gesetzgebung für das rein passive Verschweigen des Gründergewinns bei Erlaß von Prospekten und dergl. Strafen einführt."

Beschluß der dritten Abteilung dem Plenum zur Kenntnisnahme mitgeteilt (2 276—278):

„Es ist über die ganze Frage zur Tagesordnung überzugehen, weil sie außerhalb der eigentlichen Aufgaben des Juristentages liegt."

XXI. Differenzgeschäfte.

Sind Ansprüche aus Differenzgeschäften zu verbieten oder zu beschränken?

(16. DJT. 1882.)

Referate.

Heinsen (2 165—184) und Gareis (2 184—202).

Anträge der Referenten.

„Ansprüche aus Differenzgeschäften sind weder zu verbieten noch zu beschränken."

Beratungen (2 165—226).

Abgelehnt wurde der Antrag Westerkamp: „Reine Differenzgeschäfte begründen weder Klage noch Einrede. Im übrigen sind Differenzgeschäfte weder zu verbieten noch zu beschränken";

ferner der Antrag Wiener-Brunner (von Wiener später zurückgezogen): „Das Verbot der sogenannten Differenzgeschäfte erscheint nicht als ein ausführbares und wirksames Mittel, um den Ausschreitungen des Spekulationsverkehrs in Zeitkäufen zu begegnen."

Beschluß der zweiten Abteilung dem modifizierten Antrage der Referenten entsprechend, dem Plenum zur Kenntnisnahme mitgeteilt (2 334—337):

„Es empfiehlt sich nicht, Differenzgeschäfte gesetzlich zu verbieten oder zu beschränken."

XXII. Börsenverkehr.

A.

Ist es im Wege der Gesetzgebung ausführbar, den schreiendsten Mißbräuchen des Spekulationsverkehrs in Zeitkäufen durch Aufrichtung einer Börsenordnung entgegenzuwirken, welche die Handhabung einer strafferen Disziplinargewalt von seiten der Börse und ihrer Organe sichert, und in welcher Weise?

(17. DJT. 1884.)

Gutachten.

Struck (1 250–274).

Beratungen.

Referent Heinsen (2 172–199).

Antrag des Referenten.

„Der Juristentag erklärt:

Ein wirksamer Schutz gegen die beim Spekulationsverkehr in Zeitgeschäften vorkommenden Mißbräuche ist von einer im Wege der Gesetzgebung zu normierenden auf Handhabung einer straffen Disziplinargewalt abseiten der Börsenorgane gerichteten Börsenordnung nicht zu erwarten.

Es empfiehlt sich dagegen gesetzlich mit Strafe und eventuell dem Verlust der bürgerlichen Ehrenrechte zu bedrohen:

1. Wer öffentlich in Bekanntmachungen wissentlich falsche Tatsachen vorspiegelt oder wahre Tatsachen entstellt, um zur Beteiligung an einem Anlehen zu bestimmen.
2. Wer in betrügerischer Absicht auf Täuschung berechnete Mittel anwendet, um auf den Kurs von Effekten oder den Marktpreis von Waren einzuwirken.
3. Wer für oder mit öffentlich oder von Privaten Angestellten ohne Vorwissen ihrer Vorgesetzten oder Prinzipale Zeitkaufgeschäfte schließt.
4. Wer unter wissentlicher Benutzung des Leichtsinns oder der Unerfahrenheit eines anderen für oder mit demselben Zeitkaufgeschäfte schließt."

Beschluß der dritten Abteilung:

„Der Juristentag erklärt:

Ein wirksamer Schutz gegen die beim Spekulationsverkehr in Zeitkaufgeschäften vorkommenden Mißbräuche ist von einer im Wege der Gesetzgebung zu normierenden, auf Handhabung einer straffen Disziplinargewalt abseiten der Börsenorgane gerichteten Börsenordnung nicht zu erwarten.

Die Abteilung empfiehlt dagegen die Frage, ob nicht gesetzlich mit Strafe und eventuell dem Verlust der bürgerlichen Ehrenrechte zu bedrohen sei:

1. Wer öffentlich in Bekanntmachungen wissentlich falsche Tatsachen vorspiegelt oder wahre Tatsachen entstellt, um zur Beteiligung an einem Anlehen zu bestimmen;
2. wer in betrügerischer Absicht auf Täuschung berechnete Mittel anwendet, um auf den Kurs von Effekten oder den Marktpreis von Waren einzuwirken;
3. wer für Personen oder mit Personen, welche öffentlich oder von Privaten angestellt sind, in Kenntnis dieser ihrer Eigenschaft ohne Vorwissen ihrer Vorgesetzten oder Prinzipale Zeitkaufgeschäfte abschließt;
4. wer unter wissentlicher Benutzung des Leichtsinns oder der Unerfahrenheit eines anderen für denselben oder mit demselben Zeitkaufgeschäfte abschließt,

der Prüfung des Juristentages und der Gesetzgebung."

Referat an das Plenum (2 291—295.)

B.

Ist gesetzlich mit Strafe und eventuell mit dem Verluste der bürgerlichen Ehrenrechte zu bedrohen:

1. **wer öffentlich in Bekanntmachungen wissentlich falsche Tatsachen vorspiegelt oder wahre Tatsachen entstellt, um zur Beteiligung an einem Anlehen zu bestimmen,**
2. **wer in betrügerischer Absicht auf Täuschung berechnete Mittel anwendet, um auf den Kurs von Effekten oder den Marktpreis von Waren einzuwirken,**
3. **wer für Personen, oder mit Personen, welche öffentlich oder von Privaten angestellt sind, in Kenntnis dieser ihrer Eigenschaft, ohne Vorwissen ihrer Vorgesetzten oder Prinzipale Zeitkaufgeschäfte abschließt,**
4. **wer unter wissentlicher Benutzung des Leichtsinns oder der Unerfahrenheit eines andern für denselben oder mit demselben Zeitkaufgeschäfte abschließt?**

(18. DJT. 1886.)

Gutachten.

Felix Hecht (1 104—117).

Thesen.

In Beantwortung der Frage 1 gelange ich sonach zum folgenden Ergebnis:

1. Die Frage ist in ihrer derzeitigen Fassung zu verneinen.
2. Es sind seitens des Deutschen Juristentags zwei Fragen neuerdings zur Erwägung zu stellen:
   a) Die Erweiterung der zivilrechtlichen Haftbarkeit derjenigen, welche wissentlich in öffentlichen Angeboten von Aktien (Promessen oder Interimsscheinen) oder Obligationen oder in einer zur Vorlegung an das Handelsgericht bestimmten Erklärung oder Urkunde falsche Tatsachen vorspiegelte oder wahre Tatsachen entstellten.
   b) Die Strafbarkeit aller Fälle der nicht gewinnsüchtigen fraudulosen Benachteiligung.

Die Frage 2 ist zu verneinen, weil, insoweit als eine Strafbarkeit für die in Rede stehenden Fälle in Betracht kommen kann, die vorhandenen Bestimmungen des StGB. als ausreichend zu erachten sind.

Die Frage 3 und 4 ist zu verneinen.

Beratungen.

Referenten Heinsen und Riesser (2 153—200).

Antrag der Referenten bezüglich der ersten Frage:

„Der Juristentag empfiehlt:

Mit Strafe und eventuell mit Verlust der bürgerlichen Ehrenrechte ist gesetzlich zu bedrohen:

wer in öffentlichen Bekanntmachungen wissentlich falsche Tatsachen vorspiegelt oder wahre Tatsachen entstellt, um zur Beteiligung an einem Anlehen zu bestimmen.

Ist die öffentliche Bekanntmachung im Inseratenteil einer periodischen Druckschrift erfolgt, so findet § 20 Nr. 2 des Gesetzes über die Presse vom 7. Mai 1874 keine Anwendung."

Antrag der Referenten bezüglich der zweiten Frage: Bejahung.

Bezüglich der dritten Frage empfiehlt der Referent Heinsen Bejahung der Frage vorbehaltlich der Einschaltung „in Handelsgeschäften" nach dem Worte „welche"; bezüglich der vierten Frage empfiehlt Heinsen Verneinung.

Der Korreferent beantragt die dritte und vierte Frage zu verneinen.

Beschluß der zweiten Abteilung dem Plenum zur Kenntnisnahme mitgeteilt (2 372—377):

„Sämtliche 4 Vorschläge des Berichterstatters Heinsen werden abgelehnt."

XXIII. Verrat von Geschäfts- und Fabrikgeheimnissen.

Ist es ratsam, das StGB. dahin zu ergänzen, daß der Verrat von Geschäfts- und Fabrikgeheimnissen als Vergehen strafbar ist?

(19. DJT. 1888.)

Gutachten.

André (1 71—129 nebst Anlagen I—VII) ist der Ansicht, daß von einem strafrechtlichen Schutz des Geschäfts- und Fabrikgeheimnisses abgesehen werden sollte.

Beratungen.

Referenten Hammer und Olshausen (3 238—272).

Antrag des Referenten Hammer:

„Die Beschlußfassung über den Gegenstand zu unterlassen und den Gegenstand auf die Tagesordnung eines künftigen Juristentages zu setzen." Dieser Antrag wird abgelehnt.

Antrag des Referenten Olshausen:

„I. Es ist ratsam, das Strafgesetzbuch dahin zu ergänzen, daß der Verrat an Geschäfts- und Fabrikgeheimnissen als Vergehen strafbar sei."

Nr. II des Antrags Olshausen wurde zurückgezogen. Er lautete:

„Es empfiehlt sich, den strafrechtlichen Schutz zu beschränken auf den Verrat

a) seitens der Angestellten eines Geschäfts oder einer Fabrik, und zwar, sobald der Verrat während der Anstellung begangen oder eingeleitet wird;

b) seitens derjenigen Personen, die auf Grund gesetzlicher Bestimmungen, insbesondere in amtlicher Eigenschaft von Geschäfts- oder Fabrikgeheimnissen Kenntnis erhalten."

Beschluß der dritten Abteilung nach dem Antrage Olshausen und dem Amendement Katz, dem Plenum zur Kenntnisnahme mitgeteilt (3 334—336):

„Es ist ratsam, das StGB. dahin zu ergänzen, daß der Verrat an Geschäfts- und Fabrikgeheimnissen als Vergehen strafbar sei unter dem Gesichtspunkte der Untreue."

XXIV. Unlauterer Wettbewerb.

Empfiehlt sich die Einführung gesetzlicher Maßnahmen gegen den unlauteren Wettbewerb?

(23. DJT. 1895.)

Gutachten.

Richard Alexander-Katz (1 127—185). Behandelt hauptsächlich den Entwurf eines Gesetzes über den unlauteren Wettbewerb.

August Scherer (1 226—248) formuliert folgende

Thesen.

1. „Ein allgemeiner Rechtsschutz gegen unlauteren Wettbewerb ist anzustreben.
2. Das bürgerliche Gesetzbuch für das Deutsche Reich ist nicht abzuwarten, vielmehr ein Spezialgesetz zu erlassen.
3. Der Entwurf eines Gesetzes zur Bekämpfung des unlauteren Wettbewerbs ist in seinen wesentlichen Grundzügen im allgemeinen zu billigen, dagegen sind die einzelnen Bestimmungen noch vielfach einer Abänderung bedürftig."

Beratungen des Plenums (2 461—486).

Eine Beratung in der dritten Abteilung fand nicht statt.

Referent Pfaff.

Beschluß des Plenums nach dem Antrage Hamm:

„Es empfiehlt sich, im Wege der Gesetzgebung einen wirksamen Schutz zur Bekämpfung des unlauteren Wettbewerbes zu beschaffen. Die Frage, in welcher Weise dieser Schutz zu gewähren ist, insbesondere ob durch zivilrechtliche oder strafrechtliche Bestimmungen, bleibt einer späteren Beschlußfassung vorbehalten."

XXV. Urheberrecht.

Empfiehlt es sich, die strafrechtliche Verfolgung der Verletzung des Urheberrechts nach dem Vorbilde des österreichischen Gesetzes vom 26. Dezember 1895 (§ 51) auf wissentliche Eingriffe einzuschränken?

(25. DJT. 1900).

Gutachten.

Daude (1 28—40). Empfiehlt Beibehaltung der Bestrafung fahrlässiger Urheberrechtsverletzungen.

Beratungen.

Berichterstatter Pfaff und Osterrieth (3 222—243).

Anträge.

Pfaff beantragt die Frage rundweg zu verneinen. Osterrieth beantragt es für wünschenswert zu erklären, daß die strafrechtliche Verfolgung der Verletzung des Urheberrechts nicht auf wissentliche Eingriffe beschränkt werde.

Antrag Richard Alexander-Katz: „Die Bestrafung der Verletzung des Urheberrechts ist auf die Fälle doloser Verletzung zu beschränken." Dieser Antrag wird abgelehnt.

Beschluß der zweiten Abteilung dem Antrage der Referenten entsprechend, dem Plenum zur Kenntnisnahme mitgeteilt (3 345—349):

„Es empfiehlt sich nicht, die strafrechtliche Verfolgung der Verletzung des Urheberrechts nach dem Vorbilde des österreichischen Gesetzes vom 26. Dezember 1895 (§ 51) auf wissentliche Eingriffe zu beschränken."

XXVI. Veröffentlichung fremder Briefe.

Inwieweit sind an die Veröffentlichung von Briefen ohne die Einwilligung des Verfassers beziehungsweise seiner Erben, Rechtsnachteile zu knüpfen?

(25. DJT. 1900.)

Gutachten.

Mitteis (2 42—64) und Wildhagen (2 118—146).

Thesen.

Mitteis:

Es empfiehlt sich, die unbefugte Veröffentlichung fremder Briefe, auch wenn sie nicht schon als literarische Werke nach den allgemeinen Grundsätzen des Urheberrechts gegen eine solche geschützt sind, dann zu untersagen, wenn sie eine wörtliche Wiedergabe enthält. Als unbefugt soll eine Veröffentlichung gelten, wenn sie ohne Zustimmung des Verfassers und des Eigentümers der Briefe erfolgt.

Die Wiedergabe soll jedoch erlaubt sein, wenn sie zur Wahrnehmung berechtigter Interessen erfolgt, oder wenn seit dem Tode des Verfassers zehn Jahre abgelaufen sind. Ebenso soll auf bloße öffentliche Mitteilungen über den Inhalt der Briefe ein Rechtsnachteil nicht gesetzt werden, soweit dieselben nicht ein spezielles Delikt begründen, wie Bruch der ärztlichen, amtlichen oder sonst besonders vorgeschriebenen Pflicht zur Verschwiegenheit.

Die nach Absatz 1 verbotene Veröffentlichung wäre mit Geldstrafe bis zu 1500 Mk., sowie Beschlagnahme und Vernichtung etwaiger mechanischer Vervielfältigungen zu bedrohen.

Außerdem empfiehlt sich, in ein zukünftiges Strafgesetzbuch, oder wenn dieses nicht vorher zu Stande käme, im Gesetz über das Urheberrecht die Bestimmung aufzunehmen:

Wer sich fremder, wenn auch unverschlossener Briefe, Telegramme, Aufzeichnungen oder sonstiger Schriftstücke bemächtigt, um deren Inhalt kennen zu lernen, oder sie dritten unberechtigten Personen auszuliefern, imgleichen wer eine in dieser Weise erlangte Mitteilung veröffentlicht oder zum Nachteil des Verfassers oder anderer Personen ausnutzt, wird bestraft.

Wildhagen:

An die Veröffentlichung von Briefen ohne Einwilligung des Verfassers bezw. seiner Erben sind insoweit Rechtsnachteile zu knüpfen,

1. als der Verfasser auch der Absender ist und als nach seinem Tode nicht aus besonderen Gründen auf andere Personen als seine Erben die Rechte an den von ihm versandten Briefen übergegangen sind,
2. als die Veröffentlichung vorsätzlich geschieht und durch sie irgend ein persönliches oder wirtschaftliches Interesse des Verfassers bezw. seiner Erben, welches vom Rechte zu schützen ist, gefährdet wird,
3. als die Veröffentlichung bei Lebzeiten des Verfassers oder innerhalb 30 Jahre nach seinem Tode erfolgt,
4. als die Veröffentlichung nicht zur Verteidigung von Rechten oder zur Wahrnehmung berechtigter Interessen dient.

Beratungen.

Berichterstatter von Pfaff (3 141—172).

Anträge.

von Pfaff (150):

„Den 2. und 3. Absatz des § 44 des Entwurfes eines Gesetzes, betr. das Urheberrecht von Werken der Literatur und der Tonkunst, so zu fassen:

Das Gleiche gilt, wenn jemand vorsätzlich solche Privatbriefe, Tagebücher oder persönliche Aufzeichnungen anderer Art, die noch nicht erlaubter Weise veröffentlicht worden sind, wörtlich oder dem Inhalte nach unbefugt öffentlich mitteilt. Unbefugt ist eine Mitteilung, die ohne Einwilligung des Verfassers bezw. Absenders und des Eigentümers der Schrift erfolgt. Nach dem Tode des Verfassers haben an seiner Stelle, soweit er nicht besondere Bestimmungen getroffen hat, dessen Erben über die Einwilligung zu befinden. Dieselbe ist nicht als gegeben zu betrachten, wenn auch nur ein Erbe widerspricht.

Die Vorschriften der Abs. 1 und 2 finden keine Anwendung, soweit die Mitteilungen zur Wahrnehmung berechtigter Interessen erfolgt oder wenn die in § 28 des Gesetzes normierten Fristen abgelaufen sind."

Martin Scherer (154):

„Der jetzige Rechtszustand ist aufrecht zu erhalten."

Abgelehnt wurde der Antrag Schuster: „Das Urheberrecht an Briefen steht dem Verfasser und seinen Erben zu. Nach der erfolgten rechtmäßigen Absendung erlangen daran der Adressat und seine Erben ein Miturheberrecht. Jedoch hat der Erbe des Adressaten dem Verfasser gegenüber keinen Anspruch auf Ausfolgung. Zur Wahrnehmung berechtigter sachlicher oder persönlicher Interessen ist die Veröffentlichung von Briefen als Beweisdokumente gestattet, sowie sie als solche in Betracht kommen"

Wildhagen (160):

„Die Worte im Eingange des 2. Absatzes des § 44 des Entwurfs eines Gesetzes, betr. das Urheberrecht von Werken der Literatur und der Tonkunst: „Das Gleiche gilt, wenn Jemand vorsätzlich solche Privatbriefe . . . an denen ein geschütztes Urheberrecht nicht besteht, und die noch nicht erlaubter Weise veröffentlicht worden sind, wörtlich oder dem Inhalt nach unbefugt mitteilt" zu ersetzen durch die Worte „Das Gleiche gilt, wenn Jemand vorsätzlich solche Privatbriefe, Tagebücher oder persönliche Aufzeichnungen anderer Art, die noch nicht erlaubter Weise veröffentlicht worden sind, wörtlich oder dem Inhalt nach unbefugt öffentlich mitteilt."

Osterrieth (164):

„In dem Abs. 1 der Anträge des Referenten die Worte „bezw. Absenders" zu streichen und in dem 2. Abs. die Frist des Regierungs-Entwurfes wiederherzustellen."

Beschluß der zweiten Abteilung unter Annahme eines Kompromißantrages, dem Plenum zur Kenntnisnahme mitgeteilt (3 340—341):

„Es wird beschlossen vorzuschlagen, daß dem § 44 Abs. 2 des Entwurfs eines Gesetzes, betreffend das Urheberrecht an Werken der Literatur und der Tonkunst, soweit er sich auf Privatbriefe bezieht, folgende Fassung gegeben werde:

„Das Gleiche [Schadenersatzpflicht und Geldstrafe bis 1500 Mk.] gilt, wenn Jemand vorsätzlich Privatbriefe, die noch nicht erlaubter Weise veröffentlicht worden sind, wörtlich oder dem Inhalte nach unbefugt öffentlich mitteilt.

Unbefugt ist eine Mitteilung, die ohne Einwilligung des Verfassers beziehungsweise Absenders und des Empfängers der Schrift erfolgt.

Nach dem Tode des Verfassers haben an seiner Stelle, soweit er nicht besondere Bestimmungen getroffen hat, dessen Erben über die Einwilligung zu befinden. Dieselbe ist als nicht gegeben zu betrachten, wenn auch nur ein Erbe widerspricht.

Die Vorschriften der Absätze 1 und 2 finden keine Anwendung, soweit die Mitteilung zur Wahrnehmung berechtigter Interessen erfolgt oder wenn seit dem Tode des Verfassers zehn Jahre abgelaufen sind."

XXVII. Recht am eigenen Bilde.

Wieweit ist ein Recht am eigenen Bilde anzuerkennen und zu schützen?

(26. DJT. 1902.)

Gutachten.

Gareis (1 3—17) und Keyßner (1 72—85).

Gareis formuliert folgende

Thesen.

I. Jeder freie Mensch hat ein Persönlichkeitsrecht, wie an seinem Körper so an dessen Abbild.

II. Die photographische Abbildung einer Person als Individuum und die Verbreitung einer solchen Abbildung setzt entweder die Zustimmung dieser Person oder eine polizeiliche Anordnung der zuständigen Behörde voraus; ist die abgebildete Person geschäftsunfähig oder in der Geschäftsfähigkeit beschränkt, dann kann die erwähnte Zustimmung, wie in Bezug auf eine Verfügung über das Recht am eigenen Körper von Kindern usw. durch den gesetzlichen Vertreter erteilt werden.

Ist die Person, deren Körper lebend oder tot abgebildet wurde, verstorben, so findet der Absatz 3 des § 189 des StGB. entsprechende Anwendung.

III. Die Beleidigung im Sinne des § 185 des StGB., kann auch durch unbefugte Herstellung oder Verwendung eines Abbildes eines lebenden oder verstorbenen Menschen begangen werden.

Keyßner lehnt die gesetzgeberische Regelung ab.

Beratungen.

Laut Beschluß der dritten Abteilung wurde die Frage dem Plenum zur Erörterung gestellt, von diesem aber vertagt (3 637—640).

XXVIII. Bestrafung der Trunksucht.

Soll die Trunksucht als solche strafrechtlich verfolgt werden?

(21. DJT. 1891.)

Gutachten.

Fuld (1 97—120) und Hiller (2 70—116).

Anträge.

Fuld:

„Die strafrechtliche Verfolgung der Trunkenheit, welche an öffentlichen Orten zu Tage tritt und geeignet ist, Ärgernis zur erregen, ist geboten."

Hiller:

„. . . wird dargetan sein, daß die Frage . . . verneint werden muß, dagegen die Bestrafung die in der Öffentlichkeit tretenden Trunkenheit als wohl gerechtfertigt und im Vereine mit den übrigen, der Abwehr der Trunksucht dienenden Maßregeln als ein wirksames Mittel zur Bekämpfung derselben erscheint."

Beratungen.

Referent von Stößer (3 350—405).

Anträge.

von Stößer:

„Der Deutsche Juristentag erklärt:

1. Die Trunksucht als solche ist nicht strafbar.
2. Die strafrechtliche Verfolgung der Trunkenheit, welche selbst verschuldet ist, an öffentlichen Orten sich kundgibt und geeignet ist,
   Ärgernis zu erregen oder die öffentliche Sicherheit und Ordnung zu gefährden,

   ist geboten.
3. Die Trunkenheit bei Verrichtungen, welche zur Verhütung von Gefahr für Leben und Gesundheit Dritter oder von Feuersgefahr besondere Vorsicht erfordern, ist — abgesehen von Notfällen — strafbar.
4. Auch der Rückfall in die Trunkenheit ist strafbar.
5. Es kann bei Bestrafung des wiederholten Rückfalles
   a) das auf die Trunkenheit (2) angedrohte Strafmaß überschritten,
   b) auf Schärfung der Haft, und
   c) auf Überweisung des Verurteilten nach verbüßter Strafe an die Landespolizeibehörde zu dessen Verbringung* in einem Arbeitshause oder zu dessen Verwendung zu gemeinnützigen Arbeiten erkannt werden, sofern nicht dessen Pflege in einer Heilanstalt geboten erscheint."

* Druckfehler! Es muß heißen: „zu dessen Unterbringung in ein Arbeitshaus" statt „Verbringung usw." (2 381).

Martin Scherer (387):

„Keine Strafbestimmung gegen die Trunkenheit"; später geändert in: „1. Kein Trunksuchtsgesetz. 2. Ein Spezialgesetz, betreffend die Schankwirtschaften. 3. Die Entmündigungsfrage gehört in das BGB."

Bornhak zu Position 2 des Antrags des Referenten von Stößer (382):

Der Passus: „und geeignet ist, Ärgernis zu erregen oder die öffentliche Sicherheit und Ordnung zu gefährden", möge wegbleiben.

Loebell zu Position 3 des Antrags des Referenten von Stößer (389):

„daß die Trunkenheitsstrafe auch dann eintreten kann, wenn eine strafbare Handlung im Zustande selbstverschuldeter Trunkenheit verübt und der Täter aus diesem Grunde freigesprochen wird."

Fuld:

„Die Entscheidung wird dem nächsten Juristentage überlassen."

Beschluß der dritten Abteilung.

„Kein Trunkenheitsgesetz."

Beratungen im Plenum (3 458—476).

Referent von Stößer.

Anträge.

Becsh (465): „Besondere strafgesetzliche Bestimmungen gegen die Trunksucht und Trunkenheit sind nicht geboten."

Edwin Katz (473): „Es empfiehlt der Juristentag, die Trunkenheit nicht strafrechtlich zu verfolgen."

Beschluß des Plenums:

„Besondere strafgesetzliche Bestimmungen gegen Trunksucht und Trunkenheit sind nicht geboten."

Bericht über die Rechtsentwickelung in Deutschland und Österreich in den letzten beiden Jahren.

Von Gerichtsassessor **Vormbaum** in Berlin.

Die Rechtsentwickelung während der letzten beiden Jahre in Deutschland und Österreich steht an Umfang und Bedeutung hinter der im vorigen Bericht dargestellten zurück. Der Schwerpunkt der gesetzgebenden Tätigkeit während der Berichtsperiode liegt auf sozialpolitischem Gebiet.

I. Reichsgesetzgebung.

Im Bereiche des Privatrechts sind größere Gesetze nicht zu nennen, das wichtigste über den privaten Versicherungsvertrag ist im Entwurfe veröffentlicht, aber den gesetzgebenden Organen des Reiches noch nicht vorgelegt worden.

1. Dem Handels- und Verkehrsrecht gehört die Bekanntmachung des Reichskanzlers vom 25. März 1904 an. Durch Beschluß des Bundesrats ist der § 21 der Eisenbahnverkehrsordnung, der die Bestimmungen über die Bestrafung der Reisenden ohne gültige Fahrkarten und das widerrechtliche Betreten der Bahnhöfe ohne Bahnsteigkarten enthält, anders gefaßt worden.

Die im vorigen Bericht erwähnte neue Seemannsordnung vom 2. Juni 1902 ist zugleich mit der seerechtlichen Bestimmung des § 553 des Handelsgesetzbuchs durch das Gesetz vom 12. Mai 1904 abgeändert worden. Der Reeder hat danach die Kosten der Verpflegung und Heilbehandlung des Schiffers oder Schiffsmanns, wenn sie nach Antritt des Dienstes oder nach der Anmusterung erkranken oder verletzt werden, bis zum Ablauf von 26 Wochen seit der Erkrankung oder Verletzung oder seit dem Verlassen des Schiffes, je nachdem die Reise angetreten ist oder nicht, zu tragen. Bei Betriebsunfällen werden diese Fristen auf dreizehn Wochen verkürzt, nach Antritt der Reise jedoch nur bei Verlassen des Schiffes in einem deutschen Hafen.

Auf das Gebiet des Strafprozesses greift über die Bekanntmachung des Bundesrats vom 13. März 1903 über das Strafverfahren vor den Seemannsämtern, die des Zusammenhanges wegen hier erwähnt werden soll. Die Einleitung des Strafverfahrens im Fall des § 122 der Seemannsordnung erfolgt durch Beschluß des Seemannsamtes, in den Fällen, in denen die Entscheidung unter Zuziehung von Beisitzern ergeht, durch den Vorsitzenden. Der Beschluß soll den Angeschuldigten, das Schiff, den Heimats- oder bei dessen Fehlen den Registerhafen, die strafbare Handlung, das Strafgesetz, die Beweismittel und den Antragsteller enthalten. Der Angeschuldigte ist zur mündlichen Verhandlung zu laden oder zu bestellen, wenn er auf dem Seemannsamt anwesend ist. In diesem Fall kann auch sofort ohne vorgängigen Einleitungsbeschluß in die Verhandlung eingetreten werden. Das Seemannsamt hat zum Termin die erforderlichen Beweismittel von Amtswegen herbeizuschaffen. Die mündliche Verhandlung kann zwar in Abwesenheit des Angeschuldigten stattfinden, sein persönliches Erscheinen aber durch polizeilichen Zwang angeordnet werden. Die Verhandlung wird durch Erlaß eines Bescheides geschlossen, der auf Festsetzung einer Strafe oder Freisprechung oder, wenn der Strafantrag fehlt oder zurückgenommen wird, auf Einstellung des Verfahrens lautet. Wenn der Angeschuldigte gegen den Bescheid auf gerichtliche Entscheidung anträgt, so hat das Seemannsamt, ohne Rücksicht darauf ob die Frist gewahrt ist, die Akten der Staatsanwaltschaft bei dem für die weitere Verhandlung zuständigen Gericht abzugeben.

Der § 52 Abs. 2 Nr. 2 der Seemannsordnung selbst ist durch das Gesetz vom 23. März 1903 abgeändert und in neue Fassung gebracht worden.

2. Die steigende Bedeutung des internationalen gewerblichen Rechtsschutzes lassen mehrere Staatsverträge erkennen. Das Reich ist laut Bekanntmachung des Reichskanzlers vom 9. April 1903 am 21. März 1903 dem internationalen Verbande zum Schutze des gewerblichen Eigentums beigetreten, der auf der am 20. März 1883 in Paris geschlossenen Übereinkunft zum Schutze des gewerblichen Eigentums nebst Schlußprotokoll von demselben Tage, dem dazu in Madrid am 15. April 1890 vereinbarten Protokoll über die Ausstattung des internationalen Bureaus des Verbandes und der in Brüssel vereinbarten Zusatzakte nebst Schlußprotokoll vom 14. Dezember 1900 beruht. Diese haben von den unterzeichneten Mächten Belgien, Dänemark, Spanien, die Vereinigten

Staaten, Frankreich, England, Italien, Japan, Holland, Portugal, Schweden, die Schweiz und Tunis, dagegen nicht Brasilien, die Dominikanische Republik und Serbien, ratifiziert.

Das Übereinkommen besagt in der Hauptsache, daß die Angehörigen der Vertragsstaaten und auch die der nicht beigetretenen Staaten, sofern sie in dem Gebiet eines der Verbandsstaaten ihren Wohnsitz oder ihre tatsächliche und wirkliche gewerbliche oder Handelsniederlassung haben, in allen übrigen Staaten des Verbandes für Erfindungspatente, gewerbliche Muster oder Modelle, Fabrik- oder Handelsmarken und Handelsnamen dieselben Vorteile und denselben Rechtsschutz genießen sollen, den die Gesetze eines jeden Staates seinen Angehörigen gewähren oder in Zukunft gewähren werden, wenn sie die Förmlichkeiten und Bedingungen erfüllen, die den eigenen Staatsangehörigen durch die Gesetzgebung jedes Staates auferlegt werden. Wer in einem Vertragsstaat ein Gesuch um ein Erfindungspatent, ein gewerbliches Muster oder Modell, eine Fabrik- oder Handelsmarke vorschriftsmäßig hinterlegt, soll zum Zwecke der Hinterlegung in dem andern Staate während bestimmter Fristen und unter Vorbehalt der Rechte Dritter ein Vorzugsrecht haben. Auch soll jede in dem Ursprungslande, dem Lande der Hauptniederlassung oder der Staatsangehörigkeit hinterlegte Fabrik- oder Handelsmarke so wie sie ist, in allen andern Verbandsstaaten zur Hinterlegung zugelassen und geschützt werden, der Handelsname aber auch ohne Hinterlegung und ohne Unterschied, ob er den Teil einer Fabrik- oder Handelsmarke bildet oder nicht. Jedes widerrechtlich mit einer echten oder falschen Fabrik- oder Handelsmarke oder mit einem echten, falschen oder gefälschten Handelsnamen versehene Erzeugnis darf bei der Einführung in die Verbandsstaaten, in denen die Marke oder der Handelsname geschützt wird, beschlagnahmt oder seine Einfuhr verboten werden. Endlich sollen alle Angehörigen der Verbandsstaaten gegenseitig gegen unlauteren Wettbewerb geschützt sein. Die Vertragsmächte verpflichten sich ferner, den patentfähigen Erfindungen, gewerblichen Mustern und Modellen, den Fabrik- und Handelsmarken für Erzeugnisse, die auf einer in einem Vertragsstaate veranstalteten amtlichen oder amtlich anerkannten internationalen Ausstellung zur Schau gestellt werden, gemäß der Gesetzgebung eines jeden Landes einen zeitweiligen Schutz zu gewähren. Ein internationales Amt unter der Bezeichnung „Internationales Bureau des Verbandes zum Schutze des gewerbliches Eigentums“ wird in Bern eingerichtet; es hat alle Mitteilungen, die sich auf den Schutz des gewerblichen Eigentums beziehen, zu sammeln und zu bearbeiten, und die Verwaltung der Verbandsangelegenheiten wahrzunehmen.

Entsprechend den Bestimmungen dieser Abkommen gewährt das Reichsgesetz vom 18. März 1904 Erfindungen, Gebrauchsmustern, Mustern und Modellen, die auf einer inländischen oder ausländischen Ausstellung zur Schau gestellt werden und Warenzeichen, die auf einer daselbst zur Schau gestellten Ware angebracht sind, zeitweiligen Schutz. Der Reichskanzler bestimmt durch Bekanntmachung im Reichsgesetzblatt im einzelnen Falle die Ausstellung, auf die der zeitweilige Schutz Anwendung findet. Dieser hat die Wirkung, daß die Schaustellung oder eine anderweitige spätere Benutzung oder eine spätere Veröffentlichung der Erfindung, des Musters oder Warenzeichens der Erlangung des gesetzlichen Patent-, Muster- oder Zeichenschutzes nicht entgegenstehen, wenn die Anmeldung zur Erlangung dieses Schutzes von dem Aussteller oder dessen Rechtsnachfolger binnen einer Frist von sechs Monaten nach der Eröffnung der Ausstellung bewirkt wird. Die Anmeldung geht anderen Anmeldungen vor, die nach dem Tage des Beginns der Schaustellung eingereicht werden.

Nach Bekanntmachung des Reichskanzlers vom 23. März 1904 findet dieser Schutz auf die Weltausstellung in St. Louis im Jahre 1904 Anwendung.

Durch die Abkommen zwischen dem Deutschen Reich und Italien vom 4. Juni 1902 und dem Deutschen Reich und der Schweiz vom 26. Mai 1902 sind die früheren Übereinkommen zwischen dem Reich und Italien vom 18. Januar 1892, und dem Reich und der Schweiz vom 13. April 1892 über den gegenseitigen Patent-, Muster- und Markenschutz abgeändert und mit den Bestimmungen der internationalen Übereinkunft in Einklang gebracht worden.

Durch die Kaiserliche Verordnung vom 10. Mai 1903 ist im Patentamt eine zweite Abteilung für Warenzeichen errichtet worden.

Über die Grundsätze für die Erteilung der Erlaubnis zum Gebrauch des Zeichens des Roten Kreuzes und die Stempelung der bei der Verkündung des Gesetzes zum Schutze des Genfer Neutralitätszeichens vom 22. März 1902 mit dem Roten Kreuze bezeichneten Waren sind zwei Bekanntmachungen des Reichskanzlers vom 7. und 8. Mai 1903 ergangen.

Im Deutschen Reichsanzeiger sind nach der Bekanntmachung des Reichskanzlers vom 28. April 1903 fortan Eintragungen in die vom Stadtrat in Leipzig geführte Eintragsrolle für Namen von Urhebern, die in dem Gesetz über das Urheberrecht an Werken der Literatur und der Tonkunst vom 19. Juni 1901 (§§ 56, 57 Abs. 2 und § 64) und in § 16 des Gesetzes über das Urheberrecht an Werken der bildenden Künste vom 9. Januar 1876 angeordnet sind, öffentlich bekannt zu machen.

3. Das gerichtliche Verfahren wird durch die Kaiserliche Verordnung vom 16. November 1902 berührt. Diese macht für die Militärpersonen derjenigen Truppenteile der ostasiatischen Besatzungsbrigade, die im Inland einen Garnisonort weder haben noch gehabt haben, in Angelegenheiten der streitigen Gerichtsbarkeit Berlin zum Garnisonort..

4. Die Mitglieder des herzoglich holsteinischen Fürstenhauses sind durch das Gesetz vom 25. März 1904 den Mitgliedern des vormaligen hannoverschen Königshauses, des vormaligen kurhessischen und des vormals herzoglich nassauischen Fürstenhauses gleichgestellt worden, insofern als für diese früher souveränen Familien durch die Reichsgesetze Abweichungen von allgemeinen reichsgesetzlichen Vorschriften zugelassen oder vorgesehen sind.

Staatsrechtliche Bedeutung hat die Bekanntmachung des Reichskanzlers vom 28. April 1903 über die Abänderung des Reichstagswahlreglements vom 28. Mai 1870. Nach dieser abgeänderten Wahlordnung sind schon die Reichstagswahlen im Jahre 1904 vollzogen. Sie schreibt, um das Wahlgeheimnis zu sichern, die Benutzung von abgestempelten Umschlägen für die Stimmzettel und die Einrichtung von abgesonderten Räumen vor, so daß Dritte die Stimmabgabe des Wählers nicht beobachten können.

Der § 2 des Gesetzes vom 4. Juli 1872 betreffend den Orden der Gesellschaft Jesu ist durch das Gesetz vom 8. März 1904 aufgehoben worden, nachdem der Bundesrat seinen lange Jahre hindurch hiergegen aufrecht erhaltenen Widerspruch hatte fallen lassen. Damit ist die Beschränkung der Freizügigkeit, daß den reichsangehörigen Mitgliedern des Ordens, ihm verwandter Orden und ordensähnlicher Kongregationen im Bundesgebiet der Aufenthalt in bestimmten Bezirken und Orten untersagt oder angewiesen werden konnte, beseitigt.

Für das Recht der Reichsbeamten ist zu erwähnen das Gesetz vom 23. Mai 1903, wonach der § 51 des Reichsbeamtengesetzes vom 31. März 1873 über die doppelte Berechnung der in gewissen außereuropäischen, namentlich asiatischen, süd- und mittelamerikanischen Ländern zugebrachten Dienstzeit bei der Pensionierung auch auf die Post- und Telegraphenbeamten anzuwenden ist.

Die Verordnung des Reichskanzlers vom 12. Oktober 1903 enthält Ausführungsbestimmungen zu den Verordnungen über die Tagegelder und Fuhrkosten der Reichsbeamten vom 25. Juni 1901.

Die viel erörterte und noch brennende Frage der Reform der Reichsfinanzen wird von dem Gesetz vom 14. Mai 1904 über Änderungen im Finanzwesen des Reichs betroffen. Hierdurch wird der

§ 8 des Zolltarifgesetzes vom 24. Mai 1885, der einen Teil des Ertrags der Zoll- und der Tabaksteuer den Bundesstaaten zur Deckung der Matrikularbeiträge überwies, aufgehoben, dagegen der Reinertrag der Maischbottich- und Branntweinmaterialsteuer den einzelnen Bundesstaaten nach Maßgabe der matrikularmäßigen Bevölkerung, mit der sie zum Gebiete der Branntweinsteuergemeinschaft gehören, überwiesen. Der Artikel 70 der Reichsverfassung aber wird so abgeändert, daß zur Bestreitung aller gemeinschaftlichen Ausgaben zunächst die aus den Zöllen und gemeinsamen Steuern, aus dem Eisenbahn-, Post- und Telegraphenwesen und aus den übrigen Verwaltungszweigen fließenden gemeinschaftlichen Einnahmen dienen. Soweit die Ausgaben durch diese Einnahmen nicht gedeckt werden, sind sie durch Beiträge der einzelnen Bundesstaaten nach Maßgabe ihrer Bevölkerung aufzubringen, die in Höhe des budgetmäßigen Betrages durch den Reichskanzler ausgeschrieben werden. Insoweit diese Beiträge in den Überweisungen keine Deckung finden, sind sie den Bundesstaaten am Jahresschluß in dem Maße zu erstatten, als die übrigen ordentlichen Einnahmen des Reichs dessen Bedarf übersteigen.

5. Der bisher dargestellte Teil der Reichsgesetzgebung weist weder für das öffentliche noch für das Privatrecht besonders wichtige Ergebnisse auf. Bemerkenswerter sind die der sozialpolitischen Gesetzgebung.

Über das für die gesamte wirtschaftliche Entwickelung Deutschlands so wichtige, nach schweren politischen Kämpfen zustande gekommene Zolltarifgesetz vom 25. Dezember 1902 ist hier nicht ausführlicher zu berichten. Unmittelbar interessiert nur die Strafbestimmung des § 14, daß Zuwiderhandlungen gegen das Gesetz oder gegen seine Ausführungsvorschriften, sofern nicht eine nach § 11 Ziffer 4 des Gesetzes strafbare Handlung eines Ölmühleninhabers vorliegt oder die schärferen Strafbestimmungen des Vereinszollgesetzes anzuwenden sind, mit einer Ordnungsstrafe bis zu 150 Mark geahndet werden.

Vor allen anderen Gesetzen zu beachten ist das Gesetz betreffend Kinderarbeit in gewerblichen Betrieben vom 30. März 1903 mit zwei Bekanntmachungen des Reichskanzlers vom 17. Dezember 1903, das seit dem 1. Januar 1904 in Kraft ist. Es bezweckt, Kinder in nicht oder noch schulpflichtigem Alter in der Hausindustrie und Heimarbeit gegen Ausbeutung zu schützen, was bisher in der Gewerbeordnung nur für den Fabrikbetrieb durchgeführt war. Das Gesetz bezeichnet als Kinder solche Knaben und Mädchen unter dreizehn Jahren und solche über diesem Alter, die zum Besuche der Volksschule verpflichtet sind, und unterscheidet eigene Kinder, die mit demjenigen, der sie beschäftigt oder mit seinem Ehegatten bis zum dritten Grade verwandt oder von ihm an Kindesstatt angenommen oder von ihm bevormundet oder ihm zur Fürsorgeerziehung überwiesen sind und zu seinem Hausstand gehören, den eigenen gleichgestellte und fremde Kinder. Fremde Kinder dürfen in einer Reihe genau bezeichneter Betriebe, deren Zahl der Bundesrat erweitern kann, überhaupt nicht beschäftigt werden, solche unter zwölf Jahren nicht im Betriebe von Werkstätten, in denen ihre Beschäftigung sonst nicht verboten ist, im Handelsgewerbe und in Verkehrsgewerben. Kinder über zwölf Jahre dürfen nicht zwischen acht Uhr abends und acht Uhr morgens, nicht vor dem Vormittagsunterricht und nicht länger als drei, während der Ferien nicht länger als vier Stunden täglich beschäftigt werden. Ferner dürfen sie nicht bei öffentlichen theatralischen Vorstellungen und anderen öffentlichen Schaustellungen, außer bei solchen, bei denen ein höheres Interesse der Kunst und Wissenschaft, obwaltet mit Genehmigung der unteren Verwaltungsbehörde nach Anhörung der Schulaufsichtsbehörde, mitwirken. Fremde sowohl als eigene Kinder unter zwölf Jahren dürfen überhaupt nicht im Betriebe von Gast- und Schankwirtschaften, Mädchen nicht bei der Bedienung der Gäste verwendet werden. Die Beschäftigung von Kindern beim Austragen von Waren und bei sonstigen Botengängen und in den bisher genannten Betrieben unterliegt denselben allgemeinen Beschränkungen. An Sonn- und Feiertagen dürfen eigene sowohl als fremde Kinder im Betriebe von Werkstätten und im Handels- und Verkehrsgewerbe überhaupt nicht und nur unter wesentlichen Beschränkungen bei öffentlichen Theatervorstellungen und mit den Austragen von Waren und mit sonstigen Botengängen beschäftigt werden.

Die Beschäftigung eigener Kinder ist außerdem noch besonderen Beschränkungen unterworfen. Sie ist in denselben Betrieben und in Werkstätten, in denen ständig durch elementare Kraft bewegte Triebwerke verwendet werden, untersagt, in anderen Werkstätten, im Handels- und Verkehrsgewerbe für eigene Kinder unter zehn Jahren überhaupt nicht, für ältere nicht in der Zeit von acht Uhr abends und acht Uhr morgens, für Kinder unter zwölf Jahren nicht bei Verwandten, Vormündern und Pflegeeltern für Dritte gestattet. Ausnahmen kann der Bundesrat zulassen. Diese Beschränkungen finden auch Anwendung, wenn eigene Kinder für Dritte Zeitungen, Milch und Backwaren austragen. Im übrigen ist ihre Beschäftigung beim Austragen von Waren und bei sonstigen Botengängen gestattet.

Der Arbeitgeber hat, bevor er Kinder beschäftigt, der Ortspolizeibehörde eine schriftliche Anzeige zu machen, seine Betriebsstätte und die Art des Betriebes anzugeben. Die Beschäftigung von Kindern ist nicht eher zulässig, als die Ortspolizeibehörde dem Arbeitgeber für jedes Kind eine Arbeitskarte ausgehändigt hat. Die Karte wird von dem Arbeitgeber verwahrt und ist nach Auflösung des Arbeitsverhältnisses dem gesetzlichen Vertreter des Kindes wieder auszuhändigen. Bei Streitigkeiten wegen der Arbeitskarten finden die Vorschriften des Gewerbegerichtsgesetzes über die Arbeitsbücher entsprechende Anwendung.

Die Strafbestimmungen setzen für Zuwiderhandlungen gegen die Vorschriften über die Beschäftigung eigener Kinder Geldstrafe bis zu 2000 Mark, bei gewohnheitsmäßigem Zuwiderhandeln wahlweise Gefängnisstrafe bis zu sechs Monaten fest, Geldstrafe bis zu 600 Mark oder wahlweise Haft im Falle gewohnheitsmäßiger Zuwiderhandlung gegen denjenigen, welcher den Bestimmungen gegen die Sonntagsruhe oder den vom Gesetz im § 20 vorgesehenen endgültigen polizeilichen Verfügungen über die Beschränkung der Beschäftigung eigener Kinder zuwiderhandelt, Geldstrafe bis zu 150 Mark und wahlweise Haft bei Gewohnheitsmäßigkeit in denselben Fällen, wenn es sich um eigene Kinder handelt. Geringere Geldstrafen werden den Arbeitgebern angedroht, die die gesetzlichen Bestimmungen über die Anzeige der Beschäftigung und die Arbeitskarten verletzen. Die Strafverfolgung der Vergehen gegen die Vorschriften über die Beschäftigung fremder Kinder an Sonn- und Festtagen und die von den zuständigen Polizeibehörden erlassenen besonderen endgültigen Verfügungen verjährt in drei Monaten.

Die Landesgesetzgebung kann die Beschäftigung von Kindern in gewerblichen Betrieben noch weiter einschränken.

In fast allen Bundesstaaten sind Ausführungsgesetze und Ausführungsverordnungen zu dem Kinderschutzgesetz ergangen. Von diesen ist das Ministerialausschreiben für Meiningen vom 3. November 1903 insofern bemerkenswert, als es den Gemeindewaisenräten die Pflicht zur Überwachung der Befolgung des Gesetzes auferlegt.

Das Gesetz betreffend die Phosphorzündwaren vom 10. Mai 1903 untersagt die Verwendung von weißem oder gelbem Phosphor zur Herstellung von Zündhölzern und anderen Zündwaren. So hergerichtete Zündwaren dürfen nicht gewerbsmäßig feilgehalten, verkauft, oder sonst in den Verkehr gebracht, auch nicht in das Zollinland eingeführt werden. Das Gesetz bezweckt, die Arbeiter gegen die gesundheitsgefährliche Verwendung des Phosphors zu schützen und bestraft vorsätzliche Zuwiderhandlungen mit Geldstrafe bis zu 2000 Mark, fahrlässige mit Geldstrafe bis zu 150 Mark. Neben der Strafe ist auf Einziehung der verbotswidrig hergestellten, eingeführten oder in Verkehr gebrachten Gegenstände, bei verbotswidriger Herstellung auch auf Einziehung der gebrauchten Gerätschaften zu erkennen, ohne Unterschied, ob sie dem Verurteilten gehören oder nicht. Ist die Verfolgung oder Verurteilung einer bestimmten Person nicht ausführbar, so ist auf die Einziehung selbständig zu erkennen. Im Interesse der Unternehmer sollen die Bestimmungen über den Verkauf der Zündwaren erst am 1. Januar 1908, die übrigen am 1. Januar 1907 in Kraft treten.

Das Gesetz betreffend weitere Abänderungen des Krankenversicherungsgesetzes vom 25. Mai 1903 ändert dieses bisher in der Fassung der Novelle vom 10. April 1892 gültige Gesetz in mehreren wesentlichen Punkten ab, ohne jedoch wichtige Streitfragen der letzten Zeit zwischen den Ortskrankenkassen und den Kassenärzten zu entscheiden.

Die Krankenunterstützung endet nunmehr spätestens mit dem Ablaufe der 26. Woche — statt früher der 13. — nach dem Beginn der Krankheit, im Falle der Erwerbsunfähigkeit spätestens mit dem Ablaufe der 26. Woche nach Beginn des Krankengeldbezuges. Wöchnerinnen erhalten in Zukunft nicht nur während vier, sondern während sechs Wochen nach ihrer Niederkunft Unterstützung. Durch die Bestrebungen ärztlicher Kreise ist bewirkt, daß die Ermächtigung der Gemeinden, geschlechtskranken Kassenmitgliedern das Krankengeld nicht oder nur teilweise zu gewähren, aufgehoben ist. Dagegen ist den Gemeinden gestattet, Versicherten, die bereits Krankenunterstützung ununterbrochen oder in einem Jahre 26 Wochen lang bezogen haben, bei Eintritt eines neuen Unterstützungsfalls infolge derselben nicht gehobenen Krankheitsursache, im Laufe der nächsten zwölf Monate Krankenunterstützung nur für die Gesamtdauer von 13 Wochen zu gewähren. Das Gesetz ändert ferner unter anderen die Vorschriften über die Erhöhung der Beiträge, die von den Ortskrankenkassen zu gewährenden Mindestleistungen, deren Erhöhung und Erweiterung und die Berechtigung der Kassen zur Entziehung oder Herabsetzung der Unterstützung. Dem Vorsitzenden des Vorstandes der Ortskrankenkasse wird das Recht eingeräumt, nach seiner Ansicht statuten- oder gesetzwidrige Beschlüsse der Kassenorgane durch Bericht an die Aufsichtsbehörde zu beanstanden. Diese kann ein Vorstandsmitglied, einen Rechnungs- oder Kassenführer, wenn er gerichtlich in der Verfügung über sein Vermögen beschränkt ist oder die Fähigkeit zur Bekleidung öffentlicher Ämter verloren oder seine Amtspflichten als Kassenführer gröblich verletzt hat, seines Amtes entheben, ebenso wenn gegen eine solche Persönlichkeit ein Strafverfahren eingeleitet ist, das jene Rechtsfolgen haben kann. Diese Anordnungen sind anfechtbar. Die Übertragung der Unterstützungsansprüche auf Dritte, ihre Verpfändung oder Pfändung hat nur insoweit rechtliche Wirkung, als sie zur Deckung von Vorschüssen erfolgt, die dem Berechtigten auf seine Ansprüche vor Anweisung der Unterstützung von dem

Arbeitgeber oder einem Kassenorgan oder dem Mitglied eines solchen Organs oder zur Deckung der im § 850 Abs. 4 der Zivilprozeßordnung bezeichneten Forderungen gegeben worden sind. Aufrechnung der Ansprüche ist zulässig auf geschuldete Eintrittsgelder und Beiträge, gezahlte Vorschüsse, zu Unrecht erhobene Unterstützungsbeiträge, auf die von den Kassenorganen verhängten Geldstrafen und Ersatzforderungen gegen Dritte oder gegen Forderungen auf Grund der reichsgesetzlichen Unfallversicherung, die der Unterstützungsberechtigte an die Kasse zu erstatten hat. Ansprüche auf Krankengeld dürfen jedoch nur bis zur Hälfte aufgerechnet werden.

Durch dasselbe Gesetz wird auch im Gesetz vom 5. Mai 1886 über die Unfall- und Krankenversicherung der in land- und forstwirtschaftlichen Betrieben beschäftigten Personen die Dauer der Unterstützung von 13 auf 26 Wochen ausgedehnt.

6. Für die Schutzgebiete sind einige wichtige Verordnungen erlassen worden.

Die Kaiserliche Verordnung vom 5. Dezember 1902 regelt die Erfüllung der Dienstpflicht in der Kaiserlichen Schutztruppe für Südwestafrika.

Für das Privatrecht wichtig ist die Verordnung vom 21. November 1902 betreffend die Rechte an Grundstücken in den deutschen Schutzgebieten.

Der § 19 des Reichsgesetzes über die Konsulargerichtsbarkeit vom 7. April 1900 und die dort bezeichneten Vorschriften des bürgerlichen Rechts über die Rechte an Grundstücken finden grundsätzlich Anwendung, auf das Bergwesen, die Zwangsversteigerung und Zwangsverwaltung jedoch nur insoweit, als der Reichskanzler und der Gouverneur sie für anwendbar erklären. Bei der Auflassung von Grundstücken, die im Grundbuch eingetragen sind, ist weder gleichzeitige Anwesenheit beider Teile noch mündliche Abgabe der Erklärungen vor dem Grundbuchamt erforderlich. Der Reichskanzler und mit seiner Genehmigung der Gouverneur des Schutzgebietes bestimmen die Voraussetzungen für den Erwerb von Rechten an herrenlosem Land und an Kronland. Die Vorschriften der Verordnung sind auf die den Eingeborenen oder anderen Farbigen gehörenden Grundstücke nur anzuwenden, wenn für die Grundstücke ein Grundbuchblatt angelegt oder das Grundstück in ein Landregister eingetragen ist. Eingehend ist das Verfahren bei Anlegung neuer Grundbuchblätter nach vorhergegangenem Aufgebot geregelt. Für die Übertragung des Eigentums an Grundstücken, für die ein Grundbuchblatt noch nicht angelegt ist, ist nur die Einigung des Veräußerers und des Erwerbers erforderlich und ausreichend. Die Erklärungen müssen in öffentlich beglaubigter Form abgegeben werden. Die Übertragung des Eigentums kann nicht unter einer Bedingung oder Zeitbestimmung erfolgen. Der Eigentümer kann sein Grundstück in ein Landregister, das bei dem Grundbuchamt zu führen ist, eintragen lassen. Die Eintragung begründet die Vermutung, daß der Eingetragene Eigentümer ist. In betreff der Hypotheken und Grundschulden tritt das Landregister an die Stelle des Grundbuchs, jedoch erstreckt sich sein öffentlicher Glaube auch in betreff der Hypotheken und Grundschulden nicht darauf, daß der als Eigentümer Eingetragene wirklicher Eigentümer des Grundstücks ist. Hypotheken und Grundschulden können nur als Buchhypotheken bestellt werden.

In Kiautschou gelten diese Bestimmungen nicht. Der Reichskanzler und mit seiner Genehmigung der Gouverneur erlassen Ausführungsverordnungen über Grundbücher und Landregister.

Im Zusammenhange hiermit steht die Kaiserliche Verordnung vom 14. Februar 1903 über die Enteignung von Grundeigentum in den Schutzgebieten Afrikas und der Südsee. Das Verfahren, dem aus Gründen des öffentlichen Wohles das Eigentum und alle sonstigen Rechte an Grundstücken mit Einschluß des Bergwerkseigentums und das Recht der Besitzergreifung von herrenlosem Land (Kronland) unterliegen, wird auf Antrag des Unternehmers durch Entscheidung des Gouverneurs eingeleitet. Das weitere Verfahren liegt in der Hand des zuständigen Bezirksamts. Dieses hat die Auslegung des Plans des Unternehmers unter Bestimmung einer Frist für Einwendungen zu veranlassen, nach deren Ablauf mit dem Unternehmer und den Beteiligten darüber zu verhandeln und nach Abschluß der Verhandlungen die Sache mit einem Gutachten dem Gouverneur vorzulegen. Dieser hat darüber zu entscheiden, ob und in welchem Umfange das Enteigungsrecht verliehen wird. Der Beschluß, der die Verleihung ausspricht, ist mit Gründen versehen den Beteiligten zuzustellen und hat im einzelnen den Gegenstand der Enteignung und die Anlagen, zu deren Errichtung und Unterhaltung der Unternehmer verpflichtet sein soll, anzugeben. Die Feststellung der Entschädigung, die im Falle der Entziehung des Eigentums an einem Grundstück in dessen vollem Wert oder in der Überlassung eines andern Grundstücks, in allen andern Fällen in Geld besteht, erfolgt nach vorhergegangener Verhandlung mit den Beteiligten in einem Termine vor dem Bezirksamtmann. Einigen sich die Interessenten über die Entschädigung, so hat der Bezirksamtmann dies zu beurkunden. Nach Möglichkeit sind Sachverständige und die etwa vorhandene Gemeindevertretung hinzuzuziehen. Die Entscheidung hat durch einen mit Gründen versehenen und den Beteiligten zuzustellenden Beschluß zu erfolgen. Gegen diesen steht den Beteiligten innerhalb einer einmonatigen Frist seit der Zustellung der Rechtsweg offen. Die Enteignung wird nach Ablauf dieser Frist und nach erfolgter Entschädigung oder Sicherstellung der Entschädigung durch den Unternehmer anf dieselbe Weise von dem Bezirksamtmann ausgesprochen und das Grundbuchamt hiervon sofort nach Zustellung des Beschlusses benachrichtigt.

Mit der Zustellung des Enteignungsbeschlusses an den Entschädigungsberechtigten tritt die Enteignung in Wirksamkeit. Der Unternehmer erwirbt mit diesem Zeitpunkt Eigentum an dem Grundstück oder ein anderes ihm durch den Beschluß zugesprochenes Recht, frei von allen Rechten, die an dem Grundstück oder dem Rechte bestanden. An deren Stelle tritt die Entschädigung.

Ein einfacheres Verfahren ist vorgesehen bei der Enteignung von Bodenmaterialien, bei Eigentumsbeschränkungen von geringerer als einjähriger Dauer und bei Enteignungen von Rechten Eingeborener.

Zum Schutz dieser Rechte kann der Reichskanzler, auch wenn die sonstigen Voraussetzungen einer Enteignung nicht vorliegen, die Enteignung von Grundstücken, die bereits an Nichteingeborene übergegangen sind, um diese wieder in den Besitz zu setzen, zulassen, soweit es nach dem Ermessen der Behörde notwendig ist, um den Eingeborenen die Möglichkeit ihres wirtschaftlichen Bestehens, insbesondere das Recht auf eine Heimstätte zu sichern. Der Eigentümer oder Besitzer ist von dem Fiskus des Schutzgebietes zu entschädigen, die enteigneten Ländereien fallen als Kronland an diesen Fiskus, der sie wieder den Eingeborenen zur Nutzung überläßt. Das Verfahren bestimmt in jedem einzelnen Falle der Reichskanzler nach Bericht des Gouverneurs. Er ist auch allgemein ermächtigt, die Zuständigkeit der Behörden im Enteignungsverfahren in einzelnen Schutzgebieten abweichend zu regeln. Unberührt bleiben die Vorschriften über die Enteignung des Grundeigentums im Interesse des Bergbaus.

Die Bekanntmachung des Reichskanzlers vom 24. August 1903 hat die von der Deutsch-Ostafrikanischen Gesellschaft ausgegebenen Schuldverschreibungen zur Anlegung von Mündelgeldern nach § 1807 des Bürgerlichen Gesetzbuchs für geeignet erklärt.

II. Landesgesetzgebung.

Die Landesgesetzgebung während der Berichtsperiode hat nach dem Abschluß der großen Gesetzgebungsarbeiten zu dem Bürgerlichen Gesetzbuch und seinen Nebengesetzen hauptsächlich schon bestehende Gesetze und Verordnungen ergänzt und ausgeführt. Sie hat sich außerdem vorwiegend mit Ausführungsgesetzen und Ausführungsverordnungen zu den sozialpolitischen Gesetzen des Reiches beschäftigt. Einige interessante kleinere Gesetze sind jedoch in einigen Einzelstaaten zustande gekommen.

Sehr zahlreich sind die Ausführungsgesetze, Ausführungsverordnungen, Bekanntmachungen und Ausführungsanweisungen zu dem Reichsgesetz über Schlachtvieh- und Fleischbeschau vom 30. März 1900 und den dazu erlassenen Bekanntmachungen des Bundesrats, die fast alle Bundesstaaten veröffentlicht haben. Sie betreffen meistens die Bildung der Fleischbeschaubezirke, die Prüfung der Fleischbeschauer und Trichinenschauer, deren Gebühren und die Einrichtung von Schlachthäusern und Freibänken.

Fast alle Bundesstaaten haben gemäß § 8 des Reichsgesetzes betreffend die Unfallfürsorge für Gefangene vom 30. Juni 1900 durch Gesetze oder Verordnungen Ausführungsbehörden eingesetzt.

Wie bereits im Reich und in Preußen, ist die Unfallfürsorge für Beamte bei Betriebsunfällen in Sachsen, Württemberg, Hessen, Oldenburg, Braunschweig und Bremen Gegenstand von Gesetzen, in Bayern und Sachsen-Altenburg von Verordnungen geworden.

Die meisten Bundesstaaten haben Verordnungen über den Verkehr mit Geheimmitteln und ähnlichen Arzneimitteln, Baden, Sachsen-Meiningen, Coburg-Gotha und Waldeck auch solche über den Verkauf von Arzneimitteln außerhalb der Apotheken erlassen.

Mit der gewerbsmäßigen Ausübung der Heilkunde durch nicht approbierte Personen und der Kurpfuscherei beschäftigen sich Verordnungen in Oldenburg, Anhalt, Waldeck, Schaumburg-Lippe und Bremen, die übereinstimmend öffentliche täuschende und prahlerische Anzeigen oder öffentliche übertriebene und irreführende Ankündigung von Heilmitteln und Heilmethoden bei Strafe verbieten.

Die Anlegung des Grundbuchs ist, wie die hierüber veröffentlichten Bekanntmachungen ergeben, in Preußen, Bayern, Hessen, Baden, Mecklenburg-Schwerin und Mecklenburg-Strelitz weiter vorgeschritten.

Verordnungen über den Geschäftsbetrieb der Versteigerer finden sich in Sachsen und Schaumburg-Lippe, Vorschriften über den Geschäftsbetrieb der Personen, die fremde Rechtsangelegenheiten und bei Behörden wahrzunehmende Geschäfte für andere gewerbsmäßig besorgen, in Sachsen, Reuß j. L. und Lübeck, Verordnungen über den Geschäftsbetrieb der Gesindevermieter und Stellenvermittler in Sachsen, Mecklenburg-Schwerin und Mecklenburg-Strelitz, in Hamburg, Bremen und Lübeck. Außerdem haben die drei Hansestädte und Oldenburg auf Grund des § 5 des Reichsgesetzes betreffend die Stellenvermittelung für Schiffsleute vom 2. Juni 1902

Verordnungen über den Umfang der Befugnisse, die Verpflichtungen und den Geschäftsbetrieb der Stellenvermittler für Schiffsleute erlassen.

Dem Beispiel der meisten Bundesstaaten folgend, haben auch die beiden Mecklenburg, Braunschweig, Oldenburg, Waldeck und Lübeck durch Verordnungen den Verkehr mit Kraftfahrzeugen auf öffentlichen Straßen geregelt. Hessen überläßt in einem besondern Gesetz die Vorschriften über den Verkehr mit Fahrrädern und Automobilen auf öffentlichen Wegen den Polizeiverordnungen.

Für die Strafvollstreckung wichtig sind die Vorschriften mehrerer Bundesstaaten über die Handhabung des bedingten Strafaufschubs, die hauptsächlich bei jugendlichen, zu Freiheitsstrafen gerichtlich verurteilten Personen, wenn sie sich während einer Bewährungsfrist gut führen, eine zukünftige Begnadigung in Aussicht nehmen. Ferner kommen hier in Betracht die in Württemberg, Mecklenburg-Schwerin, Mecklenburg-Strelitz und Meiningen über den Transport und die Fesselung der Untersuchungs- und Strafgefangenen im Verwaltungswege gegebenen Anweisungen.

Wie aus Bekanntmachungen einzelner Bundesstaaten — Sachsen, Baden — hervorgeht, ist zwischen den Regierungen aller deutschen Bundesstaaten eine Vereinbarung wegen Einziehung der Kosten auf Ersuchen der Behörde eines andern Bundesstaates dahin getroffen worden, daß fortan in sämtlichen gerichtlichen Angelegenheiten der freiwilligen Gerichtsbarkeit und in Grundbuchsachen, mag die Erledigung durch Landesgesetz den Gerichten übertragen sein oder nicht, dieselben Vorschriften gelten, die in § 4 der Anweisung des Bundesrats vom 23. April 1880 über die Einziehung der Kosten der streitigen Gerichtsbarkeit enthalten sind.

Den Inhalt der genannten landesgesetzlichen Gesetze und Verordnungen ausführlicher darzustellen, erscheint nicht geboten.

Wichtigere Gesetze und Verordnungen der einzelnen Bundesstaaten sind folgende:

1. In Preußen sind auf Betreiben des Kaufmannsstandes die Wechselproteststunden durch Gesetz vom 1. Juni 1904 bestimmt worden. Wechselproteste dürfen nur von 9 Uhr vormittags bis 6 Uhr abends, sonst nur mit Einwilligung des Protestaten, die in dem Protest zu beurkunden ist, aufgenommen werden.

Ein sehr interessanter Versuch einer gesetzlichen Regelung der Grundeigentumsverhältnisse in Stadtgemeinden ist das Gesetz vom 28. Juli 1902, betreffend die Umlegung von Grundstücken in Frankfurt a. M., wenn es auch dadurch, daß der Landtag die Bestimmung des Entwurfs, das Gesetz durch Königliche Verordnung nach Anhörung des zuständigen Provinzial- oder Kommunallandtages auf andere Stadtgemeinden auszudehnen, nicht annahm, zunächst an allgemeiner Bedeutung verloren hat. Bemerkenswert ist die Übertragung der Grundsätze des bisher nur auf ländliche Grundstücke angewendeten Verkoppelungsverfahrens auf städtische Grundstücke, um für überwiegend unbebaute Teile des Gemeindebezirks, für die der Bebauungsplan endgültig festgestellt ist, aus Gründen des öffentlichen Wohles, zur Erschließung von Baugelände und zur Herbeiführung einer zweckmäßigen Gestaltung von Baugrundstücken die Umlegung von Grundstücken verschiedener Eigentümer zu bewirken. Hauptsächlich soll dadurch der Wohnungsnot der mittleren und unteren Klassen in größeren Städten abgeholfen werden.

Aus den sehr eingehenden Vorschriften des Gesetzes kann hier nur Einzelnes hervorgehoben werden. Das Verfahren liegt in der Hand einer aus zwei Verwaltungsbeamten, mindestens einem richterlichen und Baubeamten, einem geprüften Landmesser und einem Grundstückstaxator gebildeten Kommission. Die umzulegenden Grundstücke werden in eine Masse eingeworfen, aus der das zu öffentlichen Straßen und Plätzen erforderliche Gelände bei der Verteilung vorweg auszuscheiden, der Rest unter die Eigentümer zu verteilen ist. Die Beteiligten sind für Einbußen an Grundeigentum in Land oder in Geld zu entschädigen. Hierüber hat die Kommission einen Verteilungsplan aufzustellen, der endgültig vom Bezirksausschuß festgesetzt wird. Gegen diese Festsetzung steht wegen der Entschädigung in Geld den Beteiligten der Rechtsweg offen. Die Umlegung wird vollzogen durch eine Überweisungserklärung des Bezirksausschusses, mit deren Bekanntmachung die Änderungen in den Eigentumsverhältnissen eintreten. Die Kommission hat das Grundbuchamt sowohl bei Einleitung als bei Abschluß des Verfahrens um Eintragung der Rechtsänderungen in das Grundbuch zu ersuchen. Dem Bezirksausschuß ist die Befugnis erteilt, das Verfahren, hauptsächlich wenn es sich als unwirtschaftlich oder als eine besondere Belastung der Gemeinde herausstellt, durch Beschluß wieder einzustellen.

Das Gesetz vom 7. Juli 1902 hat das Allgemeine Berggesetz vom 24. Juni 1865 in einzelnen Punkten abgeändert.

Durch das Gesetz vom 11. Juni 1902 ist das Gesetz über das Pfandrecht an Privateisenbahnen und Kleinbahnen und die Zwangsvollstreckung in diese vom 19. August 1895, um es mit den Vorschriften des neuen bürgerlichen Rechts in Einklang zu bringen, in zahlreichen Bestimmungen abgeändert und durch die Bekanntmachung vom 8. Juli 1902 mit dem neuen Text als Gesetz über die Bahneinheiten veröffentlicht worden.

Die Verordnung vom 8. April 1903 überträgt den Ortsgerichten in den Oberlandesgerichtsbezirken Frankfurt a. M. und Kassel die Aufnahme von Taxen von Grundstücken und beweglichen Sachen.

Das Gesetz über die Ablösung der Reallasten in der Provinz Schleswig-Holstein vom 3. Januar 1873 ist durch Gesetz vom 29. Mai 1903 auf das Herzogtum Lauenburg ausgedehnt worden mit der Wirkung, daß das an Meiergütern bestehende Obereigentum kraft Gesetzes ohne Entschädigung aufgehoben wird und die daraus herrührenden Leistungen nach dem genannten Gesetz abgelöst werden.

Auf dem Gebiet des öffentlichen Rechts ist zunächst das Gesetz vom 14. April 1903 über die Landestrauer zu erwähnen. Es hat das alte preußische Trauerreglement vom 7. Oktober 1797 und die Allerhöchste Kabinettsorder vom 28. November 1845 aufgehoben. In Zukunft sind bei dem Ableben des Königs, der Königin und einer verwitweten Königin von Preußen die Kirchenglocken vierzehn Tage lang mittags von zwölf bis ein Uhr zu läuten, öffentliche Musik, öffentliche Lustbarkeiten und Schauspielvorstellungen aber vier Tage lang vom Sterbetag einschließlich ab und am Tage der Beisetzung einzustellen.

Ausführungsbestimmungen zu den Vorschriften über die Tagegelder und Reisekosten der Staatsbeamten gibt auf Grund des Artikels IV des Gesetzes vom 21. Juni 1897 die Bekanntmachung des Staatsministeriums vom 11. November 1903.

Die Verpflichtung des Staates zur Leistung der nach dem Reichsgesetze betreffend die Unfallfürsorge für Gefangene vom 30. Juni 1900 zu gewährenden Entschädigungen ist nach dem Ausführungsgesetze vom 28. Juli 1902 zu § 7 Abs. 2, wenn der Verletzte zur Zeit des Unfalls nicht in einer vom Staat unterhaltenen Anstalt untergebracht oder der Unfall bei Zwangsarbeiten in staatlichen Betrieben erfolgt ist, den öffentlichen Körperschaften übertragen, die die Anstalt zu unterhalten haben oder durch deren Organ der Verletzte zur Gemeinde- oder zu sonstiger Arbeit auf Grund gesetzlicher oder polizeilicher Bestimmung zwangsweise angehalten worden ist.

Nach einer Königlichen Verordnung von demselben Tage unterliegen die nach § 21 Abs. 2 desselben Reichsgesetzes im Verwaltungsstreitverfahren zu entscheidenden Streitigkeiten über Ansprüche auf Überweisung von Rentenbeträgen der Entscheidung des Bezirksausschusses. Hiergegen ist nur das Rechtsmittel der Revision zulässig.

Die Zuständigkeit derselben Verwaltungsgerichte wird festgesetzt in der Königlichen Verordnung vom 8. Juni 1903 zur Ergänzung des § 7 des Landesverwaltungsgesetzes vom 30. Juli 1883 für die Anfechtung von Entscheidungen der Aufsichtsbehörden, durch die nach der oben dargestellten Novelle zum Krankenversicherungsgesetz ein Vorstandsmitglied, ein Rechnungs- oder Kassenführer einer Ortskrankenkasse seines Amtes enthoben wird, von Ordnungsstrafen, die die Aufsichtsbehörden gegen die Mitglieder des Kassenvorstandes verhängt haben und die im Falle des Nichtzustandekommens des Vorstandes oder der Generalversammlung oder der Weigerung der Kassenorgane ihre gesetzlichen oder statutenmäßigen Obliegenheiten zu erfüllen, von ihnen getroffen werden.

Das Gesetz betreffend die Vorausleistungen zum Wegebau vom 18. August 1902 legt den Unternehmern von Fabriken, Bergwerken, Steinbrüchen, Ziegeleien und ähnlichen Unternehmungen, wenn durch diese öffentliche Wege oder Brücken erheblich abgenutzt werden, eine besondere Beitragspflicht zu deren Unterhaltung auf.

Dem Kirchenrecht gehört das Gesetz vom 29. Mai 1903 an. Es läßt zu, daß in Ortschaften, die mehrere einem gemeinsamen Pfarramt nicht unterstellte Kirchengemeinden umfassen, eine Reihe hauptsächlich vermögensrechtlicher Rechte und Pflichten einem Gesamtverbande übertragen werden können, der auf Anordnung der bischöflichen Behörde, mit Zustimmung der beteiligten Kirchengemeinden und mit Genehmigung der Staatsbehörde gebildet wird. Hierzu ist eine Königliche Ausführungsverordnung vom 4. Januar 1904 ergangen.

2. Bayern.

Das Gesetz vom 20. Dezember 1903 ändert das Hypothekengesetz vom 1. Juni 1822, soweit es bis zu der Zeit, zu der das Grundbuch als angelegt anzusehen ist, noch gilt, in mehreren Bestimmungen ab. Es entscheidet auch zur Beseitigung einer Streitfrage, daß der § 26 des älteren Gesetzes über den gutgläubigen Erwerb von Hypotheken nicht auf Hypotheken anzuwenden ist, die auf lästigem Titel beruhen. Die Verordnung vom 28. September 1903 schreibt vor, daß auf den Güterstand der vor dem Inkrafttreten des Bürgerlichen Gesetzbuchs geschlossenen, nach dem badischen Landrecht zu beurteilenden Ehen, wenn die Ehegatten in Bayern ihren Wohnsitz haben, vom 1. Oktober 1903 an diejenigen Bestimmungen des badischen Gesetzes vom 4. August 1902 (s. unten) anzuwenden sind, die den Güterstand des badischen Landrechts mit den Vorschriften des Bürgerlichen Gesetzbuchs in Einklang zu bringen bezwecken.

Das Gesetz vom 9. August 1902 das Nachlaßwesen betreffend legt den Standesbeamten die Pflicht auf, einen jeden Todesfall, der ihnen dem Personenstandsgesetz gemäß angezeigt wird, den Amtsgerichten mitzuteilen, diesen die gleiche Verpflichtung gegenüber den Nachlaßgerichten, wenn sie ein Todeserklärungsurteil erlassen. Die Amtsgerichte und auch die Notare haben bei ihnen hinterlegte letztwillige Verfügungen von Amtswegen zu eröffnen. Das Nachlaßgericht hat die Erben von Amtswegen zu ermitteln und kann ein Auseinandersetzungsverfahren einleiten und unter den Erben vermitteln, auf das im übrigen die Vorschriften der §§ 87—98 des Reichsgesetzes über die freiwillige Gerichtsbarkeit Anwendung finden. Für die Vermittelung dieser Auseinandersetzungen oder derjenigen über ein Gesamtgut einer aufgehobenen ehelichen oder fortgesetzten Gütergemeinschaft sind neben den Amtsgerichten auch die Notare zuständig. Ihnen kann das Amtsgericht auf Antrag oder wenn ein Grundstück zum Nachlaß oder zum Gesamtgut gehört, die Vermittelung der Auseinandersetzung nach Feststellung der Erben und der Teilungsmasse überweisen. In diesem Falle ist der Notar auch für die Verrichtungen zuständig, die nach §§ 87, 89—95 des Reichsgesetzes über die freiwillige Gerichtsbarkeit den Amtsgerichten obliegen.

Das Gesetz gibt ferner Vorschriften über die Gebühren in Nachlaß- und Teilungssachen und ändert das Gesetz über das Gebührenwesen vom November 1899 in einigen Punkten ab. Das Gleiche ist mit Artikel 121 desselben Gesetzes durch das Gesetz vom 22. Dezember 1903 und durch eine Verordnung vom 4. Juli 1903 mit einigen Artikeln der Notariatsgebührenordnung vom 28. Dezember 1899 geschehen.

Nach einer Verordnung vom 17. November 1902 gelten deren Bestimmungen über die Gebühren für die Dienstleistungen der Amts- und anderer Ärzte bei Behörden als Taxvorschriften im Sinne der Reichsgebührenordnung für Zeugen und Sachverständige vom 20. Mai 1898.

Die Bekanntmachung der Staatsministerien der Justiz und des Innern vom 28. Dezember 1902 weist die Registergerichte an, Gutachten der Handwerkskammern einzuholen, wenn die Handwerkseigenschaft eines Betriebes und die Verpflichtung zu seiner Eintragung in das Handelsregister zweifelhaft ist; auch wird den Handwerkskammern gestattet, in solchen Fällen aus eigenem Antrieb bei den Registergerichten gegen beabsichtigte Eintragungen vorstellig zu werden.

Ein neues Staatsministerium für Verkehrsangelegenheiten ist durch die Verordnung vom 14. Dezember 1903 zum 1. Januar 1904 errichtet und ihm die oberste Aufsicht über Eisenbahn-, Post- und Telegraphenwesen, den Dampfschiffahrtsbetrieb und die Leitung der Staatsanstalten über den Verkehr übertragen worden.

Die Verordnung vom 10. Mai 1903 betrifft die Organisation der Rentämter. Sie haben die Verwaltung der direkten und indirekten Steuern, so auch der Erbschaftssteuer, der Gefälle und Gebühren, Staatsschulden, Kreisausgaben und -einnahmen und Pensionen wahrzunehmen. Sie sind unmittelbar den Finanzkammern bei den Regierungen und der Oberaufsicht des Finanzministeriums unterstellt. Die Vorbedingungen der Anstellung ihrer Beamten und Bediensteten sind durch eine Verordnung von demselben Datum geregelt worden. Die für den höheren Finanzdienst bemessen sich nach der Verordnung vom 4. Juli 1899 über die Prüfungen für den höheren Justiz- und Verwaltungsdienst und die Vorbereitung hierfür. Die Bewerber für den mittleren Finanzdienst haben zwei Prüfungen für den Finanzdienst erster und zweiter Abteilung abzulegen.

Die Vergütung der Umzugskosten der Beamten und Bediensteten des Zivilstaatsdienstes ist Gegenstand der Verordnung vom 20. November 1902.

Erwähnung verdient wegen der in Preußen schon seit langem schwebenden gleichen Frage das Schulbedarfsgesetz vom 28. Juli 1902. Die vermögensrechtliche Verwaltung der öffentlichen Volksschulen, die Feststellung und Aufbringung des gesamten persönlichen und sächlichen Bedarfs für ihre Errichtung und Unterhaltung liegt in der Regel unter Vorbehalt besonderer Verpflichtungen der Kreise oder des Staates oder anderer Pflichtigen den politischen Gemeinden ob. Nach einer Verordnung vom 4. Juni 1903 beginnt die Schulpflicht in Bayern grundsätzlich für Knaben und Mädchen mit der Vollendung des 6. Lebensjahres und dauert regelmäßig zehn Schuljahre.

Ähnlich wie in dem schon erwähnten preußischen Ausführungsgesetz zum Krankenversicherungsgesetz vom 25. Mai 1903 ist nach dem Ausführungsgesetz vom 17. Dezember 1903 Anfechtung der Entscheidung der Aufsichtsbehörde durch Beschwerde an die höhere Verwaltungsbehörde, gegen deren Entscheidung Beschwerde an den Verwaltungsgerichtshof zulässig.

3. In Sachsen ist die Gesetzgebung während der letzten Berichtsperiode besonders tätig gewesen.

Das Gesetz vom 19. September 1902 betrifft die Einrichtung eines Adelsbuches und die Führung des Adels und der Adelszeichen. Sächsische Staatsangehörige sind hierzu berechtigt, wenn sie ihre eheliche Abstammung in der männlichen Linie auf einen dem deutschen Ur- oder Reichsbriefadel angehörenden Stammvater zurückführen, oder wenn ihnen vom Könige von Sachsen der Adel verliehen, erneuert oder anerkannt ist oder sie ihn in männlicher Linie auf einen in dieser Weise adelig gewordenen Stammvater zurückführen. Sächsische in Sachsen wohnende Staatsangehörige müssen den Adel, wenn sie ihn führen, zur Eintragung in das Adelsbuch bei dem Ministerium des Innern anmelden. Die Eintragungen liefern vollen Beweis der Richtigkeit der eingetragenen Tatsachen bis zum Nachweise des Gegenteils. Über Streitigkeiten in Adelssachen entscheidet der Adelsausschuß bei dem Ministerium des Innern, auch kann dieses ihn beratend hören. Über die Einrichtung des Adelsbuchs ist eine Ausführungsverordnung von demselben Tage, über die Kosten die Gebührenordnung in Adelsangelegenheiten vom 12. März 1903 und über die Anerkennung nichtsächsischer Adelsverleihungen die Königliche Verordnung vom 19. September 1902 ergangen.

Das Enteignungsgesetz für das Königreich Sachsen vom 24. Juni 1902 nebst Ausführungsverordnung vom 24. November 1902 enthält sehr ausführliche Bestimmungen über die Enteignung und das Verfahren. Von diesen sollen nur folgende hervorgehoben werden. Der Rechtsweg gegen die Feststellung der Entschädigung durch die Enteignungsbehörde ist binnen einer Notfrist von einem Jahr durch Klage bei dem Gericht der belegenen Sache zulässig. Die Frist läuft von dem Ablauf der Rekursfrist gegen den Feststellungsbescheid im Entschädigungsverfahren in betreff des enteigneten Gegenstandes oder im Falle der Einlegung des Rekurses von der Zustellung der Entscheidung der zweiten Instanz. Der Rechtsweg wird für die Beteiligten, mit Ausnahme des Unternehmers, der sich ihn ausdrücklich und schriftlich vorbehalten muß, weder durch vorbehaltlose Annahme des Entschädigungsbetrages noch durch Rücknahme eines im Verwaltungswege eingelegten Rechtsmittels ausgeschlossen. Ein Recht auf Rückerwerb des enteigneten Grundstücks oder Rechts haben der Enteignete und seine Erben, wenn der Unternehmer ganz oder teilweise von dem Unternehmen zurücktritt oder es nicht ausführt. In diesem Falle ist dem Unternehmer die Entschädigung zurückzuzahlen. Ein Vorkaufsrecht gemäß §§ 504 bis 513 des Bürgerlichen Gesetzbuchs hat der Eigentümer eines durch die Enteignung verkleinerten Grundstücks, wenn der Unternehmer den enteigneten Teil oder ein Recht, das er durch die Enteignung erworben hat, wieder verkaufen will, innerhalb einer Frist von 15 Jahren seit der Eröffnung der Enteignungserklärung. Dritten gegenüber hat es die Wirkung einer Vormerkung zur Sicherung des durch die Ausübung des Rechts entstehenden Anspruchs auf Übertragung des Eigentums. Zur Erhaltung der Wirksamkeit gegenüber dem öffentlichen Glauben des Grundbuchs bedürfen weder das Rückkaufs- noch das Vorkaufsrecht der Eintragung.

Den Charakter eines Enteignungsgesetzes hat auch das Gesetz vom 24. Juni 1902, das die Aufhebung der mit Apothekengerechtigkeiten verbundenen Verbietungsrechte gegen die Errichtung anderer Apotheken in einem bestimmten örtlichen Bereich gegen Entschädigung anordnet.

Das Gesetz vom 25. Juni 1902 betreffend die wilden Kaninchen hebt die für diese Tiere bestehende Schonzeit auf und verbietet bei Geld- oder Haftstrafe sie zu hegen oder auszusetzen.

Die Verordnung vom 15. Oktober 1902 ändert die Ausführungsverordnung vom 11. November 1899 zu § 126 des Reichsgesetzes über die freiwillige Gerichtsbarkeit ab und bestimmt, daß das Handelsregister vom Registergericht zur Berichtigung und Vervollständigung alle drei Jahre unter Hinzuziehung eines oder mehrerer Beisitzer, die von den Organen des Handelsstandes gewählt werden, durchzusehen ist.

Der Sportelfiskus ist nach der Verordnung vom 20. Oktober 1902 in den zur Zuständigkeit der Landgerichte in erster Instanz gehörenden Rechtsstreitigkeiten und bei Erinnerungen gegen den Kostenansatz in Sachen der freiwilligen Gerichtsbarkeit durch den Vorstand des Sportelfiskalats, in den zur Zuständigkeit der Amtsgerichte gehörenden Rechtsstreitigkeiten durch den Rendanten der Gerichtskasse zu vertreten.

Von anderen Verordnungen sind sehr bemerkenswert die vom 1. Februar 1904 über die Vorbereitung zum höheren Justizdienst und die vom 22. Dezember 1902 über den juristischen Vorbereitungsdienst im Geschäftsbereich der inneren Verwaltung und die Wiedereinführung einer Prüfung für den höheren Verwaltungsdienst. Der juristische Vorbereitungsdienst bis zur zweiten Staatsprüfung dauert für Referendare, die 7 Halbjahre auf der Universität die Rechte studiert haben, $3^1/_2$ Jahre, sonst 4 Jahre, davon sind mindestens 18 Monate bei Gerichten, mindestens 6 Monate bei einem Rechtsanwalt zuzubringen. In der Regel soll der Vorbereitungsdienst bei einem kleineren Amtsgericht beginnen, bei einem Landgericht kann er erst nach mindestens einjährigem Dienst bei einem Amtsgericht, bei dem Oberlandesgericht erst nach Ablauf von $2^1/_2$ Jahren Vorbereitungsdienst angetreten werden. Ein Jahr höchstens kann von Referendaren mit $3^1/_2$jährigem Vorbereitungsdienst, anderthalb Jahre höchstens können von denen mit vierjährigem zur Beschäftigung bei einer Staatsanwaltschaft oder einer Verwaltungsbehörde verwendet werden. Mit Genehmigung des Justizministeriums darf der Referendar bis zur Dauer von 6 Monaten bei einer öffentlichen Anstalt oder einem Unternehmen, das für eine gedeihliche Fortbildung Gewähr bietet, z. B. bei einer Versicherungsanstalt, Berufsgenossenschaft, Handels- oder Gewerbekammer, einer Bank oder einem größeren Fabrikunternehmen arbeiten.

Für die zukünftigen höheren Verwaltungsbeamten wird jetzt die Ablegung einer besonderen Fachprüfung gefordert. Sie hat das Staats- und Verwaltungsrecht, die Staatswissenschaften und die Hauptgrundsätze des Privatstraf- und Prozeßrechts zum Gegenstande. Der Vorbereitungsdienst beträgt mindestens $1^1/_2$ Jahre. Zugelassen werden nur Referendare, die in der Regel 2 Jahre bei den Gerichten und mindestens 6 Monate bei einem Rechtsanwalt beschäftigt gewesen sind. Der Dienst beginnt mit einer sechsmonatigen Probedienstleistung bei einer Amtshauptmannschaft, in seinem weiteren Verlaufe muß der Referendar 6 Monate bei einer Gemeindeverwaltung und kann nach Bestimmung des Ministeriums des Innern während eines Teils des Vorbereitungsdienstes auch bei einem Bankunternehmen oder in einem landwirtschaftlichen oder industriellen Betriebe, mit besonderer Genehmigung des Finanzministeriums auch bei einer Dienststelle der Steuer-, Zoll- oder Eisenbahnverwaltung beschäftigt werden.

Beide Verordnungen geben außerdem Vorschriften über die Dienstaufsicht über die Referendare und die Ablegung der zweiten Prüfung.

Das Gesetz vom 30. Juni 1902 hebt den § 120 der sächsischen Verfassung vom 12. Oktober 1874 auf und gewährt den Ständen mit Ausnahme einiger Mitglieder der ersten Kammer Tage- und Reisegelder nach den Bestimmungen der Landtagsordnung.

Die Staatsdiener, Geistlichen, Lehrer, Professoren und Universitätsbeamten erhalten durch das Gesetz vom 16. Juli 1902 mit Ausführungsverordnung vom 25. Mai 1903 Wohnungsgeldzuschüsse vom 1. Januar 1904 ab nach dem dem Gesetz beigefügten Tarif.

Vorschriften über die militärischen Wachen in Hinsicht ihrer Befugnisse zur Festnahme von Militär- und Zivilpersonen, über das Verfahren bei der Festnahme, die Durchsuchung und das Eindringen in Wohnungen und den Waffengebrauch des Militärs auf Wache, Posten und Patrouillen sind am 15. März 1902 bekannt gegeben.

Auch das Verwaltungsrecht ist durch mehrere Gesetze und Verordnungen bereichert worden. Das Gesetz vom 24. Mai 1902 und ein ihm entsprechendes Kirchengesetz vom 25. Mai 1902 dehnen die Zuständigkeit der Verwaltungsgerichte erster Instanz auf eine Anzahl Rechtsverhältnisse des kirchlichen Vermögensrechts aus und gewähren die Anfechtungsklage oder den Rekurs gegen Entscheidungen des evangelisch-lutherischen Landeskonsistoriums.

Die sächsischen Verwaltungsbehörden und Verwaltungsgerichte haben denselben Behörden anderer deutscher Bundesstaaten nach einer Verordnung vom 1. Mai 1903 bei der Vollstreckung von Entscheidungen und

Verfügungen einschließlich der polizeilichen Strafverfügungen des § 453 der Strafprozeßordnung Beistand zu leisten, soweit nicht das Reichsgesetz vom 9. Juni 1895 Anwendung findet. Der Beistand ist zu versagen, wenn die Vollstreckung oder der Anspruch nach sächsischem Recht unzulässig oder die Gegenseitigkeit nicht verbürgt ist.

Das Verwaltungszwangsverfahren ist — im wesentlichen nach den Grundsätzen der Zivilprozeßordnung für die Zwangsvollstreckung in das bewegliche Vermögen — geregelt durch das Gesetz vom 18. Juli 1902 über die Zwangsvollstreckung wegen Geldleistungen in Verwaltungssachen und die Ausführungsverordnung vom 19. September 1902. Die Zwangsvollstreckung in das unbewegliche Vermögen richtet sich nach den für die gerichtliche Zwangsvollstreckung geltenden Vorschriften. Auf das Verteilungsverfahren finden die Vorschriften der §§ 873—882 der Zivilprozeßordnung Anwendung.

Neue Regulative für die Landeserziehungsanstalten für blinde, schwachsinnige und sittlich gefährdete Kinder sind am 16. November 1902 bekannt gegeben worden.

Auf die umfangreiche sächsische Steuergesetzgebung der letzten Jahre näher einzugehen, verbietet der Zweck dieses Berichts. Erwähnt seien nur das Gesetz vom 1. Juli 1902 betreffend die Abänderung des Einkommensteuergesetzes vom 24. Juli 1900, das Ergänzungssteuergesetz vom 2. Juli 1902 und das Gesetz die direkten Steuern betreffend vom 3. Juli 1902. Zur Vermeidung von Doppelbesteuerungen haben Sachsen und Österreich-Ungarn am 21. Januar 1903 einen Staatsvertrag geschlossen.

4. Für **Württemberg** kommt zunächst das Gesetz vom 4. Juni 1903 betreffend die Haftung für Sachschaden bei dem Eisenbahnbetrieb in Betracht. Der Betriebsunternehmer haftet für den bei dem Betrieb entstehenden Sachschaden, sofern nicht höhere Gewalt oder Verschulden des Sachbesitzers selbst oder seiner Vertreter vorliegt. Die Haftung kann durch Vertrag im voraus nur dann ausgeschlossen oder beschränkt werden, wenn dies eine Gegenleistung für eine besondere Leistung oder Bedingung einer besonderen Vergünstigung des Betriebsunternehmers ist. Der Anspruch verjährt in zwei Jahren von dem Unfall an.

Auch in Württemberg ist der höhere Justiz-, Verwaltungs- und Finanzdienst durch drei Verordnungen vom 7. Dezember 1903 geregelt worden. Die erste juristische Prüfung ist nach mindestens 3 $^1/_2$jährigem Studium der Rechte an der Landesuniversität in Tübingen abzulegen. Der juristische Vorbereitungsdienst dauert 3 Jahre, beginnt bei einem Amtsgericht und dauert hier mindestens 10 Monate. Während dieser Zeit wird der Referendar zugleich einem Bezirksnotariat des Amtsgerichts für 2 bis 3 Monate überwiesen. Mindestens 6 Monate im zweiten Jahr ist der Referendar bei dem Landgericht, bei der Staatsanwaltschaft mindestens 4 und dieselbe Zeit im dritten Jahre bei einem Rechtsanwalt zu beschäftigen. Für höchstens ein Jahr können Referendare im Justizministerium oder bei Bezirksstellen und höheren Verwaltungsbehörden anderer Departements arbeiten. Die Anwärter des höheren Verwaltungsdienstes müssen mindestens ein Jahr, die des Finanzdienstes mindestens 9 Monate im juristischen Vorbereitungsdienst beschäftigt gewesen sein. Jene haben nach ihrer Übernahme 2½ Jahre Vorbereitungsdienst bei einem Bezirksamt und einer Kollegialbehörde des Departements des Innern, zum Teil auch im Gemeindedienst, diese 21 Monate Vorbereitungsdienst bei einem Kameralamt, einer Zollstelle oder einem Hauptsteueramt und einer Kollegialbehörde des Finanzdepartements abzuleisten. Die Verordnungen enthalten außerdem eingehende Vorschriften über die zweite Staatsprüfung.

Die Verordnung vom 28. Juni 1902 setzt die Gerichts- und Anwaltsgebühren im Verfahren vor den Gemeindegerichten fest, die vom 1. Juli 1902 gewährt den Schöffen und Geschworenen und den Vertrauensmännern der Ausschüsse für ihre Wahl Reisekosten.

Die Vollstreckung der von den bürgerlichen Gerichten erkannten Freiheitsstrafen ist Gegenstand einer Verfügung des Justizministeriums vom 14. September 1903. Diese gibt zugleich Vorschriften über den Ersatz der Kosten der Strafvollstreckung, den Strafantritt und die Vollstreckung der Freiheitsstrafen in anderen Bundesstaaten. Die Art der Vollziehung der einzelnen Arten der Freiheitsstrafen in den Zuchthäusern, Landes- und Bezirksgefängnissen und der Zivilfestungsstrafanstalt auf dem Hohenasperg ist geregelt in der Verfügung vom 16. Dezember 1902.

Die Verfügung des Ministeriums des Innern vom 3. März 1903 gibt eingehende Vorschriften über den Geschäftsgang und das Verfahren bei dem Landesversicherungsamt.

Eine Reform des Steuerwesens ist auch in Württemberg durch die Gesetze über die Einkommensteuer und über die Kapitalsteuer, das Gesetz betreffend Abänderungen des Gesetzes vom 28. April 1873 über die Grund-, Gebäude- und Gewerbesteuer und das Gesetz über die Besteuerungsrechte der Gemeinden und Amtskörperschaften, alle vom 8. August 1903, durchgeführt worden.

5. **Baden.** Das Gesetz vom 4. August 1902 hebt in §§ 25 ff. den Artikel 41 des badischen Ausführungsgesetzes zum Bürgerlichen Gesetzbuch vom 17. Juni 1899 auf. Für die vor dem 1. Januar 1900 geschlossenen Ehen deutscher Staatsangehöriger ist, unbeschadet der nur während be-

stehender Ehe zulässigen Vereinbarungen unter den Ehegatten das am Orte des ersten ehelichen Wohnsitzes geltende Recht maßgebend; an Stelle der gesetzlichen Gütergemeinschaft des älteren Rechts, der Fahrnisgemeinschaft des Code civil und des badischen Landrechts, tritt die Fahrnisgemeinschaft des Bürgerlichen Gesetzbuchs. Bisheriges gütergemeinschaftliches Vermögen wird Gesamtgut, bisherige Schulden der Gütergemeinschaft werden Gesamtgutsverbindlichkeiten. Das Unterpfandsrecht der Ehefrau nach älterem Rechte kann nicht mehr eingetragen werden. § 1478 des Bürgerlichen Gesetzbuchs findet auf Ehegatten, die in einer Gütergemeinschaft des älteren Rechts leben und auf Grund einer vor dem Inkrafttreten des Bürgerlichen Gesetzbuchs erhobenen Klage geschieden wurden, keine Anwendung. Beschränkungen der Geschäftstätigkeit der Ehefrauen nach älterem Rechte fallen fort.

Das Gesetz vom 17. Juli 1902 betreffend die wandelbaren Bezüge der Notare ergänzt und ändert das Rechtspolizeigesetz vom 17. Juni 1899 und das Rechtspolizeikostengesetz vom 15. Juni 1899 in mehreren Punkten, insbesondere durch Erweiterung der Zuständigkeit der Notare und Bestimmungen über die ihnen hierfür und für andere Amtshandlungen zustehenden Gebühren.

Die Ministerialverordnung vom 3. Mai 1902 enthält ausführliche Vorschriften über die Statistik, welche die gewerblichen Schiedsgerichte über ihre Rechtsprechung und ihre Tätigkeit als Einigungsämter, die von ihnen abgegebenen Gutachten und bei ihnen gestellten Anträge aufzustellen und einzureichen haben, und gibt ähnliche für die Gemeindevorsteher wegen der bei ihnen verhandelten Streitigkeiten aus §§ 76, 83 des Gewerbegerichtsgesetzes.

Das Gesetz vom 8. Juli 1903 die Bezirke der Grundbuchämter betreffend ändert und ergänzt das Grundbuchausführungsgesetz vom 19. Juni 1899 insbesondere dahin, daß benachbarte Gemeindegrundbuchämter bei erschwerter Grundbuchführung zusammengelegt werden können und auch die Bürgermeister zur Beglaubigung von Anträgen und sonstigen Erklärungen in den Fällen der §§ 29, 30, 32 der Reichsgrundbuchordnung zuständig sind. Diese Zusammenlegung der Grundbuchämter ist durch Bekanntmachungen vom 17. Januar 1903 und vom 11. Januar 1904 für zahlreiche Gemeinden angeordnet worden.

Auch die landesherrliche Verordnung vom 9. Oktober 1903 die Lagerbücher betreffend ändert mehrfach die Ausführungsverordnung zur Grundbuchordnung vom 13. Dezember 1899 ab, insbesondere in der Vorschrift eines Vermerks bei eingetretenen Veränderungen des Grundstücks oder bei einem Nachweise gewisser Berechtigungen.

Die Verordnung vom 4. Mai 1901 wird durch die Verordnung vom 31. Januar 1903, das Verfahren bei der Zwangsversteigerung betreffend, mehrfach und besonders soweit dabei die Behandlung des Zubehörs einer Liegenschaft in Betracht kommt, ergänzt.

Nach einer Bekanntmachung vom 29. Juli 1902 wird im Einverständnis mit dem schweizerischen Bundesrat der Staatsvertrag Badens mit der schweizerischen Eidgenossenschaft vom 20. Juni 1808 über die Gleichstellung der beiderseitigen Staatsbürger in Konkursfällen mit dem 1. Januar 1903 außer Kraft gesetzt.

Die landesherrlichen Verordnungen vom 18. Juli 1903 und 24. März 1904 den Gerichtsschreiberdienst und den Kanzleidienst bei den Justizstellen betreffend verlangen weitere praktische Vorbereitung für die Zulassung der Gerichtsaktuare zur Gerichtsschreiberprüfung.

Auch in Baden sind die Vorschriften der Verordnungen vom 17. und 21. November 1899 über die Vorbereitung zum höheren öffentlichen Dienst in der Justiz und der inneren Verwaltung geändert worden. Die neuen Verordnungen vom 27. und vom 31. August 1903 regeln den Besuch akademischer Vorlesungen, auch aus der philosophischen Fakultät, den Rücktritt von einer Prüfung, den Vorbereitungsdienst bei dem Gericht, einem Rechtsanwalt und Notar und bei einer Verwaltungsbehörde, insbesondere zum Zweck einer gründlicheren Vorbereitung und Ausbildung der Rechtspraktikanten und Referendare. Von dem Vorbereitungsdienst sollen zugebracht werden 18 Monate bei einem Amtsgericht und solchen Notaren, die mit Grundbuchsachen befaßt werden, je 8 Monate bei dem Oberlandesgericht, den Landgerichten oder einer Staatsanwaltschaft, 12 Monate im Dienst einer Verwaltungsbehörde der inneren Verwaltung oder einer andern vom Ministerium des Innern bezeichneten, 4 Monate bei einem Rechtsanwalt, der bei einem Kollegialgericht zugelassen ist.

Die Verordnung vom 10. Mai 1902 gibt auf Grund des badischen Polizeistrafgesetzbuchs und der Reichsgesetze gesundheitspolizeiliche Vorschriften über die Beschaffenheit und Aufbewahrung, den Verkauf und die öffentliche Kontrolle des Verkehrs mit Milch, die Verordnung vom 15. Juli 1903 desgleichen über die Behandlung der Bierpressionen, den Betrieb des Flaschenbierhandels und den des Barbier- und Friseurgewerbes. Die Verordnung vom 23. Februar 1903 über die Verhütung von Tierquälerei regelt die Beförderung von Vieh auf dem Bodensee.

Im Kosten- und Gebührenwesen sind zunächst zwei Bekanntmachungen vom 23. Juli und 16. Dezember 1903 über die Kosten der Rechtshilfe in Angelegenheiten der freiwilligen Gerichtsbarkeit zu besprechen. Mit Hessen ist vereinbart worden, auf Ansatz und Erhebung von Gebühren und Ersatz von Auslagen — hier nach einem näher geordneten Verfahren — gegenseitig zu verzichten. Ein ähnliches Abkommen ist nach Bekanntmachung vom 22. April 1903 mit Bayern geschlossen worden.

Die Verordnungen vom 21. Januar 1901 über die Kosten in Angelegenheiten der freiwilligen Gerichtsbarkeit und bei Zwangsvollstreckungen, und die Gerichtskostenordnung vom 10. Januar 1900 sind durch Verordnungen vom 23. Juli 1902 und 22. September 1903 besonders in betreff der Kostensätze abgeändert worden.

6. Das hessische Gesetz vom 6. August 1902 das Eigentum an Kirchen und Pfarrhäusern betreffend bestimmt, daß das Eigentum an gottesdienstlichen Gebäuden und ihrem Zubehör, Pfarrhäusern und den an sie angrenzenden Grundstücken auf Antrag der Kirchengemeinden von den bürgerlichen Gemeinden, sofern sie zur Zeit des Inkrafttretens des Gesetzes als Eigentümer jener Grundstücke im Grundbuch eingetragen sind und nicht widersprechen, auf die Kirchengemeinden übergeht. Ferner gibt es eingehende Vorschriften über das Verfahren bei dem Eigentumsübergang und die Entscheidung der durch die veränderten Rechtsbeziehungen zwischen den bürgerlichen und Kirchengemeinden entstehenden Streitigkeiten im Verwaltungsstreitverfahren.

Die Übernahme der in einem Grundbuch der Provinz Rheinhessen eingetragenen Vormerkung „streitig" in das anzulegende Grundbuch findet, wie das Gesetz vom 30. März 1903 bestimmt, nicht statt, wenn der Eigentümer des Grundstücks der Übernahme widerspricht, seit der Eintragung der Vormerkung zehn Jahre verstrichen sind und der Berechtigte unterlassen hat, sein Recht rechtzeitig anzumelden und dies auch trotz Aufforderung und Androhung des Rechtsnachteils durch das Amtsgericht innerhalb der für das Anlegungsverfahren bestimmten Frist nicht getan hat.

Das gerichtliche Verfahren — § 484 der Zivilprozeßordnung — betrifft die Großherzogliche Verordnung vom 12. Juli 1903, die den Mennoniten gestattet, an Stelle des Eides eine Erklärung unter der Beteuerungsformel ihrer Religionsgesellschaft — dem Handschlag — abzugeben.

Das Gesetz vom 31. März 1903 ermächtigt den Armenverband, dem die Fürsorge für eine zu entmündigende Person im Falle der Hilfsbedürftigkeit obliegen würde, deren Entmündigung wegen Verschwendung oder Trunksucht zu beantragen.

Die Verordnung vom 17. März 1903 gibt eingehende Bestimmungen über den Ansatz, die Erhebung und die Beitreibung der Gerichtskosten, die in die Staatskasse fließen, durch den Gerichtsschreiber des Gerichts, bei dem die Rechtsangelegenheit anhängig ist. Nach dem Gesetz vom 4. April 1903, betreffend die Abänderung des Ausführungsgesetzes zum deutschen Gerichtskostengesetz vom 30. August 1879, kann dem Fiskus anderer Staaten und den für die Rechnung eines andern Staates verwalteten öffentlichen Anstalten, Kassen oder ihnen gleichgestellten Einrichtungen Gebührenfreiheit unter Voraussetzung der Gegenseitigkeit gewährt werden.

Das Gesetz vom 17. März 1903 zur Abänderung des Ausführungsgesetzes zur Strafprozeßordnung vom 9. Juni 1879 schreibt vor, daß die Geldstrafen im Namen der Strafvollstreckungsbehörde durch die Finanzbehörden, Untersuchungskosten durch die Strafvollstreckungsbehörden selbst eingezogen werden sollen.

Durch die Großherzogliche Verordnung vom 9. Dezember 1902 ist ein neues hessisches Staatswappen eingeführt worden.

Staatsrechtlich von Belang ist das Gesetz vom 12. Juli 1902 zur Ausführung des Artikels 5 des Regentschaftsgesetzes vom 26. März 1902. Da der zur Zeit dem hessischen Thron am nächsten stehende Agnat des Gesamthauses Hessen dauernd verhindert ist die Regierung des Großherzogtums persönlich zu führen, hat im Fall, daß sie auf ihn übergehen sollte, eine Regentschaft stattzufinden.

Aus dem sehr beachtenswerten Gesetz den Denkmalschutz betreffend vom 16. Juli 1902 mit Staatsministerialbekanntmachung vom 16. Februar 1903 ist folgendes hervorzuheben.

Bauwerke in der Verfügungsgewalt einer juristischen Person des öffentlichen Rechts und solche in der Verfügungsgewalt einer physischen oder juristischen Person des Privatrechts, die von dem Denkmalrat des Großherzogtums in die amtliche Denkmalliste eingetragen sind, und deren Erhaltung wegen ihrer Bedeutung für die Geschichte, besonders die Kunstgeschichte, im öffentlichen Interesse liegt (Baudenkmäler), dürfen nur nach vorgängiger Genehmigung der zuständigen Verwaltungsbehörde, sonst weder selbst noch in ihrer Umgebung ganz oder teilweise beseitigt, veräußert, wiederhergestellt oder erheblich ausgebessert werden. Der Staat hat bei allen diesen Denkmälern zum Zweck ihrer Erhaltung im Falle der Vernachlässigung oder einer durch künstlerische oder geschichtliche Rücksichten gebotenen Freilegung ein Recht auf Enteignung durch Beschränkung oder, wenn der Grundeigentümer es verlangt, durch Entziehung von Grundeigentum. Bestandteile der Erdoberfläche, wie z. B. Wasserläufe, Felsen, Bäume u. a., deren Erhaltung aus geschichtlichen oder naturgeschichtlichen Rücksichten oder wegen ihrer landschaftlichen Schönheit oder Eigenart im öffentlichen Interesse liegt, können mit ihrer Umgebung auf Antrag der Forst- und Kameralabteilung des Finanzministeriums durch das Kreisamt einem besondern Schutz unterstellt werden. Dieser hat die Wirkung, daß Arbeiten, die den Fortbestand eines Naturdenkmals oder seiner Umgebung zu gefährden oder zu verunstalten geeignet sind, nur nach Genehmigung durch das Kreisamt ausgeführt und verunstaltende Aufschriften oder Gegenstände, z. B. Reklameschilder an ihm oder in seiner amtlich geschützten Umgebung nicht angebracht werden dürfen. Lokalpolizeiverordnungen können dasselbe für landschaftlich hervorragende Gegenden vorschreiben und schon vorhandene Verunstaltungen entfernen.

Das Gesetz enthält ferner genaue Vorschriften über Ausgrabungen und Funde von kulturgeschichtlicher oder geschichtlicher Bedeutung und die Organisation des Denkmalschutzes, insbesondere die Zusammensetzung und Tätigkeit des Denkmalrates.

Zuwiderhandlungen gegen die im Interesse des Schutzes der öffentlichen und privaten Baudenkmäler, der Ausgrabungen und Funde und der Naturdenkmäler gegebenen Vorschriften werden mit Geldstrafe bis zu 300 Mark, vorsätzliche mit Geldstrafe bis zu 1000 Mark oder mit Haft bestraft.

Die Disziplinarverhältnisse der Gendarmen sind durch das Gesetz vom 27. August 1902 mit Ausführungsverordnung vom 22. Juli 1903, ihr Dienst in der Dienstordnung für das Gendarmeriekorps vom 14. Dezember 1903 geregelt worden.

Die Verordnung des Staatsministeriums vom 14. Februar 1903 zur Ausführung des Gesetzes über das Verfahren in Forst- und Feldrügesachen vom 13. Oktober 1890 bestimmt die Forst- und Feldrügegerichtsperioden und die in ihnen abzuhaltenden gerichtlichen Termine.

Die Verordnung vom 16. Dezember 1903 zur Abänderung der Verordnung vom 25. Juli 1891, betreffend die Einführung des Verwaltungsstrafbescheids, ordnet die Zuständigkeit der höheren Justizverwaltungsbeamten zum Erlaß von Strafbescheiden wegen Verletzung der Stempelpflicht auf Grund des Artikels 31 des Gesetzes über den Urkundenstempel vom 12. August 1899. Die Bekanntmachung vom 4. Februar 1904 ordnet das Verwaltungsstrafverfahren und den Erlaß von Verwaltungsstrafbescheiden bei Zuwiderhandlungen gegen die Vorschriften über die Erhebung des Urkundenstempels im Geschäftskreis des Ministeriums der Justiz.

Das Gesetz die Landeskreditkasse betreffend vom 6. August 1902 setzt die Fälle fest, in denen diese Anstalt Geldmittel zu gemeinnützigen Zwecken darlehnsweise gewährt und regelt die Verwaltung der Kasse. Dazu gehört auch zur Förderung der Wohnungsverhältnisse der Arbeiter die Erbauung von Wohnungen für Minderbemittelte nach den Grundsätzen des Gesetzes vom 7. August 1902 und dessen Ausführungsverordnung vom 24. Februar 1903. Diese Darlehen können bis zum vollen Betrag der Kosten für den Erwerb des Baugeländes und die Bauausführung gegeben werden und bedürfen in der Regel keiner dinglichen Sicherung. Der Wohlfahrtspflege dient ebenfalls das Gesetz über die öffentlichen Sparkassen vom 8. August 1902.

Die Verordnung vom 2. August 1902 organisiert den Gewerbeaufsichtsdienst, setzt fünf Gewerbeinspektionen ein und gibt eine Dienstanweisung für die Gewerbeaufsichtsbeamten.

Das Gesetz vom 6. August 1902 die Handelskammern betreffend richtet sieben Handelskammern in Darmstadt, Offenbach, Gießen, Friedberg, Bingen, Worms und Mainz ein. Sie haben sowohl die Gesamtinteressen des Handels, der Industrie und des Verkehrswesens ihres Bezirks wahrzunehmen, als auch die Behörden in der Förderung der genannten Erwerbszweige durch tatsächliche Mitteilungen, Erstattung von Gutachten und Stellung von Anträgen zu unterstützen. Sie haben die Rechte juristischer Personen und bilden in ihrer Gesamtheit den hessischen Handelskammertag.

7. Mecklenburg-Schwerin und Mecklenburg-Strelitz haben durch eine Verordnung vom 5. Januar 1903 der reformierten und der römisch-katholischen Kirche die bisher versagte öffentliche Religionsausübung zugestanden und ihren dem öffentlichen Gottesdienste gewidmeten, mit landesherrlicher Genehmigung errichteten Gebäuden mit zugehörigen Grundstücken und ihren Religionsübungen denselben Rechtsschutz gewährt wie der lutherischen Landeskirche.

In beiden Staaten sind ferner am 15. April 1904 und am 3. Mai 1904 Verordnungen über die Schonzeit des Wildes mit Strafbestimmungen über die Verletzungen der Schonzeit und den Fang von Wild in Schlingen ergangen.

Eine völkerrechtliche Merkwürdigkeit ist durch den Staatsvertrag zwischen Mecklenburg-Schwerin und Schweden vom 20. Juni 1903 beseitigt worden. Dieser hebt die Malmöer Konvention vom 20. Juni 1803 auf, wonach dem Könige von Schweden das Recht zustand, die dem Großherzog von Mecklenburg-Schwerin für einen Pfandschilling verpfändete Stadt und Herrschaft Wismar nebst den Ämtern Poel und Neukloster nach hundert Jahren seit Unterzeichnung des Vertrages gegen Erstattung des Darlehns wiedereinzulösen. Damit ist Wismar endgültig eine deutsche Stadt geworden.

Die Verordnung vom 15. Juli 1902 ändert den Stempeltarif für Mecklenburg-Schwerin vom 22. Dezember 1899 und gibt Bestimmungen über die Stempelpflicht und Stempelfreiheit von Vollmachten. Die zur Führung von Zivilprozessen und zur Vertretung im Konkursverfahren erteilten Vollmachten bleiben auch dann stempelfrei, wenn die Vollmacht einen größeren Umfang hat als in §§ 81, 82 der Zivilprozeßordnung vorgesehen ist.

Die Verordnung vom 4. Juli 1903 für Mecklenburg-Strelitz und vom 5. Januar 1903 für Mecklenburg-Schwerin hat die Ausführungsanordnung zur Grundbuchordnung vom 9. April 1898 abgeändert.

Die Verordnung für Schwerin vom 24. März 1904 betrifft die Führung und Behandlung des nach § 519 des Handelsgesetzbuchs vom Schiffer zu führenden Schiffstagebuchs.

Die Bekanntmachung vom 14. April 1904 behandelt das Verfahren und den Geschäftsgang bei dem Landesversicherungsamt.

8. In Weimar hat die Verordnung vom 5. August 1903 das Regulativ vom 10. August 1902 abgeändert und die Vorbereitung zum höheren Justizdienst neu geordnet. Der Referendar hat 3½ Jahre Vorbereitungsdienst, davon das erste Jahr und die letzten neun Monate mindestens bei einem Amtsgericht, neun Monate bei einem Landgericht, drei Monate bei der Staatsanwaltschaft und sechs Monate bei einem Rechtsanwalt; außerdem ist er in der Regel drei Monate in einem gewerblichen Betriebe, z. B. einer Bank, einem größeren Fabrikunternehmen, landwirtschaftlichen Betriebe, einer Forstinspektion, Oberförsterei, größeren städtischen Verwaltung oder Versicherungsanstalt zu beschäftigen und kann, jedoch höchstens sechs Monate, bei einer höheren Verwaltungsbehörde arbeiten.

Über die Erhaltung der zur Speisung von Wasserleitungen dienenden Quellen ist das Gesetz vom 11. März 1903 zustande gekommen. Auf Grundstücken oder Grundstücksteilen im Zuflußgebiet einer solchen Quelle können, wenn ihre Erhaltung im öffentlichen Interesse liegt, Bohrungen, Ausschachtungen und sonstige Arbeiten, die ihren Bestand gefährden können, auf Antrag des Eigentümers von der Verwaltungsbehörde untersagt werden. Der Eigentümer muß im Falle des Erlasses des Verbotes die bis dahin für die Arbeiten gemachten Aufwendungen ersetzen.

Die Ministerialbekanntmachung vom 1. November 1903 enthält eine neue Unterweisung für die Standesbeamten, die Verordnung vom 13. Dezember 1902 Ausführungsvorschriften zum Reichsgesetz vom 30. Juni 1900 betreffend die Bekämpfung gemeinfährlicher Krankheiten und die vorläufigen Ausführungsbestimmungen zur Bekämpfung der Pest vom 6. Oktober 1900.

Das vorläufige Gesetz über Festsetzung einer Erbschaftssteuer vom 6. Juni 1902 ist durch Gesetz vom 26. Februar 1903 in ein endgültiges umgewandelt worden.

9. In Oldenburg ist das Gesetz vom 27. März 1903 zur Abänderung des Ausführungsgesetzes zum Bürgerlichen Gesetzbuch vom 15. Mai 1899 § 22 ergangen. Es kann durch Verordnung für einzelne ländliche Bezirke eine höhere Beleihungsgrenze als der zwanzigfache, jedoch kein höherer als der dreißigfache Katastralreinertrag festgesetzt werden, wenn die auf den Grundstücken eingetragenen Hypotheken, Grund- oder Rentenschulden noch als mündelsicher gelten sollen. Dies ist durch eine Verordnung von demselben Tage geschehen.

Das Gesetz vom 24. November 1902 verlangt für die Eheschließung von Ausländern in Oldenburg ein Zeugnis der zuständigen Behörde ihres Heimatsstaates darüber, daß diesen ein nach den Gesetzen ihres Staates bestehendes Ehehindernis nicht bekannt ist und daß sie nach ihrem Heimatsrecht ihre Staatsangehörigkeit nicht durch die Eheschließung verlieren, sondern auf ihre Ehefrau, ihre ehelichen oder als ehelich legitimierten Kinder übertragen. Die Zuständigkeit der auswärtigen Behörde ist von einem Konsul oder Gesandten des Reichs zu bescheinigen. Befreiung ist zulässig.

Nach dem Gesetz vom 10. März 1903 kann der Eigentümer eines auf einer oldenburgischen Schiffswerft noch im Bau befindlichen Schiffes daran ein Pfandrecht durch Eintragung in ein besonderes Register für solche Pfandrechte bestellen. Dieses Recht erlischt durch Eintragung des Schiffes in das Schiffsregister, der Pfandgläubiger aber kann verlangen, daß ihm ein Pfandrecht von gleichem Range an dem fertigem Schiffe bestellt wird. Die Zwangsvollstreckung in die noch im Bau befindlichen Schiffe richtet sich nach den Vorschriften der Zivilprozeßordnung über die Zwangsvollstreckung in das bewegliche Vermögen. Eine Ministerialbekanntmachung von demselben Datum gibt Vorschriften über die Führung des Registers.

Zur Ausführung der Seemannsordnung vom 2. Juni 1902 ist am 30. März 1903 eine Verordnung ergangen.

Die Führung und Behandlung des nach § 519 des Handelsgesetzbuchs vom Schiffer zu führenden Tagebuchs ist Gegenstand der Verordnung vom 2. Februar 1904.

Die Verfassung wird durch zwei Gesetze berührt. Das Gesetz vom 16. Dezember 1902 betreffend Auslegung des Artikels 77 des revidierten Staatsgrundgesetzes erklärt, daß dessen Vorschrift, wonach Religionsgesellschaften Korporationsrechte nur durch Gesetz erhalten können, sich nicht auf den Erwerb der Rechtsfähigkeit auf dem Gebiet des bürgerlichen Rechts bezieht. Nach dem Gesetz vom 19. Dezember 1902 sollen jährliche ordentliche Landtage stattfinden, die dreijährige Wahlperiode aber beibehalten werden.

Das Gesetz vom 24. Dezember 1902 betreffend die Fürsorge für die Witwen und Waisen der im öffentlichen Dienst Angestellten gewährt als Witwengeld grundsätzlich dreißig Prozent des pensionsfähigen Diensteinkommens, als Waisengeld den fünften Teil des Witwengeldes, bei Unfällen im amtlichen Beruf die Hälfte. Abtretung und Verpfändung dieser Ansprüche sind ausgeschlossen. Das Gesetz vom 11. März 1903 ändert den § 58 des revidierten Staatsdienergesetzes und drei Gesetze von 1873, 1879 und 1900 und gibt Vorschriften über die Berechnung der Dienstzeit der Staatsbeamten.

Die Einkommensteuergesetze vom 6. April 1864 und 11. März 1891 sind durch Gesetz vom 17. März 1903 geändert worden.

10. In Braunschweig bestimmt das Gesetz vom 4. Dezember 1902 betreffend authentische Erklärung des § 6 des Gesetzes vom 16. Februar 1879 Nr. 3 über die provisorische Ordnung der Regierungsverhältnisse bei einer Thronerledigung, daß eine auf Grund dieses Gesetzes eingetretene Regentschaft bei Wechseln in der Person des erbberechtigten Thronfolgers nicht endet, vielmehr solange bestehen bleibt, bis ein in der aktuellen Ausübung der Regierung nicht behinderter erbberechtigter Thronfolger die Regierung antritt.

Aus dem Gesetz die Ordnung der kirchlichen Verhältnisse der Katholiken betreffend vom 29. Dezember 1902 sind die Vorschriften über die religiöse Erziehung der Kinder aus gemischten Ehen zu beachten. Solche Kinder sind ohne Unterschied des Geschlechts im Bekenntnis des Vaters zu erziehen, sofern nicht der Vater nach der Geburt des ersten Kindes und vor dessen Taufe gegenüber der zuständigen Verwaltungsbehörde erklärt, daß alle Kinder aus solcher Ehe in dem Bekenntnis der Mutter erzogen werden sollen. Ähnliches wird für legitimierte und an Kindesstatt angenommene Kinder angeordnet. Der Wechsel in dem Bekenntnis des Vaters oder der Mutter und deren Tod ist ohne Einfluß auf die religiöse Erziehung der Kinder. Alle entgegenstehenden, vor oder während der Ehe gemachten Verträge, schriftlichen Verpflichtungen und sonstigen Versprechungen sind nichtig. Der Übertritt zu einem anderen Glaubensbekenntnis ist erst nach vollendetem 14. Lebensjahre zulässig.

Die Verordnung vom 8. August 1903 die Gerichtskassen betreffend richtet bei jedem Gericht eine Kasse mit zwei Abteilungen ein, die Gerichtssportelkasse für die Einnahmen, die Gerichtsverwaltungskasse für die Verwaltungsausgaben und regelt das Kassen- und Rechnungswesen bei den Justizbehörden. Durch das Gesetz vom 23. Mai 1903 ist das Ausführungsgesetz zum deutschen Gerichtskostengesetz vom 13. September 1899 abgeändert worden.

Das Stempelsteuergesetz vom 23. Mai 1903 mit Tarif und einer Ausführungsbekanntmachung vom 29. Juni 1903 behandelt die Voraussetzungen für die Stempelpflichtigkeit inländischer und ausländischer Urkunden. Mitgeteilt sei die Strafbestimmung, daß die absichtliche Hinterziehung der Stempelsteuer mit einer Geldstrafe im vierfachen Betrage des hinterzogenen Stempels oder, wenn dieser nicht festgestellt werden kann, einer Geldstrafe bis zu 3000 Mark bestraft wird. Für Erstattung der bereits verwendeten Stempel ist binnen einer Ausschlußfrist von sechs Monaten der Rechtsweg zulässig.

Am 16. August 1903 ist ein Gesetz betreffend das Verwaltungsstrafverfahren bei Zuwiderhandlungen gegen die Zollgesetze und die sonstigen Vorschriften über indirekte Reichs- und Landesabgaben ergangen.

Das Medizinalgesetz vom 9. März 1903 überträgt der Kammer der Ärzte und Apotheker die Befugnis, Disziplinarstrafen gegen ihre Mitglieder zu verhängen; über Beschwerden hiergegen entscheidet der Disziplinarhof. Auch wird der Wirkungskreis der Physici, die medizinisch-gerichtliche und polizeiliche Geschäfte wahrzunehmen haben, bestimmt.

Ausführungsbestimmungen zum Reichsgesetz über die Unfallversicherung in der Land- und Forstwirtschaft vom 30. Juni 1900 gibt das Gesetz vom 8. Dezember 1902.

11. Das Ministerialausschreiben für Meiningen vom 15. September 1903 betreffend die Richtighaltung des Grundbuchs verpflichtet die Gemeindevorstände, das Ableben der mit Grundbesitz angesessenen Personen ihres Bezirks alsbald dem zuständigen Grundbuchamt anzuzeigen. Die Amtsgerichte sollen die Beteiligten anhalten, Erbschein und Übereignung des Nachlaßgrundbesitzes zu beantragen.

Das Ausschreiben vom 24. Juli 1903 ordnet das Hinterlegungswesen.

Das Gesetz vom 23. Dezember 1903 ändert den dritten Abschnitt des meiningenschen Berggesetzes vom 17. April 1868 von den Bergleuten.

und den Betriebsbeamten sehr durchgreifend ab und trifft Fürsorge für die Bergarbeiter durch umfassende Bestimmungen über die Arbeitsordnungen, den Inhalt und die Auflösung des Dienstvertrags zwischen dem Bergwerksbesitzer und dem Bergarbeiter und die Arbeitsbücher minderjähriger Arbeiter. Desgleichen wird das Dienstverhältnis zwischen dem Bergwerksbesitzer und den von ihm gegen feste Bezüge zur Leitung und Beaufsichtigung des Betriebes angestellten, mit höheren technischen Dienstleistungen betrauten Personen geordnet. Die Strafbestimmungen des älteren Gesetzes werden eingehend umgestaltet.

Personen, die nicht als Kollekteure der hessisch-thüringischen Staatslotterie angestellt oder nicht als gewerbsmäßige Loshändler zugelassen sind, ist durch Gesetz vom 5. Dezember 1902 das gewerbsmäßige Feilbieten oder Verkaufen von Losen oder Losabschnitten der Staatslotterie ohne Genehmigung des Ministeriums bei Geldstrafe bis zu 150 Mark oder Haft untersagt.

12. Sachsen-Altenburg schreibt in einer Verordnung vom 28. August 1903, die auf Grund einer Vereinbarung zwischen den an dem gemeinschaftlichen Oberlandesgericht in Jena beteiligten thüringischen Staaten ergangen ist, den Studierenden der Rechtswissenschaft den Besuch von seminaristischen Übungen im bürgerlichen Recht und Zivilprozeß während der Studienzeit vor.

Der Vorbereitungsdienst der Referendare ist nach der Verordnung vom 13. Dezember 1902 auf $3^1/_2$ Jahre festgesetzt. Hiervon können sechs Monate auch im Dienste bei Verwaltungsbehörden verwendet werden.

13. Coburg-Gotha. Das Gesetz betreffend Abänderung des Staatsgrundgesetzes für die Herzogtümer vom 14. April 1902 bestimmt zu dessen § 119 Abs. 2, daß der Etat alle zwei Jahre mit dem Landtage eines jeden der beiden Herzogtümer im voraus festzustellen ist.

Das Kostenwesen behandelt das Ministerialkostengesetz vom 24. März 1903 betreffend die Kosten in Angelegenheiten, die bei dem Staatsministerium verhandelt werden, und die coburgische Gebührenordnung für Verwaltungssachen vom 28. März 1903, die Gebühren in Flurbuchsachen eine Verordnung vom 10. August 1902. Auch ist ein Gesetz über die Erbschafts- und Schenkungsabgabe in Gotha am 17. Mai 1902, in Coburg am 22. Dezember 1903 ergangen.

Die Besoldungen der gothaischen Beamten sind festgelegt in dem Gesetz vom 14. Juli 1903.

Das Gesetz vom 25. März 1903 über die Lotterien gibt ähnliche Strafbestimmungen wie das schon erwähnte meiningensche Gesetz, bestraft aber außerdem das Spielen in auswärtigen Lotterien mit Geldstrafe bis zu 500 Mark.

Das gothaische Gesetz vom 21. Mai 1902 betreffend die Abänderung des Gesetzes über die Schonzeit des Wildes vom 18. Februar 1876 besagt, daß jeder der nach Ablauf der ersten 14 Tage der Schonzeit Wild, dessen Jagd in dieser Zeit untersagt ist, feilhält oder feilbietet, nachweisen muß, daß das Wild entweder vor der Schonzeit erlegt oder auswärtigen Ursprungs ist. Zuwiderhandlungen unterliegen Geldstrafen und Einziehung des Wildes.

14. Anhalt hat das Gesetz vom 14. April 1902 zur Abänderung des Jagdpolizeigesetzes vom 26. Mai 1882 erlassen. Die Jagd innerhalb der Ortschaften ist nur auf Raubzeug und Kaninchen gestattet, Afterverpachtungen einer Jagd sind ohne schriftliche Einwilligung des Verpächters nicht gestattet, eine Jagd darf nicht an mehr als drei Personen gemeinschaftlich verpachtet werden. Entgegenstehende Verträge sind nichtig.

Eine Ausführungsverordnung zum Reichsgesetz über die Bekämpfung gemeingefährlicher Krankheiten ist am 2. März 1903 veröffentlicht worden.

15. Auch Schwarzburg-Rudolstadt beschäftigt sich in der Verordnung vom 5. Dezember 1903 mit Vorschriften über den Besuch von Seminarübungen auf der Universität durch die Studierenden der Rechte.

Das mündliche Verhandeln vor Gericht — § 157 Abs. 4 der Zivilprozeßordnung — ist den Prozeßagenten nach der Verordnung vom 28. März 1903 in der Regel nur für ein Amtsgericht von dem Landgerichtspräsidenten zu gestatten. Die Untersagung des Gewerbebetriebes auf Grund des § 35 Abs. 2 der Gewerbeordnung hat den Wegfall der Erlaubnis von selbst zur Folge.

Außer diesen Verordnungen ist das Einkommensteuergesetz mit Ausführungsverordnung vom 31. Mai 1902 zu nennen.

16. Schwarzburg-Sondershausen. Die Verordnung über die Landestrauer vom 20. Mai 1903 bestimmt, daß die Kirchenglocken beim Ableben des Fürsten, der Fürstin oder einer verwitweten Fürstin und des deutschen Kaisers eine Woche lang zu läuten und alle öffentlichen Musiken, Schauspiele und andre Lustbarkeiten vier Tage lang vom Sterbetag ab und am Tage der Beerdigung einzustellen sind. Strafbestimmungen werden nicht gegeben.

Die Verordnung vom 1. August 1903 hat Grundsätze über den Ansatz der Gebühren und Auslagen der Gerichtsvollzieher aufgestellt.

In der Absicht, die Wohnungsverhältnisse der Arbeiter zu verbessern, ist durch Erlaß vom 23. April 1902 ein Fonds für leichtere Beschaffung billiger Arbeiterwohnungen errichtet worden.

17. Die Gesetze und Verordnungen, die für Waldeck außer den schon erwähnten erlassen sind, haben für den Juristentag kein weiteres Interesse.

18. Reuß ä. L. bemißt durch die Verordnung vom 30. Oktober 1903 die Vorbereitung zum höheren Justizdienst betreffend dessen Dauer auf $3^1/_2$ Jahre.

Das Gesetz vom 29. Dezember 1903 über die Gewährung von Alterszulagen an Staatsdiener gewährt diesen die Zulagen in vierjährigen Zwischenräumen seit der etatsmäßigen Anstellung.

Ein Zwang zur Versicherung von Schlachtvieh gegen Ersatz des Schadens, der den Eigentümern nach der Schlachtung durch die Untauglichkeitserklärung des Fleisches bei der amtlichen Fleischbeschau entstehen kann, ist durch das Gesetz vom 10. März 1903 über die öffentliche Schlachtviehversicherung eingeführt worden.

Die Verordnung vom 29. September 1902 regelt den Geschäftsgang und das Verfahren des Landesversicherungsamts, die Verordnung vom 30. September 1902 die Gebühren der Rechtsanwälte in diesem Verfahren.

19. Reuß j. L. Aus dem Gesetz vom 9. März 1903, welches das Berggesetz vom 9. Oktober 1870 abändert, interessieren die Bestimmungen, daß die Geschäfte des Bergamtes von einem Richter des am Sitze des Bergamtes befindlichen Amtsgerichts unter Zuziehung eines technischen Beirats wahrgenommen werden sollen, und daß die den Bergbehörden beigeordneten Beamten, ihre Frauen und unter väterlicher Gewalt stehenden Kinder durch Mutung kein Bergwerk oder Anteile daran ohne Genehmigung des Ministeriums erwerben dürfen.

Das Gesetz vom 12. März 1903 über die staatliche Schlachtviehversicherung — abgeändert durch Gesetz vom 9. Juni 1904 — entspricht dem für Reuß ä. L. ergangenen.

Die landesherrliche Verordnung vom 21. Oktober 1903 betreffend die Dauer der Vorbereitung zum höheren Justizdienst und die Beschäftigung der Referendare während der Vorbereitungszeit gibt hierüber im wesentlichen dieselben Vorschriften, wie die oben besprochene weimarische Verordnung. Der Vorbereitungsdienst dauert auch hier $3^1/_2$ Jahre.

Dem Verwaltungsrecht gehört das Gesetz das Verfahren in Verwaltungsstrafsachen betreffend vom 9. März 1903 an. Die Behörden der allgemeinen, der fürstlichen Hof-, der Eisenbahn- und der Forstverwaltung können wegen Übertretungen jeder Art innerhalb ihres Geschäftsbereichs Strafverfügungen nach §§ 453—458 der Strafprozeßordnung erlassen, soweit nicht Reichsgesetze ein anderes bestimmen. Dagegen ist als Rechtsmittel nur der Antrag auf gerichtliche Entscheidung, nicht die Beschwerde zulässig. In Steuer- und Zollsachen können die Verwaltungsbehörden innerhalb ihres Geschäftsbereichs Strafbescheide gemäß §§ 459—469 der Strafprozeßordnung erlassen.

20. Ein gleiches Gesetz über das Verwaltungsstrafverfahren bei Zuwiderhandlungen gegen die Zollgesetze und die sonstigen Vorschriften über die indirekten Reichs- und Landesabgaben ist in Schaumburg-Lippe am 22. April 1902 ergangen.

Die Ministerialbekanntmachung vom 14. Juni 1902 betrifft die in Fundangelegenheiten nach §§ 980, 981, 983 des Bürgerlichen Gesetzbuches von den Landesbehörden und Landesanstalten zu machenden Bekanntmachungen.

Die landesherrliche Verordnung vom 8. Juli 1902 hebt die Ausführungsverordnung zur Reichsgrundbuchordnung vom 2. Dezember 1899 auf und bestimmt an deren Stelle, daß für den Bezirk eines jeden Gerichts ein alphabetisches Eigentümerverzeichnis zu führen ist.

Das Gesetz vom 1. April 1903 betreffend die Ortspolizei hat die Organisation der Ortspolizeibehörden und ihre Befugnisse zu vorläufigen Festnahmen zum Gegenstande.

21. Die in Lippe-Detmold ergangene landesherrliche Verordnung vom 15. Mai 1902 erläutert die Verordnung vom 30. Oktober 1879 über die Zuständigkeit der Gerichte in den die fürstliche Familie betreffenden Rechtsstreitigkeiten und Angelegenheiten der freiwilligen Gerichtsbarkeit dahin, daß sie nur auf die Mitglieder der fürstlichen Familie Anwendung finden soll, die im Fürstentum ihren Wohnsitz haben.

Neuerungen im Gerichtsvollzieherwesen sind eingeführt durch das Gesetz betreffend die Besoldung der Gerichtsvollzieher vom 9. Dezember 1902 und die Gerichtsvollzieherordnung vom 28. Januar 1903.

Die Vollziehung der von den lippeschen Gerichten erkannten Zuchthausstrafen ist Gegenstand der Bekanntmachung vom 12. Oktober 1903.

Das Gesetz vom 10. Dezember 1902 untersagt, Hunde frei umherlaufen zu lassen und gewährt das Recht, frei umherstreifende Hunde und Katzen zu töten.

Die Kosten in Verwaltungssachen werden durch das Gesetz vom 6. Januar 1903 geregelt.

Zu nennen ist ferner das Ausführungsgesetz vom 20. November 1902 zum Reichsgesetze betreffend die Bekämpfung gemeingefährlicher Krankheiten vom 30. Juni 1900.

22. Für Hamburg ist am 2. Januar 1903 ein Jagdgesetz ergangen. Das Jagdrecht ist danach ein mit dem Grundeigentum ver-

bundenes Recht und kann von dem Grundeigentümer nur auf zusammenhängenden land- und forstwirtschaftlichen Ländereien von mindestens 75 Hektar Flächenraum ausgeübt werden. Das Gesetz enthält weiter Vorschriften über die Ausübungen der Jagd durch Miteigentümer, Jagdverpachtungen, Jagdscheine, die Art der Jagdausübung, den Wildschaden, die Schonzeiten des Wildes und Strafbestimmungen.

In dem Gesetz betreffend die Fürsorge für die Witwen und Waisen der hamburgischen Staatsbeamten vom 11. Dezember 1903 ist bemerkenswert, daß auch die Kinder verstorbener weiblicher Beamten, wenn ihr Vater nicht mehr lebt, pensionsberechtigt sind.

Eine Neuordnung der direkten und indirekten Steuern ist erfolgt durch das Stempelsteuergesetz vom 2. Februar 1903, das Erbschaftssteuergesetz vom 2. März 1903 und das Gesetz, betreffend die Stempelabgaben, vom 11. Dezember 1903. Zu nennen ist auch das Gesetz betreffend die Besteuerung des Wanderlagerbetriebes, vom 17. November 1902. Alle diese Gesetze enthalten Strafbestimmungen gegen Steuerhinterziehung.

Wesentlich sozialpolitisch ist das Gesetz vom 21. Mai 1902 betreffend die Förderung des Baus kleiner Wohnungen und das revidierte Gesetz betreffend die Krankenversicherung der Dienstboten vom 17. Juli 1903. Dieses führt Versicherungszwang ein und errichtet eine Dienstbotenkrankenkasse.

23. **Bremen** hat zwei Abänderungsgesetze zum Ausführungsgesetz zum Bürgerlichen Gesetzbuch vom 18. Juli 1899 erlassen. Der § 53 dieses Gesetzes ist durch das Gesetz vom 26. April 1902 dahin ergänzt worden, daß für die Aufnahme der in den §§ 1718 und 1720 Abs. 2 des Bürgerlichen Gesetzbuchs vorgesehenen öffentlichen Urkunden über die Anerkennung der Vaterschaft der Standesbeamte, der die Geburt des Kindes oder die Eheschließung der Eltern beurkundet hat, ausschließlich zuständig ist. Dem § 6 desselben Gesetzes ist durch das Gesetz vom 29. November 1903 die Bestimmung hinzugefügt worden, daß für die Beurkundung des Gebotes und des Zuschlags bei der Versteigerung von Grundstücken die Amtsgerichte neben den Notaren zuständig sind. § 26 Abs. 2 des Gesetzes, der die Reallasten zu gunsten juristischer Personen behandelt, hat eine andere Fassung erhalten.

Ferner ist im bremischen Gerichtskostengesetz vom 30. Dezember 1899 der § 66a neu eingeschaltet, § 55 dieses Gesetzes aber durch ein Gesetz vom 23. Dezember 1902 geändert worden.

Ein Beamter der Staatsanwaltschaft kann nach dem Gesetz vom 17. April 1903 zu § 119 des bremischen Ausführungsgesetzes zum Gerichtsverfassungsgesetz vom 17. Mai 1879 durch jede zum Richteramte befähigte Person vertreten werden.

Die Verordnung vom 3. Januar 1904 betreffend die beeideten Börsenmäkler verbreitet sich über deren Pflichten bei öffentlichen Versteigerungen von Waren und Wertpapieren und gibt für sie eine Versteigerungsordnung und Dienstanweisung. Von demselben Tage ist auch die Taxe für Mäklergebühren.

Eine Verordnung zur Ausführung von Bestimmungen der Seemannsordnung ist am 22. März 1903 erlassen worden.

Die erste juristische Prüfung kann nach einer Bekanntmachung des Senats vom 16. Oktober 1903 auch vor der badischen Prüfungskommission in Karlsruhe abgelegt werden.

24. Lübeck gibt in der Verordnung vom 10. Mai 1902 einen Nachtrag zu der Verordnung vom 24. Januar 1900 über die Einrichtung der Grundbücher und in dem Gesetz vom 30. Mai 1902 einen dritten Nachtrag zum Ausführungsgesetz zur Grundbuchordnung vom 18. Dezember 1899.

Das Gesetz vom 21. Oktober 1902, ein dritter Nachtrag zu dem Gesetz vom 3. Februar 1879 betreffend die Prüfungen behufs Erlangung der Fähigkeit zum Richteramt, die Vorbereitung zum Justizdienst und die Verwendung der Gerichtsassessoren, bestimmt, daß die erste juristische Prüfung bei einer deutschen, vom Senate für zuständig erklärten Prüfungskommission — nach einer Verordnung des Senats vom 23. Oktober 1903 auch der badischen in Karlsruhe — abzulegen ist. Das Landesrecht ist nicht Prüfungsgegenstand. Der Vorbereitungsdienst ist in einem Bundesstaat zu leisten und dauert 3½ Jahre.

Die Dienstverhältnisse, insbesondere die Anstellung, die Prüfung und der Vorbereitungsdienst für Gerichtsschreiber und Gerichtsschreibergehilfen hat das Gesetz vom 21. März 1903 zum Gegenstande.

Das Gesetz vom 19. Dezember 1903 das lübeckische Staatsbürgerrecht betreffend regelt die Voraussetzungen, das Verfahren bei der Erteilung des lübeckischen Staatsbürgerrechts und dessen Erlöschen.

Auch für Lübeck ist ein Erbschaftssteuergesetz am 1. Dezember 1903 und ein Gesetz betreffend die Wohnungspflege am 22. Juli 1902 ergangen.

Das Gesetz betreffend die Errichtung einer Ärztekammer und eines Ehrengerichts für Ärzte vom 6. März 1903 setzt als Ehrengericht erster Instanz ein den Vorstand der Ärztekammer in voller Besetzung mit fünf Mitgliedern, als Berufungsgericht den Ehrengerichtshof, bestehend aus dem Vorsitzenden des Medizinalkollegiums und sechs Ärzten.

25. Elsaß-Lothringen. Die Kaiserliche Verordnung vom 2. Februar 1903 betreffend den Güterstand der vor dem Inkrafttreten des

Bürgerlichen Gesetzbuchs geschlossenen Ehen schreibt in der Hauptsache vor daß, wenn der Güterstand einer vor dem Inkrafttreten des Bürgerlichen Gesetzbuchs geschlossenen Ehe sich nach badischem Landrechte bestimmt und die Ehegatten in Elsaß-Lothringen ihren Wohnsitz haben, mit Wirkung vom 1. Januar 1903 ab die Vorschriften des badischen Gesetzes die Überleitung der ehelichen Güterstände des älteren Rechts in das Reichsrecht betreffend vom 4. August 1902 (siehe oben) Anwendung finden, sofern durch sie der bisherige Güterstand in einen Güterstand des Bürgerlichen Gesetzbuchs übergeleitet wird. Der Güterstand bedarf zur Wirksamkeit gegen Dritte der Eintragung in das Güterrechtsregister nicht, wenn die Ehegatten am 1. Januar 1900 bereits ihren Wohnsitz in Elsaß-Lothringen hatten, unbeschadet der Anwendung der Vorschrift des § 1435 des Bürgerlichen Gesetzbuchs auf die nach diesem Zeitpunkt vereinbarte Änderung des Güterstandes. Außerdem enthält die Verordnung noch einige Übergangsbestimmungen.

Aus dem Gesetz betreffend die Rechtsverhältnisse der Dienstboten (Gesindeordnung) vom 26. Juli 1903 ist zunächst eine Beschränkung der Vertragsfreiheit hervorzuheben. Der Dienstbote ist verpflichtet, der Herrschaft in dringenden Fällen vorübergehend auch solche seinen Fähigkeiten entsprechende Dienstleistungen zu gewähren, die nicht zu seinen im Vertrage bestimmten Obliegenheiten gehören. Die Dienstherrschaft kann eine Schadensersatzforderung, die ihr gegen einen Dienstboten aus einer vorsätzlichen oder grobfahrlässigen Pflichtverletzung zusteht, gegen dessen Lohnforderung aufrechnen. Die Verordnung verbreitet sich außerdem eingehend über die Dienstbücher und gibt Strafvorschriften.

Die Kaiserliche Verordnung vom 13. Juni 1903 betreffend die Ernennung und Beeidigung von Dolmetschern ermächtigt die Notare zur Beeidigung eines bei einer Amtshandlung gesetzlich erforderlichen Dolmetschers, desgleichen den beurkundenden Beamten in den Fällen des § 45 des elsaß-lothringischen Ausführungsgesetzes zum Reichsgesetz betreffend die Angelegenheiten der freiwilligen Gerichtsbarkeit und den Gemeindevorsteher im Falle der Errichtung eines Nottestaments nach §§ 2249, 2250 Abs. 1 des Bürgerlichen Gesetzbuchs.

Das Gesetz betreffend die Disziplin der Gerichtsvollzieher vom 20. April 1902 hat die Dienstaufsicht, die Dienstvergehen und die Disziplinarbestrafung der Gerichtsvollzieher und das Disziplinarverfahren zum Gegenstande. Hierfür ist als erste Instanz eine Zivilkammer des Landgerichts, als zweite und letzte ein Zivilsenat des Oberlandesgerichts in Colmar zuständig.

Gesetzgebung in Österreich*).

Das Ergebnis der gesetzgeberischen Tätigkeit auf dem Gebiete der Rechtspflege war auch in der abgelaufenen Berichtsperiode nicht reichlicher als in den vorangegangenen Jahren. Obwohl dem Reichsrate zahlreiche und auch wichtige Gesetzentwürfe vorlagen, gelangte doch nur ein geringer Teil zur Beratung in den Ausschüssen und ganz wenigen Gesetzentwürfen, zumeist solchen, die aus irgend einem Grunde augenblicklich größeres Interesse beanspruchen konnten, war es beschieden, die verfassungsmäßige Genehmigung zu erhalten.

Die umfassende Verwendung der elektrischen Kraft als Traktionsmittel der Eisenbahnen führte zu einer Ausdehnung des alten Haftpflichtgesetzes vom 5. März 1869, dessen Bestimmungen nur auf Eisenbahnen mit Dampfbetrieb Anwendung finden. Nach dem Gesetze vom 12. Juli 1902 haben nun die Vorschriften des älteren Gesetzes für alle mit Anwendung einer elementaren Kraft betriebenen Eisenbahnen Geltung.

Einzelne Bestimmungen der Gewerbeordnung, insbesondere jene über die Arbeitsordnungen, über die Arbeitszeit und den Schutz der jugendlichen Hilfsarbeiter, wurden auf die Hilfsarbeiter von Bauunternehmungen ausgedehnt (Gesetz vom 22. Juli 1902).

Einen Fortschritt in der Regelung des Arbeitsverhältnisses bedeutet das Gesetz vom 28. Juli 1902, wirksam für die bei Regiebauten und in den Hilfsanstalten der Eisenbahnen verwendeten Arbeiter. Es enthält Arbeiterschutzbestimmungen und eine ziemlich eingehende Regelung des Arbeitsvertrages.

Unter den zustande gekommenen Gesetzen ist vor allem das Gesetz vom 4. Jänner 1903 zu nennen, mit dem einige abändernde und ergänzende Bestimmungen zum Börsengesetz vom 1. April 1875 erlassen wurden. Bekannter unter dem Namen „Terminhandelsgesetz" spricht es das völlige Verbot des börsenmäßigen Terminhandels in Getreide und Mühlenfabrikaten aus und untersagt den Leitungen der landwirtschaftlichen Börsen jede Feststellung von Geschäftsbedingungen für solche Geschäfte, und von Bestimmungen über deren Abwickelung. Gleichzeitig tritt es dem nicht börsenmäßigen Terminhandel in den erwähnten Produkten entgegen, indem es die Verwaltungsbehörden ermächtigt, Geschäfte, die auf Grund nicht offizieller Usancen geschlossen werden sollten, zu verbieten und an die Erlassung des Verbotes die Rechtsfolge der

*) Der Verfasser verdankt diese Darstellung der gütigen Vermittelung Seiner Exzellenz des Sektionschefs im k. k. österreichischen Justizministerium Professor Dr. Klein in Wien.

Unwirksamkeit des Geschäftes knüpft. Ferner enthält es organisatorische Bestimmungen für die landwirtschaftlichen Börsen und untersagt die Veröffentlichung des Kurses verbotener Termingeschäfte. Eine Reihe von Strafbestimmungen soll die Erfüllung des Gesetzzweckes sicherstellen.

In erster Linie dem Zusammenbruche mehrerer großer Vorschußkassen während des Jahres 1902 verdankt das Gesetz vom 10. Juni 1903 über die Revision der Erwerbs- und Wirtschaftsgenossenschaften sein Zustandekommen, nachdem es in früheren Jahren wiederholt die gesetzgebenden Körperschaften beschäftigt hatte, ohne zur Verabschiedung zu gelangen. Es verpflichtet alle Genossenschaften, mindestens in jedem zweiten Jahre ihre Einrichtungen und ihre Geschäftsführung in allen Zweigen der Verwaltung einer genauen Prüfung durch einen sachverständigen Revisor zu unterziehen. Prinzipiell ist die Revision als eine autonome gedacht, insofern nämlich in erster Linie die Genossenschaftsverbände berufen sind, für die ihnen angehörenden Genossenschaften den Revisor zu bestellen und für die sachgemäße Durchführung der Revision zu sorgen. Ein ähnliche Stellung wie den Revisionsverbänden räumt das Gesetz den Landesausschüssen in betreff jener Genossenschaften ein, die sich ihrer Revision unterworfen haben. Diese Bestimmung trägt dem Umstande Rechnung, daß sich das Genossenschaftswesen, namentlich die genossenschaftliche Organisation der Landwirte, in vielen Kronländern zum guten Teile auf Grund der Initiative der Landesausschüsse und der stetigen Förderung durch sie zu der heutigen Blüte entwickelt hat. Erst subsidiär, wenn weder Verbands- noch Landesausschußrevision Platz greifen, tritt die Bestellung des Revisors durch die Behörde ein. Das Revisionsgesetz hat ferner im Wege authentischer Auslegung die in der Rechtsprechung nicht gleichmäßig beantwortete Frage, ob auch juristische Personen Mitglieder einer Genossenschaft sein können, bejaht.

Von Reichsgesetzen wären der Vollständigkeit halber nur noch zu erwähnen das Gesetz vom 9. März 1903, das den Justizminister ermächtigt, die Tageszeiten für die Erhebung von Wechselprotesten festzusetzen, und das Gesetz vom 14. April 1903, wodurch Unbefugten der Gebrauch des Zeichens und Namens des Roten Kreuzes untersagt wurde.

Reichlicher als die Rechtsquelle der Reichsgesetzgebung floß die der Landesgesetzgebung, doch handelt es sich hier zumeist um Gesetze, die für das Gebiet der Rechtspflege von keinem oder von geringerem Belange sind.

Beachtung verdient das kärntnerische Landesgesetz vom 16. September 1903 über die Einführung besonderer Erbteilungsvorschriften für landwirtschaftliche Besitzungen mittlerer Größe. Während sich in den Jahren 1868 und 1869 sämtliche Kronländer mit Ausnahme von Tirol beeilt hatten, die früher bestandenen Beschränkungen der freien Teilbarkeit der Bauerngüter und die Bestimmungen über die Erbfolge in diese zu beseitigen, hat jetzt das Bestreben, den Bauernstand wirtschaftlich zu kräftigen und seiner Verschuldung zu steuern, dahin geführt, daß in Kärnten für landwirtschaftliche Besitzungen mittlerer Größe wieder ein Anerbenrecht geschaffen wurde. Das neue Gesetz geht zwar nicht so weit wie das tirolische Höfegesetz vom 12. Juni 1900, das, an bereits bestehende Einrichtungen anknüpfend, grundsätzlich die Unteilbarkeit der geschlossenen Höfe ausspricht; es enthält aber immerhin die bedeutsame Bestimmung, daß im Falle der gesetzlichen Erbfolge, ferner dann, wenn kraft testamentarischer Verfügung oder Erbvertrages ein gesetzlicher Erbe als Übernehmer auftritt, der Erbhof ungeteilt einem einzigen Besitzer zuzufallen hat. Gegenüber der häufig beobachteten Erscheinung, daß die Verschuldung eines Bauerngutes in der zu hohen Bewertung des Hofes bei der Erbteilung und daher in der Festsetzung zu hoher Erbsummen für die weichenden Geschwister ihren Grund hat, soll die Weisung an die Gerichte Abhilfe schaffen, den Wert des Gutes nach billigem Ermessen derart festzusetzen, daß der Übernehmer wohl bestehen kann.

Zum Schlusse wäre noch der Verordnung des Justizministeriums vom 25. November 1902 betreffend die Begnadigung verurteilter Jugendlicher Erwähnung zu tun, die einen gewissen Anspruch darauf erheben kann, hier genannt zu werden. weil sie ihrem Wesen nach ein Rechtsinstitut zu ersetzen bestimmt ist, dessen Schaffung von dem ins Stocken geratenen Gesetzgebungsapparate nicht erwartet werden kann. Auf Grund Allerhöchster Entschließung wurden nämlich die Gerichte angewiesen, in den Fällen der Verurteilung jugendlicher Personen unter 16 Jahren, denen geistig zurückgebliebene Minderjährige der Altersstufe von 16 bis zu 18 Jahren gleichgestellt sind, von Amts wegen zu prüfen, ob es zur Erreichung des Strafzwecks der Vollstreckung der Freiheitsstrafe bedarf, wenn dies verneint wird, aber die Nachsicht der Strafe im Wege der Allerhöchsten Gnade zu beantragen. Auf diese Art sollen besserungsfähige jugendliche Gesetzesübertreter vor den schädlichen Einflüssen bewahrt bleiben, denen sie durch die Verbüßung der Freiheitsstrafe ausgesetzt wären.

Druck von Leonhard Simion Nf. in Berlin SW.

Inhaltsverzeichnis.

I.

Gutachten des Herrn Professor Dr. Karl Gareis in München.

über die Frage:

Wie weit ist ein Recht am eigenen Bild anzuerkennen und zu schützen?

Die Frage kann nach ihren beiden Richtungen hin in einem doppelten Sinne verstanden werden, nämlich vom Standpunkte des geltenden Rechts und vom Standpunkte einer Rechtsveränderung. Man kann den ersteren Standpunkt einnehmen, wie dies die Gerichte tun müssen, oder den zweiten, auf welchen sich die Gesetzgeber stellen und der Juristentag stellen kann und vielleicht auch muß, — in jedem Falle ist von dem bestehenden Rechtszustand auszugehen. Nicht bloß um des historischen Zusammenhangs willen, dessen Erfassung theoretisch wie praktisch nie zu unterschätzen, aber auch nicht zu überschätzen ist, sondern hier ganz besonders deshalb, weil bei genauer Betrachtung des bestehenden Rechtszustandes sich mindestens der Keim des künftigen, wenn nicht mehr, darin bereits erkennen läßt.

Der auf den gegenwärtigen Rechtszustand gelenkte Blick trifft zuerst auf zwei gesetzliche Bestimmungen, deren Inhalt unsere Frage wenigstens berührt, namentlich den § 8 des Reichsgesetzes, betreffend das Urheberrecht an Werken der bildenden Künste, vom 9. Januar 1876 und den § 7 des Reichsgesetzes, betreffend den Schutz der Photographien gegen unbefugte Nachbildung, vom 10. Januar 1876. Der zuerst erwähnte Paragraph setzt fest, daß bei Portraits und Portraitbüsten das Nachbildungsrecht gesetzlich auf den Besteller übergeht, und der erwähnte § 7 besagt, daß das Nachbildungsrecht bei photographischen Bildnissen (Portraits) auch ohne Vertrag von selbst auf den Besteller übergeht. Die Motive zum Entwurfe des zuerst genannten Gesetzes bemerken zu § 8 desselben: „Es kann nach Lage der gegenwärtigen Theorie als selbstverständlich betrachtet werden, daß die dem Urheber zustehende ausschließende Nachbildungsbefugnis von dem Recht des Eigentums am Werke selbst gänzlich zu unterscheiden ist, und daß daher die Übertragung des körperlichen Eigentums einen Schluß auf die gleichzeitige Übertragung jener Nachbildungsbefugnis nicht begründet. Die Übertragung des Urheberrechts muß daher ausdrücklich oder stillschweigend durch konkludente Handlungen geschehen. Eine Ausnahme hiervon ist nur in Betreff der Bildnisse (Portraits) und Büsten festgesetzt, indem bei derartigen Kunstwerken das Vervielfältigungsrecht auf den Besteller des Bildnisses ꝛc. auch ohne Vertrag übergehen soll. Es beruht dies auf der Erwägung, daß bei bestellten Portraits der Besteller ein unzweifelhaftes Recht und ein persönliches Interesse daran hat, daß sein Bildnis nicht ohne seinen Willen oder sogar gegen denselben in die Öffentlichkeit gelange. Auch das bayrische Gesetz vom 28. Juni 1865 enthält eine gleiche Bestimmung." Das eben erwähnte bayrische Gesetz vom 28. Juni 1865 zum Schutze der Urheberrechte an literarischen Erzeugnissen und Werken der Kunst spricht in der Tat wörtlich aus: (Artikel 35.) „Bei Bildnissen (Portraits) geht das Recht zur Vervielfältigung auf den Besteller über." Der Artikel entstand aus Artikel 35 des bayrischen Entwurfes und wurde vom Landtag ohne Debatte angenommen. Er stimmt wörtlich überein mit § 35 des Frankfurter Entwurfes; (dazu sind zu vergleichen § 19 des österreichischen Entwurfes und § 46 Absatz 3—5 des Entwurfes der Buchhändlervereinigung.) Der Kommentator des bayrischen Gesetzes, Mandry, bemerkt hierzu, daß auch vor der Übergabe des bestellten Portraits an den Besteller, der Künstler dasselbe wider den Willen des Bestellers nicht vervielfältigen darf. Mandry macht ferner noch auf eine Äußerung in den Protokollen der bayrischen Kammern (Seite 157) aufmerksam: Aus der Fassung ergibt sich, daß das natürliche, auch in der Hand des Bestellers veräußerliche und vererbliche Vervielfältigungsrecht von demselben beliebig mit oder ohne Portrait ausdrücklich oder stillschweigend übertragen werden kann.

Die Motive zu dem Entwurfe des Reichsgesetzes über den photographischen Schutz sagen zu § 7 desselben: „Um dem vielfach hervorgetretenen Mißbrauch entgegenzutreten, daß photographische Portraits ohne oder gegen den Willen des Bestellers vervielfältigt und verbreitet werden, bestimmt § 7 zugleich, daß bei derartigen Porträits das Nachbildungsrecht nicht dem Photographen, sondern dem Besteller der Portraits zustehen soll."

Beide gesetzlichen Bestimmungen legen scheinbar den Nachdruck auf die Bestellung und dieses scheinbar maßgebende Moment ist in der Tat bestimmend geworden für die Praxis: Das Reichsgericht hat am

26. Juni 1900 ein Urteil erlassen, welches in aller Schärfe das Recht des Bestellers entscheiden läßt: Ein Herr ließ bei einem Photographen ein Bild eines Fräuleins anfertigen, zu welchem das Fräulein saß, und nahm mit Zustimmung des Fräuleins dies eine Bild mit sich; aber ohne Zustimmung des Fräuleins stellte sodann der Photograph weitere Abzüge von dem Bilde her und verbreitete diese; deshalb stellte das Fräulein auf Grund der §§ 1, 7 und 9 des Reichsgesetzes vom 10. Januar 1876 Strafantrag gegen jenen Photographen. Hierzu hielt das Reichsgericht aber das Fräulein nicht für berechtigt, da es das Bild nicht bestellt hatte, sondern der Sache nach, nur als Modell für das anzufertigende Bild gedient habe, weshalb ihr keinerlei Rechte gegen den Photographen zuständen (Entscheidungen des Reichsgerichtes in Strafsachen Band 33, Seite 295 ff.). In der Begründung zur Entscheidung wird auseinandergesetzt, daß die Gesetzgebungsfaktoren, den vielleicht wünschenswert erscheinenden rechtlichen Schutz des Portraitierten selbst, wie ihn gegenwärtig der § 7 des Gesetzes enthält, für ausreichend gewährt erachteten, indem sie sich hierbei von der Meinung leiten ließen, daß der Besteller des Bildes in der Regel der Portraitierte selbst oder doch ein naher Angehöriger desselben sein wird. Mag nun auch, so fährt jene reichsgerichtliche Entscheidung fort, diese Erwägung für zahlreiche Fälle nicht zutreffen, und für diese der Portraitierte für seine Person des Rechtsschutzes entbehren, so bleibt doch für die Auslegung des § 7 immer entscheidend, daß der Gesetzgeber erkennbar nur dem Besteller in dem allgemein gebräuchlichen Sinne dieses Wortes seinen Rechtsschutz habe gewähren wollen, nicht aber dem Portraitierten selbständig, und das vielleicht Unzureichende der für den Gesetzgeber bestimmend gewesenen Erwägungen berechtigt den Richter nicht, in dem einzelnen, seiner Entscheidung unterbreiteten Falle die hier einschlagende gesetzliche Vorschrift gegen den an sich klaren Wortlaut und gegen die aus der Geschichte der Entstehung des Gesetzes erkennbare Absicht des Gesetzgebers in einem weiteren, als dem sich aus dem Gesetze ergebenden Umfange anzuwenden. Man sieht aus diesen Worten des Reichsgerichtes, daß dasselbe nicht verkennt, daß eine gewisse Kalamität vorliegt; hätte sich jener Herr, der das Bild des Fräuleins bestellt hatte, durch die ohne seine Erlaubnis erfolgte Herstellung und Verbreitung weiterer Abzüge des Bildes in seinem Rechte verletzt gefühlt, so würde er den Strafantrag haben stellen und gegebenen Falles auch Schadenersatz verlangen können. Infolge der einseitigen Betonung der Bestellung wird aber dem Urbilde der betreffenden Photographien, nämlich jenem Fräulein, der Rechtsschutz gegen weitere Nachbildungen und Verbreitung derselben versagt.

Stellen wir neben die Erwähnung dieses Rechtsfalles die Erinnerung an die bekannten Prozesse, welche wegen der unberechtigten Entnahme eines Bildes des Fürsten von Bismarck auf dem Sterbelager angestrengt wurden: bekanntlich waren zwei Hamburger Photographen, Wilke und Priester, in der auf den Tod des Fürsten Otto von Bismarck folgenden Nacht in Friedrichsruh widerrechtlich, gegen den Willen der Erben des Verstorbenen, in das Zimmer eingedrungen, in welchem die Leiche desselben ruhte, und hatten bei Magnesiumlicht eine photographische Aufnahme von der Leiche gemacht. Vergleiche Entscheidungen der Ferien-Zivilkammer des Landgerichts Hamburg vom 8. September 1898 und des IV. Zivil-Senats des Hanseatischen Oberlandesgerichtes Hamburg vom 21. November 1898 (Berliner Börsen-Zeitung 1898 Nr. 475 und Nr. 587) und dann die Entscheidung des Reichsgerichtes in Zivilsachen vom 28. Dezember 1899 (Entscheidungen des Reichsgerichtes Band 45, Seite 179 und ff.). Die Entscheidungen, die hierüber ergangen sind, sehen vom Standpunkte des geltenden Rechts aus das Objektiv-Rechtswidrige in dem Hausfriedensbruche, in der Verletzung des Hausrechtes, welches den Söhnen des Verstorbenen seit dem Tode ihres Vaters in Ansehung des Zimmers zustand, in welches die genannten Photographen eingedrungen waren; die photographische Aufnahme eines umfriedeten Raumes — sagt das Reichsgericht — und folgeweise deren Veröffentlichung zu verhindern, hat der Inhaber des Hausrechtes an sich das Recht und die Macht, und diese Möglichkeit haben hier die Beklagten durch ihr rechtswidriges Tun den Klägern zunächst entzogen, indem sie gleichzeitig für sich die tatsächliche Verfügung über das in Frage stehende photographische Bild erlangt haben. Es wird niemandem entgehen, daß sich die Gerichte mit dieser Betonung des Hausrechtsbruches nicht auf denjenigen Standpunkt gestellt haben, von dem aus der Kern der Frage getroffen werden kann: daß jene Photographen ohne Erlaubnis in jenes Zimmer kamen, ist natürlich auch rechtswidrig, aber viel mehr, sollte man meinen; müßte ins Gewicht fallen, daß sie ohne Erlaubnis der Kinder den entseelten Vater photographierten, und gerade in diesem Punkte versagten die Rechtsausführungen aller einschlägigen Entscheidungen.

Das Gleiche ist zu sagen — nämlich daß die Entscheidungen den Kernpunkt nicht treffen — von den Urteilen, welche in einem Falle gefällt wurden, der sich in dem Ostseebade Cranz ereignete:

Hier wurde eine im Badeanzug in das Bad gehende junge Dame von jemandem widerrechtlich ohne ihren Willen photographisch aufgenommen, das Bild vervielfältigt und in mehrfachen Übertragungen, auf

Briefbeschwerern usw., gewerblich verkauft. Der Photograph wurde vom Landgericht Königsberg zu 6 Monaten Gefängnis wegen Beleidigung verurteilt und das Reichsgericht verwarf die gegen das Urteil eingelegte Revision. Die Beleidigung der Dame wird in dem Ausstellen, Feilhalten und Verkaufen der inkriminierten Bilder erblickt, „weil dadurch bei Dritten die Annahme hervorgerufen werde, die Dame habe sich freiwillig in einem so intimen, nicht für die Öffentlichkeit bestimmten Kostüm, wie es ein Badeanzug sei, photographieren lassen und sei damit einverstanden gewesen, daß die davon angefertigten Abbildungen öffentlich ausgestellt und feilgeboten würden, — was ein bedenkliches Licht auf das Scham- und Sittlichkeitsgefühl werfen und sie in der Achtung bei anderen schwer schädigen würde. Damit ist eine Handlung festgestellt, welche eine vorsätzliche, die Ehre der Dame verletzende rechtswidrige Kundgebung an andere enthalte und somit der Begriff der Beleidigung im Sinne des § 185 des St.G.B. erfüllt.“ Vergl. Entscheidungen des Reichsgerichts Band 3, S. 434—435.

Der zweite Strafsenat des Reichsgerichts, der dieses Urteil am 29. November 1898 erließ, operiert mit dem Begriff der Beleidigung, indem er diese gewissermaßen auf einen Tatbestand gründet, der dem des § 186 des St.G.B. näher kommt, — nämlich die Behauptung einer Tatsache, welche den Angegriffenen verächtlich zu machen, oder in der öffentlichen Meinung herabzuwürdigen geeignet ist. Auch darin muß, meiner Ansicht nach, das Hereinziehen eines fremdartigen Elementes in die hier allein zu erörternde Frage erblickt werden, wie das auch in den beiden vorher erwähnten Fällen gerichtlicherseits geschehen ist. Die vortreffliche Abhandlung, welche Keyßner bereits im Jahre 1896 „Über das Recht am eigenen Bilde“ der deutschen Rechtsliteratur geschenkt hat, nimmt in umfassender Begründung ein dem Urbilde zustehendes Persönlichkeitsrecht an dem Abbilde ein und vollendet damit einen Ideengang, zu welchem bereits Gierkes Erörterungen über die Persönlichkeitsrechte in seinem Handbuche des deutschen Privatrechts § 81 u. ff., dann Andeutungen bei Kohler im Archiv für bürgerliches Recht, Band 5 u. ff., dann von F. Stolze (Photographische Nachrichten 3. Jahrg. 1891) und Ludwig Schramm (Der Schutz des Urheberrechts an Photographien, 1893) führten. Die Mehrzahl der Ausführungen Keyßners verdienen unbedingten Beifall, aber er erklärt, daß das Persönlichkeitsrecht am eigenen Bilde doch erst im Werden sei, und verzichtet darauf, einen Gesetzesentwurf abzufassen. Gleichzeitig meint er jedoch, daß eine umsichtige Rechtssprechung die einzelnen Streitfälle zu einer befriedigenden Entscheidung führen könne, so werde allmählich dann für die Gesetzgebung die Zeit der Reise herankommen (Hugo Keyßner: Das Recht am eigenen Bilde, Berlin 1896, S. 49). Der nämliche hochverdiente Jurist nimmt aber in der Besprechung des zuerst erwähnten reichsgerichtlichen Urteils (Reichsgericht in Strafsachen, Band 33, S. 295) doch Anstand, der Jurisdiktion die Möglichkeit zuzugestehen, das Recht am eigenen Bilde ohne Änderung der Gesetzgebung praktisch wirksam anzuerkennen. Denn was das Strafrecht anlangt, „so kann", sagt Keyßner in Soergels Zeitschrift „Das Recht" 1901, S. 43, „der Strafrichter dasselbe nicht erweitern"; der Strafsenat müßte sich also an dem Bedauern des unzureichenden Gesetzes Genüge sein lassen. Was aber das bürgerliche Recht anlangt, so biete es wenigstens insofern Schutz, als die in ihrem Persönlichkeitsrecht verletzte Person, wenn auch nicht einen Schadensersatz-Anspruch, so doch wenigstens den Anspruch auf Unterlassung weiterer Bildabdrucke und der Verbreitung solcher geltend machen könne. Dem Schadensersatz-Anspruche, meint Keyßner, stünde wohl § 253 des B.G.B. entgegen; es würde somit auch nach Keyßners Meinung das Persönlichkeitsrecht praktisch wirksam doch vor Änderung der Gesetzgebung durch die Rechtssprechung kaum anders als wie in den vorerwähnten dreierlei Fällen anzuerkennen und zu schützen sein.

Es wird aber nicht zu viel gesagt sein, wenn man behauptet, daß schon der gegenwärtige Rechtszustand zu einem anderen Resultate führt: Das Persönlichkeitsrecht existiert bereits und die richterliche, — auch die strafrichterliche, — Anerkennung ist gesetzlich möglich, weil der Begriff der Beleidigung, ohne vom Gesetze selbst definiert zu sein, so weit gefaßt werden kann, daß die Verletzung des Rechts am eigenen Bilde darunter fällt. Persönlichkeitsrechte haben überhaupt das Eigentümliche, daß sie sich zuerst und zumeist im verletzten Zustande bemerklich machen, eine Eigentümlichkeit, auf welche ich bereits vor 24 Jahren aufmerksam machen zu müssen glaubte. (Gareis: Das juristische Wesen der Autorrechte in Buschs Archiv für Theorie und Praxis des allgemeinen Handels- und Wechselrechts, Band 35, 1877, S. 185 u. ff. und Gareis: Grundriß zu Vorlesungen über das deutsche bürgerliche Recht, Gießen 1877, S. 60 u. ff.).

Was den Beleidigungsbegriff aber anlangt, so hat das Reichsgericht auf vollen Beifall zu rechnen, wenn es in dem vorerwähnten Urteil Band 3, S. 434 sagt: „ob eine konkrete Kundgebung, sei dieselbe durch Handlungen — durch mündliche oder schriftliche Äußerungen — erfolgt, als Beleidigung aufzufassen ist, hat der Instanzrichter zu entscheiden und diese von ihm zu treffende Entscheidung ist eine wesentlich tatsächliche, welche nicht nur Inhalt und Tragweite der Kundgebung zu ermitteln, sondern zugleich die begleitenden Umstände und die einschlagenden konkreten Verhältnisse zu berücksichtigen hat und in tatsächlicher Würdigung aller dieser Momente festzustellen ist, ob die betreffende Kundgebung sich als Beleidigung darstellt . . . . nämlich als eine gegen die Ehre eines Anderen gerichtete vorsätzliche und rechtswidrige Kundgebung." Gegen die Ehre eines Anderen gerichtet aber ist jedes „non jure factum", welches rein zur Verhöhnung eines Anderen begangen wird, in Nichtachtung der Person als solcher, also das absichtliche Ignorieren der fremden Rechtssphäre in ihrer primitivsten Erscheinung, nämlich im Rechte der Persönlichkeit an sich selbst; dieses ist aber nicht bloß der Gegenstand der mit der Actio injuriarum aestimatoria einzuleitenden Rechtsverfolgung, wie ich in meiner Abhandlung „Über das Recht am menschlichen Körper" (Königsburg 1900, s. unten S. 16) gezeigt habe, sondern auch der Tatbestand der Beleidigung im modernen strafrechtlichen und bürgerlich rechtlichen Sinne. Wer, ohne von der portraitierten Person hierzu ausdrücklich oder stillschweigend ermächtigt zu sein, Abbildungen derselben herstellt oder verbreitet, der zeigt damit mindestens, daß ihm das Wollen dieser Person gleichgültig sei, mindestens in der Richtung der Verfügung über das eigene Abbild. Dieses Ignorieren, dieses absichtliche Ignorieren des Willens der zunächst beteiligten Person ist das Verletzende, Kränkende, Beleidigende für diese; das Recht aber, welches als das hierdurch gekränkte angesehen werden muß, ist, positiv betrachtet, das Recht der Persönlichkeit selbst und zwar hier näher ausgedrückt: Das Persönlichkeitsrecht am eigenen Bilde.

Die Anerkennung dieses Rechts ist im Wege der Gewohnheitsrechtsbildung in Deutschland wie in anderen Kulturländern erfolgt; das Gewohnheitsrecht ist keine „Consuetudo legi contraria", sondern ein lückenausfüllendes und darum, vom Standpunkte unseres Gesetzes-Rechtes aus, nicht im mindesten in seiner Geltung zu bezweifeln; vor allem liegt die Rechts-Überzeugung vor, ohne welche kein Gewohnheitsrecht entstehen kann, das kann Niemand leugnen, der die Stimmung im Volke kennt, die ja auch in der Begründung des § 8 des Reichsgesetzes vom 9. Januar 1876, wie erwähnt, in den Worten durchbricht: „daß bei bestellten Portraits der Besteller ein unzweifelhaftes Recht und ein persönliches Interesse daran hat, daß sein Bildnis nicht ohne seinen Willen, oder sogar gegen denselben, in die Öffentlichkeit gelange." Der Bundesrat, der für diese Begründung einzustehen hat, nahm hiermit — was wohl zu beachten ist — jenes „unzweifelhafte Recht" als schon vor dem Gesetz vom Jahre 1876 bestehend an. Der Beleidigungs-Paragraph des St.G.B. bietet nun zweifellos ein Mittel, diese Anschauung und somit das wirklich entstandene Gewohnheitsrecht praktisch zur Geltung zu bringen, nicht minder bietet aber auch B.G.B. § 823 ein solches Mittel, insoweit das Persönlichkeitsrecht auch unter dem Begriff des bekannten „sonstigen Rechts“ jenes Paragraphen fällt und aus der Verletzung desselben ein Schaden entstanden ist.

Die nähere Abgrenzung des Gewohnheitsrechts scheint auf Schwierigkeiten zu stoßen, weil heutzutage ein weitreichender Gebrauch von photographischen Momentaufnahmen zu billigen scheint, daß alles, was sich dem photographischen Apparat zur Aufnahme bietet, auch aufgenommen, vervielfältigt, abgebildet und in dieser Vervielfältigung verbreitet werden dürfe, Berge und Häuser, Bäume und Tiere, Schiffe und Menschen natürlich auch; aber diese Gebräuchlichkeit hindert nicht, daß wir Unterschiede machen müssen. Niemand braucht sich gefallen zu lassen, daß von ihm Zerrbilder, unwahre Bilder hergestellt werden und Verbreitung finden, und die überwiegende Mehrzahl der sogenannten Momentaufnahmen liefert Zerrbilder und unwahre Darstellungen, — denn es braucht nicht daran erinnert zu werden, daß die Momentaufnahme jede Bewegung in Teile zerlegt, die das freie menschliche Auge nicht einzeln sieht, wir sehen das Gesamtbild einer Bewegung, z. B. des gehenden Menschen, des galoppierenden Pferdes u. s. w. und dieses ist für uns das wahre Bild; in der Zerlegung, die in der Momentaufnahme geboten wird, erscheint etwas, was wir im Leben nicht sehen, das den Eindruck des Unnatürlichen, Gekünstelten, manchmal des Lächerlichen, Trottelhaften macht. In einem solchen Bilde verewigt und verbreitet zu werden, braucht sich kein Mensch gefallen zu lassen.

Selbstverständlich gibt es auch sehr wohlgelungene photographische Momentbilder, solche, die den abgebildeten Menschen in einem ruhigen Zustande treffen und dann gerade deshalb schön und angenehm wirkend sind, weil sie das Objekt, ohne das Absichtliche oder Erwartende der Pose, in Lebensähnlichkeit wiedergeben; andrerseits aber ist es auch denkbar, daß die photographische Aufnahme noch weitere Fortschritte macht und damit ihre Bilder noch schrecklicher gestaltet, als jetzt die eine Bewegung zerlegenden zeigen. Man braucht ja nur anzunehmen, daß es in irgend einer Weise gelingt, Bilder des Menschen darzustellen, wie die mittelst Röntgenstrahlen gewonnenen Skelettbilder, und wir könnten dann erleben, daß wir lebende Menschen, einen Holbein'schen Totentanz aufführend, dargestellt werden, vielleicht sogar unter Festhaltung ihrer Gesichtszüge bis zur Portraitähnlichkeit. Es ist klar, daß sich kein Mensch das gefallen zu lassen braucht, in solcher Weise abgebildet zu werden, sei es in einem oder in mehreren Exemplaren von Bildern. Die Gesetzgebung duldet keine Indiskretion, welche beleidigend wäre; würde Jemand mittelst eines Phonographen das Gespräch zweier Liebenden oder zweier Geschäftsleute belauschen und reproduzieren ohne deren Willen, so würde diese Indiskretion zweifellos strafbar sein. Die Gesetzgebung, welche das Briefgeheimnis schützt (siehe St.G.B. § 299), und welche den rechtmäßigen Besitzer eines Manuskriptes oder einer Abschrift desselben nicht für berechtigt hält, dieses Schriftwerk zu veröffentlichen, G. v. 11. Juni 1870 § 5a, G. v. 19. Juni 1901 §§ 11, 19, muß selbstverständlich auch gegen jene Indiskretion einschreiten, wie sie Reden, welche in politischen und ähnlichen Versammlungen gehalten werden, andrerseits als öffentliche behandelt und der Öffentlichkeit Preis gibt. § 7, bezw. 17 der angeführten Gesetze.

Das Resultat der bisherigen Betrachtung ist demnach die Konstatierung des Rechts der Persönlichkeit am eigenen Abbilde, es folgt daraus die ausschließliche Herrschaft des Urbildes über die Abbildung und folgeweise Unerlaubtheit der Herstellung und Verbreitung von Abbildern des Urbildes, wenn diese Handlungen ohne die Zustimmung des letzteren geschehen. Dieses Recht und das ihm entsprechende Verbot folgt ohne Weiteres aus der Gierkeschen Auffassung des Persönlichkeitsrechts an dem Abbilde der eigenen Gestalt, sowie aus Keyßners gesamter Darstellung, aber was das Verbot der Herstellung und Verbreitung von Abbildungen anlangt, so wird man zweifellos dem Verkehr gegenüber Konzessionen machen müssen.

Vor allem:

1. in dem Falle, daß das Urbild seine Zustimmung zur Herstellung und einer gewissen Verbreitung der Abbildung gegeben hat, denn hier muß gelten: volenti non fit injuria. Die Zustimmung kann natürlich als vorhergehende Einwilligung oder als nachfolgende Genehmigung (B.G.B. § 182—184) ausdrücklich oder stillschweigend erteilt sein. Man kann sogar in sehr vielen Fällen vermuten, daß die Zustimmung erteilt wird, aber eine gesetzliche Vermutung spricht doch nicht dafür, und jedenfalls muß die Zustimmung innerhalb der Grenzen, in welchen sie erteilt wird, festgehalten werden. Es ist sehr wohl denkbar, daß ein von der Natur mit besonderer Schönheit ausgestatteter Mensch gestattet, eine Aufnahme seines Bildes herzustellen, an der sich etwa ein künstlerisches Auge oder ein intimer Freund soll erfreuen dürfen, während keineswegs gemeint ist, daß dieses eine Bild vervielfältigt in die weite Welt hinaus gehe, für Jedermann ein Schaustück werde.

Auch das dem Künstler sich zu ästhetischer Betrachtung bietende Modell hat noch sein Persönlichkeitsrecht und kann genau bestimmen, wie weit die Abbildung und die Verbreitung derselben reichen dürfe.

2. Eine zweite Ausnahme ist für den Fall zuzugestehen, daß ein Künstler die Abbildung des Urbildes, ohne daß dieses ihm sitzt und ohne daß eine Bestellung des Abbildes vorliegt, in durchaus freier, selbstständiger Weise durch Zeichnungen, Gemälde oder plastisch darstellt. In einem solchen Falle überwiegt die Geistesleistung des Künstlers den Anteil, welchen das Ich seines Objektes an dieser Arbeit hat, derart, daß das Persönlichkeitsrecht des abgebildeten Objektes nicht gegen das Urheberrecht der wahrhaft künstlerischen und durchaus eigenen Leistungen des Abbildners aufkommen kann. Wer die Erscheinung eines anderen Menschen im Gedächtnisse so festhält, daß er sie hinterher portraitähnlich zeichnen kann, oder den Eindruck, den die äußere Erscheinung eines Anderen ihm macht, so verwenden kann, daß er eine scherzhafte Auffassung einer fremden Persönlichkeit zu Papier bringt, der hat ein eigenes Werk geschaffen und daran sein eigenes Urheberrecht; es soll gar nicht geleugnet werden, daß in der Herstellung einer solchen Nachzeichnung oder einer Karikatur auch eine Beleidigung liegen kann, wegen welcher ein Strafantrag gestellt und die Unterdrückung der Weiterverbreitung verlangt werden kann, aber es sind alsdann Nebenumstände, wegen welcher ein solches Einschreiten gegen den Künstler veranlaßt werden kann, nicht das Recht am Bilde als solches. Ich weiche in dieser Beziehung von der Ansicht Keyßners ab (Keyßner: Das Recht am eigenen Bilde, S. 14, 15 u. a.) und gestehe dem freischaffenden Künstler ein selbständiges Urheberrecht an der Abbildung eines Menschen zu, wenn die äußere Erscheinung des letzteren dem Künstler nur gewissermaßen die Anregung zu einer freien Nachbildung gegeben hat, in der nichts Ehrenrühriges erblickt wird; so können selbst Abbildungen von großen Staatsmännern in Witzblättern wie „Kladderadatsch" und „Ulk" passieren! Anders liegt die Sache aber, wenn eine Bestellung die Veranlassung zu der, wenn auch künstlerischen Abbildung ist, denn das ist Keyßner ohne weiteres zuzugeben, daß, wer ein Gemälde bestellt, oder gar selbst dabei sitzt, in einer für den Maler verbindlichen Weise erklärt, daß das Gemälde nicht der Publizität überantwortet werden soll, außer mit seiner Zustimmung. Indem der Künstler die Bestellung annimmt, unterwirft er sich dem Recht des abzubildenden Urbildes insoweit, daß er über das Schicksal seines Werkes nicht verfügen kann. Das auf Bestellung gemalte Portrait ist, was den Stoff anlangt (Leinwand und Farbe), zunächst Eigentum des Künstlers auch nach B.G.B. § 950; von dem Augenblick an aber, in welchem der Pinsel des Malers die Portraitähnlichkeit des Urbildes auf dem Stoff hervorgerufen hat, ist auch das Urbild an dem Schicksal des Werkes beteiligt und es kann ohne seine

Zustimmung nichts weiter mit dem Werke unternommen werden, als was der Bestellung gemäß ist. Es ist also an dem Porträtgemälde ein dreifaches Recht vorhanden: Das Eigentum am Stoffe, das künstlerische Urheberrecht des Malers und das Persönlichkeitsrecht des Abgebildeten. Ist der Abgebildete nicht selbst der Besteller, so ist auch noch ein viertes Recht an jenem Werke gleichzeitig denkbar, nämlich das Recht des Bestellers neben dem Recht des Urbildes, so z. B. wenn ein Mann seine Frau porträtieren läßt, dann hat die Frau zweifellos das Recht des Urbildes, der Mann das Recht des Bestellers und zwar nicht bloß im Sinne des B.G.B. § 631 u. ff., sondern auch das gesetzliche nach Reichsgesetz vom 9. Januar 1876, § 8 zustehende Nachbildungsrecht des Bestellers im Sinne dieses Paragraphen, der Künstler aber hat Urheberrecht ohne Nachbildungsrecht und das Eigentum am Stoffe. Durch das Annehmen des Gemäldes seitens des Bestellers, dem es der Künstler nach der Vollendung des Werkes tradiert, ändert sich nur das Eigentum am Stoff. Wenn Stolze in seinem, — von Keyßner mit Recht als gediegen bezeichneten Aufsatz —: „Zum Schutz der Photographie" hervorhebt: „Da das Recht des Verfertigers nur ein fünfjähriges ist, so ist auch das Recht des Bestellers kein längeres und daraus folgt also, daß nach dem Wortlaut des Gesetzes ein Porträt dann auch ohne Einwilligung des Photographierten in den Handel gebracht werden kann. Es kann also, ohne daß irgend ein Mittel dagegen geltend gemacht werden konnte, geschehen, daß Bilder schöner Damen aus den anständigsten Kreisen nach fünf Jahren in Jahrmarktsbuden denen ausgehändigt werden, die ihre zukünftige Frau sehen wollen. Wie unangenehm das besonders bei Bildern in Balltoilette oder Maskenanzügen sein könnte, ist ohne weiteres klar" — so liegt dieser Ausführung ein Irrtum zu Grunde, denn es ist nicht richtig, daß das Persönlichkeitsrecht des Urbildes der Zeitdauer nach von dem Recht des Bestellers abhängig sei. Das Verbietungsrecht steht dem Urbilde unbegrenzt zu.

3. Eine dritte Ausnahme von dem ausschließlichen Rechte des Urbildes an seinem Abbilde ist zu Gunsten der im Interesse der Sicherheitspolizei und der Strafrechtspflege herzustellenden Abbildungen von Straf- und Untersuchungsgefangenen zu konstatieren: Wer aus Gründen der Strafrechtspflege oder aus polizeilichen Rücksichten mit Recht seiner Freiheit beraubt ist, demnach an dem Persönlichkeitsrecht der freien Bewegung gesetzlich eingebüßt hat, der muß sich auch den Maßregeln unterwerfen, welche die zuständigen Behörden zum Zweck der Feststellung der Identität und der Unterscheidungsmerkmale der in Frage kommenden Persönlichkeiten vornehmen. (Entscheidungen des Reichsgerichts in Strafsachen, Band 32, S. 199—203, vom 2. Juni 1899.)

4. Eine weitreichende Ausnahme von dem in dem Persönlichkeitsrecht liegenden Ausschließungs- und Verbots-Recht soll zugunsten der Öffentlichkeit gemacht werden; es ist das ein Gedanke, der namentlich von Seite der Photographen und Kunsthändler, aber auch von juristischer Seite, z. B. von dem Pariser Juristen A. Bigeon, geltend gemacht wird, eine Ausnahme von jenem Persönlichkeitsprinzip, die gerechtfertigt wird durch die Notwendigkeit und zweifellose Zulässigkeit der photographischen Aufnahme von öffentlichen Vorgängen und dem öffentlichen Leben, von Straßen, Plätzen und Landschaften, bei denen die Menschen nur die Rolle einer unpersönlichen Staffage zu spielen haben. Bigeon spricht der Zulässigkeit der Photographie aller dieser der Öffentlichkeit gehörenden Dinge in seiner ausgezeichneten Schrift: „La photographie et le droit“ (Paris, Charles Mendel), in weitem Maße das Wort, insbesondere S. 173—179; allerdings erinnert er auch daran, daß, wenn jemand durch den Gebrauch seines Rechts in der Öffentlichkeit andere geniert, die Polizei am öffentlichen Ort gegen ihn einschreiten kann, und daß gegen Beleidigungen der wider seinen Willen Photographierte selbstverständlich gesetzlich geschützt sei. Auch ich bin in Bezug auf die Vorgänge, die dem öffentlichen Leben angehören, für die Freiheit der Nachbildung im weitesten Sinne, wie in dem Reichsgesetz, betreffend das Urheberrecht an Werken der bildenden Künste, die Nachbildung von Werken dieser Künste, die auf oder an Straßen und öffentlichen Plätzen bleibend sich befinden, jedermann freigegeben ist. So muß es auch hinsichtlich derjenigen Objekte der Abbildungen gehalten werden, welche ebenso wie die öffentlichen Straßen für die Öffentlichkeit bestimmt sind, wie z. B. öffentliche Aufzüge, Paraden, Schaustellungen auf öffentlichen Plätzen und dergl. Die Menschen, die etwa bei der photographischen Momentaufnahme solcher Bilder in den Wurf kommen, können gegen diese Abbildung und deren Verbreitung regelmäßig schon deshalb keinen Einspruch erheben, weil sie darauf nicht oder nur schwer kenntlich sind, wo keine Individualität, da ist auch kein Recht der Individualität oder Persönlichkeit mehr. Wer sich in die Öffentlichkeit begibt, sozusagen zu einem Stück derselben wird, hat keinen Anspruch auf Besonderheit, daher keinen Schutz seiner Individualität; nur wo letztere hervortritt, kann von einem Schutz gegen Abbildungen gesprochen werden; das Privatleben ist in allen seinen Teilen und Äußerungen als solches zu schützen, auch gegen die Öffentlichkeit, in die es die photographische Momentaufnahme gegen den Willen des Porträtierten zerren will; und dieser Schutz einer nicht gewollten Schaustellung muß auch den sogenannten öffentlichen Personen zuteil werden. Ich weiche darin namentlich von Kohlers Abgrenzung

dieses Persönlichkeitsrechts (vergl. Keyßner a. a. O. S. 14) ab. Niemand, auch der berühmte Staatsmann und der Held des Tages nicht, braucht sich gefallen zu lassen, daß sein Privatleben, wider gegen seinen Willen zum Schauspiel des Publikums werde. Dem Vorschlag von Dr. Stolze ist demnach im allgemeinen beizustimmen: „Auf öffentlichen Straßen, Plätzen, Wegen, in öffentlichen Parks ist das Photographieren gestattet, soweit dasselbe keinerlei Belästigung des Verkehrs zur Folge hat. Von den so gewonnenen Bildern dürfen jedoch solche, welche den Charakter des Porträts haben, nur mit der Einwilligung der Photographierten veröffentlicht werden. Bei Festzügen, großen Menschenansammlungen und überall, wo die Personen nur als Staffage der Landschaft dienen, ist eine solche Erlaubnis nicht erforderlich." Zu diesem Vorschlage Stolzes dürfte nur folgendes zu bemerken sein: Es ist denkbar, daß auch auf einem solchen, der Öffentlichkeit entnommenen Bilde eine einzelne Person kenntlich ist, welcher die Vervielfältigung und Verbreitung der Aufnahme im höchsten Grade unangenehm wäre: Nehmen wir z. B. an, es befände sich im Vordergrunde des großen Festzugsbildes die wohlkenntliche Abbildung einer Dame, an welcher sich soeben die deutlichen Symptome der Seekrankheit zeigen; diese wird der Vervielfältigung und Verbreitung der Aufnahme zweifellos entgegen treten können. Ich bin also der Meinung, daß auch in der Öffentlichkeit noch ein Recht der Individualität besteht, andrerseits aber erinnere ich daran, daß privatrechtlich wenigstens eine Rechtsausübung unzulässig ist, welche nur der Chikane dient, nur den Zweck haben kann, einem anderen Schaden zuzufügen. (Vergl. Gareis: Allgemeiner Teil des B.G.B., Berlin, Carl Heymanns Verlag, S. 260, 261. Kommentar zum Chikane-Verbot des § 226 des B.G.B.)

Blicken wir nach diesen Erörterungen unseres Prinzips und seiner Ausnahmen nunmehr zur Vervollständigung unserer Aufgabe zurück auf die drei der Praxis entnommenen Fälle.

a) In dem vorerwähnten Falle, den das Reichsgericht am 26. Juni 1900 entschied, über welchen sich Keyßner in Sörgels Zeitschrift „Das Recht" 1901, S. 42 u. 43 ausspricht, hätte den Ansprüchen des Fräuleins nachgegeben werden müssen, der Richter hat das Persönlichkeitsrecht des Fräuleins vollständig ignoriert in der Meinung, daß dasselbe von dem des Bestellers absorbiert werde, oder überhaupt nicht existiere; die Vorstellung von dem Verhältnis des Persönlichkeitsrechts und des Bestellerrechts zu einander, welche das Reichsgericht der Entscheidung in Band 33, S. 295 zu Grunde legt, ergibt sich nach meinen Ausführungen wohl von selbst; dieselbe Vorstellung hatte das Reichsgericht auch bereits in Band 15, S. 249 ff. zu erkennen gegeben. Dort wird angenommen, daß, weil der Photograph nur fünf Jahre lang gegen widerrechtliche Nachbildung seines Werkes geschützt ist, der Besteller das ihm durch § 7 letzten Satz des Gesetzes vom 10. Januar 1876 eingeräumte Recht auch nicht länger als fünf Jahre genießen könne. Es ist aber oben S. 13 bereits darauf hingewiesen worden, daß das Persönlichkeitsrecht als Verbotsrecht von unbegrenzter Dauer ist. Vergl. Stolze: Zum Schutz der Photographie a. a. O. Keyßner S. 39, 40.

b) In der Behandlung des Falles der unberechtigten photographischen Aufnahme im Sterbezimmer des Fürsten Otto von Bismarck ist als der juristische Ausgangspunkt mit Notwendigkeit das Persönlichkeitsrecht zu erachten, welches den Erben an der Leiche des Verstorbenen zusteht. Es ist von mir hierüber an anderer Stelle ausführlich gesprochen worden, nämlich in der „Festgabe der juristischen Fakultät zu Königsberg für ihren Senior J. T. Schirmer“: Gareis, Das Recht am menschlichen Körper (Königsberg 1900). Es ist an jener Stelle von mir ausführlich erörtert, daß eine Leiche zwar nicht zum Nachlasse gehört, daß sie aber darum doch nicht beliebiger Verfügung preisgegeben sei, sondern daß das über den Tod hinaus wirkende Persönlichkeitsrecht des Menschen an der eignen Person bestehe, zu dessen Ausübung die Erben oder diejenigen anderen Personen, denen die Bestattung zusteht, insolange berufen sind, als nicht eine der Aneignung im bürgerrechtlichen Sinne analoge Disposition über die Leiche stattgefunden hat. Gareis a. a. O. S. 93—95. Dieses Persönlichkeitsrecht wäre in dem erwähnten Falle durch die Photographen W. und P. auch dann verletzt worden, wenn sie nicht in das Sterbezimmer eingedrungen, sondern die Aufnahme etwa von der Außenseite des geöffneten Parterre-Fensters aus vorgenommen hätten.

c) In dem zuletzt erwähnten Falle, der unberechtigten photographischen Aufnahme im Ostseebade Cranz, würde die Beleidigung nach der hier vertretenen Meinung auch dann vorliegen, wenn die Schaustellung nicht den Verdacht eines mit dem Anstande nicht wohl zu vereinigenden Benehmens oder Verhaltens der betreffenden Dame in sich geschlossen hätte; gleichviel, ob die dem vom Reichsgericht gebilligten Urteil zu Grunde liegende Motivierung, durch das inkriminierte Bild werde die Annahme hervorgerufen, die Dame habe sich freiwillig in jenem, nicht für die Öffentlichkeit bestimmten Kostüme photographieren lassen, in der Begründung des Strafurteils steht oder nicht, ist die Beleidigung auch ohne jene Verdächtigung vorhanden, und das ist schon deswegen zweifellos, weil der Tatbestand des § 185 des St.G.B. keineswegs den des § 186 voraussetzt oder in sich schließt. Daß das Aushängen einer Photographie in einem Schaukasten wider den Willen des Porträtierten zweifellos eine Verletzung des Urheberrechts in sich schließt, hat das Reichsgericht in einem Urteil vom 21. September 1880, Entscheidungen in Strafsachen, Bd. 2 S. 250, ausgesprochen, in welchem es u. a. heißt: „Die entschiedene Regel bildet, daß der Besteller das Bildnis zum intimen Gebrauch verlangt und es jedenfalls von seiner Willensbestimmung abhängig gemacht sehen will, ob dasselbe auch anderen Personen, wenn auch nur zur Ansicht, zugängig sein soll. Es ist die menschlich vollständig verständliche und gerechtfertigte Abneigung, sich oder eine andere Person wider Willen vor die Öffentlichkeit gezogen und zum Gegenstand der Aufmerksamkeit und Kritik des Publikums gemacht zu sehen, welche die Ausnahme-Vorschrift hervorgerufen; und wenn diese Absicht auch in dem Wortlaut des § 7 keinen direkten und unmittelbaren Ausdruck gefunden hat, so läßt sich doch die Absicht des Gesetzgebers in der speziellen Beziehung auf Porträts aus den Vormaterialien unzweifelhaft feststellen."

Als Resultat der Erörterungen, welche vorstehend versucht worden sind, dürfte sich folgendes ergeben:

I. Jeder freie Mensch hat ein Persönlichkeitsrecht, wie an seinem Körper so an dessen Abbild.

II. Die photograhische Abbildung einer Person als Individuum und die Verbreitung einer solchen Abbildung setzt entweder die Zustimmung dieser Person oder eine polizeiliche Anordnung der zuständigen Behörde voraus; ist die abgebildete Person geschäftsunfähig oder in der Geschäftsfähigkeit beschränkt, dann kann die erwähnte Zustimmung, wie in Bezug auf eine Verfügung über das Recht am eignen Körper von Kindern usw. durch den gesetzlichen Vertreter erteilt werden.

Ist die Person, deren Körper lebend oder tot abgebildet wurde, verstorben, so findet der Absatz 3 des § 189 des St.G.B. entsprechende Anwendung.

III. Die Beleidigung im Sinne des § 185 des St.G.B. kann auch durch unbefugte Herstellung oder Verwendung eines Abbildes eines lebenden oder verstorbenen Menschen begangen werden.

II.

Gutachten des Herrn Geh. Justiz- und Kammergerichtsrat Dr. Keyßner

über die Frage:

Zum Schutz des Rechts am eigenen Bilde.

Bildnis, Abbild, auch kurzhin Bild, ist die von einer Person, dem Urbild, entnommene Nachgestaltung. Bei dem Bildniskünstler ist der Wille auf die Bildnisgestaltung gerichtet. Ich habe in einer kleinen Schrift: „Das Recht am eigenen Bilde" (Berlin, 1896, J. Guttentag) folgenden Satz zu begründen gesucht (S. 17):

> Das vom Künstler gefertigte Abbild gehört von dessen Entstehung an dem Urbild-Besteller S. 7, 17).

Den hiermit in ihrer Bedeutung ersichtlichen Wörtern „Urbild", „Abbild" ist ergänzend das ohne Genehmigung des Urbildes gefertigte fernere Abbild als „Nachbild" bezeichnet (S. 8).

Der Verfertiger einer photographischen Aufnahme kann, ohne seinen Willen auf die Bildnisaufnahme einer bestimmten Person gerichtet zu haben, ein Abbild auf der Platte, das Negativ (Phototyp), erlangt haben; ob hiergegen dem Urbild ein Einspruch gewährt werden kann oder durchaus zu versagen ist, hängt von der großen Mannigfaltigkeit der Tatumstände ab. So wird das Bewußtsein des Urbildes, es werde in der entwickelten Platte zur Erscheinung kommen, die Annahme einer Genehmigung rechtfertigen (S. 44). Der Teilnehmer an einem öffentlichen Ereignis, festgehalten durch Bildnisaufnahme, kann seine Anwesenheit im Ereignis nicht beseitigen und muß sich im Ereignisbild finden lassen, wobei eine etwaige Unschönheit, Verzerrung usw. im Bilde zu beseitigen ist, wozu sich mannigfache Mittel darbieten (S. 47).

Wenn in Landschaftsbildern oder Aufnahmen von Bauwerken ein Personenbild in die Erscheinung tritt, so hat die Anerkennung, daß mit der

Freiheit der Bildnisaufnahme nicht ein Recht, die Personen dauernd zur Anschauung zu bringen, verbunden ist, ohne daß zeither ein Verbot des Gesetzes zur Hand ist, den Photographen veranlaßt, in dem Urbild die Erkennbarkeit als bestimmte Person zu beseitigen (S. 47).

Daß dem Erwerbsphotographen mit der Empfangnahme des Urbildes auf der Platte nicht ein Verfügungsrecht über das Abbild und dessen weitere Herstellung zusteht, wird auf Grund des § 7 des Reichsgesetzes vom 10. Januar 1876, betreffend den Schutz der Photographen gegen unbefugte Nachbildung, nicht weiter bestritten; das Recht der weiteren Herstellung von Abbildern bei photographischen Bildnissen steht unmittelbar dem Besteller des Bildnisses zu.

Hiermit wird der Weg dahin gebahnt, daß das Negativ vom Bildnis nicht dem Photographen, sondern dem Besteller gehört, der, wie hier zunächst angenommen werden mag, selbst als Urbild sich auf die Platte gegeben hat. Vor Zeiten lieferte der Silhouettenschneider selbstverständlich dem Urbild das schwarze Abbild aus; das Daguerreotyp, das vom Urbild hergegebene Abbild, ward Eigentum des Urbildes, das den Herstellungslohn zahlte, wegen dessen dem Verfertiger ein Pfandrecht nicht angezweifelt ist. Ich bin für den Satz eingetreten, daß das Eigentum des vom Künstler gefertigten Abbildes vom Anbeginn von dem Urbild erworben ist*); ihm steht ein Aussonderungsrecht zu im Falle der Zwangsvollstreckung gegen den Künstler (Recht am eigenen Bilde, S. 7 ff.). Ich habe die Folgerung gezogen, daß das Negativ dem Urbild gehört (a. a. O. S. 17), wie diese Ansicht auch anderweit kräftig vertreten wird (Bruno Meyer in „Deutsche photographische Zeitung" 1896, Nr. 34—36). In einem französischen Flugblatte (P. Fleury, Paris) wird die Frage „les photographes ont-ils un droit de propriété sur les chlichés des portraits de leurs clients?" ebenfalls verneint.

Weshalb gewohnheitsmäßig der Photographierte die Platte bei dem Photographen liegen läßt, kann hier außer Ermittelung bleiben; das Eigentum steht dem Urbildbesteller zu, mag es auch noch nicht in

---

*) Es sei hier nach der Berl. Ger.-Ztg. vom 2. Dezember 1897, Nr. 180, folgender Vorfall mitgeteilt: Bei der am letzten Dienstag stattgehabten Versteigerung des Kunstnachlasses des verstorbenen Malers Robert Warthmüller im Kunstauktionshause Lepke in Berlin erhob eine Dame Einspruch gegen den Verkauf des unter Nr. 55 des Katalogs aufgeführten Bildes, ein Damenporträt darstellend, da sie selbst die Dargestellte sei. Das Porträt, von Warthmüller s. Z. in Paris gemalt, stellt die Dame in ganzer Figur in weißem Kostüm, auf einem Gartenstuhle sitzend, dar, während den Hintergrund eine Parklandschaft bildet. Das Bild wurde vom Verkaufe zurückgestellt.

einer Urteilsformel Gelegenheit gehabt haben, sich zur Anerkennuug zu bringen.

Wenn hiermit dem Urbilde gegen ungenehmigte Verbreitung seines Abbildes ein Schutz in Aussicht gestellt wird, so sei darauf aufmerksam gemacht, daß nach § 6 des Reichsgesetzes aber dem Schutz der Photographie gegen unbefugte Nachbildung eine zeitlich enge Grenze droht und zwar von fünf Jahren seit Erscheinen, womit sich die Frist möglicher Weise anf 10 Jahre verlängern kann, wenn das Erscheinen bis vor die Beendigung der Frist verschoben wurde (Entscheidungen des Reichsgerichts in Strafsachen, Bd. XV, S. 250). Ist ein „Erscheinen" nicht zu Tage getreten, so würde mit Ablauf von fünf Jahren seit Entstehung des Negativs die Schutzfrist verlaufen. Danach wäre einer jeden Bildnisaufnahme nur ein zeitlich kurzer Schutz gewährt; mit Ablauf der Frist wäre das Urbild mit dem von ihm entnommenen Abbild ins Freie gefallen. Dem ist jedoch nicht so; hinter dem Schutz des in dem Negativ gewonnenen Bildes steht das Persönlichkeitsrecht des Urbildes, welches unabhängig von dem Gesetzesort eingreift und notwendig Anerkennung finden muß, soll nicht das Rechtsgefühl verletzt bleiben oder nur da geschützt werden, wo etwa eine Beleidigung herausgefunden wird.

Ich habe „das Recht am eigenen Bilde" bei Prof. Dr. Otto Gierke, „Deutsches Privatrecht" 2. Buch, 4. Kapitel, „Persönlichkeitsrechte", eingeordnet und bekenne mich erfreut und dankbar, daß dieser allverehrte Rechtslehrer in seinem „Grundriß zur Vorlesung über Grundzüge des deutschen Privatrechts" unter den Persönlichkeitsrechten „das eigene Bild" aufgenommen hat.

Wie sehr das Persönlichkeitsrecht des Urbildes neben dem Gesetze, betreffend den Schutz der Photographien gegen unbefugte Nachbildung, vom 10. Januar 1876, anlangend die Rechte des Bestellers (dessen Bedeutung Prof. Dr. J. Kohler, Zur Konstruktion des Urheberrechts im „Archiv für bürgerliches Recht", Bd. X, S. 278 entwickelt) der Anerkennung bedarf, beweist der vom III. Strafsenat des Reichsgerichts (Urteil vom 26. Juni 1900, Entscheidung Bd. XXXIII, S. 295 ff.) entschiedene und von mir bereits im „Recht" Jahrg. 1901 Nr. 2, S. 42 ff., besprochene Rechtsfall, dessen Tatsächliches dahin angegeben sei:

Ein Mann führt eine Frau in eine photographische Werkstatt und bestellt von der Frau eine Bildnisaufnahme. Schweigend gewährt die Frau die Aufnahme und erhält der Mann die gefertigten Bilder, von denen der Photograph eigenmächtig eine größere Anzahl fertigt. Der Mann kümmert sich hierum nicht weiter. Der Frau, welche die Verbreitung ihres Abbildes verhindern will, wird die Rechtshilfe versagt, weil ihr die Eigenschaft als „Besteller“ fehle. Ob die hierin liegende enge tatsächliche Auffassung eines „Bestellers“ berechtigt war, bleibe dahingestellt; jedenfalls wird es sich empfehlen, daß das Urbild seine Miteigenschaft als Besteller zu erkennen gibt, um des Rechtsverfahrens einer solchen Eigenschaft nicht verlustig zu gehen. Mochte aber auch das schweigsame Urbild nicht eine Bestellereigenschaft haben, so wohnte ihm doch unentziehbar das Persönlichkeitsrecht bei. Mit der Geltendmachung dessen konnte das Urbild Schutz gegen den Photographen finden, nachdem der begleitende Mann seine Hilfe versagt hatte. Das Reichsgericht weist auf das Unzureichende der gesetzlichen Bestimmung hin, war aber im Strafverfahren eine Ausdehnung von dem Recht des Bestellers auf das Persönlichkeitsrecht des Urbildes zu gewähren, behindert.

Weithin Aufsehen hat erregt die unberechtigte Bildnisaufnahme des Reichskanzlers Fürsten Bismarck auf der Totenbahre. Es wird noch in der Erinnerung sein, daß zwei Photographen ohne Erlaubnis des Hausherrn, der Kinder und Erben des Fürsten Bismarck in die Räumlichkeiten eingedrungen waren und photographische Aufnahmen gemacht hatten. Hiergegen suchten die Kinder und Erben des Fürsten Bismarck Schutz und fanden ihn im Erlaß einer einstweilige Verfügung der Ferien-Zivilkammer des Landgerichts Hamburg vom 5. August 1898, durch welche die Benutzung der hergestellten Platten zur Bildverbreitung untersagt wurde. Die Prüfung der Berechtigung dieser einstweiligen Verfügung erfolgte durch Urteile des Landgerichts Hamburg vom 8. September 1898, Oberlandesgerichts Hamburg vom 21. November 1898 und in einem sich anschließenden Rechtsgange durch Urteil des Landgerichts Hamburg vom 20. Februar 1899, des Oberlandesgerichts Hamburg vom 5. Juni 1899 und des Reichsgerichts vom 28. Dezember 1899 (Entscheidungen des Reichsgerichts in Zivilsachen Bd. XLV, S. 170). Diese Entscheidungen sind seinerzeit in den Tagesblättern vielfach zum Abdruck gelangt. Prof. Dr. J. Kohler hat denselben in seinen „Autor- und industrierechtlichen Abhandlungen und Gutachten“ Heft II, S. 55 ff. (1901) ein dauerhaftes Dasein gesichert (S. 61).

Die Berechtigung, ja Notwendigkeit der getroffenen Entscheidungen wurde seinerzeit allgemein, wie von Kohler, anerkannt. Das Urteil des Landgerichts Hamburg vom 8. September 1898 (bei Kohler S. 61 ff.) erwärmt sich zunächst für das Recht am eignen Bilde und erkennt in der unberechtigten Bildnisentnahme eine Verletzung der Persönlichkeit des Urbildes. Dann heißt es weiter: „Würde aber der Lebende gegen derartige Rechtsverletzung geschützt sein, so wird nach seinem Tode auch seinen nächsten Angehörigen das Recht zuzusprechen sein, gegen unbefugte

Abbildung und gegen unbefugtes Verbreiten von Bildern des Verstorbenen Einsprache zu erheben. Dieses Recht steht ihnen nicht etwa zu als Erben im rechtlichen Sinne, sondern als Familienangehörigen des Verstorbenen. Denn in dieser Eigenschaft werden sie selbst direkt durch derartige Handlungen getroffen. Es ist der Regel nach ein Eingriff in die Rechte der Persönlichkeit der Hinterbliebenen, weil eine Verletzung ihres Pietätgefühls, wenn man es unternimmt, ohne ihre Zustimmung ein Bildnis eines ihnen teuren Verstorbenen anzufertigen, um es der Öffentlichkeit zu übergeben."

Es durfte mir zweifelhaft erscheinen, ob in der Bildnisentnahme vom toten Fürsten Bismarck eine Verletzung der Persönlichkeit seiner Nachkommen, Erben, Angehörigen gefunden werden könne. Ich schrieb deshalb in der „Deutschen Juristen-Zeitung" vom 1. Dezember 1898 (Nr. 24 S. 488):

„Das Bedeutsame dieser Entscheidung liegt in dem Entschluß, auch gegen die Bildnisentnahme eines Toten Schutz zu gewähren. Bedenklich ist mir, ob in der Bildnisentnahme ein Eingriff in die Rechte der Persönlichkeit der Hinterbliebenen gefunden und empfunden werden kann. Wenn die ungenehmigte Bildentnahme vom toten Fürsten von Bismarck als rechtsverletzend bezeichnet und der Schutz durch eine gegen die Photographen erlassene einstweilige Verfügung gewährt wurde, so entspricht dies dem Rechtsgefühle des Volkes, selbst abgesehen von der Person, deren Leichenbild entnommen wurde. Wenn ich von dem Toten als einer Person spreche, so tue ich dies mit ruhiger Überlegung und glaube mich mit dem nicht unbeachtsamen Sprachgebrauch in Übereinstimmung zu finden. Man wird nicht ohne weiteres sagen wollen, daß mit dem Tode alles, was die Person anlange, aufgehört habe; man wird sich daran erinnern: hereditas personam defuncti sustinet. Mit dem Tode ist der entseelte Körper nicht einer von Anbeginn leblosen Sache gleich; der Leiche wird die Achtung, Ehre der Person des Verstorbenen gewährt. Die Persönlichkeit des Verstorbenen ist mit dem aus dem Körper entwichenen Leben nicht ins Freie gefallen, schutzlos. Daß dies nicht der Fall, beweist § 189 des R.St.G.B., der strafbare Angriff ist nicht gegen die Person derer gerichtet, denen der Gesetzgeber den Schutz anvertraut hat, sondern gegen das „Andenken" des Verstorbenen. Ich kann nicht denen folgen, welche ihre Zuflucht genommen haben zu einer Verletzung des sittlich-religiösen Gefühls, der Familienehre usw. Das Volksbewußtsein empfindet die Berechtigung der Strafbestimmung, weil in dem rein, unbefleckt zu haltenden Andenken die Person des Verstorbenen fortlebt. Notwendig stirbt die Person des Toten allmählich ab. Für die Bildnisentnahme ist sie mit der Einfriedung erledigt. Durch die unberechtigte Bildnisentnahme ist die Persönlichkeit des Fürsten von Bismarck verletzt worden, deren Schutz seine Kinder gefordert und gefunden haben. Ich freue mich dessen."

„Das zu schützende Recht reicht weit über das Gesetzeswort hinaus. Es ist Aufgabe der Richter, das Recht zu finden. Der Gesetzgeber möge das Recht gestalten, der Richter darf nicht warten in der Rechtsfindung, bis der Gesetzgeber ihm den Weg gebahnt hat. Das Landgericht Hamburg hat nicht gewartet, sondern das Recht gefunden."

Es darf mich freuen, daß Prof. Dr. J. Kohler in seinen oben angeführten „Abhandlungen und Gutachten" S. 57 zu demselben Ergebnis gelangt, indem es dort heißt: „Allerdings erlischt das Persönlichkeitsrecht in seiner Hauptbedeutung mit dem Tode; allein es erlischt unter Hinterlassung eines Residuums (?), und dieses geht auf die Hinterbliebenen über; sie üben es aus als ihr Recht, aber sie üben es nicht aus als ihr ureignes persönliches Recht, sondern als das ihnen überkommene Persönlichkeitsrecht des Erblassers. Es ist dasselbe Recht, wie dasjenige, das ihnen die Verfügung gibt über seinen Leichnam, wie dasjenige, das ihnen die Verfügung gibt über seine Briefe und die nicht veröffentlichten Schriften, dasselbe Recht, das ihnen die Befugnis verleiht, gegen die Verleumdung des Erblassers aufzutreten. . . ." Die Gleichstellung mit der Verfügung über Briefe und Schriften hätte ich, als nicht wesentlich zur Sache gehörig, hier vermissen mögen; verwahre mich hierbei dagegen, als hätte ich durch die Reihenfolge der Anführungen eine Andeutung unternehmen wollen, daß ich ein Vorgänger des Prof. Dr. J. Kohler gewesen sei. Betreffend das über den Tod hinausreichende Persönlichkeitsrecht an der eignen Person darf ich auf Prof. Dr. Karl Gareis' „Das Recht am menschlichen Körper" (Festgabe der juristischen Fakultät für ihren Senior Johann Theodor Schirmer S. 93) hinweisen.

Der Mitteilung des Urteils des Reichsgerichts läßt Prof. Dr. J. Kohler eine vernichtende, scharf entwickelnde Beurteilung folgen. Von den Gründen, welche die im strafbaren Hausfriedensbruch aufgenommenen Photographien, als auf verbotenem Boden entstanden, der Vernichtung überweisen, bleibt nichts übrig, als die erfreuliche Feststellung, daß das Erlangte, das Photogramm, etwas rechtswidrig Erlangtes gewesen sei. „Diese Rechtswidrigkeit", sagt Prof. Dr. J. Kohler, „kann aber nur eine Verletzung der Persönlichkeit sein, und damit hat das Reichsgericht indirekt das Persönlichkeitsrecht auch in dieser Verbindung anerkannt. Solches hätte allerdings der höchste Gerichtshof, ebensowie die Untergerichte, aussprechen sollen; allein er hat dies nicht getan . . ." S. 105).

Stillschweigend oder mittelbar hat sich demnach das Reichsgericht zum Schutz des Persönlichkeitsrecht am eignen Bilde bekannt, und Prof. Dr. J. Kohler rückhaltlos und ausdrücklich in dem hier in Rede stehenden Falle.

Es sei ein weiterer Rechtsfall hier mitgeteilt, in welchem der Gerichtshof sich gescheut hat, ein Persönlichkeitsrecht am eignen Bilde anzuerkennen und daraufhin dem Verletzten Schutz zu gewähren, während die Schutzbedürftigkeit anerkannt ist und, um zum Ziel zu gelangen, ein Fehlweg eingeschlagen ist. Das Tatsächliche des Falles ist dahin anzugeben:

Eine Ehegattin, welche von Eifersucht geplagt wurde, gab einem Detektiv P. den Auftrag, ein Fräulein F. zu beobachten. In Ausführung dessen gab der Angestellte K. dem Hilfsdiener R. einen photographischen Apparat mit dem Auftrage, das Fräulein F. bei passender Gelegenheit zu photographieren. R. führte das aus. Fräulein F., welche hiervon Kenntnis erhielt, erwirkte eine einstweilige Verfügung des Landgerichts Hamburg, VII. Zivil-Kammer, vom 2. August 1900 gegen P. und K. dahin:

1. das Gerichtsvollzieheramt wird angewiesen, die Platte der von dem Antragsgegner K. aufgenommenen Photographie der Antragstellerin mit allem Zubehör als Plattenabzügen, Negativen, Vergrößerungen usw. zu beschlagnahmen und an sich zu nehmen, die Antragsgegner werden verpflichtet, diese Gegenstände dem Gerichtsvollzieheramte herauszugeben*);
2. dem Antragsgegner wird bei einer Strafe von 500 Mk. untersagt, die Platte nebst allem Zubehör in irgend einer Weise zum Zwecke der Weitergabe an dritte Personen zu benutzen und die bereits gewonnenen Abzüge in irgend einer Weise zu verbreiten oder zu verwerten.

Die Antragsgegner P. und K. legten die Berufung ein, welche vom III. Zivil-Senat des hanseatischen Oberlandesgerichts zu Hamburg durch Urteil vom 20. November 1900 zurückgewiesen wurde. Die Gründe lauten dahin:

„Würde den Ausführungen Keyßners in seiner Schrift über „Das Recht am eignen Bilde" zu folgen oder ein solches Recht auch nur in der Beschränkung anzuerkennen sein, in der Kohler (z. vgl. namentlich

*) Die Frage, was weiter mit den Sachen geschehen soll, beantworte ich dahin: sie fallen der Bestimmung des Fräulein F. zu zur Vernichtung oder zum Erwerbe gegen Erstattung der Kosten des Stoffes.

seine sich mit dem Falle der Photographie der Leiche des Fürsten Bismarck beschäftigende Abhandlung in der Zeitschrift „Gewerblicher Rechtsschutz und Urheberrecht„ 5. Jahrg., S. 196 ff.) dem Bestehen eines solchen Rechtes das Wort redet, so wäre damit ohne weiteres eine rechtliche Grundlage für den Anspruch der Antragstellerin gewonnen. So Beachtliches die Ausführungen der Genannten aber auch de lege ferenda enthalten mögen: gegenüber dem positiven Rechte, wie es in dem Reichsgesetze, betreffend den Schutz der Photographien usw., vom 10. Januar 1876 und den Bestimmungen des B.G.B.s vorliegt, erscheint es untunlich, ihre Theorien der Entscheidung zu Grunde zu legen. Trotz der in einzelnen Rechtsfällen hervorgetretenen Unzulänglichkeit des Schutzes der photographisch abgebildeten Person, die nicht Bestellerin des Bildes ist, ist, wie auch das Reichsgericht III. Strafsenat in dem beigebrachten Urteile gegen Geitel und Genossen vom 26. Mai 1900 hervorhebt, eine Erweiterung des Rechtsschutzes über die Bestimmung des § 7 des Gesetzes hinaus nicht erfolgt. Bei der Entstehung des B.G.B.s lagen ferner die erwähnte Schrift Keyßners, wie die früheren Arbeiten Kohlers über das Persönlichkeitsrecht vor; auch Gierke in seinen Ausführungen über das Persönlichkeitsrecht, „Deutsches Privatrecht" § 81, ist hier zu nennen. Der Gesetzgeber ist auf diesem Gebiete jedoch nicht weiter gegangen, als daß er im § 12 des B.G.B.s eine allgemeine Schutzbestimmung gegen unbefugte Anmaßung eines Namens getroffen hat. Dem gegenüber erscheint es aber nicht angängig, den von der Antragstellerin geltend gemachten Anspruch auf ein allgemeines, neben dem kodifizierten Recht bestehendes Recht der Persönlichkeit zu stützen. Vielmehr kann nur in Frage kommen, ob der Anspruch sich auf Grund des B.G.B.s rechtfertigten läßt. Und dies war mit dem Landgericht auf Grund des Tatbestandes anzunehmen, von dem auch das Landgericht ausgegangen ist. Die behauptete und übrigens bis zum Beweise des Gegenteils anzunehmende Unbescholtenheit der Antragstellerin ist von den Berufungsklägern in erster Instanz nicht bestritten. Ohne einen irgendwie gegründeten Anhalt dafür, daß sie in unerlaubtem Verkehr mit dem betreffenden Ehemanne stehe, hat nach dem erstinstanzlichen Vortrage der Berufungskläger, der Angestellte R., die Antragstellerin, „welche dem P.schen Geschäftslokal gegenüber wohne und sehr hübsch sei", beobachten und durch den Berufungskläger K. photographieren lassen. Wenn R. dabei von der Ansicht ausgegangen sein soll, daß das Bild vielleicht für die Erledigung des dem Geschäfte gewordenen Auftrages dienlich sein könne, so kann dies nur heißen, daß die Photographie der Antragstellerin dazu dienen sollte, sie eventuell durch Vorzeigung des

Bildes als eine Person zu rekognoszieren, die mit dem betreffenden Ehemann einen unerlaubten Verkehr unterhalte. Daß dies die Absicht gewesen sei, wenn R. das Bild auch zunächst erst einmal selbst habe haben wollen, ist von den Berufungsklägern in der Berufungsverhandlung auch zugegeben."

„Gegenüber ihren Zugeständnissen in erster Instanz können die Berufungskläger aber nicht ohne weiteres mit ihren in dieser Instanz neu aufgestellten, mit jenen Zugeständnissen unvereinbaren Behauptungen gehört werden, daß die Antragstellerin eine leichtsinnige Person sei, betreffs derer begründeter Verdacht vorliege, daß sie mit dem betreffenden Ehemann unerlaubt verkehre. Vielmehr hätten sie die Beweiskraft der früheren Zugeständnisse nur dadurch beseitigen können, daß sie die behaupteten neuen Tatsachen, von denen sie auch nicht etwa geltend machen, daß sie dieselben erst durch spätere Ermittelungen in Erfahrung gebracht haben, mit geeigneten Beweismitteln, wie im vorliegenden Verfahren allein zulässig ist, glaubhaft machten. Dies ist nicht geschehen."

Wäre die Antragstellerin eine liederliche Person oder läge gar Beweismaterial dafür vor, daß sie mit dem betreffenden Ehemann verbotenen Umgang gepflogen hat, dann könnte sie allerdings nicht geltend machen, daß das Vorgehen gegen sie ihre Ehre verletzt habe. Andererseits muß dem Landgericht aber darin zugestimmt werden, daß es für ein unbeteiligtes, unbescholtenes junges Mädchen beleidigend ist, wenn sie durch Vorzeigung ihres Bildes zum Zwecke ihrer Rekognoszierung als des unerlaubten Verkehrs mit einem Manne verdächtig hingestellt wird. Sie wird dadurch, weil sie damit ohne gerechtfertigte Veranlassung in den Verdacht gebracht wird, auf ihre weibliche Ehre keinen Wert zu legen, in dieser ihrer weiblichen Ehre gekränkt. Die Behauptung der Berufungskläger, daß die photographische Aufnahme mißlungen und Bilder der Antragstellerin davon nicht herzustellen gewesen seien, kann ihnen, ohne daß sie die Behauptung durch Vorlegung der Platte oder auf andere Weise glaubhaft machen, nicht ohne weiteres geglaubt werden. Vielmehr spricht an sich die Wahrscheinlichkeit dafür, daß von der Aufnahme der beabsichtigte Gebrauch gemacht werden konnte und gemacht ist. Übrigens war eine Beleidigung der Antragstellerin auch nicht erst damit gegeben, daß die Photographie der Antragstellerin zu ihrer Rekognoszierung anderen Personen vorgelegt wurde. Vielmehr enthält auch schon die Betätigung des erwähnten Verdachtes gegen sie durch die zum Zwecke ihrer Rekognoszierung vorgenommene photographische Aufnahme ihres Bildes eine Beleidigung, d. h. eine unberechtigte Darlegung der Mißachtung ihrer Person, weil sie schon damit als eine Person hingestellt wird, der zuzutrauen sei, daß sie ihre weibliche Ehre preisgäbe. Wenn die Antragstellerin den beleidigenden Charakter der Handlung erst später erkannt hat, so ändert dies an dem Vorhandensein der Beleidigung nichts. Zum Tatbestande einer solchen gehört auch nicht notwendig die Absicht der Beleidigung. Vielmehr gehört dazu, abgesehen von der Vorsätzlichkeit der Kundgebung als Dolus, nur noch das „Bewußtsein" des ihr beiwohnenden ehrenkränkenden Charakters, sowie ihrer Rechtswidrigkeit. Es macht sich auch derjenige einer Beleidigung schuldig, der sich einer ehrenkränkenden Kundgebung als Mittels zu einem anderen Zwecke bedient; z. vgl. Oppenhoff, Anm. 27 zum § 185 St.G.B. An dem Vorhandensein des Bewußtseins von dem ehrenkränkenden Charakter der Handlung ist vorliegenden Falls nicht zu zweifeln. Und auch das Bewußtsein ihrer Rechtswidrigkeit muß bei der Frivolität, mit der hier — nach dem der Entscheidung zu Grunde zu legenden Tatbestande — gehandelt ist, und der Art und Weise, wie der Berufungskläger K. sich die Gelegenheit zu der photographischen Aufnahme verschafft hat und nach ihrer Ausführung davon geeilt ist, jedenfalls zunächst als vorhanden angenommen werden."

„Gegen die Handlungsweise der Berufungskläger ist der Antragstellerin auch der beantragte Rechtsschutz zu gewähren. Es ist streitig, ob die Bestimmung des § 823 Abs. 1 B.G.B. sich auf das Rechtsgut der Ehre bezieht. Endemann, „Lehrbuch des bürgerlichen Rechtes" § 200, und Kuhlenbeck, „Von den Pandekten des B.G.B." II, S. 153, nehmen es an. Wäre ihre Ansicht richtig, so würde es nicht darauf ankommen, ob der Tatbestand des § 185 St.G.B. vorliegt, sondern würde schon eine fahrlässige widerrechtliche Verletzung der Ehre der Antragstellerin durch die Berufungskläger sie nach der angeführten Bestimmung verantwortlich machen. Es kann aber dahin gestellt bleiben, ob der Ansicht der Genannten zuzustimmen ist und die Verletzung der Ehre eines Anderen nicht vielmehr nur nach Abs. 2 des § 823 insofern geschützt wird, als in der Ehrverletzung ein Verstoß gegen ein den Schutz eines Anderen bezweckendes Gesetz liegt; Planck, Anm. 2a zu § 823, und die von ihm daselbst Citierten. Denn den obigen Ausführungen nach ist hier der § 185 St.G.B, also ein Gesetz der oben erwähnten Art verletzt."

„Allerdings sprechen die Vorschriften des Titels des B.G.B.s von den „Unerlaubten Handlungen" nur von Ansprüchen auf Schadensersatz. Selbstverständlich kann die Meinung des Gesetzgebers aber nicht gewesen sein, daß zum Ausgleich der durch die unerlaubten Handlungen begangenen Rechtsverletzungen nur das Mittel der Schadensklage gegeben sein solle, dagegen ein Rechtsbehelf zur Beseitigung der Rechtsverletzungen selbst und der Gefahr einer weiteren Schädigung des Verletzten durch dieselben nicht gegeben sein solle. Ist, wie in den in Frage stehenden Vorschriften anerkannt ist, durch die unerlaubte Handlung ein Recht verletzt, so ist an sich selbstverständlich, daß der Berechtigte die Beseitigung des seinem Rechte widersprechenden Zustandes beanspruchen kann. Der Anspruch hierauf, der sich vorliegenden Falls etwa auf Vernichtung der an den Gerichtsvollzieher herauszugebenden Platte mit der photographischen Aufnahme nebst Abzügen usw. zu richten haben wird, geht also neben dem in dem Gesetze geordneten Anspruche auf Schadensersatz her; Planck, Vorbemerkung II zu dem fraglichen Titel."

„Der Anspruch und die Sicherungsmaßregel der einstweiligen Verfügung richten sich auch mit Recht gegen den Berufungskläger P. Dies schon deshalb, weil nach den obigen Ausführungen bis auf weiteres anzunehmen ist, daß die für sein Geschäft gemachte photographische Aufnahme in demselben auch die beabsichtigte, für die Ehre der Antragstellerin verletzende Verwendung findet. Geschieht dies aber trotz seiner Kenntnis der Sachlage in dem Machtbereiche, in dem seine Autorität gilt und die unerlaubte Handlung verhindern kann und muß, so ist er an ihr mitschuldig. Aber auch für die schon in der photographischen Aufnahme des Bildes der Antragstellerin den Umständen nach liegende Ehrverletzung ist der genannte Berufungskläger, selbst wenn er damals abwesend war und nichts davon gewußt haben sollte, zivilrechtlich allem Anscheine nach mit verantwortlich. Er verteidigt die Berechtigung der Handlungsweise seiner Angestellten und erklärt ihr Verfahren für richtig. Seine Angestellten haben dabei also in seinem Sinne und, wie nahe liegt, nach seiner ihnen allgemein erteilten Instruktion gehandelt. Danach kommt aber die Bestimmung des § 831 B.G.B. in Betracht. Nach dieser Bestimmung ist der Geschäftsherr für die Schädigung haftbar, die eine von ihm zu einer Verrichtung bestimmte Person in Ausführung der Verrichtung einem Dritten zufügt, wenn er bei der ihm obliegenden Leitung der Ausführung der Verrichtung nicht die im Verkehr erforderliche Sorgfalt beobachtet."

„Demnach hat das Landgericht, da auch die Voraussetzung des § 940 C.P.O. vorliegt, daß die in der einstweiligen Verfügung getroffene einstweilige Sachregelung zur Abwehr wesentlicher Nachteile von der Antragstellerin nötig erscheint, die Verfügung mit Recht erlassen." —

Zunächst darf es überraschen, daß der Gerichtshof sich nicht der Entscheidung des Reichsgerichts, VI. Zivil-Senat, vom 11. April 1892 (Entscheidungen Bd. XXIX, S. 124 ff.), betreffend die unbefugte Führung eines Familiennamens, entsonnen hat, welches in dem vielbesprochenen Urteil des Landgerichts Hamburg vom 8. September 1898 angeführt ist (Abdruck bei Kohler, S. 66). Ohne Gesetzesbuchstaben wurde das Recht am eigenen Namen anerkannt; der Mangel eines Gesetzeswortes war also im Gebiet des bürgerlichen Rechts kein Hemmnis, gegen eine Rechtsverletzung durch Entnahme eines Bildes einzutreten. Wer die vernichtende Beurteilung Prof. Dr. Kohlers über das Urteil des Reichsgerichts vom 28. Dezember 1899 gelesen hat, wird anerkennen, daß die dortige Vernichtung auch das vorstehende Urteil trifft. Wäre dem Richter die Ehre des Fräulein F. nicht makellos erschienen, so würde sie sich von den Hilfsbeamten des Detektives haben photographieren lassen müssen, mochte sie auch dem leichtlebigen Ehemann überhaupt nicht bekannt gewesen sein. Wurde ihr der Vorwurf einer ehebrecherischen Verbindung gemacht, so lag in diesem Vorwurf eine Beleidigung. Mit dem Bilde wurde eine solche Beleidigung nicht zum Ausdruck gebracht. Man gelangte sonst dahin, daß ein Photograph, der eine Person, welche sich nicht abbilden lassen will, mit den Worten anläßt: „Sitzen Sie doch ruhig, Sie Kameel," und dem es dann gelingt, ein Bild aufzunehmen, durch das Bild beleidigt habe.

Nahe liegt folgender Fall: Ein Lichtbildner oder ein Liebhaber, der für sich eine Sammlung schöner Frauen und Männer anlegt, hat das Bildnis eines viel bewunderten Fräuleins aufgenommen. Hiergegen würde dem Fräulein weder der Schutz auf dem Boden des Hausfriedensbruchs, noch der Beleidigung gewährt werden können. Das Persönlichkeitsrecht am eigenen Bilde ist also offen zu bekennen. Wenn gefragt wird, wieweit dasselbe reiche, so zieht hier Prof. Dr. J. Kohler eine enge Grenze. Es darf verwiesen werden auf die Abhandlung „Das Individualrecht als Namensrecht" (Archiv für bürgerliches Recht, Bd. V, S. 77 ff., daraus „Das Recht am eigenen Bilde" S. 12 ff.), „Die Konstruktion des Urheberrechts" (Archiv für bürgerliches Recht, Bd. X, S. 274), woselbst es heißt: „Niemand hat ein ausschließliches Individualrecht auf seine Züge und seinen Habitus, und nur dann wird die Veröffentlichung eines solchen Bildes in die Rechtssphäre der Person eingreifen, wenn sie in ungewöhnlicher, den Lebensverhältnissen widersprechender Weise stattfindet." In der oben bereits bezogenen Abhandlung „Der Fall der Bismarcks-Photographie" ist die Abgrenzung bestimmt getroffen. Es heißt dort:

„Ein Recht auf das eigene Bild in dem Sinne, daß Niemand ein Bild gegen seinen Willen veröffentlichen und aufstellen darf, ist nicht anzuerkennen. Wer in der Öffentlichkeit lebt, muß sich gefallen lassen, daß die Welt das Bedürfnis empfindet, sein Bild zu kennen, und daß sie diesem Verlangen entspricht. Aber man kann begehren:

a) daß das Bild keine beschimpfende Wendung enthält;
b) daß es nicht in eine Umgebung gebracht wird, welche die Persönlichkeit herabzieht und sie mit Gemeinem in Verbindung setzt;
c) daß kein unähnliches Bild gebracht wird, welches der Kenner notwendig refusieren muß;
d) daß das Internum des Privatlebens gewahrt bleibt: das Privatleben umgibt ein Schleier, den niemand zu durchbrechen berechtigt ist: la vie privée doit être murée."

„Dieses letztere ist ein Hauptpunkt: Niemand ist berechtigt, selbst eine in der Öffentlichkeit wirkende Persönlichkeit gegen ihren Willen aus ihren intimen Situationen des Privatlebens herauszureißen und der Öffentlichkeit preiszugeben."

„Zu den privaten Situationen gehört nun vor Allem die feierliche Stille des Todes."

Mit diesem letztmitgeteilten Satz wird dann auf die Rechtsverletzung durch Bildnisentnahme des Fürsten Bismarck auf der Totenbahre übergegangen.

Wo Prof. Dr. J. Kohler sogar eine Verletzung des Persönlichkeitsrechts zugibt, wird sie nirgend in Abrede gestellt werden. Mit Bestimmtheit muß ich aber dem entgegentreten, daß „Personen, die der Geschichte angehören oder sich im öffentlichen Getriebe bewegen", „in der Öffentlichkeit leben"*), in ihrem Persönlichkeitsrecht minder geschützt sein sollen als derjenige, von dem es heißt: bene vixit, qui bene latuit. Allerdings lassen sich Landesherren und sonst hervorragende Persönlichkeiten Bildnisfertigungen

*) Die „Kölnische Zeitung" brachte in Nr. 757 vom 9. August 1898 eine Erörterung „Unbefugtes Photographieren", daselbst heißt es: „Denn der Satz, daß, wer sich in die Öffentlichkeit begebe, sich auch gefallen lassen müsse, photographiert zu werden, selbst wenn er es nicht wünsche, ist nicht haltbar. Das Nehmen des Bildes einer Person ist ohne Zweifel ein Eingriff in das Recht der Persönlichkeit." Es sei weiter hier vermerkt die eingehende Abhandlung „Zur Neuregelung des Photographierechts," deren Verfasser mir unbekannt ist, in Nr. 1047 der „Kölnischen Zeitung" vom 7. November 1898. — Es sei ferner auf das Urteil des Landgerichts Hamburg vom 8. September 1898 aufmerksam gemacht, in dem es (Kohlers Abhandlungen und Gutachten Heft 2, S. 68) nach vorgängiger Erwähnung der in der Öffentlichkeit aufgenommenen Ereignisphotographie heißt: „Abgesehen von solchen und ähnlichen Ausnahmefällen wird man aber auch solchen Personen, welche der Geschichte angehören oder im öffentlichen Leben hervorgetreten sind, das Recht nicht versagen dürfen, die unbefugte Anfertigung und Verbreitung von Nachbildung ihrer Person zu untersagen."

und -verbreitungen stillschweigend gefallen, selbst solche, welche unähnlich (oben unter c), sogar unschön sind; ich vermag aber durchaus keine Folgerung dahin zu ziehen, daß dem hohen oder berühmten Urbilde wegen seiner Bedeutsamkeit ein Schutzrecht nicht zustehe, daß also mit dem Emporsteigen zur Berühmtheit das Persönlichkeitsrecht am eigenen Bilde allmählich schwinde. Vielleicht möchte mancher sein Persönlichkeitsrecht am eigenen Bilde aufgeben, wenn ihm damit die Eigenschaft der berechtigten Berühmtheit zuständig würde!

Abgesehen von dem im öffentlichen Sicherheitsdienst entnommenen Abbilde („Das Recht am eigenen Bilde" S. 42; Entscheidungen des Reichsgerichts in Strafsachen, IV. Strafsenat, Urteil vom 2. Juni 1899, Bd. XXXII, S. 199 ff.) ist das Persönlichkeitsrecht am eigenen Bilde ein allgemein unentziehbar zuständiges. Auf Fälle der Genehmigung habe ich im Eingange hingewiesen.

Den richtigen Weg, wenn auch wohl in einer verbesserungsfähigen Fassung, hat das österreichische Gesetz vom 26. Dezember 1895, betreffend das Urheberrecht an Werken der Literatur, Kunst und Photographie eingeschlagen, woselbst es im § 13 Abs. 2 heißt:

„Bei Photographieportraits ist die Ausübung des Urheberrechts in allen Fällen an die Zustimmung der dargestellten Person oder ihrer Erben gebunden; ausgenommen sind Photographieportraits zu amtlichen Zwecken."

Ich war bemüht, die Berechtigung und Notwendigkeit der Anerkennung des Rechts am eigenen Bilde an Tatsachen nachzuweisen. Daß ich hierbei vornehmlich an die Photographie anknüpfte, begründet sich damit, daß in dieser Tätigkeit die Person häufigst der Rechtsverletzung ausgesetzt ist.

In den Ruf, mit rascher Gesetzgebung zu helfen, vermag ich nicht einzustimmen. Das Recht ist in der Rechtsprechung bereits zur Geltung gebracht; die entschlossene unabhängige Begründung wird folgen. Wenn dann aus der Mannigfaltigkeit der Fälle das Recht rückhaltlos zum Bewußtsein gebracht sein wird, hat die Gesetzgebung die Aufgabe zu erfüllen, dem gewonnenen Inhalt die schöne Gestalt zu geben.

III.

Gutachten des Herrn Professor Dr. Heinrich Waentig in Greifswald

über die Frage:

Welche Maßregeln empfehlen sich für die rechtliche Behandlung der Industriekartelle?

Die Industriekartelle (vertragsmäßige Vereinigungen selbständiger Unternehmer zur Erzielung höchstmöglichen Kapitalprofites durch monopolistische Beherrschung des Marktes), Trusts (Verbände früher selbständiger Unternehmungen zu dem gleichen Zwecke, jedoch unter Verschmelzung der einzelnen Betriebe und grundsätzlicher Vernichtung ihrer Unabhängigkeit) und ihre mannigfaltigen Spielarten sind als Erscheinungsformen derselben allgemeinen Tatsache zu betrachten, die man kurz als den Konzentrationsprozeß des Kapitals bezeichnet hat. Von einfacheren und loseren zu immer verwickelteren und fester gefügten Organisationen fortschreitend, entspringen sie regelmäßig dem Bestreben, die Widerstände zu überwinden, „welche der Tendenz des Kapitales, sich unter einem einheitlichen Unternehmerwillen zu wirtschaftlichen Kraftzentren zu akkumulieren, entgegenwirken." Naturgemäß setzt daher der Kartellierungsprozeß da ein, wo die Kapitalskonzentration im freien Wettbewerbe gewissermaßen an einem toten Punkte angelangt ist und im erbitterten Preiskampfe annähernd ebenbürtiger Rivalen der Kapitalprofit dahin zu schwinden droht.

Ist sonach die Tendenz zur Kartellierung überall da vorhanden, wo die Unternehmer den ungezügelten Wettbewerb als ihren Interessen schädlich, die friedliche Vereinigung aber als das geeignete Abhilfsmittel erkannt haben, so scheint ihre tatsächliche Verwirklichung doch noch an bestimmte objektive Voraussetzungen, insbesondere an die Möglichkeit wenigstens zeitweiligen Ausschlusses wirksamer Konkurrenz sowie die „Kartellfähigkeit" der zu kombinierenden Betriebe (annähernd gleiche Größe, ähnliche Organisation, gleichförmiger und übersichtlicher Produktionsprozeß usw.) gebunden, so daß schon hierdurch der Ausbreitung der Kartellbewegung über die gesamte Volkswirtschaft gewisse natürliche Grenzen gezogen scheinen. Immerhin ist sie so universeller Natur — Kohlen und Erzbergbau, Eisenindustrie und Metallurgie, chemische Industrie und Industrie in Steinen und Erden, Textilindustrie, Papierindustrie und Buchdruckerei, Industrie in Holz- und Schnitzstoffen, Leder- und Nahrungsmittelindustrie sind ihr allmählich, die einen mehr, die anderen weniger, zum Opfer gefallen —, daß die rechtssetzende Gewalt des Staates nicht länger untätig an ihr wird vorübergehen können. Ob diese sich bei ihrem künftigen Vorgehen fördernd, hemmend oder möglichst neutral verhalten soll, hängt natürlich in erster Linie ab von den spezifischen Wirkungen der Industrieverbände und deren praktischer Bedeutung für das nationale Wirtschaftsleben. Läßt sich nun zur Zeit hierüber ein abschließendes Urteil auch noch nicht fällen, so darf doch folgendes als vorläufig feststehend betrachtet werden*):

Daß zunächst der immanente Zweck aller Kartellierung, Erhaltung und womöglich Erhöhung des Kapitalprofites, vielfach, ja vielleicht in einem immer wachsenden Maße erreicht wird, hierauf deutet schon das langjährige Bestehen und die Festigung vieler derartiger Verbände, sowie die unaufhaltsame Ausbreitung der Kartell- und Trustbewegung hin. So weit jenes tatsächlich der Fall, besteht die Gefahr, daß die Kartellierung eine sozialpolitisch unerfreuliche Einkommensverteilung allermindestens begünstige, da sie, wie man gesagt, den „tendenziellen Fall der Profitrate" aufhalte, bezw. zu einer „Petrifizierung" des Unternehmereinkommens führe, in dem sie die industrielle Unternehmung in einer Art von Renteninstitut verwandele.

Noch unmittelbarer jedoch als durch die eventuelle Steigerung des Kapitalprofites wird die Volkswirtschaft durch die drei Methoden beeinflußt, vermittelst deren jenes Ziel vorwiegend angestrebt wird, oder doch werden kann:

1. Monopolistische Gestaltung der Preisbildung, sei es in Form des Preisdruckes gegenüber dem Vormanne im Verkehr, oder, noch häufiger, in Form absoluter oder relativer (im Verhältnis zum

*) Ich verweise hinsichtlich der folgenden summarischen Feststellung auf die weitere Begründung derselben in meiner Abhandlung „Industriekartelle und Trusts und das Problem ihrer rechtlichen Regelung" in Schmoller's Jahrb. f. Gesetzgebung u. Verwaltung, Jahrg. 1901, 4. Heft und auf die dort zitierte Literatur.

Sinken der Produktionskosten) Erhöhung der Produktpreise. Erfahrungsgemäß werden beide Arten vielfach angewandt. Auch scheint, soweit nur ein hinreichend großer Bruchteil der Gesamtproduktion zentralisiert ist, aktuelle, oder gar nur sog. potentielle Konkurrenz keinen genügenden Schutz gegen mißbräuchliche Preispolitik zu bieten, während endlich die angeblich durch die Kartelle herbeigeführte Stabilisierung der Preise entweder in dem behaupteten Umfange nicht eingetreten, oder, namentlich in Zeiten sinkender Konjunktur, von fragwürdigem Werte ist.

2. Ausnutzung der gesteigerten wirtschaftlichen Machtstellung der kartellierten Unternehmungen auf dem Arbeitsmarkte, insbesondere zwecks Kürzung des Arbeitslohnes, absoluter oder relativer (durch Verlängerung der Arbeitszeit). Daß die fortschreitende Kartellierung die Stellung des Arbeiters beim Abschlusse des Arbeitsvertrages verschlechtert hat, leuchtet ohne weiteres ein. Dies ist namentlich dann der Fall, wenn dem Unternehmerverbande kein entsprechend mächtiger Arbeiterverband gegenübersteht. Speziell in den Vereinigten Staaten hat die Entwickelung mehrfach zur Verdrängung des letzteren und angeblich in Folge dessen zur Verlängerung der Arbeitszeit geführt. Auch in dieser Hinsicht dürften besonders Zeiten sinkender Konjunktur verhängnisvoll werden.

3. Verbesserung der Produktionstechnik und der Absatzorganisation. Unbestritten hat die fortschreitende Konzentration industrieller Betriebe in dieser Hinsicht, wenn auch nicht ausschließlich, so doch überwiegend günstige Folgen gehabt. Auch scheint die Gefahr der künstlichen Erhaltung einzelner technisch minderwertiger Betriebe im Rahmen des Kartells verhältnismäßig gering. Immerhin dürften die Früchte dieser technisch-kommerziellen Fortschritte bisher in ungleich größerem Maße den Unternehmern als ihren Arbeitern und den Konsumenten zugute gekommen sein. Auch möchte man angesichts gewisser Erscheinungen im amerikanischen Eisenbahnwesen bezweifeln, ob auf die Dauer die Aussicht auf erhöhten Gewinn sich als genügender Ansporn zu technischen Fortschritten auch da erweisen wird, wo der Ausschluß wirksamer Konkurrenz schon dem in den alten Geleisen Ausharrenden hohe Gewinne sichert.

Die Kartelle und Trusts, ein notwendiges Produkt des wirtschaftlichen Entwickelungsprozesses, zeigen demnach ein Doppelgesicht. Eine schneidige Waffe im internationalen Wettkampfe der Völker, ein friedliches Mittel, die Produktivität der menschlichen Arbeit zu steigern, können sie ebenso gut zu Werkzeugen brutaler Willkür, schamloser Gewinnsucht und gehässiger Ausbeutung entarten. Und die Hauptgefahr der wirtschaftlichen Neugestaltung dürfte darin liegen, daß eine unberechenbare Gewalt, vorläufig ohne jede öffentliche Kontrolle, in die Hände von Männern gleiten könnte, die als unverantwortliche Privatleute, ihrer wichtigen Aufgabe wohl geschäftlich, aber unter Umständen nicht sittlich gewachsen sind. Nicht ihren gigantischen Erwerbs- und Schaffenstrieb zu lähmen, wohl aber ihm gewisse Schranken zu setzen, die es ausschließen, daß er sich auf Kosten bedeutungsvoller Gemeininteressen, anstatt zu ihrem Heile betätige, darin wird gegenwärtig die Hauptaufgabe des Staates zu suchen sein.

Allen Gemeinwesen vorangeschritten ist in ihrer Gesetzgebung die amerikanische Union. Von ihren 45 Statuten und 5 Territorien haben nicht weniger als 27 sog. Antitruste eingeführt; 15 haben entsprechende Bestimmungen in ihre Verfassungen aufgenommen, darunter 4, die auf weitere Normen verzichten. Die übrigen Staaten haben sich auf die Satzungen des common law verlassen, die von den Gerichten vielfach auch da angewandt worden sind, wo spezielle Trustgesetze ihnen zur Verfügung standen. Zu erwähnen ist endlich der 1887 vom Kongreß erlassene interstate commerce act und ein ebensolches Trustgesetz von 1890, beide bestimmt insbesondere zur Regelung des über die Grenzen der Einzelstaaten hinausreichenden Verkehrs. Am lebhaftesten war diese legislatorische Tätigkeit um 1890 und in den Jahren 1897 und 1899 im Anschlusse an die rapiden Fortschritte der industriellen Konzentration.

Hauptziel der ganzen Gesetzgebung ist es, die Bildung von dem Gemeinwohle schädlichen Industrieverbänden (combinations in trade) zu verhüten und die etwa vorhandenen zu zerstören. In einigen wenigen Fällen, so z. B. in Illinois, Jowa, Missouri, wird daneben auch der Versuch gemacht, durch zu diesem besonderen Zwecke bevollmächtigte Beamte genauere Information über die Trusts zu erlangen, um sie niederzuschlagen, falls sie sich als Monopole im Sinne des common law herausstellen sollten. Dagegen geht auffallender Weise kein einziges Gesetz darauf aus, durch detaillierte Berichte eine gewisse Publizität in der Geschäftsführung der Industrieverbände herbeizuführen, derart, daß diese Öffentlichkeit sich als selbsttätiges Heilmittel bewähren könnte. Wohl aber bemühen sich einzelne Staaten, so z. B. Illinois, Indiana, Michigan, Georgia, Louisiana, Tennessee, den Produzenten gewisser Erzeugnisse (Getreide und Vieh) oder einzelnen Gesellschaftsklassen (den ländlichen Unternehmern und den Arbeitern) eine sie begünstigende Sonderstellung einzuräumen, angeblich, weil ihre Verbände dem Publikum nicht schädlich seien.

Einigkeit herrscht nun darüber, daß diese Gesetzgebung ihren Zweck im Wesentlichen verfehlt hat. Allerdings beeinflußte sie mehr oder minder die formale Organisation der Industrieverbände; daneben aber zeitigt sie den gewiß nicht beabsichtigten Erfolg, die Tendenz zur industriellen Konzentration zu verstärken, das eventuell vorhandene Monopol zu stützen. Wenn von mancher Seite hierfür die nachsichtige Praxis der Gerichtshöfe verantwortlich gemacht wird, so betonen demgegenüber andere mit Recht, daß die Gerichte durchgängig die bestehenden Gesetze aufrecht erhalten haben, allerdings in dem Sinne, daß nur wirkliche „Monopole", allermindestens „virtuelle Monopole", von ihnen zu verfolgen seien. Hätten doch, wörtlich angewandt, viele der erlassenen Verfügungen Handel und Wandel zum Stillstand bringen müssen. So verbietet z. B. Maine alle „Verbände von Firmen oder Korporationen zwecks Produktion allgemeiner Gebrauchsartikel"; Tennessee „alle Verbände, die dahin tendieren, den freien Wettbewerb in der Produktion, der Einfuhr, dem Verkaufe von Gütern zu verhindern, oder die Preise festzusetzen und zu regulieren"; Illinois „jeden Verband und jedes Übereinkommen zwecks Regulierung und Festsetzung der Güterpreise, zwecks Festsetzung oder Beschränkung von Produktion und Verkauf sowie den Besitz oder die Emission von Trustzertifikaten" usw. Fast allenthalben finden sich als persönliche Strafen der Kontravenienten Gefängnisstrafen bis zu 10 Jahren und, meist damit komulierend, Geldbußen bis zu 10000 $. Hierzu treten regelmäßig sogenannte „corporation fines" bis zu 15000 $. Endlich wird vielfach Nichtigkeit der abgeschlossenen Verträge, Uneinziehbarkeit der erwachsenen Forderungen und Verfall der erteilten Konzession angedroht. Und dennoch hat sich wohl niemals das praktische Leben so stark, die seinen realen Bedürfnissen nicht Rechnung tragende Gesetzgebung so schwach gezeigt. Kein Wunder, daß die Industrial Commission in ihren jüngst veröffentlichten Vorschlägen auf ein weiteres Beschreiten desselben Weges verzichtet hat, um neben Maßregeln zur Bekämpfung von Eisenbahnmißbräuchen und gewissen Schwächen des amerikanischen Korporations- und Aktienrechtes vor allem zu empfehlen, die Trusts in Zukunft einer weitgehenden Kontrolle durch die Öffentlichkeit zu unterwerfen.

Viel milder als die amerikanische Gesetzgebung zeigt sich gegenüber den Industrieverbänden der im Januar dieses Jahres vom österreichischen Industrierate ausgearbeitete, beratene und veröffentlichte Referentenentwurf eines Gesetzes, betreffend die Regelung des Kartellwesens. Wie seine Vorgänger der neunziger Jahre anknüpfend an den vielbesprochenen § 14 des österreichischen Gesetzes vom 7. 4. 1870, wonach Verabredungen von Gewerbsleuten, welche auf die Hinaufsetzung der Warenpreise zum Nachteile des Publikums gerichtet sind, zivilrechtlicher Gültigkeit ermangeln, verleiht er „Vereinigungen oder Verbänden selbständiger

Unternehmer zu dem Zwecke, um durch gemeinsames Vorgehen, insbesondere durch einverständliche Beschränkung oder Beseitigung des freien Wettbewerbes, auf die Produktions-, Preis-, Bezugs- oder Absatzverhältnisse von Waren bestimmend einzuwirken", nach entsprechender Legitimation durch Anzeige an das Handelsministerium den Rechtsschutz. Der Entwurf erklärt also diese Anzeige, die sich nach § 4 desselben auf jedes notariell beurkundende Statut, jede notariell zu beurkundende Statutenänderung sowie auf die Auflösung des Kartells zu erstrecken und innerhalb bestimmter Fristen zu erfolgen hat, für falkultativ. Doch kann der Handelsminister in besonderen Fällen Kartelle bestimmter Waren unter Androhung von Ordnungsstrafen auch zu genannter Meldung zwingen. Dieselbe geschieht zu einem öffentlichen Kartellregister und ist ihrem vollen Inhalte nach unverzüglich in bestimmten Preßorganen zu publizieren (§ 5 d. E.). Doch kann der Handelsminister überdies unter besonderen Voraussetzungen Kartelle bestimmter Waren ausdrücklich verpflichten, auch alle Kartellbeschlüsse, die eine Festsetzung der Preise, Produktionsmengen, Verkaufs- und Absatzverhältnisse zum Zwecke haben, binnen 24 Stunden zur Anzeige zu bringen, Meldungen, deren Inhalt jedoch nicht zu veröffentlichen, sondern nur zur Kenntnis des sogenannten Kartellrates zu bringen ist (§ 7 a d. E.). Die Kartelle unterliegen der Staatsaufsicht, die sich übrigens bezüglich ihrer Geschäftshandlungen auch auf Einzelunternehmer erstreckt, deren — nicht patentierte — Waren dem freien Verkehr tatsächlich entzogen sind (§ 1 d. E.) Sie wird ausgeübt vom Handelsministerium und seinen hierzu bestellten Organen, insbesondere vom erwähnten Kartellrate (§ 7 d. E.). Dieser, zusammengesetzt aus Staatsbeamten und Vertretern von Gewerbe und Landwirtschaft, entsendet aus seiner Mitte einen Einigungssenat, der in besonderen Fällen durch lokale Einigungsausschüsse vertreten werden kann (§§ 9 und 10 d. E.). Seine Tätigkeit soll in der Regel durch eine Beschwerde ausgelöst werden, die dartut, daß die aus dem Bestehen von Kartellen oder der Tätigkeit ihnen gleichzustellender Unternehmer sich ergebende „Schädigung eine beträchtliche, die wirtschaftliche Lage oder Leistungsfähigkeit des Beschwerdeführers erheblich beeinträchtigende ist" (§ 8 d. E.). Über solche ist zunächst ein geheimes Einigungsverfahren, im Falle des Mißerfolges ein öffentliches Schiedsverfahren zu eröffnen. Bei Nichtunterwerfung der betroffenen Partei bleibt dem Handelsminister das letzte Wort. Insbesondere ist dieser berechtigt, wenn seitens eines Kartelles oder eines ihm gleichzustellenden Unternehmers „die Zwangslage anderer bei Herstellung, Bezug oder Absatz von Waren in einer offenbar rechtswidrigen oder wucherischen Weise ausgenutzt und eine schwere wirtschaftliche Schädigung derselben hierdurch verursacht wird", den Kartellen ꝛc. auf Antrag des Kartellrates aufzugeben, diese Ausnutzung und Schädigung binnen acht Tagen zu beseitigen, eine Verfügung, die eventuell durch Ordnungsstrafen erzwungen werden kann (§ 18 d. E.).

Und derselbe darf ferner, „wenn Kartelle ꝛc. ihre wirtschaftliche Stellung derart ausnutzen, daß andere bei dem Bezuge, dem Absatze oder der Herstellung von Waren in beträchtlicher, ihre wirtschaftliche Lage oder Leistungsfähigkeit erheblich beeinträchtigender Weise geschädigt werden", im Einvernehmen mit den jeweilig beteiligten Ministern eine Reihe allgemeiner Maßnahmen veranlassen (§ 15 d. E.), als da sind:

zeitlich begrenzte Aufhebung, bezw. Ermäßigung von Zöllen auf Waren, die Gegenstand eines Kartelles bilden;

Einführung von Ausfuhrzöllen bezw. Verboten für ebensolche Waren;

Erleichterung der Einfuhr von Konkurrenzwaren und Erschwerung der Ausfuhr von Kartellwaren durch Verbilligung bezw. Erhöhung der Frachttarife;

Begünstigung von zu gründenden Konkurrenzunternehmungen;

Förderung von Konsumentenorganisationen usw.

Vereinbarungen, durch welche auf Beschwerden gegen Kartelle usw. verzichtet oder diese Beschwerdeführung irgendwie eingeschränkt wird, sind rechtsungültig, desgleichen alle Abmachungen, die bezwecken, die angedrohten vermögensrechtlichen Nachteile ganz oder zum Teile durch andere als die nach dem Gesetze verpflichteten Personen tragen zu lassen (§ 19 d. E.).

Die Schwächen dieses Entwurfes liegen auf der Hand. Die fakultative Natur der grundsätzlich anerkannten Anzeigepflicht, ergänzt durch die diskretionäre Gewalt des Handelsministers, die relative Geringfügigkeit des veröffentlichten Tatbestandes, ausgeglichen durch eventuelle tiefgehende Eingriffe in die Sphäre einzelner mißliebiger Unternehmungen, der denunziatorische Charakter der Privatbeschwerde und der äußerst schleppende Gang des sich daran anschließenden Remedurverfahrens, die scheinbare Fülle der Machtmittel in den Händen einer naturgemäß nur mangelhaft unterrichteten und deshalb unentschlossenen Zentralinstanz und ihre weitere Abschwächung durch den vorwiegend aus Interessenten zusammengesetzten Kartellrat — diese und manche andere Bestimmungen des Entwurfs sind Fehlgriffe, die in einem deutschen Gesetz unbedingt zu vermeiden wären. Überhaupt aber wäre es irrig, den entscheidenden Erfolg allein von gesetzgeberischen Schritten zu erwarten, die höchstens als Teile und im Rahmen eines ganzen Systemes volkswirtschaftspolitischer Maßnahmen mannigfachster Art zu erwünschten Geltung kommen könnten. Schon in Rücksicht auf den internationalen Wettbewerb und auf unsere leider noch immer mangelhafte Kenntnis der einschlägigen Tatsachen hätte man sich daher vor der Hand wenigstens alles stürmischen Eingreifens in den natürlichen Entwicklungsgang zu enthalten und sein Augenmerk vielmehr darauf zu richten, die Selbsthilfe der in Mitleidenschaft gezogenen Kreise anzuregen und zu begünstigen.

Dies gilt namentlich von den Arbeitern, deren Schutzverbände unter gewissen Bedingungen staatlich anzuerkennen und gegen feindselige Maßnahmen der kartellierten Unternehmer vielleicht auch gesetzlich zu schützen wären, soweit nicht die Entstehung friedlicher „Allianzen" zwischen Unternehmerkartellen und Arbeitervereinen nach englischem Muster eine solche Gesetzgebung überflüssig machen sollte. Dies gilt weiter von den Konsumenten, deren Zusammenschluß zu machtvollen Konsumvereinen nicht, wie bisher vielfach, zu erschweren, sondern auf alle Weise zu fördern wäre, wobei es künftiger Erwägung überlassen bleiben könnte, zu entscheiden, in wie fern etwa durch staatliche Festsetzung von Preistaxen für einzelne unentbehrliche Gebrauchsartikel der willkürlichen Preispolitik gewisser Kartelle ein Ziel zu setzen wäre. Insoweit endlich die Kartellbewegung als eine natürliche Reaktion gegen das Übermaß der Konkurrenz erscheint, dürfte sich deren Begünstigung und Wiederbelebung vielleicht auch als das geeignetste Mittel gegen Kartellmißbräuche erweisen. Zu diesem Zwecke nun erscheint es unerläßlich, dem Publikum genügenden Einblick in die allgemeine Geschäftslage der kartellierten Betriebe zu verschaffen, und es wird die staatliche Gesetzgebung diese Publizität nötigenfalls zu erzwingen haben. Allermindestens wären die — notariell zu beurkundenden — Kartellstatuten, deren notwendiger Inhalt durch Normativbestimmungen festzulegen wäre, ferner Statutenänderungen sowie die Auflösung des Kartells einer neu zu schaffenden Staatsbehörde alsbald zu melden und von dieser zu veröffentlichen. Erwünscht wäre die Ausdehnung dieser Maßregel auch auf alle Beschlüsse, die eine Festsetzung der Preise, Produktionsmengen, Verkaufs- und Absatzverhältnisse zum Gegenstande haben. Doch wird man sich hinsichtlich dieser vorläufig wohl mit einer beschränkten Publizität begnügen müssen, etwa in der Weise, daß jene der Staatsbehörde anzuzeigen und letzterer die Befugnis zu erteilen wäre, das auf diesem Wege gesammelte Material unter möglichster Schonung geschäftlicher Interessen gesetzgeberisch zu verwerten, in angemessener Form zu veröffentlichen, insbesondere auch es wissenschaftlicher Bearbeitung zugänglich zu machen.

Eine unberechtigte Beeinträchtigung der Freiheit des Privatunternehmers, wie von einzelnen Interessenten behauptet wird, ist in solcher Kontrolle nicht zu erblicken. Hat doch die grundsätzliche Unantastbarkeit jener innerhalb der modernen Verkehrswirtschaft das Wirken des freien Wettbewerbes zur Voraussetzung, mit dessen Einschränkung oder Sistierung gleichzeitig das natürliche Korrektiv dieser Freiheit hinwegfällt. Ja, es berühren „Privatunternehmungen", die als Kartelle oder Trusts ganze Erwerbszweige derart monopolisieren, daß von ihrer Geschäftsgebahrung unmittelbar die Wohlfahrt des Volkes, wenn nicht gar die Wehrfähigkeit des Landes abhängt, öffentliche Interessen in dem Grade, daß es zweifelhaft erscheint, ob die Wahrung der letzteren in besonders wichtigen Fällen nicht besser dem Privatunternehmer ganz entzogen und nach dem Vorgange der Staatseisenbahnen in öffentliche Hände gelegt werden sollte.

IV.

Gutachten, erstattet von Herrn Dr. Julius Landsberger, Universitätsdozent und Advokat in Wien,

über die Frage:

Welche Maßregeln empfehlen sich für die rechtliche Behandlung der Industrie-Kartelle?

I.

Niemand, der sich mit Volkswirtschaftspolitik als Forscher oder Staatsmann beschäftigt, kann seine Augen der täglich wachsenden Bedeutung des Kartellproblems verschließen. Es ist nicht zu kühn, die Prognose zu stellen, daß die trotz der großen Zahl und Macht der Kartelle noch immer in aufsteigender Linie sich vollziehende Kartellbewegung in den nächsten Jahrzehnten auf die Entwicklung der Industrie, auf die Organisation des inneren und ausländischen Marktes, auf die Handels- und Steuerpolitik des Staates von großem Einflusse sein wird, daß daher das Problem, wie sich seinerseits der Staat durch Gesetzgebung und Verwaltung auf die Unternehmerverbände Einfluß sichern kann und soll, die ökonomische Theorie und Praxis in den Industriestaaten immer intensiver beschäftigen wird. In den Untersuchungen über die Ursachen der letzten deutschen Industrie-Krise, z. B., welche der Verein für Sozialpolitik für seine nächste Generalversammlung unternimmt, dürften die Beziehungen der Geschäftspolitik der großen deutschen Rohstoff- und Halbfabrikatkartelle zur Entwicklung der industriellen Hochkonjunktur und deren jähem Übergange in die Krise keinen geringen Raum einnehmen; wir beobachten ferner, wie die als „Trusts" bekannten Unternehmerverbände in Amerika in ihrer jüngsten Ausgestaltung dazu bestimmt — vielleicht auch geeignet — erscheinen, auf die internationale Güterversorgung zugunsten Amerikas einschneidend einzuwirken. Ein nicht gering zu schätzender Einfluß auf den Verlauf der Konjunktur; eine einflußreiche Rolle bei der

Gestaltung der internationalen Handels- und Verkehrsbeziehungen; im Verhältnisse zu Arbeitern und Beamten das Auftreten und die Ausbildung eines Systems, das man nicht mit Unrecht als modernen „industriellen Feudalismus" bezeichnet; im Verhältnisse zu den Konsumenten die Betätigung einer wirtschaftlichen Macht, welche bei Kartellen, die sich auf Artikel des allgemeinen Bedarfes beziehen, z. B. beim Zuckerkartell, in ihrer Leistungsfähigkeit der Steuerhoheit des Staates ebenbürtig an die Seite tritt[1]): das sind Merkmale, die wir schon heute den Unternehmerverbänden zusprechen müssen, Organisationen, von denen Kleinwächter, vor kaum zwei Jahrzehnten noch, in seiner grundlegenden Monographie[2]) sagen durfte, sie seien „in der bisherigen volkswirtschaftlichen Literatur eine terra incognita" und deren wissenschaftliche Behandlung, wie er glaubte, einer besonderen Rechtfertigung bedurfte.

Kleinwächter hat dazumal gemeint, daß „die künftige Organisation der Industrie in der Richtung der staatlich anerkannten und regulierten Kartelle zu suchen sein dürfte". Ein Teil dieser Prognose hat sich in umfassendster Weise verwirklicht; aber zu staatlicher Anerkennung und Regulierung haben es die Unternehmerverbände noch nirgends gebracht. Nordamerika versucht sich seit Langem in einer ebenso hartnäckigen als erfolglosen Antitrustgesetzgebung; in Europa ist Österreich der einzige Staat, welcher bisher den Anlauf zu einer gesetzlichen Regelung der Kartelle genommen hat, ohne jedoch ans Ziel zu gelangen. Die Existenz dieser mächtigen und wichtigen Verbände beruht vielmehr in einer ganzen Reihe von Staaten auf einem „tolerari posse" der Staatsverwaltung und auf dem Grundsatze: Wo kein Kläger, da kein Richter. Dieser Zustand kann prima facie eben so wenig die Volkswirte wie die Juristen befriedigen; und es ist leicht verständlich, daß, nachdem der Verein für Sozialpolitik schon um die Mitte des verflossenen Jahrzehntes die Kartelle und ihre Rechtsordnung auf seine Tagesordnung gesetzt hatte[3]), nunmehr auch

---

[1]) Vgl. Motivenbericht zum österr. Kartellgesetzentwurfe Nr. 180 der Beil. z. d. stenogr. Prot. des österr. Abg.-Hauses XIII. Session 1897: „Die Regierung hielt es für ihre ernste Pflicht, dafür zu sorgen, daß nicht über die notwendige Last der Steuergesetze hinaus die Leistungsfähigkeit der Bevölkerung durch private Vereinbarungen in Anspruch genommen werde, die tatsächlich die Belegung der Konsumtion mit Zwangsleistungen nach Art der indirekten Steuern zum Gegenstande haben".

[2]) Die Kartelle. Ein Beitrag zur Organisation der Volkswirtschaft. Innsbruck 1883.

[3]) „Über wirtschaftliche Kartelle in Deutschland und im Auslande. Fünfzehn Schilderungen nebst Statuten und Beilagen". Schriften des Vereins für Sozial-

der deutsche Juristentag sich damit beschäftigt, zu untersuchen, welche Maßregeln sich für die rechtliche Behandlung der Industrie-Kartelle empfehlen.

Indem ich daran gehe, hierüber dem deutschen Juristentage ein Gutachten zu erstatten, kann ich nicht umhin, die Vorfrage aufzuwerfen: Eignet sich die Materie heute schon für eine Regelung durch die Gesetzgebung? Was wissen wir von den Kartellen? Welches sind ihre Formen? Worauf sind ihre Bestrebungen gerichtet, und welches sind ihre wirtschaftlichen und sozialen Wirkungen? Liegen die letzteren bloß im Bereiche der konkreten privatwirtschaftlichen Bestrebungen der Kartelle, oder ist auch in Betracht zu ziehen das prinzipielle Verhältnis der Kartelle zu unserer Wirtschaftsverfassung, die ja auf der freien Verfügung des Individuums über die Produktionsmittel und auf der Regelung der Güterversorgung durch freie gleichberechtigte Konkurrenz der Produzenten — wenigstens der inländischen — beruht? Wie verhalten sich die Kartelle zu den dieser Wirtschaftsverfassung innewohnenden Entwicklungstendenzen? Von der Erkenntnis, die wir auf diesem Wege gewonnen haben, wird es abhängen, ob wir dem Gesetzgeber das Ziel bloß dahin zu stellen haben, die Kartelle, die ja zweifellos Produkte einer, neuartige Zwecke verfolgenden und mit neuartigen Mitteln operierenden assoziativen Gestaltungstendenz sind, als neue Assoziationsformen rechtlich zu organisieren, d. i. in die Rechtsordnung, in das System der rechtlich anerkannten Assoziationsformen einzufügen; oder aber, ob wir der Gesetzgebung die Unterwerfung der Kartelle unter staatliche Kontrolle oder endlich die Repression der Kartelle als Ziel abstecken sollen. Daran schließe sich eine kurze Kritik der bisherigen legislativen Versuche und Erfolge auf diesem Gebiete, ehe wir der uns gestellten engeren Aufgabe, der Erstattung positiver Vorschläge gerecht zu werden versuchen.

II.

Die Verbände, die wir in Europa als Kartelle bezeichnen, charakterisieren sich dadurch, daß mehrere selbständige Unternehmer der gleichen oder verwandter Branchen sich vermittelst Vertrages dazu vereinigen, um gemeinschaftlich, aber ohne Preisgebung ihrer formalen, rechtlichen Selbständigkeit, durch Beschränkung oder Beseitigung des unter ihnen bestehenden freien Wettbewerbs, die Marktverhältnisse zu ihrem Vorteile,

---

politik Band LX, Leipzig 1894. Verhandlungen der Generalversammlung von 1894. Ibidem Bd. LXI, enthaltend auch die Referate von Stieda, „Die Kartelle" und insbesondere Menzel, „Die wirtschaftlichen Kartelle und die Rechtsordnung".

womöglich bis zur Erzielung einer faktischen Monopolstellung, zu beeinflussen[1]). Schon diese umfängliche Begriffsbestimmung, welche ebenso zahlreiche als — absichtlich — blaß und skizzenhaft gehaltene Merkmale umfaßt, läßt vermuten, daß es sich bei den Kartellen nicht um ein in typischer Form auftretendes, scharf abzugrenzendes wirtschaftliches Gebilde handelt, sondern um eine große Fülle von Einzelerscheinungen, deren Grenzlinien ineinander verfließen. Der Nationalökonomie kommt es zu, diese Erscheinungen morphologisch zu charakterisieren, die Jurisprudenz und insbesondere der Gesetzgeber braucht aber eine scharfe Definition, einen präzisen Tatbestand, und so erklärt es sich, daß die Begriffsbestimmungen der österreichischen Entwürfe eine geringere Zahl von Merkmalen, aber dafür schärfer herausgearbeitet, aufweisen. Für die wirtschaftliche Betrachtung ist, um eine Vereinigung als Kartell anzusprechen, von Wesenheit, daß sich mehrere Unternehmer vereinigen, um den freien Wettbewerb untereinander einzuschränken oder zu beseitigen. Will man hierfür ein dialektisches Wortspiel anwenden, so kann man das Kartell bezeichnen als jene Erscheinung, in der die freie Konkurrenz sich

[1]) Ich nähere mich in meiner Definition der von Pohle in seiner scharfsinnigen und gründlichen Studie: „Die Kartelle der gewerblichen Unternehmer", Leipzig 1898, S. 11, gegebenen. Nach Pohle würden aber auch die Gewerkvereine der Arbeiter zu den Kartellen zählen (S. 12), was ich in Übereinstimmung mit Menzel (a. a. O. S. 22) ausschließe. Pohles Definition wird ferner seinem eigenen Postulat nicht gerecht, „daß die einem Kartelle angehörenden Wirtschaftssubjekte immer noch einen gewissen Grad von Freiheit und Selbständigkeit besitzen müssen, wenn von einem Kartell soll gesprochen werden dürfen. „Die . . . Fusion mehrerer Unternehmungen desselben Geschäftszweiges hat mit dem Begriffe der Kartellierung nichts zu tun". . . . Endlich ist es keineswegs ein Merkmal der Kartelle, daß sie „den größtmöglichen Vorteil" für ihre Mitglieder zu erzielen suchen. Alle Kartelle wollen womöglich eine Monopolstellung erringen, aber die Politik einer großen Zahl europäischer Kartelle — namentlich solcher, die nicht den Konsumenten von genußreifen Produkten, sondern selbst wieder Produzenten als Abnehmern gegenüberstehen, ist eine konservativere und opfert den größtmöglichen Vorteil dem dauernden. Pohle hebt dies selbst hervor (S. 94), beachtet es aber nicht genügend in seiner Definition. Kleinwächter (Hdwb. der Staatsw. Bd. VI S. 346 f.) definiert die Kartelle als Vereinigungen von Unternehmern derselben Branche, deren Zweck dahin geht, durch solidarisches Vorgehen der Genossen die wirtschaftliche Lage der betreffenden Unternehmer günstiger zu gestalten. Menzel in seinem grundlegenden Referate (a. a. O. S. 22 ff., ich zitiere nach dem als Mſ. gedruckten Referatshefte) bezeichnet als Merkmale der Kartelle: 1. Die Vereinigung selbständiger Unternehmer. 2. Die Selbständigkeit der verbundenen Unternehmungen darf nicht vollkommen beseitigt erscheinen. 3. Die Vereinigung verfolgt den Zweck der Einschränkung des Wettbewerbes. 4. Ihr weiterer Zweck kann sein die Forteyistenz eines Erwerbszweiges zu sichern (Schutzkartelle) oder höheren Gewinn zu erzielen, die Abnehmer

freiwillig selbst aufhebt. Eine Unternehmung, die von vorneherein auf ein rechtliches oder faktisches Monopol, z. B. auf ein Patent oder die Verfügung über die einzige Lagerstätte eines Minerals, aufgebaut ist, fällt daher nicht unter den Kartellbegriff. Die Vereinigung mehrerer Unternehmer zur Förderung gemeinsamer Interessen, z. B. um die Regierung oder die öffentliche Meinung ihren Wünschen durch gemeinschaftlich betriebene Agitation günstiger zu stimmen (Fachvereine, Verbände)[5], gehört gleichfalls nicht zu den Kartellen, wofern der wirtschaftliche Wettbewerb der koalierten Unternehmer weder direkt noch indirekt durch die Satzungen und Aufgaben des Fachverbandes berührt erscheint. Auch dort, wo der freie Wettbewerb durch das Gesetz ausgeschlossen, oder wenigstens der Einwirkung auf Preise, Unternehmergewinn, Absatzmenge beraubt ist, wie z. B. bei Objekten der Finanzregalien, kann von Kartellbildung keine Rede sein. Wenn endlich mehrere Unternehmer, die miteinander nicht konkurrieren, deren Betriebe sich vielmehr wirtschaftlich ergänzen, z. B. ein Kohlen-, ein Eisen- und ein Transportunternehmen, mit einander in Verbindung treten, um die Produktionskosten des Gesamtunternehmens

---

auszubeuten (Monopolisierungskartelle). Liefmann („Die Unternehmerverbände [Konventionen, Kartelle]"), in der Volksw. Abh. der bad. Hochsch., Freiburg 1897, definiert die Unternehmerverbände als „eine solche Vereinigung von Unternehmern, welche die wirtschaftliche Tätigkeit ihrer Mitglieder, die im übrigen selbständig bleiben, in einem bestimmten Punkte regelt und durch eine gegenseitige Verpflichtung aller Beteiligten, den gemeinsamen Abmachungen gemäß zu handeln, zustande kommt (S. 17). Als den Zweck der Kartelle bezeichnet er, den Mitgliedern im Zustande der Konkurrenz, trotz des Bestehens derselben, die Vorteile von Monopolisten zu gewähren (S. 35).

Die österreichische Regierungsvorlage eines Kartellgesetzes von 1897/98 (in drei Sessionen vorgelegt und späterhin im Kontexte hier abgek. als „öst. Regierungsentwurf" bezeichnet) definiert die Kartelle, deren Regelung sie beabsichtigt, wie folgt: „Verbinden sich selbständige Unternehmer zu dem Zwecke, um durch solidarisches Vorgehen, insbesondere durch einverständliche Beschränkung oder Beseitigung des freien Wettbewerbes auf die Produktions-, Preis- oder Absatzverhältnisse (von) Verbrauchsgegenständen bestimmend einzuwirken . . . ., so sind solche Unternehmerverbände (Kartelle) der Staatsaufsicht nach diesem Gesetze zu unterwerfen".

Der Referententwurf eines Kartellgesetzes, den der österr. Industrie- und Landwirtschaftsrat 1901 vorgelegt hat (verfaßt von Julius Reich, weiterhin im Kontext abgek. als „öst. Referentenentwurf" bezeichnet), definiert die Kartelle als „Vereinigungen oder Verbände selbständiger Unternehmer zu dem Zwecke, um durch gemeinsames Vorgehen, insbesondere durch einverständliche Beschränkung oder Beseitigung des freien Wettbewerbes auf die Produktions-, Preis-, Bezugs- oder Absatzverhältnisse von Waren bestimmend einzuwirken . . . . Weitere Definitionen s. bei Pohle, a. a. O. S. 5.

[5]) Vgl. Liefmann, a. a. O. S. 17.

herabzusetzen (s. g. Kombinationen),[6]) so liegt kein Kartell vor, wenngleich Kartelle (insbesondere in ihrer amerikanischen Ausgestaltung zu Trusts) sich öfter mit Kombinationen paaren. Die Aufhebung bezw. Einschränkung des Wettbewerbes unter Unternehmern, die tatsächlich konkurrierten oder konkurrieren können, in welcher Form immer, stellt also das Essentielle des Kartells dar. Unter diesen weiteren Begriff fallen auch die Ringe einerseits, die Trusts und Fusionen andererseits — Gebilde, die allerdings einer Abgrenzung bedürfen gegen jenen engeren Kreis von Vereinigungen, die wir nach der Eingangs bezeichneten Charakteristik in Europa als Kartelle im eigentlichen Sinne bezeichnen und für die in Nordamerika der Ausdruck „Pools“[7]) gebräuchlich ist.

Was zunächst die Ringe betrifft, so erfolgt die Abgrenzung derselben gegenüber den Kartellen im engeren Sinne, in der Praxis mit ebenso sicherem Takte, als sie in der Theorie schwierig und unsicher ist. Einen Anhaltspunkt bietet der Sprachgebrauch, die Ringe mit „corner“ zu identifizieren. Das ist unrichtig, denn „corner“ bedeutet „Schwänze“; eine „Schwänze“ aber kann auch von einem einzigen leistungsfähigen Hause unternommen werden; andererseits aber ist ein „corner“ sehr häufig der Zweck der „Ring“bildung. Die Praxis nun gebraucht die Bezeichnung „Ring“ regelmäßig für eine solche Vereinigung von Unternehmern, die einen Monopolsgewinn aus Kauf und Verkauf von Gütern ohne deren weitere Verarbeitung, also wirtschaftlich gesprochen im Distributionsprozesse, zu erzielen sucht und zu diesem Zwecke spekulative Manöver, insbesondere die Anschaffung der Güter womöglich in einem solchen Umfang unternimmt, wie er nicht etwa dem voraussichtlichen Bedarfe, sondern dem aktuellen Angebote von Gütern dieser Art entspricht. Der Ring will vor allem das Angebot neutralisieren, er richtet daher seine Geschäftspolitik nach dem tatsächlichen Angebote, nicht nach dem voraussichtlichen Bedarfe[8]).

Diese Kriterien genügen der Praxis, um die „Ringe“ nicht bloß von den Industriekartellen, welch' letztere ja als Produzenten Monopol-

---

[6]) Die Bezeichnung stammt von Sinzheimer, „Ueber die Grenzen der Weiterbildung des fabrikmäßigen Großbetriebs in Deutschland“. Münch. volksw. Studien, 3. St.

[7]) Vgl. Jenks, „The Trust Problem“, New-York 1900, Die beste neuere Darstellung über die amerikanischen Trusts. Ch. VII, Methods of Organisation and Management, S. 108 ff.

[8]) Es gibt auch Baissekonsortien, die, praktisch allerdings von geringerer Bedeutung als die Hausseringe, die umgekehrte Geschäftspolitik verfolgen, indem sie die Nachfrage zu neutralisieren, oft auch abzuschrecken suchen.

gewinn anstreben, zu unterscheiden, sondern auch mit fast untrüglicher Sicherheit von den eigentlichen Händlerkartellen, welche Differenzierung natürlich viel schwieriger und wichtiger ist. In der Theorie dagegen leidet die letztere an Unklarheit und Unsicherheit. Der österr. Regierungsentwurf sieht das entscheidende Merkmal in der Fälschung der Konjunktur durch die Ringe, indem die daran beteiligten Spekulanten durch völlige oder teilweise Sperrung der Zuflüsse die Preise der Waren über ihre normale Höhe zu steigern oder durch Blankoabgaben unter dieselbe zu drücken versuchen (Motivenbericht S. 12). Allein es ist fraglich, ob der geschäftliche Dolus ein Merkmal ist, das eine genügende Abgrenzung gestattet. Dagegen ist dem Motivenberichte zuzustimmen, wenn er bemerkt, daß die gesetzliche Regelung „beide Erscheinungsformen der Kartellierung, die Ringe und die Kartelle umfassen müsse". Damit ist dem theoretischen Probleme seine praktische Spitze abgebrochen und es kommt wesentlich darauf an, die gesetzliche Definition des Kartellbegriffs so auszugestalten, daß sie auch die Ringe einschließt. Auch Menzel a. a. O. S. 23) sieht in den Ringen nur eine Abart der von ihm sog. „Monopolisierungs-Kartelle", welche „von vornhinein nur auf kurze Dauer berechnet" sei; eine präzise Unterscheidung von den Kartellen sei bei manchen Varietäten nicht möglich. Liefmann gebührt das Verdienst, auf den Unterschied zwischen „Ring" und „corner" hingewiesen zu haben (a. a. O. S. 125 f.); aber seine Abgrenzung zwischen „Ring" und „Kartell" kann weder nach der formal-juristischen noch nach der wirtschaftlichen Seite hin befriedigen. Er erblickt den „fundamentalen wirtschaftlichen Unterschied" zwischen Kartellen und Ringen darin, daß die letzteren, um ihren Zweck zu erreichen, den Produzenten ihre ganze Produktion abkaufen und daher die Produzenten verpflichten müssen, nur an sie zu verkaufen. Das letztere Merkmal, auf das Liefmann den entscheidenden Wert legt, ist nun aber augenscheinlich unzutreffend: denn Ringe bilden sich am häufigsten in landwirtschaftlichen Produkten, wo doch keine Rede davon sein kann, daß der „Ring", wie Liefmann meint, auf der Grundlage einer mit den Produzenten getroffenen Vereinbarung des Inhaltes beruht, daß letztere ihre Waren nur an den Ring verkaufen dürfen.

Die Abgrenzung der Kartelle gegen die als „Fusionen" und „Trusts" bekannten Unternehmervereinigungen unterliegt bedeutend geringeren Schwierigkeiten, da sie an äußerlich in Erscheinung tretende Tatsachen juristischer Natur als Merkmale anknüpfen kann. Bevor ich jedoch an die Begriffsbestimmung dieser höchsten Kategorien monopolistischer Vergesellschaftung schreite, deren weltwirtschaftliche Bedeutung sie an die Spitze des ökonomischen Kartellproblems stellt, für deren Entwicklung jedoch in Deutschland und Österreich die juristischen Voraussetzungen entweder fehlen oder doch nicht so günstig liegen, wie in den Ländern des angelsächsischen Rechts, möchte ich hinweisen auf eine Form wirtschaftlicher Zusammenfassung mehrerer Unternehmungen in einen Machtbereich, die der Natur der Sache nach einen Konkurrenzkampf zwischen denselben ausschließt, sich aber von den Kartellen, welcher Art immer durch den gänzlichen Mangel jeglicher vorläufigen Vereinbarung über den Ausschluß oder die Beschränkung der Konkurrenz unterscheidet.

Vielmehr beruht der Zusammenschluß und die Beseitigung bezw. Zurückdrängung des Wettbewerbs in diesen Fällen bloß auf dauernden tatsächlichen Verhältnissen, welche ein tatsächliches Herrschafts- oder Gemeinschaftsverhältnis begründen und aufrecht halten. Ihr Vorkommen ist wesentlich bedingt dadurch, daß sich die Rechtsformen der reinen Kapitalsassoziation, also vor allem jene der Aktiengesellschaft für die Großbetriebe des Bank- und Transportwesens sowie der Industrie einbürgern. Die konkrete Gestaltung des Gesellschafts- insbesondere des Aktienrechts in den einzelnen Ländern ist daher für die Entwicklung dieser tatsächlichen Gemeinschaften von Wichtigkeit. Der Kitt, welcher die Gemeinschaft zusammenhält, ist kein Vertrag, sondern die Macht, welche ein Unternehmen über andere dank seines Besitzes an Aktien der letzteren oder seiner Fähigkeit sich jeder Zeit die Verfügung über dieselben zu sichern, inne hat und ausübt: Die Großaktionärschaft.

Ich möchte für tatsächliche Gemeinschaften dieser Art die deutsche Bezeichnung „Gruppe" oder mit Entlehnung eines im internationalen Finanzverkehre üblichen Wortes, den schärferen, englischen Terminus „Concern"[9]) vorschlagen. Die Erscheinung, daß sich mehrere Unternehmungen der gleichen Branche in einem solchen Concern oder Gruppe befinden, ist keineswegs selten und die dadurch begründete Gemeinschaft oft dauernder und fester gefügt, als das feinstorganisierte Kartell. Aus der österreichischen Praxis führe ich bloß zwei Fälle an, von voller Notorietät, und die zugleich die beiden typischen Formen repräsentieren, in denen sich solche Gemeinschaften bilden. Ich werde mich dabei der Kürze halber des Ausdrucks bedienen, der in Amerika für die Ausübung tatsächlicher Macht in einem fremden Unternehmen vermöge starken Aktienbesitzes üblich ist: ein Unternehmen „kontrollieren".

---

[9]) Der Zusammenschluß in einen „Trust" wird auch als „Konsolidation", der lockere Verband vor der Trustbildung als „Concern" bezeichnet.

Fall und Typus I: Ein großes Bankinstitut kontrolliert vermöge seines eigenen Aktienbesitzes und jenes seiner Klientel zwei der größten österreichischen Bahnen, die österr. Nordwestbahn und die Staatseisenbahngesellschaft. Der leitende Direktor der Bank nimmt zugleich in den beiden Bahngesellschaften die einflußreichste Stellung ein. Daß ein wirksamer Konkurrenzkampf zwischen den beiden Bahnen, welche zum Teile gleiche Relationen haben, ausgeschlossen ist, liegt auf der Hand. Fall und Typus II: Die Prager Eisenindustrie-Gesellschaft, die bedeutendste montanistische Unternehmung Böhmens, hat ihren Reservefonds in Aktien des wichtigsten alpenländischen Konkurrenzunternehmens angelegt; sie besitzt bilanzmäßig den zehnten Teil des Aktienkapitals der Alpinen Montangesellschaft. Erfahrungsgemäß genügt ein solcher Aktienbesitz, der in kritischen Zeiten durch börsenmäßig oder im engeren Kreise der Interessenten des kontrollierenden Unternehmens aufgebrachte Aktien verstärkt werden kann, um die Generalversammlungen zu beherrschen, das Unternehmen zu kontrollieren. In der Tat sind die leitenden Stellungen der Alpinen Montangesellschaft aus dem Kreise ehemaliger Funktionäre der Prager Eisenindustrie-Gesellschaft besetzt worden. Diese beiden größten montanistischen Unternehmungen Österreichs (nebst einigen kleineren, die ich nicht namentlich anführe) befinden sich notorisch in einer „Gruppe" in einem „Concern"; sie stehen außerdem in einem formellen Kartellverhältnis. Aber auch zu einer Zeit, da das Eisenkartell vorübergehend aufgelöst war, dauerte jene tatsächliche Gemeinschaft fort und übte ihre Wirkung.

Bei Type I kontrolliert daher ein Unternehmen (in der Regel, weil der Natur der Sache entsprechend, eine Bank) mehrere andere unter sich gleichartige, aber von dem ersteren verschiedene Unternehmungen; bei Type II kontrolliert ein Unternehmen andere der gleichen oder verwandten Branche. Bei beiden Typen kann aber wohl von einem wirksamen Konkurrenzkampf zwischen den Mitgliedern des „Concern" kaum die Rede sein.

Ich zweifle nicht, daß Gruppenbildungen der beiden Typen auch im deutschen Reiche bestehen, mögen auch die gegen das Strohmännerunwesen in den Generalversammlungen gerichteten und den Schutz der Minoritäten bezweckenden Bestimmungen des deutschen Aktienrechts manche in Österreich wuchernden Mißbräuche mehr oder minder wirksam niederhalten; denn oft wird ja die Zugehörigkeit zu einem Concern ebenso wie die zu einem Kartell im Interesse des Unternehmens selbst liegen und daher die Billigung auch der unabhängigen Aktionäre erhalten.

Typus I des „Concern“ hat eine gewisse Verwandtschaft mit jener Form des „Trusts“, welche ursprünglich üblich war, bevor die Antitrustgesetzgebung die Trustbildung zu ihrer höchsten Entwicklung brachte, in der sie nur noch wirtschaftlich als „Trust“, juristisch aber bereits als „Fusion“ angesprochen werden muß. Für die ältere amerikanische Trustform bietet aber unser heimisches Recht nicht die nötigen Voraussetzungen dar; die „Fusion“ ist andererseits ein Schritt, der nicht zurückgetan werden kann und eine beträchtlich wirksamere Beherrschung des Effektenmarktes voraussetzt, als der Zusammenschluß zu einem Concern, — von den großen Risiken jeder Fusion abgesehen.

Ich hebe dies hervor, weil ich der Ansicht bin, daß eine unzweckmäßige Kartellgesetzgebung die Form der „Gruppe“ oder des „Concern“ und speziell Type I desselben zur Zufluchtsstätte für die gesprengten Unternehmerverbände gestalten würde. Die tatsächliche Gleichartigkeit der Machtverhältnisse, die dadurch geschaffen werden würde, daß sich die Unternehmungen unter die gemeinsame „Kontrolle“ z. B. eines großen Bankinstitutes begeben würden, könnte kaum durch irgend ein Gesetz wirksam getroffen werden. Ich habe aber dieser Form der Vergemeinschaftung auch deshalb besondere Aufmerksamkeit gewidmet, weil sie in der Literatur m. W. nicht eingehend behandelt wird, wenn ich von Menzel (a. a. O. S. 28) und einer kurzen Andeutung absehe, die ich selbst in der Kartelldebatte des Vereins für Sozialpolitik gemacht habe (a. a. O. Bd. 61).

Die höchste Stufe der Vergesellschaftung zum Zwecke der Beseitigung des Wettbewerbes wird durch die „Fusion“ repräsentiert, über deren Wesen ich glaube, mich an dieser Stelle nicht des Weiteren verbreiten zu müssen. Die wichtigste Frage, die für uns in Betracht kommt, geht dahin, ob eine eingreifende Kartellgesetzgebung auch in unserem Rechtsgebiete die Ausgestaltung der Kartellverbände zu einheitlichen, durch Fusion entstandenen Riesenunternehmungen bewirken würde, d. h. ob wir in die letzte Entwickelungsphase der amerikanischen Trustbewegung einzutreten Gefahr laufen würden. Denn auch die amerikanische Kartellbewegung hat unter dem Einflusse der Antitrustgesetzgebung drei Entwickelungsstadien bis zum heutigen Trustsystem durchlaufen. In der ersten herrschen die Kartelle im europäischen Sinne vor, das ist durch vertragsmäßige Vereinigung rechtlich selbständig bleibender Unternehmer entstandene Verbände zur Einschränkung der Konkurrenz, technisch „Pools“ genannt. Diese Pools umfassen bereits alle Formen der Kartelle: Preis-, Absatz-, Produktions-, Vertriebs-Kartelle usw. Die Pools waren jedoch nicht von Bestand und den darauf bezüglichen Vereinbarungen wurde häufig der Rechtsschutz versagt[10]). Jenks nennt als solche Pools, die der Trustbildung vorangingen, ein Produktions- und ein Beteiligungskartell der Whisky-Brennereien, das von der Addiston Pipe & Steel Co. gegründete Submissionskartell, verschiedene Kohlenhändlerkartelle usw. Pooling by railroads war es zumeist, was die Aufmerksamkeit und den Widerstand der öffentlichen Meinung herausforderte. Den Übergang zur zweiten Phase bezeichnet die Gründung des Standard Oil Trusts im Jahre 1882, welcher sodann die Bildung des sogenannten Whisky-Trust (The Distillers' & Cattle Feeders' Trust) und des Sugar-Trust folgte. Diese Trusts, sagt Jenks, waren im wesentlichen, wie folgt, organisiert: Die Aktionäre jeder der verschiedenen Gesellschaften übertrugen ihren Aktienbesitz an eine bestimmte Zahl von Treuhändern (Trustees) — sieben oder neun an Zahl — und erteilten ihnen auf diese Weise eine unentziehbare Vollmacht (power of attorney), das Stimmrecht mit diesen Aktien so auszuüben, wie sie es für gut befinden würden. Die Treuhänder emittierten an Stelle des auf sie übergegangenen Aktienbesitzes „Trust-Zertifikate" an die Aktionäre, auf Grund deren die Gewinne verteilt wurden. Die im Trust vereinigten Unternehmungen behielten ihre formale Selbständigkeit, aber ihre Reinerträge wurden in einen gemeinsamen Fonds gelegt, so daß die Schließung oder die Betriebsergebnisse eines einzelnen Etablissements den Inhabern der Zertifikate gleichgültig sein konnten. Die Trustees beherrschten kraft des in ihren Händen vereinten Aktienbesitzes die einzelnen Unternehmungen und besetzten nach ihrem durch die Interessen des Trusts bestimmten Ermessen die leitenden Stellungen in denselben.

Die gegen den Zucker-Trust gerichtete Entscheidung des New-Yorker Appellgerichtshofes und die bekannte Antitrustgesetzgebung (insbesondere

---

[10]) Ausgezeichnete Orientierung über die amerikanische Trustentwicklung gewährt in wirtschaftlicher Hinsicht das bereits genannte Werk von Jeremiah W. Jenks, „The Trust Problem"; die ausführlichste Darstellung des amerikanischen Kartellrechtes findet sich in Charles Fisk Beach: „A Treatise on the law of Monopolies and Industrial Trusts", St. Louis 1898, SS. LXX und 760. — Vgl. hierzu auch die im Auftrage der Industrial-Kommission herausgegebene Sammlung: „Trust and industrial Combinations" Statutes and decisions of federal, State and Territorial law. Washington 1900. — Vgl. ferner über deutsche und amerikanische Trustlitteratur die Zusammenstellung bei Liefmann a. a. O. S. 9, ferner aus jüngster Zeit: Waentig, „Industriekartelle und Trusts und das Problem ihrer rechtlichen Regelung", in Schmoller's Jahrbuch f. Gesetzgbg. usw., 1901, 4. Heft, und insbesondere die Abhandlung von Steinbach: „Government Control of Trusts" in der bekannten amerikanischen Zeitschrift „The International Monthly", April 1902.

das oft zitierte Bundes-Gesetz vom 2. Juli 1890: An act to protect trade and commerce against unlawful restraints and monopolies) haben die älteren Trusts zu den seltsamsten Wandlungen und Windungen gezwungen, um sich den harten Sanktionen dieser von berechtigten populären Strömungen getragenen, jedoch zweckwidrigen Gesetzgebung zu entziehen; zweckwidrig, da sie die vorhandenen monopolistischen Tendenzen gerade in die durchgreifende Rechtsform hineindrängte. Der Whisky-Trust und der Zucker-Trust gingen auf der Bahn der Umwandlung des Trusts in ein Fusions-Unternehmen voran, der Standard Oil Trust suchte zunächst durch Zerfall in äußerlich unabhängige Gesellschaften, die sich jedoch in einem von mir oben als „Concern" bezeichneten faktischen Zusammenschlusse befanden, an dem Gesetze vorüberzukommen, es entstanden zahlreiche mitunter kurzlebige Mischformen.

Nach der Auflösung der alten Trusts ward jedoch allmählich[11]) die Form des Zusammenschlusses in eine große Gesellschaft, der die einzelnen Unternehmungen angehörten, der gewöhnliche Vorgang. Hierbei veräußerten die einzelnen Gesellschaften ihre Unternehmungen zur Gänze an eine neue Gesellschaft und lösten sich sodann auf. Es blieb nach der Fusion nur eine einheitliche große Gesellschaft zurück, die sich im Besitze aller, den in ihr aufgegangenen Aktiengesellschaften oder Privatfirmen früher gehörigen Unternehmungen befand und sich juristisch in keiner Weise von einer der Aktiengesellschaften unterschied, die in ihr aufgegangen waren. Bekannte Trusts dieser Gattung sind die American Tin Plate Company, die National Steel-Company und die bekannten in aller Munde befindlichen Morganschen Trustgründungen.

Da sich die ältere Trustform in unserem Rechtsgebiete nicht einbürgern kann, so ist nur zu untersuchen, ob die neuere daselbst in großem Stile Platz greifen kann und dadurch jeder Kartellgesetzgebung von vornherein unübersteigbare Schranken gesetzt sind. Diese Frage findet jedoch ihre Lösung auf aktien- und börsenrechtlichem Gebiete. Das Trustproblem in Nord-Amerika ist weder wirtschaftlich noch juristisch identisch mit unserem Kartellproblem, es umfaßt vielmehr auch Probleme der Aktien- und Börsengesetzgebung. Die Bildung von Unternehmerverbänden ist bei uns eine industrielle Operation, mag sie auch naturgemäß auf die börsenmäßige Bewertung der betreffenden Industriepapiere zurückwirken;

---

[11]) Vgl. Jenks a. a. O. S. 117; Beach a. a. O. S. 505 unterscheidet drei Kategorien von Trusts. Nr. 1 deckt sich mit der im Text geschilderten älteren, Nr. 3 mit der modernen Trustform, Nr. 2 ist dadurch charakterisiert, daß eine Gesellschaft die „Kontrolle" über eine Reihe anderer erwirbt, indem sie die Majorität der Aktien erwirbt: Concern, Type Nr. II.

die Trustbildung in den Vereinigten Staaten ist aber in der Regel auch eine Finanz- und Börsenoperation, die mit Agiotage in den betreffenden Effekten in engem Zusammenhange steht. Diese Erscheinung tritt schon bei der älteren Trustform hervor; vom Zucker-Trust z. B. weiß der Bericht des Komitees der Staatslegislative von New-York (abgedruckt bei Beach a. a. O. S. 31 Anm. 1) folgendes zu sagen: „Es bestand eine enorme Spekulation in den Trust-Zertifikaten. . . . . Es war zweifellos einer der wichtigsten Zwecke dieser Trustbildung, diese Zertifikate zu emittieren und dadurch Gelegenheit für eine Agiotage in großem Stile zu bieten. . . . . Die Ausgabe von $ 50000000 Zertifikaten war vollkommen ausreichend für eine Spekulation im Umfange von vielen hundert Millionen Dollars. Es frägt sich sehr, ob der Trust nicht eher zum Zwecke ungeheurer Spekulationen gegründet wurde, als um der Vorteile willen, die durch eine Vereinigung der Raffinerien zum Zwecke vorteilhafterer Raffinierung des Zuckers erzielt werden sollten; daß das Hauptziel der Trustbildung auf Agiotage hinauslief, beweist in deutlicher Weise der künstlich erhöhte Wert (the inflated value), der den Aktiven der vereinigten Gesellschaften, auf Grund deren die Emission von Zertifikaten erfolgte, beigelegt wurde.“ . . . . Diese Verhältnisse sind auch bei den Trustbildungen der letzten Phase unverändert geblieben. So kommt es, daß Jenks in seiner vortrefflichen Monographie zwei Kapitel[12]) der Besprechung von Problemen widmet, die, wie Gründergewinn, übermäßige Anrechnung von Sacheinlagen, „Wässern“ des Aktienkapitals, spekulative Manöver bei der Gründung und den Aktienemissionen, bei uns gar nicht in den Rahmen des Kartellproblems gehören. Nicht der Industrielle, sondern der Finanzmann stehen bei der Trustbildung in Nord-Amerika Gevatter und ungeheure Gründungs- und „Wässerungs“-Gewinne fließen ihm zu. Nach den Erhebungen der „United States Industrial Commission“ wurden bei der Bildung der „Standard Distilling and Distributing Company“ für je $ 100000 effektiven Geld- oder Sachwert, der in die Gesellschaft eingebracht wurde, ausgegeben: $ 150000 in Stammaktien an den Gründer (promoter), $ 100000 in Vorzugs- und Stammaktien an den Sacheinleger und $ 100000 Vorzugs- und $ 150000 Stammaktien an den Financier, der die Subskription garantierte (underwriter): in Summa $ 200000 in Vorzugs- und $ 400000 in Stammaktien für je $ 100000 effektiver Aktiva (cash and tangible property)! Judge William H. Moore, der die American Tin Plate

[12]) Ch. V. Promoter and Financier; Ch. VI. The Basis of Capitalization S. 77 ff.

Company mit einem Kapitale von \$ 50 000 000 organisierte, erhielt an Vergütung der Gründungsspesen und Gründungsgewinn 10 Millionen Dollars in Stammaktien. Die Kritik dieser Vorgänge und die Beleuchtung ihres Einflusses auf die Politik der amerikanischen Trusts fällt nicht in den Bereich dieser Untersuchung: von Wichtigkeit ist für uns jedoch, zu erkennen, daß diese Erscheinungen nicht allein Auswüchse spekulativen Beutejägertums sind, sondern darauf hindeuten, was auch theoretische Argumentation erkennen läßt: daß nämlich die Gründung von Riesenunternehmungen vermittelst Fusion nicht durchführbar ist, ohne die Entfachung und Ausnützung der spekulativen Tendenzen und Kräfte der Börse durch die Mittel der Übergründung und Agiotage. Denn die Risiken, die mit der auch nur zeitweiligen Lockerung und Deklassierung der in die Fusion einzubeziehenden Aktiven und Effekten, sowie jene, die mit der finanziellen Garantie des Gründungserfolges (dem underwriting) verbunden sind, sind bei derlei gigantischen Operationen zu groß, um anders gedeckt werden zu können, als aus den ungeheuren Gewinnen, welche den genannten Manipulationen entströmen, und die letzteren sind nur vermittelst der Spannkraft eines durch Agiotage überreizten Effektenmarktes realisierbar. Die blendenden Machtproben, welche die amerikanische Trustbewegung in ihrer jüngsten Phase vor unserer aller Augen ablegt, sind daher nicht so sehr ein Beleg für die industrielle Lebensfähigkeit dieser Organisationen als für die Höhe der Dampfspannung auf den amerikanischen Effektenmärkten. Diese Erkenntnis zeigt uns aber auch, daß wir durch Ausbildung des Aktien- und Börsenrechtes die Gefahr, durch die Kartellgesetzgebung eine Fusionsepoche in größtem Stile einzuleiten, außerordentlich abschwächen, wenn nicht schon durch die bestehende Gesetzgebung für beseitigt halten können. Die seltsamen Ergebnisse der amerikanischen Antitrustgesetzgebung müssen also keineswegs abschreckend auf uns wirken; der kritische Grenzpunkt, welchen jede Kartellgesetzgebung im Auge behalten muß, wird vielmehr jener sein, bei dessen Überschreitung die juristisch immerhin faßbare, weil an äußere, rechtlich relevante Merkmale gebundene Form des heutigen Unternehmerverbandes übergehen würde in den Zusammenschluß zu einem auf rein tatsächlichen Machtverhältnissen beruhenden Verbande, dem formlosen „Concern."

III.

Menzel (a. a. O. S. 24) hat bereits hervorgehoben, daß man bei der Gruppierung der einzelnen Kartellformen einen doppelten Gesichtspunkt zur Geltung bringen müsse, einen materiellen und einen formellen. Es ergäbe sich nämlich eine Gruppierung der Kartelle zunächst nach den

Richtungen, in denen und den ökonomischen Mitteln, durch die der freie Wettbewerb eingeschränkt werde. Der zweite, formale Gesichtspunkt aber betrifft die Organisation der Kartelle in juristisch-technischer Hinsicht, die Mittel also, welche zur Bindung des prinzipiell freien Unternehmer- und Konkurrenzwillens angewendet werden. Menzel unterscheidet vom ersterwähnten Standpunkt aus vier große Kategorien von Kartellen, für die er die Bezeichnung Preiskartelle, Produktionskartelle, Absatzkartelle und Beteiligungskartelle vorschlägt.

Zur Differenzierung der einzelnen Kartellformen war damit ein wichtiger Schritt erfolgt und dieses Klassifizierungsschema behauptet sich noch heute in der volkswirtschaftlichen Literatur[13]), ist aber dank dem außerordentlich reichen Material, welches die Zunahme der Unternehmerverbände und die Veröffentlichung ihrer Statuten in der zweiten Hälfte des vorigen Jahrzehnts der wissenschaftlichen Forschung bot, nach manchen Richtungen hin ergänzt und erweitert worden. Liefmann insbesondere, welchem unter den deutschen Schriftstellern das größte Material an Kartellstatuten vorgelegen ist, hat eine außerordentlich durchgebildete Klassifikation der Kartelle nach ihren wirtschaftlichen Mitteln und Zwecken geschaffen.

Er unterscheidet zunächst (a. a. O. S. 41 ff.) Verbände, welche die Unternehmer als Abnehmer schließen, und solche, die sie als Anbieter eingehen. Als Abnehmer stehen die Unternehmer zwei Arten von Wirtschaftssubjekten gegenüber, nämlich den Produzenten der Roh- und Hilfsstoffe bezw. der Halbfabrikate, und den Arbeitern. Die sogenannten Händlerkartelle sind zum Teil gleichfalls Abnehmerverbände. Bei den Verbänden der Unternehmer als Anbieter unterscheidet Liefmann zwei Hauptmethoden zur Erreichung des obersten Zwecks, nämlich der monopolistischen Ausschließung bezw. Einschränkung des freien Wettbewerbes. Nach der einen Methode, durch welche die von ihm sogenannten „beschränkenden Kartelle" oder „Kartelle niederer Ordnung" zu Stande kommen, geht die Kartellvereinbarung von dem einzelnen Mitgliede aus und schränkt dessen wirtschaftliche Handlungsfreiheit in einem bestimmten Punkte z. B. in der Preisfestsetzung ein. Nach der anderen Methode, durch welche sogenannte „verteilende Kartelle" oder „Kontingentierungen" zu Stande kommen, die Liefmann wegen ihrer festeren und ausgebildeteren Organisation auch „Kartelle höherer Ordnung"

---

[13]) Vrgl. hierzu auch Philippovich, Grundriß der politischen Ökonomie, I. Band Volkswirtschaftslehre, 4. Auflage, § 77, und Volkswirtschaftspolitik, 1. u. 2. Auflage, § 39.

nennt, richtet sich die Kartellvereinbarung auf das Gesamtangebot, die Gesamtnachfrage oder den Gesamtgewinn des Kartellverbandes und verteilt dieselben nach einem bestimmten Schlüssel auf die Kartellmitglieder. Indem Liefmann dann weiter als Einteilungsgrund für die Klassifizierung dieser Hauptformen der Kartellgestaltung die konkreten Einrichtungen wählt, in denen die Beschränkung der freien Unternehmertätigkeit und des Konkurrenzstrebens zum Ausdruck kommt, gelangt er zu folgendem Schema:

I. Verbände der Unternehmer als Abnehmer.
1. Gegen die Arbeiter zum Zwecke gemeinsamer Preis- und Nachfragepolitik.
2. Gegen die Rohstoffproduzenten usw. zum Zwecke gemeinsamer Preis- und Nachfragepolitik.

II. Verbände der Unternehmer als Anbieter, Kartelle.
A. Niederer Ordnung, beschränkende Kartelle:
1. Zum Zwecke gemeinsamer Angebotspolitik: Angebots- oder Produktionskartelle.
2. Zum Zwecke gemeinsamer Monopolisierungspolitik: Gebietskartelle.
3. Zum Zwecke gemeinsamer Preispolitik: Preiskartelle.

B. Kartelle höherer Ordnung, verteilende Kartelle, Kontingentierungen:
1. Zum Zwecke gemeinsamer Angebotspolitik: Angebotskontingentierungen.
2. Zum Zwecke gemeinsamer Monopolisierungspolitik: Nachfragekontingentierungen.
3. Zum Zwecke gemeinsamer Preispolitik: Gewinnkontingentierungen.

Ich kann nicht umhin, mit Pohle (a. a. O. S. 15), dem wir nächst Liefmann die feinst ausgebildete Morphologie der deutschen Kartelle verdanken, gegen die oben wiedergegebene Klassifikation Liefmanns das Bedenken auszusprechen, daß sie in höherem Maße dem ästhetischen Bedürfnisse nach Symmetrie entgegenkommt, als in allen Punkten sachlich gerechtfertigt ist. Es ist Pohle insbesondere beizustimmen, wenn er gegenüber der Liefmannschen Klassifikation hervorhebt, daß nach derselben Kartelle, die mit gleichen wirtschaftlichen Mitteln arbeiten, in verschiedene Gruppen einzureihen wären, daß es ferner nicht tunlich sei, bei den einzelnen Kartellen scharf zu unterscheiden, ob sie von einer Beschränkung der einzelnen Mitglieder oder von der Verteilung der Gesamtproduktion ausgingen, und daß es endlich wissenschaftlich nicht so sehr darauf ankomme, eine Übersicht sämtlicher Kartellformen zu geben, als eine Klassifizierung der verschiedenen Mittel der Kartellierung. Denn jedes einzelne konkrete Kartell könne nicht bloß ein Kartellierungsmittel, sondern auch mehrere anwenden, und bei der Übersicht sämtlicher Kartellformen müßten daher auch solche Kartelle ihren Platz zugewiesen erhalten, die aus der Verbindung mehrerer, im Liefmannschen Schema enthaltener Kartellformen hervorgingen. Gerade diese kombinierten Kartelle seien praktisch die wichtigsten. Pohle selbst klassifiziert daher nach den wichtigsten Kartellierungsmitteln und unterscheidet:

1. Preisvereinbarung, 2. die Verteilung der Absatzgebiete bezw. der Kundschaft, 3. die Produktionskartellierung, 4. die Gewinnausgleichung, 5. die Vertriebskartellierung. Der Pohlesche Gedanke zeichnet sich zweifellos theoretisch durch größere Klarheit und Einfachheit aus.

Allein ich halte es für angemessen, das Liefmannsche Schema hier zu reproduzieren, um an der Hand desselben in dieser, wesentlich praktischer Gesetzgebungspolitik dienenden Untersuchung eine Übersicht der ungeheuren Fülle von Kartellformen zu geben, welche Liefmann vorgelegen sind. Denn jeder legislative Versuch auf diesem Gebiete wird mit dem Proteus-artigen Charakter der Unternehmerverbände zu rechnen und in diesem Momente zum Teile den Inhalt, vor allem aber die Schranken seiner Wirksamkeit zu suchen haben. Liefmann sind abgesehen von rein lokalen Kartellen und von Verbänden der Handelsunternehmer 345 Industrie-Kartelle bekannt geworden, und er nimmt an, daß davon im Jahre 1897 230—250 noch existierten.

Auf die einzelnen Industriezweige verteilen sich die Liefmann bekannt gewordenen Kartelle folgendermaßen. Es entfielen auf die

Chemische Industrie	82	Kartelle
Eisenindustrie	80	„
Industrie der Steine und Erden . . .	59	„
Textilindustrie	38	„
Papierindustrie	19	„
Holzindustrie	18	„
Kohlenindustrie	17	„
Metallurgische Industrie (außer Eisen) .	15	„
Nahrungsmittelindustrie	12	„
Lederindustrie	5	„
	Im Ganzen 345	Kartelle,

zu denen noch 6 Kartelle von Transportanstalten hinzukommen. Hiervon bestanden vor dem Jahre 1890 219, vor dem Jahre 1896 260 Kartelle.

Bezüglich der kartellierten Artikel sei auf die Zusammenstellung bei Liefmann S. 144 verwiesen, welche über 300 Art. umfaßt.

Ein mir vorliegendes Verzeichnis österreichischer Kartelle weist im Ganzen 68 Kartelle auf. Davon entfallen auf die

Eisenindustrie	12	Kartelle
Bergbauindustrie	2	"
Zuckerindustrie	2	"
Papier- und Druckindustrie	8	"
Bierbrauerei und Mälzerei	3	"
Petroleumindustrie	1	"
Textilindustrie	6	"
Maschinen- und Metallindustrie	4	"
Glasindustrie	4	"
Industrie der Steine und Erden	8	"
Diverse Industrien (größtenteils chemische)	18	"
Zusammen	68	Kartelle.

Die wichtigsten kartellierten Artikel sind: Eisen, Draht und Drahtstifte, Achsen, Gabeln, Sicheln, Absatzeisen, Schuhnägel, Schrauben und Nieten, Hufnägel, Walzeisen, Walzdraht, Eisenerz, raffinierter und Rohzucker, Rüben, (Abnehmerkartell) Cellulose und Packpapier, Strohpapier, Pergamentpapier, Chromo-, Glacé- und Buntpapier, Holzpapier, Papierhülsen, Bier, Malz, Petroleum, Juteerzeugnisse, Tuch, Streichgarn, Hanf, Feze, Bindfaden und Spagat, Messingwaren, Kupferdraht, Kupferbleche, Zinnprodukte, Blech, Emailgeschirr, Kristallglas, Glasflakon, Spiegel- und Tafelglas, Ziegel, Granitstein, Steinmetzwaren, Sandstein, Portland-Zement, Falzziegeln, Soda, Essigsäure, Syrup, Sodawasser, Zinkweiß, Leim, Paraffin, Glühlampen, Federweiß, Kunstdünger, Regen- und Sonnenschirme, Holzdeckel, Kaolin usw. usw. Diese Zusammenstellung, welche durchaus nicht erschöpfend ist und naturgemäß nicht erschöpfend sein kann, da die österreichischen Kartelle mit ihren Mitteilungen wegen der ihren Rechtsbestand verneinenden Judikatur zurückhaltender sind als die deutschen, beweist wohl, daß auch in Österreich die Kartellbewegung bereits einen sehr hohen Stand erreicht, wie sie denn auch die mannigfachsten Formen der Verbände hervorgebracht hat.

Verhältnismäßig am geringfügigsten ist unter den bekannt gewordenen Kartellen die Zahl der gegen die Arbeiter gerichteten Verbände der Unternehmer, die oft auch nur einer augenblicklichen Konjunktur des Arbeitsmarktes entspringen und dann von kurzer Dauer sind. Die Unternehmer verabreden gemeinsam entweder eine bestimmte Höhe der Löhne, über die nicht hinauszugehen sie sich verpflichten, oder verpflichten sich gegenseitig, streikende Arbeiter überhaupt nicht wieder oder doch für eine bestimmte Zeit nicht anzustellen, oder streikende Arbeiter eines der Kontrahenten nicht zu beschäftigen u. dgl. m. Wie Liefmann, der dieses Material zumeist aus der „Sozialen Praxis" geschöpft hat, bemerkt, kommen beide Arten von Vereinbarungen zusammen vor. Gegenüber drohenden Streikbewegungen findet sich manchmal die Vereinbarung, alle konkurrierenden Werke einer bestimmten Gegend zu schließen, sobald die Arbeiter auch nur in einem einzelnen derselben streiken würden. (Lockout.)

Die Verbände der Abnehmer gegen ihre Vorgänger im Produktionsprozesse, also gegen ihre Lieferanten, zeichnen sich bereits durch eine große Mannigfaltigkeit der angewendeten Methoden aus. Wir finden die Form des einfachen Preiskartells, bei welchem die Unternehmer sich gegenseitig verpflichten, ihren Lieferanten keinen höheren, als einen vereinbarten Maximalpreis zu bezahlen, ferner das Gebietskartell, bei dem jedem der kartellierten Unternehmer ein bestimmtes Gebiet zugewiesen wird, innerhalb dessen er seinen Bedarf ausschließlich zu decken berechtigt ist. Diese auch „Rayonnierungskartelle" genannten Verbände spielten in Österreich im Verhältnis der Rohzuckerfabrikanten zu den Rübenbauern eine bedeutsame Rolle und waren und sind Gegenstand der heftigsten Angriffe seitens der letzteren. Es können sich Unternehmer ferner auch vereinigen, um durch Einstellung des Bezuges (Boykottierung) von ihren Lieferanten eine günstigere Preispolitik zu erzwingen. Ein solcher Verband wird als Kampfverband in der Regel nur von kurzer Dauer sein und entweder mit einem Vergleiche schließen, wie z. B. beim Preiskampfe der Landwirte gegen das Kartell der Thomasphosphatmehlfabrikanten, oder aber in eine festere und dauernde Organisation z. B. zu dem Zwecke übergehen, um sich von den Lieferanten durch Eigenproduktion vollständig unabhängig zu machen. Liefmann erwähnt u. a. ein Kartell der französischen und belgischen Glasfabrikanten zu dem Zwecke der Errichtung einer eigenen Fabrik phosphorsaurer Salze als Kampfmittel gegen das Kartell der vereinigten deutschen, englischen, belgischen und französischen Produzenten dieses Artikels.

Hierher gehört endlich auch die Erscheinung, daß Industrielle, in deren Betrieb Kohlen einen besonders wichtigen Hilfsstoff ausmachen, sich einzeln oder gemeinschaftlich die Verfügung über Kohlenzechen sichern, um sich gegenüber den großen Verbänden der Kohlenproduzenten Unabhängigkeit zu sichern. Dieser Vorgang führt zur Bildung von sogenannten „Kombinationen" (siehe oben).

Was die Verbände der Produzenten als Anbieter betrifft, so führt Liefmann unter den Produktionskartellen niederer Ordnung Vereinbarungen an, welche sich beziehen 1. lediglich auf die Untersagung von Vergrößerungen des Betriebes; 2. Vereinbarungen zur Durchführung von Betriebseinschränkungen oder Betriebseinstellungen von kürzerer oder längerer Dauer. Die Betriebseinstellung kann sich auf alle im Verbande stehenden Werke beziehen, und ist in diesem Falle selbstverständlich eine zeitlich beschränkte (in der Regel durch Einschränkung der Schichtdauer oder durch Einreihung von Ruheschichten bewirkte), oder sie beschränkt sich auf einzelne unter besonders ungünstigen Bedingungen produzierende Werke, in welchem Falle die Betriebseinstellung gegen Entschädigung erfolgt und auch dauernder Natur sein kann. Die vollständige Betriebseinstellung einzelner Werke führt in der Regel zum Ankaufe derselben durch die wirtschaftlich günstiger produzierenden Verbandsmitglieder. 3. Die Einschränkung der Produktion kann sich weiter auch auf das Produktionsquantum beziehen und entweder absoluter Natur sein, indem eine Höchstziffer der Produktion für jedes einzelne Werk festgesetzt wird, oder aber indirekt erzielt werden, indem die billiger produzierenden Werke den teurer produzierenden für die Minderproduktion Prämien bezahlen. Diese Formen der Produktionseinschränkung kommen wiederum in den mannigfaltigsten Kombinationen vor und sind eine ziemlich rückständige und wenig wirkungsvolle Form der Kartellierung, da die Kontrolle außerordentlich schwierig ist und die Verschiedenheit der technischen Produktionsbedingungen der einzelnen Verbandsmitglieder zahlreiche Ausnahmebestimmungen bedingt. Die wichtigsten Beispiele für derartige Produktionsbeschränkungen boten die früher zahlreichen sogenannten „Förderungskonventionen" der rheinisch-westfälischen Kohlenzechen.

Die reinen Gebietskartelle sind als Kartelle der Anbieter von verhältnismäßig geringer Wichtigkeit. Bei dieser Kartellform wird jedem der Teilnehmer ein eigenes Absatzgebiet zugewiesen, in welchem er daher — vorausgesetzt, daß alle Konkurrenten im Verbande sind — ein vollkommenes Monopol besitzt. Diese Kartelle sind nur dann durchführbar, wenn die Zahl der Unternehmer eine geringe ist, und nur dann praktisch, wenn hierdurch zugleich auch erhebliche Frachtersparungen erzielt werden. Dagegen kommt es häufig vor, daß mehrere Kartelle niederer Kategorie sich gegenseitig die Wirksamkeit dadurch sichern, daß sie ein Gebietskartell schließen, welches sodann einen Verband zwischen mehreren Kartellen darstellt. Solche Gebietskartelle höherer Ordnung, wobei jedes Kartell wiederum innerhalb seines Gebietes eine selbständige Kartellpolitik verfolgen kann, finden sich namentlich als Organisationsformen internationaler

Kartelle. Liefmann nennt als solche internationale Kartelle das 1884 zwischen Deutschland, England, Belgien und Österreich abgeschlossene Schienenkartell und insbesondere das Gebietskartell der Dynamitfabriken, welches die durch den Dynamittrust repräsentierte deutsch-englische Gruppe mit der französischen Gruppe der Société Centrale de la Dynamite im Juni 1886 abschloß.

Die eigentlichen Preiskartelle verfolgen einen doppelten Zweck: 1. Die Festsetzung von Minimalpreisen, welche einen Gewinn aus der Produktion sichern, und 2. die allmähliche Erhöhung derselben, bezw. des Unternehmergewinnes. Diese Vereinbarungen sind in der Regel verbunden mit Vereinbarungen über die Konditionen, unter welchen der Verkauf und die Preisfeststellung erfolgt, z. B. über die Höhe des Rabatts, über die Kreditgewährung, Zahlungsfristen usw., da nämlich durch Begünstigungen in den Konditionen die Wirkung von Minimalpreisfestsetzungen leicht seitens eines einzelnen Konkurrenten illusorisch gemacht werden kann. Die meisten Preiskartelle sind demnach auch zugleich sogenannte Konditionen-Kartelle.

Die über die Verkaufspreise geschlossenen Vereinbarungen gelten entweder für alle von den Verbandsmitgliedern abgesetzten Produkte oder nur für solche, welche innerhalb des Verbandsgebietes verkauft werden. Im letzteren Falle können also die Mitglieder außerhalb des Verbandsgebietes billiger verkaufen. In der Regel gelten die höheren Verbandspreise für das Inland, niedrigere Verbandspreise für das Ausland; sehr häufig sind auch die Exportpreise in das Ausland gänzlich freigegeben. Aber auch für die Grenzbezirke, in welche z. B. wegen besonders günstiger Transportverhältnisse ausländische Konkurrenzware eindringen kann, werden häufig billigere Preise und günstigere Konditionen frei gelassen. Weiter stellen die Preiskartelle häufig auch Ausnahmebestimmungen für den Fall auf, daß es gilt, ein dem Verbande nicht angehöriges Unternehmen in seinem engeren Absatzgebiete zu konkurrenzieren. Bekannt ist, daß speziell die großen Unterschiede zwischen den Inlands- und Auslandspreisen häufig den Anstoß zu den heftigsten Angriffen gegen die Kartelle geboten haben. Reine Preiskartelle sind jedoch eine ziemlich lockere und infolgedessen auch eine ziemlich seltene Organisationsform der Unternehmerverbände. Sie werden in der Regel nur als vorläufige Abwehrmaßregeln geschlossen, um einen durch Überproduktion und heftigen Konkurrenzkampf unter die Produktionskosten herabgedrückten Preisstand vorerst auf die Höhe der letzteren zu bringen, haben aber selbstverständlich die Tendenz, auf eine stete weitere Erhöhung des Preisniveaus hinzuwirken. Die Schwierigkeit der Kontrolle wirkt reinen Preiskartellen ebenso entgegen, wie den reinen Produktionskartellen.

Was die von Liefmann sogenannten „Kartelle höherer Ordnung" betrifft, das sind diejenigen Kartelle, bei denen das Gesamt-Angebot, die Gesamt-Nachfrage oder der Gesamt-Gewinn des Verbandes nach einem bestimmten Schlüssel unter die einzelnen Mitglieder verteilt wird; so gehören zunächst hierher jene Kartelle, welche den Absatz aller beteiligten Unternehmer nach einem bestimmten Schlüssel, in der Regel nach der Leistungsfähigkeit oder dem bisherigen Absatze, unter die Verbandsmitglieder aufteilen.

Es ist bei denselben prinzipiell Sache und Aufgabe des einzelnen Kartellmitgliedes, die ihm gebotene Absatzmöglichkeit voll auszunützen. Mitunter wird aber auch durch das Kartell für die Ausgleichung von Differenzen, die sich bei der Ausnützung der Absatzmöglichkeit einstellen, in der Weise vorgesorgt, daß entweder jedes Werk um dasjenige, was es in der einen Periode zu viel verkaufte, in der nächsten weniger verkaufen darf, während der im Absatz zurückgebliebene Kartellteilnehmer die Differenz dem Absatzquantum der nächsten Periode hinzufügen darf, — oder aber derjenige Produzent, der zu viel geliefert hat, muß dem im Absatze zurückgebliebenen Verbandsmitgliede das Differenzquantum abnehmen und zwar zu dem Durchschnittsverkaufspreise des zurückgebliebenen Mitgliedes. Die Differenz kann weiter auch dadurch ausgeglichen werden, daß das im Absatze voraneilende Mitglied dem zurückbleibenden Aufträge überweist oder endlich, es kann eine Ausgleichung in Geld stattfinden.

Bei denjenigen Industrien, in denen es üblich ist, die Produkte im Submissionswege abzusetzen, hat der Kartellverband in der Regel den Zweck, die Beteiligung bei den Submissionen zu regulieren. Hierbei vereinigen sich die Unternehmer entweder, um bei Submissionen gemeinsam ihre Offerten einzureichen und, wenn sie den Antrag erhalten, ihn nach einem bestimmten Verhältnisse zu verteilen, oder aber es wird bei jeder einzelnen Submissionsausschreibung im vorhinein festgesetzt, welches der kartellierten Werke bei der Submission den Sieg davontragen soll. In diesem Falle offeriert dann nur das zur Ausführung bestimmte Werk zu einem den wirtschaftlichen Verhältnissen entsprechenden Preise, während die übrigen Werke nur zum Scheine mitbieten und höhere Preise festsetzen.

Das wichtigste Beispiel für derartige Kartellverbände, die bis in die sechziger Jahre zurückreichen, bieten die Kartelle für Eisenbahnbedarfsartikel, welch' letztere in der Regel im Wege der Submission vergeben werden, insbesondere die Schienenkartelle.

In denjenigen Industrien, in denen die Vergebung von Lieferungen nicht im Wege von Submissionen erfolgt, kann gleichwohl eine Verteilung der eingehenden Bestellungen und Aufträge auf die einzelnen Mitglieder des Verbandes in der Weise erfolgen, daß der Verband hierzu ein eigenes Organ bestellt: Verkaufsstelle oder Verkaufssyndikat, das dem Zwecke dient, von dem Abnehmer die Bestellungen entgegenzunehmen und deren Ausführung unter die Verbandsmitglieder zu verteilen. Diese Art der Absatzkontingentierung gewährt, wie Liefmann bemerkt, dem einzelnen Verbandsmitgliede eine eigentümliche Art von Monopol, so zu sagen „ein Monopol für den einzelnen Fall". „Der Unternehmer ist in der Stellung eines Monopolisten nur demjenigen Konsumenten gegenüber, dessen Aufträge gerade ihm zur Ausführung zugeteilt worden sind." Das wichtigste Beispiel eines solchen Kartells ist das bekannte Rheinisch-Westfälische Kohlen-Syndikat. Dieses Syndikat hat sein Organ in der Rheinisch-Westfälischen Kohlen-Syndikats-Aktien-Gesellschaft, welche als Verkaufsstelle die bei ihr einlaufenden Aufträge an die Verbandsmitglieder nach ihren festgesetzten Beteiligungsquoten verteilt. Bei Kartellen dieser Art findet die Verteilung der Aufträge nach verschiedenen Gesichtspunkten statt. Es kommt hierbei in Betracht: 1. Das Maß, in welchem jedes Mitglied von der Erreichung des ihm zugebilligten Absatzquantums entfernt ist. 2. Die Rücksicht auf Frachtersparnis, so daß dasjenige Werk die Lieferung erhält, welches dem Wohnsitze des Abnehmers am nächsten liegt. 3. Sind die Bestände an fertigen Produkten in den Werken der einzelnen Verbandsmitglieder nach Möglichkeit zu berücksichtigen. 4. Wird auch tunlichst auf die Sonderwünsche der einzelnen Konsumenten Bedacht genommen.

Eine außerordentliche Mannigfaltigkeit besteht in den Beziehungen eines derartigen Organes, Verkaufsstelle, zu den Konsumenten (Auftraggebern) einerseits und zu den Verbandsmitgliedern anderseits. Es ergeben sich hierbei folgende Varianten der rechtlichen Beziehungen zwischen den Verbandsmitgliedern, der Verkaufsstelle und den Konsumenten.

a) Die Verkaufsstelle ist bloßer Vermittler, jedes Verbandsmitglied tritt in ein direktes Rechtsverhältnis zu dem Abnehmer und wird allein berechtigt und verpflichtet; b) die Verkaufsstelle ist Stellvertreter des Verbandes, so daß dem Abnehmer gegenüber der Verband aus dem einzelnen Geschäfte berechtigt und verpflichtet erscheint. Der Verband trägt also auch dem einzelnen Verbandsmitgliede gegenüber das Delcredere und es muß die Tätigkeit der Verkaufsstelle durch den Verband überwacht werden; c) die Verkaufsstelle wird allein berechtigt und verpflichtet. In diesem Falle muß selbstverständlich die Verkaufsstelle kreditfähig sein;

es wird in der Regel ein Bankhaus hierzu bestellt. Die Notwendigkeit einer Überwachung der geschäftlichen Tätigkeit der Verkaufsstelle entfällt bei dieser Form, es ist aber der Erfolg der wirtschaftlichen Tätigkeit des Verbandes im hohen Maße abhängig von der Kreditpolitik der Verkaufsstelle. Endlich d) die Verkaufsstelle ist Kommissionär, sie schließt im eigenen Namen ab, aber für Rechnung entweder des Verbandes oder des einzelnen Verbandsmitgliedes, sie trägt in diesem Falle gewöhnlich das Delcredere. Diese Rechtsstellung ist zugewiesen z. B. dem Rheinisch-Westfälischen Kohlen-Syndikat. Je nachdem die Rechtsstellung der Verkaufsstellen in der einen oder anderen Weise bestimmt ist, wird selbstverständlich das Verhältnis des Verbandsmitgliedes zu dem Konsumenten ein verschiedenartiges sein. Es kommt vor, daß das Verbandsmitglied dem Konsumenten direkt fakturiert, oder daß dies von Seiten der Verkaufsstelle oder des Verbandes geschieht. Je nachdem sind auch die Kontrollmaßregeln, welche zur Sicherung der Einhaltung der Kartellvereinbarungen seitens der einzelnen Mitglieder bestehen, äußerst verschiedenartiger Natur.

Was die Organisation der Verkaufsstelle betrifft, so kann als Verkaufsstelle entweder ein einzelnes Verbandsmitglied oder ein außerhalb des Verbandes stehendes Bankhaus oder ein vom Verbande bestelltes Bureau oder endlich eine selbständige zu diesem Zwecke gebildete Gesellschaft (Aktien-Gesellschaft, Kommandit-Gesellschaft, Gesellschaft mit beschränkter Haftung oder Erwerbs- und Wirtschafts-Genossenschaft) fungieren.

Liefmann bezeichnet endlich als eine noch höhere Stufe der Kartelle höherer Ordnung oder Kontingentierungsverbände die „Gewinnkontingentierungen“, welche im wesentlichen darin bestehen, daß der Verband nicht bloß den Absatz unter seine einzelnen Mitglieder aufteilt, sondern auch innerhalb gewisser Grenzen für eine proportionale Aufteilung des durch den Absatz zu erzielenden Unternehmergewinnes selbst Sorge trägt. Bei der Gewinnkontingentierung ist zu unterscheiden, ob die Verbandsmitglieder den Eigenverkauf ihrer Produkte selbst behalten oder ob eine durch den Verband geschaffene Organisation, ein Syndikat, ihnen die Produktion abkauft und dieselbe dann auf Rechnung des Verbandes weiter veräußert. In dem ersteren Falle werden die Mitglieder in der Regel verpflichtet sein, ihren Gewinn in eine gemeinsame Kasse einzuzahlen, an der jedes Verbandsmitglied mit einem bestimmten Anteile partizipiert. Es werden hierbei Minimalpreise festgesetzt, unter welchen die Mitglieder nicht verkaufen dürfen. Für jedes abgesetzte Quantum hat das betreffende Mitglied einen bestimmten Betrag an die Syndikatskasse zu bezahlen, der in der Differenz zwischen dem Minimalpreise und einem angenommenen Grundpreise besteht. Der Grundpreis muß natürlich niedriger sein, als der Minimalverkaufspreis und mit den durchschnittlichen Produktionskosten der Verbandsmitglieder mehr oder minder zusammenfallen. Was die Unternehmer über den Minimalverkaufspreis an Gewinn erzielen, wird in der Regel nicht in die Syndikatskasse eingezahlt, so daß jedes Verbandsmitglied auch einen separaten Unternehmergewinn erzielen kann. Die Verteilung des in die Syndikatskasse eingezahlten Fonds findet natürlich nicht statt nach der Höhe des effektiven Absatzes eines jeden Mitgliedes und der sich danach bestimmenden Höhe der Einzahlungen — da sonst der Wettbewerb nicht aufhören würde —, sondern nach einem bestimmten im vorhinein festgesetzten Schlüssel. Dieses System unterliegt natürlich wieder einer Reihe von Varianten. Es führt dahin, daß auch bei minderer Produktion des einzelnen Verbandsmitgliedes von demselben auf Kosten der anderen ein Unternehmergewinn erzielt werden kann und kommt daher größtenteils nur im Zusammenhange mit anderen den Absatz regelnden Vereinbarungen vor. Aber es hat den großen Vorzug, daß der Bestand des Kartells nach außen vollständig unsichtbar bleibt, während selbstverständlich der Antrieb zur Konkurrenzierung durch dieses System auf ein Mindestmaß herabgesetzt erscheint.

Die zweite vollkommenere Form der Gewinnkontingentierung besteht darin, daß das Syndikat dem Unternehmer bis zu einem festgesetzten Quantum seine Produktion abkauft und den durch weiteren Verkauf derselben erzielten Gewinn nach einem bestimmten, im vorhinein festgesetzten Schlüssel, der sich in diesem Falle allerdings nach dem Verhältnisse der einzelnen abgekauften Quanten richten kann, an die Mitglieder wieder verteilt. Diese Form der Gewinnkontingentierung erfordert aber selbstverständlich einen großen Kapitalsbesitz zur Verfügung der gemeinsamen Verkaufsstelle, kommt daher nicht häufig vor. Ihre höchste Ausbildung sollte sie erreichen durch die Gründung sogenannter **Kartellbanken**, die in der Weise projektiert waren, daß die Unternehmer einer Branche den Hauptkapitalsanteil für das zu gründende Institut aufbringen, aber auch das Publikum im bescheidenen Maßstabe zur Beteiligung an demselben zugelassen werden soll. Die Kartellbanken hätten die Aufgabe gehabt, allen beteiligten Unternehmungen die Produktion zu bestimmten Preisen abzukaufen und den Verkauf derselben durchzuführen. Der erzielte Gewinn, der durch die Zentralisation des Angebots und eigene Geschäfte der die Marktlage beherrschenden Bank außerordentlich gesteigert werden sollte, wäre zunächst nach einem bestimmten Schlüssel an die Verbandsmitglieder abzuführen, der Rest sollte den Aktionären der

Kartellbank zufallen, unter denen natürlich wieder die Verbandsmitglieder mit dem größten Teile des Aktienkapitals sich befanden. Sehr ernste Verbände haben Projekte derartiger Kartellbanken ausgearbeitet, dieselben sind jedoch bisher nicht zu Stande gekommen.

Wenn die bisherige Darstellung, bei der ich mich im wesentlichen an jene Liefmanns anlehnte, den Zweck verfolgte, die außerordentliche Mannigfaltigkeit der reinen und gemischten Kartellformen ersichtlich zu machen und damit die Schwierigkeiten aufzueignen, welche jeder Gesetzgebung erwachsen würden, die es versuchen wollte, sich auf bestimmten Kartellformen aufzubauen oder die Kartellformen für ihre Zwecke nach einem Schema zu gliedern, so zeigt uns andererseits eine Untersuchung der wichtigsten Kartellierungsmethoden, daß die ökonomischen Funktionen dieser so verschiedenartigen Gebilde sich zurückführen lassen auf drei Hauptkategorien: 1. Beseitigung der Einschränkung der Wirkungen des Wettbewerbes, während der Wettbewerb selbst bestehen bleibt; 2. Beseitigung oder Einschränkung der Motive zum Wettbewerb, so daß hierdurch der Wettbewerb selbst, jedoch indirekt — beseitigt oder eingeschränkt wird; 3. direkte Beseitigung oder Beschränkung des Wettbewerbes. Pohle unterscheidet, wie erwähnt, als Methoden der Kartellierung die Preisvereinbarung, die Verteilung der Absatzgebiete bezw. der Kundschaft, weiter die Produktionskartellierung, die Gewinnausgleichung und endlich die Vertriebskartellierung.

Die Kartellierung durch Preisvereinbarung und die Produktionskartellierung haben nun gemeinsam die Eigenschaft, daß zwar die Konkurrenz der Unternehmer bestehen bleibt, aber die ökonomischen Wirkungen derselben nicht eintreten können. Daß die nächste Wirkung jedes Wettbewerbes — ich habe hier der Einfachheit der Darstellung halber lediglich Angebotskartelle im Auge — nämlich jene, die Preise unter ein bestimmtes Niveau zu drücken, nicht eintreten kann, wenn Preisvereinbarungen bestehen, und so lange sie eingehalten werden, liegt wohl auf der Hand, und daher ist die Methode der Preiskartellierung die einfachste, um die gefürchteten Wirkungen des Wettbewerbes auszuschließen und deshalb auch, wie schon Menzel bemerkte, wahrscheinlich die älteste. In gleicher Weise wirkt aber auch die Produktionskartellierung. Bei dieser Methode ist der Wettbewerb zwischen den einzelnen Produzenten gleichfalls nicht ausgeschlossen; da jedoch nach dem bekannten ökonomischen Gesetze die Höhe der Produktionskosten im umgekehrten Verhältnisse steht zum Wachstum des Produktionsumfanges, eine Einschränkung der Produktion daher notwendiger Weise dahin führt, daß auch die Produktionskosten unter ein bestimmtes Niveau nicht sinken können, so hat jede durchgreifende Produktionskartellierung auch indirekt die Wirkung einer Preiskartellierung; das heißt, sie schließt die Wirkungen des Wettbewerbs auf den Preis aus oder schränkt dieselben ein. Am deutlichsten tritt diese Wirkung der Produktionskartellierung dann in Erscheinung, wenn, wie dies in der Praxis häufig der Fall gewesen ist, Kartelle nach sogenannten Überproduktionskrisen geschlossen werden. Die Überproduktion führt infolge des mangelnden Absatzes der produzierten Waren zunächst einen Preisfall herbei, gegen dessen Wirkungen sich die wirtschaftlich am besten gestellten Produzenten im Anfange dadurch zu schützen suchen, daß sie die Produktion ausdehnen, um dadurch die Produktionskosten in Einklang mit dem niederen Preisniveau zu bringen. Da jedoch diese Methode bei unbeschränktem Konkurrenzkampf unfehlbar dazu führen muß, die Überproduktion selbst und in weiterer Folge ihre Wirkungen auf die Preislage des betreffenden Produktes zu verstärken, so durchläuft die Krise einen fehlerhaften Zirkel, in dessen Verlauf sie sich so lange verschärft, bis die schwächeren Unternehmungen den Betrieb einstellen müssen. Diese Phase ist es nun, in der regelmäßig der Gedanke der Produktionskartellierung sich den Produzenten aufdrängt, und der Versuch gemacht wird, durch die Einschränkung der Produktion auch die Preislage der betreffenden Artikel zu sanieren. Namentlich in Österreich, wo die Kartelle zum großen Teile weniger eine agressive, auf die größtmögliche Ausbeutung der Konsumenten, als vielmehr eine konservative, auf die Erhaltung einer bestimmten Unternehmerrente gerichtete Politik verfolgen, hat der geschilderte Prozeß die Kartellbildung in sehr häufigen Fällen veranlaßt.

Die Methode der G e w i n n a u s g l e i c h u n g dagegen verfolgt den Zweck, die Motive des Wettbewerbs abzuschwächen oder einzuschränken und damit den Wettbewerb selbst und dessen Wirkungen auf ein möglichst geringes Maß herabzusetzen. Da in der heutigen Wirtschaftsordnung für das ökonomische Gedeihen des einzelnen Wirtschaftssubjektes nicht die Produktivität sondern die Rentabilität seines Betriebes maßgebend ist, daher die Höhe des zu erzielenden Unternehmergewinnes, nicht aber der größtmöglichen Produktion auf die Unternehmerpolitik bestimmend einwirkt, so muß diese Kartellierungsmethode dahin führen, daß der einzelne Unternehmer nicht mehr produziert als erforderlich ist, um bei der Teilung des gesamten Gewinnes oder im Wege der Ausgleichung die größtmögliche Gewinnquote zu erzielen. Da aber bei der Methode der Gewinnausgleichung der gemeinsame zur Verteilung unter die Verbandsmitglieder bestimmte Gewinnfonds gebildet wird aus der Differenz zwischen einem bestimmten Herstellungspreise (Grundpreis) und einem durch die Kartellvereinbarung festgesetzten Minimalabsatzpreise, so bleiben für den kartellierten Produzenten als, seine Politik bestimmende wirtschaftliche Motive nur noch einerseits das Bestreben übrig, den Herstellungspreis in seinem Etablissement gegenüber dem festen Grundpreise möglichst zu erniedrigen und andererseits den Absatzpreis für seine Produkte gegenüber dem fixierten Minimalverkaufspreise möglichst zu erhöhen. Diese Form der Kartellierung hat daher einen günstigen Einfluß auf die Ausbildung der Produktionstechnik in den kartellierten Etablissements, aber sehr oft die unerwünschte Nebenwirkung, daß die Produktionsmenge in den einzelnen Werken herabgesetzt oder doch kein Wert darauf gelegt wird, mit der Produktionsmenge dem Marktbedürfnisse Rechnung zu tragen. Denn die Verteilung des gemeinsamen Gewinnfonds bezw. die Ausgleichung der Gewinne findet nicht statt proportional dem wirklichen Absatze der einzelnen Verbandsmitglieder — in welchem Falle ja die Motive zur Konkurrenz nicht beseitigt wären und daher das Kartell seine Wirkung verfehlen würde — sondern nach einem im vorhinein festgestellten Schlüssel. Es ergibt sich bei Kartellen dieser Art infolgedessen die Notwendigkeit, entweder den Schlüssel in kurzen Zeitperioden einer Nachprüfung zu unterziehen oder besondere Kautelen gegen die Produktionsverminderung der einzelnen Verbandsmitglieder zu schaffen. Eine natürliche Kautel liegt aber in aller Regel darin, daß die Verminderung der Produktion zu einer Erhöhung der Produktionskosten über jenes Niveau führt, welches als Grundpreis in der Kartellvereinbarung festgestellt ist.

Der **direkte Ausschluß der Konkurrenz** findet endlich statt bei den Absatz- (Gebiets-, Rayonierungs-) Kartellen und der Vertriebskartellierung. In dem ersten Falle steht auf einem engen, sei es territorialen, sei es durch einen Verteilungsschlüssel abgegrenzten Gebiete der Produzent dem einzelnen Konsumenten im konkreten Fall, als Monopolist gegenüber. Der Konsument ist gar nicht in der Lage, sich mit Erfolg an die Konkurrenten des Produzenten zu wenden; die Konkurrenz ist daher im konkreten Fall ausgeschlossen. Bei der Vertriebskartellierung findet die Ausschließung der Konkurrenz ganz generell und nach außen hin sichtbar dadurch statt, daß sich die Konsumenten an ein bestimmtes Kartellorgan, das Verkaufsbureau, Syndikat, Vertriebsstelle und wie sonst die Bezeichnung für diese Kartellorgane lauten mag, wenden müssen, um ihren Bedarf zu befriedigen. Die Verteilung der Nachfrage auf die einzelnen Verbandsmitglieder erfolgt seitens des Kartellorganes selbstverständlich nicht nach den Grundsätzen, die den ökonomischen Wettbewerb beherrschen, sondern nach dem durch den Kartellvertrag festgesetzten Verteilungsschlüssel.

Es lassen demnach, wie vorstehend gezeigt wurde, die schon von Menzel und Pohle aus der unendlichen Fülle der Einzelerscheinungen abstrahierten und auf wenige typische Kategorien reduzierten Methoden der Kartellierung noch eine weitere Abstraktion zu, indem man das Verhältnis dieser Kartellierungsmethoden zu dem obersten Zwecke jeder Kartellbildung: Erlangung einer möglichst monopolistischen Stellung auf dem Markte durch Beseitigung oder Einschränkung des Wettbewerbs — in Beziehung bringt.

Jeder Versuch einer Gesetzgebung wird daher wohl auf dieser Abstraktion fußen und den Kartellbegriff derart zu definieren haben, daß dieser oberste Zweck der Kartellbildung im Legalbegriffe des Kartells das wesentliche Merkmal ausmacht, dagegen die konkreten und möglichen Formen der Kartellbildung als irrelevant zurücktreten.

Zu dem gleichen Resultate führt auch eine Betrachtung der Vielfältigkeit der juristisch-technischen Formen, welche die Kartelle annehmen, und der Mannigfaltigkeit der Mittel und Garantien, durch welche der Wille der Verbandsmitglieder gebunden und die Verletzung des Kartellzwecks hintangehalten werden soll. Da Untersuchungen über Kartelle bisher vorwiegend nur von Volkswirten angestellt worden sind, so ist die Behandlung dieser Seite des Problems, welche Menzel als die Frage der „äußeren Formen und rechtlichen Garantien des Unternehmerverbandes“ bezeichnet (a. a. O. S. 26 f.) bisher außer von ihm selbst kaum in erschöpfender Weise behandelt worden. Menzel unterscheidet: 1. die Form des reinen Vertrages ohne Schaffung irgend welcher Organisation, wobei der Vertrag in der Regel schriftlich geschlossen und seine Durchführung durch Konventionalstrafen und weiter durch Kautionen gesichert wird; 2. als eine höhere Stufe der Kartellvereinbarung die organisierten Kartelle, welche sich zwar noch auf dem Boden des Vertragsrechtes bewegen, so daß es noch nicht zur Bildung einer eigenen Korporation kommt, bei denen jedoch zur Durchführung der gemeinsamen Zwecke, zur Vertretung nach außen, zur Kontrolle über die Einhaltung der Verpflichtungen und zum Zwecke der gegenseitigen Verrechnung besondere Organe geschaffen werden. Von besonderer Wichtigkeit erscheinen hier jene organisierten Kartelle, die eine gemeinschaftliche Verkaufsstelle besitzen; 3. als die höchste Form führt Menzel an jene Kartelle, bei denen der Übergang aus dem bloßen Vertragsrechte in das Körperschaftsrecht vollzogen ist, wobei das Kartell, um eine körperschaftliche Grundlage zu erhalten, die gegenseitigen Rechte und Pflichten entweder in die Form eines Vereinsstatuts bringt oder sich der durch das Handelsrecht gegebenen Körperschaftsformen bedient, um sich juristisch zu organisieren. Darüber hinaus liegt nicht mehr ein Kartell vor, sondern der Zusammenschluß zu einer einheitlichen juristischen Person, in welcher alle einzelnen Unternehmungen vollständig aufgehen.

Die von Menzel aufgeführten Haupt-Kategorien der juristischen Gestalt der Kartelle, bezüglich deren Detailausführung ich auf seine Schrift (S. 26) verweise, haben im wesentlichen die juristischen Typen gebildet, nach denen sich auch die seither entstandenen Kartelle organisiert haben.

In den mir vorliegenden Statuten österreichischer Kartelle z. B. finde ich zunächst Kartelle, deren gesamte juristische Struktur auf einem Innominatkontrakte beruht, dessen Dispositionen die wechselseitigen Rechte und Pflichten der Mitglieder begründen, und bei denen sich schon teilweise rudimentäre Organe einer Gesellschaft vorfinden, ohne daß man den Vertrag für einen Gesellschaftsvertrag erklären könnte. Sodann finde ich Kartellverbände, welche in die Form einer der handelsrechtlich anerkannten Gesellschaft-Kategorien gekleidet sind, z. B. ein Kartell, welches in der Form einer offenen Handelsgesellschaft errichtet ist; ferner Kartelle, die in der Rechtsform der Erwerbs- und Wirtschafts-Genossenschaft gegründet sind, wobei die Aufnahme neuer Mitglieder in die Erwerbs- und Wirtschafts-Genossenschaft von dem Ermessen des leitenden Organes des Kartellverbandes, das mit dem Vorstande der Genossenschaft identisch ist, abhängt, so daß die Mitglieder der Genossenschaft mit den Mitgliedern des Kartellverbandes zusammenfallen müssen; oder das Kartell ist angeschlossen an einen Fachverein, dergestalt, daß die Organe des Vereins zugleich auch als Organe des Kartellverbandes gelten, obwohl der Verein als solcher nach seinem Statute Erwerbszwecke nicht verfolgt, bezw. dem Kartellzwecke fern steht. Auch in diesem Falle ist durch geeignete Bestimmungen in den Statuten des Vereins dafür gesorgt, daß die Kartellmitglieder und Vereinsmitglieder zusammenfallen. Es finden sich daneben aber auch hoch ausgebildete Organisationen mit Ausführungs- und Kontrollorganen, die mit weitgehenden Eingriffs- und Aufsichtsrechten betreffend die geschäftliche Gebahrung der einzelnen Verbandsteilnehmer ausgestattet sind, Organisationen, die ihrer Struktur nach weder den Bestimmungen des Vereinsrechtes noch denen des kommerziellen Gesellschaftsrechtes entsprechen und die man auch nur schwer als Gesellschaften des gemeinen Rechtes ansprechen kann. Diese Sachlage aber erscheint mir geeignet — und darauf ist bisher meines Erachtens nicht genügend scharf hingewiesen worden —, das Problem der legislativen Regelung der Kartelle in einer gewissen Hinsicht außerordentlich zu erschweren. Ein Kartellgesetz wird kaum bestimmte Rechtsformen für die Kartelle als Norm aufstellen können, da es ja keineswegs im volkswirtschaftlichen oder rechtspolitischen Interesse liegt, die organisierende Triebkraft, welche heute dem Kartellbedürfnisse innewohnt, einzuschränken oder zu beengen. Alle Sanktionen aber, die ein Kartellgesetz aussprechen mag, z. B. Untersagung oder Auflösung eines Kartells, können sich der Natur der Sache nach nur auf den Kartellverband als solchen beziehen. Wie nun aber, wenn der Kartellverband sich anlehnt an eine Organisation, die ihrer rechtlichen Natur nach anderen gesetzlichen Normen unterliegt, weil sie einen über den Kartellzweck hinausgehenden allgemeinen Charakter trägt? Wenn z. B. das Kartellgesetz die Auflösung eines Kartells in einem bestimmten Falle aussprechen würde, würde damit gleichzeitig auch die Auflösung des Vereins ausgesprochen sein, an welchen sich das Kartell anlehnt, oder die Auflösung der offenen Handelsgesellschaft oder Erwerbs- und Wirtschafts-Genossenschaft, in deren Rechtsform das Kartell die juristischen Mittel zur Erreichung des Kartellzweckes gefunden hat? Es liegt auf der Hand, daß hierdurch in das Vereins- und Gesellschaftsrecht eine große Unsicherheit getragen werden würde. Bei der Erstattung meiner positiven Vorschläge werde ich auf diesen Punkt noch zu sprechen kommen.

Auch noch ein anderes in diesem Zusammenhange zu besprechendes Moment erscheint mir von Bedeutung. Manche österreichische Kartellverbände[14]), deren Statuten mir vorliegen, haben zur Durchsetzung des Kartellzweckes Kontrollmaßregeln von solcher Schärfe und Sanktionen (Konventionalstrafen, Ordnungsstrafen) von solcher Härte festgesetzt, daß die wirtschaftliche Freiheit des einzelnen Kartellteilnehmers durch dieselben eine außerordentliche Einschränkung erfährt. Am weitesten geht hierbei das Statut eines der Industrie und Steine und Erden angehörigen Kartelles. Die Kontrolle ist im Sinne des Kartellstatutes eine so außerordentlich scharfe, die Befugnisse des leitenden Kartellorganes so groß, die Befolgung der Kartellbestimmungen durch ein solches System von Ordnungsstrafen gesichert, die Verletzung des Kartellzweckes unter so hohe Sanktionen gestellt, daß hier eigentlich von einem zivilrechtlichen Verhältnisse unter den Kartellmitgliedern nur im Hinblick auf den Akt

---

[14]) Da ich die Einsicht in die Statuten bloß gegen Zusicherung der weitestgehenden Diskretion erhielt, ist es mir unmöglich, die Kartelle, von denen im Texte die Rede ist, näher zu bezeichnen.

der **Rechtsbegründung** die Rede sein kann. Das Verhältnis erscheint vielmehr seinem Inhalt nach als eine Art Herrschaftsverhältnis mit freiwilliger Unterwerfung der Kartellmitglieder unter ein Kartellimperium und die Kartellorgane erscheinen als Kartellbehörden, die Funktion derselben als verwaltungsrechtlich organisierte Herrschaft.

Die Unterordnung der einzelnen Kartellmitglieder unter das Kartell, insbesondere aber die Regelung der Anzeigepflicht, der Kontrollrechte, der Ordnungsstrafen und der Strafen für die Verletzung des Kartellzwecks nähern sich in ihrer Disposition außerordentlich dem Systeme der Ordnungsstrafen und Deliktsstrafen moderner Steuergesetze.

Trotz der großen Bedeutung nun, welche die Kartelle wirtschaftlich für den einzelnen Unternehmer haben mögen, drängt sich doch angesichts solcher Kartellverträge die Frage auf, welche Motive wohl ausreichend gewesen sein mögen, um große Unternehmer zu veranlassen, sich in ein so streng ausgebildetes Abhängigkeitsverhältnis zu begeben. Und ich glaube meine Meinung dahin äußern zu müssen, daß derartige sozusagen herrschaftlich organisierte Kartelle wohl nur im Bereiche solcher Rechtsgebiete vorfindlich sind, in denen, wie in Österreich, die Kartellverträge aller rechtlichen Wirkung entbehren, so daß jeder Unternehmer, der sich in dieses Gebundenheitsverhältnis begibt, es mit dem Hintergedanken tun darf, sich von der Gebundenheit befreien und das Kartellverhältnis sprengen zu können, sobald ihm dasselbe unbequem wird. Es ist psychologisch unwahrscheinlich, daß wirtschaftlich kräftige und selbstbewußte Unternehmer sich andernfalls freiwillig in ein so strenges Abhängigkeitsverhältnis begeben würden, und ich ziehe daher aus der verhältnismäßig großen Zahl österreichischer Kartelle, welche nach diesem Schema geregelt sind, den Schluß, wie verfehlt eine Gesetzgebung ist, die einem wirtschaftlichen Phänomen von der Bedeutung des Kartellwesens mit einem bloßen Verbote entgegentritt. Denn ich bin überzeugt, daß auf dem Boden einer Gesetzgebung, die den Kartellvertrag als gültig anerkennt, kaum Raum sein dürfte für derartige, die wirtschaftliche Freiheit der Verbandsmitglieder in so einschneidender Weise beschränkende Vereinbarungen.

IV.

Die **ökonomische Beurteilung der Kartelle** war durch geraume Zeit beherrscht von Erörterungen vorwiegend prinzipieller Natur, in denen das Verhältnis dieser Erscheinung zur Doktrin, insbesondere zu den Lehren des ökonomischen Liberalismus und der Kritik, welche die ethische Richtung und der Sozialismus an den letzteren übte, eine Hauptrolle spielte[15]). Dem individualistischen Standpunkte des Liberalismus, der in der möglichst schrankenlosen und nur durch das wirtschaftliche Prinzip bestimmten Betätigung des einzelnen Wirtschaftssubjektes jenen natürlichen Zustand erblickte, der auch das dauernde Gedeihen der Volkswirtschaft verbürge; der in der Freiheit das Heilmittel sah für die Wunden, welche die Freiheit vorübergehend schlage; der in dem Ausleseprozesse, wie er sich unter dem Einflusse der freien Konkurrenz intensiv vollzieht und nur die jeweils stärksten, widerstandsfähigsten und rücksichtslosesten Unternehmer bestehen läßt, die Gewähr fand für die Erstarkung der gesamten Volkswirtschaft: dieser Richtung mußten die Kartelle, in denen die Konkurrenten freiwillig auf die Vorteile verzichten, die der freie Wettbewerb den Stärksten unter ihnen bietet und die wirtschaftliche Freiheit sich also freiwillig Schranken setzt, notwendigerweise unsympathisch sein und als der Ausfluß einer Verirrung des öffentlichen Geistes erscheinen; nur erklärlich daraus, daß der kurz vorher erfolgte Übergang vom Freihandel zum Schutzzollsysteme die richtige Erkenntnis der gesunden Prinzipien des Wirtschaftslebens verdunkelt habe. Die ethische Richtung, welche dem atomisierenden Liberalismus das Postulat der Organisation, der Vergesellschaftung und des genossenschaftlichen Zusammenwirkens gegenübergestellt hatte, begrüßte dagegen die Kartelle als eine Erscheinung, die dieses Postulat auch in der Sphäre des Kapitalismus und Großbetriebs zur Geltung brachte, in jener Sphäre also, aus deren praktischen Bedürfnissen die Lehren der individualistischen Ökonomie entsprungen waren und wo sie so lange einen fruchtbaren Nährboden gefunden hatten. Der Sozialismus endlich, dessen Kritik der herrschenden Wirtschaftsordnung die Anarchie in der Produktion hervorhebt, sah in den Kartellen Gebilde, welche als Vorläufer für die vom wissenschaftlichen Sozialismus postulierte und an das Ziel der wirtschaftlichen Entwicklung gestellte planmäßige Regelung der Produktion gelten konnten, wogegen die Antikritik des Sozialismus die Kartelle als Beleg dafür zu produzieren in der Lage war, daß auch die heutige Wirtschaftsverfassung nicht notwendigerweise zur Expropriation der kleineren Unternehmer durch die größeren führe.

So kam es, daß die Kritik der Kartellbewegung, dieses so widerspruchsvollen Phänomens, in dem die freie Konkurrenz sich vermittels der Vertragsfreiheit selbst aufzuheben begann; bei dem in einem engeren

---

[15]) Vgl. hierzu meine Abhandlung: „Der österreichische Kartellgesetzentwurf" in Grünhuts Zeitschrift für Privat- und öffentliches Recht der Gegenwart, XXIV. Bd.; ferner Pohle a. a. O. S. 2 ff.

Kreise die Wirkungen des freien Wettbewerbs ausgeschlossen werden, um nach außen, den Outsiders gegenüber, um so schärfer und rücksichtsloser zur Geltung gebracht zu werden; welches der Reaktion gegen die Rückwirkung des Kapitalismus auf die Unternehmer entspringt, aber die ökonomische Funktion von kapitalistischen Riesenbetrieben den Arbeitern und Konsumenten gegenüber mit um so stärkerer Wucht zur Geltung zu bringen droht — lange Zeit vor allem durch das Gefühl beherrscht war. Man liebte in den Kartellen oder sah mit Abneigung das, was sie sind, nämlich Produkte organisierenden, vergesellschaftenden Schaffens, antiindividualistischer Bestrebungen, einer gegen die Atomisierung des Wirtschaftslebens sich richtenden Reaktion. In diesen Schöpfungen der freien Konkurrenz gefiel man sich, entweder liebevoll die Rehabilitierung der freien Konkurrenz zu sehen oder man bekämpfte sie, weil die wirtschaftliche Freiheit sich in ihnen selbst aufhob. Diese Art der Betrachtung wurde lange Zeit dadurch begünstigt, daß man von den Kartellen, ihrer Organisation, ihren konkreten Wirkungen sehr wenig wußte. Erst als das Dunkel gelichtet war, und als zugleich die einzelnen Kreise und Schichten des Volkes durch die immer wachsende Verbreitung der Kartelle genötigt waren, zu denselben von ihrem Interessenstandpunkte aus Stellung zu nehmen, da begann die verstandesmäßige Untersuchung und Kritik der Wirkungen der Kartelle in den Vordergrund zu treten: nicht mehr das Verhältnis des Phänomens als solchen zu einer bestimmten Wirtschaftsdoktrin, sondern die Rückwirkung des Bestehens und der Politik der einzelnen Kartelle auf die einzelnen Interessenkreise wurde der Gegenstand von Untersuchungen, die von der Wissenschaft, der Presse, den Interessenvertretungen von Arbeitern, Konsumenten und Produzenten mit großem Eifer und nicht ohne Erfolg angestellt wurden.

Für diese Untersuchungen kamen vor allem in Betracht drei große Probleme, in denen sich die praktische Bedeutung der Kartelle für das Wirtschaftsleben ausdrückt. Welchen Einfluß üben die Kartelle auf das unter der Herrschaft des freien Wettbewerbs durch den steten Stachel des wirtschaftlichen Kampfes so sehr geschärfte Streben der Produzenten nach Vervollkommnung der Produktionstechnik? Welchen Einfluß übt die monopolähnliche Stellung und die daraus entspringende wirtschaftliche Macht der Kartelle auf das Verhältnis der Produzenten zu den Konsumenten? Und welchen endlich auf die Lage der Arbeiter aus? Wir verfügen heute über eine erhebliche Zahl positiver Resultate solch' konkreter Untersuchungen, aber sie haben den Kartellen den eigentümlich widerspruchsvollen Charakter nicht benehmen können, welcher die Kritik dieser Erscheinung so unbefriedigend gestaltet. Nicht die banale Wahrheit, daß alles, was ins Leben tritt, Licht und Schatten aufzuweisen hat, soll damit auf die Kartelle angewendet werden; aber es ist bemerkenswert, daß im Hinblick auf jedes der drei oben aufgestellten Probleme, sowohl die theoretische, mit den Mitteln der Deduktion operierende Betrachtung, als auch die induktive, auf Beobachtung der tatsächlichen Verhältnisse beruhende Forschung zu ganz entgegengesetzten und gleich gut begründeten, gleich breit in der Praxis verwirklichten Resultaten gelangt ist. Man kann das kurze und treffende Urteil, das Jenks über die amerikanischen Trusts gefällt hat: „Es ist wahrscheinlich, daß wenig Trusts vollkommen von Übel sind und daß gar keine Trusts ausschließlich günstig wirken," unbedenklich auch auf die europäischen Kartelle anwenden.

Verhältnismäßig am günstigsten gestaltet sich das Ergebnis der Kritik hinsichtlich des Einflusses der Kartelle auf die Entwicklung der Produktionstechnik. A priori freilich erscheint der freie Wettbewerb als ein unersetzlicher Ansporn für das Streben nach technischem Fortschritte. Je mehr durch die Entwickelung und Politik der modernen Transportanstalten die Vorteile verwischt werden, welche die Lage der Produktionsstätte dem Unternehmer im Konkurrenzkampfe zu bieten vermag — die Erweiterung des Absatzmarktes, welche die Unternehmer stets anstreben, ist ja regelmäßig auch gleichbedeutend mit der Erweiterung des Gebietes, auf welchem sie von der Konkurrenz bedroht werden —, je mehr, nicht bloß bei der Produktion von Rohstoffen und Halbfabrikaten, sondern auch von genußreifen Finalprodukten, eine gewisse Gleichförmigkeit und Schablonenmäßigkeit zur Regel wird, weil das Publikum, vor allem in den Großstädten, bei seiner Bedürfnisbefriedigung immer mehr der Schablone sich anpaßt, desto gleichgültiger wird für die Stellung der Ware im Konkurrenzkampfe das Moment der Provenienz, und die Verbilligung der Produktionskosten rückt immer stärker in den Vordergrund als das einzige Mittel, sich zu behaupten. Allein nicht immer schlägt im Zustande uneingeschränkten Wettbewerbs die Produktion den volkswirtschaftlich rationellen Weg ein, durch Verbesserung der Produktionstechnik die Kosten herabzusetzen. Es wird vielmehr oft getrachtet, durch Schleichwege dieses Ziel zu erreichen oder vielmehr dem Publikum vorzuspiegeln, daß dasselbe erreicht sei. Die Verbilligung erfolgt oft auf Kosten der Qualität der Ware und der Ehrlichkeit der im Verkehre beobachteten Usancen. Die Ware wird unmerklich verschlechtert, die zugesicherten Maße werden nicht eingehalten, faule Kreditgeschäfte abgeschlossen. Solchen Ausschreitungen, die der Kampf um die Existenz vor dem Gewissen der Produzenten beschönigt, steht das Publikum in der Regel machtlos gegenüber; es kommt erst dann zur Gesundung, wenn die Produzenten selbst erkennen, daß die eingeschlagene Bahn sie in den Abgrund führe, und der Heilungsprozeß wird dann oft durch den Abschluß eines Kartells eingeleitet. Jenks erzählt von einem Kohlenhändlerkartelle in einer amerikanischen Stadt, welches seine Entstehung der Entdeckung verdankte, daß der geschäftliche Quantitäts- und Qualitätsbetrug im außerordentlichen Umfang eingerissen sei, und eine Denkschrift der Prager Handelskammer[16]) weiß eine ähnliche Erscheinung von der österreichischen Drahtstift-Industrie zu berichten, wo es im Laufe eines scharfen Konkurrenzkampfes dahin kam, daß die Fabrikanten in Pakete, welche die Inhaltsbezeichnung „Tausend" trugen, immer weniger, schließlich nur siebenhundert Stück einfüllten. Symptomen dieser Art, welche in zwei nach Anlage und Erziehung der Bevölkerung so durchaus verschiedenen Wirtschaftsgebieten, wie Nordamerika und Österreich, gleichartig auftreten, darf wohl typische Bedeutung beigelegt werden. Bedroht die Qualitäts- und Quantitätsverschlechterung zunächst das Publikum, so ist sie doch auch in zweiter Linie für die technische Entwickelung der Industrie höchst abträglich; das Einreißen unsolider Konditionen, leichtsinniger Kreditgewährung, langer Zahlungsfristen usw. aber bedroht die Existenz des betreffenden Industriezweiges selbst. Sehr häufig sind daher Kartelle geschlossen worden, um den in den Konditionen eingerissenen Mißbräuchen zu steuern; regelmäßig, schon im eigenen Interesse der Verbandsteilnehmer selbst, wird dann auch die Qualitäts- und Quantitätsmäßigkeit der Ware unter die Garantie des Verbandes gestellt. In solchen Fällen wird daher erst nach Gründung des Kartells die Verbesserung der Produktionstechnik für den Kartellteilnehmer zum einzigen Mittel, durch welches er über die Vorteile des Kartellverbandes hinaus seinen Unternehmergewinn noch zu erhöhen vermag. Wir haben gesehen, daß die meisten Kartellformen ihren Teilnehmern diese Marge offen lassen, indem sie von einem Durchschnitte der Gestehungskosten ausgehen. Das Kartellverhältnis, welches eine bestimmte Gleichmäßigkeit der Konjunktur für einen gewissen Zeitraum verbürgt, läßt es andererseits dem Produzenten auch ratsam erscheinen, in seinem Betriebe größere Verbesserungen einzuführen, bezw. Kapital im größeren Umfange zu immobilisieren; er findet leichter Kredit, er kann sein Rentabilitätskalkül auf eine längere Periode hinaus aufstellen, die Amortisation der Investitionen auf eine größere Zahl von Jahren verteilen. Das sind Momente, welche dahin führen, daß kartellierte Industrien sich tatsächlich mit

[16]) Denkschrift der Handels- und Gewerbekammer in Prag, gerichtet an das k. k. Handelsministerium in betreff der staatlichen Regelung des Kartellwesens. Prag 1896.

regerem Eifer und größerem Erfolge der Verbesserung ihrer Technik widmen, als solche, die im freien Wettbewerb stehen. Ist es doch interessant, daß die chemische Industrie in Deutschland, deren Streben nach technischen Fortschritten mustergültig ist, auch zugleich die größte Zahl von Kartellen aufweist.

Dort, wo durch die Organisation der Kartelle ein ganz enger Zusammenschluß der Verbandsmitglieder geschaffen wird, wo das separatistische Interesse des Verbandsteilnehmers gegenüber dem Verbandsinteresse vollkommen zurücktritt, da vollzieht sich auch der wirtschaftliche Ausleseprozeß, der die technisch ungünstiger gestellten Betriebe zum Stillstande bringt, im Rahmen des Kartells selbst, aber unblutig, gegen angemessene Entschädigung, sozusagen im Wege regelrechter Expropriation. Die Kraft der amerikanischen Trusts beruht darauf, daß sie unzweckmäßig eingerichtete oder gelegene Etablissements zum Stillstande bringen; auch in Österreich macht sich diese Erscheinung geltend bei Unternehmungen, die aus der Fusion mehrerer Einzelbetriebe hervorgegangen sind, und gibt selbst zu Klagen Anlaß, die sich aus der Rückwirkung solcher Betriebseinstellungen auf die wirtschaftliche Lage der betreffenden Gegend ergeben. Aber auch im lockereren Verbande des Kartells im engeren Sinne kommt es vor, daß technisch günstiger gestellte Betriebe gegen Vergütung in Geld das Produktionsquantum schwacher Konkurrenten an sich ziehen (Ankauf von Zechen zum Zweck der Erwerbung ihres Förderquantums) und den Betrieb auf den letzteren einstellen.

Eine gewisse Garantie dafür, daß die Kartellierung den Antrieb zur Ausgestaltung der technischen Betriebseinrichtungen nicht vollständig beseitigt, liegt aber auch in der steten Gefahr der Sprengung des Kartells durch die mächtigsten Verbandsteilnehmer und in der zeitlichen Begrenzung der Kartelle. Kartelle sind Institutionen, welche dem schwächeren Teile zum Vorteile gereichen, weil und solange auch der Stärkere davon überwiegenden Vorteil zieht. Darin liegt ihre Stärke — auch gegenüber Eingriffen der Gesetzgebung — aber diese Harmonie der Interessen trägt den Keim zu ihrer Vernichtung in sich selbst. Denn der Kartellverband enthüllt sonst sorgfältig gehütete Betriebsgeheimnisse, und jede Kartellerneuerung trägt den Charakter einer Kraftprobe. Der kartellierte Unternehmer weiß daher sehr wohl, daß die Behauptung seiner Stellung im Kartelle und nach Ablauf der Kartellperiode in erhöhtem Maße davon abhängig ist, ob er die verhältnismäßig reicheren Erträge der Kartelljahre zu Abschreibungen und Investitionen verwendet, da er auch seinem rührigen Konkurrenten während dieses Zeitraumes freies Spiel lassen muß, den künftigen Konkurrenzkampf vorzubereiten.

Allerdings ist Pohle und anderen darin beizustimmen, daß die Verbesserung der Produktionstechnik volkswirtschaftlich und sozialpolitisch beträchtlich an Wert verliert, wenn ihre Resultate durch das Kartellsystem dem Konsumenten entzogen werden und bloß dem Unternehmergewinne zugute kommen. Allein das ist denn doch mehr eine Verzögerung denn eine Verhinderung des natürlichen Prozesses.

Die Etappen werden länger, aber man nähert sich doch dem Ziele. Wir dürfen ja nicht außer acht lassen, daß die ganze Entwickelung verhältnismäßig jung ist, daß es nicht viel mehr als ein Jahrzehnt währt, seitdem die Aufmerksamkeit der Presse, der Wissenschaft, der Politiker sich ihr in intensiverem Maße zuwendet. Zum ersten Male, seitdem die Kartelle in lebhafter Weise die öffentliche Meinung in Anspruch nehmen, findet jetzt eine Erneuerung der Handelsverträge statt, und wenn ich auch zugestehen muß, daß in unserer Handelspolitik derzeit noch kein Luftzug weht, der den Kartellen Schaden bringen könnte, so wird doch bei genauerer Kenntnis und Kontrolle der Gebahrung und Resultate der Kartelle es diesen letzteren selbst als ein vernünftiges Interesse erscheinen, einen erheblichen Teil der durch die Kartellierung erzielten Produktionskostenersparnis den Konsumenten zukommen zu lassen, um nicht die handelspolitische Basis ihrer Existenz zu untergraben. Die Kartelle müssen mit dieser Möglichkeit rechnen, und die unerwartete und gründliche Vernichtung des so fest gefügten österreichischen und deutschen Zuckerkartells durch den Einfluß eines auswärtigen Staates läßt die Annahme gerechtfertigt erscheinen, daß gegen eine allzu rücksichtslose Kartellpolitik sich Widerstände erheben werden, welchen selbst die Macht internationaler Kartelle nicht gewachsen sein wird. Die deutschen und österreichischen Raffinerien zum Beispiel werden die großen technischen Verbesserungen, die sie in den letzten Jahren aus ihren Riesengewinnen in ihren Betrieben durchführen konnten, nun auch den Konsumenten ihrer Heimatsländer zu gute kommen zu lassen, Gelegenheit haben.

Das eben Gesagte gilt auch zum großen Teile von der **Preispolitik** der Kartelle den Konsumenten gegenüber. Wir betreten hier dasjenige Gebiet, auf welchem die Politik der Kartelle den weitesten Interessenkreis berührt und am tiefsten einschneidet. Da es unleugbar das charakteristische Merkmal aller Kartelle ist, ein Monopol anzustreben, und da der Preisbildungsprozeß eines monopolisierten Gutes a priori zu Ungunsten der Abnehmer verläuft, so ist man darauf gefaßt, in dieser Richtung wenigstens, einem einmütigen Urteile *gegen* die Kartelle zu begegnen. Allein die Antinomien, welche die ökonomische Kritik des Kartellwesens durchziehen, finden sich auch hier. Ja man könnte sogar darauf hinweisen, daß von sozialdemokratischer Seite, also aus der Mitte jener Partei, welche die breitesten Schichten der Konsumenten und insbesondere der Konsumenten von Massengütern repräsentiert, das in dieser Richtung gefällte Urteil eher zu gunsten der Kartelle lautete, wenn nicht die betreffende Äußerung Schippels auf dem Frankfurter Parteitage 1894, auch für die Stellung seiner Partei selbst zum Kartellproblem heute nur noch ein antiquarisches Interesse besäße.

Am lehrreichsten dürften für diese Seite des Problems die Ergebnisse der in Nordamerika angestellten Untersuchungen sein. Denn: ungünstigen Einfluß auf die Produktionstechnik oder gar das Bestreben, den Unternehmergewinn in eine Rente zu verwandeln, ihn zu „petrifizieren", wird man den amerikanischen Trusts kaum vorwerfen können, die ja in der Schließung rückständiger Betriebe, in der Erfüllung der wirtschaftlichen Unternehmerfunktion auf technischem nnd kommerziellem Gebiete, im Aufsspielsetzen bereits erzielten Unternehmergewinnes um erhöhten Gewinnes willen, bekanntlich eher des Guten zu viel leisten. In Nordamerika ist wirklich das Kartellproblem als solches gleichbedeutend mit der Frage nach Ausbeutung der Konsumenten und Feudalisierung des Arbeitsvertrages.

In Amerika hat die Konkurrenz am schonungslosesten gewütet; nun, sehen wir, ob sich die Kosumenten dabei wohl gefühlt haben? Jenks, der über das größte Material verfügt, verhält sich in dieser Hinsicht auffällig skeptisch. Er widmet ein besonderes, sehr interessantes Kapitel seines Buches den „Kosten des Wettbewerbes" oder, um einen sehr bezeichnenden aber im Deutschen nicht wiedergebbaren Ausdruck anzuwenden, den faux frais[17]) der Konkurrenz (The Wastes of Competition Ch. II). Es ist richtig, der freie Wettbewerb hat die Tendenz, die Preise auf das Niveau der Produktionskosten herabzudrücken, den Profit zu beschneiden; aber er erhöht andererseits die Produktionskosten, er ist selbst ein Kostenelement. Jenks setzt an die Sitze seiner Untersuchung den Satz: „Entgegen der populären Ansicht sind die Konkurrenzpreise häufig, wenn nicht regelmäßig, höhere Preise" (S. 21). Zu den Produktionskosten fügt nämlich der Wettbewerb die Kosten des Absatzes hinzu. Der Absatz gestaltet sich aber um so schwieriger und kostspielieger, je ungezügelter der Wettbewerb herrscht. Der kommerzielle Teil des Betriebes verschlingt dann häufig einen großen Teil dessen, was im industriellen Teile durch den größten Aufwand an technischem und organisatorischem Können erspart werden kann. Als solche Kosten des Wettbewerbs kommen

---

[17]) Vgl. auch Pohle a. a. O. S. 126.

zunächst in Betracht bei Industrien, welche genußreife Produkte anfertigen, sich also direkt an das Publikum wenden, die Reklamespesen, über deren Bedeutung wohl kein Wort zu verlieren ist; bei Industrien, die selbst wieder an Produzenten oder Händler absetzen, diesen des Vertriebs durch Reisende. Als die American Steel and Wire Company gegründet wurde, konnte man nahezu 200 Reisende, hoch bezahlte und mit Provision und Tantième ausgestattete Beamte entlassen. Ein neu gegründeter Whisky-Trust konnte deren Zahl sogar um 300 reduzieren. Auch ihre Gehälter können herabgesetzt und insbesondere die Häufigkeit der Reisen, die weniger dem Bedürfnis, als der Notwendigkeit dienen, den Kunden stets warm zu erhalten, eingedämmt werden. Es handelt sich hierbei um außerordentlich hohe Summen. Vor der United States Industrial Commission wurden von fachmännischer Seite die faux frais, welche die Ware im Distributionsprozeß verteuern, für die Industrie der geistigen Getränke allein auf jährlich 40 Millionen Dollars beziffert. Die Kartellierung gestattet ferner eine weitgehende Spezialisierung in den einzelnen Betrieben; sie erlaubt ihnen daher stets den gleichen Artikel zu produzieren und sichert ihnen ein bestimmtes Beschäftigungsminimum, sie gestattet ohne allzu großes Risiko größere Lagerbestände zu halten — Momente, welche die Fabrikation verbilligen, aber auch die Befriedigung des Bedarfes für den Abnehmer sicherer, rascher und wohlfeier gestalten. Von großem Belang ist ferner die Verschwendung an Frachten, welche im Zustande des freien Wettbewerbes Platz greift. Die einzelnen konkurrierenden Betriebe liefern nicht dorthin, wohin sie die günstigsten Frachtrelationen haben, sondern wo sie eben einen Abnehmer gefunden haben, und solche Transportspesen bilden einen effektiven Verlustsaldo in der Bilanz der Volkswirtschaft. Die American Steel and Wire Company erklärt, aus diesem Titel allein gegenwärtig jährlich 500 000 $ zu ersparen; von solchen Summen ist bei uns nicht die Rede, aber auch die österreichischen Kartelle erklären, erhebliche Frachtbeträge durch Zuteilung der Konsumenten an die nächst gelegenen Fabriken erspart zu haben. Gerade die Frachtverschwendung hat auch bei uns als starkes Motiv zu gunsten der Kartellierung gewirkt. Andere, die Produktionskosten herabsetzenden Vorteile der Verbandsbildung, wie die bessere Ausnutzung des leitenden Beamtenpersonals je nach der technischen oder kommerziellen Begabung oder die Möglichkeit Nebenprodukte der Produktion besser zu verwerten, lassen sich wohl von den Fusionen (Trusts), aber nicht von den Kartellen im europäischen Sinn aussagen.

Allein andererseits steht bei den Trusts ein wichtiger Faktor, der bei den europäischen Kartellen wegfällt, dem im Wege, daß die durch die

Vereinigung erzielten Resultate auch für die Konsumenten nutzbar gemacht werden: nämlich die Übergründung, das Stock Wadering, jene Finanzoperationen, welche die Bildung von Trusts begleiten und ohne die sie nach meiner Überzeugung auch nicht in solchem Umfange zustande kommen könnten. Für dieses im Inflationswege erzeugte Anlagekapital muß eine Verzinsung erzielt werden, und die aus der Trustbildung resultierende Ersparnis an Produktionskosten kommt diesem Zwecke zu gute, ist wohl auch schon im Gründungsplane für denselben appropriiert. Der unglückliche, überflüssig gewordene Reisende wird also nicht dem Konsumenten, sondern dem „Promoter & Financier" geopfert. Es erklärt sich freilich daraus zum Teile, warum die Trustbildungen so frühzeitig und so insensive Gegenströmungen erweckt haben. Bei den europäischen Kartellen fällt diese aus dem Gründungsprozesse resultierende Belastung weg, insofern nicht manchmal Entschädigungen bezahlt werden müssen.

Unsere Kartelle wären also in der Lage, ohne ungebührliche Opfer eine auch für den Konsumenten nicht ungünstige Preispolitik zu treiben. Ihre quasimonopolistische Stellung begründet entgegengesetzte Antriebe und Möglichkeiten. Welches ist ihre wirkliche Preispolitik? Es ist nun vor allem hervorzuheben, daß die letztere ihre natürlichen Schranken hat. Pohle hat das mit Recht hervorgehoben. Die Kartelle haben nicht nur das Aufkommen neuer Konkurrenzbetriebe zu vermeiden und selbstverständlich die Grenzen zu respektieren, wo der Zollschutz aufhört, wirksam zu sein, sondern auch die Gefahr des Überganges der Konsumtion zur Verwendung von Surrogaten im Auge zu behalten; sie müssen endlich den Grundsatz jeder richtigen Steuerpolitik im Auge behalten, daß der Maximalerfolg nicht durch eine Maximalbelastung erzielt wird, sondern eine Funktion zweier Größen darstellt: des Absatzes und der Gewinnrate. Über eine gewisse Grenze hinaus vermindert letztere den Absatz und damit den Gesamtgewinn.

Allein diese Grenze ist weit genug gezogen und es ist dem Konsumenten und der Volkswirtschaft wenig mit einer Preispolitik gedient, deren Grundsätze an eine — wenn auch richtige — Steuerpolitik anklingen. Auch geht die erstere in der Regel nicht so weit. Allein um richtig zu urteilen, muß man die Preispolitik folgender zwei Kategorien von Industrien auseinander halten: solcher, die genußreife Produkte herstellen und es daher bloß noch mit dem Publikum oder Zwischenhändlern als Abnehmern zu tun haben, — und solcher, die Rohstoffe und Halbfabrikate erzeugen und daher wieder Industriellen als Abnehmern gegenüberstehen. Die Tendenz, die Grenzen der Wirksamkeit, die volkswirtschaftlichen Wirkungen der Kartellpreispolitik sind in beiden Fällen verschieden.

Es ist eine bekannte Erscheinung, welche bei den von Volkswirten öfter angestellten Untersuchungen über das Verhältnis der Groß- zu den Kleinhandelspreisen auch statistisch beleuchtet wurde, daß im Preiskampfe die Machtverteilung außerordentlich verschieden ist, je nachdem sich Produzent und Produzent oder Produzent und Konsument (in diesem Zusammenhange als letzter Konsument oder Konsument genußreifer Produkte verstanden) gegenüberstehen. Die Zahl der Konsumenten ist eine ungeheuer große; eine Organisation derselben (von Konsumvereinen abgesehen) besteht überhaupt nicht oder sie ist eine sehr lockere; ihre Fähigkeit, Widerstand zu leisten, ist daher sehr gering, und auch ihr Wille hierzu in der Regel kein sehr reger. Denn dem Konsumenten treten Preisaufschläge, welche für den Produzenten außerordentlich ins Gewicht fallen, oft in Gestalt unbedeutender Preiserhöhungen gegenüber; ihm fehlt ferner die Fähigkeit und oft die Möglichkeit, sich über das Verhältnis der Preise zu den Produktionskosten zu unterrichten. Die große Zahl der Konsumenten ist hierfür im wesentlichen auf die öffentliche Presse angewiesen, und wenn dieselbe, aus welchem Grunde immer, ihre Funktion, die öffentliche Meinung zu unterrichten, nicht oder nicht im genügenden Maß erfüllt, so steht einer überspannten Preispolitik der Kartelle kaum irgend ein unübersteigliches Hindernis im Wege.

Kartelle dieser Kategorie müssen allerdings mitunter auf Händlerinteressen Rücksicht nehmen. Sie können den Bogen dann nicht zu straff spannen, wenn die Überwälzung des Kartellaufschlages auf die Konsumenten nicht stattfinden kann, so daß den Händlern ihr Zwischengewinn ganz oder zum Teile entzogen werden würde. Es sind daher in der Geschichte der deutschen und österreichischen Kartellbewegung Fälle zu verzeichnen, in denen die Zwischenhändler der Preispolitik der Kartelle, zum Teil mit Erfolg, entgegentreten sind. Wo aber auch diese Schranke versagt, da ist das Ergebnis der Untersuchung ein für die Preispolitik solcher Kartelle überwiegend ungünstiges. Die Möglichkeit fast schrankenloser Ausnützung der Monopolstellung verführt Kartelle dieser Art zu einer Haltung, die schwere und soziale Übelstände zeitigt.

Seitdem die Organisation und Politik des deutschen und österreichischen Zuckerkartells durch die Katastrophe, welche England über diese Verbände herbeiführte, in ihren feinsten Fäden der öffentlichen Meinung erkennbar geworden ist: muß meines Erachtens die abwägende Subtilität und Zurückhaltung, mit der die Nationalökonomie sich über das Wirken der Kartelle auszusprechen gewöhnt war, dem rückhaltlosen Urteile weichen, daß die schrankenlose Freiheit der Kartellbildung und Kartellgebahrung bei solchen Industriezweigen, die ihre Produkte unmittelbar an das Publikum absetzen, gegen das öffentliche Wohl streitet. Bekanntlich war das deutsche und österreichische Zuckerkartell auf folgender Grundlage aufgebaut. Es waren zwei gesonderte Gruppen vertreten, die Gruppe der Rohzuckerfabrikanten und jene der Raffineure. Die Rohzuckerfabrikanten verpflichteten sich, den Rohzucker für den inländischen Gebrauch bloß an die kartellierten Raffineure zu liefern, wogegen die Raffineure den ersteren den für den inländischen Bedarf erforderlichen Rohzucker zu einem bestimmten Preise abzunehmen hatten, welcher erheblich höher war als der Weltmarktpreis. Dieser Preis wurde gefunden, indem ein bestimmter Weltmarktpreis als Grundpreis angenommen und den Rohzuckerfabrikanten nebst einem Maximalzuschlage vergütet wurde. Stieg der Weltmarktpreis über den Grundpreis, so verminderte sich der Zuschlag; sank jedoch der Weltmarktpreis unter den Grundpreis, so fiel die Differenz den Rohzuckerfabrikanten zur Last, so daß das Kartellrisiko, das die Raffineure durch die eben erwähnte Vereinbarung eingingen, limitiert war auf den Zuschlag zum Grundpreise. Ferner wurde die Gesamtsumme der Exportprämien, welche der Staat der Industrie vergütete, zwischen den Gruppen der Rohzuckerfabrikanten und der Raffineure nach einem bestimmten Schlüssel geteilt. Es ist nun bekannt, daß dieses kombinierte Kartell in der Ausnutzung seines Monopols in beiden Ländern bis hart an die Grenze gegangen ist, welche durch den Zollschutz, die sogenannte Surtaxe auf ausländischen Zucker gezogen war. Es ist bekannt, daß während der inländische Zucker außerordentlich hoch im Preise stand und infolgedessen die Konsumtion dieses wichtigsten aller Genußmittel künstlich zurückgedämmt war, der Weltmarktpreis für Zucker immer tiefer sank, indem der inländische Konsument dem englischen aus dem Fonds der aus Steuergeldern gezahlten Exportprämien und aus dem durch den Kartellaufschlag gezogenen Unternehmergewinn einen immer größeren Teil der effektiven Produktionskosten des Zuckers vergüten mußte, damit der englische Konsument sich in die angenehme Lage versetzt sehe, leichter und mehr Zucker zu genießen.

Da es hier nicht meine Aufgabe ist, das Zuckerkartell einer Spezialkritik zu unterziehen, so unterlasse ich die detaillierte Anführung der enormen Gewinnste, welche das österreichische und deutsche Zuckerkartell bezogen haben und die den Betrag der dem Staate nach Abzug der Exportprämien zufließenden Konsumsteuern beträchtlich übersteigen. Diese Ziffern waren ja Gegenstand einer lebhaften Diskussion in der öffentlichen

Presse. Was mir jedoch für die prinzipielle Kritik des uns beschäftigenden Problems in der Organisation und Gebahrung des Zuckerkartells als das wichtigste und zugleich als dasjenige Moment auffällt, welches unser Urteil im ungünstigen Sinne bestimmen muß, das ist der Umstand, daß infolge der Organisation des Zuckerkartells der Löwenanteil des durch die Kartellpreispolitik erzielten Gewinnes den Raffineuren zufloß. Jene Gruppe also zog aus diesen Verhältnissen den größten Vorteil, welche volkswirtschaftlich die geringste Leistung aufzuweisen hatte. Die Landwirtschaft, deren Interessen man so lange als Hebel benutzt hat, um in der öffentlichen Meinung Stimmung für die Zuckerindustrie, die Exportprämien und den Schutzzoll zu machen, war in der Tat am ungünstigsten bestellt. Durch das Rayonnierungskartell, dessen Härten jetzt allgemach in der Öffentlichkeit bekannt werden, war der Anteil der Landwirtschaft an den Ergebnissen der außerordentlich günstigen Kartellkonjunktur an eine niedrige Grenze gebunden. Die Rohzuckerfabrikanten, deren Betrieb den technisch wichtigsten Teil des Produktionsprozesses ausmacht und deren Risiko trotz des ihnen zugebilligten Zuschlages virtuell ein unbegrenztes war, da sie das Fallen des Weltmarktpreises unter den Grundpreis allein zu tragen gehabt hätten, bezogen eine erhebliche Quote des Kartellgewinnes, die jedoch in keinem Verhältnisse stand zu dem übergroßen Anteile, den die Raffineure einsackten, deren Risiko ein streng begrenztes, deren Zahl eine geringe ist und deren Betrieb im Produktionsprozesse technisch die zweite Rolle spielt. Es dürfte kaum eine gut geleitete Raffinerie in Deutschland oder Österreich geben, die nicht in der Lage gewesen wäre, aus den Kartellgewinnen der letzten Jahre ihre Anlagen zum allergrößten Teile zu amortisieren. Wieso kam es aber, daß dieser Kategorie von Industriellen im Kartellverbande eine so außerordentlich bevorzugte Stellung eingeräumt wurde und selbstverständlich eingeräumt werden mußte? Dies erklärt sich einfach daraus, daß die Raffineure, weil sie das Finalprodukt herstellten und daher unmittelbar mit dem Konsumenten in Verbindung traten, sozusagen die Rolle des Steuereinnehmers für den gesamten Kartellverband spielten und daher bei der Verteilung der Kartellerrungenschaften die Vorhand hatten. Ohne das Mittun der Raffineure hätte die Ausbeutung der Konsumenten zu Kartellzwecken niemals auch nur annähernd in gleichem Umfange stattfinden können, und darum mußte man sich damit zufrieden geben, daß dieser Kategorie der Verbandsmitglieder der größte Gewinnanteil in den Schoß fiel, obwohl, wie erwähnt, die volkswirtschaftlichen Leistungen der Raffineurgruppe im

Rahmen der drei Produktionsstadien des Rübenzuckers im umgekehrten Verhältnisse zur Größe ihres Gewinnanteiles standen.

Diese Betrachtung allein müßte genügen, um das Urteil zu begründen, daß — wenigstens im Rahmen einer der praktischen Gesetzgebungsarbeit gewidmeten Untersuchung — gegenüber Kartellen, die direkt für den Konsum bestimmte, genußreife Produkte herstellen, die Methode subtiler Abwägung der Vor- und Nachteile, der Schranken und Antriebe der von den Kartellen geübten Preispolitik zurücktreten müsse hinter der Feststellung der Tatsache, daß die Konsumenten einem selbst als Beutepolitik zu qualifizierenden Vorgehen dieser Kategorie von Kartellen nahezu machtlos gegenüberstehen und daher Einrichtungen öffentlicher Art erforderlich sind, um zu einer rechtzeitigen Erkenntnis solcher Übelstände und auf dem Wege der öffentlichen Kritik möglicherweise! zu ihrer Remedur zu gelangen.

Immerhin anders liegen die Verhältnisse bei jenen Industrien, welche Rohstoffe und Halbfabrikate erzeugen und daher wiederum Produzenten als Abnehmern gegenüberstehen. Hier würde eine Preispolitik, welche das Monopol voll auszunützen bestrebt wäre, von den Abnehmern einerseits vermöge ihrer wirtschaftlichen Bildung, andererseits deshalb, weil für sie als Produzenten bereits kleinere Preisunterschiede merkbar werden und ins Gewicht fallen, raschestens erkannt und könnte unter Umständen auch wirksam bekämpft werden. Es können sich Gegenkartelle der Abnehmer bilden, es können insbesondere aus den Mitteln der Abnehmerverbände Konkurrenzunternehmungen errichtet werden, es steht mitunter in der Hand selbst einzelner größerer Abnehmer, sich von dem Kartelle vollständig unabhängig zu machen, indem sie zur Deckung des eigenen Bedarfes an den kartellierten Artikeln selbständige Betriebe errichten oder erwerben. Der Gegenorganisation der Abnehmer gelingt es mitunter, das Kartell ihrer Vorgänger im Produktionsprozesse zu sprengen, indem einer oder mehrere derselben durch die Zusicherung, daß man ihnen die Lieferungen übertragen werde, veranlaßt werden, aus dem Kartelle auszuscheiden. Den durch die Preispolitik eines Kartells bedrohten Produzenten steht ferner ihre genauere Kenntnis der Bezugsverhältnisse, der Marktlage, der Zoll- und Frachttarife zu Gebote, um einer übertriebenen Preispolitik, sofern es nur irgend möglich ist, durch Import aus dem Auslande wirksam zu begegneu. Sie sind in der Lage, Surrogate in Anwendung zu bringen oder auch ihren Betrieb zeitweise mit erhöhter Intensität solchen Artikeln zuzuwenden, welche durch die übertriebene Preispolitik des Kartells nicht bedroht werden und dadurch das Kartell zeitweilig lahm zu legen. Alle diese Methoden der Abwehr sind von Produzenten, die durch Produzentenkartelle über Gebühr bedrückt wurden, tatsächlich und teilweise mit Erfolg angewendet worden: das Moment der Wehrlosigkeit, welches das Postulat staatlicher Kontrolle bei der oben behandelten Art von Kartellen rechtfertigt, würde daher hier nicht ausreichen, um eine praktische Schlußfolgerung gleicher Art zu begründen.

Allein bei dieser Art von Industrien muß ein anderes Moment in Betracht gezogen werden, dessen Bedeutung uns vielleicht zur gleichen Schlußfolgerung gelangen läßt. Die Wirkung, welche von einer volkswirtschaftlich ungesunden Kartellpolitik solcher Industrien ausgeht, ist nämlich nicht beschränkt darauf, daß der Gewinn der Abnehmerindustrien reduziert wird, diese Wirkung ist vielmehr eine beträchtlich weitergehende, und zwar mitunter solcher Art, daß wichtige volkswirtschaftliche und nationale Interessen berührt werden. Wenn eine ungesunde Preispolitik von Kartellen, die genußreife Produkte herstellen, die Konsumtionsfähigkeit der Bevölkerung beeinträchtigt, so führt andererseits eine ungesunde Preispolitik von Kartellen, welche Rohstoffe oder Halbfabrikate erzeugen, zu einem vielleicht noch weiter gehenden Übel: zur Beeinträchtigung der Produktionsfähigkeit des Landes. Wenn daher die österreichischen Maschinenfabriken klagen, daß sie mit ihren Produkten, die in Bezug auf technische Leistungsfähigkeit und Qualität sich auf dem Weltmarkte neben den Produkten der ausländischen Konkurrenz würdig behaupten könnten, im Auslande nicht konkurrieren können, weil ihnen durch die Politik des österreichischen Eisenkartells das Rohmaterial verteuert werde; wenn durch die Verschiedenheit der Preise, die mächtige deutsche Rohstoff-Kartelle für Inlands- und Auslandsware forderten, gleiche Rückwirkungen auch auf wichtige deutsche Industrien konstatiert werden konnten; ja, wenn der ausländische Fabrikant imstande ist, den inländischen Produzenten auf dem Weltmarkte sozusagen mit unfreiwilligen Subsidien des letzteren wirksam zu bekämpfen, indem ein Teil des im Inlande für Rohstoffe festgesetzten Kartellaufschlages ihm in der Form billigerer Preise zugewendet wird — so sind diese Einflüsse des Kartellwesens auf die Dauer als noch verderblicher für die Volkswirtschaft zu qualifizieren, als selbst die Auswüchse der Preispolitik der für die Konsumtion produzierenden Unternehmerverbände. Es mag ja richtig sein, daß dort, wo durch anderweitige Momente, zum Teil auch politischer Natur, die industrielle Entwickelung in den letzten Jahrzehnten einen so gewaltigen Aufschwung nahm wie in Deutschland, diese auch dort konstatierten und beklagten Rückwirkungen der Kartellpolitik der Rohstoff- und Halbfabrikatkartelle an Bedeutung zurücktraten hinter den die Entwickelung der Industrie günstig beeinflussenden Faktoren. In Österreich jedoch ist zweifellos die schwierige Lage und das Zurückbleiben wichtiger Industrien auf eine solche Kartellpolitik zurückzuführen, die nicht, wie in Deutschland, durch außerordentliche fördernde Umstände allgemeiner Natur paralysiert wurde. Unter allen Umständen ist es ein paradoxes Verhältnis, das zum Nachdenken und zur Kritik auffordert: daß, während die Kartelle sich entwickeln und häufig nur entwickeln können unter der Flagge einer Schutzzollpolitik, die als Rechtfertigung den Listschen Satz anruft, daß die Entwickelung der produktiven Kräfte der Nation die Opfer aufwiege, welche der Konsumtion durch den Schutzzoll auferlegt werden: gerade die Politik der Kartelle selbst in ihrer eben geschilderten Gestalt darauf hinausläuft und tatsächlich die Wirkung hat, die Entwickelung der Produktivkräfte der nationalen Volkswirtschaft zu verhindern oder einzudämmen. Freilich muß eine solche Kartellpolitik, wie sich dies beispielsweise jetzt in Österreich bei den Beratungen der industriellen Körperschaften über die Erneuerung der Handelsverträge zeigt, wo vielfache und berechtigte Klagen über eine solche Preispolitik der Rohstoffkartelle laut werden, mit der Zeit dahin führen, daß die Kartelle den Zweig abschneiden, auf dem ihre Industrien sitzen. Aber damit hat es vorläufig noch seine guten Wege, und speziell in Ländern von geringerem Unternehmungsgeiste, mit härterem Steuerdrucke, wie z. B. in Österreich, können die Schäden dieser Politik der Rohstoffkartelle kaum hoch genug angeschlagen werden.

Als ein anderes bedenkliches Moment, daß die Preispolitik der Rohstoff- und Halbfabrikatkartelle in ein ungünstiges Licht rückt, will mir ihre Einwirkung auf den Verlauf industrieller Konjunkturen erscheinen. In dieser Hinsicht werden uns, wie bereits erwähnt, die vom Vereine für Sozialpolitik angestellten Untersuchungen über die Ursachen der letzten deutschen Krise hoffentlich wertvolles Material liefern. So viel aber erhellt schon aus den über diese Frage in der deutschen Presse abgeführten Diskussionen, daß die großen deutschen Rohstoffkartelle durch periodisch von ihnen vollzogene Preiserhöhungen ihre Abnehmer veranlaßten, große Abschlüsse zu machen und sich für längere Zeit mit beträchtlichen Quanten von Roh- und Hilfsmaterial zu versehen, um der Gefahr dieser stetig wiederkehrenden Preiserhöhung, die ihren Kalkulationen den Boden entzog, entrückt zu sein. Es ist kein Zweifel, daß hierdurch eine starke Festlegung der flüssigen Mittel der deutschen Industriellen und eine Überspannung des Betriebskredites veranlaßt wurde, und daß diese Illiquidität den Ausbruch der Krise beschleunigt und deren Ausbreitung und Verlauf ungünstig beeinflußt hat. Der Verlauf der einmal ausgebrochenen

Krise wurde dann noch weiter verschärft dadurch, daß die Kartelle ihre Abnehmer von den übergroßen Übernahmeverpflichtungen zu entbinden, sich vielfach weigerten, sowie, daß ihre Politik dahin ging, angesichts der starken Einschränkung des Bedarfes nicht etwa durch Herabsetzung der Preise den Absatz zu beleben, wodurch die Krise eine Milderung erfahren hätte, sondern vielmehr die Produktion einzuschränken und ihre Preise auf einem möglichst hohen Niveau zu halten. Der Vorzug, der den Kartellen oft nachgerühmt wird, daß sie die Preise stabilisieren und hierdurch auch den Abnehmer in den Stand setzen, seine Produktionskostenberechnung für einen längeren Zeitraum in zutreffender Weise anzustellen, war sicherlich nicht der Preispolitik der großen deutschen Rohstoffverbände während der aufsteigenden Konjunktur zuzubilligen; wohl kam aber dieses Stabilitätsbestreben zur Geltung, als die Hochkonjunktur von einer Krise abgelöst war, so daß man auf diese Entwickelung den Satz anwenden kann, der eine sehr herbe Kritik der Kartelle überhaupt enthält, daß sie nämlich nur bei ungünstigen Konjunkturen eine gewisse Preisstabilität eintreten lassen, die Gewinnmöglichkeiten günstiger Konjunkturen jedoch voll und ganz in ihrem Interesse ausnützen.

Ich stehe jedoch nicht an, zu erklären, daß mir als das für die ökonomische Kritik der Kartelle entscheidende Moment die Einwirkung der Kartellbewegung auf die Lage der arbeitenden Klassen, insbesondere der industriellen Arbeiterschaft, erscheint. Das Kartellwesen und die Kartellpolitik berühren die Arbeiterschaft sowohl in der Sphäre der Konsumtion, als auch in jener der Produktion am intensivsten, da diese Klasse der Bevölkerung einerseits den Hauptstock von Abnehmern der Produkte der auf die Massenerzeugung gerichteten Industrien darstellt und andererseits sowohl in ihrem Einkommen als auch in ihrer sozialen Bewegungsfreiheit von der Politik der Kartelle abhängt. Daß in der Klasse der Lohnarbeiter die Landarbeiterschaft, die zu einem erheblichen Teile Naturallöhnung bezieht und deren Arbeitgeber, von landwirtschaftlichen Nebenindustrien abgesehen, kaum zu einem Kartellverbande zusammentreten können, in Hinsicht auf das Kartellproblem an Bedeutung hinter die industrielle Arbeiterschaft außerordentlich zurücktritt, bedarf wohl keines Nachweises. Mit dem industriellen Arbeiter ist wohl auch die breite Schicht der auf ein mittleres oder kleines fixes Geldeinkommen angewiesenen Beamtenschaft in ihrer Lebenshaltung von der Preispolitik der, genußreife Produkte herstellenden Industriekartelle in hohem Maße abhängig. Bei der industriellen Arbeiterschaft tritt aber noch hinzu, daß auch die Größe und Entwickelungsfähigkeit ihres Einkommens und endlich ihre soziale Freiheit von der Politik der Kartelle mitbestimmt wird. Es darf also wohl gesagt werden, daß eine fortschreitende Prüfung und Erkenntnis dieser Seite des Problems in Zukunft immer größeren Einfluß auf die Auffassung und Beurteilung der ganzen Frage üben wird.

Den Kartellen gegenüber darf es als das berechtigte Interesse der arbeitenden Klassen bezeichnet werden, daß ihnen in Gestalt erhöhter Löhne ein Teil des Kartellnutzens zufalle und die Kartellpolitik auf eine relative Stabilität der Konjunktur hinwirke, die auch ihnen in der Form dauernder Beschäftigung zu gute kommen könne. Die Arbeiter müssen endlich vor der Gefahr geschützt werden, daß der enge Zusammenschluß der Unternehmer zu Produktionszwecken nicht auch den Charakter eines geschlossenen Herrschaftsverbandes gegenüber den Arbeitern annehme. Von diesen drei Postulaten ist die Erfüllung des zweiten durchaus bedingt von der Rückwirkung des Kartellverbandes auf die Lage der betreffenden Industrie selbst; die Interessen der kartellierten Unternehmer sind, in dieser Hinsicht wenigstens den Interessen der in ihren Betrieben beschäftigten Lohnarbeiter nicht entgegengesetzt. Was hingegen das erste und das dritte Postulat betrifft, so ist die Erreichbarkeit des ersten im wesentlichen abhängig von der Verwirklichung des dritten, da die Arbeiter nur dann auf einen Anteil am Kartellgewinne in Form erhöhter Löhne werden rechnen können, wenn ihre Unabhängigkeit durch den Kartellverband der Unternehmer nicht wirksam beeinträchtigt werden kann. Es reduziert sich als praktisch das Problem im wesentlichen auf die Frage, ob einerseits durch den Zusammenschluß der Unternehmer zum Kartelle die Koalitionsfreiheit der Arbeiter eine Einschränkung erfahre, und ob die Kartellpolitik andererseits dahin führe, daß die Zahl der in die industrielle Reservearmee hinausgestoßenen Arbeiter sich erhöhe und etwa dadurch die Wirkung der Koalitionsfreiheit der Lohnarbeiter praktisch aufgehoben werde.

Die Form der Kartellierung wird zunächst nach beiden Richtungen von Bedeutung sein. Je enger der Zusammenschluß der Unternehmer ist, desto stärker ist ihre Fähigkeit und damit allerdings gewöhnlich auch ihre Tendenz, die Koalitionsfreiheit der Arbeiter einzuschränken, desto größer ist aber auch die Gefahr, daß die Erreichung des Kartellzwecks durch Auflassung einzelner minder gutgelegener oder technisch schlechter ausgerüsteten Betriebe angestrebt und die Zahl der Arbeitslosen vermehrt werde. Vereinigungen so enger Art, wie sie durch Fusionen im allgemeinen und insbesondere durch die amerikanischen Trusts dargestellt werden, involvieren daher nach beiden Richtungen hin eine keineswegs zu unterschätzende Gefährdung der Arbeiterinteressen. Verwirklicht haben sich in Amerika diese Befürchtungen allerdings im wesentlichen nur insoweit, als es sich um die Koalitionsfreiheit der Arbeiter handelt. Die Leiter mancher amerikanischen Trusts, z. B. der American Steel and Wire Company, haben unumwunden erklärt, daß sie die Organisationen der Arbeiter nicht anerkennen und mit den Arbeitern nur als Individuen verkehren. Ich brauche wohl auch nur auf den noch in Erinnerung stehenden großen Stahlarbeiterausstand des vorigen Jahres zu verweisen, der auf Grund ähnlicher Streitfragen ausgebrochen ist und mit einer Niederlage der Arbeiter endigte. Andere amerikanische Trusts, wie z. B. die American Tin Plate Company, die American Steel Hoop Company, haben jedoch das Koalitionsrecht der Arbeiter und die Legitimation ihrer Verbände, im Namen der Arbeiter auf die Feststellung der Bedingungen des Arbeitsvertrages Einfluß zu nehmen anerkannt. Ja, es ist sogar von manchen Führern der Trade unions, wie z. B. von Samuel Gompers, dem Präsident der amerikanischen Federation of Labor, der Ansicht Ausdruck gegeben worden, daß es möglich sein werde, die Organisationen der Arbeiter derart zu verbessern und auszugestalten, daß sie mit den Verbänden des Kapitals rivalisieren und mit denselben in nicht zu ferner Zukunft von Macht zu Macht würden verhandeln können. Allerdings haben diese Streitfragen bis auf den erwähnten großen Ausstand bisher aus dem Grunde noch nicht zu großen und entscheidenden Kämpfen geführt, weil die Lohnpolitik der neueren amerikanischen Trusts eine für den Arbeiter im ganzen günstige ist, einerseits dank der, nur durch vorübergehende Rückschläge unterbrochenen, überwiegend günstigen Konjunktur, andererseits aber auch aus dem Grunde, weil die Leiter der amerikanischen Trusts der Ansicht huldigen, daß es leichter sei und geringere Widerstände hervorrufe, den Unternehmergewinn auf Kosten der Konsumenten als auf Kosten der Lohnarbeiter zu erhöhen. Freilich sind infolge der Schließung von rückständigen Betrieben Arbeiterentlassungen in höherem Maße vorgekommen; und wenn dieselben bisher nicht zu einer starken Gegenströmung in den Arbeiterkreisen gegen die Trusts geführt haben, so liegt das daran, daß die überflüssig gewordenen Arbeiter dank der günstigen Konjunktur in anderen Zweigen Beschäftigung finden konnten[18]).

In Mitteleuropa, speziell in Deutschland und Österreich liegt das Problem einigermaßen anders. Die Kartellbewegung hat bisher nur zu Verbänden geführt, welche ungleich lockerer sind, als die amerikanischen Trusts. Eine Schließung von Betrieben wegen technischer Rückständigkeit ist in größerem Umfange wohl nur in der Montanindustrie zu verzeichnen

---

[18]) Vgl. hierzu Jenks, Ch 9, „The Trusts and Wages".

gewesen, nnd zwar bei solchen Zechen, die auch ohne den Zusammenschluß zu Kartellen hätten über kurz oder lang aufgelassen werden müssen und von dem Kartellverbande nur unter günstigeren Bedingungen für den Unternehmer außer Betrieb gesetzt wurden. Was die Koalitionsfreiheit der Arbeiter betrifft, so fällt hier ins Gewicht, daß die Kartellbewegung in ihr extensives und fruchtbarstes Stadium eigentlich erst zu Beginn des vorigen Jahrzehntes getreten ist, also in einer Zeit, in der das soziale Bewußtsein in Deutschland bereits erstarkt war und die politische Macht der Arbeiterschaft eine solche Höhe erreicht hatte, daß die Betätigung etwaiger Unternehmertendenzen nach dieser Richtung außerordentlich starke Gegenströmungen der öffentlichen Meinung provoziert hätte. In Österreich ist es allerdings um diese Verhältnisse nicht so günstig bestellt. Alles in allem muß man jedoch sein Urteil dahin abgaben, daß die Kartellbewegung in Deutschland und auch in Österreich bisher es eher vermieden hat, der Koalitionsfreiheit der Arbeiter entgegenzutreten, und daß Auswüchse, wie die Anlegung schwarzer Listen oder Aussperrungen, um Arbeiterverbände zu sprengen, nicht gerade zu den häufigen und charakteristischen Erscheinungen der Entwickelung des Kartellwesens gehören. Nichtsdestoweniger jedoch repräsentiert das Wachstum der Kartellbewegung in dieser Richtung eine Gefahr für die Arbeiterschaft, welche zumindest das Postulat rechtfertigt, daß die Gesetzgebung und Verwaltung das Koalitionsrecht und die Koalitonsfreiheit der Lohnarbeiter rückhaltslos und in vollstem Maße anerkennen.

Denn unter allen Umständen gestaltet sich ja der Lohnkampf der Arbeiter kartellierten Unternehmern gegenüber erheblich schwieriger, als konkurrierenden. Namentlich dort, wo der Kartellverband in der Weise organisiert ist, daß ein Einschränkung des Produktionsumfanges nicht gleichbedeutend wird mit einer Verringerung des Unternehmergewinnes oder doch nicht der letzteren proportional ist, wie dies bei manchen Kontingentierungsformen der Fall, versagt in der Regel ein wichtiges, den Arbeitern im Lohnkampfe zur Seite stehendes Motiv des Unternehmers, nämlich die Befürchtung, daß der konkurrierende Unternehmer den Streik benutzen werde, um durch Einstellung von Arbeitern seine Produktion zu erhöhen, seine Produktionskosten zu verringern[19]) und einen Teil des Absatzes seines Konkurrenten an sich zu ziehen.

Auch bei solchen Kartellen, denen die Vereinbarung zugrunde liegt, daß ein Zurückbleiben der Produktion oder des Absatzes hinter der kartellmäßig zugebilligten Quote in einer späteren Produktionsperiode

---

[19]) Vgl. Pohle a. a. O. S. 114.

nachgeholt werden könne, ist die Stellung der Arbeiter im Lohnkampfe eine ungünstige, sofern nicht die gesamte einer kartellierten Industrie angehörige Arbeiterschaft gleichzeitig in den Streik eintritt. Ganz machtlos aber steht die Arbeiterschaft in der Regel den von Kartell wegen verfügten zeitweiligen Betriebseinschränkungen durch Einlegung von Ruheschichten, Stillstellung von Webstühlen usw. gegenüber. Wenn derartige Restriktionen ihren Grund darin finden, daß es gilt, eine krisenhafte Überproduktion zu beseitigen, so ist ja dieser Weg der partiellen Einschränkung der Produktion ein für die gesamte Arbeiterschaft in der Regel günstigerer, als eine Politik, die auf dem Wege steter Steigerung der Produktion zur Verschärfung der Krisis und zur dauernden Entlassung einer großen Zahl von Arbeitern führen würde. Nicht so steht es aber, wenn die partielle Einschränkung des Betriebes zu dem Zwecke verfügt wird, um die Preise und damit den Gewinn zu erhöhen, nicht aber um den Ausbruch einer Krise zu verhindern. In diesem Falle bewirkt die Kartellpolitik eine in den wirtschaftlichen Verhältnissen nicht gerechtfertigte Herabsetzung der Löhne, wogegen die Arbeiter wehrlos sind, da sie durch einen Streik, der ihnen einen Anteil am erhöhten Gewinne der Unternehmer sichern soll, nur das Bestreben der Unternehmer unterstützen, aber ihre Ziele nicht erreichen könnten.

Alles in allem ist jedoch die Kartellbewegung bisher von den Vertretern und Wortführern der Arbeiterschaft, sowie von angesehenen Sozialpolitikern, insbesondere Brentano, als den Interessen der Arbeiter nicht abträglich beurteilt worden. Bei den Arbeitern in Deutschland spielt wohl hierbei das den deutschen Organisationen innewohnende Kraftbewußtsein mit, um die Schattenseiten der Kartellbewegung in ihrem Bewußtsein zurücktreten zu lassen. Gewisse Ausschreitungen der genußreife Produkte herstellenden Industriekartelle, namentlich des Zuckerkartells, haben jedoch in der jüngsten Zeit einen gewissen Umschwung in der Stimmung herbeigeführt, ebenso wie die durch die Arbeiterentlassungen seit dem Ausbruch der letzten deutschen Krise vermittelte Erkenntnis, daß die Stabilität der Beschäftigung, welche durch das Kartellwesen verbürgt werden soll, in den Zeiten niedergehender Konjunkturen sich als eine Chimäre erweist. Wenn nun aber die Kartelle auf die materielle Lage der Arbeiterschaft nicht den erwarteten günstigen Einfluß ausüben, so muß um so mehr das Ziel im Auge behalten werden, daß die erst durch die Organisation der Arbeiter zu erzielende wirkliche Freiheit des Arbeitsvertrages, die Gleichberechtigung von Unternehmern und Lohnarbeitern bei der Festsetzung der Arbeitsbedingungen, nicht durch eine Feudalisierung des Arbeitsverhältnisses beeinträchtigt werde. Dieselbe bereits als eine ins Leben getretene Erscheinung anzusprechen, würde allerdings für Deutschland ebenso wenig den Verhältnissen entsprechen, wie andererseits die in den Kartellen liegende latente Gefahr einer Beeinträchtigung der Freiheit des Arbeiters abgeleugnet werden kann; letzteres hieße, sich die Augen davor verschließen, daß der Arbeiter, der heute in einer eng kartellierten Industrie durch Differenzen mit seinen Arbeitsgebern veranlaßt wird, sein Arbeitsverhältnis aufzugeben, in beträchtlich höherem Maß als sonst der Gefahr ausgesetzt ist, in seinem Berufszweig überhaupt keine Beschäftigung mehr zu finden, — einer Gefahr, die für den Arbeiter um so schwerer ins Gewicht fällt, je höher qualifiziert seine Arbeit ist, je höhere Vorbildung sie bedingt, je wertvoller also seine Arbeitskraft für die Volkswirtschaft ist.

Das Ergebnis der ökonomischen Kritik des Kartellwesens, die ich in ihren Hauptzügen zu unternehmen versuchte, läßt sich wohl dahin zusammenfassen, daß wir es mit einer das wirtschaftliche Leben überaus tief beeinflussenden Erscheinung zu tun haben, deren Wirkungen jedoch weder in dem Maße erforscht, noch so einheitlicher Natur sind, daß man zu dem Schlusse gelangen könnte, die Kartelle forderten eine bestimmte positive Einwirkung, z. B. eine direkte Repression seitens der Staatsgewalt heraus. Wohl aber rechtfertigt diese Erkenntnis die Forderung, daß der Staatsgewalt die Möglichkeit gegeben werde, das Auftreten, die Gebarung und die Wirkungen der Unternehmerverbände einer genauen und zuverlässigeren Kontrolle zu unterwerfen, als dies der wissenschaftlichen Forschung und der öffentlichen Presse, die sich bisher mit diesem Probleme fast ausschließlich beschäftigt haben, möglich ist. Das Gewicht der gegen eine Repression gerichteten Argumentation wird in ansehnlichem Maße dadurch verstärkt, daß die Erscheinungen, die wir, weil sie bei den Kartellen am häufigsten und am intensivsten auftreten, als Wirkungen der Kartelle anzusprechen gewöhnt sind, zum großen Teile nichts anderes sind, als Wirkungen von Entwicklungstendenzen, die durch unsere Wirtschaftsordnung und -Verfassung ohnehin gegeben sind, namentlich der Tendenz des Kapitals, sich zu akkumulieren, auf seine Konzentration in immer größeren Betrieben hinzuwirken. Ich habe bereits vor einigen Jahren bei Besprechung des österr. Kartellgesetzentwurfes hervorgehoben, daß durch diesen engen Zusammenhang der Wirkungen und Tendenzen der Kartellentwicklung mit den, der kapitalistischen Wirtschaftsverfassung und Produktionsordnung überhaupt eigentümlichen Merkmalen, für eine Kartellgesetzgebung, wenn sie mit Grundsätzen unserer Wirtschaftsordnung nicht in Konflikt geraten will, an und für sich eine unübersteigliche Schranke gezogen sei. Es sei mir gestattet, meine damaligen Ausführungen[20]) hier in abgekürzter Form wiederzugeben, da sich auch mein Korreferent, Herr Prof. Waentig, in seinem Gutachten dem, diesen Ausführungen zu Grunde liegenden Hauptgedanken angeschlossen hat. Die Konzentrationstendenz des Kapitals gehört vor allem hierher; sie ist bekanntlich eines jener Momente, welches die Evolution unserer Volkswirtschaft am stärksten beeinflussen. Es hat äußerlich den Anschein, als ob diese Tendenz durch die Kartellbewegung abgeschwächt werden würde, indem bei den Kartellen wohl die Interessen mehrerer Unternehmer in einem Komplex zusammenrinnen, aber die formale, wirtschaftliche und juristische Selbständigkeit der einzelnen Unternehmer aufrecht bleibt, während sonst die Konzentrationstendenz zum vollständigen Aufgehen mehrerer Betriebe in einem Unternehmen führt.

Ist jedoch in der Wirkungsweise der wirtschaftlichen Kraftzentren der einen und der andern Art ein wesentlicher Unterschied zu finden? So lange sie bestehen, meines Erachtens nicht. Ein Trust mag seine Aufgabe darin sehen, die „Outsiders" rücksichtslos niederzuschlagen und die Konsumenten auszubeuten; er handelt wie ein übermächtiger, von rein ökonomischen Erwägungen geleiteter Einzelunternehmer. Oder das Kartell mag in seinen Teilnehmern das Streben nach technischer Vervollkommnung und ökonomischem Fortschritt ersticken, den Unternehmergewinn zu einer „Unternehmerrente versteinern": es verfolgt die bekannte Politik mächtig und lässig gewordener, gesättigter oder „patrizischer" Großbetriebe. Wesentlich ist bloß, daß das Kartell jene wirtschaftliche Machtfülle, von deren Höhe aus solch unsoziales und unwirtschaftliches Verhalten durchführbar ist, rascher und nach Überwindung geringerer Widerstände erreicht als das Einzelunternehmen. Das Wachstum des Riesenunternehmens ist ein organisches, die Bildung des Riesenkartells ein Elementarereignis. Indem die freie Konkurrenz der Unternehmer sich im Kartelle selbst aufhebt, beschleunigt sie somit die sozialen und wirtschaftlichen Wirkungen des Konzentrationsprozesses des Kapitals: freilich nicht des Kapitals als Quelle arbeitslosen Einkommens, denn in dieser Funktion bleibt es im Kartelle verteilt, wohl aber des Kapitals als wirtschaftlichen Machtfaktors. Wenn man den Kartellen den Vorzug nachrühmt, daß sie die Planmäßigkeit der Produktion befördern und Absatzkrisen hintanhalten oder abschwächen: würde nicht auch das Einzelunternehmen, welchem es gelungen wäre, das faktische Monopol an sich zu reißen, aufs planmäßigste produzieren und der Sphinx Konjunktur einige ihrer schwierigsten Rätsel entwunden haben? In Verlaufe, in

[20]) Meine Abhandlung in Grünhuts Zeitschrift XXVI. Bd. S. 576 ff.

der Dauer, in der Intensität des Prozesses sind die entscheidenden Momente der Differenzierung gegeben; nicht in dem Produkte des einen und andern Prozesses. Es ist in der Logik der Tatsachen begründet, daß ein Einzelunternehmen, welches ein faktisches Monopol erlangt hat, um so viel schwerer und langsamer überwunden, ein Kartell dagegen um so viel leichter und rascher gesprengt werden kann, als eben das eine und das andre gewachsen, bezw. entstanden ist. Sollte ein differenzierendes Moment in der Tatsache mehrerer gleichberechtigter Unternehmerwillen im Kartell gegeben sein, welche sich nur in einer beschränkten Sphäre ihres Selbstbestimmungsrechtes entäußert hätten? Levy v. Halle in seiner Schilderung der nordamerikanischen Unternehmerverbände berichtet[21]), daß als einer der mächtigsten dieser Verbände durch die Antitrustgesetzgebung genötigt worden war, sich in eine Korporation umzuwandeln, dieser formal so wichtige Schritt den Beteiligten kaum zu Bewußtsein gekommen sei; sonder Zweifel ebensowenig der Konkurrenz und den Konsumenten. Daß in Kartellen, abweichend von dem Einzelunternehmen, mehrere Unternehmerwillen zusammenwirken, ohne potentiell ihre Selbständigkeit aufzugeben, ist gewiß an sich eine soziale Tatsache von der größten Bedeutung; sie verschlägt jedoch wenig für die spezifische Wirkung des Kartells. Nur so lange ein einheitlicher Wille den Kapitalkomplex beherrscht, besteht das Einzelunternehmen, besteht eben auch das Kartell und äußern beide ihre Wirkungen.

Ebensowenig fällt auf die Frage, wie einzelne Kartelle oder Kategorien von Kartellen wirken, Licht aus der Tatsache der genossenschaftlichen Natur der Kartelle, sondern vielmehr bloß aus der durch nationale Verschiedenheit, Tradition oder technische Verhältnisse bedingten Eigenart der betreffenden Unternehmergruppen. Das nordamerikanische Unternehmertum ist charakterisiert durch höchst energische Ausnutzung aller technischen Fortschritte, rücksichtslose Bekämpfung der Konkurrenten und Ausbeutung der Konsumenten; im Vergleich damit erscheint der österreichische Unternehmer konservativer in der Produktionstechnik, zurückhaltender im wirtschaftlichen Kampfe. Dem entsprechend trifft von zwei Haupteinwänden, welche gegen die Kartelle erhoben werden: sie ermöglichten eine schrankenlose Ausbeutung der Konsumenten und sie führten zur Erstarrung der Produktionstechnik und Verwandlung des Unternehmergewinns in eine Unternehmerrente, der erste für die amerikanischen, der letztere in weit höherem Maße für die österreichischen Kartelle zu.

---

[21]) Schriften des Vereins für Sozialpolitik, Bd. LX, S. 174.

Die Wirkung der Kartelle kritisieren ist daher in einem gewissen Maße gleichbedeutend damit, unsere Gesellschaftsordnung und Produktionsweise zur Kritik zu stellen, welche ermöglicht, ja bewirkt, daß ein einheitlicher Unternehmerwille sich eine virtuell unbegrenzte Fülle von Produktionsmitteln unterwerfe. Eine Gesetzgebung, welche sich zur Aufgabe stellen würde, die Wirkungen der Kartelle auf dem Rechtsgebiete unmittelbar durch Repression zu bekämpfen, würde daher erfolglos sein; sie würde entweder, übers Ziel hinausschießend, mit dem durch diese Gesellschaftsordnung bestimmten allgemeinen Rechtsbewußtsein nicht im Einklange bleiben oder aber der Macht der Tatsachen nicht gewachsen sein. Dies gilt nicht bloß von dem „starren" Apparat der Zivil- und Strafgesetzgebung, sondern auch von einer Verwaltungsgesetzgebung, die auf Repression gerichtet wäre. Die Aufgabe und das Problem der Gesetzgebung liegen in einer anderen Richtung. Hierfür kommt allerdings in Betracht, daß die Kartelle Produkte organisatorischen Schaffens sind. Als solche, als Produkte einer neuartige Zwecke verfolgenden, mit neuartigen Mitteln operierenden assoziativen Gestaltungstendenz, die sich wesentlich, in Zweck und Mitteln, von den bisherigen Assoziationsformen unterscheiden, haben sie Anspruch darauf, die rechtsetzende Funktion des Staates auszulösen, welcher die Norm dafür aufzustellen haben wird, ob und unter welchen Voraussetzungen er diesen Organisationsformen Rechtsexistenz zuerkenne oder verweigere. **Der Inhalt dieser Gesetzgebung wird durch die Erkenntnis bestimmt sein müssen, daß die Kartelle in der oben dargestellten Weise die Reibungswiderstände beseitigen oder abschwächen, welche der Tendenz des Kapitals, sich unter einem einheitlichen Unternehmerwillen zu wirtschaftlichen Kraftcentren zu akkumulieren, entgegenwirken.** Die Kartellgesetzgebung muß dem Staate die Möglichkeit bieten, diesen Entwicklungsprozeß in allen seinen Stadien und Äußerungen **mit zulänglichen Mitteln zu erkennen und festzustellen**, damit er demselben in zweckmäßiger und zielbewußter Weise seine Wirtschaftspolitik anpassen könne. Das Aufsichtsrecht des Staates wirksam festzustellen, stellt sich mir als die Aufgabe κατ' ἐξοχήν der Kartellgesetzgebung dar. Daran schließe sich die Kartellpolitik des Staates, welche zusammenfallen wird mit all jenen Äußerungen seiner Finanz- und Wirtschaftspolitik, welche gegen die Akkumulierungstendenz des Kapitals überhaupt gerichtet sind; eine gerechte Steuerpolitik, eine Handelspolitik, welche das Produktionsinteresse nicht einseitig begünstigt, eine die Unternehmertätigkeit nicht an leblose Formen bindende Gewerbepolitik, eine Zivilrechtspolitik, welche das wirtschaftliche Assoziationswesen zweckmäßig fördert; als

Schlußstein einer Sozialpolitik, welche die Konsumtionskraft der arbeitenden Klassen zu steigern den aufrichtigen Willen und die Macht besitzt.

V.

Der Rechtszustand, der hinsichtlich des Kartellwesens in Europa besteht, ist als unbefriedigt zu bezeichnen. Wie bereits hervorgehoben, gründet es sich in einer Reihe von Ländern auf ein tolerari posse der Gesetzgebung und Staatsverwaltung, oder es steht der faktische Bestand der Kartelle sogar im Widerspruche mit dem geltenden Rechte — wie in Österreich — und die Kartelle fristen nicht bloß ihr Dasein, sondern erreichen sogar eine ansehnliche Blüte bloß unter der Ägide des Satzes „wo kein Kläger, da kein Richter". Menzel in seinem öfter zitierten Referate (S. 33 ff.) hat eine Übersicht über diesen Rechtszustand gegeben, die im wesentlichen noch heute zutreffend ist. Im Deutschen Reiche steht der Anerkennung der Rechtsverbindlichkeit des Kartellvertrages allerdings keine Rechtsnorm im Wege. Das Reichsstrafgesetz enthält keine auf die Koalitionen von Unternehmern oder Arbeitern bezüglichen Bestimmungen. Die von der deutschen Gewerbeordnung hinsichtlich von Verabredungen betreffend den Arbeitsvertrag aufgestellten Rechtsnormen lassen sich nicht analog auf solche Kartelle anwenden, welche nicht unter die Kategorie der gegen die Arbeiter gerichteten Kartelle fallen. Das bürgerliche Gesetzbuch für das Deutsche Reich erklärt zwar im § 138 ein Rechtsgeschäft, das gegen die guten Sitten verstößt, für nichtig, und eine gegen die guten Sitten verstoßende Handlung, wenn durch diese einem anderen vorsätzlich Schaden zugefügt wird, als ein Delikt (§ 826). Wie aber schon Menzel mit Recht bemerkt, ist, da die im ersten Entwurfe des B.G.B. enthaltene, gegen Verträge, welche wider die öffentliche Ordnung verstoßen, gerichtete Rechtsnorm beseitigt wurde, die Anwendbarkeit der Bestimmungen des B.G.B. auf Kartellverträge, Kartellbeschlüsse und Handlungen, die in Ausführung von Kartellbeschlüssen erfolgen, sehr fraglich. Für gänzlich unanwendbar halte ich sie trotzdem nicht. Kartellvereinbarungen und Kartellbeschlüsse von direkt wucherischem Charakter oder Handlungen, welche in Ausführung von Kartellbeschlüssen erfolgen, die in der nachweislichen Absicht gefaßt wurden, einen outsider zu Grunde zu richten, wären wohl auch als gegen die guten Sitten verstoßend, zu qualifizieren. Ich habe hierbei das bekannte Urteil des Reichsgerichtes vom 4. Februar 1897 in Angelegenheit des Kartells sächsischer Holzstofffabrikanten im Auge, das allerdings vor der Wirksamkeit des B.G.B. gefällt wurde und in dessen Begründung es heißt[22]): „Verträge der in Rede stehenden Art können somit vom Standpunkte des durch die Gewerbefreiheit geschützten allgemeinen Interesses nur dann beanstandet werden, wenn sich im einzelnen Fall aus besonderen Umständen Bedenken ergeben, namentlich, wenn es ersichtlich auf die Herbeiführung des tatsächlichen Monopols und wucherischer Ausbeutung der Konsumenten abgesehen ist, oder diese Folgen doch durch die getroffenen Vereinbarungen und Einrichtungen herbeigeführt werden." Diese Argumentation, die sich allerdings auf dem Prinzipe der Gewerbefreiheit aufbaut, könnte fraglos auch, insoweit es sich „um wucherische Ausbeutung von Konsumenten" handelt, aus dem Gesichtspunkte der Wahrung der guten Sitten geführt werden[22a]). Allein das Anwendungsgebiet dieses Rechtssatzes ist unter allen Umständen ein sehr enges. Der Begriff der guten Sitten deckt sich mit allgemeinen sozialen und ethischen Anschauungen eines bestimmten Zeitalters, die im wesentlichen von den herrschenden Gesellschaftsschichten bestimmt werden. Ein, wenn auch einmütiges Urteil dagegen, daß die Wissenschaft, also ein engerer oder weiterer Kreis von Fachmännern, über den nachteiligen Einfluß eines bestimmten ökonomischen Phänomens auf das öffentliche Wohl oder auf die Entwicklung der Volkswirtschaft fällen würde, könnte — trotz der hohen, der Wissenschaft zuerkannten Stellung — dennoch heute noch keineswegs als ohne weiteres die allgemeinen sozialen und ethischen Anschauungen bestimmend angesehen werden. Die zit. Bestimmungen des B.G.B könnten also höchstens den Gerichten die Möglichkeit bieten, gegen Kartellausschreitungen allerstärkster Art ein Warnungszeichen aufzurichten. Daß aber damit das Problem, das uns beschäftigt, seiner Lösung nicht näher gerückt wäre, steht wohl außer Frage. Aus einer Erklärung des Ministers Brefeld ging hervor, daß im preußischen Handelsministerium ein Kartellgesetz in Vorbereitung stand; es ist mir nicht bekannt, ob diese Intention von seinem Amtsnachfolger geteilt wird.

Österreich ist, wie schon Menzel (a. a. O. S. 35) hervorgehoben hat, „der einzige (europäische) Staat, der eine ausdrückliche unzweideutige Rechtsnorm über die zivilrechtliche Wirkung von Kartellvereinbarungen" erlassen hat. Dieselbe findet sich im Gesetze vom 7. April 1870 Nr. 43 R.G.Bl., dem sog. Koalitionsgesetze.

Durch § 1 dieses kurzen Gesetzes wurden die Bestimmungen des allgemeinen Strafgesetzes vom 27. Mai 1852, das u. a. Verabredungen

---

[22]) Vgl. die vom Bureau des österr. Industrie- und Landwirtschaftsrates (Vorstand Herr k. k. Sekr.-R. Dr. Karminski) verfaßten „Einleitenden Bemerkungen zur Beurteilung der in der Kartellfrage in Betracht kommenden Gesichtspunkte", k. k. Hof- und Staatsdruckerei.

[22a]) Vgl. 138 Abs. 2 B.G.B.

von Gewerbsleuten, um den Preis einer Ware zum Nachteile des Publikums zu erhöhen oder um Mangel zu verursachen, als Übertretungen bestrafte, aufgehoben. Dagegen bestimmt dieses Gesetz im § 4, daß Verabredungen von Gewerbsleuten zu dem Zweck, um den Preis einer Ware zum Nachteile des Publikums zu erhöhen, keine rechtliche Wirkung haben. — Die übrigen Bestimmungen dieses Gesetzes, die sich auf Koalitionen zum Zwecke der Festsetzung günstigerer Bedingungen des Arbeitsvertrages für Arbeitgeber oder Arbeitnehmer beziehen, können hier außer Betracht bleiben.

Menzel hatte in seinem Referate die zitierte Bestimmung des österr. Koalitionsgesetzes dahin ausgelegt, daß alle Kartellverabredungen durch dasselbe getroffen werden. Solche Verabredungen hätten demnach keine rechtliche Geltung. Es sei nicht bloß das Klagerecht aus derartigen Verträgen versagt, sondern der Richter habe die genannten Verträge als null und nichtig zu behandeln, wann immer er in die Lage komme, sich mit ihnen kraft seines Amtes zu beschäftigen (a. a. O. S. 37). Die zum Zwecke der Garantie erfolgten Verabredungen von Konventionalstrafen seien nichtig; die bestellten Sicherheiten könnten zurückgefordert werden. Menzel hat den Wortlaut des Gesetzes nach jeder Richtung hin extensiv interpretiert; unter Gewerbsleuten seien nach der Absicht des Gesetzgebers alle Unternehmer zu verstehen: alle Arten von Kartellvereinbarungen, ob sie nun direkt oder indirekt oder auch äußerlich gar nicht auf die Festsetzung der Preise Bezug nähmen, seien alle Vereinbarungen zu dem Zwecke, um den Preis einer Ware zum Nachteile des Publikums zu erhöhen, anzusehen. Endlich seien auch die Worte des Gesetzes „zum Nachteile des Publikums“ anwendbar bei jenen Kartellen, die nicht direkt genußreife Schlußprodukte, sondern Rohstoffe und Halbfabrikate erzeugen. — Diese extensive Interpretation des Koalitionsgesetzes ist von der österr. Judikatur in den seither zu ihrer Kognition gelangten Fällen acceptiert worden. Es sind im ganzen drei Entscheidungen höherer Instanzen bekannt geworden, von denen zwei vom obersten Gerichtshofe herrühren, während die dritte vom Oberlandesgerichte Wien gefällt und mangels Einlegung einer Revision rechtskräftig geworden ist. Es sind dies die Entscheidungen vom 20. Januar 1898 Z. 242, abgedruckt im Just.-Min.-Ver.-Bl. 1898 Nr. 1427 und in der Sammlung von Entscheidungen zum Handelsgesetzbuch von Adler und Friedländer unter Nr. 1987; ferner die Entscheidung vom 6. April 1899, abgedruckt im Just.-Min.-Ver.-Bl. Nr. 130, bei Adler und Friedländer unter Nr. 2073: und die Entscheidung des Wiener Oberlandesgerichtes vom 2. Juni 1900. Die erste Entscheidung bezieht sich auf ein Kartell der Oleumproduzenten, die zweite auf ein Federweißkartell, die Entscheidung des Oberlandesgerichtes auf das Kartell österr. Blech-Emailgeschirr-Fabrikanten. Das erste Kartell wäre als ein Gebiets- und Absatzkontingentierungskartell, das zweite als ein Produktionskartell mit Vertriebskartellierung durch ein gemeinsames Verkaufsbureau, das dritte als ein Absatz- und Gewinnkontingentierungskartell unter Übertragung des Verkaufes an eine Bank als Kommissionärin zu qualifizieren. Es sei mir gestattet, die wichtigsten Rechtssätze, welche diese Judikate feststellen, in kurzem vorzuführen. Alle diese Kartelle wurden als ungültig erklärt. Hierbei wurde ausgesprochen, daß solch eine ungültige Kartellverbindung nicht nur dem Publikum gegenüber, sondern auch zwischen den Mitgliedern des Unternehmerverbandes ohne rechtliche Wirkung sei. Zur Geltendmachung der Unwirksamkeit einer solchen Verabredung sei der Beweis nicht erforderlich, daß sich infolge derselben die Preise der betreffenden Ware wirklich erhöht hätten. Das im § 4 des Koalitionsgesetzes gebrauchte Wort „Gewerbsleute" umfasse auch jene gewerbsmäßigen Produzenten, welche über den Rahmen eines handwerksmäßigen Betriebes hinaus fabriksmäßig Waren erzeugen. Von allgemeinem Interesse sind ferner folgende in den Entscheidungsgründen ausgesprochene, die Rechtsanschauung der österr. Obergerichte kennzeichnenden Sätze: Es sei gleichgültig, ob die Verabredung ausdrücklich darauf gerichtet sei, die Preise der Waren zu erhöhen, oder nicht. Vielmehr müsse ohne Rücksicht auf die im Vertrage ausgedrückte Absicht geprüft werden, ob aus den von den Mitgliedern der Vereinigung übernommenen gegenseitigen Verpflichtungen und aus den vorangegangenen Verabredungen und Besprechungen die Absicht, den Preis der Ware zum Nachteile des Publikums zu erhöhen, indirekt zu erschließen sei. Es genüge, daß die Preiserhöhung als letztes Ziel in Aussicht genommen werde, und dies sei zu supponieren, wenn die Absicht, durch Vereinigungen aller oder möglichst vieler Industriellen den Konkurrenzkampf zu beseitigen oder zu beschränken und den ganzen Betrieb zu monopolisieren, erweislich sei. Für die Anwendung des Gesetzes sei es gleichgültig, ob die betreffende Ware ein Bedarfsartikel des täglichen Lebens ist, oder nicht; es genüge vielmehr, daß es sich um Waren handle, deren Preiserhöhung dem Publikum fühlbar werden kann, also um Güter, die als Hilfsstoffe, oder als fertige Produkte von dem Publikum gebraucht werden. Auch die Verteuerung eines Hilfsstoffes könne eine Preiserhöhung zum Nachteile des Publikums herbeiführen, indem dieselbe wieder die Preise der Ware erhöhe, zu deren Erzeugung der Hilfsstoff gehört. Eine Verteuerung der Ware sei stets von der Folge begleitet, daß der Käufer, das Publikum, die Kosten dieser Verteuerung tragen müsse, also dadurch benachteiligt erscheine. Der Begriff der Benachteiligung könne daher nicht darauf beschränkt werden, daß eine Gefährdung im Bezuge der Waren oder eine empfindliche Bedrückung resultieren müsse. Wenn hervorgeht, daß der letzte Zweck eines solchen Übereinkommens auf eine Preiserhöhung gerichtet sei, die das kaufende Publikum zu tragen habe, so seien jene Voraussetzungen gegeben, unter denen nach dem Koalitionsgesetze einer Verabredung die rechtliche Wirkung entzogen sei. (Entscheidung Nr. 2073.)

Auch die Entscheidung Nr. 1987 erklärt es als unentscheidend, ob ein Kartell tatsächlich die Wirkung habe, daß der Preis der Ware für das Publikum erhöht worden ist; denn das Gesetz fordere dies nicht, um eine solche Verabredung als rechtlich unwirksam hinzustellen. Es reiche vielmehr die Möglichkeit aus, daß infolge eines solchen Kartells die Preise sich für das Publikum ungünstig gestalten können.

Endlich erklärt die zit. Entsch. des Oberlandesgerichtes Wien als nichtig auch das mit der Vertriebsstelle eines Kartells abgeschlossene Übereinkommen, selbst wenn die Vertriebsstelle hierdurch formell den Charakter eines Kommissionärs erhalte, sofern sie jedoch nach dem Inhalte der Vereinbarung jene Maßnahmen durchzuführen habe, die zur intendierten Preiserhöhung und zur Ausschließung des freien Wettbewerbs dienen sollen. Ein solcher Vertrag sei dann eben nicht als ein Kommissionsvertrag zu qualifizieren, wenn die kartellierten Fabrikanten die Festsetzung der Verkaufspreise und der Verkaufsbedingungen der Verkaufsstelle überlassen, so daß dieselbe die Stellung eines Leiters des Kartellverbandes erhalte.

Abgewiesen wurde demnach mit der Entsch. Nr. 1987 der Klageanspruch auf Leistung einer im Kartellvertrage stipulierten Gewinnentschädigung; mit dem Urteile Nr. 2073 der Feststellungsanspruch, daß der Kartellvertrag zu Recht bestehe, während mit dem zitierten Erkenntnis des Oberlandesgerichtes dem Feststellungsanspruche, daß die Kartellvereinbarungen nicht zu Recht bestehen und unverbindlich seien, stattgegeben wurde.

Die österr. Judikatur interpretiert demnach das Koalitionsrecht in einer Weise, die den österr. Kartellen den Rechtsboden vollständig entzieht. Da nun die österr. Zivilprozeß-Ordnung vom 1. August 1895 R.G.Bl. 113 § 595 einen Schiedsspruch für wirkungslos erklärt, wenn er gegen zwingende Rechtsvorschriften verstößt, und gemäß § 598 auf die Anwendung dieser Bestimmung von den Parteien nicht verzichtet werden kann, so können die österreichischen Unternehmer ihren Kartellverträgen auch dadurch nicht rechtliche Wirkung verleihen, daß sie bezüglich der Streitigkeiten aus denselben auf die Entscheidung durch ein Schiedsgericht kompromittieren; was allerdings trotzdem ganz regelmäßig der Fall ist. Zu erwähnen ist endlich noch die Bestimmung des Einführungsgesetzes zur Zivilprozeß-Ordnung. Gesetz vom 1. August 1895 R.G.Bl. 112 Art. 23, welchen einen auf ein Börsenschiedsgericht kompromittierenden Schiedsvertrag für mittels Nichtigkeitsbeschwerde anfechtbar und ungültig erklärt, wenn der Beschwerdeführer den Schiedsvertrag mit Rücksicht auf die von Mitgliedern eines Unternehmerverbandes (Kartell) getroffene Verabredung eingegangen ist, wonach die für seine gewerbliche Produktion erforderlichen Stoffe, Werkzeuge und sonstige Hilfsmittel im inländischen Verkehre nur unter der Bedingung veräußert werden sollen, daß sich der Käufer in Ansehung der aus dem Geschäfte entspringenden Streitigkeiten einem Börsenschiedsgericht unterwerfe; auf die Geltendmachung dieser Ungültigkeit kann vor Beginn der schiedsgerichtlichen Verhandlung nicht wirksam verzichtet werden. — Trotz dieser strengen Bestimmungen des österr. Rechtes existiert aber in Österreich, wie erwähnt, eine große Anzahl von Kartellen, deren Organisation und Wirksamkeit in keiner Weise jener der deutschen Kartelle nachsteht. Ja, es könnte sogar den Eindruck machen, als ob so außerordenlich strenge Bestimmungen, wie sie manche österr. Kartellverträge enthalten, zumindest von manchen Mitgliedern des Verbandes eben nur mit der reservatio mentalis eingegangen werden, da sie an dieselben im äußersten Falle rechtlich nicht gebunden seien. Die Kartelle erhalten sich teils dadurch, daß sie den Verbandsmitgliedern Vorteile gewähren, teils durch den großen Einfluß, den die kaufmännische Ehre und die eingewurzelte Gewohnheit, am gegebenen Worte festzuhalten, auf die Verbandsteilnehmer übt: mitunter aber nur insolange, als nicht Existenzinteressen ins Spiel kommen. Bestimmungen, wie die des österr. Rechtes könnten daher nur dann wirksam werden, wenn sie im Wege einer Popularklage auch von outsiders angerufen werden könnten, und auch dann wäre ihre Wirkung bloß darauf beschränkt, daß der Kartellverband in solenner Weise als nichtig erklärt wird; was jedoch keineswegs in sich schließt, daß er sich auch tatsächlich auflöst.

Auch die Bestimmungen des französischen Rechtes haben die Entstehung und Wirksamkeit von Kartellen nicht zu verhindern vermocht. Es kommen hier in Betracht die bekannten Artikel 419 Code pénal und Art. 1131 und 1133 des Code civil. Art. 419 des Code pénal bedroht mit Gefängnis von einem Monat bis zu einem Jahre und Geldstrafe von 500 bis 10,000 Frcs. diejenigen, welche ...... durch Verabredung oder Vereinbarung zwischen den hauptsächlichen Innehabern derselben Waren oder Lebensmittel zu dem Zwecke, sie nicht oder nur zu einem bestimmten Preise zu verkaufen, eine Steigerung des Preises von Lebensmitteln oder Waren herbeigeführt haben. Art. 1133 des Code civil erklärt eine Vereinbarung für ob turpem causam abgeschlossen, wenn sie den guten Sitten, oder der öffentlichen Ordnung zuwiderläuft. Art. 1131 entzieht solchen Verabredungen jede rechtliche Wirkung. — Obwohl diese Bestimmungen des französischen Rechtes, falls sie in ähnlicher Weise von den Gerichten ausdehnend interpretiert würden, wie die des österreichischen Koalitionsgesetzes, genügen würden, um auch den Rechtsbestand der französischen Kartelle in Frage zu stellen, so haben sie doch keine praktische Bedeutung, da, wie Menzel hervorhebt, durch Bestellung von Kautionen und Unterstellung des Kartells unter die handelsrechtlichen Gesellschaften dem Kartellvertrage trotz dieser Rechtsnormen die praktische Geltung verschafft werden kann. Das Gesetz vom 21. März 1884 betreffend die gewerblichen Berufsgenossenschaften (syndicats professionels) bildet übrigens eine rechtliche Grundlage für die Kartelle, die sich in Form solcher Syndikate konstituieren.[23]) Was das englische Recht betrifft, so beginnt der Kampf der Juristen gegen Monopole und Beschränkungen der Handelsfreiheit (restraint of trade) bereits zu Beginn des 17. Jahrhunderts; im Jahre 1602 wurden durch eine gerichtliche Entscheidung königl. Patente, die unter Elisabeth in großer Zahl ergangen waren und Individuen und Gesellschaften als Belohnungen für geleistetete Dienste Monopolrechte verliehen, für nichtig erklärt. Ein Gesetz vom Jahre 1623 (20, James I. Ch. 2) bestimmte, daß alle Monopole, die eine allgemeine Beschränkung der Handelsfreiheit begründen, mögen sie nun auf Verleihung oder Vereinbarung beruhen, den Gesetzen des Königreichs widerstreiten, nichtig und ohne Rechtswirkung und in keiner Weise zur Ausführung zu bringen seien. Ein Gesetz Georgs III. (28 Georg III. Ch. 53) bestimmte, daß eine Vereinigung von fünf oder mehr Personen für den An- und Verkauf von Kohle ungesetzlich und strafbar sein solle. Die Gerichte hielten daran fest, daß die Begründung eines Monopols gegen das gemeine Recht verstoße, u. z. wurde erklärt, daß, um ein Monopol im gesetzlichen Sinne zu begründen, es nicht notwendig sei, sich die Verfügung über die Gesamtmenge des betreffenden Produktes oder auch nur über den größeren Teil derselben zu sichern. Es genüge, „daß sich die Vereinbarungen auf eine solche Quote erstreckten, daß es den Besitzern möglich sei, den Preis zu einer bestimmten Zeit und an einem bestimmten Ort nach ihren Bedürfnissen

---

[23]) Vgl. hierzu auch die „Einleitenden Bemerkungen“ des österr. Industrierates.

zu erhöhen". Noch im Jahre 1800 wurde diese Doktrin von Lord Kenyon einer als leading case angesehenen Entscheidung zu Grunde gelegt. Im Laufe des 19. Jahrhunderts wurden aber die gegen Vereinigungen von Unternehmern und Kaufleuten gerichteten Grundsätze des Statute Law beseitigt durch ein Gesetz von 1845 (7 & 8, Victoria. Ch. 24). Was die Rechtsprechung der Gerichte betrifft, so beschränkten sie sich in der zweiten Hälfte des 19. Jahrhunderts darauf, nur solche Vereinbarungen als nichtig zu erklären, welche auf einen general restraint of trade abzielen, das heißt, die Konkurrenz völlig ausschließen und ein, an keine bestimmte örtliche Grenze gebundenes, also allgemeines Monopol begründen.[21])

Die Anti-Trust-Gesetzgebung von Nordamerika endlich zeichnet sich bekanntlich durch den Reichtum an zivilrechtlichen Verboten und die Schärfe der strafrechtlichen Sanktionen aus, mit denen sie gegen Trusts, Monopole und restraint of trade zu Felde zieht. Seit der „Interstate Commerce Act" vom 4. Februar 1887, die sich hauptsächlich gegen das „Pooling of freights" (Frachtkartelle) der Eisenbahnen kehrte, und dem generell gegen Kartelle und Trust gerichteten, als Anti-Trust-Akte bekannten Bundesgesetz vom 2. Juli 1890 (An Act to protect trade and commerce against unlawful restraints and monopolies), das ergänzt wurde durch Bestimmungen des Bundesgesetzes vom 15. August 1894 (An Act to reduce taxation etc. § 73 ff.), worin insbesondere Kartelle und kartellartige Vereinbarungen zwischen Importeuren von Gütern nach Nordamerika zivilrechtlich als nichtig und strafrechtlich als „misdemeanour" erklärt wurden: haben 27 Staaten und Territorien besondere Anti-Trusts-Gesetze erlassen; 15 Staaten besitzen Bestimmungen in ihrer Verfassung, welche das gleiche Ziel verfolgen, von diesen haben vier keine Spezialbestimmungen erlassen.[25]) Was nun den Effekt dieser hypertrophischen Gesetzgebung betrifft, die sich allerdings aus der eigenartigen Kompetenzabgrenzung zwischen Bund und Einzel-Staaten erklärt, so muß, wenn man von der schon erwähnten Erscheinung absieht, daß die früheren eigentlichen Trusts sich seither zu einheitlichen Riesen-Aktien-Gesellschaften umgebildet haben, die folgende Äußerung Beachs (a. a. O.

---

[21]) Siehe die Darstellung der englischen Gesetzgebung und Judikatur über Monopole und restraint of trade bei Beach a. a. O. S. 9 ff. Vgl. ferner Steinbach a. a. O. S. 480. Der „leading case" der modernen engl. Judikatur in solchen Fragen ist Mogul Steamship Company v. Mc. Gregor Gow & Co., 1892. Appeal Cases, 25 (Lord Halsbury).

[25]) Vgl. Einleitung zu der bereits zitierten Zusammenstellung der U. S Industrial Commission.

S. 600) wohl einigermaßen skeptisch stimmen. „In einigen Staaten“, sagt er, „sind Gesetze erlassen worden, die alle Vereinigungen, welche die Begründung eines Monopoles oder die Erhöhung oder Aufrechterhaltung von Preisen durch Beseitigung des Wettbewerbs zum Gegenstande haben, in wirksamer Weise unterdrücken, während in andern Staaten die Anti-Trust-Gesetzgebung eine Komödie war (has been of the nature of a farce). Der Zweck war hier, das Drängen des Volkes zu stillen, ohne jedoch die Praktiken der Trusts wirklich zu behindern. Aber alle Anzeichen sprechen dafür, daß die Zeit herankommt, wo die Entrüstung des Volkes über solche Verbände eine so laute Sprache finden wird, daß auch feile und käufliche Gesetzgeber es nicht geraten finden werden, sie zu überhören.“ Zu den Gesetzen, die Beach als „farce“ bezeichnet, gehören wohl auch diejenigen, deren Bestimmungen soweit gehen und so scharf sind, daß man sie nicht anwenden kann, ohne überhaupt allem Handel und aller Sicherheit in Bezug auf Verträge ein Ende zu machen. Nicht alle Einzel-Staatsgesetze sind übrigens generelle Anti-Trust-Gesetze. Das Gesetz von Alabama z. B. bezieht sich bloß auf Frachten- und Versicherungskartelle; Colorados Verfassung verbietet bloß Eisenbahnverbände; Kansas dagegen nennt unter den verbotenen Kartellvereinbarungen sogar auch solche, die auf eine Erhöhung der Advokaten- und Ärzte-Honorare abzielen; Nord-Karolina verbietet unter anderm — sehr zweckmäßiger Weise! — auch die Herabsetzung der Preise unter die Produktionskosten, in der Absicht, die Konkurrenz zu vernichten. Nicht unter das gesetzliche Verbot fallen: a) Kartelle betreffend landwirtschaftliche Produkte und Vieh, solange sie in den Händen der Züchter und Produzenten sind: In Georgia, Illinois, Indiana, Lousiana, Michigan, Mississipi, Montana, Nord-Carolina, Tennessee und Texas; b) Vereinigungen von Arbeitern zur Erzielung besserer Arbeitsbedingungen: in Illinois, Louisiana, Michigan, Mississipi, Montana, Nebraska, Süd-Dakota, Texas und Wisconsin; c) Versicherungskartelle in großen Städten (über 100 000 Einwohner) in Missouri; d) Kartelle in einer Reihe der wichtigsten Industrien (!) in Nord-Carolina. Übertretungen dieser Gesetze werden strafgesetzlich erklärt als misdemeanour, Conspiracy against trade oder Conspiracy to defraud; die Strafdrohungen sind von einer oft ganz sinnlosen Härte: Gefängnis bis zu zehn Jahren (!) event. nebst Geldstrafe wird z. B. angedroht von Arkansas, Indiana, Nord-Carolina, Süd-Carolina, Nord-Dakota, Tennessee und Texas; Minnesota setzt als Mindeststrafe drei Jahre fest. (Solche Strafdrohungen müssen natürlich, da die Schuldigen gewöhnlich zu den wohlhabenden und einflußreichen Klassen gehören, schon vermöge ihrer Härte alle Wirksamkeit einbüßen. Interessant sind die Bestimmungen, welche einige dieser Gesetze über „Affidavits“ enthalten, eidesstättige Erklärungen, welche die leitenden Organe von Aktien-Gesellschaften, in deren Namen, sei es regelmäßig, sei es auf Verlangen des staatlichen Funktionärs (in der Regel des Attorney-General oder Staatssekretärs) ausstellen müssen, des Inhalts, daß die betreffende Korporation in keiner Beziehung zu den Trusts stehe. Solche Affidavits verlangen die Gesetze von Arkansas, Illinois, Maine, Missouri, Süd-Carolina, Wisconsin. Die Weigerung, das Affidavit auszustellen, zieht für die betreffende Gesellschaft in der Regel den Verlust der Korporationsrechte (der charter) nach sich. Der Inhalt dieser eidesstättigen Erklärung ist vom Gesetze vorgeschrieben und in der Regel so umfassend und weit, daß ihn kaum jemals der Direktor einer größeren Gesellschaft mit gutem Gewissen unterschreiben kann. Diese Bestimmungen sind aber deshalb von Interesse, weil sie prinzipiell das Recht des Staates aussprechen, die Zugehörigkeit zu einem Kartellverband unter seine Kontrolle zu stellen; in praxi dürften sie allerdings wohl zu jenen gehören, die Beach als „farce“ bezeichnet. Es braucht wohl nicht betont zu werden, daß all diese Gesetze die Kartell-Vereinbarungen und Beschlüsse auch als nichtig (illegal and void) erklären, wobei sie im Stile englischer Gesetzgebungstechnik mitunter in eine Detailschilderung der Kartellformen ausarten, die gerade deshalb der Findigkeit amerikanischer Unternehmer und der Mannigfaltigkeit der Lebensverhältnisse gegenüber ihre Wirkung versagen muß. Nebst diesen Gesetzen, welche das Statute law in Bezug auf Kartelle repräsentieren, stehen aber dem amerikanischen Volke auch mächtige Waffen des Common law gegen die Trusts zur Verfügung. Es sind dies der Writ of quo Warranto und die Injunction. Mit dem Writ of quo Warranto kann allerdings nur der Staat operieren; Injunctions können auch auf Betreiben von Privaten bewilligt werden. Der Writ of quo Warranto ist ein Rechtsmittel, durch welches die Rechtsbeständigkeit eines Privilegiums, einer Charter, einer franchise, angefochten werden kann. Da die Rechtspersönlichkeit von Korporationen nach englischer Anschauung Ausfluß einer speziell gewährten Charter oder allgemein durch das Gesetz zugebilligten franchise ist, so kann durch einen im Namen des Commonwealth mittels Writ of quo Warranto eingeleiteten Prozeß die juristische Persönlichkeit einer Korporation, deren Gebaren über die Grenzen ihrer gesetzlich oder statutarisch festgesetzten Handlungsfähigkeit hinausgeht, „ultra vires“ ist, oder gegen das öffentliche Wohl, die public policy, verstößt, in Frage gestellt werden. Der Writ of quo Warranto ist daher, wie sich ein amerikanischer Jurist ausdrückt, eine tötliche Waffe, denn er vernichtet, wenn ihm stattgegeben wird, die juristische Existenz der betreffenden Korporation. Mittels eines solchen Verfahrens ist seinerzeit der Zucker-Trust vernichtet worden. Ein minderes Rechtsmittel stellt die Injunction dar. Sie ist gegen bestimmte Handlungen eines Verbandes gerichtet und begründet, wenn ihr stattgegeben wird, das Verbot solcher Handlungen. Eine Übertretung dieser Injunction zieht aber nicht die Vernichtung der betreffenden Korporation, sondern lediglich jene Sanktionen nach sich, welche das englische Recht auf Handlungen setzt, die einem Contempt of the Court begründen.

Auch die wohlwollende Beurteilung der amerikanischen Trust-Gesetzgebung beschränkt sich in der Regel darauf, als wohltätige Wirkung derselben hervorzuheben, daß sie die Trusts aus unkontrollierbaren Verbandsformen in die Form von zur öffentlichen Rechnungslegung verpflichteten einheitlichen Aktiengesellschaften hinübergeführt haben; ich bringe freilich diesem Urteil eine gewisse Skepsis entgegen, die sich gründet auf die bereits gekennzeichneten Begleiterscheinungen der neuesten amerikanischen Trusts: die ungeheure Überkapitalisierung, die Agiotage, und die vollständige Niederdrückung jeder Widerstandskraft durch die Macht des Riesenkapitals, das in diesen Vereinigungen arbeitet. Von diesen zweifelhaften Effekten abgesehen, hat aber, wie allgemein bekannt, die amerikanische Gesetzgebung trotz des reichen Arsenals von Waffen keine praktische Wirkung geübt; und das scheint mir ein entscheidender Beweis dafür zu sein, daß, wie schon Menzel in seinem Referate aus überzeugenden Gründen nachgewiesen hat, durch die Mittel der Zivil- und Strafgesetzgebung dem Kartellprobleme nicht beizukommen sei. Menzel hat damals die Forderung **verwaltungsrechtlicher Regelung der Unternehmerverbände** aufgestellt und begründet, und die beiden gesetzgeberischen Versuche, welche seither in Europa gemacht wurden, sind ihm auf diesem Wege gefolgt: nämlich der österreichische Regierungsentwurf von 1897/98 und der Referentenentwurf des österreichischen Industrierates.

VI.

Wenn wir den Gründen, aus denen die Unwirksamkeit bloß zivil- und strafrechtlicher Regelung dieser Materie gefolgert wird[26]) und die, geprüft an der obigen Darstellung des heutigen rechtlichen und faktischen Zustandes, sich auch praktisch als beweiskräftig erweisen, selbst wieder auf den

---

[26]) Vgl. z. B. Menzel S. 41 ff.: Unwirksamkeit der Verweigerung des Privatrechtsschutzes dort, wo die Beteiligten freiwillig erfüllen; Rücksicht auf die kaufmännische Ehre und den gesellschaftlichen Ruf; Unanwendbarkeit von Strafbestim-

Grund gehen, so ergibt sich als letzte und tiefste Ursache des Versagens dieses sonst wirksamen Apparates jene Wesenseigentümlichkeit der Kartelle, die ich als das Endresultat meiner ökonomischen Kritik dieser Erscheinung aufgezeigt habe. Die Kartelle sind nämlich nichts, was den Grundlagen oder Entwicklungstendenzen unserer Rechts-, Wirtschafts- oder Gesellschaftsordnung widerspräche; sie sind aus derselben ganz organisch unter dem Drucke eines eisernen ökonomischen Prozesses herausgewachsen; sie stellen die Anpassung einer auf Vertragsfreiheit und kapitalistischer Verfügung des einzelnen Unternehmers über die Produktionsmittel beruhenden Massenproduktion an einen Zustand dar, wo aus Gründen, die hier zu erörtern nicht Raum ist, die Steigerung der Produktivität zur Verringerung der Rentabilität und selbst zu Absatzkrisen führt; wo immer mehr Völker in die Phase industriell hoch entwickelter Staaten eintreten, die Weltproduktion daher immer größer, der neutrale Weltmarkt, das allen gemeinsame Absatzgebiet, aber immer enger wird. Kartelle, Kolonialpolitik, Imperialismus, der Kampf um die Herrschaft zur See sind verschiedene Seiten desselben Entwicklungsprozesses, selbstverständlich auch der immer weiter vordringende Protektionismus; und den Kartellen daher etwa durch temporäre oder partielle Rückkehr zum Freihandel den Boden abgraben wollen, würde bedeuten, in einer bestimmten, historisch bedingten und abgegrenzten Phase der wirtschaftlichen Entwicklung Mittel zur Anwendung zu bringen, die einer anderen Phase angehören, es wäre ein im Bereiche der praktischen Politik stets aussichtsloser Versuch, auf einen geschichtlich gegebenen Zustand einzuwirken, indem man sich außerhalb desselben stellt. Ist das Schutzzollsystem irgendwo überlebt, bedarf die Volkswirtschaft seiner nicht mehr, so müßte es ohne Rücksicht auf die Kartellbildung dem Freihandel Platz machen; ist dem nicht so, so ist es eine Illusion, daß man um der Kartelle willen den Protektionismus vollständig oder partiell beseitigen könnte: es sind ja Blüten von demselben Stamme.

Wenn auf dem Boden dieser höchst realen und einheitlichen Entwicklung der Unternehmer, der sie zwar in ihrer gegenseitigen Bedingtheit keineswegs übersieht, aber fühlt oder berechnet, daß er bei Geltendmachung seiner Individualfreiheit im Wettbewerbe zu Grunde ginge oder schlechter führe, auf diese letztere freiwillig Verzicht leistet und sich damit, wenn auch unbewußt, einem Prozeß anpaßt, der sich mit ihm oder gegen ihn,

mungen: denn sind sie zu weit, das ist gegen jede Unternehmerkoalition gerichtet, so sind sie ungerecht und praktisch unanwendbar; sind sie bloß gegen Kartelle gerichtet, die auf Ausbeutung des Publikums oder Monopolisierung eines Erwerbszweiges ausgehen, dann unterstellen sie das wirtschaftliche Leben der Kognition des Richters.

über seine Existenz hinweg oder — wenn er der Stärkste ist — vielleicht zu seinen Gunsten durchsetzen würde; wenn er in der Einsicht handelt, daß er nur in der Vereinigung mit anderen jene Macht repräsentiert oder an einer solchen Machtorganisation teilnimmt, die das genügende Maß von Kraftwirkung ausüben kann, um nach dem Stande der volkswirtschaftlichen Entwicklung seines Landes und der Welt in dem betreffenden Zeitpunkte und in dem betreffenden Produktionszweige sich zur Geltung zu bringen; so erkennen wir sofort, daß wir bis zu diesem Punkte an den Entschluß des Unternehmers nicht jenes Richtmaß sittlicher Erwägungen anlegen können, welches die Voraussetzung für eine Strafsanktion bilden könnte: denn dasjenige was ist, weil und insofern es geschichtlich notwendig ist, läßt sich nicht mit Aussicht auf Erfolg dem Strafrecht unterstellen.

Aber nicht einmal mit jenem Maßstabe öffentlichen, allgemeinen Interesses, das den Erlaß einer zwingenden Rechtsnorm — z. B. unbedingter zivilrechtlicher Unverbindlichkeit — rechtfertigt, können wir an diese Erscheinung herantreten, die aus eben denselben Wurzeln entspringt, aus denen sich die ökonomische Struktur unseres modernen Gemeinwesens überhaupt entwickelt hat. Ein Zeitalter, in dem ein Einzelunternehmer von der ökonomischen Macht eines Krupp oder eine Industriegesellschaft von der Größe beispielsweise der Allgemeinen Elektrizitäts-Gesellschaft als der Höhepunkt und das Ergebnis einer normalen, weder gegen die herrschenden Anschauungen von Sittlichkeit, noch gegen das allgemeine, im Privatrechte sich verkörpernde Interesse, verstoßenden Entwicklung erscheint: das kann auch in der Vereinigung mehrerer Unternehmer, die zusammen jene Macht besitzen, um sich einer solchen Einzelmacht gegenüber vielleicht eben nur behaupten zu können, und die gemeinsam natürlich dieselbe Wirtschaftspolitik verfolgen, wie der Riesenunternehmer allein, prinzipiell weder etwas Unsittliches, noch gegen das allgemeine Interesse Verstoßendes erblicken, das die Unterstellung unter eine Strafsanktion oder ein unbedingtes zivilrechtliches Verbot rechtfertigen würde: vorausgesetzt, daß wir vom Standpunkte der herrschenden Gesellschafts- und Wirtschaftsordnung, nicht aber von jenem ihrer grundsätzlichen Kritiker ausgehen.

Freilich, das hindert nicht, daß wir die Ausschreitungen der Kartelle — siehe z. B. Zuckerkartell — als unsittlich bekämpfen. Allein, und das ist symptomatisch: daß wir eben die Ausschreitungen der Kartelle als unsittlich, als gegen das öffentliche Interesse verstoßend, empfinden, gestattet schon den Rückschluß, daß wir die Existenz und Funktion der Kartelle an sich und allein nicht mehr in dieser Weise beurteilen können, wie dies z. B. ein früheres Zeitalter tat, das aus seiner wirtschaftlichen

Struktur und Erfahrung heraus schon die Tatsache der Vereinigung mehrerer Unternehmer zum Zwecke gemeinsamer Preisbildung als ein gegen die Sittlichkeit und gegen das öffentliche Interesse verstoßendes Unternehmen erachten konnte und sich dagegen durch Strafsanktionen und Dispositionen zwingenden Rechts schützte.

Damit ist die Unanwendbarkeit unbedingter zivil- und strafrechtlicher Repression auf die Kartelle als solche, als wirtschaftliche Institution, gegeben.

Aber wie läßt sich das positive Postulat verwaltungsrechtlicher Regelung der Kartelle, ihrer Unterstellung unter die Aufsicht und, wie auch gefordert wird, unter die Ingerenz der Staatsverwaltung in Bezug auf ihre Geschäftspolitik begründen?

Steinbach hat in seiner jüngst veröffentlichten geistvollen Abhandlung „Government Control of Trusts“ eine vielfach Neues bringende Übersicht über die Äußerungen, mit denen das Rechtsgefühl und Rechtsbewußtsein zu allen Zeiten auf monopolistische Bestrebungen reagierte, gegeben. Die Frage speziell monopolistischer Preispolitik sei kaum jemals eindringlicher geprüft worden, als im Rahmen der kanonistischen Lehre vom justum pretium. Steinbach zitiert einen bemerkenswerten Satz des Kardinals Joannes de Lugo in seinen „Disputationes de justitia et de jure 1642, des Inhalts, daß, wann immer der Staat dem Handelsmanne ein Monopol gewährt, ein mäßiger Verkaufspreis für die betreffende Ware festgestellt werden müsse, „damit die Verkäufer einen mäßigen Gewinn ohne Beeinträchtigung des gemeinen Besten ziehen könnten.“ Steinbach schließt daraus, daß die Befürchtungen vor monopolistischen Gelüsten und das Verlangen nach staatlicher Remedur nichts unserem Jahrhundert Eigentümliches sind, sondern weit zurückgreifen. Aber er selbst lenkt die Aufmerksamkeit auf die tiefgehende Verschiedenheit der ökonomischen, sozialen und nationalen Lebensverhältnisse unserer Zeit.

In der Tat, warum und inwieweit vermag der monopolistische Charakter der Verbände staatliche Eingriffe, in welcher Form immer — also auch in jener verwaltungsrechtlicher Regelung — zu rechtfertigen, in einer Wirtschaftsordnung, wo auch der einzelne Privatunternehmer eine Monopolstellung zu erringen vermag; wo die Riesen-Aktienunternehmung zur öffentlichen Rechnungslegung nur insofern verpflichtet ist, als sie im Interesse ihrer Gläubiger und Aktionäre eine ordnungsmäßige Geschäftsgebarung ausweisen muß, aber keineswegs verpflichtet ist, nachzuweisen, daß sie auch den öffentlichen Interessen Rechnung trägt.

Man kann die Tarifhoheit des Staates über die Eisenbahnen, das oft gebrauchte Argument, nicht als entscheidend ansehen, denn sie beruht auf der Tatsache des den Eisenbahnen bei ihrer Gründung verliehenen, teils rechtlichen Monopols, teils anderer Rechte und Befugnisse (Konzession, Expropriationsrechte). Auf den öffentlichen Gewässern, insbesondere internationalen Strömen, kann sich gleichfalls ein tatsächliches Verkehrsmonopol entwickeln, ohne daß dem Staate, obwohl ebenso wichtige volkswirtschaftliche Interessen in Frage kommen mögen, das Recht der Tarifhoheit zustände.

Es ist nun allerdings ein heute allgemein anerkannter Grundsatz, daß der Staat die wirtschaftliche Freiheit dann und dort einschränken und einer besonderen Regelung unterwerfen kann, wo der Einzelne seine Interessen, die mit allgemeinen Interessen zusammmenfallen, gegen wirtschaftlich kräftigere Interessenten vermittels der Vertragsfreiheit nicht genügend wahren kann. Auf diesem Grundsatze beruht die staatliche Regelung des Arbeitsvertrages, die Aufsicht über den Fabrikbetrieb usw.

Allerdings die Anwendung dieses Grundsatzes müßte zu einer Ingerenz des Staates auf die Geschäftspolitik nicht bloß der Kartelle, sondern vielmehr auch jener Einzelunternehmungen führen, die eine solche wirtschaftliche Macht besitzen, daß ihre Preis- und Geschäftspolitik den Markt beherrscht. Diese weitergehende Forderung ist von mehreren Seiten gestellt worden. Wittelshöfer in seiner Kritik des österr. Regierungsentwurfes (Archiv für soziale Gesetzgebung und Statistik XIII S. 144) verlangt die Schaffung eines Monopol- und Kartellamtes, welches „von Amts wegen oder auf Antrag irgend eines Interessenten verpflichtet wäre, zu untersuchen, ob eine Unternehmung als faktisches Monopol betrieben wird." „Alle Vereinigungen oder sonstigen vom Amte als monopolistisch erkannten Betriebe wären der Ingerenz des Amtes unterworfen."[27]) In dieser Forderung ist der Einheitlichkeit des wirtschaftlichen Tatbestandes Rechnung getragen. Aber andererseits schränkt Wittelshöfer den Umfang der Ingerenz, die das Kartellamt üben soll, auf die Kontrolle der geschäftlichen Tätigkeit der monopolistischen Unternehmung ein. Eine repressive Tätigkeit des Amtes, „ein direktes Eingreifen desselben in die geschäftliche Tätigkeit der seiner Kontrolle unterworfenen Unternehmungen wäre wenigstens vorläufig nicht in Aus-

[27]) Schon Pohle a. a. O. S. 138 hatte diese Forderung gestellt. Eine besondere Behörde hätte festzustellen (z. B. auf Grund von Gutachten der Handelskammern), ob in dem Falle einer Fusion, Verschmelzung usw. die Gefahr der Monopolisierung der betreffenden Warengattung vorliegt. Bejahendenfalls wäre die Einzelunternehmung in gleicher Weise dem staatlichen Aufsichtsrechte zu unterwerfen, wie die Kartelle. Vgl. auch den österr. Referentenentwurf w. u.

sicht zu nehmen" (S. 146). Wittelshöfer wollte ein Gesetz gegen Monopole, nicht ein Gesetz gegen Kartelle. Dieser viel zu früh verstorbene Schriftsteller stand als Forscher und Kritiker der heutigen wirtschaftlichen und sozialen Zustände weit auf der linken Seite. Darin nun, daß selbst er seine Forderung auf die staatliche Kontrolle monopolistischer Unternehmungen beschränkte und „vorläufig" von einer Repressionspolitik absah, sprach sich bei ihm, dem aus der Praxis des Wirtschaftslebens hervorgegangenen Sozialpolitiker, die Überzeugung aus, daß er mit seiner Forderung, wenn er die letzten Konsequenzen daraus zöge, sich vom Boden der herrschenden Wirtschaftsordnung, also von der Realisierbarkeit allzuweit entfernen würde. Denn, da die heutige Wirtschaftsentwickelung dahin geht, monopolistische Betriebe und Vereinigungen zu schaffen, so ergibt sich, wenn dieselben einer positiven obersten Ingerenz des Staates unterstellt werden sollen, als notwendige Konsequenz, daß über kurz oder lang der Staat die Preis- und damit auch die ganze Geschäftspolitik der auf die Erzeugung von Massengütern eingerichteten Produktionen beherrschen würde. Das wäre aber ein Zwischenzustand, dessen Übelstände alsbald zur Vergesellschaftung der Produktionsmittel, zur Verstaatlichung der Produktion führen müßten. Auch diese Forderung wird, z. B. betreffs der Kohlenproduktion bereits erhoben. Ich glaube jedoch, daß wir nur dann Aussicht haben, zu einer wirksamen rechtlichen Regelung des Kartellwesens zu gelangen, wenn schrittweise vorgegangen wird. Allzuweit gesteckte Ziele führen zu Gesetzentwürfen, die bei aller Vortrefflichkeit im einzelnen dazu bestimmt sind, die Archive der Parlamente als wertvolles Material zu füllen oder aber selbst zu Gesetzen herangereift auf das wirtschaftliche Leben keinen erheblichen Einfluß nehmen würden. Allerdings wird man die Frage aufwerfen müssen, warum gerade die Unternehmerverbände, wenn nicht auch die Einzelunternehmungen einer verwaltungsrechtlichen Regelung zu unterwerfen seien. Die Schlußfolgerungen, zu denen ich in meiner ökonomischen Kritik gelangt bin, geben auf diese Frage eine formale und eine materielle Antwort. Die formale Rechtfertigung eines solchen staatlichen Eingriffs, bezw. seiner Beschränkung auf Unternehmerverbände wäre darin zu finden, daß wir es hier mit neuartigen Assoziationen zu tun haben, welche andere Zwecke verfolgen als die bisherigen Gesellschaftsformen und sich teilweise auch anderer Mittel zur Erreichung ihrer Zwecke bedienen. Wenn der Staat ihnen seine rechtliche Anerkennung gewährt, so kann er andererseits auch gewisse Befugnisse ihnen gegenüber in Anspruch nehmen. Die materielle Grundlage aber für eine solche Einschränkung wäre darin zu finden, daß, wie gleichfalls a. a. O. auseinandergesetzt, die Konzentration des Kapitals, als wirtschaftlichen Machtfaktors im Produktionsprozesse, in den Unternehmerverbänden rascher vor sich geht als in dem Einzelunternehmen. Das Einzelunternehmen muß organisch wachsen, der Kartellverband ist eine Tatsache, die über Nacht geschaffen werden kann. Das ist auch wohl der Grund, warum gerade die Kartelle den Anstoß gegeben haben, sie einer Untersuchung zu unterwerfen, ob ihre monopolistischen Tendenzen nicht einer staatlichen Regelung oder Repression bedürften. Das ist auch der Grund, weshalb die monopolistischen Bestrebungen der Kartelle das Wirtschaftsleben heute stärker zu beeinflussen vermögen, als jene der verhältnismäßig wenig zahlreichen riesenhaften Einzelunternehmungen. Aber ich betone, daß wir uns sehr wohl bewußt sein müssen, nur den ersten Schritt zu tun, da gerade durch eine Kartellgesetzgebung, wie Amerika zeigt, diese Erscheinung sich in ihr Gegenteil umändern kann. Die vorgeschlagene Einschränkung mag unbefriedigend sein, da nur eine teilweise Lösung des Problems der staatlichen Reaktion auf die drohende monopolistische Beherrschung der Volkswirtschaft stattfindet. Aber ich glaube nur die Einschränkung anf eine theoretisch unbefriedigende Lösung vermag die praktische Lösung unter den heutigen Verhältnissen zu ermöglichen.

Von den beiden in Österreich tatsächlich gemachten Versuchen steht der erste, der Regierungsentwurf, auf dem Boden einer sachlich noch weit stärker beschränkten Anwendbarkeit. Dieser Entwurf schränkte nämlich seine Geltung ein auf „Kartelle in Beziehung auf Verbrauchsgegenstände, die einer mit der industriellen Produktion in enger Verbindung stehenden indirekten Abgabe unterliegen“, also insbesondere Zucker, Branntwein, Bier, Mineralöl, Salz (§ 1)[28].

Diese Einschränkung, der Entschluß, „aus dem großen Gebiete des Kartellwesens förmlich ein Segment abzustecken und auf diesem die gesetzliche Regelung der Kartelle zu erproben“, war motiviert durch den Einfluß dieser Verbände auf die Konsumtionskraft der Bevölkerung, durch

[28]) Unter den Kritiken dieses Entwurfes sind hervorzuheben: Wittelshöfer a. a. O. (daselbst ist auch der Entwurf in seiner zweiten Fassung — mit dem Kartellregister — abgedruckt); Grünberg in „Schmollers Jahrbuch“ XXI. H. 4; meine Abhandlung in Grünhuts „Zeitschrift für Privat- und öffentliches Recht der Gegenwart“ XXIV. Bd.; den Ergebnissen meiner Kritik hat Pohle a. a. O. S. 133 ff. sich im wesentlichen angeschlossen; Ofner im Centr.-Bl. f. d. jur. Prax. 1897 S. 634 f.; Rosenberg in der „Zeitschrift für Staats- und Volkswirtschaft“ VIII. Bd.; Loew in der „Sozialen Praxis“ VI. Jahrg. und im „Handelsmuseum“ XII. Bd.; Singer „Die Kartellgesetzvorlage“ in der Wiener Wochenschrift „Die Zeit“ vom 19. Juni 1897; Strauß in den Wiener „Juristischen Blättern“ vom 13. und 20. Juni 1897; Winter in der „Neuen Zeit“ XV. Jahrg. Nr. 44.

die in der Art der Organisation und Preisfestsetzung dem Steuermonopol sich nähernde Form der Ausnützung ihrer Leistungsfähigkeit, welche das Eingreifen der Regierung als ein „unabweisliches Gebot der Staatsnotwendigkeit erscheinen lasse".

Hierbei wurde insbesondere auf das Zuckerkartell — das gleichwohl sein Ende erst jetzt durch das Eingreifen der englischen Rechnung finden wird — hingewiesen. Die unter der Regierung Badeni entstandenen parlamentarischen Wirren haben die Beratung dieses in drei Sessionen vorgelegten Entwurfes gehindert. Der Entwurf zog freilich die Grenzen seiner Geltung in der Tat noch enger, als seine Bezeichnung annehmen läßt. Denn auch die einer indirekten Konsumsteuer unterliegenden Verbrauchsgegenstände sollten bloß auf jener Produktionsstufe unter das Kartellgesetz fallen, wo sie formell als Gegenstand der indirekten Steuer erscheinen. Rohstoffkartelle und Hilfsstoffkartelle dieser Produkte wären demnach nicht darunter gefallen, obwohl sie das besteuerte Produkt naturgemäß ebenso verteuern können. Die Kritik hat übrigens die sachliche Einschränkung, die der Entwurf für seine Geltung festsetzte, einmütig abgelehnt. Die Ungleichheit des Rechtszustandes, die daraus resultiert hätte, daß diese Kartelle wohl zivilrechtlich gültig, aber der Staatsaufsicht unterworfen, die anderen gänzlich frei, aber zivilrechtlich unverbindlich gewesen wären, hätte den wirtschaftlichen und juristischen Grundgedanken der gesetzlichen Regelung dieser Materie in der Praxis verfälscht, ja ad absurdum geführt. Der Entwurf zeichnete sich im übrigen durch große Selbständigkeit und scharfsinnige Motivierung aus.

Als Kartell im Sinne dieses Gesetzentwurfes war nun jede Vereinigung mehrerer Unternehmer anzusehen, auf welche die folgenden Merkmale zutreffen:

a) Selbständigkeit der Kartellanten,

b) solidarisches Vorgehen, insbesondere einverständliche Beschränkung oder Beseitigung des freien Wettbewerbes als Mittel,

c) als Zweck, die Einwirkung auf die Produktions-, Preis- oder Absatzverhältnisse der geschützten Verbrauchsartikel.

Alle Vereinbarungen und Verbände, auf welche die obige Definition Anwendung findet, unterlagen dem staatlichen Aufsichtsrecht, dessen Korrelat die Anzeigepflicht der Beteiligten war; in Handhabung dieses Aufsichtsrechtes sollte der Staat den Kartellen nicht positiv genehmigend, sondern nur passiv duldend oder verbietend gegenübertreten; diese Einwirkung des Staates auf die Kartelle stand unter der Sanktion zivilrechtlicher Ungültigkeit und strafrechtlicher Verantwortlichkeit; die Handhabung des Aufsichtsrechts erfolgte in den Formen der freien Verwaltung durch die Organe der letzteren (speziell der Finanzverwaltung), denen fachmännische Berater zur Seite gestellt waren. Die strafrechtliche Judikatur (von bloßen Ordnungsstrafen abgesehen) sollte durch die ordentlichen Gerichte ausgeübt werden. Dies in den knappsten Zügen das System des Gesetzentwurfs.

Um für die Handhabung des Aufsichtsrechts ein geeignetes Substrat zu gewinnen, mußte der Entwurf die Errichtung und den Inhalt der Kartellvereinbarung an gewisse die Publizität und Anthentizität dieser Akte sichernde Formen knüpfen. Das Kartellstatut bedarf der Notariatsform; ein Kartell kann, bei sonstiger zivilrechtlicher Ungültigkeit, verbunden mit strafrechtlicher Verantwortlichkeit der Beteiligten nicht ohne ein solches Statut, dessen Essentialia der Entwurf auszählt, abgeschlossen werden. Das Kartellstatut (Sanktion: Ordnungsstrafe, strafrechtliche Verantwortlichkeit), sowie seine Abänderung — namentlich der Eintritt oder das Ausscheiden einzelner Mitglieder — und seine Auflösung unterlagen der Anzeigepflicht. (Sanktion: Ordnungsstrafe und strafrechtliche Verantwortlichkeit.)

Ebenso wie das Kartellstatut unterlagen ferner der Anzeigepflicht *Kartellbeschlüsse*, welche eine Festsetzung der Preise der Produktionsmengen, der Einkaufs- oder Absatzverhältnisse zum Zwecke (nicht bloß zum Gegenstande!) hätten.

Subjekt des der Anzeigepflicht entsprechenden Rechtes war das Finanzministerium.

Das staatliche Aufsichtsrecht beschränkte sich jedoch nicht auf die Anzeigepflicht. Das Finanzministerium war berechtigt, Einsicht in jene Bücher des Kartells und der kartellierten Betriebe zu nehmen, welche auf das Kartell sich beziehen und besaß ein ganz unbeschränktes Recht, Auskünfte zu verlangen, soweit es sich nicht um die *Technik* des Betriebes betreffende Geschäftsgeheimnisse handelte.

Das staatliche Aufsichtsrecht war die Grundlage des staatlichen *Interventionsrechts*.

Mit einem gewissen Anklange an das österreichische Vereinsrecht war dieses Interventionsrecht derart konstruiert, daß keine positiv genehmigende Aktion der Staatsverwaltung ausgelöst werden kann und ausgelöst zu werden braucht; der Staat tritt den Kartellen bloß duldend oder hindernd gegenüber; Kartelle und Kartellbeschlüsse treten in Wirksamkeit, beziehungsweise können in Wirksamkeit treten, wenn sie nicht untersagt werden.

Zu diesem Behufe war zunächst das Verhältnis der Kartellvereinbarungen zum sogen. Koalitionsgesetz (Ges. v. 7. April 1870, R.G.B. Nr. 43) neu geregelt worden.

§ 4 dieses Gesetzes erklärt (s. oben) Verabredungen von Gewerbsleuten, welche auf die Hinaufsetzung der Warenpreise zum Nachteile des Publikums gerichtet sind, als zivilrechtlich unverbindlich. Es ist nun klar, daß diese allgemein gehaltene Bestimmung, welche eine große, und zwar die wichtigste Gruppe von Kartellvereinbarungen und Kartellbeschlüssen generell jeder rechtlichen Wirkung beraubt, nicht vereinbar war mit dem durch den Entwurf verwirklichten Grundsatze, die Kartelle und Beschlüsse der Staatsaufsicht und somit von Fall zu Fall dem staatlichen Einspruchsrechte zu unterwerfen. § 3 des Entwurfes setzte daher „für die unter dieses Gesetz fallenden Kartelle" diese Bestimmung des Koalitionsgesetzes außer Wirksamkeit. Es waren also die unter den Entwurf fallenden Kartelle ausschließlich nach dem Entwurfe zu beurteilen; nur jene Bestimmungen des Koalitionsgesetzes, welche sich auf Kartelle der Unternehmer zur Beeinflussung der Arbeitsbedingungen und Löhne beziehen, blieben aufrecht und werden in einer noch zu erörternden Weise verschärft.

Das rite geschlossene Kartell und vereinbarte oder abgeänderte Statut, sowie der rite gefaßte Kartellbeschluß, welcher eine Festsetzung der Preise, der Produktionsmengen, der Einkaufs- oder Absatzverhältnisse zum Zwecke hat, sollten sofort gültig, aber noch nicht wirksam sein. Hierzu war vielmehr erforderlich:

1. Die Erstattung der Anzeige an das Finanzministerium, welche bei Gründung von Kartellen, Festsetzung oder Abänderung von Kartellstatuten innerhalb acht Tagen, bei den bezeichneten Kartellbeschlüssen innerhalb 24 Stunden durch die Kartellanten, deren besonders bevollmächtigte Vertreter und ersteren Falles auch durch den zugezogenen Notar zu erfolgen hatte;

2. bei der Errichtung von Kartellen oder Abänderung von Kartellstatuten der Ablauf einer Frist von 14 Tagen nach Einlangen der Anzeige (§ 4, al. 4);

3. bei der Errichtung von Kartellen, der Abänderung von Kartellstatuten und der Fassung von Kartellbeschlüssen der oben bezeichneten Art, die Nichtausübung des dem Finanzministerium zustehenden Untersagungsrechtes (welches in dem besonderen Falle, da die Kartelle zum Nachteile der Arbeiter errichtet werden würden, zugleich eine Untersagungspflicht war).

Die wichtigsten Normen des Entwurfes waren natürlich diejenigen, welche die Voraussetzungen für die Ausübung des staatlichen Untersagungsrechtes feststellten.

Die Ausführung von Kartellbeschlüssen, welche eine Festsetzung von Preisen, der Produktionsmengen, der Einkaufs- und Absatzverhältnisse zum Zwecke haben, konnte untersagt werden beim Zusammentreffen folgender Voraussetzungen:

a) wenn dieselben geeignet sind, die Preise von Waren und Leistungen zum Nachteile der Konsumenten zu erhöhen oder der dritten Erzeuger herabzusetzen;

b) wenn hierdurch das Erträgnis der indirekten Abgaben oder die Steuer- und Konsumtionskraft der Bevölkerung offenbar geschädigt werden würde;

c) es wäre denn, daß sie durch die objektive wirtschaftliche Sachlage (die Konjunktur) des betreffenden Industriezweiges gerechtfertigt wären.

Verfolgt ein Kartell oder die Abänderung eines Kartellstatutes einen analogen Zweck, so können sie gleichfalls untersagt werden.

Ein Kartell mußte untersagt werden, wenn es den Zweck verfolgte, die Arbeitslöhne oder -Bedingungen zum Nachteile der Arbeiter zu ändern oder auch nur einen dahingehenden Beschluß faßte.

Die Ausübung des Untersagungsrechtes stand dem Finanzministerium zu. In demselben sollte eine Kommission von zwölf Mitgliedern, wovon die Hälfte nicht Beamte sein müssen, sondern dem Kreise der Fachmänner (Männer der Wissenschaft und Interessenten) zu entnehmen sind, gebildet werden, welche die Staatsaufsicht unmittelbar oder durch Kommissäre auszuüben berufen und eidlich zur Verschwiegenheit verpflichtet war. Die Untersagung auszusprechen stand dem Finanzministerium allein zu.

Die Ausübung des Untersuchungsrechtes setzte ein Verfahren voraus, dessen wesentliche Teile

a) die Anhörung der Kartellleiter, eventuell der Kartellanten,

b) die Einholung eines von der Kartellkommission zu erstattenden Gutachtens

bildeten; die Beurteilung, ob die Voraussetzungen für die Untersagung gegeben sind, fiel im übrigen in das freie Ermessen des Finanzminsteriums.

Wir gelangen nunmehr zu dem System polizeilicher und strafrechtlicher Sanktionen, durch welche das Aufsichtsrecht der Staatsverwaltung gesichert ward. Der Entwurf unterschied a) einfache Ordnungswidrigkeiten, welche mit Ordnungsstrafen und b) Vergehen gegen das Kartellgesetz, die mit Geld- und Arreststrafen kumulativ geahndet wurden. Für die Ordnungs- und kriminellen Geldstrafen haftet eine Kaution, deren Höhe das Finanzministerium bis zum Maximalbetrage von 200 000 fl. bestimmt und die es im Wege der politischen Exekution einbringlich machen kann. Als bloße Ordnungswidrigkeiten galten:

a) Die Unterlassung der vorgeschriebenen Anzeigen seitens der Beteiligten und des Notars;

b) die Verweigerung der von der Staatsverwaltung verlangten Auskünfte (nicht: der Büchereinsicht); dieselbe konnte im Wiederholungsfalle mit der Untersagung des Kartells geahndet werden;

c) Verletzung der Pflicht zur Verschwiegenheit seitens der nicht beamteten Mitglieder der Kartellkommission (§ 16).

Die Verhängung der Ordnungsstrafen stand der politischen Landesbehörde zu, der Rechtszug ging an das Finanzministerium und den Verwaltungsgerichtshof.

Wichtiger waren die durch dieses Gesetz formulierten Kartellvergehen. Eines Vergehens machte sich schuldig, wer wissentlich oder in grober Fahrlässigkeit

A. die Pflicht zur Wahrheit und — in Bezug auf relevante Momente — jene zur Vollständigkeit bei der Erfüllung der Anzeige- und Auskunftspflicht verletzte;

B. sich gegen das Untersagungsrecht der Staatsverwaltung verging; der Entwurf formulierte folgende Einzeldelikte:

a) die Beteiligung an der Wirksamkeit eines Kartells vor Ablauf der Wartefrist oder entgegen dem staatlichen Verbote;

b) die Ausführung eines staatlich untersagten Kartellbeschlusses;

c) die Beteiligung an einem Kartelle, das in Wirksamkeit getreten war auf Grund eines nicht zur Anzeige gebrachten Statutes, ohne die Bestimmungen des Statutes zu beachten, mit anderen als den im Statut enthaltenen Kartellvereinbarungen, ohne jedes Statut.

Endlich sollte eines Vergehens schuldig sein, wer das Verbot, sich an einer gegen die Arbeitsbedingungen der Arbeiter gerichteten Kartellvereinbarung zu beteiligen, übertrat.

Die Bestrafung der Kartellvergehen steht den ordentlichen Gerichten zu. Geld- und Arreststrafen sind immer kumultativ zu verhängen. Für die Ordnungs- und Geldstrafen haftet regelmäßig auch der Unternehmer, mag er auch die Leitung des kartellierten Betriebes nicht geführt haben.

Neben den Geld- und Arreststrafen statuierte endlich § 19 für die schwersten Kartellvergehen — Beteiligung an einem verbotenen Kartell, Ausführung eines untersagten Kartellbeschlusses — kumulativ eine ins

Arbitrium des Finanzministeriums gesetzte, stets gegen das Unternehmen selbst gerichtete Strafe, nämlich den gänzlichen oder teilweisen Verlust der Kartellkaution. Diese administrative Strafe konnte unter Umständen empfindlicher sein als die gerichtliche. —

In meiner Kritik des Entwurfes in seiner ersten Gestalt hatte ich sowohl aus juristischen, als auch aus wirtschaftlichen Gründen auf die Notwendigkeit und Zweckmäßigkeit eines Kartellregisters hingewiesen, welches den Kartellen, ihren Statuten, sowie jenen Tatsachen, von denen ihr Rechtsbestand abhängt, wie z. B. der erfolgten Anmeldung, dem Ablaufe der 14tägigen Frist u. s. f. eine hinreichende Publizität und Notorität geben und dem Handelsregister nachgebildet sein sollte. Wenn schon der Entwurf das Kartellamt nicht als bloße Publizitätsstelle gestalten wollte, so sollte diese Behörde doch auch als Publizitätsstelle organisiert sein. Ich verwies darauf, daß auch für dritte Personen, die mit dem Kartell in Verbindung treten, ein Zustand der größten Rechtsunsicherheit resultieren würde, wenn ihnen aus der Tatsache des mangelnden Rechtsbestandes des Kartells oder Kartellbeschlusses Einwendungen entgegengesetzt werden könnten, obwohl sie zur Zeit des Geschäftsabschlusses die hierfür relevanten Tatsachen (z. B. Untersagung oder Nichtablauf der Wartefrist) weder kannten noch kennen mußten usw. Daher müsse für die Publizität dieser Tatsachen durch ein Kartellregister Sorge getragen werden (vgl. meine Abhandlung S. 592 f.). Auch sei, wenn man das aus vielen Gründen (die ich in anderem Zusammenhange noch auseinandersetzen werde) unhaltbare System der staatlichen Repression der Kartelle durch ein solches der staatlichen und öffentlichen Kontrolle derselben ersetzen wolle, welches letztere den im Wirtschaftsleben selbst stets vorhandenen Keimen zu einer Reaktion gegen das Wirken der Kartelle das Gedeihen sichere, indem es über die Natur, die Zwecke, die wirtschaftliche Notwendigkeit und Berechtigung ihrer Geschäftspolitik Licht verbreite, — hierzu ein Kartellregister das geeignete Mittel. Die Teilnahme an einem nicht publizierten Kartelle, die Ausführung nicht publizierter Kartellbeschlüsse mögen unter Strafsanktionen gestellt werden, nicht die Teilnahme an einem untersagten Kartelle oder die Ausführung untersagter Kartellbeschlüsse.

Dieser meiner Anregung folgend (vgl. Wittelshöfer a. a. O. S. 125 Anm. 1; Pohle a. a. O. S. 136) hat der österr. Regierungsentwurf in seiner zweiten Fassung, die dem Reichsrate nach seinem Wiederzusammentritte vorgelegt wurde, das Institut des Kartellregisters aufgenommen, ohne jedoch das System der Repression aufzugeben. § 5 bestimmte: „Von dem Kartellstatute oder dessen Abänderung, von der Auflösungsanzeige, sowie von den Kartellbeschlüssen, die eine Festsetzung der Preise, der Produktionsmenge, der Einkaufsverhältnisse oder die Zuweisung von inländischen Absatzgebieten zum Zwecke haben, ist gleichzeitig mit der nach § 4 zu erstattenden Anzeige eine vollständige, beglaubigte Abschrift zur Hinterlegung in dem beim Finanzministerium zu führenden besonderen Kartellregister beizubringen. Das Kartellregister ist öffentlich. Jedermann kann in das Kartellregister Einsicht nehmen und von dessen Inhalt beglaubigte Abschriften gegen Erlegung der Kosten erheben. Jede im Kartellregister hinterlegte Abschrift ist ohne Verzug in zehn öffentlichen Blättern bekannt zu machen."

Dieser Entwurf ist niemals in parlamentarische Beratung gezogen worden. Seiner Einbringung folgte die Periode der heftigen Stürme, die unser Staatsleben erschütterten und das Parlament auf Jahre hinaus arbeitsunfähig machten. Aber es gingen von diesem Entwurfe starke Anregungen aus. Die Kritik zollte der Entschiedenheit, mit der er sich an das Problem heranwagte, der Selbständigkeit der eingeschlagenen Wege, der auf der Höhe wissenschaftlicher Erkenntnis stehenden Motivierung des Entwurfes volle Anerkennung; allein es fehlte auch nicht an erheblichen Einwendungen, unter denen ich die folgenden hervorhebe:

1. Die Einschränkung des sachlichen Geltungsgebietes des Gesetzes sei nicht gerechtfertigt.

2. Gegen das vom Entwurfe vorgesehene System der Repression durch Untersagung von Kartellbeschlüssen wurden schwere Bedenken geltend gemacht. Einerseits würden diese Maßregeln gewöhnlich zu spät kommen. Kartellbeschlüsse könnten sofort zur Ausführung gebracht werden, ohne daß das Kartell durch eine bestimmte Zeit hindurch abwarten müßte, ob die Regierung sie untersagen werde oder nicht. Dies lasse sich auch nicht ändern, da es bei geschäftlichen Operationen in der Natur der Sache begründet sei. Anderseits würde die vom Gesetze vorgesehene Prüfung der Kartellbeschlüsse unter Einholung des Gutachtens der Kartellkommission u. s. f. geraume Zeit in Anspruch nehmen. Die sodann etwa erfolgende Untersagung der Kartellbeschlüsse würde gewöhnlich aller praktischen Bedeutung entbehren. Es ginge auch nicht an, ihr rückwirkende Kraft zu verleihen, wenn man nicht in das Verhältnis der kartellierten Industrien zu ihren Abnehmern ein Moment höchster Rechtsunsicherheit tragen wolle.

Selbst wenn es aber einmal gelingen sollte, einen Kartellbeschluß rechtzeitig zu untersagen, so könnte man doch nur unter den größten Schwierigkeiten feststellen, daß bestimmte Geschäfte und Rechtshandlungen gerade in Ausführung des Kartellbeschlusses erfolgt seien, da ja jeder einzelne Beteiligte als ein jus merae facultatis das Recht habe zu verkaufen, wie, wann und an wen er wolle. Man würde also dahin gelangen, die innere Motivation von an sich legalen Handlungen einer richterlichen Prüfung zu unterstellen.

Dazu gesellen sich noch die unendlichen Schwierigkeiten, welche der tatsächlichen Feststellung der Voraussetzungen für eine Untersagung von Kartellbeschlüssen gewöhnlich im Wege stehen würden. Könne denn überhaupt die Staatsverwaltung Entscheidungen der bezeichneten Art treffen? Sei sie im stande, zu einer hinreichenden Erkenntnis der schwierigsten wirtschaftlichen Probleme (Beschaffenheit der Konjunktur, Angemessenheit des Unternehmergewinnes, Überwälzung des Preisaufschlages auf den Konsumenten, Bedeutung des letzteren auf die Steuer- und Konsumtionskraft der Bevölkerung) in jedem einzelnen Falle vorzudringen? Die Beurteilung der Konjunktur würde immer einen der schwierigsten Punkte des Problems bilden. Es gebe keine Kartellkommission, die der Aufgabe gewachsen wäre, selbständig und durch eigenes Urteil die Angemessenheit von Preisen auf Grund der jeweiligen Konjunktur in allen kartellierten Branchen zu beurteilen.

3. Eine ungeheure Machtfülle wäre in die Hand der Behörden gelegt, denen die Beurteilung der Kartellbeschlüsse zustände. Der betreffende Minister könnte mit souveräner Gewalt in das wirtschaftliche Getriebe der kartellierten Industrien eingreifen. Er wäre ein Mann von übermenschlicher Macht im Staate, ein Mann, dessen faktische Macht hart an die rechtliche des Monarchen grenzen würde.

4. Pohle, der sich diesen meinen Einwendungen in seiner Kritik vollkommen anschließt[29]), weist ferner darauf hin, welche Gefahr es für die politische Sittlichkeit bedeuten würde, wenn so ungeheure Vermögensinteressen von der Entscheidung administrativer Instanzen und einer noch so sorgfältig ausgewählten Kartellkommission abhingen, sowie auf die Gefahr, es könnte die gesamte von den Kartellen bezüglich der Preise, der Produktions- und der Absatzverhältnisse befolgte Politik, insoweit sie nicht im einzelnen Falle der staatlichen Untersagung verfiele, von der öffentlichen Meinung als vom Staate geprüft und gebilligt betrachtet werden. Aus diesen Gründen gelangte die Kritik überwiegend zu einer Ablehnung desjenigen Teiles des österr. Regierungsentwurfes, welcher auf die Repression der Kartellpolitik Bezug hat.

---

[29]) Vgl. hierzu meine Abhandlung a. a. O. S. 604 ff.; Pohle a. a. O S. 140 ff., ferner Ofner a. a. O.

Der österr. Referentenentwurf[30]) schließt sich in seiner Definition der Kartelle im wesentlichen jener des Regierungsentwurfes an (vgl. oben Anm. 4). Er behält das Kartellregister bei und erkärt die Anmeldung und Eintragung zum Kartellregister prinzipiell für fakultativ. Das Kartell bedarf (§ 2) zu seiner Rechtsgültigkeit der Errichtung eines notariell beurkundeten Statutes, aus dem der Inhalt der Kartellvereinbarung genau zu ersehen sein muß, so namentlich: 1. Zweck und Mittel des Kartells; 2. der Erwerbszweig und die Zahl der kartellierten Betriebe; Name, Firma und Betriebsumfang eines jeden; 3. die Rechte und Pflichten der Mitglieder, die Vereinbarungen, Konventionalstrafen und die sonstigen von den Mitgliedern zu bietenden Bürgschaften; 4. Sitz des Kartells. Hat es seinen Sitz im Auslande, so ist der Sitz der zu bestellenden inländischen Geschäftsleitung oder Vertretung anzugeben; 5. die Geschäftsführung und Leitung in ihren wesentlichen Grundzügen; 6. Vertretung nach außen: 7. die Zeitdauer, auf die das Kartell geschlossen ist; 8. etwaige Verabredung über die Austragung der aus dem Kartell entstehenden Streitigkeiten.

Dieser Paragraph ist identisch mit dem § 2 des Regierungsentwurfes.

Für Kartelle, welche die nach diesem Gesetzentwurf zu ihrer Rechtsverbindlichkeit erforderlichen Anzeigen an das Handelsministerium und zum Kartellregister ordnungsmäßig erstatten, treten jene Bestimmungen des österreichischen Koalitionsrechtes außer Kraft, welche, wie erwähnt, Verabredungen von Gewerbsleuten zum Zwecke der Erhöhung der Preise von Waren zum Nachteile des Publikums für rechtsunverbindlich erklären. Der Referentenentwurf erblickt daher die Triebfeder, welche die Kartelle veranlassen würde, von der fakultativen Anzeige an das Handelsministerium und Eintragung in das Kartellregister Gebrauch zu machen, in dem Bedürfnisse, den Kartellvereinbarungen zivilrechtliche Gültigkeit zu leihen.

Da jedoch der Entwurf voraussieht, daß diese Triebfeder vielleicht nicht in allen Fällen stark genug wirken würde, da er weiters auch Einzelunternehmungen, welche — abgesehen von einem Patent- oder Muster- und Markenschutze — tatsächlich als monopolistische Unternehmungen anzusehen sind, der Staatsaufsicht zu unterstellen wünscht, so

[30]) Vgl. hierzu das stenographische Protokoll des Kartellkomitees des Industrierates vom 17. 4. 1901; ferner Wäntig in Schmollers Jahrbuch 1901 a. a. O. 4. Heft, und Wäntig im I. Bande dieser Verhandlungen S. 67 ff.; endlich die Polemik des Verfassers des Entwurfes, Kommerzienrates Julius Reich mit Wäntig in Schmollers Jahrbuch 1902 S. 385 ff.

räumt er im § 7 dem Handelsminister das Recht ein, auf Antrag des Kartellrats im Verordnungswege Kartelle bestimmter Waren anzuweisen, daß sie die sonst fakultativ ihnen zustehenden Anzeigen erstatten. Die fakultative Eintragung wird also durch eine obligatorische ergänzt.

Ebenso wie das ursprüngliche Statut unterliegen Abänderungen desselben, endlich die Auflösung des Kartells der fakultativen Anzeige bei sonstiger Rechtsunverbindlichkeit.

Kartellstatuten oder deren Abänderungen dürfen nicht mit den Gesetzen (abgesehen von der zitierten Bestimmung des Koalitionsgesetzes) im Widerspruche stehen, da sie sonst auch durch die Eintragung in das Kartellregister nicht rechtsverbindlich werden. Ob dies der Fall sei, entscheidet das Handelsministerium unter Freilassung des Rechtszuges an den Verwaltungsgerichtshof.

Das Kartellregister ist öffentlich. Jedermann kann in dasselbe Einsicht nehmen und von dem Inhalt beglaubigte Abschriften erheben. Das Kartellstatut, dessen Abänderung und die Auflösungsanzeige sind im Kartellregister zu hinterlegen (§ 5). Der Handelsminister kann ferner auf Antrag des Kartellrats Kartelle bestimmter Waren verpflichten, alle Kartellbeschlüsse, die eine Festsetzung der Preise, Produktionsmengen, der Verkaufs- oder Absatzverhältnisse zum Zwecke haben, binnen 24 Stunden nach der Fassung des Beschlusses zur Anzeige zu bringen, welche Anzeigen jedoch nicht in das öffentliche Kartellregister einzutragen, *sondern bloß zur Kenntnis des Kartellrats zu bringen sind.* Die Befolgung dieser Verfügungen, sowie die Wahrheit und Vollständigkeit der Anzeigen ist unter die Sanktion von Ordnungsstrafen gestellt (§ 7a).

Der Entwurf sieht weiter die Errichtung einer besonderen Behörde, des sogenannten *Kartellrats*, vor. Derselbe hat seinen Sitz in Wien und besteht aus einem Vorsitzenden und dessen Stellvertreter, die vom Handelsminister ernannt werden und Staatsbeamte sind, ferner aus vier Vertretern der Ministerien und acht vom Industrierate, vier vom Landwirtschaftsrate und vier von der Wiener Handelskammer gewählten Mitgliedern resp. Ersatzmännern. Der Kartellrat bildet aus seiner Mitte einen *Einigungssenat* (§ 8).

Wer sich beim Bezuge, Absatz oder der Herstellung von Waren durch Kartelle oder durch Unternehmer, welche im Sinne des Referentenentwurfs, als faktisch ein Monopol ausübend, gleichfalls der Staatsaufsicht unterstellt werden, in seinem Vermögen oder Erwerbe geschädigt fühlt, kann gegen diese Schädigung Beschwerde führen. Die Beschwerde muß dartun, daß die Schädigung eine beträchtliche, die wirtschaftliche Lage oder Leistungsfähigkeit des Beschwerdeführers erheblich beeinträchtigende ist (§ 9) Eine solche Beschwerde wird zunächst an den Einigungssenat geleitet. Derselbe ladet beide Teile vor und hat darauf hinzuwirken, daß zwischen dem Beschwerdeführer und dem Kartelle resp. dem monopolistischen Unternehmer eine Einigung herbeigeführt werde (§ 10). Gelingt der Einigungsversuch nicht, so wird die Beschwerde an den Kartellrat geleitet, welcher die Sachlage zu untersuchen hat und dem zu diesem Zwecke das Recht der Vernehmung von Parteien, Sachverständigen und Auskunftspersonen zusteht, die ihre Depositionen unter Handschlag abzugeben haben und deren Wahrheitspflicht unter der Sanktion von Geld- und Arreststrafen steht. Die Beantwortung von Fragen, welche die Geheimhaltung technischer Einrichtungen und Verfahrungsweisen, den erzielten Jahresgewinn oder dessen Verteilung unter die Kartellmitglieder betreffen, kann verweigert werden. Auch kann die Verhandlung als nicht öffentlich erklärt werden, und sind endlich Personen, die im Dienstverhältnisse zu einer der Parteien stehen, zur Auskunftserteilung nicht verpflichtet (§ 11). Der Kartellrat entscheidet sodann über die Beschwerde. Verweigert ein Unternehmer, gegen welchen Beschwerde geführt wurde, seine Unterwerfung unter diese Entscheidung, so hat der Kartellrat dies dem Handelsministerium zu berichten und Anträge zu stellen, welche geeignet sind, die in der Verhandlung offenbar gewordenen Kartellmißbräuche zu beseitigen. Das Handelsministerium darf nur aus wichtigen Gründen, welche dem Kartellrate bekanntzugeben sind, die Anträge desselben ablehnen; es kann aber auch andere Mittel als die vom Kartellrate vorgeschlagenen ergreifen (§§ 13 u. 14).

Von großer Wichtigkeit ist § 15. Er bezeichnet die Mittel, welche dem Handelsministerium zu Gebote stehen, um die nachgewiesene Schädigung von Wirtschaftssubjekten durch eine nach der Ansicht des Kartellrates den wirtschaftlichen Verhältnissen nicht entsprechende Ausnützung des faktischen Monopols der Kartelle oder Einzelunternehmungen zu beseitigen oder zu mildern. Zu diesem Zwecke ist dem Handelsministerium das Recht eingeräumt: a) Einfuhrzölle auf kartellierte Waren vorübergehend aufzuheben oder zu ermäßigen; b) für derartige Waren Ausfuhrzölle einzuheben oder Ausfuhrverbote zu erlassen; c) durch Gewährung billigerer Tarife für die Einfuhr oder Erstellung höherer Tarife für die Ausfuhr die Konkurrenz in den kartellierten Waren zu begünstigen; d) Unternehmern der betreffenden Branche Begünstigungen zu gewähren, um die Konkurrenz zu fördern. Diese Begünstigungen können in der Gewährung von Steuerbefreiungen, zollfreiem Bezug von Maschinen, billigeren Tarifen für Rohmaterialien und Fertigprodukten, billigeren Abgaben von Rohstoffen und endlich direkter Subventionen in Geld bestehen; e) dem Handelsministerium wird nahe gelegt, in einem solchen Falle Organisationen von Konsumenten gegen die kartellierten Produzenten zu begünstigen, und endlich f) das Zollrestutitionsverfahren bezüglich kartellierter Waren „in liberalster Weise“ zu regeln (§ 15).

Der Handelsminister kann aber auch, wenn ein Kartell oder ein, ein faktisches Monopol ausübendes Einzelunternehmen in offenbar rechtswidriger oder wucherischer Weise ihre Stellung ausnützen und hierdurch eine schwere wirtschaftliche Schädigung der Abnehmer verursacht wird, dem betreffenden Kartelle oder Unternehmer über Antrag des Kartellrats den Auftrag erteilen, diese Ausnützung oder Schädigung binnen einer bestimmten Frist zu beseitigen. Die Befolgung solcher Verfügungen ist unter die Sanktion von Ordnungsstrafen im Ausmaße von 200 bis 20 000 Kronen gestellt.

Dem Kartellrate ist endlich auch das Recht eingeräumt, durch spontane Untersuchungen, Enquêten usw. den Bestand, die Zusammensetzung und Wirkungsweise von Kartellen und monopolistischen Betrieben zu erheben (§ 16).

Auf das Verhältnis zwischen Arbeitgeber und Arbeitnehmer finden die Bestimmungen des Entwurfs keine Anwendung (§ 20).

Der vorliegende Entwurf ist jedenfalls als ein ernster und zielbewußter gesetzgeberischer Versuch zu kennzeichnen, und ich glaube nicht, daß Wäntig darin beizustimmen ist, wenn er ihn als „eine jener Attrappen“ abtut, „an denen die Entwicklung des österreichischen Gewerberechts so reich sei.“ Allein dieses mein Urteil soll keineswegs als Zustimmung zu dem System und den Einzelheiten des Entwurfs gedeutet werden. Vielmehr scheint es mir, daß, wenn man die beiden Hauptteile des legislativen Kartellproblems, nämlich die Regelung des staatlichen Aufsichtsrechts und der Kontrolle der Kartelle einerseits und die Begründung und Regelung einer staatlichen Repressionsgewalt gegen die Kartelle und ihre Politik andererseits, gesondert betrachtet, dieser Entwurf gerade den stärksten Beweis dafür erbringt, daß der zweite Hauptteil des Problems unter den heutigen Verhältnissen auch auf verwaltungsrechtlichem Wege unlösbar ist. Denn es kann bei näherer Betrachtung keinem Zweifel unterliegen, daß das vom Entwurfe vorgeschlagene Repressionssystem teils praktisch undurchführbar, teils praktisch wertlos ist, und, da der Entwurf von einem mitten im kaufmännischen Leben und Wirken stehenden Großindustriellen verfaßt wurde, so ist das Versagen des von ihm vorgeschlagenen Systems um so lehrreicher, weil es nicht darauf zurückgeführt werden kann, daß der Verfasser durch theoretische oder bureaukratische Schrullen beirrt gewesen sei.

Ich will es mir versagen, alle jene Einwände neu anzuführen, welche schon gegen die Zusammensetzung der obersten Behörde, des Kartellrates, vorgebracht werden könnten und die im wesentlichen zusammenfallen mit dem Bedenken, die ich vor fünf Jahren gegen die „Kartellkommission“ des österr. Regierungsentwurfes geltend machte. Ist es wirklich denkbar, daß eine Behörde, deren Majorität gebildet wird von Unternehmern speziell aus der Sphäre der Industrie und des Großhandels, sich in einem Zeitalter, in dem die Industrie unter dem Drucke einer gewaltigen ökonomischen Entwicklung Heil und Zuflucht im Zusammenschlusse zu Kartellverbänden sucht, zu jener idealen Unabhängigkeit erheben werde, um über die Kartelle vollständig unbefangen zu Gericht zu sitzen, um die Kartelle und ihre Politik lediglich aus dem Gesichtswinkel allgemeiner, volkswirtschaftlicher Interessen zu beurteilen? Wird da nicht die Befürchtung „heute mir, morgen dir“ eine erhebliche Rolle spielen? Ist das noch Realpolitik, anzunehmen, daß die Vertreter der großen Interessengruppen, Industrie, Landwirtschaft, Handel, deren wirtschaftspolitische Gegensätze die eigentliche Triebfeder der großen parlamentarischen Kämpfe unseres Zeitalters bilden, in dem Augenblicke, in welchem sie die Toga eines Mitgliedes des k. k. Kartellrates anlegen, an diese Gegensätze, an die Resolutionen, die sie in den Fachvereinen beschlossen, an die Wünsche, die sie dem Parlamente unterbreitet, vergessen und sich einträchtiglich zusammentun werden, um zu beurteilen, ob die Politik, welche z. B. die kartellierten Erzeuger landwirtschaftlicher Bedarfsartikel verfolgen, angemessen sei, oder ob der Preis eines Rohstoffes, den eine landwirtschaftliche Nebenindustrie erzeugt und der ein wichtiges Material für die Industrie bildet, nicht zu hoch ist? Im politischen Leben, im Parlamente wird diesen Gegensätzen schließlich durch ein Kompromiß ein Ziel gesetzt. Aber eine quasi-richterliche Entscheidung kann selbstverständlich nicht der Ausfluß des Kompromisses entgegengesetzter Interessen sein!

Gesetzt jedoch, es läge einmal dem Handelsminister eine ganz unanfechtbare Entscheidung des Kartellrates vor. Das Handelsministerium wird sich sodann zu entschließen haben, eines der ihm an die Hand gegebenen Mittel anzuwenden. Die wichtigsten Mittel sind selbstverständlich die Maßregeln zoll- und handelspolitischer Natur — das „kanadische“ System der Kartellrepression. Ich sehe nun davon ab — weil das bloß für unser Vaterland gilt —, daß die eine Reichshälfte ohne die andere in Zollangelegenheiten nicht selbständig vorgehen kann, und daß daher manche dieser Waffen anwendbar oder unanwendbar sein werden, je nachdem der betreffende Produktionszweig in Österreich allein oder auch in Ungarn vertreten ist oder nicht, bezw. je nach dem Interessenstandpunkte des ungarischen Teiles der Industrie.

Allein solche Maßregeln vorschlagen, heißt überdies vollständig verkennen, daß eine der wertvollsten Eigenschaften jedes handels- und zollpolitischen Zustandes eben seine Stabilität, Gleichförmigkeit und Dauer ist, und daß, wenn man Unterbrechungen dieses Zustandes durch singuläre Verfügungen und zu singulären Zwecken zuließe, hierdurch die wirtschaftliche Schädigung anderer Individuen oder Verbände in einer ganz unberechenbaren Weise bewirkt werden könnte. Schon der Motivenbericht des österr. Regierungsentwurfes, der zollpolitische Maßregeln unbedingt ablehnte, wies darauf hin, daß durch dieselben nicht bloß der kartellierte Unternehmer, sondern gerade auch sein schuldloser und eventuell in hartem Kampf begriffener Konkurrent getroffen werden würde. Allein dazu kommt noch, daß in einer großen Reihe von Fällen gerade die Abnehmer der kartellierten Industrie, also die Opfer des Kartells auch die Opfer seiner zollpolitischen Remedur werden könnten. Setzen wir den praktisch wichtigen Fall, daß das Eisenkartell den ihm zugebilligten Zollschutz in einer exzessiven Weise ausnützt, welche schließlich einen Abnehmer veranlassen würde, beim Kartellrate Beschwerde zu erheben. Der Kartellrat hält die Beschwerde für begründet und überweist sie dem Handelsministerium. Das Handelsministerium macht von dem Rechte der Zollermäßigung für die betreffende Kategorie von Eisen Gebrauch. Was kann und was wird die Folge davon sein? Allerdings, der beschwerdeführende Abnehmer, z. B. ein Maschinenfabrikant, wird seine wirtschaftliche Lage erheblich verbessert sehen; allein gerade seine Konkurrenten — die anderen Maschinenfabrikanten —, die beispielsweise bereits größere Vorräte von Eisen zum höheren Preise, zum alten Kartellpreise, auf Lager haben oder größere Abschlüsse zum Kartellpreise gemacht hatten, oder aber ein Lager von Fertigwaren besitzen, bei deren Produktion der höhere Eisenpreis ins Kalkül gezogen wurde, geraten nunmehr in Gefahr, der Konkurrenz des im Beschwerdewege durchgedrungenen Abnehmers zu unterliegen. Unter allen Umständen werden diese Abnehmer den gegenwärtigen niedrigeren Preis in Rechnung zu stellen haben, und es könnte dahin kommen, daß in einer geschäftlichen Konjunktur, welche das Halten größerer Mengen von Rohmaterial oder Fertigwarenbeständen bedingt, nicht die zu bestrafende Kartellindustrie, sondern irgend eine Abnehmerbranche durch eine derartige Maßregel an den Rand des Bankerotts gebracht würde. Man müßte also, um die Durchführung einer solchen zollpolitischen Maßregel gefahrlos zu gestalten, auch gesetzlich bestimmen, daß alle früheren zum

Kartellpreise abgeschlossenen Geschäfte als storniert oder auf den neuen Preis reduziert zu betrachten seien. Mit einem Worte: zu den Faktoren, welche heute die wirtschaftliche Konjunktur bedingen, würde sodann unter Umständen die Beschwerde eines Abnehmers, die Entscheidung des Kartellrates und die darauf fußende Verfügung des Handelsministeriums hinzutreten.

Ganz dasselbe, was hier an einem besonders krassen Beispiele ausgeführt wurde, gilt von den anderen vorgesehenen zollpolitischen Maßregeln als: Erlassung von Ausfuhrverboten, Einhebung von Ausfuhrzöllen, Änderungen im Zollrestitutionsverfahren u. s. f. Es gilt aber auch von den tarifarischen Maßregeln, durch die der Staat der Kartellpolitik begegnen soll. Abgesehen davon, daß die tarifpolitischen Mittel dem Staate nur dann wirksam zur Verfügung stehen, wenn er alle wichtigen Eisenbahnlinien in seiner Hand vereinigt — was gerade in Österreich noch nicht der Fall ist — muß sowohl gegen diese Maßregel, wie auch gegen diejenigen Mittel, die darauf abzielen, durch Gewährung von Steuerbefreiungen, Subventionen, billigere Tarife und Preise für Roh- und Hilfsstoffe die Entstehung von Konkurrenzunternehmungen zu begünstigen, der Einwand erhoben werden, daß öffentliche Gelder, welche durch Steuern und Zwangsabgaben für Zwecke der öffentlichen Verwaltung aufgebracht werden, prinzipiell nicht dazu verwendet werden dürfen, um zu gunsten einzelner Unternehmer oder einzelner konkreter Kategorien von Unternehmern in den Preisbildungsprozeß einzugreifen und daß dies Mißbräuchen Tür und Tor öffnen würde. Aber ganz abgesehen davon, wer bürgt denn dem Staate, daß solche von ihm künstlich gezüchteten Konkurrenzunternehmer nicht ihrerseits, mögen sie sich auch verpflichtet haben, keinem Kartell beizutreten, sich, sobald sie erstarkt sind, freiwillig in ihren Preisen und Absatzbedingungen an die Kartell*politik* der anderen Unternehmer anschließen werden? Man müßte also, um dieser Gefahr vorzubeugen, aus öffentlichen Mitteln sozusagen Staatsindustrielle besolden, die aber wiederum der Gefahr ausgesetzt wären, daß das Kartell, um sie zu vernichten, die Preise herabsetzt, um das neugegründete, unter den Auspizien des Staates stehende Unternehmen zu grunde zu richten oder möglichst billig aufzukaufen.

Ich brauche ferner nicht zu betonen, daß es nicht gerade eines Kartellgesetzes bedarf, um dem Staate die wichtige Forderung der Wirtschaftspolitik ins Gedächtnis zu rufen, Organisationen von Konsumenten wohlwollend zu behandeln, daß aber dieses Mittel, wenn es nicht spontan durch die Interessenten selbst angewendet wird, in der Regel seine Wirkung versagt. Die Drohung aber, welche der Entwurf den allerhartnäckigsten Kartellen gegenüber als ultima ratio vorhält, nämlich die Befugnis des Handelsministeriums, kartellierten Unternehmern aufzutragen, die Ausnützung und Schädigung ihrer Abnehmer bei Ordnungsstrafe von Kr. 200—20 000 zu unterlassen, kann zweifellos nur mit dem Lichtenbergschen Messer ohne Stil und Klinge verglichen werden. Denn solange unser Rechtszustand nicht gestattet, daß einem Produzenten von Staatswegen der Auftrag erteilt werde, an einen bestimmten Abnehmer überhaupt zu verkaufen, so lange kann man ihm wohl auch nicht den Preis und die Bedingungen diktieren, zu denen er dem Abnehmer zu verkaufen hat. Auch wird es einem Handelsminister äußerst schwer fallen, jemals gegen ein Kartell den Vorwurf zu begründen, daß es die Zwangslage seiner Abnehmer wucherisch ausnütze. In der Regel wird ja ein Kartell in seiner Preisfeststellung nicht höher gehen können, als ihm dies durch den Zollschutz ermöglicht ist. Internationale Kartelle sind doch noch eine Rarität. Soll nun dasselbe Handelsministerium, welches beim Abschluß der Handelsverträge diesen Zollsatz unter seiner Verantwortlichkeit dem Parlamente zur Annahme vorgeschlagen hat, etwa sechs Monate später auf die Beschwerde eines Abnehmers hin das Erkenntnis fällen, die Ausnützung dieses Zollsatzes sei offenbar rechtswidrig oder konstituiere eine wucherische Ausnützung der Zwangslage der Abnehmer? Hat doch selbst das österreichische und deutsche Zuckerkartell, dem man wahrhaftig nicht eine allzu milde Handhabung des Kartellmonopols vorwerfen konnte, nicht den gesamten Zollschutz ausgenützt, der ihm durch die Surtaxe auf Zucker seitens des Staates eingeräumt war!

Meine Kritik, so scharf sie Einzelheiten des Entwurfes angreift, richtet sich nicht speziell gegen den Entwurf in concreto. Sie soll vielmehr den Nachweis erbringen, daß auf dem Boden der heutigen Wirtschaftsordnung das Eingreifen des Staates in die Produktions- und Absatzverhältnisse von Privatindustrieen wohl erfolgen kann im Rahmen und durch Mittel seiner allgemeinen Wirtschaftspolitik, seiner Handelspolitik, Steuerpolitik usw., aber nicht durch einzelne Verfügungen, die in das ungeheuer komplizierte wirtschaftliche Getriebe des Preisbildungsprozesses und Marktverkehrs eingreifen, um hier und da etwa ein Rädchen zu lockern oder zu befestigen oder zu verschieben; bei sonstiger Gefahr, daß hierdurch Wirkungen ausgelöst werden würden, die vollständig inkommensurabel sind mit demjenigen, was der Staat durch sein Eingreifen bewirken wollte. Die Aufgabe des Staates ist es nicht, den tertius bonus vir zu spielen bei den Kämpfen und Kompromissen, aus denen die Preisbildung auf dem heutigen Markte hervorgeht; und wenn er sich hierzu herbeiläßt, diese Funktion zu übernehmen, so wird voraussichtlich als das einzige Resultat dieses Eingreifens übrig bleiben die unerwünschte Deckung der Resultate dieses Preis- und Absatzkampfes durch die staatliche Autorität.

Dem Eingreifen des Staates in den Preisbildungsprozeß bietet sich jedoch ein anderes weites und fruchtbares, aber bis jetzt noch wenig angebautes Feld. Der moderne Staat ist ja selbst einer der größten Konsumenten, der wichtigste Abnehmer für eine Reihe von Industrieen, auf manchen Gebieten heute beinahe der einzige Abnehmer. Wenn der Staat in dieser seiner Eigenschaft der Preis- und Geschäftspolitik von Kartellen wirksam entgegenträte, indem er z. B. bei Scheinsubmissionen, die von kartellierten Unternehmern beschickt werden, auch das Ausland zur Konkurrenz heranzöge, so könnte der Erfolg seines Eingreifens weit über die unmittelbare Wirkung hinaus durch die Autorität und das Beispiel, die seinem Vorgehen innewohnen, mitunter ein bedeutender sein. Der Staat wird in einem solchen Falle gleichzeitig auch seine finanzpolitischen Interessen wahrnehmen, den Beutel der Steuerzahler zu schützen vermögen. Wenn nun gleichwohl, trotzdem dieser Gedanke in der Literatur und öffentlichen Presse wiederholt aufgetaucht ist, der Staat dennoch in äußerst seltenen Fällen diesen Weg eingeschlagen hat und eben nach dem Stande der politischen Machtverhältnisse einschlagen konnte, ist es nicht als Illusion zu qualifizieren, wenn man annimmt, derselbe Staat werde unter dem Drucke der gleichen politischen Machtverhältnisse eine wirksame Repressionspolitik gegen die Kartelle üben, und zwar eventuell mit Aufwendung von Mitteln, die seine finanzpolitischen Interessen schädigen und die Lasten seiner Steuerträger erhöhen?

VII.

Es bedarf nach den bisherigen Erörterungen wohl keiner längeren Ausführung, um meine These zu begründen: daß es im wirtschafts- und sozialpolitischen Interesse liegt, die Kartelle, ihre konkrete Gestaltung, ihre Gebarung und Politik der öffentlichen Kontrolle, der Staatsaufsicht zu unterstellen, sie aus dem Dunkel zu führen, welches heute nur durch wissenschaftliche Forschung erlichtet wird und ihnen hiergegen die ihnen etwa noch fehlende Sicherheit rechtlichen Bestandes und rechtlicher Wirksamkeit zu verleihen, soweit nicht ihre Vereinbarungen oder ihre Tätigkeit gegen zwingende allgemeine Normen der Rechtsordnung verstoßen; daß aber unter den heutigen Verhältnissen die rechtliche Regelung des Kartellproblems auf diese Aufgabe und ihre möglichst zweckmäßige Lösung beschränkt bleiben muß.

Die letztere wird sich allerdings meines Erachtens in den Bahnen zu bewegen haben, welche durch die beiden österreichischen Entwürfe, den Regierungs- und den Referenten-Entwurf vorgezeichnet sind. Von meinem subjektiven Standpunkte aus sei es mir gestattet, dem (jüngeren) Referenten-Entwurfe in dieser Beziehung gewisse Vorzüge vor dem (älteren) Regierungs-Entwurfe zuzubilligen: sei es auch nur deshalb, weil der Referenten-Entwurf von den beiden wichtigsten Anregungen, die ich in meiner Kritik des ersten österreichischen Regierungs-Entwurfes gegeben habe, die eine Anregung, nämlich die Einführung eines öffentlichen Kartellregisters, die schon in der zweiten Fassung des österreichischen Regierungs-Entwurfes verwirklicht wurde, aus dieser übernommen, überdies aber auch, wenngleich nicht ganz durchgreifend, jene Anregung verwirklicht hat, die ich in der Richtung versuchte, daß nämlich das Moment der Publizität der Kartelle zugleich die Grundlage für ihren Rechtsbestand zu bilden habe[31]):

Diese Grundsätze bedürften jedoch einer Ausgestaltung im einzelnen.

1. Es wäre im Gesetze der Grundsatz aufzustellen, daß alle Kartelle der Staatsaufsicht unterstehen. Die von den österreichischen Entwürfen gegebene Definition der Kartelle könnte beibehalten werden.

2. Vereinbarungen, welche die Begründung eines Kartells bezwecken (Kartellstatuten), sowie ihre Abänderung und Auflösung bedürften zu

---

[31]) Vgl. meine Abhandlung a. a. O. S. 609: „Die Strafbestimmungen für die Teilnahme an einem Kartelle oder für die Nichtbeachtung der Statuten wären entsprechend anwendbar zu machen auf die Teilnahme an einem geheimen Kartelle oder auf die Abweichung von den publizierten Statuten.

Kartellbeschlüsse bedürften zu ihrer Gültigkeit der notariellen Beurkundung (abweichend vom Entwurf), unterlägen der Anzeigepflicht und wären zu publizieren. Sie dürfen vor der Publikation nicht ausgeführt werden. Die Ausführung eines nicht publizierten Kartellbeschlusses unterliege der Straffanktion, welche heute die Ausführung eines untersagten Kartellbeschlusses bedroht.

Diese Bestimmung mag hart erscheinen, sonder Zweifel ist sie ungemein wirksam. Wie viele Kartellbeschlüsse, die man der im geheimen tagenden Kommission plausibel zu machen hoffte, würden das Licht des Tages nicht erblicken! Aber sie ist in der Tat nicht allzuhart: denn wirkliche Geschäfts- und Betriebsgeheimnisse werden in Kartellbeschlüssen, die ja von Konkurrenten in potentia gefaßt werden, nicht zutage treten. Diese Publizität erst würde der öffentlichen Meinung ein gerechtes und begründetes Urteil über Zwecke, Mittel und Richtungen der Politik der Kartelle gewähren; sie würde die Angriffe auf ein gerechteres Maß zurückführen, hingegen Ausschreitungen im Keime ersticken."

ihrer Gültigkeit der Beurkundung durch einen Notar und unterlägen der Anzeigepflicht.

3. Es wird eine Kartellbehörde errichtet, welche zunächst als Publizitätsstelle zu dienen hat; bei dieser Behörde wird ein öffentliches Kartellregister geführt. Die Einrichtung des Kartellregisters kann im Sinne der beiden österreichischen Entwürfe gestaltet werden.

4. Es erscheint mir nicht zweckmäßig, daß die Form der Kartellvereinbarungen (Kartellstatuten) durch das Gesetz vorgeschrieben oder auch nur ein bestimmter Rahmen vorgezeichnet werde, in welchem sich die Kartellvereinbarungen zu halten hätten. Vielmehr wäre der großen Triebkraft und organisierenden Potenz, welche das wirtschaftliche Leben bisher in dieser Richtung entfaltet hat, keine Schranke zu setzen. Es bleibe also beim heutigen Zustande, der die mannigfaltigsten technisch-juristischen Formen kennt, in denen der Kartellzweck und der Kartellwille sich juristisch verkörpern. Wohl aber könnte das Gesetz entsprechend dem § 2 des österreichischen Regierungs- und Referenten-Entwurfes ein Minimalerfordernis von Daten festsetzen, die jede Kartellvereinbarung enthalten muß, und es wäre insbesondere darauf Wert zu legen, daß auch jene Bestimmungen, welche die konkrete Kartellierungsmethode verkörpern, zum Kartellregister angemeldet werden müssen.

5. Ebenso wie die Kartellstatuten, ihre Abänderung und die Auflösung des Kartells wären auch die Kartellbeschlüsse, die eine Festsetzung der Preise, der Produktionsmenge, der Einkaufs- oder Absatzverhältnisse zum Gegenstande haben, der Kartellbehörde anzuzeigen und eine Ausfertigung derselben beim Kartellregister zur öffentlichen Kenntnisnahme zu hinterlegen.

6. Die Kartellbehörde wäre nicht als Administrativbehörde, sondern als Gerichtsbehörde zu organisieren. Ich gebe in dieser Richtung dem bekanntlich von Dr. Emil Steinbach herrührenden Vorschlage eines Kartellgerichtshofes[32]) vor jenem eines als Verwaltungsbehörde organisierten Kartellamtes aus leicht begreiflichen Gründen unbedingt den Vorzug. Alle Einwendungen, welche gegen die Errichtung eines Kartellgerichtshofes erhoben werden könnten, sind ohne Belang, wenn der Tätigkeit der Kartellbehörde nicht die Ausübung einer Repressionsgewalt vom Gesichtspunkte der öffentlichen Wohlfahrt und Verwaltung aus zum Ziele gesetzt wird, sondern nur die Aufgabe, für die Wahrheit, Voll-

---

[32]) Rechtsgeschäfte der wirtsch. Organisation, Wien 1897. Ofner (a. a. O.) schlug vor, die Behörde nach Art des Patentamtes zu organisieren, ein Gedanke, der neuerdings von Urban in einem Referate an den österr. Industrierat wieder aufgenommen wurde.

ständigkeit und Gesetzmäßigkeit der Anzeigen zum Kartellregister in der weiter unten angedeuteten Weise Sorge zu tragen.

7. Die Kartellbehörde hat alle bei ihr einlangenden Anzeigen darauf zu prüfen, ob sie den formalen Erfordernissen des Gesetzes entsprechen, im Sinne desselben vollständig sind und nicht Bestimmungen enthalten, welche zwingenden Rechtsnormen zuwiderlaufen. Nach dem Ergebnisse ihrer Prüfung hat die Kartellbehörde die Registrierung zu bewilligen oder zu verweigern.

8. Der Kartellbehörde wird das Recht eingeräumt, durch angemessene, erhebliche Ordnungsstrafen, die, wie das im englischen Aktienrecht gebräuchlich, für jeden Tag des Ungehorsams zu bemessen wären, nicht registrierte Kartelle dazu zu verhalten, ihre Vereinbarungen anzuzeigen und im Kartellregister zu publizieren. Jedermann, der eine bestimmte vom Gesetze festzustellende Kaution leistet, kann die diesbezügliche Kognition der Kartellbehörde provoziren. Die Kartellbehörde entscheidet nach Anhörung von Sachverständigen darüber, ob ein Verband unter die gesetzliche Definition eines Kartelles falle oder nicht.

9. Das Kartellgesetz hätte als Grundsatz das Publizitätsprinzip der Kartelle aufzustellen. Alle Kartellvereinbarungen, Abänderungen derselben und Kartellbeschlüsse, welche und insoweit sie ordnungsmäßig zur Anzeige gebracht und publiziert worden sind (was ja voraussetzt, daß sie zwingenden Rechtsgrundsätzen nicht zuwiderlaufen), sind für die Beteiligten rechtsverbindlich. Alle Vereinbarungen und Beschlüsse hingegen, welche nach der Definition des Gesetzes als Kartellvereinbarungen und Kartellbeschlüsse zu qualifizieren sind, jedoch nicht angezeigt und publiziert wurden, entbehren insofern, als diese Anzeige und Publizierung unterblieb, jeder Rechtsgültigkeit.

10. Für die Wahrheit und Vollständigkeit der Anzeigen zum Kartellregister wäre durch folgende Maßregeln Sorge zu tragen:

a) Durch angemessene Ordnungsstrafen für den Fall, als sei es auch durch eine in Folge der Beschwerde eines Dritten eingeleitete Untersuchung festgestellt werden würde, daß die zum Kartellregister erstatteten Anzeigen unwahr oder unvollständig gewesen seien;

b) der Kartellbehörde soll das Recht zustehen, falls sie erkennt, daß die Anzeigen zum Kartellregister in wesentlichen Punkten unwahr oder unvollständig seien, die Streichung des betreffenden Kartells aus dem Kartellregister zu verfügen mit der Rechtswirkung, daß hierdurch das betreffende Kartellstatut oder der betreffende Kartellbeschluß seine Rechtsverbindlichkeit verliert. Die Kartellbehörde hätte zugleich einen angemessenen Zeitraum festzustellen, vor dessen Ablauf ein Kartellstatut oder ein Kartellbeschluß, an welchem Kontrahenten des gestrichenen Kartellstatuts oder Beschlusses betheiligt sind, nicht wieder in das Kartellregister eingetragen werden kann;

c) da zweifellos, insbesondere in Österreich, die Anzeige der Kartellstatuten nur unter der Voraussetzung wird verlangt und durchgesetzt werden können, daß denselben gesetzlich eine Gebührenermäßigung eingeräumt wird, so könnte als die Rechtsfolge der Streichung eines Kartellstatuts oder Kartellbeschlusses auch die Bestimmung festgesetzt werden können, daß das betreffende Kartell des ihm gesetzlich gewährten Gebührennachlasses verlustig geht und zur Zahlung der Differenz zwischen den normalen und ermäßigten Gebühren verpflichtet wird;

d) als eine weitere Maßregel, welche die Wahrheit und Vollständigkeit der Kartellanzeigen verbürgen könnte, wäre eine Bestimmung des Inhalts ins Auge zu fassen, daß bei Rechtsstreitigkeiten, welche die Geltendmachung von Kartellvereinbarungen oder Kartellbeschlüssen betreffen, zu Gunsten des Rechtsbestandes des Kartells oder des Kartellbeschlusses anzeigepflichtige Thatsachen, die nicht angezeigt worden sind, nicht geltend gemacht werden können, während gegen den Rechtsbestand eines Kartellstatuts oder Kartellbeschlusses auch solche Thatsachen vorgebracht und bewiesen werden könnten, welche nicht zur Anzeige gelangt sind.

Diese Maßregeln umfassen meines Erachtens im wesentlichen alles, was heute vorgekehrt werden könnte als ein erster Schritt zur staatlichen Regelung des Kartellwesens und was sich als gleichzeitig durchführbar und zweckmäßig ansprechen ließe. Es wird dieses Resultat manchem als allzu mager erscheinen; es wird insbesondere der Einwand erhoben werden können, daß, da, wie ich selbst zugegeben und ausgeführt habe, die Bekämpfung von Kartellen durch das Mittel zivilrechtlicher Ungültigkeit sich bisher nicht als wirksam erwiesen hat, auch die Begünstigung, welche den Kartellen durch ein solches Gesetz bei Erfüllung ihrer Anzeigepflicht zu teil werden würde, eine sehr prekäre wäre; mit einem Worte, daß die Verleihung zivilrechtlicher Gültigkeit eine allzu schwache Triebfeder bilden würde, um die Publizität der Kartelle und Kartellbeschlüsse zu sichern. Ich glaube gleichwohl, daß zwischen die Wahl vor Publizität oder Rechtsunverbindlichkeit gestellt, die meisten Kartelle sich — ganz abgesehen von der Erzwingung der Eintragung durch Ordnungsstrafen — freiwillig für die erstere entscheiden würden, mögen sie auch in Staaten wie Oesterreich, wo sie **kein** Mittel haben, sich vor der zivilrechtlichen Ungültigkeit der Vereinbaruungen zu schützen, sich damit begnügen, ein clandestines Leben außerhalb des Gesetzes zu führen.

Man darf ja nicht übersehen, daß wir es hier mit dem ersten Schritte auf ein überaus dorniges Gebiet zu tun haben. Der Einwand, daß die Kartellvereinbarungen und Beschlüsse derart gestaltet werden können, daß das Material, welches die Öffentlichkeit aus ihnen gewänne, ein überaus dürftiges wäre, indem insbesondere die Resultate und die Details der geschäftlichen Gebarung der kartellierten Unternehmen außerhalb des Bereiches von Kartellvereinbarungen und Kartellbeschlüssen bleiben würden, ist sicherlich gerechtfertigt. Aber es muß unseres Erachtens einer späteren Ausgestaltung der Kartellgesetzgebung vorbehalten bleiben, dafür Sorge zu tragen, daß durch ein der Kartellbehörde anzugliederndes besonderes Amt auch ein staatliches Auskunfts- und Büchereinsichtsrecht hinsichtlich der kartellierten Betriebe geschaffen werde, das von diesem Amte unter Wahrung des Geschäftsgeheimnisses zum Zwecke einer richtigen Produktions-, Preis- und Absatzstatistik zu verwerten wäre, um durch Erstattung fortlaufender objektiver Berichte über die Gebahrung und die Resultate der kartellierten Produktionen Licht zu verbreiten.

Wir müssen uns heute damit begnügen, den Kartellen innerhalb notwendiger Schranken eine gesicherte Rechtsbasis zu schaffen, die Kartellvereinbarungen und Kartellbeschlüsse möglichst wahr und vollständig ans Licht der Öffentlichkeit zu ziehen, auf diese Weise wenigstens einen wichtigen Teil des Kartellwesens und der Kartellpolitik der öffentlichen Kontrolle zu unterwerfen und insbesondere in authentischer Weise das Material zu ergänzen, welches auf diesem Gebiete für die Handels-, Finanz- und Sozialpolitik des Staates dem letzteren selbst und der öffentlichen Meinung zu Gebote steht. Man darf nicht übersehen, daß durch jede, wenn auch nur beschränkte und teilweise Öffentlichkeit der Kartelle der wichtigsten und natürlichen Heilungspotenz der Zutritt eröffnet wird, nämlich der stets wachsamen Konkurrenz. Produktionszweige, welche auf die Kartellierung nicht verzichten zu können glauben, sind ohne Zweifel der Allgemeinheit schuldig, den Bestand und die Wirksamkeit ihres Verbandes ins Licht zu stellen. Es kann dies geschehen ohne Verletzung der Selbständigkeit der Unternehmer und der Geheimnisse ihrer Betriebe durch die Pflicht der Öffentlichkeit in jenem beschränkten Maße, wie ich es eben vorschlage. Aus einer solchen Publizität wird der Unternehmungsgeist der Konkurrenz kräftige Anregungen schöpfen; die öffentliche Meinung wird Ausschreitungen wirksamer begegnen können, als es heute der Fall ist; vor allem aber kann erst auf diesem Boden die Handelspolitik des Staates sich fruchtbar und zielbewußt entwickeln.

V.

Gutachten des Herrn Notars Justizrat F. Dorst in Köln

über die Frage:

Ist eine Änderung des § 313 B.G.B. geboten, wonach ein Vertrag, durch den sich der eine Teil verpflichtet, das Eigentum an einem Grundstücke zu übertragen, der gerichtlichen oder notariellen Beurkundung bedarf? Soll statt dessen Schriftlichkeit oder selbst mündliche Vereinbarung genügen?

Nach § 313 B.G.B. bedarf ein Vertrag, durch den sich der eine Teil verpflichtet, das Eigentum an einem Grundstücke zu übertragen, der gerichtlichen oder notariellen Beurkundung.

Der Wortlaut könnte zu der Annahme verleiten, daß der Paragraph nur von der Verpflichtung zum Verkaufe, nicht aber von der zum Ankaufe handele. Aus den Motiven zum I. Entwurfe (II S. 189 ff.) und noch mehr aus den Protokollen der Kommission für die zweite Lesung (I S. 460 ff.) geht jedoch deutlich hervor, daß es sich auch um die Verpflichtung zum Erwerbe von Grundstücken handelt. Auch ist die Vorschrift nicht auf Kauf- und Tauschverträge zu beschränken, sie bezieht sich vielmehr auf jede andere Art des Erwerbes von Grundstücken, also auch auf den Erwerb bei Teilungen. Die Bestimmung geht weiter als die allgemeine Vorschrift des § 873 B.G.B., welche nur den abstrakt dinglichen Vertrag im Auge hat. Auch der obligatorische Vertrag bei Eigentumsübertragungen von Grundstücken ist, wenn er die vorgeschriebene Form nicht beobachtet, seinem ganzen Inhalte nach mit allen seinen Nebenverabredungen nichtig. Dies ergibt sich aus dem Absatz 2, wonach der Vertrag seinem ganzen Inhalte nach gültig wird, wenn die Auflassung und die Eintragung in das Grundbuch erfolgen. Dabei können Zweifel und Streitigkeiten entstehen, ob bei einem Vertrage, z. B. bei einem Gesellschaftsvertrage alle Bestimmungen oder nur ein Teil derselben nichtig sind (§ 139 B.G.B.).

Ist schon, wie sich aus Vorstehendem ergibt, die Fassung des Paragraphen keine einwandfreie, und enthält er die juristische Inkonsequenz, daß er eine heilbare Nichtigkeit aufstellt, so haben sich auch schon bald nach Inkrafttreten des B.G.B. schwere Bedenken gegen die Bestimmung selbst von vielen Seiten geltend gemacht. Es ist deshalb zu untersuchen, ob die Bestimmung ihre Berechtigung hat, oder ob sie abzuändern ist. Die Prüfung hat sich darauf zu erstrecken, welches der Zweck der Bestimmung ist, und ob dieser erreicht wird, sodann, ob nicht die zu vermeidenden Nachteile geringer sind als die durch die Bestimmung hervorgerufenen.

Als Gründe der Bestimmung sind in den Motiven (II, S. 190 ff.) hauptsächlich folgende angeführt.

In sozialer Hinsicht sei das Grundeigentum von der höchsten Bedeutung, es sei die natürliche Grundlage für die Seßhaftigkeit der Bevölkerung, auch sei es für die Lebensfähigkeit und den Beruf des Eigentümers von Bedeutung. Sodann hänge jedes Grundeigentum mit einer Reihe von Rechtsverhältnissen zusammen, welche wegen der Unvergänglichkeit des Grundeigentums von weitaussehender Dauer seien. Aus diesen Gründen sei eine besondere Vorsicht bei Veräußerung und Erwerb des Grundeigentums geboten. Da die Formfreiheit der Verträge ernste Übelstände hervorgerufen habe, sei eine bestimmte Form notwendig.

In der Kommission der zweiten Lesung wurde erwogen, die Form des Vertrages müsse vor Übereilung schützen. Da die schriftliche Form, wo sie bisher bestanden, diesen Zweck nicht erreicht habe, sei gerichtliche oder notarielle Beurkundung erforderlich (Prot. I S. 460 ff.). Diese biete eine größere Gewähr für die Vollständigkeit der Urkunden als die rein privatschriftliche Form.

Aus den Kommissionsverhandlungen geht hervor, daß man hauptsächlich den Schutz der Bauern bezweckt und besonders Wirtshausgeschäfte verhindern will (Prot. I S. 460 u. 461). Die Motive (II S. 190) erkennen aber keinen Grund an, die Formvorschrift auf landwirtschaftliche Grundstücke zu beschränken.

Der hauptsächlichste Grund der Bestimmung ist also der, bei Grundstücksveräußerungen vor Übereilung zu schützen und einen möglichst klaren Vertrag zu erzielen.

Die Begründung des hohen Wertes des Grundeigentums verdient alle Beachtung und ist durchaus anzuerkennen, also auch die Ansicht, daß bei Verträgen über Grundeigentum besondere Vorsicht und Sorgfalt geboten sind. Nicht dagegen ist anzuerkennen, daß diese Erwägungen dazu führen müssen, für den Verpflichtungsvertrag eine besondere Form vorzuschreiben.

Die Form ist etwas rein Äußerliches und folgt immer erst der Prüfung der Sachlage, der Überlegung und den Entschließungen nach, gleichviel welches auch die Form ist. Dasjenige, was ihr vorhergeht, ist die Hauptsache.

Es könnte also nur darauf ankommen, dieses zu schützen und vor allem nachlässiges Prüfen und Übereilung zu verhindern. Dazu ist aber kein Gesetz und keine Vorschrift im Stande.

Die Behauptung, die nachfolgende besondere Form der Bindung befördere die vorherige Prüfung, ermangelt jeden Beweises. Der Gang zum Gerichte oder Notar soll den Ernst der Sachlage klar machen und eine wohltätige Überlegungsfrist geben (Prot. I S. 461). Dies ist nicht als Regel anzuerkennen. Wenn jemand weiß, daß er durch sein einfaches Wort gebunden ist, wird er es nicht so leicht geben. Weiß er, daß er erst durch den Vertrag vor Gericht oder Notar gebunden ist, trotzdem er vorher sein Wort gegeben, so ist in den meisten Fällen wohl anzunehmen, daß er mit seinen Überlegungen abgeschlossen hat, besonders wenn der andere Teil ihn bestimmt hat, sofort mit ihm zum Gericht oder Notar zu gehen. Es ist sogar zu befürchten, daß eine Bindung in vielen Fällen rascher und unüberlegter zu Stande kommt, als wenn eine formelle Bindung genügt. Beide Teile glauben im ersten Momente, ein gutes Geschäft zu machen, und beeilen sich, weil sie den Anderen nicht gebunden wissen, schleunigst den Verpflichtungsvertrag zu vollziehen, ehe sie über die Einzelheiten klar geworden sind.

Wirtshausgeschäfte sollen verhindert werden. Weshalb dies in allen Fällen richtig sein soll, ist nicht einzusehen. Im Wirtshause werden viele und wertvolle Geschäfte abgeschlossen. Gerade dort wird häufig lange überlegt und geprüft, ehe man einig ist. Jede Partei hat ihre Berater, die mit verhandeln. Das Wirtshaus ist doch nicht immer ohne Weiteres ein ungeeigneter Ort; in vielen Ortschaften ist es der einzige, wo die Leute zusammenkommen. Nur dann wäre es zu verwerfen, wenn dort nur eine Zusammenkunft von betrunkenen Leuten stattfände. Wird aber wirklich von einem Betrunkenen ein Geschäft abgeschlossen — was übrigens auch außerhalb des Wirtshauses vorkommen kann — so gibt das Gesetz ihm Schutz genug, den Vertrag anzufechten. Wenn der Bauer, wie es in den Protokollen (I S. 463) heißt, erst nüchtern werden muß, um zu überlegen, dann hat er eben noch keinen Schaden zu befürchten, da er den Vertrag nicht anzuerkennen braucht.

Kommen aber auch wirklich Fälle vor, daß er mit der Anfechtung nicht durchdringt, oder daß er sich scheut, einen Prozeß zu führen, so ist dies nicht genügend, um wegen solcher Ausnahme eine allgemeine Regel in so einschneidender Weise zu durchbrechen und alle Fälle mit zu treffen. Daß jemand ein Vertrag später leid wird, ist eine Tatsache, die immer vorkommen wird, mag vorher noch so viel überlegt worden sein. Eine der Überlegung und Entschließung nachfolgende Form kann daran nichts ändern, die Erfüllung der Form garantiert nicht immer vorheriges Überlegen. Bei einer Versteigerung z. B. steigert Jemand ein Grundstück an, weil er es gerade für billig und für ihn günstig gelegen hält. Er unterschreibt das Protokoll, und nachher wird ihm die Sache leid. Hier schützt ihn also auch die Form nicht vor Übereilung.

Die Form des Vertrages bietet keine Garantie, daß *vor* dessen Abschlusse die Prüfung und Überlegung eine größere war als bei einem formlosen Vertrage. Mit der Erfüllung der Formvorschriften haben die Erwägungen eben ihr Ende erreicht, ebenso wie in dem Falle, daß mündliche Verabredung genügt.

Zu Vorstehendem kommt sodann noch der Umstand, daß es Mittel gibt, schon vor Abschluß des Vertrages in bindender Form einen Zustand herbeizuführen, welcher der Bindung gleich kommt. Die Vertragschließenden brauchen nur einem Dritten eine schriftliche, ja sogar bloß *mündliche* Vollmacht zur Vollziehung des Verpflichtungsvertrages zu erteilen und diese für eine bestimmte Zeit für unwiderruflich zu erklären. Da dies möglich ist, und es wird davon bereits Gebrauch gemacht, bleibt die nachfolgende Erfüllung der Formvorschriften eine nur noch rein äußerliche und daher überflüssige Sache, der Zweck des Gesetzes wird vollständig vereitelt.

Die Begründung, ein gerichtlicher oder notarieller Vertrag biete Gewähr für die Vollständigkeit der Urkunde, ist gewiß richtig, doch kann, wie schon bemerkt, gerade der Formzwang dazu führen, daß übereilt der Vertrag beurkundet werden muß, ohne daß es möglich ist, auf die Einzelheiten einzugehen. Die Beteiligten richten ihr Augenmerk darauf, möglichst rasch einen Verpflichtungsvertrag zu bekommen, da ja bis zur Unterschrift jeder zurücktreten kann.

Die Bemühungen des Richters oder Notars, einen vollständigen Vertrag zu erzielen, werden sehr häufig vergeblich sein, indem man bemerkt, für die Einzelheiten habe es noch Zeit, da die Nebenbestimmungen und Bedingungen ja formlos festgestellt werden können.

Der Zweck der Gesetzesvorschrift wird also nicht erreicht.

Der Abschluß eines formlosen Verpflichtungsvertrages schützt in der Regel die Vertragschließenden nicht weniger, wie der eines formellen.

Wenn die Vertragschließenden über wesentliche Punkte, über welche eine Einigkeit erzielt werden soll, noch nicht einig sind, so ist der Vertrag eben noch nicht abgeschlossen (§ 154 B.G.B.). Daß ein formeller Bindungsvertrag nicht nachfolgen muß, ist also kein Nachteil. Im linksrheinischen Rechtsgebiete wurden auch vor 1900 mit verschwindenden Ausnahmen die Verträge über Grundeigentum notariell abgefaßt und daher für eine gründliche Abfassung Garantie geboten, trotzdem der Verpflichtungsvertrag an sich an keine Form gebunden war.

Die formlose Bindung soll, so wird behauptet, schwere Schädigungen hervorgerufen haben. Diese Schädigungen können entweder in Übereilungen liegen oder aber darin, daß nachher Prozesse über einzelne Verabredungen geführt werden.

Daß Übereilungen durch den formellen Abschluß nicht immer verhindert werden, wurde vorhin bereits ausgeführt. Prozesse über Nebenbestimmungen werden auch durch einen formellen Vertrag nicht verhindert, da häufig die Aufnahme mancher Bestimmungen aus allen möglichen Gründen vermieden wird. So lange es Verträge gibt, wird es auch Prozesse über solche geben. Daß sie bei formlosen Verträgen leichter als bei formellen entstehen können, ist zuzugeben. Jedoch auch das kann die Notwendigkeit einer besonderen Form nicht rechtfertigen, denn diese hat, wenn sie auch für den Bindungsvertrag vorliegt, große Nachteile im Gefolge und führt zu Chikanen.

Gleich nach Inkrafttreten des B.G.B. erregten die Bestimmungen des § 313 großes Befremden. Das Volk wollte nicht einsehen, daß ein mündlicher Verpflichtungsvertrag nicht genügen solle, um bindende Erklärungen über die Übertragung von Grundstücken herbeizuführen. Anfangs glaubte man nicht recht an den Ernst der Sache, um jedoch bald eines anderen belehrt zu werden. In weiten Kreisen erhob sich eine große Entrüstung über die neue, unverständliche Gesetzesbestimmung, traten doch überall die größten Chikanen und Schädigungen hervor. Je mehr die Tragweite des § 313 erkannt wurde, desto mehr Mißbrauch wurde damit getrieben, und immer stärker tritt das Verlangen nach Beseitigung der Bestimmung hervor. Der Grundstücksverkehr hat schwere Schädigungen erfahren, und die Befürchtung liegt nahe, daß in ländlichen Kreisen, wenn dort dereinst die ganze Tragweite des § 313 erkannt sein wird, noch größerer Mißbrauch damit getrieben werden wird, als in den Städten.

Die Fälle, in welchen bisher unter Berufung auf den § 313 die

Übertragung von Grundstücken verweigert wurden, zerfallen in solche, in welchen kein wirklicher Schaden entstanden, und in solche, in welchen entweder der eine Teil oder auch beide Teile Schaden erlitten.

Die ersteren sind deshalb nicht ohne Bedeutung, weil sie gegen Treu und Glauben verstoßen und den alten Grundsatz „Ein Mann ein Wort" erschüttern. Wirft man Jemand vor, es sei unmoralisch und nicht rechtlich, sein mündlich gegebenes Wort nicht zu halten, so erhält man einfach sehr häufig die Antwort, was das Gesetz erlaube, könne nicht unmoralisch und unrechtlich sein.

In den anderen Fällen kamen Schädigungen in der Art vor, daß der Käufer eines Grundstückes sicher angelegte Kapitalien einzog, oder Wertpapiere mit Schaden verkaufte, um im bestimmten Termine den Kaufpreis des Grundstückes zu haben. Als der andere Teil den Abschluß des Kaufvertrages später verweigerte, wurde es dem Käufer oft nicht möglich, die Kapitalien ebenso sicher und zu gleichem Zinsfuße anzulegen. Auch hatte man sich in einigen Fällen, wo es sich um einen Hauskauf handelte, bereits bindend zum Verkaufe des eigenen Hauses verpflichtet und mußte sich jetzt um ein neues umsehen.

Der Käufer eines Grundstückes hatte bereits Baumaterialien zum Bau eines Hauses angeschafft und Ausschachtungen vorgenommen. Letztere brachten anderseits dem anderen Teile Schaden, weil für ihn die Ausschachtungen wertlos waren und wieder zugeschüttet werden mußten.

Wird ein Haus unter Vorbehalt der Erteilung einer Wirtschaftskonzession an den Käufer übertragen, so wird der Vertrag deshalb fast überall notariell oder gerichtlich beurkundet werden, weil der Verkäufer den Käufer gebunden sehen will. Zu einem solchen Vertrage muß der oft sehr hohe Stempel entwertet werden. Wird die Konzession versagt und der Kauf dadurch hinfällig, so besteht keine Verpflichtung zur Erstattung des Stempels. Er kann erstattet werden. Es sind genug Fälle vorgekommen, daß er nicht erstattet wurde. Dadurch entstehen viele Unzuträglichkeiten, die vermieden würden, wenn eine mündliche Bindung genügte.

Soll eine Reihe von nebeneinander liegenden Grundstücken gekauft werden zum Zwecke der Anlegung einer Wasserleitung, der Ausdehnung des Betriebes einer Fabrik, eines Steinbruches usw., so wird dies fast unmöglich, wenn eine gerichtliche oder notarielle Bindung erforderlich ist. Erfahrungsgemäß muß in solchen Fällen schleunigst gekauft werden, ohne daß der Nachbar etwas erfährt. Geschieht letzteres, so erfolgen die unsinnigsten Preissteigerungen. Die Weigerung auch nur eines Einzelnen kann das ganze Unternehmen vereiteln. Genügt eine mündliche Bindung, so werden die Grundstücke sich leichter rasch zusammenkaufen lassen, ohne daß der eine Verkäufer etwas von dem Kaufe des Nachbargrundstückes erfährt.

Von den bis jetzt wirklich vorgekommenen Fällen mögen besonders hervorgehoben werden:

1. Bei Teilungsverhandlungen bezüglich eines Nachlasses einigten sich die beiden Beteiligten nach langen Streitigkeiten dahin, daß der eine Erbe A. die sämtlichen Grundstücke zur Summe von 29000 Mk. übernehmen sollte. Man war über alle Punkte einig und beauftragte den Notar, die verwickelte Auseinandersetzung vorzunehmen. Zur Beurkundung wurde Termin anberaumt In diesem erklärte der A., die Grundstücke seien zu teuer, er verlange deren Versteigerung, da er nach § 313 B.G.B. nicht an die Verpflichtung zur Übernahme gebunden sei. Wenn der andere Teil nicht mit einer freiwilligen Versteigerung einverstanden sei, werde er das gerichtliche Teilungsverfahren einleiten. Nach mehreren Monaten einigte man sich zur öffentlichen Versteigerung. In letzterer steigerte der A. die sämtlichen Grundstücke für 26000 Mk. an und verkaufte sie sofort nach einigen Tagen für 29000 Mk. weiter.

2. Ein Pfälzer bestellte bei einem Notar in Köln einen Kaufakt über ein in Köln gelegenes Grundstück. Der Käufer hatte durch Drahtnachricht den Abschluß zu einem bestimmten Termin in Köln gewünscht. Trotzdem erschien er in diesem Termine nicht. Später erschien der Verkäufer wieder und bestellte Termin für den nächsten Tag mit der Erklärung, er habe am Kaufpreise 3000 Mk. nachlassen müssen. Im neuen Termine erschien der Käufer nicht, teilte aber durch eine Karte mit, er müsse als Zeuge ans Gericht, es liege ihm auch an dem Geschäfte nichts mehr. Der Verkäufer wurde also einige Tage in Köln hingehalten, und blieb es ihm überlassen, eine Schadensersatzklage für Reisekosten und dergleichen anzustrengen

3. Ein Maurer, der mit seinen erstehelichen Kindern ein kleines Häuschen besaß, war Schulden halber gezwungen, es zu veräußern. Er fand einen Liebhaber, welcher sich zum Ankaufe verpflichtete. Das Vormundschaftsgericht erteilte die Genehmigung. In dem zum Kaufakt angesetzten Termine erschien der Käufer nicht, weil er hoffte, das Haus billiger zu bekommen, wenn es versteigert werde. Da die Versteigerung nötig war, kam es dazu. Der frühere Liebhaber erstand das Haus um 300 Mk. billiger. Dazu mußten die Versteigerer alle Kosten tragen.

4. Der A. stand mit B. und C. in Verbindung, um ein Haus zu kaufen Er sagte dem B., er werde dessen Haus kaufen, wenn er das des C. nicht bekommen könne. Daraufhin ging B. zu C. und verpflichtete sich mündlich, dessen Haus zu einem höheren als von A. gebotenen

Preise zu kaufen. Als nun A. zu C. kam, um dessen Haus zu kaufen, erklärte dieser, es bereits dem B. verkauft zu haben. Infolgedessen kam der Kauf zwischen A. und B. notariell zu Stande. Der C. forderte jetzt den B. auf, den Kauf bezüglich seines Hauses zu betätigen. Der B. weigerte sich jedoch, indem er bemerkte, er sei ja nicht gebunden.

5. Im Jahre 1899 kaufte ein Bürgermeister von S. mündlich ein Grundstück, welches am Eingange des Bürgermeistereiortes lag. unter Vorbehalt der Genehmigung der Bürgermeistereiversammlung und des Kreisausschusses zur Errichtung eines Bürgermeistereigebäudes.

Einige Einwohner hatten ein Interesse daran, daß das neue Bürgermeistereigebäude nicht am Eingang, sondern in der Mitte des Ortes in der Nähe ihrer Geschäftshäuser errichtet werde, wo auch das alte stand. Nach dem 1. Januar 1900, während die Bürgermeistereiversammlung tagte, veranlaßten sie den S., ihnen das vom Bürgermeister in Aussicht genommene Grundstück zum selbigen Preise zu verkaufen. S. verkaufte es ihnen mündlich.

Die Bürgermeistereiversammlung genehmigte den vom Bürgermeister vorgenommenen bedingten Kauf. Da jedoch gegen S. hätte geklagt werden müssen und aus anderen Zweckmäßigkeitsgründen wurde später ein in der Mitte des Ortes gelegener Platz gekauft. Die interessierten Einwohner hatten ihren Zweck erreicht und weigerten sich, das Grundstück des S. zu kaufen.

Die vorstehenden Fälle mögen genügen, um zu zeigen, welche Folgen der § 313 hat. Das Resultat ist, daß die anständigen Leute geschädigt werden, während die Lumpen frei ausgehen. In einigen Fällen erhalten allerdings auch sie die verdiente Strafe. Man wird entgegenhalten, in allen Fällen hätte der Schaden vermieden werden können, wenn gleich eine gerichtliche oder notarielle Beurkundung erfolgt wäre. Wenn das Gesetz mehr bekannt sei, würde sofort eine Beurkundung erfolgen, der Übergang jedes Gesetzes sei mit Schwierigkeiten verbunden. Dem ist nicht ganz zuzustimmen. Nicht in allen Fällen ist eine sofortige Beurkundung möglich. Man denke an Geschäfte, die abends spät nach langen Verhandlungen und an solche, welche an weit vom Gerichte oder dem Amtssitze eines Notars entfernten Orten abgeschlossen werden. Zudem soll ja gerade der § 313 den schnellen Abschluß eines Vertrages über Grundstücke verhindern.

Am schlimmsten kann sich die Sache bei öffentlichen Versteigerungen gestalten. Bei diesen ist weder der Versteigerer noch der Ansteigerer an sein Gebot gebunden, so lange nicht die gerichtliche oder notarielle Beurkundung erfolgt und die Unterschriften abgegeben sind.

Es kann zu schweren Chikanen und Schädigungen führen, wenn ein Ansteigerer ein Grundstück hochgetrieben und nachher seine Unterschrift verweigert. Auch ein Versteigerer kann später die Unterschrift verweigern und dadurch Konflikte mit den anderen Versteigerern und den Ansteigerern herbeiführen. Bei der hohen Bedeutung der Grundstücksversteigerungen auf dem Lande können dadurch schwere Mißstände entstehen.

Aus den vorstehenden Ausführungen dürfte sich ergeben, daß die Forderung eines notariellen oder gerichtlichen Verpflichtungsvertrages bei Übertragung von Grundstücken den beabsichtigten Zweck nicht erreicht und zu schweren Schädigungen führen kann. Da nach den bisherigen Erfahrungen ein einfach schriftlicher Vertrag auch nicht zum Ziele führt, ergibt sich die Notwendigkeit, für den Bindungsvertrag die mündliche Verabredung genügen zu lassen.

Der Hauptzweck, eine gründliche Abfassung eines Kaufvertrages zu erzielen, dürfte auf einem anderen Wege zu erreichen sein.

Der § 98 Gr.B.O. sieht vor, daß die Landesgesetzgebung die Entgegennahme einer Auflassungserklärung von der Vorlegung eines gerichtlichen oder notariellen Verpflichtungsvertrages abhängig machen kann. Es empfiehlt sich, diese Bestimmung zum Reichsgesetze zu erheben. Geschieht dieses, so wird der Vorgang in zwei Teile zerlegt. Zunächst ist die mündliche Verpflichtung zur Übertragung nötig, sodann folgt die Übertragung selbst durch gerichtliche oder notarielle Urkunde. So war der Zustand im linksrheinischen Rechtsgebiete seit dem Jahre 1885 bis zum Inkrafttreten der Grundbuchgesetze. Schäden sind dabei nicht bekannt geworden. In dieser Weise würde verhindert werden, daß durch die Auflassung und Grundbucheintragung unklare und absurde Nebenverabredungen gültig werden. Wenn auch die Parteien bei der mündlichen Verpflichtung derartige Bestimmungen getroffen haben, so wird bei der späteren gerichtlichen oder notariellen Beurkundung der Richter oder Notar darauf hinwirken, über unklare Bestimmungen Klarheit zu schaffen und absurde Verabredungen zu beseitigen.

VI.

Gutachten des Herrn Justizrats Dr. J. Stranz in Berlin[1])

über die Frage:

Empfiehlt sich die Änderung der Vorschrift des § 313 B.G.B., wonach die obligatorische Verpflichtung zur Übertragung eines Grundstückseigentums an gerichtliche oder notarielle Beurkundung des Vertrages geknüpft ist?

Kaum drei Jahre sind seit dem Inslebentreten des B.G.B. vergangen, und schon beschäftigt sich der Juristentag, wie er vorher an Schöpfung und Aufbau des B.G.B., des Ganzen in seiner Einheit und Fülle, vorbereitend mitgewirkt hat, mit der Frage, ob nicht die heilende Hand an einzelne seiner Normen angelegt werden solle.

Nicht daß sich schon, was unsere Aufgabe betrifft, erhebliche Mißstände gezeigt hätten, welche die Reformbedürftigkeit des § 313 nahe legen. Aber sein Inhalt ist einerseits im Rahmen der sonst das Gesetzbuch beherrschenden Formfreiheit eine Anomalie, andererseits volkswirtschaftlich und rechtspolitisch von großer Bedeutung. So meldete sich jene Frage wie von selbst. Auch erregen in unserer sozialpolitisch durchtränkten Zeit diejenigen Rechtsnormen ein um so lebhafteres Interesse, in denen wirtschaftliche Bedürfnisse und soziale Interessen um ihren entsprechenden Ausdruck ringen. Dies war auch nicht zumindest der Reiz, den die Aufgabe auf den Verfasser dieses Gutachtens ausübte. Der Erledigung der Aufgabe glaubt er daher nicht genügen zu können durch

---

[1]) Vergl. das vorstehende Gutachten des Justizrats Dorst in Köln über dasselbe Thema.

eine Mitteilung seiner persönlichen Auffassung. Vielmehr sollen eine Darlegung des früheren Rechtszustandes, die Entstehungsgründe und der Zweck der hier fraglichen Bestimmung, eine kurze dogmatische Entwickelung ihres Inhaltes, sowie eine statistische Erhebung über die praktischen Erfahrungen aus den beiden vergangenen Jahren die Stützen und Tragebalken bilden, auf denen die Antwort sich aufbaut.

I. Präzisierung des Thema.

Der § 313 B.G.B. in seinem Wortlaute folgt an anderer Stelle (S. 147). Unser Thema betrifft im wesentlichen nur den ersten Satz des § 313. Nicht danach ist gefragt, ob sich eine Änderung des zweiten Satzes empfiehlt. Zur Frage gestellt ist, ob die durch den ersten Satz eingeführte Form der gerichtlichen oder notariellen Beurkundung beibehalten werden soll, oder ob eine Änderung in dieser Beziehung — in der Hauptsache, ob Formfreiheit oder einfache schriftliche Form — sich empfiehlt. Der zweite Satz des § 313 wird uns daher nur insoweit beschäftigen, als er mit dieser Frage im Zusammenhange steht: und dieser Zusammenhang ist vorhanden.

Zur Klarstellung des Thema sei ferner hervorgehoben: Es handelt sich nicht um die Form, durch welche das Eigentum übertragen wird, bezw. um die Form des dinglichen Vertrages, sondern um den zu Grunde liegenden obligatorischen Vertrag: um den Vertrag, durch den sich ein Teil verpflichtet, das Eigentum an einem Grundstücke zu übertragen. Nicht selten werden diese beiden Akte, selbst in den Rechtsquellen, verwechselt. Sie sind aber begrifflich grundverschieden. (Näheres unten S. 150). Der obligatorische Vertrag — dies gibt dem § 313 eine besondere Wichtigkeit — wird erfahrungsgemäß eine Zeit lang vor Auflassung und Übergabe geschlossen. Grundstücksveräußerungen sind meist Zeitgeschäfte; daher spielt die Form der Bindung eine große praktische Rolle.

II. Rechtszustand in Deutschland vor dem 1. Januar 1900.

Aus dem Vergangenen entsteht und erklärt sich die Gegenwart am besten. Der notwendige Rückblick auf den früheren Rechtszustand unterscheidet auch hier zunächst die drei großen Rechtsgebiete, die vor dem 1. Januar 1900 privatrechtlich Deutschland beherrschten. Im Herrschaftsgebiete des preußischen Landrechts (I. 10 § 17 A.L.R.; Gesetz vom

23. April 1821, welches die durch die A.G.O. – § 39 II. 1 — als Neuerung eingeführte gerichtliche und notarielle Form für Grundstücksverträge aufhob)[2]) und des französischen Rechts[3]) (Baden, Elsaß-Lothringen, Rheinpreußen linksrheinisch) war Schriftlichkeit nötig und ausreichend, während gemeinrechtlich diese Verträge formfrei waren. Indeß ist dies nur der grobe Umriß; namentlich das Bild des gemeinrechtlichen Gebietes war bunt genug. Viele Partikularrechte hatten sich der Formfreiheit hinsichtlich der Immobiliar-Veräußerungsverträge begeben. Gerichtliche oder notarielle Form verlangten Hannover (Gesetz vom 16. Dez. 1843 § 3), das Großherzogtum Hessen (Gesetz vom 4. August 1871), Schaumburg-Lippe (Gesetz vom 4. März 1870), vor allem aber Bayern im Notariatsgesetz vom 10. November 1861 Art. 14, welcher vorbildlich für den § 313 wurde[4]). In Nassau hatte das Stockbuchgesetz (vom 15. Mai 1851) für Grundstücksverträge eine besondere Form der Gerichtlichkeit eingeführt[5]). Schriftlichkeit genügte in Württemberg (Gesetz vom 23. Juni 1853) und in Sachsen (Sächs. Gesetzb. §§ 822, 824).

Von Interesse ist es aber, nicht nur die unmittelbare Vergangenheit vor dem 1. Januar 1900 kennen zu lernen, sondern weiter zurück in die früheren Jahrhunderte deutschen Rechtslebens zu gehen. Ob im ältesten deutschen Rechte Formfreiheit der Verträge bestand oder nicht, ist bekanntlich streitig. Den Grundsatz: „ein Mann ein Wort", hat man früher als einen germanischen betrachtet im Gegensatze zum römischen Recht, das für die rechtliche Bindung die stipulatio erforderte. Diese Ansicht ist bei eingehender Prüfung von angesehenen Rechtslehrern[6]) als irrig befunden worden. Das alte deutsche Recht nahm einen nicht beim — einfach gesprochenen — Wort, es verlangte zur Gültigkeit des Vertrages die Beobachtung bestimmter Formen. Gebunden war man erst entweder durch den Gebrauch von Symbolen und feierlichen Bestärkungen, z. B. die Auslieferung einer festuca, einer Urkunde (carta),

---

[2]) Weißler: Das Notariat der Preußischen Monarchie S. 112.

[3]) Förtsch: Vergl. Darstellung des C.c. und des B.G.B. S. 209; linksrheinisch war vom Jahre 1885 bis zum Inkrafttreten der Grundbuchgesetze mündliche Verpflichtung ausreichend (Dorst S. 142).

[4]) Stobbe: Handbuch des Deutschen Privatrechts Bd. 3 § 173 Anm. 7.

[5]) Weißler: a. a. O. S. 123.

[6]) So Sohm: Recht der Eheschließung S. 24 ff.; Stobbe: a. a. O. S. 165; Brunner in Goldschmidt's Zeitschrift XXII. S. 551 ff.; die Meinung, daß nach altem Recht auch der formlose Vertrag gültig war, wird z. B. von Gerber, Deutsches Privatrecht 15. Auflage, § 159, vertreten.

einer kleinen Summe (arrha, Gottespfennig) usw., oder durch den Abschluß vor Zeugen und Mahl oder Trunk mit ihnen gemeinsam (litkauf, Weinkauf) oder durch die Erfüllung bei geringwertigeren Geschäften des gewöhnlichen Verkehrs. Indeß schleifte sich im späteren Mittelalter das starre Formprinzip ab. Nach dem Sachsenspiegel (I. 7: swe icht vorget oder lovet, die sal't gelden, unde swat he dut, dat sal he stede halten) bindet auch der formlos geschlossene Vertrag. Als ferner bei der Aufnahme des fremden Rechts in Deutschland die römische „stipulatio“, die dem deutschen Wesen widersprach, keinen Eingang fand, bürgerte sich je länger je mehr das Prinzip der Formfreiheit ein. Allein nicht mit ausnahmsloser Geltung. Für einzelne eigentümliche Vertragsarten (Vergabungen von Todeswegen), vor allem aber für alle Verträge, welche Immobilien zum Gegenstande hatten, wurde in weiten Teilen Deutschlands die Beurkundung, zumeist vor Gericht, verlangt. Das öffentliche Interesse in Beziehung auf das Grundeigentum sollte durch die obrigkeitliche Beihilfe ebenso gewahrt, wie die Vertragschließenden vor Unbesonnenheiten geschützt werden[7]). Die neueren Legislationen schlossen sich, wie wir oben dargelegt haben, seit 1800 ungefähr, hinsichtlich der verpflichtenden Kraft der Immobiliarverträge dem Formzwange an[8]).

---

[7]) Stobbe a. a. O. §§ 165, 184; Gerber § 162; Beseler 4. Aufl. § 109.

[8]) In manchen Partikularrechten ist es oft zweifelhaft, ob der Eigentumsübertragung, der Auflassung, die gerichtliche Form gilt, oder dem vorausgehenden Veräußerungsgeschäfte. Beide Akte werden verwechselt (Gerber § 162 Anm. 1; Beseler § 109). Es ist ein in Deutschland wohl auch für die älteste Zeit nachweisbarer und, wenn auch durch die Aufnahme des römischen Rechts zeitweise erschütterter, doch bis in die Gegenwart herrschender Grundsatz, daß das Eigentum an einem Grundstück (und überhaupt ein dingliches Recht am Grundstücke) nur durch eine feierliche öffentliche Handlung und später auch vorzugsweise vor dem Gerichte der belegenen Sache, im Echteding, übertragen werden müsse. Ane echte ding ne mut nieman sin egen geven (Sachsenspiegel I. Art. 52 § 1). Darauf beruht das Institut der gerichtlichen Auflassung und der — später üblich gewordenen — Eintragung in öffentlichen Büchern. Näheres Gerber § 89, Beseler § 88; dort auch über die verschiedenen Auffassungen in Bezug auf die in den alten Rechtsquellen erwähnten beiden Akte der sala, traditio (Auskleidung des Veräußerers?), und der vestitura, geweri (Einweisung in den Besitz oder Übereignungsakt?). Zu beachten bleibt die vielfach vertretene abweichende Meinung, die Auflassung fände sich nicht in so alter Zeit und in der Ausdehnung, wie man dies anzunehmen gewohnt sei (Stobbe Bd. 2 Abt. 1 § 94, die dort zitierten Laband, Bülowius; Weißler Preuß. Not. S. 8 ff., 47), der Hauptwert sei vielmehr in Deutschland stets auf die Beurkundung der Vertragsabrede gelegt worden.

des Vertrages ausreichend beantragt. Die Gründe zu Gunsten der einfachen Schriftform werden wir weiter unten in einem andern Zusammenhange einer kritischen Würdigung unterziehen. (S. 178 ff.)

Von Wichtigkeit ist jedoch, hier dem Schicksal einiger der Anträge nachzugehen, die zum § 313 (früher 351) in der II. Kommission gestellt wurden.

Ein Antrag, die Errichtung in „öffentlicher Urkunde" vorzuschreiben, statt die Parteien bloß auf die gerichtliche oder notarielle Beurkundung zu beschränken, wurde abgelehnt. Dagegen fand die Billigung der Kommission ein Antrag, im Einführungsgesetze zu bestimmen:

> „Unberührt bleiben die landesgesetzlichen Vorschriften, nach welchen zur Aufnahme der im § 351 (jetzt 313) des B.G.B. vorgeschriebenen Urkunden auch andere Behörden und Beamte als die Gerichte und Notare zuständig sind."

Dieser Antrag, später ein Bestandteil des Art. 142 E.G., ist, wie wir nachher (S. 184) sehen werden, von großer praktischer Bedeutung geworden.

Für den Antrag, die Formvorschrift auf obligatorische Verträge zur Begründung, Übertragung oder Belastung jedes dinglichen Rechts an einem Grundstücke auszudehnen, erkannte die Kommission ein Bedürfnis nicht an. Denn die Formalisierung des dinglichen Vertrages genüge hier, zu einem Schutze gegen Übereilung liege keine Veranlassung vor, und die strengere, als die privatschriftliche Form, müßte vielfach zur Erschwerung und Beeinträchtigung des Verkehrs führen, insbesondere bei Hypotheken (Darlehenzusagen der Landschafts-Direktionen, Schlußscheinen der Hypothekenmakler).

Endlich ist auch der wichtige Antrag, den zweiten Satz (damals noch Absatz) zu streichen, also die Heilung des Formmangels durch Auflassung nicht zuzulassen, abgelehnt worden. Überwiegende Gründe sprechen für die Ablehnung, wie wir an anderer Stelle noch darlegen werden.

IV. Erläuterung des § 313.

Eine kurze dogmatische Erläuterung empfiehlt sich, weil nur dadurch der Einblick in den gegenwärtigen Rechtszustand voll erschlossen wird. Ob Änderungen wünschenswert, ob sie notwendig, kann erst eine genaue Untersuchung des status quo ergeben; an die Diagnose schließt sich die Prognose.

Satz 1.

1. Der **obligatorische** Vertrag ist es, den der § 313 im Auge hat: der Vertrag, durch den sich der eine Teil **verpflichtet**, das Eigentum zu übertragen. Von diesem obligatorischen Vertrag des § 313, dem obligatorischen Grundgeschäft, ist der **dingliche** Vertrag, die rechtsgeschäftliche Verfügung über das Grundstück, die Einigung des Veräußerers und Erwerbers, welche das B.G.B. Auflassung nennt, mit ihrer die Rechtsänderung unmittelbar bewirkenden Folge scharf zu unterscheiden.[10]) Dies ist der Gegenstand der §§ 873 und 925. Der in der Form des § 313 abgeschlossene Vertrag ist weder der dingliche Vertrag noch ersetzt er ihn; er begründet nur ein Recht auf Vollziehung desselben und Abgabe der Erklärungen gemäß § 925 (**Planck** Anm. 1 zu § 313.)

2. **Jeden** obligatorischen Vertrag, durch welchen sich jemand verpflichtet, das Eigentum an einem Grundstücke zu übertragen, hat der § 313 im Auge, nicht etwa bloß Kauf- oder Tauschverträge (vgl. auch unten 6a).

3. Nur das Eigentum an einem Grundstück, nicht **sonstige dingliche** Rechte trifft der § 313. Auch für Verträge, durch die sich jemand zur Begründung oder Übertragung eines Erbbaurechts verpflichtet, greift er Platz (§ 1017).

Der obligatorische Vertrag, welcher die Verpflichtung auf Bestellung, Änderung oder Übertragung eines **sonstigen dinglichen Rechts** (abgesehen vom Eigentum) betrifft, ist **der Regel nach formfrei**. Er bedarf, um bindend zu sein, auch nicht der im § 873 Abs. 2 vorgeschriebenen Formen, welche nur für die Bindung hinsichtlich des dinglichen Vertrages gelten. Es kann daher aus einem bloß mündlichen Vertrag auf formgerechte Bestellung des in ihm versprochenen dinglichen Rechts geklagt werden. Von dieser Regel[11]), welche das Reichsgericht — Entsch. in Zivils. Bd. 48 S. 135 — mit Recht aus den Normen des B.G.B. ableitet, gibt es verschiedene Ausnahmen. Die wichtigste bildet

---

[10]) **Dernburg**, Bürgerl. Recht III. §§ 63, 88; II. § 80 Nr. IV; **Endemann**, Einführung in das Studium des B.G.B. I. § 104, Nr. II. § 96; II. § 17 ff.; **Planck** Anm. 1 zu § 313. Vgl. auch oben S. 108 Anm. 8.

[11]) Die Frage ist kontrovers; **Küchenbahl** (in Jur. Woch. 1901 S. 701 und im „Recht" 1902 S. 200) ist abweichender Ansicht. Gegen ihn und für das Reichsgericht **Eugen Fuchs** a. a. O. S. 747, sowie **Wunderlich** und **Cohen** S. 791 und 792.

der § 313, der eine lex specialis für das Grundstückseigentum im Verhältnis zu § 873 darstellt.

4. Auch der bloße Antrag bedarf, wenn für einen Vertrag gerichtliche oder notarielle Form vorgeschrieben ist, dieser Form, um bindend zu sein (§§ 128, 145 B.G.B). Das ist beim Grundstückverkehr von besonderer Bedeutung, wie wir noch sehen werden.

5. Die Wirkung des Formmangels ist Nichtigkeit (§ 125), vorbehaltlich der heilenden Vorschrift im Satz 2. Also ist kein Recht auf Nachholung der Form, geschweige denn auf Erfüllung begründet. Weder Klage noch Einrede sind gegeben. Es besteht kein Vorvertrag, Bestärkungs- und Sicherungsmittel, insbesondere auch Konventionalstrafen, sind ungültig[12]).

6. Aus der scharfen Wirkung des Formangels und aus den im öffentlichen Interesse wurzelnden Zwecken des § 313 ist zu folgern, daß, wie die Bestärkungs- und Sicherungsmittel, so auch alle zur Umgehung des § 313 geschlossenen Geschäfte, alle Umgehungsgeschäfte ungültig sind. Beispiele:

a) Nicht selten wird durch Erteilung von unwiderruflichen schriftlichen Vollmachten eine Bindung des Grundeigentümers zur Übertragung seines Grundstücks beabsichtigt. Entweder so, daß der Kauf direkt in der Form einer Vollmacht gekleidet wird[13]), oder so, daß der Käufer einer dem Einfluß des Käufers unterworfenen Person Vollmacht erteilt. Die Gerichte sind dieser Umgehungsform bereits entgegengetreten. Die Abmachungen bestanden z. B. in einem, vom O.L.G. Marienwerder entschiedenen Falle[14]) darin, daß der Bevollmächtigte berechtigt, aber nicht verpflichtet war, die beabsichtigte Parzellierung innerhalb eines gewissen Zeitraums vorzunehmen, die Vollmachtgeber aber gehalten sein sollten, bis zum Ablauf der gestellten Frist die Ermächtigung zur Parzellierung nicht zurückzunehmen. Mit letzterer Bestimmung war die Verpflichtung der Vollmachtgeber intendiert, ihren Grundbesitz an denjenigen Käufer, der ihnen der Bevollmächtigte innerhalb des bestimmten Zeitraums bezeichnen würde, zu veräußern und aufzulassen. Diese Voll-

---

[12]) So auch schon die frühere preußische Praxis (Dernburg Preuß. Priv. I. § 98; Förster-Eccius I. § 79) sowie die bayerische.

[13]) Zeitschr. des Deutsch. Notar-Vereins, Jahrg. 1901 S. 359.

[14]) Deutsche Notar-Zeitschr. Jahrg. 1902 S. 140. — Das Reichsgericht hat sich unter dem 5. Februar ebenso ausgesprochen (Dtsch. Jur.-Ztg. 1902 Nr. 10 S. 249).

macht und diese Abmachungen hat das O.L.G. mit Recht insoweit für nichtig erklärt, als sie die Vollmachtgeber verpflichten sollten, die erteilte Vollmacht nicht zu widerrufen und ihre Grundstücke an die ihnen von dem Bevollmächtigten bezeichneten Personen zu veräußern. Denn der § 313 habe nicht nur den Kauf- und Tauschvertrag im Auge, sondern umfasse jede vertragsmäßige Bestimmung, durch die sich jemand zur Übertragung des Eigentums an einem Grundstücke verpflichtet. Dabei sei es unerheblich, ob eine solche Verpflichtung den ausschließlichen Inhalt des Vertrages oder nur einen Bestandteil desselben bilde; im letzteren Falle wirke nur der § 139 noch ein, nach welchem sich entscheide, ob das ganze Rechtsgeschäft nichtig ist oder nicht.

b) Die Einreichung privatschriftlicher Veräußerungsverträge bei dem Grundbuchamt ist keinesweg geeignet, die Form des § 313 zu ersetzen. Ein Landgericht hat, unter Berufung des § 873 Abs. 2, ausgeführt, daß „die Mitwirkung zur Auflassung auch dann gefordert werden könne, wenn der dingliche Vertrag bei dem Grundbuchamt in schriftlicher Form eingereicht sei". Das Landgericht übersieht, daß § 313 eine Ausnahme von der Vorschrift des § 873 bildet (vgl. oben zu 3). Überdies würde durch Aufnahme der obligatorischen Verpflichtungen in den dinglichen Vertrag und die Einreichung ans Grundbuchamt die leichteste Handhabe zur Umgehung der wichtigen und wohlerwogenen Vorschrift des § 313 gegeben sein[15]).

c) Auch die Abtretung des Rechts aus einem gerichtlichen Vertrage über Übertragung des Eigentums an einem Grundstücke bedarf gerichtlicher oder notarieller Form, da es dem Zwecke des § 313 widerspräche, wenn durch das Mittel der formlosen Zession im Augenblicke ihrer Vornahme die Bindung der interessierten Beteiligten einträte[16]).

Satz 2.

1. Zur Heilung ist Auflassung und Eintragung erforderlich. Nach § 10 des preußischen Gesetzes vom 5. Mai 1872 war, vielleicht konseqenter, nur die Auflassung als der heilende Akt erwähnt; zu berücksichtigen ist aber, daß nach preußischem Grundbuchrecht die Eintragung sofort nachfolgte.

---

[15]) So mit Recht Consbruch Dtsch. Jur.-Ztg. 1901 S. 431 mit Nachweisen aus Literatur und Rechtsprechung.

[16]) So zutreffend Brettner im „Recht" 1900 S. 319; a. M. Landsberg Dtsch. Jur.-Ztg. Jahrg. VI S. 350.

2. Nur Mängel der Vertragsform werden geheilt, nicht andere Mängel, z. B. im Willen, oder die fehlende vormundschaftliche Genehmigung. Der Vertrag muß, abgesehen von der mangelnden Form, sonst gültig sein.

3. Die Übertragung (Auflassung und Eintragung) muß selbst gültig sein. „Ist die Auflassung nichtig, oder ist sie anfechtbar und angefochten, so wird auch der obligatorische Vertrag nicht gültig" (Planck Anm. 2 zu § 313.

4. Durch die nachfolgende Auflassung und Eintragung wird der ganze Inhalt des Vertrages gültig: also das Versprechen der Gegenleistung, etwaige neben dem schriftlichen Vertrage getroffene Abreden, etwaige spätere, nicht schriftliche Zusätze zu einem früheren schriftlichen Vertrage. Überhaupt werden diejenigen Grundsätze sinngemäße Anwendung finden, welche die Judikatur zu dem entsprechenden § 10 des preußischen Gesetzes vom 5. Mai 1872 entwickelt hat (Entsch. des Ob.-Trib. 81 S. 9; 82 S. 180; R.G. 16 S. 267)[17])

V. Erfahrungen der Praxis mit dem § 313 in den ersten beiden Jahren seines Bestehens.

Der Wichtigkeit der Aufgabe glaubte es der Verfasser schuldig zu sein, die gestellte Frage nicht bloß deduktiv zu entscheiden, sondern, soweit es irgend möglich, auch induktiv Tatsachen-Material über die praktischen Erfahrungen seit dem 1. Januar 1900 herbeizuschaffen, um einen möglichst festen Grund und Boden zu gewinnen.

Hierfür war es von besonderem Interesse, festzustellen:

1. Wie vielen der Grundstücksauflassungen, welche im Jahre 1900 und im Jahre 1901 getätigt sind, liegen: a) notarielle, b) gerichtliche, c) privatschriftliche Verträge zu Grunde? d) wie viele kamen ohne Vertragsurkunden vor?
2. Wie war das Zahlenverhältnis über die eben angeregten Punkte im Jahre 1899, dem letzten Jahre vor dem Inkrafttreten des Bürgerlichen Gesetzbuches?
3. Ist die Zahl der notariell errichteten Grundstücksverträge in den Jahren 1900 und 1901 im Verhältnis zu der Anzahl in den

---

[17]) Vergl. noch Dernburg P. Privatr. I § 98 Anm. 6, § 242 Anm. 11; Förster-Eccius I. § 79, Anm. 67, III. § 178 Anm. 53, 57, 63.

früheren Jahren gestiegen? War die Steigerung eine erhebliche? In welchem Zahlenverhältnis hat sie stattgefunden? Ist sie aller Wahrscheinlichkeit nach auf die Vorschrift des § 313 B.G.B. zurückzuführen?

Amtliche Zahlen und Veröffentlichungen lagen und liegen über obige Punkte nicht vor[18]). Der Verfasser war daher auf eine private Umfrage angewiesen, die selbstverständlich nur in bescheidenem Umfange veranstaltet werden konnte. Die leitenden Gesichtspunkte für die Auswahl der Angefragten waren folgende: Hinsichtlich der Fragen zu 1 und 2 waren die Gerichte, hinsichtlich der Frage zu 3 die Notare die gegebenen Adressen. Die außerpreußischen Staaten mußte der Verfasser ausscheiden, weil er auf Material von dort nicht hoffen konnte; aus Bayern gingen indes Mitteilungen (vom Rechtsanwalt Siegel I) ein. Ausgeschieden wurde ferner Rheinpreußen, weil für die Frage noch ein rheinischer Gutachter bestellt war.

Die Anfragen gingen an 15 Landgerichte für deren ganzen Bezirk und an vier Amtsgerichte. Hierbei wurden entsprechend berücksichtigt die verschiedenen Provinzen der Monarchie, Gerichte sowohl mit vorwiegend ländlicher als auch mit vorwiegend städtischer Bevölkerung, endlich die beiden Rechtsgebiete des allgemeinen Landrechts und des gemeinen Rechts. Antworten gingen indes nur von zwölf Gerichten[19])

---

[18]) Auch im preußischen Justizministerium liegen noch keine Berichte vor (Mitteilung des Geh. Rats Vierhaus).

[19]) Es sind dies: das Amtsgericht I Berlin (für sämtliche 9 Abteilungen, also den ganzen Stadtbezirk); das Amtsgericht II Berlin (für 2 Abteilungen, von denen die eine die Stadt Schöneberg, die andere die Grundbuchsachen aus verschiedenen ländlichen Ortschaften der Kreise Teltow und Niederbarnim bearbeitet); das Amtsgericht Breslau (für 2 Breslau eingemeindete Vororte — Kleinburg und Pöpelwitz — und acht überwiegend ländliche Gemarkungen im Umkreise von 5 bis 25 Kilometer von Breslau); das Landgericht Köslin (für alle Amtsgerichte); das Landgericht Graudenz (für die Amtsgerichte Graudenz, Marienwerder und Schwetz); das Landgericht Guben (für alle Amtsgerichte); das Amtsgericht Iserlohn (für 3 ländliche Gemeinden); das Amtsgericht Lyck (für die Stadt Lyck und neun umliegende Dörfer); das Landgericht Nordhausen (für die vier Amtsgerichte Nordhausen, Heiligenstadt, Worbis und Sangerhausen; das Amtsgericht Schlawe. Außerdem sind von den Landgerichten zu Arnsberg und zu Schneidemühl zwar keine Zahlenaufstellungen, aber wertvolle Mitteilungen eingegangen. Die Aufstellungen der Amtsgerichte Canth, Neumarkt, Winzig, Wohlau — aus dem Bezirke des Landgerichts Breslau — sind leider zu spät eingegangen.

ein, die sich auf die Mark Brandenburg, die Provinzen Pommern, Posen, West-Preußen, Ost-Preußen, Sachsen, Schlesien, Westphalen verteilen.

Von den Notaren wurden 18 Berliner und 34 außerhalb Berlins angefragt; geantwortet haben neun Berliner[20]) und 14 auswärtige[21]). Vertreten sind hierbei die Mark Brandenburg, die Provinzen Pommern, Posen, West-Preußen, Ost-Preußen, Sachsen, Schlesien.

Hiernach sind die statistischen Quellen nicht allzureich geflossen. Die gesammelten Erfahrungen beschränken sich auch auf eine relativ kurze Zeit. Ein Schelm aber gibt mehr, als er hat. Jedenfalls sind die Mitteilungen, zumal sie Material aus den verschiedenen Rechts- und Wirtschaftsgebieten bringen, als positive Grundlage wie auch als Spiegel verschiedenster Auffassungen für die Lösung unserer Aufgabe sehr wertvoll. Mit diesen Vorbehalten und unter dem Hinweise darauf, daß sich auf Zahlen-Material in einer entsprechenden Abänderung das Goethesche Wort anwenden läßt:

Mit Zahlen läßt sich trefflich streiten,
Mit Zahlen ein System bereiten,
An Zahlen läßt sich trefflich glauben,
Von einer Zahl läßt sich kein Jota rauben,

sei nunmehr an die Mitteilung der wichtigsten Ergebnisse der Umfrage gegangen.

1. Mitteilungen der Gerichte.

Wir lassen aus diesen hier einige derjenigen **genauen Aufstellungen** folgen, die eine vergleichende Übersicht darüber gewähren, wieviele notarielle, gerichtliche oder privatschriftliche Urkunden den Auflassungen im betreffenden Gerichtsbezirk in den Jahren 1899, 1900 und 1901 zugrunde gelegen haben, und wie viele Auflassungen ohne Vertragsurkunden getätigt sind.

---

[20]) **Breslauer**, v. **Gordon**, **Max Jacobsohn**, **Irmler**, **Kempf**, **Krebs**, **Lisco**, **Lobe**.

[21]) **Cohn** (Breslau), **Jacobi** (Bergen), **Jacoby** (Stolp), **Lurjé** (Stettin), **Seelig** (Königsberg), **Weißler** (Halle), **Wolfen** (Bromberg), **Zülzer** (Ratibor), sowie sämtliche Danziger Notare (**Citron**, **Levisohn**, **Meyer**, **Steinhardt**, **Syring**, **Weiß**).

A. Amtsgericht I Berlin (Stadtbezirk Berlin).

Abteilung	Jahr 1899: Zahl der notariellen Verträge	Jahr 1899: Zahl der gerichtlichen Verträge	Jahr 1899: Zahl der privatschriftlichen Verträge	Jahr 1899: Auflassungen ohne Vertragsurkunde	Jahr 1900: Zahl der notariellen Verträge	Jahr 1900: Zahl der gerichtlichen Verträge	Jahr 1900: Zahl der privatschriftlichen Verträge	Jahr 1900: Auflassungen ohne Vertragsurkunde	Jahr 1901: Zahl der notariellen Verträge	Jahr 1901: Zahl der gerichtlichen Verträge	Jahr 1901: Zahl der privatschriftlichen Verträge	Jahr 1901: Auflassungen ohne Vertragsurkunde
113 (112)	93	3	70	27	113	5	26	10	119	3	15	5
114	64	1	67	12	107	—	20	14	116	—	10	2
115	67	3	61	37	123	—	26	9	104	3	7	9
116	61	2	35	24	117	1	13	10	116	1	12	8
117 (120)	160	6	107	53	145	2	41	38	198	3	23	25
118	94	—	49	35	112	—	20	25	138	1	11	18
119	73	5	91	7	147	2	17	7	210	—	15	13
121	69	—	36	22	155	—	8	28	197	—	4} 7}	32
124 (122, 123)	177	9	124	31	174	3	25	16	171	—	12	15
Summe	858	29	640	248	1193	13	196	157	1369	11	116	127
	1775				1559				1623			

B. Amtsgericht II Berlin; Bezirk der Stadt Schöneberg (Abt. 5).

Im Jahre **1899** lagen

185 Auflassungen notarielle Verträge,
99 Auflassungen privatschriftliche Verträge zugrunde;
144 Auflassungen kamen ohne Vertragsurkunde vor.

Summe 428

Im Jahre **1900** lagen

247 Auflassungen notarielle Verträge,
31 Auflassungen privatschriftliche Verträge zugrunde;
84 Auflassungen kamen ohne Vertragsurkunde vor.

Summe 362

Im Jahre **1901** lagen

293 Auflassungen notarielle Verträge,
11 Auflassungen privatschriftliche Verträge zugrunde;
81 Auflassungen kamen ohne Vertragsurkunde vor.

Summe 385

C. Amtsgericht II Berlin; einzelne ländliche Ortschaften der Kreise Teltow und Niederbarnim (Abt. 5a).

Im Jahre **1899** lagen

118 Auflassungen notarielle Verträge,
2 Auflassungen gerichtliche Verträge,
198 Auflassungen privatschriftliche Verträge zugrunde;
193 Auflassungen kamen ohne Vertragsurkunde vor.

Summe 511

Im Jahre **1900** lagen

156 Auflassungen notarielle Verträge,
2 Auflassungen gerichtliche Verträge,
118 Auflassungen privatschriftliche Verträge zugrunde;
142 Auflassungen kamen ohne Vertragsurkunde vor.

Summe 418

Im Jahre **1901** lagen

250 Auflassungen notarielle Verträge,
8 Auflassungen gerichtliche Verträge,
106 Auflassungen privatschriftliche Verträge zugrunde;
106 Auflassungen kamen ohne Vertragsurkunde vor.

Summe 470

D. Bezirk des Königlichen Landgerichts Guben.

Es haben den Auflassungen zu Grunde gelegen:

Laufende Nr.	Beim Amtsgericht	Notarielle Verträge 1899	Notarielle Verträge 1900	Notarielle Verträge 1901	Gerichtliche Verträge 1899	Gerichtliche Verträge 1900	Gerichtliche Verträge 1901	Privatschriftliche Verträge 1899	Privatschriftliche Verträge 1900	Privatschriftliche Verträge 1901	Keine Urkunden 1899	Keine Urkunden 1900	Keine Urkunden 1901
1	Crossen a. O.	189	276	268	60	40	41	206	67	55	75	83	33
2	Forst i. L.	207	182	154	2	2	4	94	75	28	89	26	72
3	Fürstenberg a. O.	60	56	70	17	18	16	148	115	103	110	97	75
4	Guben	232	257	309	31	39	36	172	89	73	107	96	89
5	Pfoerten	43	9	20	31	28	40	37	15	7	18	22	21
6	Schwiebus	1	70	85	13	10	13	97	63	7	12	31	33
7	Sommerfeld	89	138	126	7	2	3	100	25	11	50	33	29
8	Sorau, N.-L.	5	151	174	6	22	27	237	88	95	56	59	54
9	Triebel	—	63	105	9	16	6	157	90	29	9	33	41
10	Züllichau	89	136	128	28	26	18	60	48	11	33	37	39
	Summe für den Landgerichtsbezirk	915	1338	1439	204	203	204	1308	675	419	559	517	486

Gesamtzahl der Auflassungen: 1899: 2986, — 1900: 2733, — 1901: 2548.

Für den Amtsgerichtsbezirk Sommerfeld (oben zu 7) verteilt sich die Zahl der Auflassungen auf städtische und ländliche Grundstücke wie folgt:*)

	Notarielle Verträge 1899	Notarielle Verträge 1900	Notarielle Verträge 1901	Gerichtliche Verträge 1899	Gerichtliche Verträge 1900	Gerichtliche Verträge 1901	Privatschriftliche Verträge 1899	Privatschriftliche Verträge 1900	Privatschriftliche Verträge 1901	Keine Urkunden 1899	Keine Urkunden 1900	Keine Urkunden 1901
Städtische Grundstücke	31	77	63	—	—	—	45	13	6	23	19	11
Ländliche "	58	61	63	7	2	3	55	12	5	27	14	18
Summe:	89	138	126	7	2	3	100	25	11	50	33	29

*) Mitgeteilt vom Amtsgerichtsrat Hirschfeld in Sommerfeld.

E. Bezirk der Amtsgerichte Graudenz, Marienwerder und Schwetz.

Bezeichnung der Gerichte	Jahr	Notarielle Verträge	Gerichtliche Verträge	Privatschriftliche Verträge	Verträge ohne Schriftform	Gesamtzahl
Graudenz . .	1899	81	—	399	31	511
	1900	188	1	150	33	372
	1901	241	2	86	18	347
Marienwerder .	1899	63	49	195	18	325
	1900	124	26	86	38	274
	1901	203	42	48	25	318
Schwetz . . .	1899	59	11	285	25	380
	1900	112	9	307	89	517
	1901	193	7	185	96	481

Die vorstehenden Proben werden genügen, um über die Art der gerichtlichen Mitteilungen zu orientieren. Diesseits sind nun sämtliche Mitteilungen aller Gerichte, um nicht totes Ziffernmaterial zu geben, in der Weise gesichtet und verarbeitet worden, daß die Prozentziffer der Auflassungen ohne Vertragsurkunde, der mit privatschriftlicher Vertragsurkunde und der mit „öffentlicher" (d. h. gerichtlicher oder notarieller) Vertragsurkunde[22]) für die drei Jahre 1899, 1900 und 1901 berechnet wurde. Die nachstehende Tabelle veranschaulicht das Bild in Prozentziffern und gewährt eine rasche Übersicht über die prozentuale Höhe, in der die Auflassungen in den einzelnen Bezirken zu der Form des Grundgeschäftes stehen, sowie über das Steigen und Fallen dieser Verhältnisziffer

[22]) Bemerkt sei hier, daß die gerichtlichen Verträge gegenüber den notariellen sowohl vor 1900 als nach 1900 in den größeren Städten nur eine geringe Rolle spielen. Aber auch in ländlichen Bezirken treten sie nach Zahl und Bedeutung durchaus zurück hinter den notariellen, namentlich seit dem Jahre 1900. Die größere Bequemlichkeit, die das Publikum beim Aufsuchen des Notars hat, fällt hier entscheidend ins Gewicht. Alle Erfahrungen und die oben zu A, C, D und E mitgeteilten Aufstellungen ergeben den ziffernmäßigen Beweis hierfür. Die gerichtliche Form wird namentlich bei Erbauseinandersetzungen oder in Gegenden, wo ein Notar fehlt, gewählt. Für unsere Frage ist es aber ohne Belang, ob das Publikum die eine oder die andere Form wählt; frägt es sich ja doch, ob überhaupt die Form der öffentlichen Beurkundung, worunter wir der Kürze halber die notarielle und gerichtliche Form zusammenfassen wollen, beibehalten werden soll. Von diesem Gesichtspunkte aus ist daher für unsere Zwecke eine Scheidung der notariellen und gerichtlichen Verträge nicht erforderlich.

Tabelle.

Jahreszahl	Berlin	Amtsgericht II Berlin: Abth. 5a. Einzelne ländliche Ortschaften der Kreise Teltow u. Niederbarnim	Amtsgericht II Berlin: Abth. 5. Stadt Schöneberg	Breslau: 7 meist ländliche Gemarkungen (5—25 km von Breslau)	Breslau: 2 Vororte (Kleinburg, Pöpelwitz)	Cöslin	Graudenz	Marienwerder	Schwetz	Guben
	%	%	%	%	%	%	%	%	%	%
					Auflassungen ohne Vertragsurkunden.					
1899	$13^{69}/_{71}$	$37^{393}/_{511}$	$33^{69}/_{107}$	$12^{3}/_{4}$	$43^{7}/_{51}$	14	$6^{34}/_{511}$	$5^{7}/_{13}$	$6^{11}/_{19}$	$18^{1076}/_{1493}$
1900	$10^{110}/_{159}$	$33^{203}/_{209}$	$23^{37}/_{181}$	$10^{1}/_{2}$	$23^{1}/_{3}$	$15^{1}/_{4}$	$8^{27}/_{31}$	$13^{119}/_{137}$	$17^{111}/_{517}$	$18^{2506}/_{2733}$
1901	$7^{1339}/_{1623}$	$22^{26}/_{47}$	$21^{3}/_{77}$	$6^{1}/_{2}$	$40^{20}/_{47}$	$14^{1}/_{2}$	$5^{65}/_{347}$	$7^{131}/_{159}$	$19^{461}/_{481}$	$19^{47}/_{637}$
							$99=6^{26}/_{304}$	$00=13^{881}/_{1163}$	$01=12^{74}/_{573}$	
					Auflassungen mit privatschriftlichem Vertrage.					
1899	$36^{4}/_{11}$	$38^{382}/_{511}$	$23^{14}/_{107}$	$61^{3}/_{4}$	$41^{9}/_{51}$	*) Vgl. unten Anmerkg.	$78^{42}/_{511}$	60	75	$43^{1201}/_{1493}$
1900	$12^{892}/_{1559}$	$28^{48}/_{209}$	$8^{102}/_{181}$	$10^{1}/_{2}$	$13^{1}/_{3}$		$40^{10}/_{31}$	$31^{53}/_{137}$	$59^{197}/_{517}$	$24^{1908}/_{2733}$
1901	$7^{239}/_{1623}$	$22^{26}/_{47}$	$2^{66}/_{77}$	15	$8^{24}/_{47}$		$24^{272}/_{347}$	$15^{15}/_{159}$	$38^{222}/_{481}$	$16^{283}/_{637}$
							$99=72^{87}/_{304}$	$00=46^{802}/_{1163}$	$01=27^{479}/_{573}$	
					Auflassungen mit Vertrag in öffentlicher (notarieller oder gerichtlicher) Form.					
1899	$49^{69}/_{71}$	$23^{247}/_{511}$	$43^{24}/_{107}$	$25^{1}/_{2}$	$15^{35}/_{51}$	*) Vgl. unten Anmerkg.	$15^{438}/_{511}$	$34^{6}/_{13}$	$18^{8}/_{19}$	$37^{709}/_{1493}$
1900	$77^{557}/_{1559}$	$37^{167}/_{209}$	$69^{42}/_{181}$	79	$63^{1}/_{3}$		$50^{25}/_{31}$	$54^{102}/_{137}$	$23^{209}/_{517}$	$56^{1052}/_{2733}$
1901	$85^{45}/_{1623}$	$54^{42}/_{47}$	$76^{8}/_{77}$	$78^{1}/_{2}$	$51^{3}/_{47}$		$70^{10}/_{347}$	$77^{7}/_{159}$	$41^{279}/_{481}$	$64^{307}/_{637}$
							$99=21^{191}/_{304}$	$00=39^{643}/_{1163}$	$01=60^{20}/_{573}$	

*) Die Aufstellung von Cöslin hat die Auflassungen mit privatschriftlichem und mit öffentlichem Vertrage nicht unterschieden. Mit Vertrag kamen vor: 1899: 2160, 1900: 2059, 1901: 1992.

Jahreszahl	Iserlohn 3 ländliche Gemeinden %	Lyck Stadt Lyck und 9 umliegende Dörfer %	Nordhausen Gerichtseingesessene 1901 städtisch 28000 ländlich 14722 %	Heiligenstadt Gerichtseingesessene 1901 städtisch 8000 ländlich 28152 %	Worbis Gerichtseingesessene 1901 städtisch 12000 ländlich 20287 %	Sangerhausen Gerichtseingesessene 1901 städtisch 5000 ländlich 21498 %	Schlawe %	Arnsberg	Schneidemühl
				Auflassungen ohne Vertragsurkunden.					
1899	$27\frac{7}{9}$	$9\frac{3}{13}$	$14\frac{214}{349}$	$27\frac{323}{951}$	$40\frac{340}{839}$	$25\frac{10}{36}$	etwa 5	Regel privatschriftlich oder mündlich	Hierüber liegt keine Auskunft vor.
1900	$11\frac{1}{2}$	17	$76\frac{7}{18}$	$35\frac{165}{781}$	$48\frac{37}{81}$	$23\frac{359}{367}$	10		
1901	$21\frac{3}{7}$	18	$81\frac{23}{77}$	$34\frac{226}{311}$	$56\frac{78}{162}$	$28\frac{88}{119}$	8		
				Auflassungen mit privatschriftlichem Vertrage.					
1899	$29\frac{5}{9}$	$47\frac{9}{13}$	$56\frac{56}{349}$	$66\frac{34}{951}$	$57\frac{477}{839}$	$33\frac{12}{36}$	etwa $47\frac{1}{2}$		Zahlreiche schriftliche, aber Abnahme gegen die Zeit vor dem 1. 1. 00.
1900	$11\frac{1}{2}$	$38\frac{5}{13}$	0	$53\frac{507}{781}$	$45\frac{5}{81}$	$4\frac{332}{367}$	im Ganzen 2 oder 3 Verträge		
1901	$16\frac{2}{7}$	$37\frac{1}{2}$	$3\frac{29}{77}$	$44\frac{266}{311}$	$34\frac{117}{162}$	$2\frac{142}{179}$			
				Auflassungen mit Vertrag in öffentlicher (notarieller oder gerichtlicher) Form.					Anzahl aller notariell. Verträge:
1899	$42\frac{6}{9}$	$43\frac{1}{13}$	$29\frac{77}{349}$	$6\frac{694}{951}$	$2\frac{22}{839}$	$41\frac{14}{36}$	etwa $47\frac{1}{2}$		= 417
1900	77	$44\frac{8}{13}$	$23\frac{11}{18}$	$11\frac{109}{781}$	$6\frac{39}{81}$	$71\frac{43}{367}$	in der Regel notariell		= 736
1901	$62\frac{2}{7}$	$44\frac{1}{2}$	$15\frac{25}{77}$ *)	$20\frac{130}{311}$	$8\frac{129}{162}$	$68\frac{178}{179}$			= 706

*) Vgl. S. 162 Anm. 23.

Niemandem mehr, als dem Verfasser, stehen lebhafter die schon oben hervorgehobenen Momente vor Augen, die den Wert der von ihm ermittelten Ziffern beeinträchtigen. Aber in einem, und einem wesentlichen, Punkte ist die Sprache der Tabelle eine deutliche. Schon unter altem Rechte kamen eine sehr erhebliche Anzahl von Grundstücksverträgen vor die Gerichte und Notare. Und sodann die Prozentziffer der in öffentlicher Form geschlossenen Verträge ist in den beiden letztvergangenen Jahren gegenüber dem Jahre 1899 überall gestiegen[23]): in den Großstädten, ihren Vororten, in Mittelstädten, in kleinen Städten und in ländlichen Bezirken. Außer in Lyck, wo es sich um eine Steigerung von nur etwa $1^1/_2$ % handelt, zeigen sich Steigerungen bis zu 10 %, 20 %, ja selbst bis zu 40 und 50 %. Innerhalb der Jahre 1900 und 1901 zeigte sich in einzelnen Bezirken zunächst ein Anschwellen und dann ein Sinken.

Ein interessantes Resultat liefert der Blick auf die Tabelle rücksichtlich der ohne jede Vertragsurkunde und auf Grund privatschriftlichen Vertrages erfolgten Auflassungen. Durchwegs zeigt sich ein prozentuales Sinken **bei den privatschriftlichen Verträgen**; auch diese Erscheinung gilt in gleicher Weise für Stadt, Land und gemischte Bezirke[24]). Die privatschriftliche Form bröckelt ab zu Gunsten bald der formlosen bald der öffentlich beurkundeten Geschäfte; wie von zwei Mahlsteinen, ist sie von diesen beiden Arten in die Mitte genommen. Und zwar weicht sie in Bezirken, wo die Städte überwiegen, oder gar in ausschließlichen Stadtbezirken zu Gunsten der notariellen Form; denn in Berlin, Schöneberg und in den Vororten Berlins und Breslaus ist ein Sinken der Auflassungen ohne Urkunde wahrnehmbar. Sie weicht aber in den Bezirken, wo die ländlichen Grundstücke zahlreich sind, bezw. in ausschließlich ländlichen, wie Worbis, Lyck, zu Gunsten der urkundlosen Grundgeschäfte, die dort eine erhebliche Steigerung in den beiden letzten Jahren erfahren haben. Freilich gibt es auch stark ländliche Bezirke, wie Schlawe, und selbst ausschließlich ländliche, wie die drei Gemeinden um Iserlohn, bei denen die privatschriftliche Form zu Gunsten der öffentlichen zurückgegangen ist.

---

[23]) Eine Ausnahme zeigt Nordhausen, doch nur scheinbar, da dort häufig einer Auflassungsverhandlung mehrere Verträge zu Grunde liegen, z. B. Parzellierungen.

[24]) Mit diesem Ergebnis aus den gerichtlichen Aufstellungen stimmen übrigens viele Berichte der Notare überein; es kommen z. B. in Stolp Auflassungen auf Grund privatschriftlicher Verträge fast nie vor, in Danzig sind sie auf ein Minimum zurückgegangen.

Wie erklärt sich wohl dieser Einbruch des § 313 gerade in die privatrechtliche Form? wie erklärt es sich, daß die urkundlosen Auflassungen unter seiner Herrschaft nicht so rasch und stark beeinträchtigt wurden, als die mit privatrechtlichen Verträgen, daß sogar erstere in manchen Landbezirken eine Mehrung erfahren haben[25])? Mancherlei Momente wirken hier zusammen. Zunächst wo Vorsicht geboten ist, bei wertvollen Grundstücken, oder wo infolge subjektiver Neigung Vorsicht geübt wird, greift man zur urkundlichen Fixierung. Und da man weiß, daß die Schriftform nicht genügt, drängt die Vorsicht notwendigerweise weiter zur Wahl der allein verbindlichen öffentlichen Form. In Gegenden aber mit zersplittertem Grundbesitz, mit kleinen, nicht sehr wertvollen Parzellen begnügt man sich mit dem Wort und schreitet ohne Urkunde zur Auflassung. Denn auch die privatschriftliche Urkunde würde dort im Verhältnis zum Wert des Objekts unverhältnismäßige Kosten verursachen. Sind doch die beteiligten Kreise nicht geschäfts- und federgewandt genug, um selbständig einen schriftlichen Vertrag zu entwerfen. Sie würden sich der Hilfe eines Rechtskonsulenten, Maklers usw. bedienen müssen, der für das Konzipieren eine Vergütung beansprucht. Und selbst eine geringe Vergütung wäre eine erhebliche Last in Bezirken, in denen — wie in den Kreisen Siegen uud Wittenstein laut der Mitteilung des Landgerichtspräsidenten von Arnsberg — die einzelnen Parzellen im Durchschnitt 10 ar groß, die meisten noch kleiner sind, in denen Parzellen im Werte von 20 Mark und daruter nicht zu den Seltenheiten gehören. Aus dem gleichen Bezirke wird berichtet, daß in den ländlichen Kreisen im ganzen noch Treu und Glauben und eines Mannes Wort gelten, und daher die Formlosigkeit vielfach ohne Gefahr herrsche. Dies wird gewiß auch für manche andere Bezirke gelten müssen.

Für die festen Wurzeln der Formfreiheit gegenüber der Privatschrift spricht auch die durch unsere Tabelle sowie durch sonstige Erfahrungen bestätigte Tatsache, daß selbst in denjenigen Gegenden, wo vor dem 1. Januar 1900 nur Schriftlichkeit zur Gültigkeit des Vertrages genügte, die Anzahl der Auflassungen ohne Vertragsurkunde sehr erheblich war. Endlich erklären sich eine Reihe von Auflassungen ohne Vertragsurkunden in den Städten durch Straßenland-Auflassungen. So lagen in Charlottenburg bei den Auflassungen des Jahres 1900 vor: 140

[25]) Reichsgerichtsrat Förster bemerkt in einem Aufsatz, daß Kaufvertrag über Grundstücksteile jetzt fast regelmäßig privatschriftlich geschlossen werden; eine durch Material nicht unterstützte, und wohl kaum zutreffende Bemerkung (vergl. Dtsch. Notar-Zeitung Jahrg. 1902 S. 79).

notarielle Verträge, 24 Privatverträge, 9 wurden ohne Vertragsurkunden erklärt, daneben noch 36 Auflassungen von Straßenland ohne Urkunde. Leider war aus den mir zugegangenen gerichtlichen Mitteilungen nicht festzustellen, ob derartige Auflassungen von Straßenland überhaupt mitberücksichtigt sind.

2. Mitteilungen der Notare.

Die Umfrage an die Notare[26]) über ihre Beobachtungen hinsichtlich der Anzahl der notariellen Verträge vor und nach dem 1. Januar 1900 betraf sowohl die Erfahrungen aus der eigenen Praxis als auch die allgemeinen. Die ersteren allein, die von der jeweiligen Entwickelung der Praxis und der Art der Klientel abhängen, hätten einen wenig ausreichenden Maßstab geliefert. Nur sie in Verbindung mit den Beobachtungen aus dem gesamten Bezirke waren wertvoll. Um so wertvoller, als die Notare und nicht die Gerichte für die Beurkundung von Grundstücksanträgen vom Publikum bevorzugt werden[27]).

Die überwiegende Mehrheit der Notare berichtete sowohl für ihre Praxis, als auch für ihren Bezirk eine erhebliche Steigerung der notariellen Verträge, sowohl absolut als relativ[28]). Auch wird von den meisten die Steigerung im Wesentlichen als Folge des § 313 bezeichnet. Freilich wird auch in einzelnen Bezirken auf die dort stattgefundene Belebung des Grundstücksmarktes aus lokalen Gründen mit als Ursache hingewiesen. Sehr bezeichnend ist es aber, daß sonst im allgemeinen gerade die Jahre 1900 und 1901 unter dem Zeichen einer wirtschaftlichen Depression standen, und namentlich der Grundstücksverkehr außerordentlich zu leiden hatte. Trotzdem zeigt sich auch dort, wo der Grundstücksverkehr hinter den normalen Grenzen zurückbleibt, ein Aufschwung der notariellen Form. So ist z. B. in Berlin für die Zeit vom April 1900 bis April 1901 die Umsatzsteuer auf 1766957 Mark (von 2166527 im Vorjahre) gefallen und für das Etatsjahr April 1901 bis April 1902 wurden nur 1615000 Mark Einnahmen aus dieser Steuer veranschlagt. Damit stimmt auch das Bild aus der Aufstellung der Auflassungen des Amtsgerichts I Berlin (oben zu A) über-

[26]) Vergl. oben Frage 3 S. 153.

[27]) Weshalb die gerichtliche Verträge eine geringe Rolle spielen, darüber siehe S. 159 Anm. 22.

[28]) In Stolp z. B. um das Dreifache gegen die Zeit vor dem 1. Jan. 1900; freilich ist Stolp eine aufstrebende Stadt, die sich in den letzten Jahren räumlich und industriell erheblich entwickelt hat.

ein, die einen Rückgang der Zahl der Auflassungen in den Jahren 1900 und 1901 hinter 1899 zeigt[29]). Nichtsdestoweniger hat in Berlin, wie die Tabelle — oben S. 156 — erweist, ein starkes prozentuales Anschwellen der Vertragsabschlüsse in notarieller Form stattgefunden. Ähnliches wird aus Königsberg trotz der erheblichen Geschäftsstille im Grundstücksverkehr seit dem Jahre 1900 berichtet.

Als Schlußergebnis, dessen weitere Würdigung noch vorbehalten bleibt, der von den Gerichten und den Notaren mitgeteilten Zahlen kann somit eine erhebliche, im wesentlichen auf den § 313 zurückzuführende Steigerung der Verträge in öffentlicher Form bezeichnet werden.

An die Notare sind, abgesehen von dem Ersuchen um statistische Mitteilungen, noch folgende Fragem gerichtet worden:

a) Empfindet der Verkehr die neue Form als eine Fessel? Aus welchem Grunde? Welche Mittel werden zur Vermeidung der Vorschrift des 313 gewählt?

b) Welches ist die persönliche Stellung des Berichterstatters zur Frage einer etwaigen Änderung des § 313 [30])?

Nur ein Berliner Notar und ein auswärtiger erklärten mit aller Entschiedenheit, der Verkehr empfände die neue Form als Fessel: beide freilich unter Bezugnahme auf den großstädtischen Verkehr (Berlin, Breslau). Sonst war, wenngleich für einzelne Ausnahmefälle — Erbteilung bei Erben in verschiedenen Bezirken, Ankauf von Terrains zu größeren Unternehmungen — Mißstände beklagt wurden, Einstimmigkeit darüber vorhanden, daß der legitime Grundstücksverkehr eine lästige Erschwerung durch den § 313 weder erfahren habe noch eine solche in ihm sehe.

Weder die Kosten der notariellen Form, die im Vergleiche zu den sonstigen Kosten (Stempel, Umsatzsteuer) nicht ins Gewicht fielen, noch die Umständlichkeit, die das Aufsuchen des Notars und das Warten bei ihm im Vergleiche zu der Bequemlichkeit des Geschäftsabschlusses im Komtoir, in der Wohnung, im Wirtshaus mit sich bringen könne, — also die beiden Haupterschwernisse, welche die öffentliche Form mit sich führe, seien kaum je als Gründe dafür bekannt geworden, daß sich ernsthafte Kaufverhandlungen zerschlügen. Da der gesunde Verkehr die Vor-

---

[29]) Für das Etatsjahr 1902/1903 sind zwei Millionen als voraussichtliche Einnahmen aus der Umsatzsteuer eingestellt worden, weil ein flottes Geschäft erwartet wird. Zu beachten ist auch, daß die gerichtliche Aufstellung die Zeit vom Januar 1900 bis Januar 1902, der Etat die Zeit vom 1. April 1900 bis 1. April 1902 umfaßt.

[30]) Leider sind Bescheide von den Interessenten selbst — Grundstücksbanken, Grundstücksmaklern —, an die sich die Umfrage über diese Punkte gleichfalls richtete, nicht eingegangen.

schrift des § 313 als lästig nicht empfinde, würde auch vom Publikum selten nach Mitteln zur Umgehung des § 313 gefragt, und ebenso selten kämen sie zur Anwendung. Freilich mit zwei Ausnahmen: einer, die eine wohltätige Folge des Gesetzes sei, einer anderen, über welche die Ansichten geteilt sind.

Als Fessel werde nämlich das Gesetz einmal von Terrain- und Bauspekulanten, von Parzellanten und Güterschlächtern empfunden, weil es sie an der Ausnutzung des günstigen Augenblicks hindere. Diesen Leuten gegenüber sei aber auch die Form als Fessel beabsichtigt. Sodann aber empfinden die Grundstücksmakler den Mangel der bindenden Schriftofferte, des früher üblichen Schlußscheines, als Hemmung ihrer geschäftlichen Tätigkeit. Und gewiß ist dieser Mißstand aufmerksamer Beachtung wert, wenngleich auch gewissenlose Makler laut den Berichten aus verschiedenen Bezirken durch Schlußscheine die Vertragsinteressenten schädigen. Man begreift, daß gerade im Schlußschein- und Offertenverkehr Mittel und Wege zur Vermeidung des § 313 gesucht werden; als solche werden namentlich Konventionalstrafen und unwiderrufliche Vollmachten, die in einzelnen Gegenden schon in gedruckten Formularen vorkommen, genannt.

Dem Ergebniß der Umfrage über den ersten Punkt entspricht es, wenn auf die Frage nach der persönlichen Stellung der Angefragten zu einer etwaigen Änderung des § 313 von der erdrückenden Mehrheit mit einem runden Nein geantwortet wurde. Abgesehen von zwei Stimmen, welche den § 313 für eine überflüssige Bevormundung der Parteien halten, aber gegen eine Änderung nach so kurzer Zeit sich erklären, treten nur die beiden Notare, welche im § 313 eine nicht zu rechtfertigende Fessel für den Verkehr erblicken, für die sofortige Aufhebung der erschwerenden Formvorschrift und den Ersatz durch die einfache Schriftform ein.

Das ganze Register aller für die Beibehaltung der erschwerenden Form und gegen die Schriftlichkeit und Formfreiheit von den Berichterstattern geltend gemachten Gründe können wir hier nicht wiederholen, weil wir sie an anderer Stelle im Zusammenhange kennen lernen werden. Aber von Bedeutung und Interesse ist es, einige der aus der reichen Quelle unmittelbarer Erfahrungen geschöpften Äußerungen hier wörtlich mitzuteilen. So schreibt ein Notar aus gemeinrechtlichem Gebiet, wo bisher Formfreiheit gewaltet hatte:

„Gerade diese Vorschrift ist eine der besten des ganzen Gesetzbuchs, ein wirklicher Fortschritt und eine wahre Wohltat für die Bevölkerung. Wir können dies hier im Gebiete des gemeinen Rechts besonders fühlen; die widerlichsten Prozesse über die Frage, ob die Kontrahenten über den

Verkauf eines Grundstücks einig geworden seien, ob sie ernstlich verhandelt hätten usw., waren hier an der Tagesordnung. Aus der Unterhaltung am Biertisch, im Wirtshause wurde häufig ein Kaufvertrag konstruiert. Es ist ein wahrer Segen, daß dies anders geworden ist. Die Bevölkerung hat sich auch sofort in den veränderten Rechtszustand gefügt. Eine Klage habe ich noch nie gehört. Der Verkehr empfindet die neue Form keineswegs als eine Fessel, sondern als eine Wohltat."

Und aus einem Bezirke in Pommern, wo früher Schriftlichkeit genügte, heißt es:

„Ich halte die Vorschrift im Interesse des Publikums als eine Wohltat. Gerade die ländliche Bevölkerung in unseren östlichen Provinzen, welche sich bekanntlich durch ein Übermaß von Intelligenz nicht auszeichnet, wird durch den Zwang, den Kaufvertrag bei dem Notar oder vor dem Richter abzuschließen, vor großem Unglück bewahrt. Dabei soll nicht unerwähnt bleiben, daß durch die vorsichtigere und sorgfältigere Fassung der Verträge auch über einzelne Bestimmungen sicherlich zahlreiche Prozesse vermieden werden, und daß die Niederschrift durch einen rechtskundigen, über den Parteien stehenden Beamten eine größere Gewähr für die Beurkundung des wahren Willens der Kontrahenten gewährt, als ein von der Partei selbst, oder einem provisionslüsternen Kommissionär gefertigter Entwurf. Die einzigen Interessenten, welche die Änderung wünschen, sind die gewerbsmäßigen Parzellanten. Dieselben waren und sind gewohnt, ihre Verkaufstermine in den Wirtshäusern auf dem Lande abzuhalten, und haben sich nicht selten der mit Provision belohnten Hilfe der Gastwirte zu erfreuen. Wenn die mit Freibier und Branntwein traktierten Leute dann in der richtigen Stimmung sind, wird sofort zu Papier und Feder gegriffen, der Verkaufsvertrag nach dem Formular entworfen und unterschrieben. Ich habe in meiner Praxis mehrere Fälle gehabt, in welchem die Parzellenkäufer gegenüber der Klage des Parzellanten den Einwand der sinnlosen Trunkenheit erhoben."

Ein anderer Berichterstatter schreibt:

„Für die ländliche Bevölkerung Oberschlesiens ist der Zwang zu notariellem oder gerichtlichem Protokoll ein wahrer Segen, da die Interessenten in der Hand von Winkelkonsulenten liegen. So viel kann ich nach Jahrzehnte langer Praxis konstatieren, daß von der ländlichen Bevölkerung, die fast durchweg noch fremdsprachig ist, Niemand im stande ist, einen Kaufvertrag zu konzipieren. Wenige können Deutsch lesen. Für die hiesige Bevölkerung ist der § 313 direkt geschaffen. Aber auch die städtische Bevölkerung ist selten im stande, einen Kaufvertrag sachgemäß zu verfassen."

Diesen Not- und Freuderufen zugleich ließen sich ähnliche Stimmen aus anderen Teilen der preußischen Monarchie anreihen. Besonders wertvoll ist aber, wie übereinstimmend der Bericht aus Bayern, also aus einem gewiß zu den obigen Bezirken in vielen Beziehungen grundverschiedenen Gebiete des deutschen Vaterlandes, lautet:

„Die Spruchpraxis der bayerischen Gerichte hat den Art. 14 des Notar. Ges., laut welchem alle Verträge über Eigentum und dingliche Rechte verbrieft werden müssen, dahingehend ausgedehnt, daß alle Nebenberedungen für ungültig erklärt werden, wenn sie nicht in der Urkunde aufgenommen waren. Trotz der denkbarsten Erschwerungen durch die Spruchpraxis gegen mündliche Abmachungen hat sich die Bevölkerung dabei wohl gefühlt, weil eine außerordentliche Rechtssicherheit vorhanden war, und der dem § 313 B.G.B. zu Grunde liegende Gedanke, vor Übereilung bei Vertragsabschlüssen, die sich auf Grundstücke beziehen, zu schützen, als eine Wohltat empfunden wurde."

Endlich hat auch, nach einer mir gemachten Mitteilung, über unsere Frage ein Meinungsaustausch in einer Vorstandssitzung des Deutschen Notarvereins, an welcher zahlreiche Notare aus allen Teilen Deutschlands teilnahmen, stattgefunden. Als einstimmige Meinung hat sich herausgestellt, daß die Vorschrift des § 313 sich in der Praxis bewährt habe, und an ihr nicht gerüttelt werden solle.

VI. Schlußergebnisse, Votum.

Die bisherigen Erörterungen — Geschichte, gesetzgeberischer Zweck und Inhalt der Vorschrift, praktische Erfahrungen — haben die Elemente geliefert, deren man zu einer sachgemäßen Entscheidung bedarf. Die Entscheidung ist keine leichte. Da eine positive Vorschrift auch richtiges Recht ist, d. h. ob sie den Bedürfnissen der Bevölkerung im weitesten Sinne genommen, nicht nur ihren wirtschaftlichen, entspricht, wird stets eine verwickelte Sache bleiben. Zumal in einer Frage, die sich auf das Grundeigentum bezieht. Sind doch in diesem Punkt die Bedürfnisse der Bevölkerung in Nord und Süd, in Ost und West unseres Vaterlandes, in Stadt und Land, beim Großgrundbesitz und beim Kleinbesitz vielgespaltene und nicht selten gegensätzliche. Trotzdem ist in unserer Frage eine einheitliche gesetzliche Regelung möglich und geboten. Und mit denjenigen Vorbehalten, die jede Antwort auf tiefgreifende prinzipielle Fragen, auf Fragen der Gesetzesreform, erheischt, gelange ich nach sorgfältiger Erwägung von Gründen und Gegengründen zu dem Schluß:

daß sich eine Änderung der Vorschrift des § 313 **nicht** empfiehlt.

Keinesfalls ist jetzt schon an ihr zu rütteln und, wenn einmal eine Änderung erfolgen sollte, dann ist die öffentliche Form durch die privatschriftliche zu ersetzen, nicht aber Formfreiheit einzuführen.

Mein Gutachten kommt also zu einem gegensätzlichen Ergebnis, wie das des andern Gutachters, des Justizrats Dorst. Dieser tritt für die Beseitigung des § 313 ein und empfiehlt, „für den Bindungsvertrag die mündliche Verabredung genügen zu lassen". Freilich empfiehlt er — von seinem Standpunkte aus inkonsequent und gewissermaßen eine Billigung unseres Standpunktes — die Bestimmung des § 98 der Grundbuchordnung [31]) zum Reichsgesetze zu erheben, um durch die öffentliche Beurkundung darauf hinzuwirken, daß unklare Bestimmungen und absurde Abreden beseitigt und vermieden würden.

Die Begründung meines Votums ist folgende:

1. Den Kern- und Angelpunkt für die Entscheidung müssen die wirtschaftspolitischen und sozialen Erwägungen bilden; ihnen gegenüber treten Erwägungen anderer Art zurück.

Tendenz und Endergebnis des § 313 zielen wirtschaftlich gegen die Mobilisierung des Grundbesitzes. Der Verkehr in Grundstücken ist nicht nur als ein privates, die Interessen der Einzelnen angehendes, sondern nicht minder als ein öffentliches Geschäft angesehen, quod ad utilitatem rei publicae spectat. Grund und Boden sind ein Werkzeug, dessen sich die Nation zu ihrer Wohlfahrt bedienen, aber keine Ware, die man beliebig verschachern soll. Die Seßhaftigkeit der Bevölkerung, der Schutz vor Übereilung und Leichtsinn, wie vor Ausbeutung und Spekulationswut, die Erschwerung einer Zersplitterung des Grundbesitzes, — dies sind ausgesprochene, im Allgemeininteresse wurzelnde Zwecke, zu deren Verwirklichung die Form der öffentlichen Beurkundung mitwirken soll.

Es handelt sich also in der Hauptsache um ein juristisches Mittel zu einem ökonomischen Zwecke. Freilich um ein in seiner Wirksamkeit begrenztes Mittel, dem aber eine gewisse Beeinflussung auch des wirtschaftlichen Lebens nicht abzusprechen ist.

Sind nun die oben dargelegten ökonomischen Zwecke, die eine Mobilisierung des Grundbesitzes verhindern wollen, rechts- und sozialpolitisch zu empfehlen? Unseres Erachtens sicherlich. Was den städtischen Grundbesitz betrifft, so dürften die Sozialpolitiker aller Wegen in der

---

[31]) Der § 98 der Grundbuchordnung lautet: Durch Landesgesetz kann bestimmt werden, daß das Grundbuchamt die Erklärung der Auflassung nur entgegennehmen soll, wenn die nach § 313 des B.G.B erforderliche Urkunde vorgelegt wird.

Hauptsache der Meinung sein, daß diejenige Bodenpolitik, welche den städtischen Grundbesitz an die private Spekulation ausliefert, ihn mobilisiert und gleich einer Ware behandelt, die schwersten Übelstände gezeitigt hat. Auf der einen Seite ungeheuerliche Preissteigerungen des bebauten und unbebauten Stadtbodens, auf der andern Seite Wohnungsnot und Wohnungselend mit ihren unheilvollen Krebsschäden für den Volkskörper[32]).

Für Berlin und seine Vororte hat Voigt (in dem unten zitierten Werke) an einem hervorragenden und vorbildlichen Beispiele und in wissenschaftlich nicht anfechtbaren Untersuchungen folgenden Nachweis, der nicht scharf genug unterstrichen werden kann, geliefert:

Vom Mittelalter bis zum Ausgange des 18. Jahrhunderts — wir folgen hier so wörtlich als möglich den Voigtschen Ergebnissen[33]) — hat die Anlage und Erweiterung einer Stadt, die Schaffung der Existenzgrundlage für die städtische Bevölkerung, als eine im eminentesten Sinne öffentlich-rechtliche Angelegenheit und deshalb auch stets als Aufgabe der städtischen oder staatlichen Gewalt gegolten; erst dem 19. Jahrhundert blieb es vorbehalten, die Schaffung der Existenzgrundlage der ganzen Bevölkerung — des Baulandes, des Baukapitals, der Bauunternehmung — der privaten Spekulation zu überlassen. Vom Regierungsantritt des Großen Kurfürsten bis zum Tode Friedrichs des Großen entwickelte sich Berlin aus einer kümmerlichen Landstadt von 9 bis 10000 Einwohnern zu einer glänzenden Residenz mit etwa 150 000 Einwohnern. Und doch ist trotz dieser Zunahme der Bevölkerung, die hinter den Jahren des reißendsten Anschwellens im neunzehnten Jahrhundert verhältnismäßig nicht zurücksteht, niemals Wohnungsnot oder eine ungesunde Steigerung der Mieten oder Grundstückspreise eingetreten. Die Stadt wurde nicht nur eine der bestbebautesten, sondern eine der gesündesten. Die günstige Wirkung der Wohnungsverhältnisse zeigte sich auch in den Sterblichkeitsziffern. Mirabeau rühmt an ihr: C'est ainsi que Berlin est devenue une ville bien construite, bien percée abondante en logements sains et commodes. C'est contribuer fortement au bien-être des hommes que les bien loger.

Die Lösung des Rätsels liegt in der umsichtigen Boden- und Wohnungspolitik, die von der Idee der salus publica getragen war.

---

[32]) Dr. Paul Voigt: „Grundrente und Wohnungsfrage in Berlin und seinen Vororten", Jena 1901; „Einst und jetzt in der Berliner Boden- und Wohnungspolitik" von Dr. von Mangoldt, Dresden (Soziale Praxis, Jahrg. Nr. 29, 30); Eberstadt: „Der deutsche Kapitalmarkt", Leipzig 1901.

[33]) Vgl. namentlich Voigt a. a. O. S. 91 bis 93.

Durch diese Politik, auf deren Einzelheiten hier nicht eingegangen werden kann, wurde alle private Spekulation in Terrains, aller Handel mit Bauland, aller Mietswucher fast gänzlich im Keime erstickt. Für billiges Bauland wurde erforderlichen Falls dadurch gesorgt, daß eine Enteignung ackerbürgerlichen Grundbesitzes zu angemessenem Werte erfolgte und dieser zu gleichem Preise an Baulustige vergeben wurde[34]): die Entstehung des „Millionenbauerntums" war damit im Keime erstickt.

Eine solche Boden- und Baupolitik zeigte den schönen Erfolg, daß noch 1785 im Innern Berlins etwa $1/3$, in den Vorstädten fast die Hälfte im eigenen Hause wohnte, hat auch sonst in der Mark Brandenburg den „Flor der Städte" herbeigeführt[35]).

Diese günstigen Ergebnisse sind im Laufe des 19. Jahrhunderts, welches die private Spekulation auf diesem Gebiete fast zur Alleinherrscherin gemacht hat, in Trümmer geschlagen worden. Statt Licht und Luft, den Besitz einer eigenen Scholle, oder wenigstens den Besitz preiswerter gesunder Mietswohnungen der Bevölkerung zu sichern, ist das Massenmietshaus Sieger geblieben. Dies namentlich, seitdem noch durch unglückliche Bauordnungen, welche die nötige rechtliche Basis für die Operationen des Spekulantentums gaben, die Mietskaserne auch in den Vorortgebieten für zulässig erklärt war. Eine schrankenlose Bodenspekulation griff Platz, die Preise schnellten in die Höhe, die Bevölkerung wurde, mit Ausnahme der obersten Zehntausend, zusammengepfercht. Fabelhafte Gewinne flossen in die Taschen Einzelner. Allein für Charlottenburg berechnet Voigt die Wertsteigerung des Grund und Bodens für das Jahrzehnt 1887 bis 97 auf mehr als eine Viertel Milliarde Mark. Was durch Voigt für Berlin und seine Vororte nachgewiesen ist, darf im großen und ganzen als der Typus großstädtischer Verhältnisse betrachtet werden.

Auf die Frage, was soll zur Beseitigung dieser Übelstände geschehen, können wir hier, wo wir nicht Boden- und Wohnungs-Politik zu treiben haben, nicht eingehen. Aber dies ist klar: eine größere öffentliche Überwachung und Leitung dieser Zustände muß eintreten. Vor allem muß der Grundsatz, daß die Anlage der Stadt, die Schaffung der Existenzgrundlage für die städtische Bevölkerung, ein „öffentliches Geschäft" sei, wieder zu Ehren kommen. Aus diesem Gesichtspunkte heraus wird

---

[34]) Ein interessantes Patent von 1667 verordnete sogar, daß „die wüsten Stellen (Baustellen) von den Magistraten frey umbsonst zu geben und anzuweisen seien" (Voigt, S. 35. — Für die Zeit Friedrichs des Großen, vgl. dort S. 70 ff. 75 ff.).

[35]) Voigt, S. 83.

man auch die öffentliche Beurkundung des Veräußerungsgeschäfts fordern müssen, die aus dem gleichen Anschauungs-Erdreich herauswächst und in gleicher Richtung wirkt.

Was aber die ländlichen Grundstücke betrifft, so ist hier nicht der Ort, die Agrarfrage aufzurollen. Aber einige mit unserem Gegenstand im engen Zusammenhange stehenden Grundsätze seien hier hervorgehoben und betont. Überall und mit Recht wird als Ziel gesunder Agrarpolitik betrachtet, den mittleren Grundbesitz zu stärken und zu befestigen, gegenüber den Gefahren der Latifundienwirtschaft auf der einen und des Zwergbetriebs auf der andern Seite. Ein kraftvoller Bauernstand gilt als das Rückgrat des Staatskörpers. „In allen europäischen Ländern[36]) mit stark entwickeltem Großgrundbesitz macht sich deshalb, um den mittleren Besitz zu stärken, unter dem Drucke der gewerblichen Umwälzungen, der übermäßigen Abwanderung der Arbeiter in die Industrialbezirke, der landwirtschaftlichen Krisis und Schuldennot eine starke Bewegung geltend, welche durch planmäßige Begründung neuer und die Erweiterung von zu kleinen alten Bauernstellen den ländlichen Mittelstand mehren, die Landarbeiter durch Verleihung von Bodenbesitz seßhaft machen will. Fast gleichzeitig haben Deutschland, England und Rußland entsprechende Gesetze erlassen". Für Preußen kommen hier namentlich in Betracht die Gesetze vom April 1886 über die Beförderung deutscher Ansiedelungen in Westpreußen und Posen, vom Juni 1890 und Juli 1891 über Rentengüter und die Beförderung ihrer Errichtung durch das Eintreten der Rentenbanken. Dadurch sind große Flächen an den Bauernstand zurückgefallen, die er früher im Wege des freien Güterverkehrs an den Großgrundbesitz oder an Güterschlächter verloren hatte.

Dieser Tendenz der Gesetzgebung zur Neuschaffung von landwirtschaftlichen Mittelbetrieben, zur Seßhaftmachung des Bauernstandes entspricht auch der Formzwang; er bewegt sich in derselben Richtung, wie bei der Beratung des § 313 ausdrücklich betont worden ist.

Die größten Gefahren drohen nun dem kraftvollen bäuerlichen Besitz durch das Güterschlachten und Parzellieren[37]). Die Gründe für diese mörderischen Erscheinungen sind verschiedenfache.

Der Großgrundherr zunächst sucht seinen Besitz durch Ankauf und Parzellierung von nachbarlichen Bauerngütern zu arrondieren.

Eine bekannte Tatsache ist ferner, daß die kleineren Güter teurer sind, als die großen. Je lebhafter die Zunahme der Bevölkerung, je

[36]) Sering in Conrad's Handwörterbuch der Staatswissenschaften, 2. Aufl. 1900, Bd. V, 247.

[37]) Vgl. Kautsky: „Die Agrarfrage", S. 165 ff.

notwendiger eine eigene Scholle als Grundlage für die soziale Selbstständigkeit und die Begründung eines Familienhaushaltes zu erlangen, je zäher der Eigentumsfanatismus des an seinem Grund und Boden hängenden Bauern, um so größer die Preise, die für ein Stück Land gezahlt werden. Der höhere Preis der kleinen Güter ist natürlich ein starker Anreiz zur Zerschlagung der größeren Güter. Die Güterschlächterei kann hierbei in verheerendem Umfange anwachsen.

Endlich aber wachsen die Geldbedürfnisse des Bauernstandes nicht selten durch unrationelle Wirtschaft oder durch die gesteigerten Ansprüche des Staates oder der Gemeinde. Hypothekenschulden sind die Folge, für die ferner auch fast jeder Besitzwechsel, weil selten das Gut voll bar ausbezahlt wird, und jede Erbteilung eine mächtige Ursache bilden.

In allen obigen Fällen wird dem Bauer sein Besitz zu groß; er sieht sich genötigt, ihn zu verkleinern. Alle diese Gründe, in Verbindung mit der oben erwähnten Landflucht, zehren an einem kraftvollen Bauernbesitze[38]); sie steigern die Tendenz zur Bodenzerstückelung. Unter den gegebenen Verhältnissen — der Herrschaft des Privateigentums an Grund und Boden sowie der freien Konkurrenz — erwächst dem Staate die Aufgabe, die bäuerlichen Grundbesitzer in ihrem Eigen zu schützen und auch den Landarbeitern durch entsprechende Maßnahmen die Möglichkeit, ein Stück Land zu erwerben und das Erworbene zu behaupten, zu erleichtern.

Hiernach kann als Schlußergebnis der wirtschaftlichen und sozialen Erwägungen für den städtischen wie für den ländlichen Grundbesitz betrachtet werden, daß die Veräußerung, wie auch die Motive[39]) schon hervorheben, im Interesse der Seßhaftigkeit der Bevölkerung nicht leicht zu nehmen sei. Die Veräußerung von Grundbesitz ist kein Warenhandel und nicht mit dem Umtausch anderer Vermögensobjekte auf gleiche Linie zu stellen. Sie ist gegen die Auswüchse des Spekulantentums, gegen die Verwüstung durch unsolide Güterschlächterei nnd Bodenzerstückelung sicher zu stellen. Schon darum ist dieses Geschäft, weil es geradezu die öffentlichen Interessen immer mitberührt, auch einer öffentlichen Form zu unterwerfen. Der Formzwang ist nicht nur Sinnbild und Wegweiser

---

[38]) In neuester Zeit hat in Deutschland die Bedrängung des mittleren Grundbesitzes durch Parzellierung im allgemeinen allerdings aufgehört. Grade die mittleren bäuerlichen Güter von 5 bis 20 Hektar sind es, die am meisten gewonnen haben, nämlich 560000 Hektar (Kautsky a. a. O., S. 172). Unzweifelhaft ist dies eine Folge der veränderten (Rentenguts-) Gesetzgebung und ein Ansporn, auch juristische Mittel und Wege, neue Rechtsbildungen, nicht zu gering anzuschlagen.

[39]) Vgl. oben S. 148.

für die prinzipielle Auffassung, er wird auch einen, wenngleich begrenzten, Einfluß auf den Grundstückshandel, den Bodenpreis und den Bodenbesitz ausüben und der Bevölkerung die Rechtsberatung bei einem Geschäfte verbürgen, das für Lebensstellung und Beruf zu den sozial und wirtschaftlich wichtigsten gehört.

2. Bei dieser sozialen Bedeutung des Grundbesitzes, bei der Wichtigkeit, die man im Interesse des Volkswohles einer Erschwerung der Mobilisierung des Grundbesitzes beilegt, ist es klar, daß sich die öffentliche Form nicht bloß als eine, der Wichtigkeit des Geschäfts entsprechende, ihr adäquate empfiehlt, sondern daß sie auch — hiermit im innigsten Zusammenhange — zugleich als Schutznorm vor Übereilung und gegen Ausbeutung gedacht und geschaffen ist. Die minder geschäftsgewandten Klassen der Bevölkerung, Frauen, Geschäftsunkundige, Bauern, sollen, wie schon an anderer Stelle hervorgehoben ist (oben S. 148) eben durch die Form vor diesen Gefahren bewahrt werden.

Zur Steuer gegen die sogenannten Wirtshausgeschäfte — dies wurde in den gesetzlichen Vorberatungen mit Recht betont — müsse eine Ausnahme von der Formfreiheit gemacht werden. Diese Schriftform sei kein genügender Schutzwall. Tinte und Feder seien leicht zur Hand. Die Unterschrift des Bauern genüge zur Vollendung des schriftlichen Vertrages, dessen Entwurf von dem Güterhändler in Eile hergestellt oder bereits in der Tasche mitgebracht werde. Durch den Gang zum Gericht oder Notar werde dagegen dem Bauer der Ernst der Sache klar gemacht und eine wohltätige Überlegungsfrist gegeben.[40]) Auch in den Mitteilungen der Notare sind ähnliche Momente für die Beibehaltung des Formzwanges geltend gemacht worden. Nicht bloß auf dem Lande, sondern auch in der Stadt sind viele Fälle bekannt geworden, in denen Geschäftsunkundige durch Punktationen über Grundstücke, deren Bedeutung sie nicht erkannt haben, erheblich geschädigt worden sind.

Ein weiterer gewichtiger Vorzug des Zwanges zur öffentlichen Beurkundung ist die größere Gewähr, welche die Mitwirkung des Richters oder Notars für die Vollständigkeit, Richtigkeit und Verständlichkeit der Beurkundung bietet. Dieser Vorzug ist außer Zweifel; selbst die Gegner (Dorst, S. 137) erkennen ihn an. Er fällt umsomehr ins Gewicht, als die mit dem Grundeigentum zusammenhängenden Rechtsverhältnisse von „weitausschauender Dauer" sind und sehr verwickelte Seiten bieten. Es könne aber, wirft Dorst ein, gerade der Formzwang dazu führen, daß der Vertrag übereilt beurkundet werden müsse. „Die

[40]) Vgl. Protokolle der II. Kommission.

Beteiligten richten ihr Augenmerk darauf, möglichst rasch einen Verpflichtungsvertrag zu bekommen, da ja bis zur Unterschrift jeder zurücktreten kann. Die Bemühungen des Richters oder Notars, einen vollständigen Vertrag zu erzielen, werden sehr häufig vergeblich sein, indem man bemerkt, für die Einzelheiten habe es noch Zeit, da die Nebenbestimmungen und Bedingungen ja formlos festgestellt werden können". Wäre diese Argumentation richtig, dann wäre in der Tat nach dieser Richtung hin der Zweck der Gesetzesvorschrift vereitelt. Indes handelt es sich auch hier nur um einen Fall, der — als „Problema, so zu sagen" — konstruiert wird. Solch Fall kommt wohl kaum vor; von ihm aus kann keinesfalls die Gesetzesvorschrift beurteilt werden. Wer selbst vor Notar und Gericht, welche gegen die Übereilung ihr Möglichstes aufbieten werden, übereilt handelt, dem ist überhaupt nicht zu helfen.

Der heilsame Zweck der Vorschrift, eine richtige und sachgemäße Beurkundung herbeizuführen, springt namentlich in der Übergangszeit, wo die Bestimmungen des neuen Rechts den beteiligten Kreisen noch nicht in Fleisch und Blut übergegangen sind, recht deutlich in die Augen. Eine Anzahl der referierenden Notare hat gerade dieses Moment betont. Zu den vielfachen neuen Vorschriften des B.G.B., welche das Grundeigentum, die Hypothekenverhältnisse und die sonstigen mit den Grundeigentum zusammenhängenden Verhältnisse betreffen und die noch nicht genügend dem Publikum bekannt geworden sind, gehören insbesondere die Bestimmungen über die verschiedenen neuen Arten der Hypotheken (Brief-, Buch-, Sicherungs-, Maximal-Hypothek); über Modalitäten im Hypothekenverkehr (Kündigung der Briefhypotheken, Anspruch auf Abtretung bei der Tilgung von Hypotheken); über die Schuldübernahme beim Grundstücksvermerk (§ 416); über die Miets- und Pachtverhältnisse (§ 578 u. a.) und dergleichen mehr. Nur bei Gelegenheit der Beurkundung kann durch Rücksprache und Aufklärung über die einschlägigen Verhältnisse gar manche Partei vor Schaden bewahrt werden.

4. Vielfach wird aber selbst von denen, welche die Zweckmäßigkeit der öffentlichen Form gelten oder sie zumindest dahingestellt sein lassen, erklärt, die Ziele seien durch die Vorschrift der öffentlichen Form nicht zu erreichen, ihr ständen auch sonst schwere Bedenken entgegen. Die Gegner des öffentlichen Beurkundungszwanges sind aber in ihren positiven Forderungen geteilt. Eine Gruppe verlangt volle Formfreiheit, eine andere einfache Schriftlichkeit. Eine kritische, sine ira vorgenommene Würdigung der Gegengründe führt zur Ablehnung sowohl der Formfreiheit als der einfachen Schriftlichkeit.

a) Formfreiheit.

α) Als Hauptgrund zu Gunsten der Formfreiheit, für die sich auch Dorst erklärt, führt er an, die Form sei etwas rein äußerliches und folge immer erst der Prüfung der Sachlage nach. Dasjenige, was ihr vorhergehe, sei die Hauptsache. Nachlässige Prüfung und Übereilung zu verhindern, dazu sei kein Gesetz im Stande. Die Erfüllung einer Form garantiere und befördere nicht das vorherige Überlegen[41]). Man wird diesen Sätzen nicht beipflichten können; sie widersprechen allgemeiner Erfahrung. Schon die längere Zeit, die der notarielle oder gerichtliche Abschluß verlangt, gibt ein spatium deliberandi. Der Gang zum Gericht oder Notor vergegenwärtigt Bedeutung und Ernst der Sachlage. Dazu die Einwirkung der Amtspersonen, die von ihnen angeregte Besprechung aller Seiten und aller Folgen, endlich auch die größere Scheu, welche die arglistige Partei vor dem Lichte der Öffentlichkeit hat. Außerdem unterschätzen die Gegner die Bedeutung, welche die Form an sich im Rechtsleben hat. Den Kontrahenten kommt bei der Wahrung einer Form weit eindringlicher der Inhalt des Geschäftes zum Bewußtsein, als wenn das rasch gesprochene und rasch eilende Wort zur Bindung genügt.

β) Der Vorschrift des § 313 wird auch Inkonsequenz vorgeworfen; sie sei ein einschneidender Durchbruch gegenüber dem ganzen System des B.G.B. Hier sei alles auf Formfreiheit gestellt, selbst holographische Testamente könne man errichten. Gewiß ist die Formfreiheit eine allgemeine Regel des B.G.B. Indes, wo die Form ausnahmsweise begründet ist, da muß sie auch ihre Stelle finden. Gleichmacherei soll man nirgends treiben; nur wirklich Gleiches soll gleich behandelt werden, Ungleiches aber ungleich. Grundstücksveräußerung und Erwerb sind aber, wie nachgewiesen, so wesentlich von anderen Verkehrsgeschäften verschiedene Dinge, daß sie ihren eigenen Weg gehen müssen, und nicht dem Popanz dürrer Konsequenz hinzuopfern sind[42]).

γ) Endlich wird zu Gunsten der Formfreiheit der grobe Mißbrauch, der mit dem § 313 getrieben werden könne, ins Feld geführt. Wenn wirklich bereits eine formlose Einigung erfolgt sei, so verstoße die Berufung auf § 313, abgesehen davon, daß sie dem andern Teile Schaden bringen könne, schon an sich gegen Treu und Glauben, und erschüttere den alten Grundsatz: „Ein Mann ein Wort" (Dorst S. 139). Dorst exemplifiziert auch an einigen krassen Fällen, in denen Kontrahenten zum Schaden des anderen Teiles und im eigensüchtigen Interesse unter

---

[41]) Dorst S. 136.

[42]) Auch die holographischen Testamente halten wir für keinen Segen.

Berufung auf § 313 zurückgetreten seien. Er fügt hinzu: „Das Resultat ist, daß die anständigen Leute geschädigt werden, während die Lumpen frei ausgehen. In einigen Fällen erhalten allerdings auch sie die verdiente Strafe.“

Wir haben schon (S. 145 ff.) auseinandergesetzt, daß der Grundsatz: „Ein Mann ein Wort“, so deutsch er auch klingt, für das alte deutsche Recht nicht nachweisbar ist. Gerade das Umgekehrte war der Fall. Der altgermanische Grundsatz wollte Prüfung, Erwägung und formelle Bindung nur bei Beobachtung feierlicher Form. Überdies würde sich der Vorwurf der Unanständigkeit weit mehr gegen den Gesetzgeber, als gegen denjenigen, der von dem Gesetz Gebrauch macht, richten. Und ist es denn wirklich unanständig, wenn der Gesetzgeber unter Erwägung aller Gründe für und gegen in gewissen Fällen die Beobachtung bestimmter Formen vorschreibt? Dann müßte mit unseren ganzen Formalvorschriften tabula rasa gemacht werden. Ein nicht beweisendes Schlagwort ist es auch, die „Lumpenhaftigkeit“ desjenigen, der sich auf eine formelle Schutznorm beruft, zu behaupten. Wer ist unanständig, der Bauer, dem vom Güterschlächter sein Grundstück für einen weit unter dem Werte stehenden Preis abgelockt worden ist, und der sich auf die Ungültigkeit dieser Abmachung beruft, oder der Wucherer, der sich auf das Wort des Bauern beruft? Der Inhalt des Einzelfalles ist zu prüfen, um vom Standpunkte der Moral zu einer Entscheidung darüber zu kommen, wer anständig oder unanständig handelt. Die Tatsache aber allein, daß Jemand die Rechtsform beobachtet haben will, verstößt keineswegs gegen die guten Sitten. Wenn wirklich in einzelnen Fällen ein Schaden entsteht, nun, so hätte er vermieden werden können durch Beobachtung der Form. Die Fälle, in denen eine baldige Beurkundung unmöglich ist, werden mehr als selten sein. Endlich je mehr die Vorschrift des § 313 bekannt werden wird, um so weniger wird die Berufung auf ihn mit einem moralichen Stigma belegt werden können. Denn die Kontrahenten werden bei ihren Vorverhandlungen sich dessen wohl bewußt sein, daß sie vorläufig nur unverbindliche Traktate verabreden. Zu beachten bleibt auch, daß die Beobachtung einer öffentlichen Form für Grundstücksveräußerungen seit langen Jahrhunderten im deutschen Volksbewußtsein feste und lebendige Wurzeln geschlagen hat.

d) Gegen die Formfreiheit spricht auch die Tatsache der häufigen Streitigkeiten darüber, ob überhaupt die mündlichen Abreden zum endgültigen Abschluß gediehen wären, oder sich nur im Stadium unverbindlicher Vorverhandlungen bewegt hätten. Die widerwärtigsten Prozesse folgen hieraus. Gerade deswegen haben die Berichterstatter aus denjenigen Gebieten des Gemeinen Rechts, wo Formfreiheit bis 1900 bestand, die Änderung geradezu als Segen gepriesen (vgl. oben S. 128 ff.).

b) Schriftform.

Auch die Schriftform — entweder einfache oder unter Hinzutritt der Unterschriftsbeglaubigung —, welche vielfach empfohlen wird, und die namentlich auch in der II. Kommission warme Vertretung fand, ist gegenüber der öffentlichen Beurkundung mit allzu schweren Nachteilen verknüpft. Ohne Belang für unsere Frage ist die hin und wieder gewünschte Unterschriftsbeglaubigung, da diese als Erfordernis nicht für die Bindung, sondern für die Anträge ans Grundbuch verlangt wird. Lassen wir die für die Schriftform geltend gemachten hauptsächlichsten Gründe Revue passieren!

α) Die Schriftform wäre im allgemeinen genügende Garantie für die Richtigkeit des Inhalts. Gerade bei dieser Form aber besteht die Gefahr, wie die Motive mit Recht hervorheben, daß sie zum Abschluß des Vertrages führt, ohne daß die in Frage stehenden Rechtsverhältnisse eine vollständige Regelung erfahren, ja ohne daß die Vereinbarungen der Vertragschließenden vollständig aufgenommen werden. Ungenauigkeiten und Unvollständigkeiten sind hier häufig. Denn das Publikum ist selten imstande, einen sachgemäßen Grundstückskaufvertrag zu entwerfen. Die Mängel werden auch durch Zuziehung von Rechtskonsulenten und Konzipienten nicht vermieden, sondern meist gesteigert.

β) Der Bauer, der vor allem geschützt werden solle, sei vorsichtig mit seiner Unterschrift. Die Wirtshausgeschäfte und ihre Gefahren werden von den Gegnern nicht hoch angeschlagen. Im Wirtshause, meint Dorst, werden viele und wertvolle Geschäfte abgeschlossen; grade dort werde häufig lange überlegt und geprüft, ehe man einig sei. Nun, daß auch ein Wirtshaus häufig ein geeigneter Ort für den Abschluß von Geschäften ist, darüber kann kein Zweifel sein. Nur werden unter Wirtshausgeschäften grade diejenigen Geschäfte bezeichnet, bei denen weniger der Ort, als der feuchtfröhliche Geist des Ortes („spiritus“ loci) das entscheidende war. Wirtshausgeschäfte in diesem Sinne sind nicht bloße Phantasien. Berüchtigt sind die vielen im Wirtshaus bei animierter Stimmung dem Bauern abgelockten Scheine über seinen Grundbesitz. Auch bei meiner Umfrage sind lebhafte Klagen über derartige Geschäfte aus Schlesien, Pommern usw. (oben S. 167) laut geworden, und die neue Form wurde gerade deswegen als ein wahrer Segen bezeichnet. Daß der Vertragschließende, wenn er seine sinnlose Betrunkenheit nachweist, an das Geschäft nicht gebunden ist, wirkt nur als schwacher Schutz, weil dieser Nachweis schwer zu führen ist. Auch ist es nicht die sinnlose Trunkenheit, die zu den Gefahren führt, vielmehr die gehobene, animierte, durch Alkohol gereizte Stimmung.

γ) Die Einführung der öffentlichen Beurkundung lege dem gesamten Grundstücksverkehre schwere Fesseln an. Diese Befürchtung hat, wie aus unseren Erhebungen zu schließen ist, sich nicht bestätigt. Wenn infolge der strengen Form der Güterwucher auf dem Lande und der unsolide Handel mit städtischen Bauterrains durch Schlußscheine erschwert werden, so ist eine solche Erschwerung, wie wir nachgewiesen haben, nur von Vorteil.

δ) Endlich ist auch der hohe Aufwand von Kosten als ein unnötiger bezeichnet worden. Die Kosten sind aber, wie wir noch dartun werden, nicht erheblich; sie können auch durch Gebührengesetze in maßvollen Grenzen gehalten werden. Nirgends aber sind die Kosten nötiger aufgewendet, als hier. Bei Veräußerung kleiner wertloser Parzellen bietet schließlich der Satz 2 des § 313 ein Mittel zur Kostenersparnis.

ε) So erweisen sich denn die Gründe für die Schriftform nicht als zugkräftig. Vor allem ist ihr aber auch die oben (S. 163) eingehend behandelte und gewürdigte Erfahrungstatsache entgegen zu halten, daß sie keine festen und tiefen Wurzeln ins Leben geschlagen hat, selbst in Bezirken, wo sie früher ausreichend war, und daß sie gegenüber den anderen Formen abbröckelte und abbröckelt.

5. Was endlich die Volksauffassung, die Meinung der Juristen und die praktischen Erfahrungen betrifft, so sprechen auch diese Momente für die Beibehaltung des § 313. Wir legen auf diese Momente, vor allem auf die Erfahrungen der Praxis Hauptwert. Selbst wenn alle zu 1 bis 4 dargelegten Erwägungen für die Beibehaltung sprächen, so würden diese Momente doch bedenklich ins Gewicht fallen, weil sie auf die Unrichtigkeit der theoretischen Erwägungen, auf irgend einen error in calculo, hinwiesen.

Wie schon mehrfach hervorgehoben, ist die Volksauffassung in Deutschland seit langen Zeiten einer feierlichen öffentlichen Form für Grundstücksveräußerungen durchaus zugetan. Und mit der Volksauffassung steht — gewiß ein beachtenswertes Symptom — die Meinung der Juristen im Einklang. Haben doch auf die diesseitige Anfrage nur zwei Notare eine sofortige Änderung des § 313 für wünschenswert erklärt, während alle anderen für seine Beibehaltung eintraten (näheres S. 165). Der Einwurf, die Notare sprächen pro domo, für ihre Gebühren, dürfte wohl gegenüber dem Ernste der Angelegenhei kaum auftauchen. Sind doch auch nur Gründe aufgeführt worden, die das Interesse des Publikums, die Heilsamkeit der Vorschrift für die Bevölkerung im Auge hatten.

Die aus grauer Vorzeit schon stammende Volksauffassung ist sich aber bis in die jüngste Zeit treu geblieben. Dies beweist das vielfältige im Abschnitt IV mitgeteilte Erfahrungsmaterial, aus dem einige springende Punkte hervorgehoben sein mögen. Bezeichnend ist vor allem die Tatsache, daß selbst in denjenigen Gebieten, in denen früher nur mündliche Abrede oder einfache Schriftform zur Bindung ausreichend waren, doch eine erhebliche Anzahl öffentlicher Grundstücksverträge geschlossen wurden. Dies ergeben die für die Zeit vor 1900 mitgeteilten Ziffern aus den gerichtlichen Aufstellungen (vgl. S. 156 ff. und die Tabelle S. 160, 161). Aber auch Notare berichten über die allgemeine Beobachtung, daß schon unter altem Recht die Grundstücksverträge häufig notariell geschlossen wurden. „Besonders auch die Landbevölkerung" — heißt es in einem kernigen Bericht —, „die doch sehr den Kostenpunkt bedenkt, hat den Notar fast regelmäßig angegangen, in der festgewurzelten Überzeugung, daß zum Grundstückskauf doch mehr gehört, als zum Schweinekauf." Und selbst Dorst (S. 138) gibt zu: „Im linksrheinischen Rechtsgebiete wurden auch vor 1900 mit verschwindenden Ausnahmen die Verträge über Grundeigentum notariell abgefaßt und daher für eine gründliche Abfassung Garantie geboten, trotzdem der Verpflichtungsvertrag an sich bis zum Inkrafttreten der Grundbuchgesetze an keine Form gebunden war."

Und muß nicht das oben (S. 165) für die Zeit seit dem 1. Januar 1900 mitgeteilte Schlußergebnis aus den Berichten der Gerichte und Notare, wonach seither eine erhebliche Steigerung der in öffentlicher Form geschlossenen Verträge stattgefunden hat, auch als Symptom für die Richtigkeit der Annahme gelten, daß die Form sich einbürgert, in Fleisch und Blut übergeht, und nicht bloß fremd aufgepfropft ist? Sonst würde das Publikum mehr zu dem Aushilfsmittel greifen, die Verträge privatschriftlich zu entwerfen und ihnen die Heilung durch die Auflassung angedeihen zu lassen. Aber in Stadt und Land greift die Bevölkerung immer mehr zur öffentlichen Form und holt bei dieser Gelegenheit gern rechtsverständige Hilfe ein.

Das Erfahrungsmaterial hat ferner den Beweis dafür geliefert, daß der legitime Verkehr die öffentliche Form als eine Fessel nicht empfindet (vgl. S. 165 ff.) Ein besonders beachtenswertes Indiz für die Richtigkeit dieser Beobachtung ist es auch, daß im gesunden Verkehr verhältnismäßig wenige Mittel und Fälle zur Umgehung der Formvorschrift, abgesehen von den noch zu erwähnenden Maklergeschäften, bemerkbar sind. Und in der Tat, faßt man die drei Interessenten-Gruppen, die beim Grundstückverkehr in Betracht kommen, nämlich die Verkäufer, die Käufer und die Grundstücksmakler, scharf ins Auge, so wird es leicht begreiflich, warum es sich am letzten Ende um keine zu schwer empfundene Fessel handelt.

Die Verkäufer tragen nach den meisten Ortsgebräuchen nicht die Kosten. Warum sollten sie also, es sei denn, daß sie Heimlichkeiten im Schilde führen, die öffentliche Beurkundung scheuen? Die Käufer aber schätzen die sichere Gewähr richtiger und sachgemäßer Abfassung des Vertrages höher, als die geringe Kostenlast. Kommen doch die Beurkundsgebühren gegenüber den Kosten, die sonst mit einem Grundstücksgeschäft verbunden sind, kaum in Betracht. So beträgt bei einem Berliner Grundstück im Werte von 500 000 Mark der staatliche Stempel (1 %) 5000 Mk, die Umsatzsteuer (1/2 %; bei Terrains und überhaupt in Vororten sogar 1 % 2500 Mk., die Provision (1 %) 5000 Mk. Spielen hierbei die Beurkundungsgebühren von 160 Mark eine nennenswerte Rolle? Und ähnlich liegt es bei Kaufverträgen höherer oder geringerer Objekte. Anders freilich ist es bei Kaufverträgen mit ganz geringem Objekte, wie dies z. B. aus den Kreisen Siegen und Wittenstein berichtet ist (S. 125). Derartige Objekte können selbst die geringste Kostenbelastung nicht vertragen. Hier hilft aber Satz 2, auf den wir noch zurückkommen.

Dagegen empfinden die Grundstücksmakler den Formzwang als große Fessel; dies wird übereinstimmend aus allen Gegenden gemeldet. Indes können die Interessen und Wünsche der Makler keine entscheidende Bedeutung beanspruchen. Die wirklichen ausschlaggebenden Interessen sind die der Bodenbesitzer und Bodenerwerber, der Verkäufer und Käufer. Nur insofern, als diese Interessen durch die Erschwerung der Maklertätigkeit beeinträchtigt werden, müßte man auf Abhilfe bedacht sein. Derartige schädigende Einflüsse sind wohl möglich. Ein Grundstücksbesitzer, dem daran liegt, sein Eigentum zu veräußern, oder ein Kauflustiger, der ein Grundstück nötig braucht, wird vom Makler häufig die Antwort erhalten, daß er Bemühungen nur dann aufwende, wenn der Auftraggeber sich einige Zeit (Wochen, Monate) binde. Auch bei direkten Verhandlungen zwischen Veräußerer und Erwerber ist häufig eine Bindung des einen Teils an sein Gebot auf längere Zeit wünschenswert. Früher war diese Bindung durch einfache Schlußscheine in Gebieten, wo Schriftlichkeit oder Mündlichkeit zur Gültigkeit ausreichten, möglich und üblich. Jetzt muß die mit Kosten verknüpfte

Offerte in notarieller oder gerichtlicher Form gewählt werden. Die Kosten werden gescheut, weil die größte Mehrzahl der Makelaufträge oder Grundstücksanstellungen nicht zum wirklichen definitiven Kaufabschluß führen. Die unwiderrufliche Vollmacht, welche behufs Kostenersparnis hier und dort an die Stelle der notariellen Offerte gesetzt wurde, ist als eine Umgehungsform mit Recht für unzulässig erklärt worden. Anderen Umgehungsformen wird kein besseres Schicksal bereitet sein, da § 313 iuris publici ist.

Im Interesse solcher, immerhin nur als Ausnahme in Betracht kommender Fälle das Gesetz zu ändern, kann selbstverständlich im Hinblick auf die sonst entgegenstehenden großen Nachteile, die wir dargelegt haben, nicht in Erwägung gezogen werden. Es würde sich aber empfehlen, die Gebühr für die notarielle oder gerichtliche Offerte im Interesse der Erleichterung des Grundstücksverkehrs in den oben erwähnten und ähnlichen Fällen herabzusetzen; so z. B. in Preußen, wo die Gebühr für die Offerte von $^{15}/_{10}$ auf $^{10}/_{10}$ oder $^{5}/_{10}$ ermäßigt werden könnte.

6. Starren Formalismus, öde Prinzipienreiterei hat glücklicherweise der Gesetzgeber nicht getrieben. Er übersah nicht gewisse Fälle, in denen die Vorteile der öffentlichen Form von den Nachteilen überwogen werden. Aus diesen berechtigten Erwägungen erklären sich folgende Ausnahme-Regelungen:

a) So zeigt sich die sofortige Inanspruchnahme eines Notars öfters bei Parzellierungen ländlicher Grundstücke schwierig. Hier ist es üblich, zunächst einen Termin an Ort und Stelle mit Kauflustigen abzuhalten. Früher wurden, wenn Einigkeit erzielt wurde, meist schriftliche Vorverträge abgeschlossen. Unzuträglichkeiten entstehen auch, wenn mehrere der bei einem Veräußerungsvertrage Beteiligten, z. B. mehrere Erben bei einem Erbteilungsvertrage, in verschiedenen Bezirken wohnen; das früher übliche Zirkulieren des Vertrages kann nicht mehr in Anwendung kommen. Weit wichtiger ist die aus § 313 leicht entspringende Störung, wenn eine Reihe nebeneinanderliegender Grundstücke zum Zwecke einer einheitlichen Unternehmung erworben werden sollen. Dies wird oft erschwert, wenn gerichtliche oder notarielle Verträge mit jedem einzelnen Besitzer erforderlich sind. Sobald die Nachbarn Wind erhalten, erfolgen dann meist unsinnige Preissteigerungen[43]). Allzu kostspielig erweist sich endlich die Form für Beurkundungen bei ganz kleinen Objekten.

Für diese und ähnliche Fälle ist die Bestimmung im Satz 2 wie geschaffen. Gewiß liegt sie nicht in der Rechtskonsequenz. Gewiß werden

---

[43]) Darauf weist Dorst (S. 139) hin.

durch sie häufig auch die Zwecke der Formvorschrift aus Satz 1 vereitelt, die aus sozialpolitischen Gründen erstrebte Erschwerung der Veräußerung zunichte gemacht werden. Indessen ist sie aus folgenden Erwägungen trotz alledem aufrecht zu erhalten.

Die Vorschrift hatte sich in der preußischen Praxis (vgl. oben S. 115) bewährt. Auch waren seiner Zeit das preußische Landes-Ökonomie-Kollegium, der westfälische Bauernverein, landwirtschaftliche Vereine aus Bayern usw. für die Beibehaltung eingetreten. Sie bildet, wie in der II. Kommission mit Recht ausgesprochen wurde, eine unentbehrliche Ergänzung des Satzes 1, unentbehrlich im Interesse der Rechtssicherheit. Der Verkäufer hätte sonst während der ganzen Verjährungsfrist (30 Jahre lang) trotz der Auflassung den Kondiktionsanspruch auf Rückgabe wegen der Ungültigkeit des obligatorischen Vertrages und die Möglichkeit, auf Kosten des Erwerbes zu spekulieren. Ebenso dient zur Rechtssicherheit, daß den nicht formgerechten Nebenabreden zur Gültigkeit verholfen wird, und damit viele Zweifel beseitigt werden. Unentbehrlich ist der Satz 2 auch für die häufigen Fälle, in denen sehr geringwertige Parzellen veräußert, oder Parzellen schuldenfrei gegen sofortige Barzahlung aufgelassen werden.

Abgeschwächt freilich wird die Formvorschrift des Satzes 1 durch den Nachsatz, aber nicht vereitelt. Ihr Hauptzweck, Schutz vor Übereilung wird noch in ausreichendem Maße, wenigstens bezüglich der wichtigsten Frage, der Höhe des Kaufpreises, erreicht. „Denn zwischen den formlosen Abschluß und das Gültigwerden des obligatorischen Vertrages schiebe sich die Auflassung ein. Der Bauer werde nüchtern, gewinne Frist zur Überlegung, zur Rücksprache mit der Frau usw.“ [44]). Die Aussicht auf ein überlegtes, verständiges, die Verhältnisse berücksichtigendes Handeln bleibt somit trotz des Satzes 2 erhalten. Wir würden daher auch nicht vorschlagen, daß etwa Preußen, wie von einem der angefragten Notare empfohlen wurde, von der Vorschrift des § 98 der Grundbuchordnung Gebrauch mache, um zu verhüten, daß Satz 1 durch Satz 2 umgangen werde. Die Befürchtungen einer „Außerkurssetzung“ des Satzes 1 durch Satz 2 widerlegt die Erfahrung. Der Satz 2 hat aber innerhalb der oben gezeigten Grenzen ein wohltätiges Wirkungsgebiet.

b) Ebenso empfiehlt sich das Abgehen von der öffentlichen Form in denjenigen Fällen, in welchen die wesentlichen Gründe des Gesetzes, Schutz der minder geschäftsgewandten Bevölkerung und größere Gewähr für sachgemäße Beurkundung, nicht zutreffen. Cessante ratione legis

---

[44]) Protokolle der II. Kommission.

cessat lex ipsa. Daher der Vorbehalt des Art. 142 E.G.[45]) und der Gebrauch, den die Landesgesetze von ihm gemacht haben. So z. B. hat Preußen insoweit von dem Vorbehalt Gebrauch gemacht, als einer der Vertragschließenden durch eine öffentliche Behörde vertreten wird (Art. 12, § 2 pr. A.G. zum B.G.B). Es soll dann nämlich für die Beurkundung des Vertrages außer den Gerichten und Notaren auch der Beamte zuständig sein, welcher von dem Vorstande der zur Vertretung berufenen Behörde oder von der vorgesetzten Behörde bestimmt ist. Anregungen der größeren Städte führten zum Erlaß dieser Bestimmung, die aus folgenden Gründen befürwortet wurde. Die Gefahren, gegen die § 313 schützen solle, treffen ohnedies bei den Verträgen nicht zu, welche Staat, Kommunen und überhaupt öffentliche Körperschaften abschließen. Fast alle diese Verträge bedürfen ferner der Genehmigung anderer Faktoren, gewöhnlich der Aufsichtsbehörde oder der Gemeindevertretung. Sollten diese Verträge erst gerichtlich oder notariell geschlossen werden, so würden unnötige Kosten erwachsen, wenn nachher die Genehmigung versagt wird, anderseits müßten diese Kosten aufgewendet werden, weil sonst die Beteiligten nicht gebunden wären. In der Tat sind auch diese Gründe schwerwiegend genug, um die im § 2 des Art. 12 getroffene Ausnahme von der Formvorschrift des § 313 zu rechtfertigen.[46])

7. Alles in allem genommen ist somit — wir kommen zum Schluß — ein Anlaß zur Änderung des § 313 nicht gegeben; weder in Bezug auf die Formfrage, die uns zunächst interessiert, noch in Bezug auf die Heilungsfrage (Satz 2), die mit der ersten in innigem Zusammenhange steht. Selbst eine Erwägung, ob der § 313 vielleicht auf die Veräuße-

---

[45]) Art. 142 E.G. zum B.G.B. lautet: „Unberührt bleiben die landesgesetzlichen Vorschriften, welche in Ansehung der in dem Gebiete des Bundesstaats liegenden Grundstücke bestimmen, daß für die Beurkundung des im § 313 des Bürgerlichen Gesetzbuchs bezeichneten Vertrags sowie für die nach § 873 Abs. 2 des Bürgerlichen Gesetzbuchs zur Bindung der Beteiligten erforderliche Beurkundung der Erklärungen außer den Gerichten und Notaren auch andere Behörden und Beamte zuständig sind."

[46]) Stranz-Gerhard, Kommentar zum pr. A.G. zum B.G.B., S. 109, Anm. 11 ff. Dort auch über die weiteren im Art. 12 vorgesehenen Ausnahmefälle, den Rentengutsvertrag und die Zuständigkeit der Bürgermeister im Gebiete des vormaligen Herzogtums Nassau an Orten, die nicht Sitz eines Amtsgerichts sind, Kauf- und Tauschverträge über Grundstücke ihres Amtsbezirkes zu beurkunden, wenn der Kaufpreis oder der Wert der eingetauschten Gegenstände nicht mehr als 500 M. beträgt. — Daß überhaupt auf dem Gebiete des der Landesgesetzgebung vorbehaltenen Rechts auch Eingriffe in den § 313 innerhalb der Grenzen des Vorbehaltsrechts gemacht werden dürfen, sei hier nur kurz hervorgehoben (vgl. z. B. auch Stranz-Gerhard a. a. O. S. 112, Anm. 21).

rung ländlicher Grundstücke zu beschränken sei, ist abzuweisen. Haben auch vornehmlich agrarpolitische Rücksichten den Gesetzgeber bei Normierung des § 313 geleitet, so muß doch, wie nachgewiesen, eine gute Bodenpolitik auch für den städtischen Grundbesitz das öffentliche Wohl, nicht die Interessen privater Spekulation in den Vordergrund setzen. Überdies ist der Unterschied zwischen städtischen und ländlichen Grundstücken in der Kleinstadt nicht nur, sondern auch in den Großstädten, deren ländliche Vororte unmerklich in das Stadtgebiet übergehen, gesetzlich kaum faßbar.

Was de lege ferenda am Ende des vorigen Jahrhunderts die Verfasser der Entwürfe, die Kommissionen zu ihrer Beratung, die Stimmen der Kritik, die Regierungen, die Landes-Ökonomie-Kollegien, die interessierten Klassen der Bevölkerung und schließlich Reichstag und Bundesrat mit überwältigenden Mehrheiten als notwendig und zweckmäßig erachtet haben, hat sich auch in den beiden ersten Jahren dieses Jahrhunderts im großen und ganzen de lege lata bewährt. Und wie in Bayern, wo die notarielle Form seit etwa 40 Jahren herrscht, Klagen nicht laut geworden sind, so wird sich der § 313 im gesamten Reiche als sozial wohltätige Norm und als Gewähr der Rechtsberatung stets mehr einbürgern. Ein Allheilmittel ist auch § 313 nicht. Aber seinen Nachteilen stehen so überwiegende und so segensvolle Vorteile entgegen, daß einer Änderung nicht scharf genug widersprochen werden kann. Vollends jetzt schon, in der Übergangszeit so zu sagen, nachdem eben erst das neue Recht ins Leben getreten ist, an der Vorschrift des § 313 zu rühren, wäre nur Zeugnis einer ungesunden Neuerungssucht.

Wir glauben aber auch, daß auf eine lange Zukunft hinaus die Akten über den § 313 als geschlossen betrachtet werden können. Sit ut est!

VII.

Kurze Bemerkungen

zur Frage der Aufhebung oder Änderung des § 313 des Bürgerlichen Gesetzbuchs

von Herrn Rechtsanwalt und Notar Karl Haenschke zu Berlin.

Meines Erachtens empfiehlt sich eine Aufhebung oder Änderung des § 313 Bürgerliches Gesetzbuch nicht.

Die Übelstände, die aus dieser Vorschrift resultieren, sind auf einer Seite die Unbequemlichkeit und Mehrkosten, die für die Beteiligten durch den formgültigen Abschluß gegenüber der Formlosigkeit erwachsen, und auf der andern Seite die Schädigung, die bei formlosen Abschluß für denjenigen entstehen kann, der darauf vertraute, der andere Teil werde den ungültigen Vertrag erfüllen.

Die Übelstände treten gegenüber den Vorteilen der Gesetzesbestimmung zurück. Bei Grundstückskaufverträgen war es hierorts bereits vor Inkrafttreten des Bürgerlichen Gesetzbuchs überwiegend üblich, obgleich die bloße Schriftform zur Klagbarkeit ausreichte, den Abschluß notariell vorzunehmen. Notariatskosten fallen bei den sonstigen hohen Kosten (1 % Vertrags- beziehungsweise Auflassungsstempel, $1/2$ oder 1 % Gemeindeumsatzsteuer, wozu noch in der Regel 1 % Provision für den Vermittler tritt) hierorts nicht erheblich ins Gewicht. Der Mißstand, daß derjenige, der den wegen Formmangels ungültigen Vertrag abschließt, daraus keine Rechte erwirbt und Schaden erleidet, wenn er im Vertrauen auf die Gültigkeit oder darauf, daß der Gegen-Kontrahent ohne rechtliche Verpflichtung den Vertrag erfüllen werde, sein Vermögen berührende weitere Maßregeln vornimmt, findet sich bei allen einer besonderen Form bedürfenden Verträgen. Geht man davon aus, daß es gewisse Rechtshandlungen gibt, für die sich die Vorschrift einer Form zur Gültigkeit empfiehlt, so wird man Verträge über Überlassung von Grundstücken unter diese zu rechnen haben. Regelmäßig sind solche für Veräußerer und Erwerber von besonderer Wichtigkeit und Übereilung dabei von besonders schwerwiegenden Folgen. Von den beiden Übeln, daß eine formgültig verabredete Grundstücksübertragung unterbleibt, weil einem der Beteiligten dieselbe leid wird, und dem andern, daß solche formlos gültig vereinbarte Übertragung stattfinden muß, obwohl sie einem der Beteiligten leid wird, ist das erstere das kleinere. Auch der andere Grund, der für die Form geltend gemacht wird, nämlich auf sachgemäße Fassung hinzuwirken und rechtliche Schwierigkeiten zu beseitigen, ist von erheblicher Bedeutung. Je länger die Grundbuchblätter bestehen, desto unübersichtlicher werden sie, desto schwieriger wird es für den Laien, dieselben richtig zu lesen, und desto umständlicher wird die Beseitigung materiell gegenstandslos gewordener älterer Belastungen.

Bei bloß mündlichem Abschlusse bietet eine auf Grund von Parteieiden oder Zeugenaussagen getroffene Feststellung des Streites, ob bloße Vorverhandlungen oder ein Vertragsabschluß stattgefunden und welches der Inhalt der Abreden war, nicht die Gewähr der objektiven Richtigkeit. Aber auch die Parteischriftform verursacht Übelstände, die bei öffentlicher Beurkundung vermieden werden. Es ist mir wiederholt vorgekommen, daß Parteien mit einer ihrer Meinung nach erschöpfenden Punktation zur sofortigen Beurkundung eines Grundstückskaufvertrages zu mir kamen und daß sich dann bei der Besprechung herausstellte, daß beide über den Inhalt des Grundbuchs im Unklaren waren, dessen Einsicht überhaupt nicht für notwendig angesehen hatten, der Vertragsabschluß mit Rücksicht hierauf aufgeschoben wurde und die von mir vorgenommene Einsicht des Grundbuchs das Vorhandensein von Eintragungen ergab, die eine Berücksichtigung und Klarstellung der gegenseitigen Rechte und Verbindlichkeiten in dem demnächst abgeschlossenen Vertrag erforderlich machte. Auch in solchen Fällen halte ich es für das kleinere Übel, daß der Vertragsabschluß aufgehoben wird und, eventuell mit Rücksicht auf die Anstände, die sich aus dem Grundbuch ergeben, unterbleibt, als wenn der Überlassungsvertrag ohne genügende Berücksichtigung der Rechtslage des Grundstücks abgeschlossen wird und sich dann erst bei der Erfüllung Schwierigkeiten ergeben und daraus Prozesse entstehen, und für den einen oder anderen der Vertragschließenden oder auch für beide sich ein ganz anderes wirtschaftliches Resultat ergibt, als das von ihm durch den Vertragsschluß bezweckte.

Nicht zu verkennen ist, daß die Gründe, die für einen gerichtlichen oder notariellen Abschluß sprechen, bei anderen Verträgen, als Kauf- und Tausch, nicht in gleichem Maße vorliegen. Indes ist hier meines Erachtens zu berücksichtigen, daß die Grenzbestimmung schwer zu ziehen ist und im Interesse der Rechtssicherheit es vorzuziehen ist, die Formvorschrift, wie geschehen, auf alle Verträge, die eine Verpflichtung zur Übertragung des Eigentums an einem Grundstücke enthalten, zu beziehen, als nur auf bestimmte Verträge. Letzterenfalls würde oft Streit entstehen, ob ein Vertrag rechtlich ein Kauf oder Tausch einerseits oder ein anderer Vertrag anderseits ist, und es für den Laien unverständlich sei, weshalb bei den, gleichen wirtschaftlichen Zwecken dienenden Verträgen, je nach der gewählten rechtlichen Konstruktion bald ein mündliches Abkommen bindend, bald öffentliche Beurkundung zur Gültigkeit notwendig ist. Fälle, in denen die Vorschrift des § 313 Bürgerlichen Gesetzbuches zu Unträglichkeiten geführt hat, sind mir nicht bekannt geworden. Auch die von Dorst in dem Gutachten für den 26. Juristentage S. 134 ff. angeführten Fälle kann ich nicht zu solchen rechnen, die eine Abänderung des § 313 Bürgerlichen Gesetzbuches erforderlich machen. Es sind das nicht besondere Gründe, die speziell für Grundstücksübertragungsverträge zutreffen, sondern solche, die bei allen Rechtsakten zutreffen, bei denen die vom Gesetz zur Gültigkeit erforderte Form nicht innegehalten ist. Wer im Vertrauen auf die Erfüllung eines mündlichen Schenkungsversprechens oder eines mündlichen Erbvertrages Ausgaben macht, wer auf Grund eines mündlichen Bürgschaftsversprechens seitens eines Zahlungsfähigen einem Kreditunwürdigen Kredit gewährt, erleidet Schaden, wenn die Erfüllung der unverbindlichen Zusage verweigert wird.

Die Konsequenz der Dorstschen Ansicht müßte dahin führen, alle Formvorschriften abzuschaffen. Die meisten Fälle, die Dorst anführt, ergeben doch nur, daß dem einen der Vertragschließenden das mündliche Abkommen später leid wurde, er also übereilt gehandelt hatte. Diese Fälle lassen sich daher mit demselben Rechte für die Bestimmungen des § 313 Bürgerliches Gesetzbuch wie gegen dieselbe verwerten.

In der Zeit meiner Beschäftigung im Vorbereitungsdienste beim Kammergericht im Jahre 1883 ist mir ein Fall aufgefallen und in Erinnerung geblieben, der vor dem 4. Zivilsenat des Kammergerichts schwebte, in welchem sich die Nachteile der Gültigkeit von Privatverträgen über Grundstücke besonders fühlbar machten. Ein Restaurateur hatte sein mehrere hunderttausend Mark wertes Grundstück an einen vermögenslosen Agenten durch einen in seinem Restaurationslokale unterschriebenen privat-schriftlichen Vertrag zu einem den Wert nicht erreichenden Preise verkauft und in dem Kaufvertrage mehrjährige Stundung des durch Übernahme von Hypotheken nicht gedeckten Teils des Kaufpreises gewährt, ohne daß dieses Restkaufgeld als Hypothek eingetragen werden sollte. Durch Erfüllung dieses Vertrages wäre der

Verkäufer ruiniert worden. Er wendete im Prozeß, der gegen ihn auf Erfüllung des Vertrages angestellt war, ein, daß er bei der Unterschrift durch den Genuß geistiger Getränke so animiert gewesen sei, daß er sich habe übertölpeln lassen, und erst, nachdem er vollständig nüchtern geworden sei, ihm klar geworden sei, welch unsinnigen Vertrag er abgeschlossen habe. Beweis für einen die Anfechtung begründenden Grad der Trunkenheit konnte er nicht erbringen. Die Mitglieder des Senats waren einer Meinung, daß es bedauerlich sei, daß einfache Schriftform bei solchen Verträgen nach dem Gesetze genüge.

Soweit ich Juristen und solche Laien, die Erfahrungen im Grundstückverkehr haben, gefragt habe, habe ich überwiegend die Ansicht gefunden, daß der Nutzen, den § 313 Bürgerliches Gesetzbuch stifte, größer sei, als die Nachteile, die aus demselben entspringen können, und sich deshalb die Beibehaltung empfehle.

Es wird kein Gesetzbuch geben, das in allen seinen Bestimmungen jedem recht ist. Die Möglichkeit eines einheitlichen Rechtes für das Deutsche Reich war nur dann gegeben, wenn zwischen den größtenteils einander direkt entgegengesetzten Anforderungen an die Gestaltung desselben ein Kropromiß geschlossen würde. Dies ist bei grundlegenden Fragen, zum Beispiel im Eheschließungs-, Ehescheidungsrechte, im ehelichen Güterrechte, im Vereinsrechte, beim Dienstvertrag usw., wo religiöse, politische und soziale Meinungsverschiedenheiten vorlagen, gelungen. Auch bei der Einzelbestimmung des § 313 Bürgerliches Gesetzbuch sind die Gründe, die jetzt für und gegen dieselbe geltend gemacht werden, bereits bei den Vorarbeiten und Beratungen erörtert. Jetzt, nachdem das Gesetzbuch kurze Zeit in Kraft ist, einzelne Bestimmungen wieder zu beseitigen, ist unerwünscht. Nur wenn sich aus einer Bestimmung unvorhergesehene, allgemein als solche anerkannte Unzuträglichkeiten ergeben würden, würde einer alsbaldigen Beseitigung und Abänderung nicht zu widersprechen sein. Diese Voraussetzungen liegen aber meines Erachtens bei § 313 des Bürgerlichen Gesetzbuchs nicht vor.

VIII.

Gutachten des Herrn Reichsgerichtsrats a. D. Stenglein in Leipzig

über die Frage:

Soll die Strafbarkeit der fahrlässigen falschen eidlichen Aussage vor Gericht im deutschen Rechte beibehalten, im österreichischen Rechte eingeführt werden?

Die gestellte Frage vermag ich nur verneinend zu beantworten.

Die Wurzel alles Strafrechts muß man in der Rechtsüberzeugung des Volkes finden. Man wird keinem Volke auf die Dauer aufdrängen können, daß es eine Handlung bestrafen läßt, welche seinem Rechtsgefühl als berechtigt erscheint, noch wird die Gesetzgebung es auf die Dauer festhalten können, das Rechtsgefühl des Volkes dadurch zu verletzen, daß eine von ihm als strafwürdig erkannte Tat straflos bleibt. Die jeweilig geltende Strafgesetzgebung erscheint hierdurch als ein Prüfstein des Rechtsbewußtseins im Volk. Betrachtet man aber die Kodifikationen, welche in Deutschland oder in Teilen von Deutschland zustande kommen, so zeigt sich die Erscheinung, daß die Gesetze den fahrlässigen Falscheid nicht gleichförmig zur Strafe zogen, sondern bald bestraften, bald straflos ließen. So kennt weder die Carolina, noch die Constitutio criminalis Theresiana noch der Cod. jur. Bavarici criminalis von 1751 den fahrlässigen Falscheid, wohl aber das Preußische Allgemeine Landrecht.

Von den Strafgesetzbüchern des 19. Jahrhunderts hat das bahnbrechende bayerische Strafgesetzbnch von 1813 keine ausdrückliche Bestimmung gegen fahrlässigen Falscheid, hat aber allerdings solche allgemeine Bestimmungen über Fahrlässigkeit aufgenommen, daß auch ein fahrlässiger Falscheid konstruiert werden kann, indem es eine Abstufung von Strafen für fahrlässige Begehung strafbarer Handlungen im allgemeinen je nach der Bestrafung der vorsätzlich verübten aufstellte. Dem bayerischen Gesetzbuche folgte hierin wie überhaupt das oldenburgische Strafgesetzbuch *) vom 10. September 1814 (Art. 58—65).

Das Sachsen-Altenburgische Kriminalgesetzbuch vom 3. Mai 1841 (älteres königlich sächsisches Kriminalgesetzbuch vom 30. März 1838) Art. 187 bestraft den leichtsinnigen Eid, der in seinem Tatbestand mit dem fahrlässigen Eid in der Hauptsache zusammentrifft und das Delikt bei dessen eigentümlicher Gestaltung besser treffen dürfte, als durch die Verwendung des auch sonst im Strafrecht vorkommenden Begriffes der Fahrlässigkeit. Ähnliche Bahnen geht das braunschweigische Strafgesetzbuch vom 10. Juli 1840 §§ 29, 137 (auch in Lippe-Detmold unterm 18. Juli 1843 eingeführt), das hannoveranische Kriminalgesetzbuch vom 8. August 1840 Art. 214, obgleich dieses daneben noch allgemeine Bestimmungen über Fahrlässigkeit enthält (Art. 46—50); ferner das thüringische St.G.B. von 1850 (Art. 177) und das königlich sächsische Strafgesetzbuch vom 13. August 1855 (Art. 48, 227), sodann das hamburgische Kriminalgesetzbuch vom 30. April 1869 Art. 113; und das lübeckische vom 20. Juli 1863 § 103.

Dagegen enthält das Strafgesetzbuch von Württemberg vom 1. März 1839 zwar allgemeine Bestimmungen über Fahrlässigkeit (Art. 58, 59) jedoch unter Vorbehalt einer speziellen Strafandrohung, welche für den fahrlässigen Falscheid fehlt (Art. 227—233); ebenso das hessische vom 17. September 1841 (Art. 57, 233—243), das badische vom 6. März 1845 (§§ 101, 102, 481—508), das nassauische vom 14. April 1849 (Art. 54, 227—236).

Das preußische Strafgesetzbuch vom 14. April 1851, das Vorbild des Reichsstrafgesetzbuches, an welches sich das anhalt-bernburgische vom 5. Februar 1852, das waldeckische vom 15. Mai 1855 und das oldenburgische vom 3. Juli 1858 eng anschließen, enthält in § 132 eine Strafvorschrift gegen fahrlässigen Falscheid. Dagegen das bayerische Strafgesetzbuch vom 10. November 1861, welches die vom Reichsstrafgesetzbuch ersetzte Reihe partikularrechtlicher Gesetzgebungen schließt, hat keine solche Bestimmung.

Ebensowenig das österreichische Gesetzbuch vom 27. Mai 1852, wie schon die gestellte Frage zum Ausdruck bringt, ebensowenig der Code pénal oder das Strafgesetzbuch für Italien vom 30. Juni 1889.

---

*) Bei sämtlichen hier benannten Gesetzbüchern wird nur der ursprüngliche Redaktion derselben in Betracht gezogen, nicht aber spätere Abänderungen derselben, da dies für den Zweck das Gutachtens viel zu weit führen würde.

Schon diese kurze Übersicht zeigt, daß es eine gewagte Behauptung sein würde, eine Strafvorschrift gegen den fahrlässigen Falscheid werde vom Rechtsgefühl des Volkes verlangt.

Es ist aber auch schwierig, den Tatbestand dieses Delikts mit einer zutreffenden Definition des Begriffs „Fahrlässigkeit" in Einklang zu bringen. Diese wird angenommen, wenn eine Handlung einen rechtswidrigen, jedoch nicht gewollten Erfolg herbeiführt, dessen Möglichkeit der Täter zwar voraussah, sich aber im Übermut und in der Hoffnung, er werde nicht eintreten, darüber wegsetzte (während bei Eventualdolus der Täter den als möglich vorhergesehenen Erfolg in seinen Willen mit aufnimmt); oder wenn der Täter den drohenden rechtswidrigen Erfolg seiner Handlung durch Mangel an pflichtgemäßer Aufmerksamkeit und Überlegung nicht erkannte. Als der rechtswidrige Erfolg müßte beim fahrlässigen Falscheid die nachteilige Wirkung einer objektiv unwahren Aussage betrachtet werden. Allein alle Gesetze, welche dieses Delikt unter die strafbaren Handlungen aufgenommen haben, strafen es, analog dem wissentlich abgegebenen Meineid oder falschen Zeugeneid ohne alle Rücksicht auf seine Wirkung, es sei denn, daß diese durch rechtzeitigen Widerruf vom Täter selbst verhindert wurde; also auch dann, wenn die Aussage keinen Glauben findet oder widerlegt ist, oder wenn sie sich als unerheblich herausstellt usw. Die Existenz einer unwahren Aussage an sich schon als einen rechtswidrigen Erfolg anzusehen, dürfte aber doch nicht angehen. Es liegt also in dem Tatbestand eine Abnormität gegenüber anderen Fahrlässigkeitsdelikten, und dieselbe fällt umsomehr in das Gewicht, als bei den sonstigen Fahrlässigkeitsdelikten stets der Nachweis eines Kausalzusammenhangs zwischen der Handlung und dem rechtswidrigen Erfolg verlangt wurde.

Es sagt denn auch das Reichsgericht in einem Urteile des III. Strafsenats vom 11. Juni 1881 (Entsch. in Straff. IV 316, mein Lexikon S. 642):

> „Es ergeben schon die amtlichen Motive, daß die Fahrlässigkeit beim Falscheide eine eigentümliche, von anderen Fahrlässigkeitsdelikten abweichende Bedeutung hat. Nicht in dem Akt des Schwörens, durch welchen der Schwörende der Regel nach nur einer Rechtspflicht genügt, liegt das verpönte, fahrlässige Handeln, sondern unmittelbar zuächst in der Unwissenheit, mittelbar in dem Verhalten, welches die Unwissenheit hervorgerufen hat, liegt das verantwortliche, fahrlässige Tun bei dem Falscheide."

Es bedarf jedoch nur eines Hinweises, welche Abnormität darin liegt, daß ein und derselbe technische Ausdruck für zwei ganz verschiedene, rechtliche Begriffe verwendet werden soll, und es wurde deshalb oben die Meinung ausgesprochen, daß, wenn die Strafandrohung bei einer Revision des St.G.B. beibehalten werden sollte, die Bezeichnung „leichtsinniger Falscheid“ oder „Falscheid aus Unachtsamkeit“ besser sein würde, als jener aus Fahrlässigkeit.

Mag man den Falscheid im weiteren Sinne unter dem Gesichtspunkt des Religionsvergehens oder des Vergehens gegen Treu und Glauben, oder gegen die publica fides, oder als Fälschungsdelikt strafbar finden, (auf die Gesichtspunkte näher einzugehen und dieselben zu kritisieren, würde zu weit führen und ist nutzlos); unter allen Umständen hat noch kein Kriminalist daran gedacht, ein fahrlässiges Religionsvergehen, oder Vergehen gegen Treu und Glauben, oder gegen den öffentlichen Glauben, oder ein fahrlässiges Fälschungsdelikt zu konstruieren. Es ist also auch in dieser Hinsicht das Delikt des fahrlässigen Falscheids eine Abnormität, und keiner der Staaten, der dasselbe nicht aufgenommen hatte, fühlte ein Bedürfnis darnach. Wollte man aber ein Recht auf Wahrheit statuieren, so müßte man doch damit anfangen, die unbeeidete, unwahre Aussage zu bestrafen. Keinesfalls wäre aber eine nicht gewollte Verletzung der Wahrheit eine Verletzung jenes Rechts. Aber auch in anderer Richtung entspricht der Tatbestand des fahrlässigen Falscheides nicht den an ihn zu stellenden Anforderungen. Daß auch der gewissenhafteste Zeuge möglicher Weise irrt, daß auch bei solchen Selbsttäuschungen vorkommen, welche bei einer ganz bestimmten Aussage eines durchaus glaubwürdigen Zeugen oder einer solchen Partei eine objektiv unwahre Aussage ermöglichen, gehört so sehr dem allgemeinen Wissen an, daß es einer Verwahrung des Aussagenden in dieser Richtung nicht bedarf. Jedes menschliche Erkennen wird von einer solchen Summe von Zufälligkeiten beeinflußt, welche teils ihre Ursachen in dem über sein Erkennen Aussagenden, teils außerhalb desselben ihren Sitz haben, daß man keinen Eid über Tatsachen als eine Bekräftigung dieser Tatsachen unmittelbar, sondern nur als eine Bekräftigung des Aussagenden über seine eigene Überzeugung von dem Vorliegen jener Tatsachen betrachten kann. Der Zeuge oder die Partei, welche auf Eid aussagt, hat also nur die Verpflichtung, darüber auszusagen, was sie für wahr halten, nicht darüber, was wahr ist. (Vergl. Thomsen im Gerichtssaal, Bd. 59, S. 56 fg.)

Dieser Verpflichtung kommt auch der sich irrende Zeuge nach, wenn er das Behauptete für wahr hält. Hält er es nicht für wahr oder behauptet er auch nur die Wahrheit, obgleich er an derselben zweifelt und ohne seinem Zweifel Ausdruck zu geben, so leistet er den Eid nicht fahrlässig, sondern wissentlich falsch. Wollte man aber die Fahrlässigkeit in dem Mangel an Sorgfalt im Erkennen der Wahrheit finden, so geht man auf den Denkprozeß des Aussagenden ein, obgleich sich derselbe der Beobachtung völlig entzieht. Wie will man denjenigen, der das genaueste Nachdenken angewendet hat, um jeden Irrtum ferne zu halten, von demjenigen unterscheiden, der auf oberflächliche Eindrücke hin, ohne langes Besinnen, die Überzeugung von der Richtigkeit der von ihm bestätigten Tatsachen erlangt hat.

Die Sammlung des Geistes, welche unter Umständen Wahrheit oder Unwahrheit bekundeter Tatsachen erkennen läßt, und von der das oben angeführte Urteil des Reichsgerichts vom 11. Juni 1881 spricht, entzieht sich jeder Beobachtung und läßt gewissenhaftes und nicht gewissenhaftes Verhalten nicht unterscheiden. Wenn z. B. eine Person eine andere Person erkannt zu haben glaubt und deren Anwesenheit an einem bestimmten Ort zeugeneidlich bestätigt, wird kein späteres Nachdenken im Stande sein, die glaublich gemachte Wahrnehmung zu korrigieren.

Es kann demnach auch einem Urteile des Reichsgerichts II. Senat vom 30. Juni 1885, Entsch. XII. 317, Lexik. S. 645, nicht zugestimmt werden, welches eine Verurteilung bestätigt, die erfolgt war, weil der Schwörende über die Tage eines bestimmten Vorfalls im Irrtum war, obgleich nicht einmal Umstände festgestellt waren, welche den Zeugen auf seinen Irrtum hinzuführen geeignet gewesen wären. (Vergl. dagegen Urt. des R.G. I. Sen. vom 24. Juni 1880, Rechtspr. II. 104 a. E., und vor allem R.G. IV. v. 8. Januar 1892, Entsch. XXII. 297, Lexik. S. 648, in welchem alle Bedenken gegen die Anforderung, der Zeuge hätte durch besseres Nachdenken oder auf Grund entgegenstehender Zeugenaussagen seine Erinnerung berichtigen sollen, sehr richtig dargelegt sind. In gleicher Weise geschieht dies im Urt. II. v. 2. Oktober 1894, Entsch. XXVI. 133; IV. v. 16. Febr. 1894, Entsch. XXV. 122, Lexik. S. 649. Abweichend dagegen wieder Urt. des R.G, II. 2. April 1897, Entsch. XXX. 53, Lexik. S. 650.)

Die Annahme, Nachdenken müsse den Erfolg haben, daß der zum Schwur Verhaltene die Wahrheit richtig erkenne, ist eine willkürliche, durch nichts gerechtfertigte. Es kommt lediglich auf die Lebhaftigkeit des irreführenden Eindrucks an, ob ein solches Nachdenken den Erfolg hat, daß der Nachdenkende eine bessere Überzeugung gewinnt oder doch zweifelhaft an derselben wird, oder ob er glaubt etwas gesehen, gehört oder sonst wahrgenommen zu haben, wobei er nicht glaubt zweifeln zu müssen.

Handelt es sich aber um Aufklärungen von außen, so besteht vor allem keine Verpflichtung, Erkundigungen einzuziehen. (Übereinstimmend

Urth. d. R.G. I. v. 21. Juni 1880, Rechtspr. II. 89 und II. v. 6. März 1888, Entsch. XVII. 185, Rechtspr. X. 210, Lexik. S. 633, 656.)

Die Partei oder der Zeuge soll über seine eigenen Wahrnehmungen und die daraus gezogenen Schlußfolgerungen aussagen, nicht über das, was ihm von anderer Seite suggeriert wurde; und er ist zudem nicht verpflichtet, einem anderen das zu glauben, was geeignet wäre, seine eigenen Wahrnehmungen zu berichtigen. (Urt. d. R.G. I. v. 11. Juni 1894, Goltd. Arch. XLII. 243, Lexik. S. 650. Ein gegenteiliges Urteil des Reichsgerichts (III. 18. Febr. 1883, Entsch. VIII. 108, Rechtspr. V. 127, Lexik. S. 645) kann als richtig nicht anerkannt werden. Vgl. Urt. II. v. 27. Febr. 1885, Entsch. XII. 58, Lexik. S. 645.)

Noch viel weniger kann es natürlich als richtig anerkannt werden, wenn in der Bestimmtheit einer aufgestellten Behauptung eine Fahrlässigkeit erblickt wird, welche durch die Anerkennung möglichen Irrtums beseitigt sein würde. Der Vorbehalt des Irrtums ist selbstverständlich. (Abweichend Urt. des R.G. II. v. 7. Dezbr. 1894, Goltd. XLII. 403, Lexik. S. 650.)

Die in der Praxis vorgekommenen Fehlgriffe zeigen, wie unklar der Begriff des fahrlässigen Falscheides ist, und dies erklärt auch das offensichtliche Schwanken des Reichsgerichts in dessen Urteilen. Dies wird aber noch vielmehr dadurch erklärt, daß das Reichsgericht sich mit dem positiven Recht abzufinden, sich nicht de lege ferenda zu entscheiden hatte. Wenn das Gesetz eine Fahrlässigkeit für konstruierbar hält, so hat das Gericht nicht die Aufgabe, das Gesetz durch Betonung seiner Zweifel ad absurdum zu führen oder dasselbe zu verbessern, sondern den Willen des Gesetzgebers nach Möglichkeit zu finden und nach diesem zu handeln. So erklärt es sich auch, wenn es einen fahrlässig geleisteten Manifestationseid (Urt. II. 21. April 1882, Entsch. VI. 205, Rechtspr. IV. 372, Lexik. S. 643; und IV. 7. Januar 1885, Rechtspr. VII. 20) oder einen solchen Kredulitätseid (Urt. III. v. 7. Oktober 1882, 16. Oktbr. 1883, Entsch. VII. 185, VIII. 108, Rechtspr. IV. 733, V. 127, Lexik. S. 644) für rechtlich möglich hält. Das Experiment kann allerdings nur dadurch gelingen, daß das behauptete Nichtwissen beim Offenbarungseid, oder das Glauben beim Kredulitätseid mittelst Interpretation zu einem Wahrheitseid umgestaltet, und angenommen wird, es sei zur Fahrlässigkeit zuzurechnen, wenn der Schwörende die Wahrheit nicht erkannt habe. Daß jedoch die zugespitzte Jurisprudenz nicht Gemeingut der Laien sein kann, sondern daß letztere sich an den Wortlaut der Eidesformel halten und glauben, einen Eid des gegebenen Inhalts leisten zu dürfen, bedarf keiner weiteren Darlegung.

In Wirklichkeit ist jeder Eid nur ein Eid darüber, daß der Schwörende glaubt, die zu beweisenden Tatsachen verhielten sich so, wie es die Eidesformel ausspricht. Als Meineid erscheint es, wenn der Schwörende diesen Glauben nicht hat; ob er aber Mittel und Wege gehabt hätte, einen anderen Glauben zu gewinnen und ob er dieselben fahrlässiger Weise unbenützt ließ, entzieht sich jeder Nachprüfung und eignet sich nicht zur Konstruktion eines strafbaren Tatbestandes. Deshalb würde zu wünschen sein, daß bei Revision des R.St.G.B. das Delikt des § 163 aus demselben entfernt, in das österreichische St.G.B. dasselbe aber nicht aufgenommen werden würde.

Es kann nicht anerkannt werden, daß sich hierbei eine Lücke in dem System strafbarer Handlungen zeigen würde; vielmehr tritt der wissentliche Falscheid um so schärfer hervor, und es entsteht nicht leicht das Gefühl, welches Urteile gegenwärtig zuweilen erzeugen, als habe man es mit einem Kompromiß in der Überzeugung der Richter zu tun, welche durch Annahme fahrlässigen Falscheids zu einer milderen Strafe für einen Tatbestand zu gelangen suchen, der in Wirklichkeit wissentlich falscher Partei- oder Zeugeneid ist. Der Unterzeichnete hat an der Judikatur der bayerischen Gerichte über das Strafgesetzbuch von 1861 teilgenommen, so lange es in Kraft war, allerdings nur acht Jahre — weniger als das vortreffliche Gesetzbuch verdiente —, aber nie hat sich ein Bedürfnis nach Statuierung einer Strafe für fahrlässigen Falscheid gezeigt.

Druck von Leonhard Simion Nf. in Berlin SW.

FSC
www.fsc.org
MIX
Papier | Fördert gute Waldnutzung
FSC® C083411

Kolibri 360 GmbH
Ferdinand-Jühlke-Straße 7
99095 Erfurt, Deutschland
produktsicherheit@kolibri360.de